珍藏本
纪念版

汉译世界学术名著丛书

蜜蜂的寓言

或私人的恶德，公众的利益

第一卷

〔荷兰〕B. 曼德维尔 著

肖聿 译

商务印书馆
SINCE 1897 The Commercial Press

2017年·北京

Bernard Mandeville
THE FABLE OF THE BEES
Or, Private Vices, Publick Benefits
Oxford : Clarendon Press, 1924
本书根据牛津克莱伦登出版社 1924 年版译出

汉译世界学术名著丛书
（120年纪念版·珍藏本）
出版说明

2017年2月11日，商务印书馆迎来120岁的生日。120年前，商务印书馆前贤怀揣文化救国的理想，抱持“昌明教育，开启民智”的使命，立足本土，放眼寰宇，以出版为津梁，沟通中西，为中国、为世界提供最富智慧的思想文化成果。无论世事白云苍狗，潮流左右激荡，甚至战火硝烟弥漫，始终践行学术报国之志，无改初心。

迻译世界各国学术名著，即其一端。早在20世纪初年便出版《原富》《天演论》等影响至今的代表性著作，1950年代后更致力于外国哲学和社会科学经典的译介，及至1980年代，辑为“汉译世界学术名著丛书”，汇涓为流，蔚为大观。丛书自1981年开始出版，历时三十余年，迄今已推出七百种，是我国现代出版史上规模最大、最为重要的学术翻译工程。

丛书所选之书，立场观点不囿于一派，学科领域不限于一门，皆为文明开启以来，各时代、各国家、各民族的思想与文化精粹，代表着人类已经到达过的精神境界。丛书系统译介世界学术经典，引领时代思想，为本土原创学术的发展提供丰富的文化滋养，为推动中国现代学术和现代化进程做出了突出的贡献。

为纪念商务印书馆成立120周年，我们整体推出“汉译世界学术名著丛书”120年纪念版的珍藏本，寄望既利于文化积累，又便于研读查考，同时向长期支持丛书出版的译者、编者和读者致以敬意。

两甲子后的今天，商务印书馆又站在了一个新的历史时间节点上。我们不仅要铭记先辈的身影和足迹，更须让我们的步伐充满新的时代精神。这是商务人代代相传的事业，更是与国家和民族的命运始终紧密相连的事业。我们责无旁贷，必须做好我们这代人的传承与创造，让我们的努力和成果不仅凝聚成民族文化的记忆，还能成为后来人可以接续的事业。唯此，才能不负前贤，无愧来者。

商务印书馆编辑部

2017年10月

译者序言

《蜜蜂的寓言，或私人的恶德，公众的利益》最早的版本可追溯至 1714 年底。目前这个中文版本依据牛津大学 1924 年版译出。若从 1714 年算起，此书问世迄今已整整三百年了。

曼德维尔及《蜜蜂的寓言》

伯纳德·曼德维尔(Bernard Mandeville,1670—1733)于 1670 年 11 月 15 日生于荷兰的鹿特丹，是 18 世纪初英国最有影响、最具争议的哲学家、政治经济学家和讽刺作家。他出身于名医世家，就读于鹿特丹伊拉斯谟学校，1685 年进莱顿大学学医，次年曾就读哲学系，获得哲学学士学位。他在荷兰行医，主治神经科疾病和胃病。英国 1688 年光荣革命后，他去了英国，其初衷是"去学习英语"，后来发现英国很适合他的志向和事业，遂定居于斯，娶妻鲁思(Ruth Elizabeth Laurence)，与她生了儿子迈克尔(Michael)和女儿佩内洛普(Penelope)。他一直以医养家和养文，并积极参与英国的社会政治活动。他于 1691 年 3 月回到荷兰取得医学博士学位。1733 年 1 月 21 日，他因患流感卒于伦敦哈克尼(Hackney)自治市。

曼德维尔精通英语,竟使英国人以为他不是外国人。他于1703年匿名发表了第一部英语作品《小册子作者们》(*The Pamphleteers*),初绽讽刺之才。使他遐迩闻名的(美名或恶名),是他的寓言诗《抱怨的蜂巢,或骗子变做老实人》(*The Grumbling Hive, or Knaves Turn'd Honest*)和论著《蜜蜂的寓言,或私人的恶德,公众的利益》。在历史上,用非母语的英语写作,其作品堪与以英语为母语的作家媲美的名家,不乏其人,例如波兰小说家J.康拉德(Joseph Conrad,1857—1924)和黎巴嫩诗哲K.纪伯伦(Khalil Gibran,1883—1931)。

曼德维尔在英国和欧洲大陆很有名,在荷兰却并不如此,因为其代表作《蜜蜂的寓言》是以英文写成出版的。近些年来,曼德维尔的英文著作被译成了荷兰文,荷兰人才将他视为大思想家,与荷兰人文主义者伊拉斯谟(Desiderius Erasmus,1466—1536)、"国际法之父"格劳秀斯(Hugo Grotius,1583—1645)、大哲学家斯宾诺莎(Benedictus Spinoza,1632—1677)齐名。

长诗《抱怨的蜂巢,或骗子变做老实人》发表于1705年,共433行,是《蜜蜂的寓言》的契机,或曰思想酵母。此诗乃一寓言,说蜂巢虽然充满了恶德,却十分繁荣兴旺("每个部分虽被恶德充满,整个蜂国却是一个乐园"),而蜂群一旦变得诚实,便不再互相欺骗和竞争,蜂国因此而经济萧条,衰微破败,卫国作战后幸存的蜜蜂为防止骄奢淫逸,飞进了一个树洞。曼德维尔若就此打住,此诗倒也不会惹出多大麻烦,但他在此诗的"寓意"中说:伟大诚实的蜂国只是傻瓜的空想,"纯粹的美德无法将各国变得繁荣昌盛","只要经过了正义的修剪约束,恶德亦可带来益处;一个国家必定不可缺少恶德,如同饥渴定会使人去吃去喝。”这一思想遂成为围绕《蜜蜂的寓言》展开论战的导火索。

《抱怨的蜂巢》并非曼德维尔的第一部寓言诗作品。1704年,他还发表了《经过修饰的伊索,或寓言通俗诗集》(*Aesop Dress'd, or A Collection of Fables, Writ in Familiar Verse*)。该书包含39首寓言诗,其中37首译自17世纪法国寓言作家拉封丹(Jean de La Fontaine,1621—1695)的12卷《寓言诗》(*Les Fables*,1668),并有所改动和生发,另两首为曼德维尔所作。这些寓言诗被看作《抱怨的蜂巢》的先声。他自创的两首诗都嘲讽了“骄傲”:《鲤鱼》(*The Carp*)说的是一条英国小鲤鱼游到外国的水域中,想学习“礼节和技艺”,一条鲱鱼告诫它先要学好本国的东西,却被它婉拒了,因此,它回国时仍像以前一样虚荣和无知。《猫头鹰和夜莺》(*The Owl and the Nightingale*)一则,说的是老鹰欲从鸟类中选拔会歌唱的守夜者,夜莺认为自己最有资格当选,便在老鹰面前巧言自贬,故作清高,却在与猫头鹰的竞争中败北,被踢出了王宫,因为后者唱得虽不好听,却愚笨而忠实。在《蜜蜂的寓言》中,曼德维尔更深入而全面地论述了骄傲:“骄傲之心与人的本性便如此密不可分(无论有些人如何巧妙地学习隐藏与掩饰骄傲),乃至没有骄傲,构成人的复合物中便会缺少一种最主要的成分。”(《道德美德探源》)“我们最有益于社会的品质,莫过于骄傲。要使社会富裕繁荣,最不可或缺的品质还是骄傲。”(见本书第一卷对《抱怨的蜂巢》的评论[M])其中,“曼德维尔悖论”已十分昭然。

《抱怨的蜂巢》一诗没有引起多大关注,1714年出版的《蜜蜂的寓言》收入了它,并增添了对它的评论以及《道德美德探源》一文。该书 1723 年版又增添了《论慈善与慈善学校》和《社会本质之探究》两篇,其最后一版是 1729 年版。此书在社会上引起了轩然大波,遭到误读,被视为不道德之作,因为此书不但说私人的恶德能使社会繁荣,而且反对当时十分时兴的慈善学校。此书的 1723 年版被米德尔塞克斯郡大陪审团判为社会公害,说它蔑视宗教、危害社会。一个化名"斐罗一布利塔努斯"的人在《伦敦杂志》上撰文(即致 C 爵士的信),猛烈谴责此书。曼德维尔愈挫愈奋,于 1729 年发表了《蜜蜂的寓言》第二卷,以六篇精彩的对话,进一步阐发了他的思想,也做了自辩,构成了完整的"曼德维尔悖论"系列。

不过,曼德维尔也承认:"私人的恶德,公众的利益"这个提法"至少还应加上一个动词,其意思方能完整","我使用这个标题的真正理由……意在唤起注意……这就是我的全部用意。我认为任何其他用意均属愚蠢。"(见他 1732 年写的《致狄翁信》,*Letter to Dion*)而其完整的含义是:"私人的恶德若经过老练政治家的妥善管理,可能被转变为公众的利益。"(见本书第一卷《社会本质之探究》)

所谓"唤起注意",其实就是为了"抓眼球"而措辞极端,出语惊人。曼德维尔说:"我写此书意在消遣"(见本书第二卷《序言》),"《蜜蜂的寓言》旨在娱乐有知识、有教养者,用于解决他们闲暇时不知如何打发时间"(见本书第一卷《为本书辩护》)。这是这个荷兰人典型的英国式轻描淡写(understatement),因为此书看似消遣解闷之作,实为举重若轻,即以轻松的讽刺文字,表述严肃的主题。其同代文人斯威夫特(Jonathan Swift,1667—1745)的《格列佛游记》(*Gulliver's Travels*,1726),也是如此。与之相反的手法，亦可构成讽刺，与曼德维尔同期的英国讽刺诗人蒲柏（Alexander Pope，1688—1744）的讽刺诗《卷发遇劫记》（*The Rape of the Lock*，1712）便是如此：明明写的是一个纨绔剪掉了美女贝琳达的一束头发，却采用了英雄双行体（heroic-couplet）的古典史诗形式。

《蜜蜂的寓言》引来的道德裁判，使人想到了马基雅维里（Niccolò Machiavelli，1469—1527）、格拉西安（Balthasar Gracián，1601—1658）、魏宁格（Otto Weininger，1880—1903）、尼采和弗洛伊德。他们惊世骇俗的著作都引来了猛烈的批判，都在人类思想史上留下了不可磨灭的印记。马基雅维里的《君主论》（*The Prince*，1532）使他身败名裂，以致他的名字被用作为达目的、不择手段的阴谋家的代称；格拉西安是西班牙修士，1647 年因写了三百条《世俗生活智慧》（*Oráculo manual y arte de prudentia*），得罪了教会，被革除教职，遭到软禁，郁郁而终；奥地利哲学天才魏宁格写了《性与性格》（*Geschlecht und Charakter*，1903）之后，在维也纳贝多芬故居开枪自杀，该书更遭到了口诛笔伐，被视为大毒草；尼采和弗洛伊德也是因言得咎，恶名昭彰：尼采的超人思想被德国纳粹利用，弗洛伊德的精神分析学也被看作伪科学。其实，这些思想家（包括曼德维尔）引得人神共愤，其离经叛道的著作引起一百余年乃至数百年毁誉参半的争论，无不因为他们将人类社会的诸多“潜规则”写在了纸上，公诸于众。文艺复兴人文主义早已将人升格为神，因此，自私、骄傲、虚荣、奢侈、淫欲等人性弱点，一向被道德家引以为耻，讳莫如深，而曼德维尔却公开说没有这些恶德便没有社会繁荣，虽说这完全是基于社会现实的大实话，却大大有悖于上流社会的“得体”(Decency)规则,也算咎由自取,因为常识告诉我们:一些事情可为而不可言,一些事情可言而不可为。

曼德维尔悖论

曼德维尔及其悖论对西方经济学、伦理学、政治学、社会心理学和文学产生了巨大的影响。曼德维尔是睿智的思想家,尤其对人性具有深刻的洞察力。《蜜蜂的寓言》一书的副标题“私人的恶德,公众的利益”,就是所谓“曼德维尔悖论”(Mandeville's Paradox)。“私人的恶德”基于他对人性的基本判断,基于他对所谓“美德”(virtue)的解剖。

曼德维尔是“性恶论”者,对人性的认识与马基雅维里和霍布斯(Thomas Hobbes,1588—1679)一脉相承。马基雅维里在《君主论》中指出:人们都是“不知感恩、薄情寡义的伪君子和骗子,都逃避危险,贪婪地追求私利”。霍布斯在《利维坦》中认为:人类本性自私,受制于怕死心理,受制于对个人利益的渴求,并全都渴望主宰别人;唯有强大的国家权力和法律才能控制个人的私欲,维持社会最起码的平安,否则,社会将解体为分散的人群,而为了生存,人人随时都会把别人撕成碎片。我国古哲荀况也认为:“人之生,固小人,无师、无法,则唯利之见耳……又以遇乱世、得乱俗,是以小重小也,以乱得乱也。”(“人生下来就是小人,若无老师教导,无法度约束,便只会看到财利……又因遭逢乱世、染上恶习,便因是小人而更重小利,因乱世而更胡作非为。”见《荀子·荣辱第四》)可见人性自古相通，无分中外。

曼德维尔认为："美德"是一切克服了天然私欲的行为，"恶德"则是一切不顾公众利益、只顾满足种种私欲的行为，其中最主要的是骄傲、虚荣和奢侈（参见本书第一卷《道德美德探源》）。他还指出，人们的行为并无善恶之别，而符合道德的行为（例如慈善）只是经过伪装的自私之举。

曼德维尔提出，恰当地利用个人恶德，能使社会发展，能繁荣经济。例如，若无骄傲的恶德，许多公司便会破产，很多人便会失业，使英国经济衰退，军力大减；而若厉行节俭美德，人们便不会去买昂贵的新衣以满足虚荣，时装业便会破产；若无小偷，便无锁匠；若无财产官司，便无律师。他说："在一切文明社会里，人们都从摇篮里就不知不觉地学会了虚伪，没有任何一个人敢承认自己从公众的灾难中获取了利益，甚至不敢承认自己从其他个人的损失中获取了利益。教堂司事若公开表示希望教区会众死掉，人们便会用石块砸他，尽管人人都知道他以为会众办葬礼为生，别无谋生手段。"（见本书第一卷《社会本质之探究》）这使人想到古人韩非，他说："故舆人成舆，则欲人之富贵；匠人成棺，则欲人之夭死也。非舆人仁而匠人贼也，人不贵则舆不售，人不死则棺不买。"（"造车人造了车，便希望别人富贵；木匠做了棺材，便希望有人死。这并不意味着造车人仁爱而木匠心坏，而是因为人不富贵车便卖不出去，人不死就无人买棺材。"见《韩非子·备内第十七》）这是一种结果主义（consequentialism）或功利主义的道德观。

在《论慈善与慈善学校》一文中，曼德维尔将他的理论用于社会批判，认为建立慈善学校并非出于慈善的美德，而是出于同情。

他说:同情常被误解为慈善,但同情可以溯及人的自恋(self-love)心理,即因看到自己的处境好于别人而沾沾自喜,而慈善之举能缓解和释放人们见别人受苦时心中感到的不安。他认为建立慈善学校不是善举,因为任何为了亲友或者为博取美名和众人尊重的行为,都不符合美德。他还认为慈善学校对社会有害,因为它们给了穷人子女不必要的知识,使他们产生了超越了其社会等级的欲望,破坏了英国社会既有的等级制度。

曼德维尔承认人人皆有恶德,由此提出应对它们进行"正义的修剪约束",利用它们造福社会。可见他是个清醒的现实主义者,其主张与鼓吹和提倡骄奢淫逸等恶德判然有别。苏格兰大哲学家休谟说:"行政长官只能去做可能做到的事情。他无法用美德取代恶德,以此来医治一切恶德。最常见的情况是,他只能用一种恶德去医治另一种恶德,而在这种情况下,他应当选择对社会危害最小的恶德。"(《论奢侈》)两害相权取其轻,乃是一种明智的政治策略。理想主义的人性观当然无比美好,人皆无私的大同社会当然很值得向往,但毕竟远离了数千年以来的社会现实。正义社会的理想与现实人性的矛盾,迄今犹存。人人具备美德的社会,固然应当赞美,却不是曼德维尔眼中的现实。

他从一个独特的视点,精辟地论述了人性的弱点何以能为社会造福。他说:"各种卑劣的成分聚合起来,便会构成一个健康的混合体,即一个秩序井然的社会,因此,政治智慧的惊人力量殊堪嘉许……这个寓言的主要意图乃是要表明:既享受一个勤勉、富裕和强大的民族所拥有的一切最优雅舒适的生活,同时又具备一个黄金时代所能希望的一切美德与无辜,此二者不可兼得。"(见本书

第一卷《序言》)他将国家政体喻为一只盛着潘趣酒的碗,“贪婪就是这碗酒里的酸味剂,挥霍则会使碗中的酒变甜。而大众的无知、愚蠢和轻信,则是这碗酒中的水,漂浮其上、索然无味。智慧、荣誉、坚毅乃至人类的其他高尚品德,则被从人性的糟粕中人为分离出来,成为光荣的火焰,并被提炼升华,凝结为一种高尚的烈性要素,而应当被喻为白兰地……若不熟悉这碗有益健康的混合饮料,若分别啜饮其中的几种成分,必定会以为它们绝不可能混合成任何可以下咽的饮料……然而,经验却告诉我们:合理地混合我所说的这些成分,却能够制做出一种无比美妙的饮料,会得到口味高雅人士的喜爱和赞赏。”(见本书第一卷对《抱怨的蜂巢》的评论[K])可见,说他的言论提倡了恶德,乃是肤浅者的片面认识。

《蜜蜂的寓言》第二卷1729年伦敦版的标题页上,有一段古罗马哲学家西塞罗的话:“时间摧毁了人们毫无根据的妄念,确证了基于现实的判断。”[原文:Opinionum enim Commenta delet dies; Natura Judicia confirmat. 引自《论神性》(*De Natura Deorum*)]《蜜蜂的寓言》出版后的三百年时间,证明了唯有基于现实的判断(Natura Judicia)才能变革现实,使人类社会走向文明。而所谓“基于现实”,就是我们常说的“实事求是”。康德视为“绝对命令”(Categorical Imperatives)的“行为准则”(maxims)固然高尚,但它忽视了人性的现实,所以只能是曼德维尔所说的“白兰地”。曼德维尔认为:“大多数作者都在教导读者应当做怎样的人,却几乎很少想到去告诉读者他们实际上是什么样的人”,而他所说的人,就是“处于自然状态、并不具备真正神性的人”(《抱怨的蜂巢》评论序言)。这个判断虽说会使常人赧然,使英雄气短,却完全“基于现实”。

但是,承认不良人性的现实,绝不等于无所作为、放弃改造不良人性,而这也是“基于现实的判断”。商业社会追求扩大商品市场,使利润最大化;为了达此目的,首先就必须制造需求。除了人们对生活必需品的刚性需求,制造需求大多都要借助于刺激和撩拨人们的物欲和虚荣心(或曰奢侈的恶德),利用人们贪生怕死的心理,并将它们合理化、绝对化。在这个意义上,说物欲和怕死乃市场繁荣之母,亦不为过。但是,真理离谬误只有一步之遥,过分姑息和滥用恶德不但具有马基雅维里的“不择手段”的影子,而且很可能演变为功利主义、实用主义,甚至演变成对德国哲学家霍克海默(Max Horkheimer,1895—1973)和阿多诺(Theodor Adonor,1903—1969)所说的“工具理性”(instrumental rationality,即强调手段的合适性和有效性、不顾目的正当与否的理性)的极度崇拜。

曼德维尔被誉为“一个盛行讽刺的时代中最伟大的讽刺家之一”(见《曼德维尔艺术和思想新探》[1]),其文章的讽刺风格堪与斯威夫特及蒲柏媲美。曼德维尔的散文是英语文学的精品,他不但是哲学家、经济学家、社会心理学家和医生,亦是一位不可模仿的散文大师。本书第一卷中对长诗《抱怨的蜂巢》的22则评论,每一则都是美文,足以独立成篇,有理且有趣,其风格胜于培根的论说文,因为培根散文素以枯燥简古著称。另外,本书第二卷的六篇对

① Irwin Primer (ed.), *New Explorations in the Art and Thought of Dr. Bernard Mandeville*, Kluwer Academic Publishers, 1975.

话，亦颇具柏拉图对话录之神韵。

关于本中译本

除了1705年出版过一个盗版的《抱怨的蜂巢》外，《蜜蜂的寓言》第一卷曾有过1714、1723、1724、1725、1728、1729和1732不同版本。《蜜蜂的寓言》第二卷则曾有1729、1730和1733三个版本。

牛津克莱伦登1924年版的《蜜蜂的寓言》，其第一卷的采用的是1732年版本，即作者在世时该卷的最后一版；其第二卷采用的则是1729年版本。因为根据牛津克莱伦登1924年版本评注者凯依(F. B. Kaye)考证，1729年版本的第二卷比1732年版本更接近曼德维尔本人的文本。目前这个中文译本即依据牛津克莱伦登1924年版译出，边码也依据各卷版本分别标出，即第一卷为1732年版本页码，第二卷为1729年版本页码。中文版本目录后每卷边码中的罗马数字所标页码分别为该卷本身外文原书“序言”页码。《蜜蜂的寓言》一书于1733年首次出版了两卷本，1795年曾合为一册出版。1740年它被译成四卷本法文版，1761年后又陆续有了四种德文版。

这个中译本取自中国社会科学出版社《蜜蜂的寓言》中文版(2002年5月第一版，2003年9月第二版)，是我十几年前的译作。当年那个版本将原书(即牛津大学1924年版)两卷本合为了一册。今年，商务印书馆拟将此书收入“汉译世界学术名著丛书”，并保持原来的两卷本。因此，我补译了原书第一卷中的《论慈善与慈善学校》、《为本书辩护》、第二卷《序言》及两卷的《索引》，计有10余万字。值此书扩充再版之际,我对原译稿的文字和注释做了一些修改。

此书的牛津大学版包括了该书的编辑、美国伊利诺伊州西北大学学者凯依(F.B. Kaye)的评注,举凡作者的生平、著作、思想、影响、版本考据等内容,均较为详实,但篇幅过长,有时竟占去原书页面的五分之四(且用的是小号字),颇显繁琐,似有喧宾之虞,除了专事研究曼德维尔者,或许不会使其他人感兴趣。因此,这个中译本略去了凯依的评注,以突出曼德维尔的原作。

肖聿

2014年6月识于北京

蜜蜂的寓言[①]

或

私人的恶德，公众的利益

及《论慈善与慈善学校》《社会本质之探究》

B.曼德维尔 著

第六版

附

为本书辩护

因米德尔塞克斯郡大陪审团报告书中的诽谤

暨致C爵士的一封辱骂信

伦敦·1732

① 本页为1732年版《蜜蜂的寓言》扉页文字。《蜜蜂的寓言》共分两卷，1732年版是曼德维尔生前出版的最后版本。牛津克莱伦登1924年版第一卷即依据1732年版本刊行。另据1924年版本编选者凯依(F. B. Kaye)考证，1729年版本的第二卷更接近曼德维尔本人的文本。因此，牛津克莱伦登1924年版第二卷依据1729年版本刊行。相应地，中文版第一卷边码为1732年版本页码，中文版第二卷边码为1729年版本页码。—— 译者

英国名家论曼德维尔及其《蜜蜂的寓言》

我想，我读曼德维尔是在四十或五十年以前……他极大地开阔了我观察真实生活的眼界。

——S.约翰逊(引自鲍斯维尔著《约翰逊传》，1887 年版，第292 页)

这是用英语写出的最邪恶、最聪明的著作。

——H.C.罗宾森[①](《日记》，1869 年版，第 392 页)

就算是莎士比亚来写一本谈论人类行为动机的著作，……那也极有可能不及在《蜜蜂的寓言》里所看到的如此有力的论证的一半。

——T.麦考莱(《麦考莱全集》卷五，1866 年版，第 5 页)

我喜欢曼德维尔(胜于喜欢拉·罗歇福科)。他对自己论题的

① H.C.罗宾森(Henry Crabb Robinson，1775—1867)，英国律师、日记作家，著有《日记，回忆及书信》(1869)。—— 译者

论证更为深入。

——W.赫兹利特(《作品集》卷六,第 387 页)

好吧,就在这个午夜,就在我这张椅子旁,
我来重温你的忠告,并自问:你是否依然
恪守它们的教导?——其要义并非蠢材所想。
我悟出:精妙的技巧能穿过混乱,
穿过充满逻辑之光的文字行行,
其声音愈益深沉,一直到它渐渐
达及静寂,来到一个神圣的地方,
辨析善恶,将它们结合得和谐顺畅,
将你揭示的真理之伟绩高声颂扬,
伯纳德·曼德维尔,久已作古的先贤!

——R.勃朗宁(《与某君晤谈》,1887 年,第 31 页)

目　　录

（第一卷）

前　　言 iii

法律与政府之于公民社会的政治团体，有如生命精神及生命本身之于有生命造物的自然群体。对尸体的解剖研究发现：更直接用于维持人体机器运动的主要机构与最精妙的弹簧，既非坚硬的骨骼、强壮的肌肉及神经，亦非如此美丽地覆盖其上的、光滑的白皮肤，而是那些微不足道的薄膜与导管，它们被普通人忽略，或 iv
被视为无关紧要。将人的天性从艺术与教育中抽象出来加以考察时，情况亦如此。这种考察会发现：使人变为社会性动物的，并不在于人的追求合作、善良天性、怜悯及友善，并不在于人追求造就令人愉悦外表的其他优点；相反，人的那些最卑劣、最可憎的品质，才恰恰是最不可或缺的造诣，使人适合于最庞大、(按照世人的标准衡量)最幸福与最繁荣的社会。

以下的寓言已经充分表达了我要说的意思。八年多以前，它以一本价值六便士的小册子的形式发表，标题为《抱怨的蜂巢，或骗子变作老实人》。这本小册子出版后很快便被盗版，被印在仅值半个便士的纸张上，沿街叫卖。小册子的第一版出版之后，我便遇到了一些人，他们既非存心，亦非无知，却误解了那本书的意图(倘 v
若能说它有什么意图的话)，以为其目的在于嘲讽美德与道德，通篇皆是为了鼓吹恶德。这种误解使我下定决心：每当那本书再版时,我都想方设法地让读者知道我写这首诗的真正目的。我并不以诗歌之名去抬高这几行松散文字的身价,并不仅仅由于它们押韵而期望读者从它们当中看到什么诗意,所以,对给它们取什么名称,我委实为难,因为它们既非史诗,亦非田园诗,既非讽刺诗,亦非滑稽诗或英雄喜剧诗。若作为故事,它们缺少故事所需的现实可能性;若作为寓言,它们又嫌过长。对于它们,我只能说:它们是一个以打油诗形式讲述的故事,其中绝无卖弄机智的企图。我已竭力使它的叙述风格平易浅近:随便读者将它称作什么,我都欢
vi 迎。据说,蒙田[①]精通人类的种种缺点,却不熟悉人类天性的种种卓越;只要人们对我的评价并不差于对蒙田的,我便应认为对我的评价很公道了。

这个寓言里的蜂巢所代表的,无论被理解为宇宙间的哪个国家,对这个国家的法律和体制的描述,对其居民的荣誉、财富、权力及勤勉的描述,都会表明:那必定是个庞大、富有而又好战的国家,并幸福地为一种有限度的君主政体所统治。因此,这个寓言的讽寓将涉及以下几行文字所描述的不多几种专业及职业,并且几乎涉及各个等级和各种身份的人,其目的并不是去伤害、去针对特定的人,而仅仅是去表明:各种卑劣的成分聚合起来,便会构成一个健康的混合体,即一个秩序井然的社会,因此,政治智慧的惊人力量殊堪嘉许,这种力量得益于一种帮助,它来自一部美妙无比的机
vii 器,而这机器却是由最微不足道的部件构成的。这是因为,这个寓言的主要意图(像这个寓言的“寓意”部分简要解释的那样)乃是要

① 蒙田(Michael de Montaigne,1533—1592),法国散文家。——译者

表明：既享受一个勤勉、富裕和强大的民族所拥有的一切最优雅舒适的生活，同时又具备一个黄金时代所能希望的一切美德与无辜，此二者不可兼得。由此，我将揭露一些人的荒谬和愚蠢，他们渴望成为富裕发达者，并且出奇地贪婪，追求一切能够获得的收益，却总是或低声抱怨，或高声反对那些恶德及不便。自世界肇始直至今日，那些恶德及不便始终与一些王国及国家不可分离，而那些王国及国家则无一不同时以强大、富裕和文雅而闻名。

为达到这个目的，我首先大略描述了一些专业及职业通常造成的某些舛错及腐败。然后我再证明：娴熟地管理每一个人的恶 viii
德，将有助于造就全体的伟大及世间的幸福。最后，我要陈述普遍的诚实、美德及全民的节制、无邪和满足所造成的必然结果，并以此表明：倘若人类能够医治其出于天生邪恶所犯下的错误，那么，人类便不再能够生存于如此庞大、有效而文雅的社会中，因为他们已经处于一些自创世以来就繁荣起来的联邦政体及君主政体的统治之下了。

你若问我做这一切的目的何在，*Cui bono*？[①] 这些见解会带来哪些好处？”的确，除了给读者提供一些不同的思考，我认为它们不会带来任何好处。但若有人问我：从这些见解当中应当自然而然地得出什么结论？我便会回答说：首先，人人都在不断地挑剔旁人的错误，而通过阅读我这些见解，人们将学会反躬自问，审视自 ix
己的良心，将会为自己总是抱怨多少属于他们自身的罪过而感到脸红。其次，一些人对安逸和舒适极感兴趣，他们收获着一切利

① *Cui bono*，（拉丁语）何益之有？——译者

益,而这些利益皆为一个伟大、繁荣民族的成果。这些人将学会更有耐心地顺从那些不便之处,地球上的任何一个政府都无法医治它们,而这些人应当看到:不可能既享受安逸舒适,同时又不面对那些不便之处。

倘若人们愿意听从对他们的点滴忠告,愿意变得更好些,我便可以认为,我发表这些见解,自然就该收到以上结果。然而,许许多多个世纪以来,人类却一直依然故我,尽管产生了不少富于教益的雄辩著作,那些著作竭力改善了人类。我的虚荣,尚未使我奢望
x 以这本微不足道的东西去获取改善人类的更大成功。

拥有了这小小的奇想可能产生的这点小小的长处,我想我就不得不去证明:这本书不应当对任何人抱有偏见,因为一本书若是毫无益处,它至少不应有任何害处:为了做到这一点,我做了一些解释性的评论,在那些看上去最容易产生例外的段落里,读者自会发现这些评论的标记。

从未见过《抱怨的蜂巢》的挑剔者会告诉我说:无论我对这个寓言说些什么(它们占据的篇幅连这本书的十分之一都不到),我所说的也全是旨在引入那些评论;我非但没有廓清那些值得怀疑的或者晦涩的地方,反而强调了我打算详细阐述的东西;我非但没有尽力减轻以前所犯的错误,反而变本加厉,犯下了更糟的错误。他们想由此证明:在漫谈那些题外话时,我对恶德的鼓吹比我在那
xi 寓言里做得还要厚颜无耻,还要登峰造极。

对这些责难,我根本不花时间做答。对心存偏见者,最佳的道歉亦毫不奏效。我知道有些人认为:任何情况下都必然存在恶德,这种假设是有罪的;这些人将永远不会悟出个中真谛。不过,倘若

深究这个假设所能造成的一切冒犯，那就必定会根据错误的推导得出一个也许是错误的结论，而我不愿任何人犯这样的错误。我说恶德与伟大而有效的社会不可分离，我说那些社会的财富和庄严不可能不依赖恶德存在，并不意味着这些社会里有罪的具体成员不该受到持续不断的谴责，或者当他们成为罪犯时不该受到惩处。

我相信，在伦敦，只有很少的人才不得不随时步行，然而人们却会希望伦敦的街道比通常更洁净一些；他们除了自己的衣服和 xii
私人便利之外，对其他一概毫不关心。不过，一旦考虑到：那些使他们恼火的东西来自这个大城市熙熙攘攘的交通和它的富裕，一旦开始关心这个大城市的福利，人们便几乎不会希望看到这个大城市的街道变得干净一些了。这是因为，我们若是想到：我们必须按照惯例，将一切材料用于数不胜数的商业和手工业，我们若想到这个城市每天消费的大量食物、饮料和燃料，想到必定由它们产生的垃圾和废物，想到无数马匹及其他牲畜总是在街道上来来往往，想到运货马车、四轮马车以及更为沉重的客运马车在无休止地磨损着这些街道的铺路石，最重要的是想到不计其数的人群不断损坏和践踏这些街道的各个部分；倘若考虑到这一切，我们便会发 xiii
现：每个瞬间都在产生着污物。想想那些大街与河边距离何其遥远，那些污物刚一产生便即刻将它们清除，这需要付出多大的代价，这需要何等的殚精竭虑，因此，伦敦若要变得更洁净，其繁荣便必定会有所减少。现在我要问：一位良好公民若考虑了方才所说的一切，他是否会认为肮脏的街道乃是伦敦幸福生活的一种不可分离的必要罪恶呢？那些街道并不妨碍对鞋子的清洁及对街道的清扫，因而对擦鞋者和清道夫毫无偏见。

然而,倘若不考虑这个城市的利益或福祉,而问我:何处才是散步时最愉快的地方?那么,谁都不会怀疑,我会认为那应当是个馥郁芬芳的花园,抑或乡村里的一个浓荫蓊郁的小树林,而不是臭
xiv 气熏天的伦敦街道。同样,倘若不考虑世间一切伟大及虚幻的荣耀,而问我:人在何处才最有可能享受到幸福?我便会认为那应当是个和平的小型社会,那个社会中的人既不为邻人所嫉妒,亦不为邻人所尊崇,而满足于依靠他们居住地的天然物产生活,形成一个富于财富和实力的浩大民族,并且总是准备对外出兵,以征服其他民族,在国内纵情享受来自国外的种种奢华。[1]

我在本书第一版中对读者说的,就是以上这些。在本书第二版[2]的前言里,我并未增添任何东西。但是,自那时起便掀起了一片反对这本书的强烈呐喊,这完全符合我对好心人的正义、智慧、慈善以及公平品质的估计。我对此辈失望已极。这本书曾被大陪
xv 审团提起公诉[3],并且遭到数千人的谴责,而他们连这本书的一个字都没看过。这本书曾被拿到伦敦市长面前批判宣讲。一位牧师每天都在对它进行彻底批驳,此人在广告上辱骂我,并威胁说他会在两个月,或至多五个月后反驳我这本书。[4] 在本卷末尾的《为本

① 本书1714年版序言到此结束。—— 译者

② 除了第一版序言,我还对读者说了一些话,以下便是。

③ 此事发生在1723年。1728年11月28日,米迪尔塞克斯(Middlesex)的大陪审团再度裁定此书为“可耻的、不名誉的作品”,并批准将原书及该陪审团1723年的裁定一同发表。—— 译者

④ 1723年8月12日,《真正不列颠人报》登载了一则新书广告,称那本新书在为慈善学派辩护时,将充分而明确地驳斥曼德维尔等人的许多“错误的、可耻的、恶毒的”见解。该报于8月16日、26日和9月2日反复刊登了这则广告。但广告中的新书直到1724年8月才出版。因此,曼德维尔此处说的五个月并非夸大其辞。—— 译者

书辩护》当中，读者自会看到我不得不为自己说的话。读者还会在其中看到那个大陪审团的裁定，以及一封致尊敬的 C 爵士[1]的信。此信首先是措辞考究，其次是雄辩而连贯。作者表现出了诟骂的良好才具，表现出了一种伟大的睿智，即在其他人绝不可能发现舛错的地方发现谬误。作者激烈反对邪恶的书籍，矛头直指《蜜蜂的寓言》，并对其作者怒不可遏。此人给该书作者的滔天大罪冠以四个有力的骂名，并给大众冠以一些优雅的讽刺诨号，说此类作者正生活在危险当中，而上天的复仇将降临到整个国家。因此，他悲天 xvi
悯人，提醒众人当心这个作者。

考虑到此信的长度，考虑到它并不单单是针对我一个人，我原打算首先仅将其中与我有关的部分摘录下来。然而，我更仔细地研究了这封信之后，却发现那些与我有关的部分竟然和那些与我无关的部分如此紧密地交织在一起，因此，我便不得不以该信的全文去叨扰读者了。我也希望，该信尽管十分冗长，其夸夸其谈仍能使屈尊阅读它所谴责的那篇论文的读者感到兴味盎然。

① 尊敬的 C 爵士（Right Honorable Lord C.），指汉诺威的卡特莱特男爵（Baron Cateret）。—— 译者

1

抱怨的蜂巢，
或
骗子变作老实人

宽敞的蜂巢有众多蜜蜂聚居，①
他们的生活实在是奢华安逸；
这蜂国素以法律和军队驰名，
它繁育着庞大而勤劳的蜂群；
这蜜蜂之国的确可以被列入
科学与勤勉的一方伟大苗圃。
没有哪群蜂有过更好的政府，
或者更无瑕疵，或者更不知足：
他们既不是残暴君主的奴隶，
亦未蒙受狂热民主制的治理；
有一点却不会错：他们有国王，
2 然而法律却高于君主的权杖。

这些昆虫生活于斯，宛如人类，

① 为便于和后面的《评论》部分互相参照，方括号中的英文字母为标出“评论”的地方，与后面的《评论》部分一一对应。——译者

微缩地表演人类的一切行为；
他们做着城市里做的诸事，
也做属于长剑及法衣的事：
他们完成的精微工作，是由
人眼难辨的纤肢轻敏造就；
我们虽然见不到引擎和劳工、
见不到船只、城堡、军队和技工，
见不到工艺、科学、商店、工具，
但蜂国却有与之相当的东西：
蜜蜂讲的语言我们虽说不懂，
但那些名称必与我们的对应。
应当承认：除需要其他事物外，
他们也需要钱，他们仍有国王；
他们也有卫兵；因此我们可以
得出公正结论：他们亦有戏剧；
除非军团的士兵列队游行，
否则军团的存在别无他用。

大群的蜜蜂涌进兴旺的蜂巢； 3
那众多的蜜蜂更使他们繁茂；
数百万蜜蜂无不在纷纷尽力
满足着彼此间的虚荣与贪欲；
而另外数百万蜜蜂则被雇来，
目睹他们的手工在横遭破坏；

他们已然构成了半数的蜂国；
但他们的工作却比工蜂更多。
有些拥有丰沛股本，痛苦很少，
他们全力投入生意，收益丰饶；
有些则注定使用斧头和铁铲，
肩负着一切艰苦辛劳的重担；
那不幸者，则情愿日日地挥汗，
气力用完、四肢疲惫才能吃饭：
另一些则从事那些神秘技艺，[A]
惟少数蜜蜂才能成为其徒弟；
它不要什么股本，而只要黄铜，
即使一文不名，也能发财兴隆；
他们是骗子、寄生虫、皮条客和优伶，
是小偷、造假币的、庸医和算命先生。
面对正直的劳作，他们全都是
4 心怀敌意，因此纷纷绞尽脑汁，
将敦厚又大意的邻居的劳动，
统统变成了为他们自己所用。
此辈被称作骗子，却否认此名，[B]
严肃勤勉者也无不徒有其名：
一切行业里面都存在着欺骗，
没有一种行业里不包含谎言。

律师，这个行业的诀窍之根本

乃是均分办案所得，聚敛资金，
与一切登记作对，而这些骗子
会为抵押的财产做更多丑事；
他们像不法者，虽未成为被告，
但对自己的罪，他们想必知晓。
他们总是故意拖延出席听证，
却掰着手指计算聘请的费用；
为了给一项邪恶的理由辩护，
他们便去检索浏览法律全书。
如同窃贼商店和客栈之所为，
寻找着最能乘虚而入的机会。

医生们将自己的财富及名声
看得比垂危患者的健康还重，
也重于其医术：他们最下工夫
研究的，并非医术的规则法度；
而是凝思的外表和无味行为，
以便获取药剂师的青睐赞美；
以便获取接生婆、神甫和来自
一切为生与死服务者的赞誉。
以与那些永远饶舌的人相处，
去聆听我太太的姑妈的吩咐；
带着定了型的笑容，问声日安，
去讨好家庭当中的所有成员；

并且,最该遭诅咒的事情是去
忍受护士们的种种刁蛮无礼。

那些为主神服务的众多神甫,
他们被雇来从上界获取赐福,
其中的少数具有口才和学识,
大多数却统统是暴躁和无知:
但全都通过了考核,并全能将
其怠惰、淫欲、贪财和傲慢掩藏;
6 以这些嗜好闻名,就像缝衣匠
喜欢白菜、水手爱白兰地一样。
有些神甫相貌粗俗,衣着寒酸,
往往神秘兮兮地为面包祷念;
本打算以此获得充裕的存货,
然而他们其实并未获得更多;
当这些神职苦役挨饿的时刻,
他们为之服务的那班懒惰者
却正在安享舒适,他们的脸上
焕发着健康富裕的熠熠容光。

有些士兵不得不去投身战役,[C]
若能幸存,他们便会获得荣誉;
有一些虽然躲过了血腥死亡,
却是四肢残缺地逃离了战场:

一些骁勇的将军与顽敌战斗，
另一些却接受贿赂，放走敌手：
有些总是敢于投入激烈拼搏，
这次失掉腿，下次又失掉胳膊；
直到完全丧失能力，而被抛弃，
仅靠着他们的半份薪水生活；
而另一些人从未参加过战斗， 7
留在家中，却享受着双份薪酬。

其国王们虽受侍奉，却在受骗，
被自己的内阁大臣蒙哄欺瞒；
许多大臣是自己福祉的奴隶，
紧攥着他们节省的每枚钱币：
虽年金微薄，却过着奢华生活，
他们总是以自己的诚实自得。
每当他们在滥用自己的权力，
便将狡猾骗术称作权宜之计；
百姓若是看破了他们的伪善，
他们往往会用津贴充作交换；
只要是一切有关获取的事务，
他们便不肯朴素，亦不知餍足；
这是因为没有一只蜜蜂不想，［D］
（我不说，）获得比他应得的更多；
这个念头却不敢让别人知道，

他为此付出,像你们赌徒所做,[E]
尽管机会公平,但在输家赢得
他们所赢之前,赢家从未赢过。

8 但谁能将他们频频称为骗子?
他们将大街上被废弃的东西
统统卖作垃圾,却可肥沃土壤,
买主们时常会发现:自己往往
在与一大群百无一用的无赖
和龌龊的渣滓互相混杂起来;
但连枷[1]却很少有抱怨的理由,
他出售另一种盐去换取黄油。

正义女神[2]素以公平正大闻名,
她虽蔽目,却依然不失其感情;
她的左手,本应持着天平衡器,
却为黄金收买,屡将天平丢弃;
还有,尽管她看上去不偏不倚,
其惩罚其实仅出于个别私利,

---

① 连枷(flail),一种打谷用具,这里转喻那些尽量利用机会发财的人;而所谓"另一种盐",即指此段中说的城市垃圾。——译者

② 正义女神,即古罗马神话中的朱斯提克(Justice),古希腊神话中的狄刻(Dice),被描绘为以布带蒙眼,一手持剑,一手持天平的女子。——译者

审判谋杀及一切暴力犯罪时，
却佯装经过了正常法律程序；
但有一些虽因欺骗初遭嘲笑，
最终仍因为其失败而被处绞；
有些人认为：这位女神的利剑
只用来对付绝望者与贫穷汉；
那利剑被迫出于纯粹的必然， 9
悬挂在那株罪恶的病树上面，
那些罪人实在不该遭此命运，
受到护佑的乃是显赫的富人。

因此，每个部分虽被恶德充满，
然而，整个蜂国却是一个乐园；
蜂群爱好和平，同时惧怕战争，
异邦蜂群尊重这蜂国的蜂群，
羡慕他们挥霍财富、享受生活，
羡慕其他诸蜂巢的太平祥和。
而这已成了这个蜂国的福分，
其共有的罪恶使其壮大昌盛。
而美德则已经从政客们那里[F]
学得了上千狡猾多端的诡计，
在政客们那些美妙影响之下，
美德与恶德结为朋友，从此后，
众多蜜蜂当中的那些最劣者[G]

对公众的共同福祉贡献良多。

10 此乃这蜂国的诡计,每个分支
都在抱怨,其整体却得以维持:
这就如同那音乐里面的和声,
总体和谐中亦存在不谐和音;
那直接对立的党派实为互助,[H]
虽然表面上似有敌意与怨怒;
而节制饮酒的约束更会导致
众蜂的酩酊大醉与狂饮暴食。

贪婪,这个衍生出邪恶的根基,[I]
这该诅咒的劣根的天生恶德,
乃是那些挥霍者的仆从奴隶,
挥霍是一种高贵罪孽[k];而奢侈[L]
亦在支配着上百万穷苦之士,
可恶的骄傲则主宰着更多人:[M]
皆因为嫉妒心与虚荣心本身[N]
均为激励勤勉奋斗的传道人;
他们那种可爱的愚蠢与无常
见诸其饮食、家具以及服装,
那恶德虽说是格外荒唐万分,
却在推动着贸易的车轮前进。
11 他们的法律以及他们的服装,

亦统统都是同样地变幻无常；
因为此时被看作正当的行为
仅半年之后便会被视为犯罪；
而当他们照此修改其法律之时，
却仍希图寻找并匡正微小过失，
他们被屡错屡犯的失误所改善，
任何精明都无法预见那些错舛。

恶德就这样养育了机智精明，
它随着时代及勤勉一同前行，
并且给生活带来了种种方便，
它是真正的快乐、舒适与安然，[O]
其威力无比，竟使那些赤贫者 [P]
生活得比往日阔人还要快乐，
因此他们的所求已没有再多。

一旦众生了解了福乐的界限，
便会懂得其幸福是何等虚幻！
下界凡胎所拥有的那种完美，
已非上界众神所能一一具备；
这些满腹牢骚的畜生从来都 12
对传道士们和政府心满意足。
但他们虽每每取得邪恶成功，
却喜爱那班无可救药的生灵，

即那些该死政客、军队及舰只；
人人都在喊叫着骗子手该死，
尽管意识到自己亦是个骗子，
却强烈盼望着别人心地诚实。

有人因欺骗主人、国王和穷汉，
获得了王侯贵族一般的财产，
他竟敢大喊：这国土必会因为
其全部欺诈而沉落；你认为谁
该被这个说教的恶棍所谴责？
是那售羔羊以换孩子的商者。

最不该做的错事已全被做完，
最妨害公众生意之事亦做全；
但所有恶棍却都无耻地高叫：
好心的神，吾辈若诚实该多好！
他们对无耻做出宽宥的笑容，
而被另一些人称为事理不明，
13 他们对其所爱之德总是抱怨，
但愤怒的主神却被抱怨感染，
主神终于愤怒地将誓言立下：
使那个抱怨的蜂巢全无欺诈。
神实现了誓言。欺诈刚离片刻，
诚实便充满了蜜蜂们的心窝。

像那知善恶树[①]，让蜜蜂们看清
他们的那些羞于目睹的罪行；
他们在默默忏悔自己的罪行，
脸儿被自身的丑恶羞得通红：
宛如儿童，常常掩盖其过错，
他们的脸红便表明了其思索：
他们还相信：当旁人看到他们，
会知道他们做过的那些事情。

众神啊！蜜蜂是何等惴惴不安，
其变化又是何其广泛而突然！
半点钟之后，在整个蜂国里面
一镑的价值跌至仅值一文钱。
伪善面具统统被丢在了地下， 14
从大政治家直到粗俗的傻瓜：
一些借得假面者似乎很出名，
其实本人却看上去十分陌生。
酒馆从那天开始便人迹清静，
因为现在欠债者都情愿还清
哪怕是已被债主遗忘的欠账；
债主将其勾销，并不念念不忘。

① 知善恶树（Instructive Tree），《圣经》中上帝种在乐园中的树，吃了树上的果子可分辨善恶，亦称“智慧树”（Tree of Knowledge）。典出《旧约·创世记》第2章第17节。—— 译者

那些曾做过错事者默然而立，
脱却了打着补丁的难堪外衣：
在一个诚实的蜂巢中，众律师
已经没有可用来发财的东西，
惟有那些终日奔波、吃苦受累
的律师，才能挣到足够的薪水。

正义绞死一些罪犯，释放其余，
在她自己目标已经完成之际，
她的存在便不再被视为必备，
其全部仪仗及辉煌就此隐退。
最先是铁匠连同枷锁和铁栏、
20 脚镣和装着铁片的监狱门板；
然后是看守、狱吏以及助理，
正义女神前面不远，站立着
她那最重要最忠实的弘扬者——
凯奇老爷[1]，这位伟大的执法者，
手中已没有那柄无形的利剑，
紧握自己的工具：斧头及绞索。
蒙眼的正义女神站立在云端，
她本人也已被众蜂弃诸一边：

① 凯奇老爷，原文为“Squire CATCH”。在曼德维尔时代，“杰克·凯奇”(Jack Ketch)这个名字已经成为刽子手的代称。——译者

她身旁是她的车辇，在她后面
是各种各样的警察和执行官、
法警、送达吏以及法院的官吏，
他们全都从泪水中榨取生计。

当众蜂生病时，虽然医术犹存，
却惟有熟练的蜂医开药问诊，
蜂医往返的蜂巢皆相距甚远，
他们没有必要去对患者行骗，
亦不做空洞的争论，而是竭力
帮助患者去挣脱病痛的藩篱。
任欺诈的国家生产那些药品，
众蜂仅使用本国出产的药品；
他们知道：众神若将疾病带到 16
那个蜂国，必会同样带去良药。

蜂国的教士们从怠惰中奋起，
已不再向副牧师们收费取利；
而是自食其力并且弃绝恶行。
由祈祷者和牺牲供奉的神明、
一切不合时宜的神，以及那些
知道供奉自己实属多余的神，
都纷纷隐退；因此圣事的数量
便大为减少，（若众蜂需要敬神）

少数圣事由专职大主教主持,
众蜂全都听从他的谆谆教导。
他本人履行关怀的高尚圣职,
绝不干预过问其他任何国事。
他不会将饥饿者从门前赶走,
亦不会勒索穷困者们的薪酬。
饥饿者能够在他的家中吃饱,
雇工在那里能找到大量面包,
贫困旅人亦能得到食宿照料。

17 在国王的众位显要大臣当中,
在国家的所有下属官员当中,
变化是如此巨大,因他们此刻
已经厉行节俭,仅靠薪俸生活。[Q]
穷蜜蜂会十倍繁复地来索取
本来应当得到的薪水,一笔小数;
教士的职业统统是分文不取,
给一些在职的教士一个金币,
现在这会被称为地道的骗术,
尽管从前这被叫做额外贴补,
一切事务皆由三巨头来掌管,
他们必须彼此监视诡诈不端。
以前他们常有种同样的感觉,
它促使他们从事各自的盗窃;

如今他们却怀有同一种感情，
那种感情与数千蜜蜂的相同。

现在没有任何荣誉令人满意，[R]
惟愿拥有应有的生活和器具。
掮客将制服闲挂在其商号里，
他们愉快地与四轮马车分离；
为了还债，他们卖掉乡间别墅，
还卖掉堂皇华美的全套马匹。 18

众蜂规避虚假的价值与骗术，
他们在国外已没有一兵一卒；
众蜂嘲笑异国蜜蜂妄自尊重，
嘲笑由战争获取的空洞光荣。
在正义、自由遭到威胁的时刻，
他们也去作战，却是为了祖国。

现在我们看看这光荣的蜂巢，
看看诚实与商业的相合相交。
虚饰已不复存在，正迅速消失，
而另一种面貌已经取而代之。
因现在已经不仅是个别蜜蜂
每年都在市场花去大笔开支；
而是以劳作为生的众多蜜蜂

每天都不得不做同样的劳动。
他们即使改行亦都于事无补,
因为各自只有做本行的天赋。

19 土地和房屋的价格急剧下降,
贬值的还有奇丽的殿宇宫墙;
犹如底比斯宫殿被当作赌注,
等待出租;而安坐殿堂的众神
虽一度欢欣,现在却宁愿被焚,
亦不愿看到门上的简陋镌铭
嘲笑那为众神所厌恶的虚荣。
建筑业亦几乎全被弃诸一旁,
没有任何人想雇用建筑工匠。
没有哪个测绘师能声名大振,[S]
石匠和雕刻匠亦皆默默无闻。
节制欲望的众蜂在努力学习,
不学如何花钱,而学怎样生活。
尽管他们挥霍过自己的酒钱,
今后却不许他们再走进酒馆。
整个蜂国没有一个葡萄酒商
穿得起金色衣装或发达兴旺。
托凯酒①亦无法赚得大量利润,

① 托凯酒(Tockay),产于匈牙利东北部托凯镇的红葡萄酒。——译者

勃艮第[1]、奥特朗酒亦同样命运。
众廷臣已经引退，与自己妻子
在家同吃圣诞晚餐的豌豆粒。
他们每日都花整整两个钟点，
去照料自己养的一大群马匹。

高傲的克洛亚[2]为了过得豪华，
曾经迫使她丈夫去抢劫国家。[T]
而现在她卖掉了自己的家具，
酒鬼们一直拼命将它们寻觅。
她正以干活挣钱为谋生之路，
一年到头都穿着耐磨的衣服。
轻佻和浮躁的时代已经过去，
而服装与时尚却永远地持续。
结合美丽丝绸与金箔的织工，
及从属于这行当的职业种种。
尽数消失。安宁与丰饶已蔚成
风气，一切器用既朴素且便宜。
仁慈自然已经不受园丁强迫，
听任一切自然地生长和结果。
众蜂皆不准许拥有珍奇之物，

① 勃艮第酒(Burgundy)，法国东南部勃艮第产的红葡萄酒。—— 译者

② 克洛亚(Chloe)，古希腊田园传奇中的牧羊女，其恋人为牧羊少年达夫尼(Daphnis)；她的名字后来泛指淳朴的村女。—— 译者

因为获取它们实在乐不敌苦。

21 骄傲与奢侈已经日益减少,
众蜂便不再到大海上飘摇。
不单是商号,而且所有公司,
现已将工场作坊全部关闭。
各行与各业无不弃绝扯谎,
而那种毁灭了勤勉的满足[V]
则使众蜂赞美简朴的器具,
不寻觅亦不贪图更多东西。

如此,广大蜂国存留下的很少,
蜜蜂数量只有敌国百分之一,
虽然难抵那万千仇敌的侵扰,
仍依然英勇地抵抗蜂国劲敌。
直到最后,他们开始稳守退防,
或战死沙场,或屹立在国土上。
其军队的士兵绝非来自雇佣,
而是为自己去奋勇作战冲锋。
不过他们的勇敢和团结奋战
最终使其赢得了胜利的冠冕。
他们凯旋的代价无比的高昂,
因为数千蜜蜂已经捐躯疆场。
22 苦难和磨砺使他们变得坚定,

使他们将贪图安逸视为恶行。
这大大增强了他们的自制力，
以致为了防止那些骄奢淫逸，
他们纷纷飞进一个空树洞里。
以便去安享满足与诚实无欺。

寓　意

23 因此不必抱怨：傻瓜只会竭力[X]
去使一个伟大而诚实的蜂国
享有世上最多的便利[Y]，既赢得
战争的荣誉，且要生活得安逸，
不存在重大的恶德；但这不过
是他们头脑里的一个理想国。
每当我们享受各种益处便利，
亦必定见到欺诈、奢侈和骄傲；
饥饿无疑是一种可怕的瘟疫，
但是有谁在一生中不曾感到？
我们难道不该将酒业的繁荣
归于干枯、丑陋、扭曲的葡萄藤？
葡萄枝藤的蔓延虽无人注目，
却窒息了其他植物，终于成树；
而它一旦变得枯干而被切断，
便为我们提供果实，好美好甜。
24 我们发现：只要经过了正义的
修剪约束，恶德亦可带来益处；

一个国家必定不可缺少恶德，
如同饥渴定会使人去吃去喝。
纯粹的美德无法将各国变得
繁荣昌盛；各国若是希望复活
黄金时代，就必须同样地悦纳
正直诚实和坚硬苦涩的橡果。

25 # 导　言

自知者如此之少,其最重要的原因之一是:大多数作者都在教导读者应当做怎样的人,却几乎很少想到去告诉读者他们实际上是什么样的人。至于我,则既不想恭维谦逊的读者,亦不想恭维自己。我相信:人(除了眼睛所能见到的皮肤、肌肉、骨骼等等之外)乃是各种激情的复合体;由于所有这些激情皆可以被唤起并首先出现,它们就轮流支配着人,无论人是否愿意,都是如此。我们都装作对这些资秉感到羞耻,而表明这些资秉乃是一个繁荣社会的
26 伟大支柱,便是前面那首诗的主题。然而,那首诗的一些段落似乎显得自相矛盾。我在前言里答应过要对此做些解释性的评论,这些评论会更有助于阐明(我亦想到它们适于去探究):人虽不具备更佳的品质,却依然有可能凭借自身的缺憾,学会区别美德与恶德。在这里,我必须最后一次要求读者留意一点:我所说的人,既非犹太人,亦非基督徒,而仅仅是人,处于自然状态、并不具备真正神性的人。

道德美德探源 27

蒙昧的动物皆仅仅热衷愉悦自己，因而自然会遵从其自身的天然性向，并不考虑其愉悦势必带给他人的利与害。因此，处于自然野生状态下的生灵，最适于大量聚集在一起，平静地生活，最不需要知解力，其必须满足的欲望则更少。所以，倘无政府的辖制，
没有一个动物物种比人类更缺少长期达成群体一致的能力。然 28
而，这恰恰就是人的性质。至于这种性质究竟是优是劣，我不打算做出判断，因为除人类外，没有任何生灵能被赋予社会性；不过，人既是一种精明的动物，亦是一种格外自私而顽固的动物。无论人如何为更高的力量所压制，都不可能单单依靠强力使人变得易于管教，并且获得切实的改进。

因此，立法者及其他智者为建立社会而殚精竭虑、奋力以求的一件最主要的事情，一向就是让被他们治理的人们相信：克服私欲，这比放纵私欲给每个个人带来的益处更多；而照顾公众利益亦比照顾私人利益要好得多。这一直是一项非常艰巨的任务，因此，为完成这项任务的一切机智与雄辩均被尝试过了，而一切时代的伦理学家和哲学家皆使出浑身解数，去证明这个如此有用的命题乃千真万确。然而，无论人类是否曾经相信过这一命题，任何人若不同时向人们提供一种能为他们享用的替代品，作为对冒犯他们

天然性向的奖励,那么,他依然不大可能说服人们对抗自己的天然性向,或将他人利益置于自身利益之上,因为人们若这样做,势必会悖逆自己的天性。以使人类文明化为己任者并非不晓得这一
29 点,尽管如此,他们却无法为每一种个人行为提供如此众多的切实奖励,以满足所有的个人,因此,他们便不得不发明一种想象的奖励,作为一种通用的替代品,用于奖励一切场合下的克己所造成的麻烦。这种替代品不必使他们自己或者其他人付出丝毫代价,却仍可作为一种最能被接受者认可的补偿。

他们彻底勘验了人类天性中所有的力量及弱点,于是发现:再野蛮的人亦会为赞扬所陶醉;再卑劣的人亦绝不会容忍轻蔑。他们由此做出了正确结论,即恭维必是一种最有力的理由,能够用诸人类。于是,他们便利用这部令人着迷的引擎,高赞人类天性的卓越,说它高于其他一切动物,并用漫无边际的赞美,讲述人类传奇般历史上的奇迹,阐明人类知解力的广阔无垠,将千种赞誉加在人类心灵的理性上,说人类依靠它们的帮助,才取得了那些最高尚的成就。他们以这种精心构造出来的恭维,使自己悄然溜入了人心。继而,他们开始向人们灌输关于荣辱的观念,说其中一种乃是万恶之首,而另外一种则是人类能指望达到的至善。做了这一切之后,
30 他们便向人们展示:以如此崇高的生灵之尊贵,去追求满足他们那些与禽兽共有的欲望,却不看重那些更高级的品质,而这些品质使他们比一切可见的生物都要卓越,这样的情况与人类的这种地位又是何其不相称。诚然,他们亦承认:人类天性的那些冲动乃是非常迫切的;抵抗那些冲动会引出许多麻烦,而彻底扑灭它们亦极为困难。不过,他们仅仅将这一点当作一个论据,以证明战胜这些冲

动是何等光荣，而不试图削弱它们又是何等令人反感。

不仅如此，为给人类树立榜样，他们还将整个人类划分成彼此大相径庭的两类：一类由卑劣的、思想鄙俗者组成。此类人总是追逐即刻的享受，全无自我克制，亦全不考虑他人的利益，除了其私利之外，没有任何更高目标。此类人乃是各种肉欲的奴隶，对各种粗俗欲望都毫不抵抗地屈从，根本不去利用其理性机能，却推崇自己的感官快乐。他们说：此类卑鄙粗俗、俯伏于地的坏蛋乃是人类中的渣滓，仅仅具有人形，除外表之外与野兽无异。然而，另外一类人则由高尚的、情志高洁者组成。此类人摆脱了龌龊的自私自
利，推崇获致改进的头脑，将它看作自己最为正大的财产。此类人 31
对自己具有真实的估价，除砥砺那些使自己卓越的品质外，别无快乐。此类人鄙视自己与无理性的动物所共有的一切，并依靠理性的帮助，对抗自己最强烈的天然性向，不断与自己做斗争，以维护他人的太平。此类人的目标除公众福祉及战胜自身激情外，别无他求。

Fortior est qui se quàm qui fortissima Vincit
Moenia……

（治服己心的，强如取城……）①

他们将此类人称作人类这一最高物种的真正代表，其价值不但大大高于前面提到的那一类人，而且大大超过那类人高于野兽的程度。

① 这是《圣经》中的箴言，全句为“不轻易发怒的，胜过勇士；治服己心的，强如取城”。作者引用的拉丁语是其后半句，可译为“自胜如破城”。见《旧约·箴言》第 16 章第 32 节。—— 译者

我们发现:在所有尚未完美到不产生骄傲的动物当中,最完
善,因而亦最美丽、最有价值的动物,通常皆为最骄傲的动物。因
此,在人这种最完美的动物中,骄傲之心与人的本性便如此密不可
分(无论有些人如何巧妙地学习隐藏与掩饰骄傲),乃至没有骄傲,
构成人的复合物中便会缺少一种最主要的成分。我们若悉心考
察,便会发现:几乎无须怀疑,这种成分只是些教训及责备而已。
它们如此巧妙地适应着人的自我嘉许(我在前面已经提到过那些
32 好评了),乃至若将它们散布到众人中,它们不仅必定会获得敏于
思辨者及大多数人的赞同,而且很可能会劝导一些人,尤其是人群
中最激进、最果断,亦最优秀的人,去忍受上千种不便,去克服上千
种困难,乃至使他们可能乐于将自己归为上述第二类人,由此认为
自己具备了那类人的一切卓越之处。

因此我们说:首先,由于英雄们承受了不同寻常的痛苦,以控
制自己的天然欲望,将他人的幸福置于自己一切可见的幸福之上,
我们便应当希望:他们绝不放弃他们获得的有关理性动物尊严的
良好观念,希望政府的权威永远站在他们一边,希望他们拥有全部
可以想象出来的活力,用以张扬正确加诸那第二类人身上的尊崇,
张扬他们高于其余人的优越之处。其次,由于一些人缺乏足够的
骄傲或果敢,无法通过克制自己最珍爱的欲望去提高自己,而屈从
于天性种种耽于感官的强令,我们还应当希望:他们毕竟会羞于承
认自己属于那个低等类别的卑鄙坏蛋之流,并且通常被人看作与
畜生相差无几。希望他们会像其他人那样,在自我辩解时竭力隐
33 藏自己的缺陷,极力赞美自我克制和心向公众的高尚情操。希望
他们会说:他们当中的一些人,极可能被自己目睹的毅力与自胜的

真实证据所说服，极可能去赞美他人身上那些自己所不具备的品德。由于另有些人惧怕第二类人的果敢与英勇，我们希望他们全为其统治者的力量所慑服。因此，我们有理由相信：他们当中没有一个人（无论他们如何看待自己）胆敢为被其他一切人视为犯罪嫌疑的行为进行公开辩解。

这就是击溃野蛮人所采取的方式，至少可能是已经采取的方式。因此，道德的最初基础，显然是由老练的政客们策划出来的，旨在将人们变得互为有用，变得易于管理。这个基础的主要意图是：使富于雄心者从中获得更多收益，即能够更从容、更安全地治理大量的人群。一旦奠定了这样的政治基础，人类便不可能长期处于不文明状态。这是因为：仅仅追求满足个人欲望者，尽管不断受到其他具有同样追求者的阻挠，但即使是他们也完全会看到：每当他们遏制了自己的天然性向，或以更为曲折迂回的方式去顺从这些性向时，他们便不会招致数不清的麻烦，并常能避免许多灾

难，灾难通常发生在过分急于寻欢作乐者身上。 34

首先，他们也像其他人一样，得到了由社会公益行为带来的实惠，因此，对做出这种行为的、属于更高类别的人，他们便会不由自主地产生良好的愿望。其次，他们愈致力于寻求自身利益，不顾他人利益，他们就愈会时时刻刻地相信：挡住他们道路的，并不是任何其他人，而最可能正是他们自己。

所以说，正是他们当中的最恶劣者对提倡为公众精神的兴趣，比其他任何东西都更能使他既获得来自他人的劳动与他人的克己的成果，又在放纵自己种种欲望时更少受到干扰。因此，他也像其他人一样，将一切不顾及公众的、用来满足种种私欲的东西称为**恶**

德。倘若他能从这种做法中看到一丁点前景,那便可能或是对任何一个社会成员有害,或是使自己更少服务于他人。若要将人对抗自身天然冲动的表现都称作**美德**,那就应当极力造福他人,或者出于为善的理性抱负去战胜自己的激情。

35 有人会反驳我说:无论哪个社会,只要大多数人尚未一致崇拜一种统治力量,它便无论如何都不是个文明化的社会;因此,善与恶的概念以及美德与恶德的区别,便绝不是政客们的诡计,而完全是宗教的纯粹影响。在回答这个反驳之前,我不得不重复我已经说过的那句话,即在这篇《道德美德探源》中,我所谈的既非犹太人,亦非基督徒,而是处于自然状态、并不具备真正神性的人。然后我要强调:所有其他民族的种种偶像崇拜的迷信,以及他们对最高存在的那些可怜概念,皆不足以激励人去追求美德。这些东西毫无用处,只能去恐吓或者愉悦粗鄙而没有头脑的大众。历史证明:在一切值得重视的社会里,无论其民众接受的观念有何等愚蠢、何等荒谬(例如他们关于自己崇拜的神明的观念),人类天性永远会尽力伸展出自己的全部分支;并不存在关于财富及权力的、多少能够引起注意的世俗智慧或道德美德,只是有些时候,在一切君主政体及联邦政体中,也会涌现出一些在这方面较他人突出的人。

古埃及人并不满足于将他们能想象出的所有丑陋妖魔统统奉为神明,愚蠢地去崇拜他们自己播种的洋葱头,而与此同时,他们
36 的国家却是世上艺术与科学最著名的苗圃,而埃及人本身,亦比其他任何民族的人都更精通自然的种种最深邃的神秘现象。

在产生道德美德的模式方面,天下没有任何国家或王国能比古希腊和古罗马帝国产生的更多、更伟大,尤其无法与古罗马帝国

相比。然而，古罗马人对于神圣事物的感情却何等自由随便，何等荒谬可笑！这是因为，若不考虑古罗马人的那些神明被夸大了的数字，而仅仅考虑他们给这些神明编造的那些可耻故事，我们便无法否认：他们的宗教远远不是教导人们去战胜个人激情，远远不是为人们指明通向美德之路，而似乎相反，即极力为人欲辩护，并鼓励人的恶德。不过，若想知道究竟是什么东西使古罗马人的坚毅、勇气和宽宏胜过他人，我们就必须将目光投向他们壮观的凯旋仪式，投向他们雄伟的纪念碑和拱门，投向他们那些战利品、雕像及碑刻铭文。我们还要看到他们对军功的各种奖赏、赋予死者的荣誉，公众对生者的赞美，以及他们给予有功者的其他能想到的奖励。于是我们便会发现：使古罗马人做出最高程度的自我克制的，不是别的，正是他们的一种政策，即充分利用能最有效地迎合人类骄傲之心的手段。

所以，最先使人类克制私欲、扑灭自己最珍爱的天然性向的， 37
显然不是什么野蛮人的宗教或其他什么偶像崇拜的迷信，而是精明政客的老练管理。愈仔细探究人的本性，我们就愈加深信：道德美德皆为逢迎骄傲的政治产物。

没有一个人能够完全抵御阿谀逢迎的妖法，无论他如何能力过人，如何洞察秋毫，只要这种妖法施行得技巧高妙，适于他接受即可。儿童与傻瓜往往会囫囵吞下对他们个人的赞美，而对更为精明者，则必须使用更加隐晦曲折的赞美。阿谀愈带概括性，被阿谀者便愈少起疑。你对全城人的嘉许，会被全体居民愉快地接受。你对普遍意义上的文人的嘉许，每一位饱学者都认为他自己尤其要感激你。你可以毫无风险地赞扬一个人的职业，或是夸奖一个人出生的国家,因为你给了此人一个机会,使他能用自己对他人装出的尊重,掩盖他对自己产生的快乐。

38 精明者普遍懂得阿谀作用于骄傲的力量,生怕自己受骗上当,对夸大(尽管这往往十分违逆他们的良心)荣誉,公平交易,家族、社会、有时是他职业的清正廉洁心存疑虑;因为他们知道:人经常会改变自己的决心,做出违逆天然性向的行为;虽然他们可能继续让自己的行为与某种观念相契,却意识到其实自己并非志在于此。这样一来,贤明的伦理家便将人拉向了天使,至少是希望某些人的骄傲会促使他们去仿效其应当代表的那些美好原型。

无与伦比的理查德·斯蒂尔爵士[①]以其惯有的优雅文风,滔滔赞美人这一最高物种,并以华美辞藻阐述人类天性之卓越时,人们不可能不陶醉于他的乐观思想及文雅词句。然而,尽管我时常为他的雄辩力量所打动,并随时准备愉快地接受他狡黠的诡辩,但我却绝不会如此当真,而要反思他的巧妙赞誉,并想到了那些圈套,女人们利用那些圈套去教导孩子们要彬彬有礼。一个刚刚度过童稚期的小姑娘尚未学会如何得体地说话和走路,在百般恳求之下,第一次开始笨手笨脚地尝试着行了个屈膝礼,而保姆却立即
39 狂喜地赞美她道:这个屈膝礼行得太优雅啦!哦,文雅的小姐哟!活脱就是位窈窕淑女嘛!妈妈,小姐行的屈膝礼比她姐姐莫莉的强多啦!众使女也随声附和,而那位妈妈则紧搂着那孩子,几乎要把她挤成碎片。惟有莫莉小姐,她比妹妹大四岁,知道如何行个非

① 理查德·斯蒂尔(Sir Richard Steele,1672—1729),英国著名散文家。——译者

常优美的屈膝礼，因此弄不明白那些人的判断何以如此不合情理，遂满腔愤怒，几乎要为加诸自己的不公而大哭一场，直到有人在她耳边悄声地告诉她：那只不过是为哄那婴儿高兴罢了，而她已经是个女人了，她才会因为大人允许她参与这个秘密而渐渐骄傲起来，并为了自己居高临下的善解人意而格外开心，还添油加醋，一遍又一遍地重复着大人告诉她的话，对妹妹的弱点大加羞辱。在这段时间里，她妹妹却正在幻想着自己是众人当中唯一的宠物。任何人，只要其能力在那幼儿之上，皆会将这些言过其实的赞美称为过分的阿谀奉承。你若愿意，亦可以将它们称为令人厌恶的谎言。然而，经验却告诉我们：正是依靠这种不折不扣的溢美之词，才使年轻小姐们学会了漂亮的屈膝礼，而在养成淑女风度方面，她们比不被滥捧的小姐要快得多。男孩子在这方面也一模一样。大人们极力去说服男孩子：所有良好绅士都很听话，只有乞丐的孩子才粗俗无礼，才弄脏自己的衣服。不，只要那个没有教养的野小子开始
笨拙地抚弄自己的帽子，他的母亲为了让他把帽子摘掉，便会立即 40
告诉这个不到两岁的孩子说，他已经是个男子汉了。倘若她想让这孩子反复做这个动作，便会说他是个海军军官，是个大城市市长，是个国王，或者是某个更高级一些的人物，只要她想得出就行。结果，那个小淘气便会受到赞美力量的怂恿，竭尽全力，使出浑身解数，使自己显得像其浅薄头脑以为大人认为他是的那种人物。

最卑鄙的坏蛋也会认为自己价值无比；而富于雄心者的最高愿望，乃是让整个世界赞同自己的观点，如同前者的一样。所以说，永远激励着每一位英雄的最难满足的渴望，乃是对声誉的渴望；这种渴望，完全是一种无法驾驭的贪婪，即希图享有未来时代

里的其他人对他的尊崇与赞美,就像享有其同代人的那样。并且(无论一位亚历山大或一位恺撒事后会对这个真理如何痛心疾首),巨大的报偿就在眼前,为得到它,连心地最高尚的人也如此乐于牺牲他们的安宁、健康、感官快乐以及自己的一切。这巨大报偿从来都不是别的什么东西,而只能是人类的气息,即赞誉的空幻钱币。一切伟人都曾如此郑重地看待那位马其顿狂人[①]的目标,看
41 待他宽宏的灵魂以及他那颗强有力的心脏。按照罗伦佐·格拉提安的说法,这个世界坐落在那伟人心脏的一角,而那心脏仍显得十分宽敞,以致还能够放下六个世界。[②] 想到这些,有谁能不笑呢?我是说,想到那位作者将对亚历山大的赞誉之辞,与亚历山大为自己的远征制定的目标相比时,有谁能不笑呢?亚历山大自己的话便说明了他远征的目标。他千辛万苦地通过海达斯佩斯[③]时,曾痛苦地大喊:啊,雅典人,你们可曾想到:为了获得你们的赞美,我将自己暴露在什么样的危险前啊![④] 因此,若要界定作为奖赏的、表现得最充分的光荣,要廓清对光荣最多见的说法,那便应当说:

① 马其顿狂人,指马其顿国王亚历山大大帝(Alexander the Great,前356—前323)。法国哲学家彼埃尔·培尔(Pierre Bayle,1647—1706)在其编纂的《词典》及其《杂忆》中将亚历山大大帝称为“狂人”。—— 译者

② 作者从彼埃尔·培尔《词典》的“马其顿”词条下的文章中引用了这个说法。该文说一个西班牙作者在他1757年写的一本书中,将亚历山大的心脏称作“慈善的大殿”,这个世界居其一角,仍显宽敞,尚有再装六个世界的余地。据该文注释,该作者名叫罗伦佐·格拉提安。—— 译者

③ 海达斯佩斯(Hydaspes),公元前326年,亚历山大大帝率军在此与印度人激战,被历史学家认为是他经历的最惨烈战斗。海达斯佩斯是一条河,又名杰赫勒河(Jhelum River),位于今天的巴基斯坦境内。—— 译者

④ 这段话引自古希腊传记作家普鲁塔克(Plutarch,46—120)的《亚历山大传》。—— 译者

光荣乃是一种至高无上的快乐，一个人意识到自己做出了高尚的行为，便会在自恋(Self-Love)[1]当中享受这种至乐，而他亦同时期待来自他人的喝彩。

然而，在此会有人告诉我：除了雄心勃勃者的显赫战功及公开喧闹之外，尚有些默默做出的高尚慷慨之举；美德即其回报，真正善良者仅让自己意识到这一点便满足了。这便是他们希望从其最有价值的表现当中获得的报偿。众多野蛮人当中尚有另一些人，他们对别人做好事，却绝不希图感激与喝彩，竭力不使受惠者知道他们；因此，骄傲根本不能激励人达到最高程度的自我克制。 42

对此，我的回答是：若不彻底了解一个人的行为所依据的原则及动机，我们便不可能对其表现做出判断。怜悯乃是我们所有激情中最温和、最无害的感情，尽管如此，它依然是我们本性的一个弱点，如同恼怒、骄傲及恐惧一样。最弱者通常最具怜悯心，因此，没有人比女人和儿童更富于同情心了。必须承认：在我们的所有弱点当中，怜悯乃是最令人亲近的弱点，乃是与美德最为相似的弱点。不，一个社会中若没有混以相当数量的怜悯，便几乎无法存在。不过，怜悯是一种天性冲动，它既不顾及公众利益，亦不顾及我们自身的理性，因此，怜悯既能导致善，亦可造成恶。怜悯促使毁坏处女的名誉，亦促使败坏法律的公正。无论何人，若依据怜悯原则行事，那么，无论他会给社会带来什么样的好处，都绝不值得夸奖，因为他仅仅是沉溺激情而已，而那种激情碰巧于公众有益。

---

① 自恋(Self-Love)，即弗洛伊德精神分析学所说的"自恋情结"(Narcisus complex)。曼德维尔时代尚无此词。—— 译者

救一个将要掉入火中的无辜婴儿,这绝非什么功绩,因为此举既不好亦不坏,无论那婴儿得到多大恩惠,我们亦只不过是身不由己地
43 做出了那个行为。这是因为,看见那婴儿掉落下去而不奋力阻止,这将造成一种痛苦,而我们的自卫意识却迫使我们避免这种痛苦。同样,一个富有的挥霍者若碰巧具有恻隐之心,喜欢满足自己的这种激情,用被自己视为鸡毛蒜皮的东西去救助一个同情对象,这也绝不算值得夸耀的美德。

然而,有些人却由于不屈从自己的任何弱点,所以能出于对自己的评价,并仅仅出于热爱善举的动机,默默地做出值得称道的举动。我承认,此类人比我曾提到的那类人更通晓一种更高级的美德概念。然而,即使如此(世上这种情况尚属少见),我们仍会从中发现骄傲的明显表现。连最谦逊的活人也必定会承认:对善举的报偿,即因善举引起的满足,就是某种快乐,即他想到自己的价值时对自己产生的快乐。这种快乐,连同造成这种快乐的机会,均为骄傲的确切标记,这就如同面对任何迫近的危险时脸色苍白、浑身战栗,乃是恐惧的表现一样。

过分仔细的读者最初若会谴责这些有关美德起源的见解,也许会将它们视为对基督教的冒犯,我希望他在考虑到一点时克制自己对这些观点的责难,那就是:在表现深不可测的神圣智慧方
44 面,任何东西都不及人类那样出色。上帝为社会所设计的人,不仅会被其自身的弱点及缺憾引向短暂幸福之路,而且同样会出于种种似乎是自然原因的必然性,多少了解自身的弱点及缺憾,而凭借这种知识,人将在以后为那种真正的宗教所完善,被引向他的永恒幸福。

《抱怨的蜂巢》评论（A—Y） 45

［A］另一些则从事那些神秘技艺，

惟少数蜜蜂才能成为其徒弟。（第 3 页第 15 行）

在青年的教育方面，为了使他们成年时获得一种生计，大多数人都为他们寻找那些确有保障的行业，在每个大型的人类社会当中，这些行业形成了完整的实体或联盟。这些行业，既指各种贸易和手艺，亦包括一切艺术及科学，而凡被认为有用的行业，均能在社会共同体中永远存在。年轻人每天都被带入这些行业，源源不断地替补着其中的老人和死去的人。然而，其中一些行业的声誉却远远胜于其他行业，这个差别，乃是由于学会从事某个行业时所需的费用大为不同。为青年择业时，所有精明的父母所参照的，主 46
要是自身的财力及境况。一个人若为了儿子而付给一位大商人三四百镑，却省不出两三千镑以备不时之需，那么，在为儿子打开通往世界之路方面，他便是没有选对时机。他的做法实在应当受到责备，因为他并未让自己的孩子从事那些可以花较少的钱去学习的行业。

许许多多受过上等教育的人，其年收入却非常微薄，因而只得依靠他们令人尊敬的职业，来维持自己高于常人的地位，而常人的收入却是他们的两倍。这样的人若有孩子(往往如此),他们的穷困便会使他们无力让孩子去从事确有保障的行业。因此,他们的骄傲便使他们不愿让孩子去从事任何卑鄙而劳累的贸易。于是,他们或者希望改变自己的财运,或者希望借助于某些朋友或有利的机会。而朋友或良机却一次次推迟对他们的帮助,直到他们不知不觉地上了年纪,到头来一无所获。我不知道这种疏忽怠慢是对儿童更为野蛮,还是对社会更为有害。在古代的雅典,所有儿童都必须在必要时帮助自己的父母。不过,梭伦[①]却制定过一条法律:不得强迫任何做儿子的去救济没有使他学会任何职业的父亲。

47 一些家长让自己的儿子从事非常适合他们现有财力的良好贸易,然而,不等他们的孩子出徒或成为适合那行生意的人,他们便或是死去,或是破产,因此,许多年轻人便再度失去了足够的经济支持,而只得自食其力。有些年轻人或缺少勤勉,或缺乏对自己那个行业的知识;另外一些人则沉溺于享乐;还有为数更少的人是命乖运舛,他们均沦为贫困,根本无法以他们将学会的生意去维持生计。我所说的这些疏忽、管理不善以及厄运,不可能不必然频频发生于人口稠密的地方,因而每天都向这个广阔的世界里投入大量失去生计的人,无论一个国家如何富足,如何有效,无论一个政府如何尽力防止产生这些现象,情形都会如此。究竟应当如何处置这些人呢?我知道,海洋以及军队会接纳其中一些人,而这个世界绝不缺少海洋与军队。诚心从事艰苦劳作者天性耐劳,将成为他们那个行业的熟练工人,或者转入其他的行业:其中那些有知识并

① 梭伦(Solon,公元前638?—前558?),古雅典政治家,立法者。——译者

被送入大学的人,将成为小学校长、家庭教师,一些为数不多的人
则进入办公室等地。然而,懒汉却根本不愿工作,浮躁者则极端厌 48
恶忍受一切约束,这些人又必定变成什么呢?

一些人能够从戏剧和浪漫传奇里获得乐趣,并带有几分温和情趣,他们很有可能将目光投向舞台。倘若口才不错,外表还过得去,他们便会去当演员。有些人热爱自己的肚囊甚于热爱一切,倘若具备良好的味觉,并粗通烹调之术,他们便会奋力加入饕餮者及美食者的行列,学会奉承,学会忍受一切规矩,而成为寄生的食客,永远对主人阿谀逢迎,永远成为家庭中其他人的祸害。另外一些人,他们及其同伴的淫荡都使他们认为人人都是放荡者,自然会沉溺于私通,并且竭力依靠拉皮条为生,还以没有闲暇或者没有技巧为自己开脱。至于最不在乎道德原则者,倘若他们狡诈机灵,则变成了骗子和扒手,而倘若他们的技能和智力都够用,他们便会成为伪币制造者。还有一些人看到头脑简单的女人以及其他一些蠢人都易于轻信别人,倘若他们厚颜无耻,并且具备几分精明,便或者会当起医生,或者装作能够预言吉凶。你看:每个人都将他人的恶德和缺点变作了有利于自己的东西,竭力找到一种谋生方式,它是其天赋及能力所允许的最轻巧、最便当的谋生方式。

这些人当然是文明社会的祸根。但他们也是些蠢人,因为他 49
们并不顾及我们已经说过的那些话,却朝着使他们生活吃苦的法律疏漏大声吼叫。而聪明人则满足于极力小心不让自己被那些疏漏所害,而并不去抱怨任何人类精明审慎都无法防止的东西。

[B]他们被称作骗子,但拒绝这名,

严肃的勤劳者也是同样情形。(第 4 页第 5 行)

我承认,这只是在不偏不倚地恭维一切从业者。然而,倘若我们能够充分理解骗子这个字的全部含义,并且懂得:每个人的诚实都不是发自内心的,每个人都在将己所不欲施予他人,那我便不会对这个指控提出质疑,而只能说它成立了。买主与卖主无不依靠无数诡计行事,用它们互相斗智;纵使在最光明正大的交易者当中,每天亦都在允许并实行这种做法。这使我看到:商人总是能够
50 发现自己货物的缺点,那些缺点降低了货物的价值;不,任何时候都不向买主拼命掩盖货物的缺点,你能找到一个这样的商人么?昧着良心,对自己的货物大吹大擂,将货物夸耀得超过其实际价值,以更快地将它们销售出去,你可曾见到过不这样做的商人?

德西奥(Decio)是个极有钱的商人,向海外一些地方大量订购白糖。他正与阿尔桑德(Alcander)进行一大宗白糖买卖的谈判,此人是西印度群岛一位出名的商人。虽然两个人都对市场了如指掌,却无法达成协议,因为德西奥是个殷实的商人,认为自己应当出比任何人都低的价钱买进白糖;而阿尔桑德亦与他相同,他并不缺钱,所以坚持自己的出价。两人在交易所附近一家小酒馆里谈交易时,阿尔桑德手下的一个人给主人送来了西印度群岛来的一封信,信中告诉他:正有大量白糖运出到英国,其数量比预计的要多得多。此刻,阿尔桑德的最大希望是:在这个消息公布之前,按照德西奥的买价卖掉白糖。可是,他是只精明的狐狸,认为自己既不能显得急不可待,又不能坐失买主。于是,他便中断了正在进行的谈判,显出一副愉快的心情,聊起了宜人的天气,并由此谈到他从自己花园中得到的乐趣,还请德西奥到自己的乡间别墅

去,那里离伦敦至多只有十二英里。时值五月,实际上,那是个星 51
期六的下午:德西奥是个单身汉,在下个星期二之前,他不用在城
里做生意。于是,德西奥便接受了对方的盛情邀请,两人坐上阿尔
桑德的马车出发了。当晚及次日,德西奥受到了热情款待。星期
一上午,德西奥到阿尔桑德的别墅外面享受散步的乐趣,满足了自
己的愿望。他散步回来时,恰好遇到一位熟人,此人告诉他:昨夜
有消息说,巴巴多斯船队毁于一场暴风雨,还说,在他出来之前,劳
埃德咖啡馆[①]已经证实了那个消息,那里的人都认为,到交易时,
白糖价格将上涨百分之二十五。德西奥回到阿尔桑德那里,立即
恢复了在那个小酒馆中断的谈判。阿尔桑德对自己手下人的消息
确信不疑,并不开始继续谈判,一直拖到晚餐的时候。他看到自己
拖延成功而喜不自胜。不过,阿尔桑德其实万分急于卖掉自己的
白糖,而对方却更是急于买进白糖。然而,两人都惧怕对方,因此
在绝大部分时间里,他们都装出全然无动于衷的模样。最后,德西
奥被自己听到的消息弄得心急火燎,认为再拖延下去可能有风险,
便下定决心,同意按照阿尔桑德的出价做成这笔生意。翌日,两人
回到伦敦,那个消息被证明是真的,德西奥在这桩白糖交易中省了 52
五百镑。阿尔桑德虽然曾想竭力战胜对方,却自食其果,损失了
钱。然而,所有这一切交易却全都是公平合理的。但我敢断定:这
两个人谁都不愿对方用自己施于对方的手段来对付自己。

① 劳埃德咖啡馆(Lloyd's),初建于1688年,以后渐渐成为商人及水手聚会的地方。到曼德维尔时代,这个地方几乎成了一个小型的股票交易所。—— 译者

［C］有些士兵不得不去投身战役，

若能幸存，他们便会获得荣誉。（第6页第11行）

人人都想获得他人的好评，这个欲望实在是永无止境，以致尽管人们被迫违反自己的意愿而被拖入战争，有些人因为自己的罪行而被迫去打仗，因而不得不在种种胁迫之下作战，并且常常是在鞭笞之下去作战，他们仍会因为自己本来打算避免的作为而受到尊重，只要那是他们力所能及的即可。然而，一个人理性的分量若与他的骄傲相同，他便不会对赞扬感到欣喜，因为他意识到自己并不配得到那赞扬。

所谓荣誉，就其真切的含义而言，不是别的，而只是来自他人
的好评而已。荣誉被看作是一种多少具备实在性的东西；而展示
53 荣誉时则多少总是喧嚣或热闹的。我们说君主是荣誉的源泉，意
思就是说君主拥有一种权力，即通过头衔或者仪式（或两者兼有）
为他喜欢的人加上印记。那记号将如同君主发行的货币一样流
通，为其拥有者赢得每个人的好评，无论他配不配得到。

荣誉的反面是恶名，或叫耻辱。恶名是来自他人的恶评或者轻蔑。荣誉被视为对良好行为的嘉奖；耻辱则被看作对恶劣行为的惩罚。这种来自他人的轻蔑表现得愈公开、愈极端，遭受轻蔑者的名声便愈低下。从这种耻辱产生的效果看，它亦往往被称为羞耻。这是因为：荣誉之善与耻辱之恶虽是虚的，但羞耻却是一种实实在在的感受。羞耻意味着一种激情，一种能够产生种种相应症状的激情。羞耻支配我们的理性；要消弭羞耻，就必须像消弭其他激情那样付出巨大努力，进行自我克制。生活中最为重要的行为往往都受制于这种激情对我们的影响，因此，透彻理解羞耻这种激

情,必定有助于说明世人对荣誉和耻辱的看法。所以,我下面将要详细地描述这种激情。

首先,我要给羞耻这种激情下个定义。我认为,我们不妨将羞耻称作对我们自身不值得尊敬之处的一种悲哀的反思,它来自对一种事实的领悟,即其他人若知道了我们这些不值得尊敬之处,必 54
定会对我们心生轻蔑,无论他们是当真知道还是可能知道,均会如此。唯一具备足够分量、能用来反驳这个定义的说法是:其一,天真无邪的处女常常会感到羞耻,她们即使无辜,亦会脸红,并且根本无法对这个弱点做出合理的解释;其二,男人亦时常为别人感到羞耻,而他们与那些人既无交情,亦非亲戚;所以说,羞耻可以产生上千种表现,而上述定义却不能涵盖那些表现。对此,我的回答是:我们首先要考虑到,女人的羞怯乃是习俗及教育的结果。羞怯使她们对一切不合时宜的袒露身体和污言秽语感到恐惧,心生憎恶。不仅如此,所有最贞洁的年轻女子(尽管年轻)还往往都富于幻想,将想象中的事情的种种意念混淆起来,却绝不会将那些意念告诉给任何人。因此我认为:对一位未经世事的处女当面说下流话,这会使她担心:有人会认为她懂得那些话,因此便以为她懂得那类勾当,以为她并不希望被认为对那类勾当一无所知。她想到了这一点,想到人们那些想法会对自己不利,便产生了那种被我们称作羞耻的激情。无论是什么(尽管都与淫荡相去不远)使她产生 55
了我方才暗示的那套想法(她将那些想法视为有罪),其效果全都相同,尤其是在男人面前,只要她的羞怯还起作用。

若想证明这一点是正确的,那就让那些男人在同一位贞洁的年轻女子隔壁的房间里,随心所欲地大放淫秽之辞。在隔壁房间里，那女子料定自己不会被发现，便会毫不脸红地听着那些话(倘若不是谛听的话)，因为此时她认为自己与任何人都毫不相干。倘若隔壁的那场谈话竟使这女子面颊飞红，那么，无论其无邪的想象想到了什么，我们都能断定：在这种情况之下，其脸红完全是因为一种像羞耻一样的激情在使她苦恼。不过，倘若在同一个地方，她听见有人在议论她的某些必定使她丢脸的事情，或者提到任何一件她私下感到内疚的事情，那她十有八九都会感到羞耻并会脸红，尽管谁都没看见她，因为她有理由感到恐惧，即害怕人们知道了这一切会瞧她不起。

上述反驳的第二个论据是，我们时常会为别人感到羞耻和脸红。这种情况并不因为别的，而完全是因为：我们将他人的境况过于拉近我们自己的境况了。所以，看见旁人面临危险时，人们才会发出尖叫。我们以过分急切的心情去思索一种应当责备的行为(倘若是我们自己的)对我们的影响。我们的精神，继而是我们的
56 血液，亦随之不知不觉地产生同样的运动，仿佛那个行为就是我们自己做出的，于是必然会产生种种相同的症状。

在强于自己的人面前，不成熟、无知以及无教养者会感到羞耻，尽管这似乎毫无理由，但这种羞耻却总是伴随着(并且往往是来自)一种意识，即意识到自身的弱点及无能。最谦逊的人，无论他何等心地善良、聪颖博学和富于修养，都绝不会没有出于某种内疚和不自信而感到过羞愧。有些人由于生性质朴和缺乏教育，毫无理由地屈从于羞耻这种激情，或每每被这种激情所征服，我们称之为腼腆。有些人由于不尊重他人，错误地估计自己的能力，却并未学会在必要时不受这种错误估价的影响，我们称之为厚颜无耻

或不要脸。人身上包含着何等奇特的矛盾！羞耻的反面乃是骄傲(参见评论M),然而任何人若从未感到过哪怕半点骄傲,便绝不会产生羞耻之情。这是因为:我们全都格外在意旁人对我们的想法,我们的一切行为都完全出于我们对自己的无比尊重,别无其他。

这两种激情当中包含着大多数美德的种子,是我们身上实实在在的东西,而不是什么虚幻的品质。种种明白无误、各不相同的影响便能够展示这一点,尽管我们刚一受到其中任何一种激情的影响便立即产生理性。

一个为羞耻所压倒的人往往会萎靡不振。他的心脏感到冰凉 57
和紧缩,血液从心脏飞向身体四周;脸在发烧,脖子和胸部的一部分亦如火燎。他的心情沉重如铅。他低垂着头,目光惶惑,紧盯着地面。此刻没有任何东西能够打动他。他对自己的存在感到厌倦,衷心希望自己能够消失得无影无踪。反之,当他满足了自己的虚荣、因骄傲而喜不自胜时,他便产生了种种截然相反的症状。他的精力使动脉的血液激增搏动,一种非同寻常的温暖使他心脏力量倍增,扩张膨胀;他的四肢却很凉爽。他感到自己轻飘飘的,以为自己能够踏在空气上。他昂首四顾,目光活泼。他为自己的存在而愉悦,往往喜欢发发火,并常为世人能够注意到他而感到高兴。

羞耻这种成分在使我们能够互相交往方面是何等不可或缺,简直令人难以置信。羞耻乃是我们本性中固有的。每当受到羞耻之情的影响,人人都会以懊悔的心情屈从于它,并尽可能地防止它产生。然而,交谈的巨大快乐却依然建立在羞耻的基础之上。倘若人类的总体并不受羞耻之心的支配,那便没有一个社会能够得
到改良。所以,羞耻感造成了诸多麻烦,人人全都竭力自卫,因此, 58

奋力防止这种不舒适感的人，便有可能依靠自己的成长在很大程度上克服其羞耻感。然而，这种做法于社会却是有害的，因此，自一个人的幼年时期直至其全部受教育时期，我们便竭力增强，而不是削弱或压抑其羞耻感，而我们对此提出的唯一补救措施，乃是要求他恪守某些规则，以防止这种麻烦百出的羞耻感可能使他做出的那些事情。不过，若要使他彻底摆脱羞耻感，或者治愈他这种感觉，政治家倒宁愿剥夺他的生命。

我所说的规则，就在于巧妙地节制我们自身，压抑我们的欲望，以及在他人面前隐瞒我们心中的真实感觉。有些人在幼年时代并未学会遵守这些规则，在以后的成长过程中，他们便极少获得进步。要获得我所提到的那种造就并且加以完善，最有效的东西就是骄傲之心与常识。我们极度渴望他人的尊重，我们想到自己为他人所喜爱、甚至可能为他人所赞美而飘飘欲仙，这些都相当于对克服最强烈激情的超值报偿，因此，它们便使我们远离一切能给我们造成耻辱的言行。为社会的幸福与完善，我们主要应当隐瞒
59 起来的激情是：贪欲、骄傲以及自私。因此，“羞怯”这个字便具有三层含义，因其掩饰的激情不同而各不相同。

第一层含义乃是羞怯的一个分支，通常使其对象以贞洁而感到自负。它是一种真挚而痛苦的努力，即在他人面前全力扑灭和隐瞒我们那种天然性向，而大自然赋予我们这种性向，目的是繁衍人类这个物种。有关这种做法的课程，在我们有机会学习或理解这些课程的有用性之前很久便开始教给我们，如同教给我们语法那样。因此，在我所暗示的那种自然冲动尚未给儿童造成任何印象之前，他们便常会出于羞怯而感到羞耻并脸红。一个自幼便被

施以羞怯教育的女孩,在她不到两岁的时候,便可能开始观察到(与她交谈的)那些女人如何小心翼翼地在男人面前掩饰自己。大人亦通过教训及实例向她灌输同样的谨慎守则。因此,这女孩很可能在六岁上便羞于露出自己的腿,却既不知道究竟为什么露腿是可耻的,亦不晓得她的羞涩究竟意味着什么。

要做到羞怯,我们首先便应当避免一切不合时宜的身体袒露:
倘若一个国家的风尚允许,袒露脖颈上街的女人便没有什么错处。
若时尚要求女人胸衣的领口开得极低,一位鲜花盛开的处女便可 60
以毫不惧怕任何来自理性的责难,而向世人显示:

她耸起的双乳多么坚实,似白雪一样,

在丰满的胸膛上相距好远,各自生长。

与此同时,她却会因为被人看到脚踝而痛苦,因为时尚要求女人藏起双足,而露出脚踝则打破了羞怯。若一个国家的礼法要求女人遮起脸庞,那么,露出半个脸的女人便是厚颜无耻的。羞怯的第二层含义,用我们的语言来说必是贞洁。它不仅要求自己不讲下流话,而且要远离污言秽语。换句话说,不可提及属于我们这个物种的繁殖行为,至少,那些与我们的繁殖行动之间存在着遥远联系的词句,是绝不该宣之于口的。羞怯的第三层含义是:一切每每能够玷污想象的姿势及行动,即一切能够使我们想到我所说的淫秽事物的姿势及行动,全都应当以极大的谨慎加以杜绝。

不仅如此,年轻女子若要被视为教养良好,还应当在男子面前使自己的一切行为显得稳重,从不接受男子的恩惠,更不给予男子恩惠。除非这男子年事很高,或为直系亲属,或者施受恩惠的任何一方的地位大大高于对方,她的做法才有开脱的理由。教养良好

61 的年轻女士不但严格警惕自己的行动,亦严格警惕自己的外表。从她眼里,我们可能看到一种极为自重的意识,它虽非出于惧怕堕落,却使她决心在任何条件下都不放弃这种自重。对假装正经的女人,人们已经给予了上千种讽刺;同样,对贞洁美女无忧无虑的优雅举止及漫不经心的风度,人们亦给予了同样多的赞誉。然而,更聪明的人都会肯定:与具有令人望而却步的目光、时刻警惕的美女相比,微微含笑的美女那种自由开放的面容更带诱惑性,更能使诱引者想入非非。

一切年轻女子都应当谨遵这种严格的节制,尤其是处女,只要她们十分看重文雅精明人士的尊重,便应当如此。男人的行动自由要大得多,因为男人的欲望更为强烈,更难控制。若将同样严苛的戒律加在男女两性身上,那么,无论男人还是女人便都不会首先做出行动,一切上流社会人士当中的繁衍则必定停滞下来,而这种结果远远不是政治家们所期望达到的目标。因此,较为恰当的办法是:让那个最因严格戒律而吃苦的性别得到松弛,放纵其性欲,制定一些规则,以减弱其严格的自我约束,因为其激情最为强烈,而严苛限制的重负将会是最难忍受的。

因此,男人便被允许公开表露自己对女人的崇拜和无比尊重,
62 并在与女人相伴时表现出比以往更大的满足、更多的欢愉和兴奋。男人不仅可能在一切场合里都对女人彬彬有礼,更殷勤周到,而且可能承认自己肩负着保护她们的义务。男人可能赞美女人的良好品质,想方设法地以夸大之辞颂扬女人的优点,并使自己的言谈举止符合良好的常识。谈论爱情时,他或许会为美女的严格自律而喟叹和抱怨。男人有权以自己的目光说出绝不允许他宣之于口的

意思,他用眼睛的语言随心所欲地表达自己的想法。他以分寸得体的方式、以突如其来的短暂瞥视来完成这种行动。然而,追求一个女人时与她距离过近,或将目光紧盯在那女人身上,这些做法却全然有失风度,其理由十分明显:这会使女人感到不安,并且,倘若这女人尚未被艺术和自我掩饰所充分加固,这些做法便会使她陷入无形的慌乱之中。眼睛乃是心灵的窗口,因此,这种无耻的凝视会使一个没有经验的不成熟女人惊慌失措,生怕被男人看穿心迹,生怕那男人会发现(或者生怕自己已经泄露了)自己的想法。这使她如同在经受一场没完没了的拷问,迫使她透露自己那些隐秘的欲望,并且似乎旨在从她嘴里强索出重大实情,而羞怯却吩咐她要竭尽全力地否认这个实情。

众人几乎无法相信教育具有何等巨大的力量,因而将男女羞 63
怯的差别归因于自然天性,而这种差别却完全来自早期教育:一位小姐尚不到三岁,大人便日复一日地告诉她要藏起自己的腿,她若露出了自己的腿,便会遭到大人最严厉的申斥;而一位同样年岁的男性小主人则被吩咐穿好外套,并要像男人那样小解。包含着全部文雅礼貌的种子的,不是别的,而正是羞耻与教育。既无羞耻感,又没受过教育的人往往明白讲出心中的实情,往往直接说出自己内心的感觉,尽管他们没有其他错处,他们仍然是地球上最令人鄙视的动物。倘若一个男人竟然告诉一个女人:他认为她最适于用来繁殖他的后代,她亦如此认为;在那一刻,他产生了一种围着她转的强烈欲望,于是便为了那个目的而抓住了她,那么,其结果必定是:这个男人会被称为畜生,而那女人会逃之夭夭,而任何文明的人群都永远不会接纳这个男人。任何人,只要具有一丁点羞耻感,都会宁愿压抑性欲这种最强烈的激情,也不愿被如此对待。不过,男人却无须扑灭其种种激情,而只要将它们隐瞒起来即可。美德吩咐我们克制激情,而良好教育却仅仅要求我们隐瞒自己的欲望。对于女人,一位时髦绅士的强烈欲望并不亚于那个畜生般
64 的家伙,但这绅士却以另外一种方式去行动。他先说服那女士的父亲,并表明自己具备养活其女儿的杰出能力。这样一来,这绅士便被允许与那女士交往。然后,他通过阿谀奉承、屈从逢迎、种种礼物以及殷勤周到,竭力获得那女士的好感。他若能获得这种好感,那女士立刻便会在众人面前以最庄重的方式向他投降。到了晚上,这两人同床共枕时,那最克制的处女非常驯服,听任这男人随心所欲,其结果就是:男人甚至不曾提出要求,便如愿以偿了。

翌日,这两人开始接待宾客,而谁都不会耻笑他们,谁都不会对他们的所作所为说上半句。至于这对年轻夫妇本身,两人对对方的注意并不比前日更多(我这里指的是教养良好者)。他们像平时一样吃喝娱乐,没有什么使他们感到羞耻的事情。他们被看作世上最羞怯的人,实际上他们可能就是这样的人。我这番话意在表明:只要具备了良好的教养,我们便绝不会苦于缩减感官快乐,而只会为男女间的相互幸福而劳作,并且会互相帮助,共享一切奢华的世俗舒适。我所说的那种良好绅士不必比野蛮人还强烈地进
65 行自我克制,而后者行事,则比前者更多依赖自然法则与真诚。一个男人若按照自己国家习俗的方式去满足自己的欲望,他便不必害怕任何责难,倘若他的性欲比公羊、公牛还要强烈,结婚仪式一旦完结,他尽可以全力沉浸在快乐狂喜与欢乐之中,使自己精疲力尽;只要其体力和男子气许可,他可以放纵地反复激起并沉溺自己

的种种欲望;他可以放心地嘲笑竟然想斥责他的智者,因为所有的女人以及十分之九的男人全都站在他一边。不,这男人可以根据对自己放纵激情的狂怒,自由自在地评价自己,而他愈是耽迷淫欲,愈是竭力放纵色情享乐,他便愈能更迅速地获得祝福以及女人的好感,不仅是年轻、虚荣和淫荡女人的好感,而且包括谨慎、庄重和最清醒的主妇的好感。

无耻乃是一种恶德,但我们却不可以因此说:羞怯乃是一种美德。羞怯建立在羞耻心之上,是我们天性中的一种激情,其好与坏取决于以它为动机的行为如何。羞耻心可能阻止一个妓女当众向一个男人让步,同样的羞耻心也许会使一个腼腆善良的女人(由于被其脆弱所征服)杀死自己的婴儿。各种激情偶尔也能够造成好结果,然而,惟有在克服激情中才有益处可言。

羞怯中若包含着美德,它便应当是一种黑暗中的力量,与光明 66
中的力量相同,但它却并不如此。追求享乐的男人们深知这一点,他们从不顾及女人的美德,因而能够战胜女人的羞怯。所以,诱引者并不在正午向女人进攻,而是在夜间偷掘战壕,去侵犯女人。

Illa verecundis lux est præbenda puellis,
Qua timidus latebras sperat habere pudor.
(逡巡的白天过后是跃跃欲试的少男少女,
订婚新郎为羞耻找到了何等怯懦的口实。①)

殷实者因其偷情的快乐而犯下罪孽,却有可能并不暴露于人;

① 参看古罗马诗人奥维德(Ovid,前43—17)《爱经》(*Amores*)第1章第5节。—— 译者

但女仆以及更为贫穷的女人却几乎无法掩藏自己身怀六甲的大腹,至少无法掩藏她们生下的婴儿。一个出身良好的不幸姑娘很可能被弃于贫困,除了做保姆或女仆,别无生计。她也许勤勉,忠实,有礼貌,并且格外羞怯,倘若你愿意,还可以说她十分虔诚。她可能会抵御种种诱惑,并长期保持贞洁。然而,在一个不幸的时刻,她将自己的名誉交给了一个有权有势的骗子,而此人后来却抛弃了她。倘若她怀了孕,她的愁苦便更加无法言表。她陷入了这种悲惨境况,不能自拔。羞耻的恐惧时时袭击她,每想到此她都几
67 乎魂不守舍。她所在的那个家庭的全体成员都对她的美德给予嘉许,她的上一位女主人甚至将她看作了圣女。嫉妒她美德的敌人是何等欢欣!亲戚对她又是何等蔑视!现在,她愈是羞怯,陷入耻辱的恐惧愈使她张皇失措,她想到的解决办法便会愈加邪恶、愈加残忍,那个办法既对不起她自己,亦对不起她腹中的胎儿。

人们通常以为:一个毁掉自己婴儿的女人,一个毁掉自己亲骨肉的女人,心中必定包含着大量的残忍,是个野蛮的妖魔,与其他女人殊然迥异。然而,这种看法却往往是错误的。由于对种种激情的性质及力量缺乏了解,我们才会产生这种误解。这个女子以最该诅咒的方式杀死了自己的私生子,同是这个女人,若后来结了婚,亦会悉心照料自己的婴儿,珍爱自己的婴儿,对婴儿产生最慈爱的母亲所能感到的全部温情。所有的母亲都爱自己的孩子;但这种爱乃是一种激情,一切激情又全都以自恋为核心,因此,这种激情便可能被任何更高的激情所压倒,以满足那同一种自恋,若没有其他干扰,这种自恋将使她溺爱自己的后代。尽人皆知,一般的妓女几乎很少杀死自己的孩子;不,就连抢劫犯和杀人犯亦极少犯

下这种罪行。这并不是因为此辈不那么残忍或者更具美德,而是 68
因为他们已经丧失了大部分羞耻心,而对耻辱的惧怕已经几乎不能影响他们了。

对一切无法被我们感觉到的事物,我们的爱都是可怜而微不足道的。所以说,女人对自己所怀的胎儿绝不怀有天然的爱,女人的温情乃始自婴儿诞生之后,而她们在婴儿降生之前所体验的那种感情,乃是理性、教育以及顾及责任的结果。纵使头一个孩子降生之后,母爱亦相当微弱;随着对孩子的感觉的加深,母爱才渐渐增强,并达到惊人的高度,而此时的孩子已经开始通过种种动作来表达自己的悲欢,使人知道自己的需要,对新奇的事物表现出爱,并且能够表现出多种多样的欲望。为了养育和救助自己的孩子,妇女们要承担何等的劳作,要经历何等的艰险!为了孩子,妇女们要表现出何等超出其性别的力量与坚韧!然而,连最卑劣的女人亦曾拼命尽力而为之。人人都出于天性和自然性向的激励而如此行事,全不考虑这种做法给社会带来的害与利。我们享受欢娱,其中绝无益处可言,其产生的后代往往被父母的溺爱所毁灭,并且无可挽回。这是因为:尽管两三岁的幼儿若被沉浸在母亲的呵护中会生活得更好,但以后若不适度节制这种呵护,它便会将孩子完全惯坏,竟至将许多孩子送上绞架。

读者若是认为我对羞怯的这一分支的叙述过于冗长(我们借 69
助它去极力使自己显得贞洁),那么,我将使读者改变这个看法,因为我对其余部分的论述将十分简要。通过这部分论述,我们将使人相信:我们对他人的尊重超过了我们对自己的估价;我们最不顾及的,乃是我们自己的利益。这种值得赞赏的品质,通常被称为风度与良好教养,表现为一种时髦的习惯,人们通过教训和实例养成了这种习惯,那就是:迎合他人的骄傲和自私,并以判断及机敏去掩饰我们自己的骄傲与自私。这种做法只能用于和地位与我们相等或比我们更高者打交道,我们与这种人相处感到平和亲善。这是因为:我们的温文有礼绝不可违背荣誉的规则,亦不应影响仆人以及其他靠我们为生者对我们应有的尊重。

我相信:做了上述提醒之后,这个定义便能够通用于所有能被称作良好教养或恶劣举止的实例上了。从人类生活的全部事件和讨论当中,从所有国家及一切时代找出一个完全不包含羞怯或无耻的实例,找出一个无法以羞怯或无耻去解释的实例,这将是极为
70 困难的。向一个陌生人索取大量的恩惠,却无所顾忌,这样的人被称作厚颜无耻,因为此人公开表现了其自私,却没有顾及他人的自私之心。我们也许从中看到一个男人何以要尽少提及其妻子、孩子以及一切为他所珍爱的东西,并且难得提及他自己,尤其是很少以此夸耀。教养良好者也会渴望、甚至是贪求他人的赞美和尊重,但当面赞美却有悖他的羞怯,其理由是:在尚未得到砥砺提高时,所有的人听到对自己的赞美都会格外愉快;我们全都能够意识到这一点,因此,看到一个人在公开享受这种快乐、而其中没有我们的份,我们心中便会油然产生自私的念头,并立即会嫉妒这个人,甚至憎恨他。所以,教养良好者会隐藏起自己的欢乐,并且矢口否认自己的欢乐,以这种手段去安慰和平息我们的自私,从而躲避了我们的嫉妒和憎恨,否则,他很有理由对它们心怀恐惧。我们自童年时代起便看到:泰然聆听对自己的赞美者每每都要受到嘲笑,因此,我们很可能竭力躲避那种欢乐,久而久之,每当他人要当面称

赞我们时,我们都会感到不安。然而,这并不等于说我们因此要接 71
受天性的指使,而是说我们要将天性包裹在教育和习俗之中,因为倘若绝大多数人都不会因为被人赞美而感到快乐,那么,拒绝这种赞美便绝非出于羞怯了。

从一道菜肴当中,有风度者并不取其最佳,相反,他取其最劣;除非迫不得已,他总是从一切东西当中取最无所谓的一份。他依靠这种礼貌,将最佳的东西留给他人,而那些东西则是对全体在场者的一种恭维,人人都会因此而感到愉快。众人愈是自恋,便愈是不得不赞同他这种举止,于是对他渐渐心生感激,因而无论是否情愿,都会对他产生良好的印象。依靠这种风度,教养良好者逐渐暗自赢得了与之交往的所有人群的尊重。若说他从中一无所获,那么,一个自傲者想到人们心中对他的喝彩时的快乐,已经远远超出了人们赞美他以前的自我克制带给他的快乐,而众人对他的好评,则对他的自恋做出了超值的回报,弥补了他在对他人的殷勤有礼中所蒙受的损失。

在六位文雅有礼的人士面前,有七个或者八个苹果或桃子,其大小几乎一致,那有权最先挑选者所挑选的水果(倘若这些水果具备任何明显差别),将是连孩子都知道是最差的那只。此人这样
做,目的是做出一种讨好的暗示,即他认为和他在一起的人都具备 72
比他更高的优点,他愿意让所有人得到的水果都比他得到的更好。这种习俗和普遍的行为方式,虽说使我们对这种时髦的欺骗十分熟悉,却没有使我们对其荒谬感到震惊。这是因为:倘若人们直到二十三四岁以前都习惯于诚实吐露心中所想,并依据自己内心的天然感觉行事,那么,人们便不可能不在做出这种滑稽举止时或者

放声大笑,或者怒火满腔。不过,有一点却是确定无疑的,即这样的行为能使我们更容易彼此容忍。

了解我们自己,并能明确的区分良好品质与美德,这是极为有益的。社会的纽带强迫每个社会成员都对他人怀有一定程度的尊重;社会地位最高的人,即使是当着一个帝国中最为低贱的人,也不应失去这种尊重。然而我们独处时,我们远离了众人,处在众人可以感知的范围之外,诸如“羞怯”和“无耻”这样的词语便失去了意义。一个人可能是邪恶的,但他独处时却不会是不知羞耻的,而从不传达给他人的思想亦绝不会是厚颜无耻的。一个高傲的人或许会极力隐瞒自傲,以致谁都无法发现其骄傲,不过,此人却从这
73 种激情中获得了比另一个人更大的满足,而后者则放纵自己,向所有的人展示自己的骄傲。良好的风度与美德或宗教毫无关系,它并非压抑种种激情,相反,它煽动种种激情。有理智、有教养者以最为娴熟的技巧掩藏自傲之时,亦是他最能取悦于自傲之心的时刻。他断定一切判断力良好者都会对他的行为给予赞扬,他享受这种赞扬,其乐融融,而短视而傲慢的市府议员则与这种快乐无缘,他的脸上带着明目张胆的高傲,对任何人都不脱帽施礼,极难得屑于和比自己身份低的人说上一句话。

一个人无须克制自己,并且根本无须战胜自己的激情,便可以谨慎地避免做出任何被世人看作出于骄傲的行为。他牺牲掉的,可能仅仅是自傲的那个乏味的外露部分,而只有愚蠢无知者才会从那个部分中得到快乐。他换取的是内心的那部分自傲,而最高尚的人以及最受推崇的天才,则怀着极乐之情,默默以这种自傲为生。在有关仪礼及社会声望的辩论中,显赫的上流人士的骄傲最

引人瞩目,在这些地方,他们有机会给自己的恶德披上美德的外衣,使世人相信:世人的挂虑,世人对其职责尊严或者其主人荣誉的关切,乃是他们个人自身的骄傲及虚荣使然。所有使节及全权 74
大使进行谈判时,这一点表现得最为明显,并且,一切能够看到公共契约中的交易的人,亦能够看到这一点。趣味最高雅者,只要任何人能够发现他们是自尊自重的,他们便根本不喜欢自己的骄傲,这永远是千真万确的。

[D]这是因为没有一只蜜蜂不想,
(我不说,)获得比他应得的更多;
但这个念头却不敢让人知道。(第7页第15行)

我们对自己无比尊重,对他人评价很低,这使我们在一切关乎自己的事情上做出极不公正的判断。很少有人能够被这样的理由说服:与他们售出的东西相比,他们获得的已经太多。无论他们的收获何等非同寻常,他们都不会承认这一点。同时,他们却为了一丁点蝇头小利而抱怨卖主。因此,卖主的利润之微,便成了最能打动买主的理由。商人通常为了自身利益而不得不扯谎,编造出上千个不着边际的故事,却不愿透露他们从自己的商品中真正获得了多少利润。诚然,一些老商贩也会装作比其邻居更为诚实(更常 75
见的情况是装作更高傲),对顾客往往不多说话,并拒绝按照低于最初标价的价格出售自己的货物。然而,此类商人却全是最狡猾的狐狸,他们知道:有钱人若粗暴无礼,其收获往往比殷勤有礼者更多。粗俗者以为:从一个神情严肃、表情愠怒的老手那里,他们能发现的诚意比从一个恭顺的、自鸣得意的年轻新手那里更多。

然而,这是个莫大的错误。倘若他们是绸缎商、布料商之类,他们的同一类商品便会有许多品种,于是,你很快会得到满足。仔细察看他们的货物,你便会发现:每一种货物上都标着商人自己才能看懂的记号,而那正是一个确凿的标志,说明在隐瞒自己货物的真实价值方面,这两类商人同样小心仔细。

76 [E]他为此付出,像你们赌徒所做,
尽管机会公平,但在输家赢得
他们所赢之前,他们从未赢过。(第7页第18行)

这是一种普遍的做法,只要目睹过赌博,任何人都不会不知道这种做法。所以说,人的天性中必定存在导致这种做法的某种原因。不过,许多人都认为寻觅这个原因乃是一件殊不可取的事情,因此,我情愿读者跳过这一条评论不看,除非他具备十足的好脾气,并且根本无事可做。

在输家面前,赌博的赢家通常都竭力隐瞒自己的收益。在我看来,此种做法乃出于一种感激、怜悯以及自我保护交加的心思。获得利益的时候,任何人都会自然而然地心怀感激。只要受到这种感激之情的影响,只要它使人们感到温暖,那么,人们的言行便全然都是真实的,发自内心的。然而,一俟这些言行完毕,我们做出的反应便通常全都出于对美德、良好风度、理性,以及对义务的考虑,而无一出于感激了,因为感激乃是一种产生于天然性向的动
77 机。我们对自己过分的爱驾驭着我们,有如暴君,迫使我们根据是否能做出有利于我们的行动去评价每一个人;对一些没有生命的东西,我们还往往心怀好感,因为我们认为那些东西能为我们带来

眼前的利益。我们若考虑到这一切,便不难发现:我们之所以对输给我们钱的人感到愉悦,乃是出于一条感激的原理。其第二个动机则是怜悯,因为我们意识到了输家的懊恼。我们渴望每个人的尊重,因此,我们害怕由于自己造成了输家的损失而失去他们对我们的尊重。最后一个动机是:我们意识到了输家对我们的嫉妒,因此,自我保护意识便使我们极力减轻使我们心生怜悯的义务及理由,并且希望输家对我们不那么心怀恶意,不那么妒火中烧。当激情得到最有力的表现时,它们便尽人皆知了。一个掌权者给予一个人很高的官位,因为掌权者年轻时曾受过此人一点小小的恩惠,我们将这掌权者的行为称为感激。一个失去孩子的女人嚎啕大哭,绞扭双手,主宰她的激情乃是悲恸。我们见到巨大不幸(例如一个人摔断了腿或者脑浆迸裂)时感到的不安,每每被叫做怜悯。然而,种种激情的温和表现及轻微征候,却往往被忽略或误解。

要证实我这个论断,只需看看赢家与输家之间通常产生的那 78
些激情即可。赢家产生的激情每每是感激,而只要输家不发火,前者还往往会产生歉疚之情。赢家始终在准备讨好输家,情愿万分谨慎,表现出极佳的风度,以纠正自己的错误。输家则很不自在,吹毛求疵,闷闷不乐,或许还会诅咒咆哮。不过,只要输家的言谈举动并非故意与赢家作对,赢家便会占尽便宜而又不会得罪输家,不会使输家心烦意乱,不会与输家结怨。有句格言说:必须允许输家抱怨。[①] 这一切都说明:人人都认为输家有权抱怨,有权因为自

① 见英国戏剧家、剧场经理、桂冠诗人科雷·西博(Colley Cibber,1671—1757)的戏剧《蠢货相争》(*The Rival Fools*,1709)(《戏剧作品集》1777年版,卷二,第102页)。——译者

己的损失而得到怜悯。我们之所以害怕输家对我们心存恶意，这分明是由于我们意识到我们已经使输家不开心，心生恐惧，想到自己比别人更幸福时，我们总会惧怕他人的嫉妒。因此，赢家极力隐藏自己的收获，其意图便是防止出现他意识到的那些灾祸，故而是一种自我保护。只要产生这些担忧的动机还在，这些担忧便一直会影响我们。

然而，一个月之后，一星期之后，或者更短的时间之后，有关义务的想法、随后是赢家的感激之情便会消退殆尽，而输家亦恢复了
79 平素的脾气，能对自己的损失付之一粲，这时，赢家的怜悯便不复存在了。赢家知道自己已经不会招致输家的恶意及嫉妒，换句话说，这些激情一旦消失，出于自我保护的担心一旦不再主宰赢家的思想，赢家便立即会对自己赢得的收获心安理得，而倘若他萌生了虚荣心，他还很可能会怀着愉悦去吹嘘自己的收获，倘若不是夸大它们的话。

相互怀有敌意，或蓄意挑起争吵的人们一起赌博，或者参与赌博者仅仅是为了获得炫耀赌技高超这种微不足道的满足，其主要目的在于获得胜者的光荣，在这些情况之下，亦可能根本不发生我提到的那些情况。各种不同的激情迫使我们采取不同的尺度。我所说的那些情况通常产生于一般的金钱赌博中，其参与者冒着丧失其视为有价值的东西的风险，拼命去赢。但我知道：即使是指这种赌博，许多人亦都会反对一种见解，即尽管隐瞒自己的收获使人们感到负疚，但他们绝不会将我所说的那些激情视为那种弱点的起因。这毫不奇怪，因为只有少数人能够有空去检视自己，而能够以正确的方式去检视自己的人则更少。种种激情之于人类，犹如

种种颜色之于布料。在许多块不同的布料上,很容易分辨出红、
绿、蓝、黄、黑等等颜色;但是,从一块染着混合完美的复合色的布 80
料上找出所有颜色及其比例,却只有画家才能做到。同样,当激情甚为明显、只有一种单一的激情主宰一个人的时候,人人都能发现它;但是,一些行动若来自多种混合的激情,那便很难追溯行动的每个单一动机了。

[F]而美德则已经从政客们那里
学得了上千狡猾多端的诡计,
在政客们那些美妙影响之下,
美德与恶德结为朋友……(第9页第13行)

勤勉的好人养活一家,慷慨地抚育自己的子女,交纳税金,并总是以不同方式成为有用的社会成员。他们依靠某种行业为生,这些行业则主要依赖于他人的恶德,或者主要受到他人恶德的影响。这些人自己既不去犯罪,亦不去协助犯罪,而仅仅是从事自己的行业,如同药剂师并不必定去下毒、铸剑者并不必定去杀人一样。对于这种情况,我们便可以说:美德与恶德结为了朋友。

商人便是如此。他们将谷物和布匹出口到外邦,购回葡萄酒 81
和白兰地,促进了自己国家的种植业或制造业。商人使航运业受益,增加了关税收入,为公众带来了多方面的益处。然而,不可否认的却是:商人最大的依靠乃是奢侈和酗酒。这是因为:倘若除非必要便无人去喝酒,倘若除非因健康需要便无人去喝酒,那么,众多的酒商、葡萄酒商、制造酒桶的工人等等,这些使这个繁荣的城市分外兴旺的人,便会陷入悲惨的境地。同样,倘若国家现在就取

缔骄傲与奢侈,那么,用不了半年时间,不仅是纸牌和骰子制造商(他们直接服务于恶德人群),而且还有绸缎商、室内装潢商、裁缝以及其他许多人便会饿毙。

82 [G]众多蜜蜂当中的那些最劣者

对公众的共同福祉贡献良多。(第9页第17行)

我知道,在许多人看来,这个说法或许会显得极为自相矛盾。这些人会向我提出这样的问题:从盗贼及破门抢劫者那里,公众究竟能获得什么益处呢?我承认,这些罪犯的确是人类社会的祸害,每个政府都应当极端重视,将他们肃清。然而,倘若所有的人都极度诚实,倘若人人都安守自己的东西,而绝不觊觎他人的东西,那么,国内的半数铁匠便会失业。无论在城镇还是乡村,都可以看到众多的手艺人,他们现在既服务于保卫,亦服务于装饰;倘若没有窃贼和强盗,便无人会想到这些手艺人能使我们免受窃贼和强盗的侵害。

若认为以上结论过于间接,若认为我的论断依然显得自相矛盾,那么,我希望读者仔细思考一下各种物品是如何被消费的。读者会发现:最懒惰、最懈怠之辈,最能挥霍、最胡作非为之辈,全都必定要为公众利益做些事情;只要他们的嘴尚未填满,他们就会不
83 断地消耗乃至毁坏一些物品,而它们却是受雇用的勤勉者日日都要生产、制造和做成的东西。此辈的胃口必会使穷人的生计得以维持,必会使公众的消费得以维持。倘若没有数百万人像我在《寓言》中所说的那样,

……被雇来,

目睹他们的手工横遭破坏，[1]

那么，数百万的劳动者很快便会死于饥馁。

然而，我们不能根据其行为可能造成的结果去判断一个人，而要根据事实本身以及引发其行为的动机去判断。一个生性恶劣的守财奴，拥有大量的金钱，几乎有十万镑，然而，尽管他并无财产继承人，他每年仍然只肯花费五十镑。这个守财奴若被抢走了一百个或者一千个金币，那么，这笔钱便必定会进入流通，而国家便会因为这次抢劫而获益。这抢劫给国家带来的利益，与一位红衣主教向大众布施同样数量的钱给国家带来的利益，两者一样实实在在。不过，社会正义和社会安宁则要求绞死抢劫守财奴的那个人或那批人，尽管其中的五六个与抢劫无关。

小偷和盗贼或因没有生计而偷盗，或因其诚实劳动之所获不
足以糊口而偷盗，或因天生厌恶恒定的工作而偷盗。他们需要满 84
足自己的感官快乐，需要吃食，需要烈酒，需要放荡的女人，需要随心所欲的闲散。饭馆老板供给他们吃食，赚取他们的金钱，懂得他们的做事方式，因此，他便几乎是与他这班顾客一样的大恶棍。然而，倘若饭馆老板能够有效地诈取盗贼的金钱，能够照顾好自己的生意，并且十分精明，那他便可能赚到钱，并与盗贼顾客关系融洽。信贷公司的外出雇员，其主要目的乃是为主顾赚取利润，让主顾能够随意进入任何一家啤酒店享受，并且要当心失去顾客。只要主顾有钱，这雇员便会认为：追问主顾的钱是从何人手里弄得的，这不是自己该管的事情。与此同时，那有钱的啤酒制造商却将一切

---

① 见本卷《抱怨的蜂巢》第三段第 5—6 行。—— 译者

都交与仆人管理,虽然根本不懂啤酒酿造,却能够拥有私人马车,能够款待朋友,能够轻轻松松、问心无愧地安享快乐。他买地皮,造房子,教自己的孩子如何享受富裕生活,却从未想到过那些倒霉蛋从事的劳作,从未想到过那些傻瓜如何度日,从未想到过那些骗子在商品上做的手脚。他大量销售自己的商品,聚敛巨大的财富。

一个拦路抢劫的强盗获得大量战利品之后,给一个自己喜欢的妓女十镑钱,让她从头到脚地换上新装;而天下是否有品行尚算得端正的绸缎商,其良心使他知道这妓女的行当之后、却拒绝卖给
85 她一丁点绸缎呢?这妓女必须要有鞋子、长袜、手套以及裙撑,而做女外套的裁缝、缝纫妇、布料商等等,则必定都会从她那里有所收获。另外,这妓女花出去钱还会养活上百个不同行业的商人,不到一个月,他们便会将这妓女的一部分钱赚到自己手中。与此同时,那位慷慨绅士的钱几近告罄,他便再度铤而走险,来到公路上。然而次日,他却因在海盖特附近抢劫作案,与一个同伙一起被擒,随后两人都被判刑,受到了法律制裁。他们从犯罪中得来的钱落到了三个乡下人手中。那三个人实在需要这笔钱。其中一个是诚实的农夫,生活简朴,吃苦耐劳,却因厄运而穷困;去年夏天,他养的十头母牛死掉了六头,现在,他因欠地主三十镑钱,剩下的牛亦被地主夺走了。另一个农夫是个日工,度日维艰,家中有个生病的妻子以及几个幼子需要养活。第三个农夫为一位绅士做园丁,养活着牢狱中的父亲,其父为了十二镑钱而欺骗邻居,已被拘押了将近一载有半。他这种出于孝顺义务的行动殊堪嘉许,因为他曾一度与一位年轻女子订婚,而那女子的父母虽然家境富裕,却非要我
86 们这位园丁拿出五十个金币才肯允婚。这三人每人都至少得到了

八十镑，这些钱将他们从为之劳苦的困境当中拯救了出来，使他们成了他们自己眼里世上最幸福的人。

无论对于穷人的健康及自戒心，还是对于穷人的勤勉，没有任何东西比那种声名狼藉的饮料更具破坏性了。此种饮料的名称来自荷兰语里的杜松子果(Juniper-berries)。现在，由于此字的频繁使用，由于这个国家崇尚简洁的精神，此字已从中等的长度缩减为一个单音节的、令人陶醉的字："金酒"(Gin)。这酒吸引着那些怠惰、绝望、疯狂的男男女女，使濒临饿死的酒鬼或以愚蠢的目光冷眼旁观自己的鹑衣和裸露，或以麻木的大笑及更乏味的笑话自娱。这酒乃是热湖之水，使头脑燃起火焰，使人五脏俱焚，烧焦体内的一切。这酒还是忘川[①]之水，倒运者将其最痛苦的烦愁连同其理性全都沉浸其中，因为其理性会使他因想到嗷嗷待哺的幼子、冬日凛冽的暴风雪和可怖的、空空如也的家而焦虑万分。

这酒性味辛辣，令人焦躁易激，因而极易使人与他人发生口角，将人们变为畜生和野兽，使人们毫无来由地打架斗殴，并且往往成为谋杀的起因。这酒破坏和摧毁了体格最强壮的人，使他们染上肺病，并且是中风、发狂和猝死致命的、直接的诱因。不过，由 87
于这些后来的灾祸很少出现，它们便可能被视而不见，被佯作不知。然而，酒精时常引起的诸多病症却有目共睹，每日每时都在产生，例如胃病、高烧、黑疸症或黄疸症、痉挛、结石、水肿以及白液增

① 忘川(Lethe)，古希腊神话中冥府的一条河，饮其水者能忘却生前的一切事情。—— 译者

多[①]等等。

在溺爱地赞美这种毒液者当中，许多人都属于最低贱人等，自地地道道的嗜酒者到酒商，都是如此。他们全都成了酒的经销人，并都以帮助他人实现自恋目的为乐，如同妓女认为老鸨是在从事一种有助于给他人带来欢娱的行业一般。然而，由于这些贫穷者在喝酒上的开销往往大于其收入，他们便很少能够通过销售去改善自己劳作的境遇，因为他们此时往往只是买酒者。在城镇的贫民区或者郊区，在所有最低贱恶劣的地区，几乎每个屋子里的什么地方都在卖酒，最经常是在地窖里，有时则在阁楼里。从事这种给人带来冥界的舒适的零售小贩，都从一些好歹算是更高级些的酒商那里进货，那些酒商为专门销售白兰地的商店供货，和零售小贩一样不值得引起多少歆羡，亦属于中介者。我不知道还有哪种行

88 业比以他们的行当谋生更不幸。无论何人，只要勉力从事这一行，首先都必须谨慎小心，处处设防，同时又必须亦大胆果决。他需时时提防上骗子的当，提防被低贱的马车夫及兵痞的赌咒发誓所欺负。其次，他还应当是讲粗俗笑话和放声大笑的高手，并谙熟引诱顾客、赚取其钱财的一切有效手段，谙熟低劣玩笑和挖苦，它们被暴民用以取笑谨慎节俭之辈。即使对最低贱之辈，他亦必须和颜悦色，恭顺逢迎。他必须随时准备帮助脚夫卸下挑子，随时准备与提篮贩妇握手寒暄，随时准备向卖牡蛎的乡下小妞脱帽致敬，随时准备对乞丐称兄道弟。他必须懂得忍耐，必须有个好脾气。惟有

---

① 白液增多（Leuco-phlegmacies），即多痰症。西方古代医学认为人有四种体液，即红色的血液、黄色的愤怒胆汁、黑色的忧郁体液以及白色的痰液。——译者

如此，他才能忍受下流妓女和头等淫棍最龌龊的行为和最污秽的语言，才能面对一切恶臭、肮脏、嘈杂和无礼而毫不蹙眉，而最穷困、最懒惰、最酩酊之辈，则最善于以最无耻、最放肆的粗俗方式，做出此类丑行。

我所说的这些卖酒的店铺数目众多，遍及城镇及其郊区，它们
都确凿地证明了一点：许多诱引者从事的职业虽属合法，却全都是
同谋共犯之流，他们造就和增进了一切懒惰、酗酒、贫困和苦难的
事物，而大肆销售烈酒，其收益则在中等以上，或许比一些经营同 89
样酒类的批发商更高。而在零售商当中（尽管他们已经具备上述
的素质），更多的人却破产倒闭，因为他们无法避免向他人捧出那
只喀尔刻[①]酒杯；其中较为幸运的，则终生被迫忍受非同寻常的痛
苦，经历种种磨难，强咽下我以上所说的一切残忍和打击，完全成
为纯粹的谋生者，为每日的面包而苦斗。

在这条因果链上，短视的俗人至多只能看到其中的一个环节。但其中一些人眼界则稍有扩展，能从目睹环环相扣的事件的繁荣当中获得快乐，因为他们能在上百处地方看到同一种情形，即“善”正在从“恶”中萌发生长，犹如雏鸡从鸡蛋中破壳而出一样。麦芽酒税的收入占据着国家岁入的相当大部分，倘若绝不用这些麦芽酒去蒸馏烧酒，公共财富就必定会因此而蒙受巨大损失。不过，倘若我们愿意实事求是，认真地考虑从我所说的“恶”里自然产生的优点以及各种实实在在的益处，我们便会想到从麦芽酒中获得的

① 喀尔刻（Circe），古希腊神话中的女仙，精通巫术，能将受她蛊惑的旅人变成牲畜。—— 译者

税收,种麦所需的土地,为此而制造的工具,为此雇用的运输马车
90 以及以此为生的众多穷人,他们从事着各种有关的劳作,例如种植麦子、发麦芽、运输麦芽和蒸馏麦芽。然后我们才会得到麦芽酒,我们称之为“低度酒”,而它们正是后来酿造各种烈酒的开端。

除此之外,目光锐利、天性善良者还会从“恶”的垃圾中(我始终在谴责这些垃圾)拾取出大量的“善”。他会告诉我说:狂饮麦芽烈酒,无论其后果多么令人懒惰,多么使人耽迷酗酒,适量的饮用却能够给穷人带来无法估量的好处。穷人买不起价格更高的兴奋剂,于是麦芽烈酒便成了他们普遍能够负担的安逸,不仅在他们感到寒冷和疲惫的时候,而且大多在他们备感苦恼、不得不听从命运摆布的时候。这些烈酒的最大量需求,往往是在食品、饮料、衣服和住所最匮乏的地方。愚蠢麻木地忍受这些东西的综合性短缺造成的悲惨处境(我一直在抱怨这样的境况),则是对其他数千人的赐福,当然亦必定是对最幸福、最无痛苦的人们的赐福。他会说:酗酒虽会使一些人患病,它也治愈了另一些人的病,若说过度饮酒使很少一些人猝死,但每日饮酒,却延长了许多曾有这种习惯者的生命;酒虽然在国内引起了微不足道的争论,但是,这些争论给我
91 们造成的损失,却从酒在国外获得的利益中得到了超值回报,因为酒能鼓起士兵的勇气,使海军水手充满活力地投入战斗;没有酒,前两次战争便绝不会取得任何重大的胜利。

对酒的零售商及其被迫服从的恶德,我已做了一番令人沮丧的评论,对此,善良者会作出这样的答复:以此种生意达到中等富裕者并不多,而我所指出的这种行业里那些令人厌恶和不可容忍之处,在习以为常者看来则是鸡毛蒜皮;被一些人视为令人厌恶和

包藏祸端的东西,却往往被另一些人视为令人愉悦和引人入胜,因为人的环境及教育背景各不相同。他会提醒我:一种行业所带来的利润,会补偿它本身包含的辛苦和劳作。他会要我莫忘:*Dulcis odor lucri è re qualibet*[1]。他还会告诉我:即使对上夜班的劳作者来说,收获的气味亦无比芬芳。

我若提醒他注意:某地出了一个著名的大酿酒商,他为其他数千不幸者提供的必需品,并不能消弭他们的惨况、穷困和持续的苦难。对此,善良者会说我根本无法对此作出判断,因为我并不知道他们后来将给国民整体带来何等巨大的益处。他会说:以此为生者或许会使自己去竭力担起和平或其他事业的使命,并万分警惕放纵挥霍及牢骚不满,控制自己躁动的脾气,像灌装自己的酒时那 92
样勤勉,在整个居民众多的城镇里传播忠诚,并提倡民风礼仪的改良。最终,这酿酒商亦会强烈谴责妓女、流浪者及乞丐,强烈反对暴民及心怀不满的造反者,并强烈反对那些破坏安息日的屠夫。在此,我这位好心的反驳者会比我还热烈地赞美和褒扬那些酿酒商,尤其当他能向我提出一个如此光明的实例时,便更是如此。他会高喊:此人对其国家是何等非凡的赐福啊! 他的美德是何等灿烂,何等昭然啊!

为了证明他的赞叹言之有理,他会让我看到:一个有恩于众人者,其自我克制的最充分证据,莫过于看到他牺牲自己的安宁,甘冒丧命的危险,始终忍受着折磨,甚至听凭那帮人等(他的财富正

[1] *Dulcis odor lucri è re qualibet*,(拉丁语)美妙香气终必怡人。引自古罗马讽刺诗人朱文纳尔(Juvenal,60? —127?)的《讽刺诗·第 14 首》(第 204—205 行)。——译者

是从他们那里挣得的)的琐碎烦扰,其动机却仅仅是他天生厌恶闲散,仅仅是对宗教以及公众福利的热切关怀。

93 [H]那直接对立的党派实为互助,

虽然表面上似有敌意与怨怒。(第10页第5行)

在推进宗教改革方面,没有比罗马僧侣的怠惰及愚蠢更有力的工具了。然而,同样的宗教改革亦使他们从其当时的懒惰与无知下有所提高,而可以说:路德[1]、加尔文[2]等人的追随者不仅改进了那些为他们所深切关怀的人,而且同样改进了那些最反对他们的人。英格兰的僧侣对教会分立派十分严苛,责备他们没有学识,因此,英格兰僧侣便成了他们不易反驳的劲敌。同样,反对国教者则窥伺实际生活,严密监视他们有力敌手的所有活动,使国教的活动变得尽可能小心谨慎,惟恐授人以柄,而倘若国教不必害怕这些心怀恶意的监督者,情形本不致如此。与其他罗马天主教国家相
94 比,法兰西王国的僧侣以不那么挥霍而更有学识著称,这在很大程度上要归功于法国一直存在着大量的于格诺教徒[3]。在意大利,罗马天主教的僧侣比在任何其他国家都更至高无上,因而亦比任何其他国家的僧侣都越发堕落。西班牙的僧侣则比其他国家的更为无知,因为他们信奉的教义所受到的反抗比其他任何国家都少。

谁能想到:贞洁女子无意中竟起到了使妓女获益的作用呢?

① 路德(Martin Luther,1483—1546),德国宗教改革家。——译者

② 加尔文(John Calvin,1509—1564),生于法国的神学家。——译者

③ 于格诺教(Hugonots),即“Huguenots”,16—17世纪的法国新教。一作“胡格诺教”。——译者

还有，谁会想到（这种状况似乎更显得似非而是）放荡居然能为维护贞洁服务呢？然而，这却是千真万确的事实。一个品性不端的年轻人，在教堂、舞会或者其他众人汇聚的场所消磨了一两个钟点之后（那些地方有大量的漂亮女人，她们穿着最能展现自身丽质的衣服），其想象力被燃起的程度，要比他在市政厅参加国会的投票选举，或是在羊群中沿着乡间行走时更为炽烈。其结果便是：他会竭力去满足心中升腾的欲望。他若发现忠实的女人冥顽不灵，不谙风情，那我们便能很自然地想象到：他会急不可待地去找更懂得风情的女人。谁能由此做出结论说：这是贞洁女人的错误？这些可怜的灵魂，她们为自己穿衣时，对男人一无所知，而仅仅极力使自己洁净端庄，人人都根据自己的品质而极力做到如此。

我绝非鼓励恶德。一个国家若能杜绝那些不洁的罪孽，我亦 95
不会不认为那是该国无与伦比的福分。然而我担心的是，这些罪孽是无法杜绝的。一些人的激情极为暴烈，任何法律或守则都难以遏制，而所有的政府都采取了一种明智的对策，即容忍轻微的不便，以防止重大的不便。倘若按照更严厉的法律对上等妓女及一般妓女判罪，如同某些蠢人所想象的那样，那么，有什么样的锁具与围栏，足以保护我们的妻子和女儿们的名誉呢？这是因为：不仅大多数女人将会遇到比现在更大得多的诱惑，而且即使在人类当中较为冷静者看来，俘获无邪处女的尝试亦比以往更容易获得谅解。不过，有些男人却会变得残暴无耻，而强奸便会成为一桩普通的犯罪。无论何处，若有六七千名水手到达一个地方（这种情况时常发生在阿姆斯特丹），而在许多个月里，这些人除了男性之外谁都见不到，在这种情况之下，倘若该地没有收费合理的妓女，我们又如何能想象忠实女人走在街上而不受骚扰呢？由于这个原因，那个秩序井然的城市的明智统治者，便总会容忍存在一定数量的妓院，一些女人公开受雇于妓院，如同在马车出租所公开雇用的马
96 匹一样。在这样的宽容当中，可以看到大量的精明与节俭，因此，对它做一番简要的叙述，这想必不会是令人厌倦的题外话。

首先，我所说的那些妓院，仅设在城中最杂乱、最粗鄙的地方，而大部分海员和声名狼藉的外乡人就住在那里，或到那里光顾。他们大多数人所站立的那条街道，则被视为充满丑闻，其恶名延伸到邻近的各个地方。其次，这些妓院仅仅是嫖客与妓女见面和讨价还价、约定时间的所在，目的是增进双方在更隐秘情况下会面的机会；其中绝无任何淫荡之举，条令已经严格禁止了它们，杜绝了此类交易当中频频发生的陋习和嘈杂。那里的下流行为，并不比我们在剧场里见到的更多，那里的放浪之举通常亦少于剧场里。再次，来这些晚间交易所的女交易者，全是人中之糟粕。白天，她们通常用小推车运送水果和吃食。她们在晚间的行为举止，的确与她们平时殊然不同。不过，她们一般都是那样荒唐妖冶，乃至她们似乎更喜欢穿沿街招摇的罗马女戏子的服装，而不是淑女的服装。这种衣着再加上她们笨拙的举止、粗硬的双手以及刻意模仿
97 的处女风范，那便没有任何重大理由去担心许多品性更佳者会受到她们的诱惑了。

这些维纳斯神庙中的音乐由风琴演奏，但不是出于对其中供奉的那位神明的尊重，而是出于神庙老板的节俭，这些老板的本事，乃是花最少的钱制造出最多的声响，而政府的政策亦是最不提倡笛手及提琴手这些行当。所有离乡出海者，尤其是荷兰人，都喜

欢自己所属的那种环境,往往习惯于大声吵闹,大吼大叫。他们说自己感到兴高采烈时,五六个人发出的喧叫声,已经足以淹没十来支长笛或小提琴的声音了。然而,只用两架风琴,其声音便能响彻整个屋子,其开销只需养活一个劣等风琴手便够了,别无其他。对老板来说,这点开销简直不值一提,况且完全符合这些做爱市场的完善规矩和严格约束。当地治安官及其下属官员们,总是向那些倒霉老板中最无怨言者发火并课以罚金。这种政策有两大用途:其一,它使大多数官员获得了机会。地方官极力利用多种机会,从最劣等行业所获得的丰厚收入里榨取一部分,以养活自己,这在他们是不可或缺的;与此同时,他们也会处罚鸨母和皮条客中一贯胆大妄为者。他们尽管痛恨这些人,却仍然不愿将此辈赶尽杀绝。98
其二,让众人知道一个秘密,即那些妓院以及淫业乃为地方官所默许,有时这是很危险的事情,因此,通过这种看似无可指责的手段,这些精明的地方官便能够使自己获得头脑昏昧者的嘉许,那些人会以为:政府始终在竭力取缔那种它实际默许的事情,只是无法做到而已。其实,地方官若打算消灭淫业,他们行使正义的力量是甚为强大、甚为广泛的。他们完全懂得如何根除淫业,只要一个星期,不,只要一夜之间,他们便能将这些妓院一扫而光。

在意大利,对妓女的容忍更不加掩饰,妓女可以公开卖淫,这便是证明。在威尼斯和拿波里,淫业乃是一种商业,一种行业;罗马的高级妓女,西班牙的高级妓女,则构成了国家当中的一个群体,她们合法地交纳税金。众所周知,如此众多的良好政治家之所以容忍妓院,并不因为他们不信宗教,而是因为他们要防止一种更恶劣的罪恶,一种更应当受到谴责的龌龊行为,是因为他们要保护

名声良好的女人的安全。圣·迪蒂尔[①]先生曾说:大约两百五十
99 年以前,威尼斯的高级妓女十分短缺,因此,公国不得不从外邦引进大批高级妓女。记述过威尼斯的重大事件的道格里昂尼[②],曾经高度赞扬威尼斯公国处理这个问题的智慧,说它保卫了名声良好女人的贞洁,她们每天都面临着公开的暴力;它保卫了教堂和神圣场所,使它们不致成为足以危及她们贞洁的所在。

我们英格兰的各个大学,则比较隐蔽一些,只是一些学院里每月都有 ad expurgandos Renes(宽容期):在这样的宽容期里,德国的修士和神甫被允许让情妇对他们履行某种一年一度的义务。培尔[③](此处的最后一段即引自他的著作)说:人们普遍相信,贪婪是这种可耻放纵之源;但更可能出现的情况却是:容许这些放纵行为,意在防止这些人去引诱贞洁女人,平息丈夫们的不安,神职人员一直在竭力消弭丈夫们的怨恨。以上所说的明显地证明了一点:为了保护一部分女性,为了防止出现一种性质更龌龊的事情,就必须牺牲另一部分女性。我认为我大概有理由据此得出结论(我将证明其中那些看似荒谬之处)说:贞洁可以通过放荡而得到维护,最佳的美德亦离不开最劣的恶德的帮助。

---

① 圣·迪蒂尔(Alexandre Toussiant de Limojon Saint Didier,1630? —1689),意大利外交家,历史学家。此处引用的话出自他的《威尼斯城及威尼斯公国》(1680 年阿姆斯特丹版)。—— 译者

② 乔万尼·尼科洛·道格里昂尼(Giovanni Niccolò Doglioni),16 世纪初去世的意大利历史学家。—— 译者

③ 培尔(Pierre Bayle,1647—1706),法国哲学家,评论家。此处的引文来自他 1708 年写的《由彗星引起的杂忆》。—— 译者

[I]贪婪,这衍生出邪恶的根基, 100

这该诅咒的劣根的天生恶德,

乃是那些挥霍者的仆从奴隶。(第10页第9行)

我已给“贪婪”这个词加上了如此多的恶名,这是为了迎合人类的时风,因为人类对贪婪的猛烈批评,大都比对其他所有恶德的批评更多,这实在并不算过分。这是因为:无论在此时还是在彼时,贪婪几乎都能成为某种祸害之源。然而,人人都猛烈抨击贪婪,其真正原因却是:几乎每个人都饱受贪婪的折磨,因为某些人储存的钱愈多,其他人手中的钱便愈少,所以,人们激烈责难守财奴时,心底所想的却通常只是自身的利益。

没有钱便无法生活,因此,自己没有钱、又无人给钱者,便不得不先为社会提供这样或那样的服务,然后才能得到钱。但是,人人却都将自己的劳动看成为了自己。缺钱者的劳动通常能获得相应报酬,但大多数缺钱者一旦挣到了钱,往往又马上将它花掉,因为他们认为自己付出的劳动已经大大超过了其价值。人们无论工作 101
还是不工作,总是不由自主地将生活必需品看作自己理应得到的东西,因为他们发现:自然天性并不考虑人们有没有吃食,只要人们感到饥饿就吩咐他们去吃东西。所以,人人都竭力以最容易的方式去获取自己需要的东西。人们在获取钱财的过程当中总会遇到麻烦,而麻烦的大小,取决于人们应付麻烦的坚韧程度。人们往往对贪得无厌者感到愤怒,这是自然而然的,因为贪得无厌者迫使他们失去本来有机会得到的东西,或者迫使他们为获得那些东西而违心承受更大的痛苦。

尽管贪婪可能导致众多的恶果,它却是社会极为需要的,因为它能够收集和聚敛那些被与之相反的恶德所丢弃和挥霍的东西。没有贪婪,奢侈很快便会缺少物质基础。倘若人人都不存钱,倘若人人都不是挣钱快于花钱,那便只有很少的人才能做到花钱快于挣钱了。我已说过贪婪是挥霍的奴隶,这可以从众多守财奴身上得到证明:我们看到,为了使挥霍无度的继承人活得阔绰,他们每日艰辛劳作,俭省克己,忍饥挨饿。贪婪与挥霍,这两种恶德虽然看似极为对立,却常常互相帮助。弗罗里奥是个极年轻的浮浪子弟,性情多变。他是独生子,父亲非常有钱,因此,他需要过奢华生
102 活,需要养马养狗,需要到处随意扔钱,他看到自己的一些伙伴就是如此。然而,他父亲这老家伙一毛不拔,连维持生活必需的钱几乎都很少满足他。因此,弗罗里奥很早便常常以自己的名义去借钱了。不过,他若死在他父亲之前,借给他的钱便会有去无还,因此,所有精明人便连一文钱都不借给他。最后,弗罗里奥认识了贪心的科那罗,此人以百分之三十的利息借钱给他。现在弗罗里奥觉得自己很幸福,每年要花掉一千镑。若没有弗罗里奥这等傻瓜,为了肆意挥霍钱财,情愿支付如此高昂的利息,科那罗又从何处去获得如此巨大的利益呢?弗罗里奥若不认识科那罗这等贪婪的高利贷者,又如何弄到钱去挥霍呢?科那罗的过度贪婪使他忽略了一个巨大风险,即他其实是在一个疯狂浪子的生命上用巨资做投机本钱。

贪婪若意味着对金钱的卑鄙贪恋,它便不再是挥霍的反面了。心地狭隘,会使守财奴一毛不拔,使他们仅仅为了存钱而渴望金钱。然而,有一种贪婪却表现为以消耗财富为目的而贪心求财,而就在这些人身上,这种贪婪往往与挥霍共存,例如大多数廷臣及文

武高官便是如此。在他们的居所、家具、车辇及娱乐上,他们的肆 103
无忌惮与极度挥霍同时展现出来。与此同时,他们又为获取钱财而做出种种卑劣行为,而他们采用的诸多诡计与诈术,则表明了其贪婪已经登峰造极。这两种对立恶德的混合,完全表现在喀提林[①]这个人的性格上。据说此人 *appetens alieni & sui profusus*[②],即觊觎他人的钱财,挥霍自己的钱财。

[K]挥霍是一种高贵罪孽……(第10页第12行)

被我称作"高贵罪孽"的挥霍,并非伴随着贪婪,并非使人暴殄从他人那里非法诈取的财富,而是一种出于为人悦纳的良好天性的恶德,它能使烟囱冒烟,能使所有商人笑逐颜开。我指的是满不在乎、耽于逸乐者那种纯然的挥霍。这种挥霍者来自优越富裕的环境,格外憎恶钱财这种可鄙思想,而仅仅挥霍他人辛辛苦苦聚敛起来的钱财。这些人用自己的钱财去放纵自己的种种嗜好,不断用旧金钱去交换新快乐,以满足私欲。这种挥霍属于心灵大而无当的豁达者。他们的罪过,乃是过分蔑视了被大多数人过分重视 104
的那些东西。

对挥霍这种恶德,我做出了如此的赞誉,并宽宏大度地去看待它。与此同时,我心中又想到了一种因素,它使我对与这种恶德相

① 喀提林(Lucius Sergius Catilina,公元前108—前62),古罗马贵族,曾密谋推翻罗马共和国。—— 译者

② *appetens alieni & sui profusus*,(拉丁语)渴望他人的,挥霍自己的。作者此处引用的说法,出自古罗马历史学家萨鲁斯特(Caius S. Crispus Sallust,公元前87—前35)著《喀提林传》卷四。—— 译者

对立的恶德(贪婪)做出种种猛烈批评。这个因素便是公众利益。这是因为:贪婪者对其自身毫无益处,除了其继承人之外,只会有害于其他一切人;而挥霍者却是对整个社会的赐福,除了挥霍者自己之外,不会伤害其他任何人。的确,绝大多数贪婪者都是无赖之徒,而所有挥霍者却统统是傻瓜。不过,要维持公众的生存,挥霍者便是珍贵的口粮。正如法国人将修士称为“女人们的鹌鹑”一样,挥霍者亦可被称为社会的鹬鸟野味。没有奢侈挥霍,我们便没有任何办法去匡正权势者的巧取豪夺。一个贪财的政客,毕生都在损害国民的利益,养肥自己,通过勒索和掠夺,聚敛大量财富。他死之后,社会的每一个善良成员目睹此人之子不同寻常的奢侈挥霍,都会感到由衷的快乐。此人之子的挥霍,是将从公众那里夺取的财富归还给公众。剥夺某人已经占有的财富,这仅仅是剥夺的一种低级方式。当一个人如此热衷挥霍自己的财富时,要以比
105 他自毁更快的方式去毁灭他,这种做法便算不得堂堂正正。此人虽然从不打猎,他养的狗却不计其数,品种齐全,大大小小,应有尽有;此人虽然从不骑马,他养的马却比国内任何一位贵族养的都多;对一个营养不良的妓女,此人虽然从不和她睡觉,但花在她身上的钱却能够养活一位公爵夫人;这难道不是实际的情况么?在他能够利用的事情上,此人难道不是更加穷奢极欲么?因此,让他这样去挥霍好了;要么,我们不妨去赞美他的挥霍,将他称为献身公益的爵爷,赞颂他慷慨高尚,无比大方。用不了几年,他本人就会以自己的方式将他的财富挥霍殆尽。只要国民能够收回自己被夺去的财富,我们就不该计较报复掠夺者的方式。

我认识许多性情中庸者,他们非常憎恨挥霍与贪婪这两种极

端的恶德。他们会告诉我:能够用节俭去有效地取代我所说的这两种恶德;若没有如此众多的途径去消耗财富,人们便不会受到诱惑,不会以如此多样的罪恶方式去聚敛财富;没有这些途径,同样多的人便会免除这两种极端的恶德,使自己更加幸福快乐,而没有这两种恶德,他们的品性亦不至于那么堕落了。无论是谁,持此种见解者都表明他本人比政客善良。节俭如同忠诚一样,乃是饿毙美德的手段,仅适用于一些由善良平和者组成的小型社会,此类人安于贫穷,因为贫穷可能使他们过得轻松。然而,在一个始终躁动
不安的大国里,你很快便会厌腻贫穷。人人都无所事事,这是闲散 106
者所梦想的一种美德,而在一个注重商业的国度中,这种美德却百无一用,因为在那样的国度里,大多数人都必须从事这样或那样的工作。挥霍自有千方百计,不使人们闲坐无事,而节俭者却绝然想不到这些妙计。由于挥霍必定要消耗大量财富,贪婪便同样要借助无数诡计去搜掠财富,而节俭者则不屑于利用这些诡计。

作者们通常都被允许将小事比做大事,他们若事先征得了同意,便更是如此。*Si licet exemplis*[1] 即可。然而,将大事比做鄙俗琐碎的东西,却是不恰当的,除非这样的比喻出现在滑稽文章里。若不是如此,我本想将国家政体比做一只盛着潘趣酒[2]的碗(我承认,这个比喻极为粗劣)。贪婪就是这碗酒里的酸味剂,挥霍则会使碗中的酒变甜。而大众的无知、愚蠢和轻信,则是这碗酒中的水,漂浮其上,索然无味。智慧、荣誉、坚毅乃至人类的其他高尚品

---

① *Si licet exemplis*,(拉丁语)只要有先例可循。—— 译者

② 潘趣酒(Punch),一种由葡萄酒、烈酒、柠檬汁和水混合而成的饮料。—— 译者

德,则被从人性的糟粕中人为分离出来,成为光荣的火焰,并被提炼升华,凝结为一种高尚的烈性要素,而应当被喻为白兰地。我毫不怀疑:一个威斯特伐利亚[①]人或者拉普兰[②]人,抑或其他任何愚钝的外国人,若不熟悉这碗有益健康的混合饮料,若分别啜饮其中的几种成分,必定会以为它们绝不可能混合成任何可以下咽的饮
107 料。其中的柠檬精太酸,而糖又过甜;他还会说:其中的白兰地实在太烈,哪怕连一小口都无法下咽;他还会将其中的水称作索然无味的液体,只配用来饮牛饮马。然而,经验却告诉我们:合理地混合我所说的这些成分,却能够制作出一种无比美妙的饮料,会得到口味高雅人士的喜爱和赞赏。

具体而言,对我们现在提到的这两种恶德,亦可做出类似的比喻。贪婪导致众多的祸害,除守财奴之外,所有人都在谴责它;我可以将贪婪喻为令人抱怨的酸,它使我们的牙齿作痛,除了放荡者之外,每个口味高雅者都对之感到不快。而一个挥霍无度的纨绔子弟,其令人目眩的精雅服饰,其灿烂夺目的马车,则可以被喻为最纯净的方糖发出的晶莹闪光。这是因为:若降低前者的强烈程度,便能免除碗中饮料的剧烈酸味所造成的伤害;因此,后者便成了一种令人愉悦的香液,能够治愈和补偿前者造成的刺痛,而大众总是因为受到贪婪的控制而感到刺痛。这两种东西全都溶解之后,它们本身便有益于其所属的某些混合物,并且已经被消耗在其中了。我还可以更进一步地扩展这个比喻:这还涉及两种东西的

① 威斯特伐利亚(Westphalia),旧时德国北部的一个公国。——译者

② 拉普兰(Lapland),泛指挪威、瑞典、芬兰等拉普兰人居住的北欧地区。——译者

正确比例,涉及必须使其比例恰到好处,这比例显示了在两种混合物当中每一种成分的含量究竟应当是多少。但我尚有其他的东西去取悦读者,那些事情的意义更加重大,因此,我不打算过分扩大 108
一种可笑的比喻,使读者感到疲惫。为了总结我已经对此陈述过的观点,以便做出进一步的评论,我想补充一句:我将社会中的贪婪与挥霍看作医学中两种相克的毒药。对于它们,有一点是确定无疑的:倘若它们的相克矫正了它们各自的毒性,它们便能够互为帮助,并且常常可以混合成为良药。

[L]……;而奢侈

亦在支配着上百万穷苦之士。(第10页第12行)

堪称(严格意义上的)奢侈的东西,若是指一切并不直接满足人的生存需要的东西,那么,世上便根本不存在奢侈,即使在赤裸的野蛮人当中,亦不存在。野蛮人生活中,对其先前的生活方式做些现时的改进,亦属奢侈。同样,无论是他们对食物的料理,还是对草舍位置的经营,抑或给先前已使其满足的东西再增添些什么,均为奢侈。人人都会说:对奢侈的这个定义过分严格。我亦赞成这个观点。然而,我们若从这个严格定义后退一分,恐怕我们就不 109
知其止境何在了。人们若告诉我们说他们只想使自己舒适而干净,我们便根本无法知道他们究竟是指什么。他们若根据真正确切的字面意义使用这些词,又并不缺水,那么,他们的要求很快便会得到满足,不用多少花费,亦无多少困难。然而,这两个形容词虽小,其含义却无比复杂,在一些女士的语汇中尤其如此,谁都猜不出它们的范围究竟能伸展多远。生活的舒适亦与此相同,其含义多样,甚为宽泛,以致若不知说话者过着哪种生活,便无人能说清说话者究竟指的是什么。我发现:“庄重”和“便利”这些词,其含义同样模糊,除非我熟悉其使用者的品性,否则我便永远无法理解它们。人们可以一同去教堂,倘若愿意,他们或许可以抱有同一种思想,而我却往往相信:人们为每日的面包做祈祷时,主教的祷告里包含着教堂司事不曾想过的一些东西。

我至此所说的话,只是想表明:一旦我们不再将并不直接满足生存需要的东西称为奢侈,那么,世上便根本没有奢侈。这是因为:若说人们的需要不计其数,那么,应当为人们提供的东西亦永
110 无止境。被某个阶层的人称作多余的东西,会被更高阶层的人视为必需品,而无论自然还是人的技能,都无法生产出如此珍奇、如此铺张的东西,但一些最高贵的君王等人,则将这些东西列为生活必需,因为它们或者能使他安逸,或者能使他愉悦。所谓生活必需,并不是指常人的生活,而仅指君王神圣的个人生活。

奢侈能毁损整个国家的财富,同样,挥霍亦能毁损一切奢侈者的个人财富;而国家的节俭能使国家变富,犹如个人的节俭能使其家族财产相应增加一样。这个观点已经为众人所接受。我承认:我已发现有些人对这个观点的理解比我更透彻[①],尽管如此,我还是不禁要提出异议。他们提出以下的论点:(他们说)譬如我们将羊毛制品以及其他一些本国产品出口到土耳其,其每年的价值为一百万英镑;我们以此购回了生丝、马海毛、药品等等产品,其价值

① 这种观点见于洛克(John Locke)、克莱门特(Simon Clement)以及柴尔德(Sir Josiah Child)等人的著作。—— 译者

为一百二十万英镑,而这些物品均在我们自己国内消费。他们说,我们这种做法使我们一无所获;不过,倘若我们大多数人满足于我国自己的商品,而仅仅消费这些外国商品的半数,那么,由于土耳其人依然需要同样数量的我国产品,他们就将不得不以现金去购
买其余商品。这样一来,仅仅通过这项贸易的收支差额,国家每年 111
便会得到六十万英镑的收益。

为了检验这个论点是否有理,我们姑且(按照他们的说法)假定:英国目前进口的生丝等商品只有一半被国内消费。我们亦假定:尽管我们购买的土耳其人的商品只有以往的一半,土耳其人却不能不(或是不愿不)按照先前的数量购买我们的商品,因此,他们便以现金支付贸易差额。换句话说,他们将支付给我们相应数量的黄金或白银,因为他们购买我们商品的价值,超过了我们购买他们商品的价值。我们所假定的情况虽然可能维持一年,却不会继续下去:购买乃是物品的交换,任何国家,都不会购买非该国商品购买国的货物。西班牙和葡萄牙年年都从本国金银矿获得新的黄金及白银,只要它们的金银连年增加,它们便绝不会为了获得现金而去购买外国商品。但这样一来,金钱便成了该国的出产品,成了该国的商品。我们知道,倘若其他国家不愿我们以商品支付它们,我们便不可能长期购买它们的商品;因此,我们何以认为其他国家
与我们的想法不同呢?上天恩赐给土耳其人的金钱倘若并不比给 112
我们的多,那就让我们看看我们的假定的结果如何吧。第一年,他们手中所剩的那一半生丝、马海毛等商品的价值为六十万英镑,这必定会使那些商品的价格大跌。从这些商品中,荷兰和法国将会获取像我们一样多的利益。倘若我们继续拒绝土耳其人用自己的

商品支付我们的商品,他们便不会继续和我们进行贸易,而必定会满足于从另外一些国家购买他们需要的商品,那些国家情愿购买他们那些被我们拒绝的商品,尽管那些商品比我们的低劣得多。这样一来,用不了几年,我国与土耳其的商业贸易便注定会完全中断。

不过,这些人或许会说:为了防止出现我所描述的情况,我们应当像先前一样购买土耳其的商品,只是减少对这些商品的消费,仅消费其中的一半,而将另一半出口,转卖给其他国家。我们不妨看看这个办法的结果如何,看看这六十万英镑的贸易差额是否能使国家变富。首先,我愿同意他们的见解,即我国人民使用了如此多的本国商品,而原先受雇从事生丝及马海毛等行业者,亦能以从事毛纺产品的各种加工维持生计。其次,我不能同意说那些商品会像以往那样被销售出去;这是因为:假定将国内消费的那一半商
113 品按照以前的价格销售,那么,准备再出口的另一半商品便自然会大大短缺,因为我们必须将这些商品投入已有供应的市场,此外,我们还必须扣除运费、保险金、预备金以及其他一些费用。这样一来,这一半再出口商品给大多数商人造成的损失,便必定会大于国内消费的一半所带来的收益。这是因为:尽管毛纺商品是我国自己的产品,它们却既维持着出口商的生计,亦维持着国内零售商的生计。因此,倘若出口商品的回报低于商人在国内销售以及其他一切开支的成本,不能使他从出口商品上获得金钱以及良好的现金利润,这商人便必定会破产,其结果就是:大多数出口土耳其商品的商人发现自己受了损失,于是不再出口我国商品以购回国内所需要的生丝、马海毛等商品。另一些国家会很快设法提供我们

不再提供的商品，并在某个地方处理那些会被我们拒绝的货物。由此看来，我们这种缩减所得到的唯一结果就是：土耳其人将仅仅购买我们的半数商品，而我们却鼓励并消费了他们的商品，没有那 114
些商品，他们便无法购买我们的商品。

数年以来，我一直不幸遇到了许许多多反对这个观点的聪明人，他们总认为我的计算是错误的，后来，我终于高兴地看到我国的智者亦产生了同样的感觉：这在 1721 年的一项国会法案中表现得甚为明显。当时，立法机构违背了一家实力雄厚的公司的意愿，忽视了在国内造成的严重不便，去提高与土耳其贸易的利润，不仅鼓励生丝及马海毛的消费，而且强迫受处罚者使用这些商品，无论他们是否情愿。

此外，对奢侈的指控还有：奢侈激发了贪婪和掠夺：在奢侈所支配的地方，最大的信托公司的办事房亦被买卖；本来应为多多少少的公众服务的部长们行为腐败；而国家则时刻有被出卖给出价最高的买主之虞；最后，奢侈使民众孱弱，失去活力，因而国家便成了极易被入侵者捕食的头一个猎物。这些的确非常令人恐怖。然而，奢侈的真正起因乃是治理不善，应当归咎于那班恶劣的政治家。每个政府都应当透彻领会并一贯维护国家的利益。优秀政治 115
家借助巧妙的管理，对某些货物课以重税，或者禁绝这些货物，并降低对其他货物的征税额，他们总是会按照自己的意愿，逆转或转移贸易进程。在收益相当的情况下，他们总愿与既能以货物，亦能以金钱支付的国家进行商业贸易，而不愿与仅能以其本国商品支付所购商品的国家做贸易。因此，优秀政治家总是谨慎避免与这样一些国家做生意：它们拒绝外国商品，而仅想为本国获取他国的金钱。但最重要的是:他们会密切监控贸易收支的总体平衡,绝不允许产生这样的情况:全部外国商品的年进口总价值超过当年出口本国物产或商品的总价值。请注意:我现在所说的那些国家本身并不出产金银,否则,便不一定要如此恪守这个准则。

若能仔细遵守我上面提到的最后一点,永不允许进口大于出口,那么,任何国家便绝不会因进口外国奢侈品而变穷。只要它们
116 能够按照合理的比例,增加对国产商品的投资,用以购入外国商品,它们便能按照自己的意愿增加贸易收入。

贸易固然重要,但并非增加国家财富的惟一必需,因为此外尚有其他一些方面需要注意。必须保证 *Meum et Tuum*[①],必须惩治犯罪,必须明智地制定保证合法管理的其他有关法律,并严格施行。必须同样明智地处理外交事务,各国执政者都应当透彻了解外国国情,精通与一些国家的公共事务,那些国家或与该国相邻,或武力强大,或与该国利益攸关,因而或者可能使该国受损,或者可能使该国获益,采取相应的必要对策,本着政策平衡及力量平衡的方针,对抗其中一些国家,援助另一些国家。必须懂得敬畏大众;不允许任何人的良心遭到强制;在国家事务中,神职人员的权力不应超出我们的救主在其约规中所遗赠的范围。这些就是使国家在世间称雄的艺术。任何掌权者,只要担负着治理一定国民之职,尽管世上还存在其他一切力量,但只要善加利用这些艺术,无论是君主国,是共和政体,还是两者的混合政体,都必定能使国家

① *Meum et Tuum*,(拉丁语)我的(东西)和你的(东西),此处意为尊重各自的财产。——译者

繁荣昌盛，而无论是奢侈还是其他恶德，都不能动摇其国体。然而，很可能有人对此高声反驳道：什么！难道上帝不曾惩罚和毁灭 117
过那些罪孽深重的伟大民族么？不错，但那惩罚自有其办法：那就是使其统治者冲昏头脑，使他们因全部或部分地背离我已提到的上述普遍准则而吃尽苦头。在世上迄今存在过的一切著名的国家与帝国当中，凡遭毁灭者，其主要祸根无一不是统治者的劣政、疏忽或治理不善。

在一个节制而清醒的民族及其后代身上，健康与活力无疑要多于一个放纵而酩酊的民族及其后代。但我承认：说到奢侈使一个民族孱弱和丧失活力，我现在对此的恐惧已经比以前大为减弱了。我们听到或者读到自己完全不熟悉的事情时，它们一般都会使我们想到由见过的事情引起的意念，并且(按照我们的理解)是最接近那些陌生事物的意念。我记得，我读过一些记载，讲的是古波斯、古埃及以及其他国家奢侈成风，因而国民孱弱，失去活力。这有时使我想到他们城市盛宴上的那些脑满肠肥、饕餮暴饮的普通商人，想到他们常常狼吞虎咽的野兽般吃相。另一些时候，这会使我想到放荡水手的娱乐，我常见到他们由五六个淫荡女人作陪， 118
大呼小叫，前面还有几个人在拉小提琴。倘若我被带入他们任何一座大城市，我想必会发现：三分之一的人因饮食过度而躺在床上，另外三分之一的人因痛风而卧病，或被一种更不光彩的恶疾弄成跛子，而剩下的三分之一则无须引导，穿着衬裙沿街卖笑。

只要我们的理性尚未强大到能够节制我们的欲望，对于监管者的畏惧便是我们的一大幸事。我自认：我还是小学生时就格外畏惧“萎靡”这个词，格外畏惧由其词源引发的一些后续思想。这种畏惧使我在小学时代获益良多。但是,自我阅历世情之后,奢侈给一个民族造成的后果,在我看来倒似乎并不像以前那样可怖。只要人的胃口未改,上述恶德便会一直存在。一切大型社会中,总是有些人喜欢卖淫,有些人喜欢酗酒。淫荡好色之徒,绝不可能在
119 正派纯洁的女人身上得手,而只好满足于肮脏的妓女。买不到正宗埃赫米塔日酒[①]或蓬塔克酒[②]者,只得满足于更普通的法国红酒。弄不到葡萄酒者,便喝一些更次等的饮料。一个步兵或乞丐喝陈啤酒或烧酒,照样可以酩酊大醉,其程度并不亚于一位爵爷喝勃艮第酒[③]、香槟酒或是托凯酒[④]。放纵我们的激情,其最低廉、最省力的方式给人身体造成的危害,与最文雅、最昂贵的方式造成的危害毫无二致。

奢侈的最大泛滥乃见于建筑、家具、车马及服装。洁净的亚麻布和法兰绒同样使人虚弱。锦缎墙围、精美油画或华丽墙板,并不比不加装饰的四壁更有益健康。华丽卧榻或镀金马车,与冰凉地板或乡村大车同样使人精疲力尽。人在感觉方面的考究快乐,很少能够伤及人的体格,而世界上许多著名的伊壁鸠鲁主义者[⑤],亦都拒绝其头脑及胃纳允许之外的吃喝。追求感官享乐者亦像任何人一样悉心在意自己的身体:最堕落的奢侈者的错误,与其说在于他们频繁的反复放荡,在于大吃大喝(这是最伤身的事情),倒不如

① 埃赫米塔日酒(Hermitage),产于法国里昂城南部的上等葡萄酒。—— 译者

② 蓬塔克酒(Pontack),法国波尔多城产的一等葡萄酒,其法文名称为 Château Haut-Brion。—— 译者

③ 勃艮第酒(Burgundy),法国东南部勃艮第产的红葡萄酒。—— 译者

④ 托凯葡萄酒(Tockay),产于匈牙利东北部托凯镇的红葡萄酒。—— 译者

⑤ 伊壁鸠鲁主义者(Epicures),即耽乐主义者,饕餮者。—— 译者

说在于他们享受苦心发明、丰富精妙的器用，在于他们花在宴饮及奸情上的大笔金钱。

不过，就让我们暂且假定：生活在每个伟大民族当中的贵族及富人，已使自己不适于忍受困苦、不适于承当战争的艰辛吧。我同
意这样一种见解：大多数市议员只能做无关紧要的步兵。我亦诚 120
心相信：你的骑兵团若由市议员们组成（他们大多数就是骑兵团成员），那么，只要放几个爆竹便足以击溃他们。然而，市议员及参事，索性说是一切有产者，他们除了纳税之外，与战争有何瓜葛？个人所经历的战争之艰苦疲惫，则落到了那些首当其冲者头上，落到了一个民族中那部分最低贱者头上，即落到了劳作为奴者头上。这是因为，无论一个国家何等富裕，何等奢侈，都必须有人做工，必须建造房屋及船只，必须经办商业，必须耕田种地。各个大国中，这些多种多样的劳动需要大量的民众，而其中总有些放荡、懒散、浪费之辈，其开销足够养活一支军队。有些人体力充沛，能够围筑城墙，挖沟开渠，播种打谷，有些人则尚未衰弱到不能从事铁匠、木匠、裁缝、染布匠、脚夫或者马车夫等工作。这些人体格强壮坚韧，足以成为一两场战役中的优秀士兵。倘若军纪严明，他们分得的物品及奢侈品便几乎对他们没有多少害处。

因此，人们担心的作战军人的奢侈造成的危害，至多涉及军 121
官。最伟大的军官或出身极为高贵，受过贵族教育，或来自非凡阶层，履历同样骄人。明智的政府无论将谁选作一支军队的总司令，此人均应精通军事，勇敢无畏，如此才能临危不惧，镇定自若，而他的其他许多资格，则必定是一个能迅速洞察局势者，一个杰出天才，在一个崇尚荣誉的世界里长期磨炼的结果。强壮的体格，灵活

的关节,这仅仅是些可有可无的长处,与军事家的能力大小和伟大与否无关。大军事家可以一边用餐,一边将城池夷为平地,摧毁整个敌国。这些人大多年事已高,因此,以为他们体格强壮,四肢灵活,乃是个荒唐可笑的想法。所以说,这些军事家只有头脑在积极开动,并且装备精良,而其身体其余部分如何,则无关紧要。倘若承受不了鞍马劳顿,他们可以乘马车或坐担架。有些指挥者和睿智者虽是跛子,却仍不失为优秀的指挥者和睿智者。法兰西国王现在的最优秀将领[①],几乎连匍匐前进都不会。军队司令官直接领导下的军官,亦必须具备与此极为相近的能力,他们通常都以其
122 战功而被擢升到那些位置上。其他各个位置上的军官,则不得不从自己的军饷当中拿出可观的金钱,购置华丽的军服及配备,满足当时被称为必需的奢侈所要求的一切开销。他们能花在放荡行为方面的钱很少。这是因为:他们得到提升后,薪水虽然随之增加,却不得不相应增加开销,增添马车等配备,那些东西如同其他一切一样,必须与他们的军阶等级相称。如此一来,其中大部分人的生活方式,便使他们无法进行可能有损其健康的放纵挥霍了。与此同时,他们的奢侈则转变成了另一种方式,它更能提高他们的自傲与虚荣,而自傲与虚荣正是使他们按照人们期望的样子行事的最强大动机(请参看“评论 R”)。

最能将人类砥砺得文雅高尚者,莫过于爱情与荣誉。这两种激情与许多美德作用相当,因此,求爱与从军便是培育良好教养及

① 指维拉尔公爵(Duc de Villars,1653—1734),法国将军,他身患重疾,一腿瘫痪,年过六旬,在西班牙王位继承战争中,率部击溃奥地利统帅欧仁亲王(Prince Eugène of Savoy,1663—1736)的军队。—— 译者

风度的最佳学校。求爱能使女子臻于完美,而从军则能使男子逮及精良。文明国家大多数军官所推崇的,乃是对世界的透彻了解,对荣誉准则的透彻了解,乃是一种坦诚作风,一种尤其见于老练军人当中的人性精神,以及一种被誉为既彬彬有礼、又勇敢无畏的精神,它由谦逊与大无畏混合而成。凡佳良常识蔚成风气、文雅举止受到尊重的地方,暴食及酗酒便绝不可能成为流行的恶德。有品 123
位的军官所追求的主要目标,并非野蛮低俗的生活方式,而是文雅舒适的生活方式。他们对其各个军阶等级所允许的最奢侈生活方式的希求是:外表体面大方,在华美服饰和高雅娱乐方面胜过他人,并以对所有这些事物抱有合理幻想而闻名。

然而,虽说对军官奢侈挥霍的责备比从事其他职业者更多(这并不正确),但其中最挥霍者,只要他们还注重荣誉,却或许非常适于从军。正是这一点,掩盖并弥补了他们的大量过失。无论其热中的行为何等放纵,却没有一个人敢于佯装不尚荣誉。然而,我们对此却并没有令人信服的确凿证据,因此,我们不妨回顾一下我们与法国的最近两次战争①中发生的情况。我们的军队里究竟有多少这样的孱弱青年,教育使其性格软弱,服饰考究,饮食挑剔,以大胆欺诈之心去履行其职责?

如此消极地认为奢侈会使人孱弱而娇气者,或许曾在法兰德斯②或西班牙见到过穿滚边服装的纨绔子弟,他们虽然身穿精美

① 指英国参加的“伟大同盟战争”(1689—1697年)和“西班牙王位继承战争”(1701—1713年)。——译者

② 法兰德斯(Flanders),昔日欧洲的一伯爵领地,位于今天的比利时东部和法国北部的一部分。——译者

124 的花边衬衫,假发上还扑着粉,却在经受着许多磨难。他们被带到一尊大炮的炮口旁,对自己的头发毫不关心,如同最臭不可闻的懒汉一样,尽管他们的头发已经有一个月没有梳理。持此见解者想必还认识大量狂放无羁的浪荡子,他们其实已经损害了自己的健康,因为过度沉迷红酒和女人而自戕了身体,但在对敌作战上,他们却表现得理智而勇敢。体力充沛乃是对军官最无所谓的要求;若说强大的体力有时能派上用场,那么,在关键的时刻,坚定果决的头脑则随时能够作为对体力的补充,而这种坚定果决,乃是渴望完美、竞争以及热爱荣誉在他们心中激发出来的。

理解自己责任者,具有充分的荣誉感者,只要他们适应了危险,皆能成为能干的军官;而他们的奢侈,只要用的是自己的而并非他人的钱财,亦绝不会引起国人的偏见。

据以上所述,我认为:我已证实了我在此条对奢侈的评论中打算说明的见解。首先,从某种意义上说,一切事物均可以被称作奢侈;而从另外一种意义上说,世上根本不存在奢侈。其次,通过明智的管理,所有民族均能够随意享用其本国产品所能购买到的外国奢侈品,而不会因此而变穷。最后,凡在军事得到应有重视、士
125 兵得到良好报偿并严守纪律的国家,一个富裕的民族均能享有一切可以想到的、便利丰裕的生活;在该国的许多部分,人们会享有人类智慧所能设想的众多繁华精美的生活,同时,这样的国家亦使其邻国感到畏惧,而具备“寓言”中的蜜蜂所具备的那些特征,即:

蜂群爱好和平,同时惧怕战争,

异邦蜂群尊重这蜂国的蜂群,

羡慕他们挥霍财富、享受生活,

美慕其他诸蜂巢的太平祥和。(原书第9页第7—10行)

(对奢侈的进一步评论,请参看“评论M”以及“评论Q”。)

[M]可恶的骄傲则主宰着更多人。(第10页第14行)

骄傲乃是天赋的机能。具备起码头脑的凡人,无不出于骄傲而自视过高,以为自己比任何(对他全部品德及环境了如指掌的)公正法官对他的评判还要好。我们最有益于社会的品质,莫过于骄傲。要使社会富裕繁荣,最不可或缺的品质还是骄傲。然而,遭 126
到最普遍厌恶的品质,亦正是骄傲。我们这种机能有个甚为明显的特征:最骄傲者,最不愿容忍他人的骄傲;反之,自身具有其他恶德者,却最能容忍那些恶德的可憎之处。节欲者最恨通奸;戒酒者最恨酗酒;然而,人人都最不能容忍的,却是邻人的骄傲,它被视为一切骄傲之首;倘若有谁肯容忍它,那便是最谦卑的表现。由此我想到:我们大概有理由做出一个推论:为全体世人所憎恶的骄傲乃是某种标志,表明世人无不为骄傲所困扰。凡有头脑者皆愿承认这一点;并且,谁都不否认自己通常都具有骄傲之心。然而,若观察具体的人,你便会发现:一切行为皆堪称出于那个原则者却为数寥寥。还有许多人承认:在各个时代的那些罪孽民族当中,骄傲与奢侈极大地促进了贸易,但他们却拒绝承认这些恶德是不可或缺的,拒绝承认在一个更崇尚美德的时代(这样的时代不应当存在骄傲),贸易将会大幅度衰落。

他们说,全能的上帝赋予我们对海洋及陆地上出产和包含的一切物品的支配权;除了能够为人类利用的之外,海洋与陆地中已无可被发现的东西了。人类若被赋予支配其他动物的机能和勤

127 勉,便能将动物以及人类智能所及的一切,统统转变为更便于人类利用的东西。根据这一点,他们认为:以为谦逊、节制以及其他美德会使人放弃享受生活的舒适(那些最邪恶的民族并不拒绝那些享受),这其实是一种没有信仰的想象。因此,他们得出结论说:即使没有骄傲或奢侈,人们依然会如此吃穿,如此消费,依然会雇用同样多的手艺人及工匠,而一个民族亦完全能像那些恶德最盛行的民族一样繁荣昌盛。

具体谈及服饰的穿着,他们会告诉你:骄傲比衣服更贴近我们的身体,它完全居于我们心中;隐藏在破衣烂衫下的骄傲,往往比隐藏在最浮华盛装下的更多;不可否认:世上总有一些善良的君王,心地谦逊,头戴灿烂辉煌的王冠,挥舞着令人歆羡的权杖,却毫不具备顾及他人利益的雄心大志。所以很可能出现这样的情况:许多人身穿金银锦缎的华服和最华美的刺绣衣袍(这丝毫不会使人联想到骄傲),这不过是其出身及运气使然。(他们说,)一个岁
128 入丰厚的好人,每年都要添置更多种衣服,其数量超过他能穿旧的衣服,但其生活目的,难道不可以是除了使穷人有工可做、鼓励贸易,并雇用大量的人以增进其国家的福利之外,别无其他吗?况且,食品和衣服乃是生活必需,我们在尘世上的一切挂虑无不与这两种主要的物品相关,那么,难道全人类不可以将自己的相当一部分收入像用于食品那样地用于衣服上,而丝毫不是为了满足骄傲之心么?不,每个社会成员难道不都是根据其自身能力,不得不对维持全民都要依赖的这个贸易分支做出贡献么?况且,使自己的衣着大方文雅,这是一种礼貌;我们与交谈者打交道时,得体的服装往往还是一种义务,尽管它与我们自身没有任何关系。

傲慢的道德家们利用的反对意见,通常就是这些。他们听不得有人非难他们心中人类的尊严。不过,倘若我们更深入地考察这些反对意见,便能很快地找到答案。

倘若我们身上毫无恶德,我便看不出人人何以总是购置多于其需要的衣服,尽管他从不抱有增进民族福祉的热望。这是因为:他认为一个人穿做工考究的丝绸服装而不穿廉价服装、选择稀少的高等衣料而不选择粗糙衣料,这是在为更多的人提供工作,因而 129
是在增进公共福利,虽然如此,他对服装的看法,却可能依然如同爱国者现在对纳税的看法一样。他们虽然可以爽爽快快地纳税,但谁都不愿交纳应交之外的税金,在人人皆按照其能力公平地交纳不同等级的税金(在非常崇尚美德的时代,只能如此)的地方,尤其如此。此外,在那样的黄金时代当中,谁都不会使自己的衣着超出自己的社会地位,谁都不会硬使家庭开支拮据,谁都不会在购买华丽服饰方面欺骗邻居,或希望超过邻居,因此,全民的消费额便会不足现在的一半,而就业者的人数会不到现在就业者的三分之一。不过,为了更清晰地解释这一点,并证明在支持贸易方面,骄傲发挥着无与伦比的作用,我还要考察人们关于外在服装的几种观点,并阐明日常生活在衣着方面给每个人的教益。

衣服的最初目的有二,其一是遮蔽我们的裸体,其二是防护我们的身体,使之免受气候的伤害以及其他外来伤害。我们漫无止境的骄傲,又在这两个目的上添加了第三个目的,那便是为了装饰。这是因为:除了过分的愚蠢虚荣之外,还有什么能居于我们的理性之上,使我们对装饰品的幻想胜过其他一切被大自然穿上现成衣服的动物呢?而我们这些装饰品,则势必使我们不断地想到

我们的短缺和苦境。人这样一种如此富于理性的生灵,以为自己
130 具备如此众多的良好品德,竟会纡尊降贵,根据从不能自卫的无辜动物身上夺得的东西(例如从绵羊身上,或从被人视为地球上最无足轻重的动物,即一只濒死的虫子身上夺得的东西)来评价自己。这实在是殊堪嘉许。然而,人们虽然因为如此不值一提的掠夺而骄傲,却愚蠢地嘲笑非洲最遥远海角的霍屯都人[①],因为霍屯都人用死去敌人的内脏装饰自己;人们没有考虑到:死去敌人的内脏标志着野蛮人最擅长的勇猛,它们是真正的 *Spolia opima* [②];而若说野蛮人的骄傲比我们的更残忍,它却并不一定比我们的更荒唐,因为野蛮人穿戴的,乃是来自一种更高贵动物的战利品。

不过,无论此人进行何种反思,世界早已对此事做出了决断。漂亮的外衣最被看重。美丽的羽毛造就了佳良鸟类,而在没有人认识自己的地方,人们往往都会因为衣服和其他随身用品而受到相应的尊敬。我们根据人们的外表华丽去判断其财富,根据人们订购的东西猜测其见识。正是这一点激励着每一个人。只要一个人还算有本事,他就会在意自己的小小长处,就要穿高于自己社会地位的衣服,在人口众多的大城市里尤其如此。在那里,无名之辈在一个小时中能遇上五十个陌生人,却只能遇见一个熟人,因此可
131 以享受到被大多数人尊重的快乐,但得到尊重的并非他们本人,而是他们的外表。这是对大多数贪慕虚荣者一种更大的诱惑。

无论是谁,只要愿从观察各种低等生活场景中取乐,都会在复

① 霍屯都人(the Hottentots),居住在西南非洲的土著人。—— 译者

② *Spolia opima*,(拉丁语)想象的战利品。—— 译者

活节、圣灵降临节以及其他节日里见到数十个来自近乎最底层的人,尤其是女人。这些人的衣服既讲究又时髦。你若过去与他们搭话,他们会认为你的态度比他们应得的更有礼貌,更带尊重。他们通常会对自己受到如此礼遇而感到羞耻。你若稍怀几分好奇,便常常能够发现:最让他们焦虑的是要隐瞒他们从事的行当,隐瞒他们居住的地方。个中理由十分清楚:他们接受的礼遇通常并不加在他们头上。他们认为:他们受到如此礼遇,完全是由于他们穿上了更好的衣服。他们心满意足地想象着:他们的外表就是将来的他们,而对于缺乏思考能力者来说,这乃是一桩乐事,乃是一种实实在在的快乐,他们的希冀所能梦想出来的,仅此而已。他们不愿自己这个金色的梦受到搅扰,并且认定:他们的恶劣处境若被你知道,你肯定会非常看不起他们。于是,他们便龟缩在自己的伪装里,万分小心,极力不露马脚,以防失去你对他们的尊敬,而他们洋洋自得地以为:那尊敬乃是他们的好衣服从你那里博得的。 132

在衣着与生活方式上,我们应当使自己的行为符合我们的社会地位,应当效法与我们社会等级和经济地位相同的最理智、最谨慎者的范例。尽管人人皆赞成这一点,但既不苦心觊觎他人所有、亦不以拥有他人所无而自傲,堪称具备这种见地者又何其少!我们个个都在仰视社会等级高于我们的人,并竭力尽快去模仿在某个方面比我们优越的人。

教区里最贫穷劳工的妻子,虽然嘲笑烫着极益健康的卷发的女人,却与丈夫忍饥缩食,以便买上一件二手睡袍及衬裙。其实,那东西对她根本无用,只因它确实更显得属于上流社会。织工、鞋匠、裁缝、理发匠以及每个低贱的劳作者,其收入虽然皆甚为有限,却都有胆量用其挣得的第一笔钱,让自己穿得像个殷实的商人。普通小贩在妻子的穿着上皆效法邻居的同行批发商,其理由是:十二年以前,那批发商的铺子并不比他自己的大。药品商、绸缎商、衣料商以及其他有信誉的店铺老板,都弄不清自己与贸易商的区
133 别何在,因此便在衣着及生活方面效法他们。贸易商的妻子们无法忍受小商人对她们的信赖,于是逃到了城镇的另一头,并自此拒绝追赶一切时装,而仅仅穿自己喜欢的衣服。这种高傲吓坏了宫廷,有地位的女人目睹商人妻女的衣着竟然与自己一模一样,大吃一惊。她们大叫:市民的这种厚颜无耻简直无法容忍。于是她们叫来了裁缝师,并且,时装的种种新花样便成了她们研究的对象。只要那班漂亮市民开始模仿她们正在穿的服装,她们便总是能够换些更新颖的款式。同样的攀比竞争不断继续,从对服装质地某种程度的仿效到无法置信的昂贵开销。最后,君王宠爱的女人们以及最高等的女人,终于没有任何服装能胜过地位在其之下的女人,而不得不在华丽的马车、堂皇的家具、奢侈的花园及高贵的宫殿上展示她们的巨富。

由于这种攀比,由于双方不断竭力超过对方,在服装样式经历了许许多多的交替变换、经历了反复伪造新款与更新旧款之后,仍为富于创造才能者剩下一种 *plus ultra*[①]。正是这一点,或至少是这一点造成的结果,驱使穷人去做工,刺激了勤勉,并激励熟练技师去寻求进一步的改善。

134 或许有人会反驳说:许多人穿精美时装乃是出于习惯,因而他

① *plus ultra*,(拉丁语)多余部分。——译者

们往往以满不在乎的态度去穿着华美的衣服;这些人虽然亦增进了贸易的利润,但这不能归因于攀比或者骄傲之心。我对此的回答是:衣料及时装天生就是为了满足他人的虚荣心,就是为使那些人从良好服饰上获得比不在意自己服装的人更大的快乐,若不是如此,对自己的服装如此漫不经心者便不会去穿华美服装了。何况,骄傲之心,人皆有之,并非如同表面上那样;而那种恶德的种种症状亦并非都能被轻易发现。那些症状多种多样,随着人们的年龄、性格、环境以及(往往是)体格的不同而变化多端。

脾气暴躁的市长大人似乎急于付诸行动,往往会通过其坚定步伐表现自己的好战才具。因为没有敌手,他只能使手杖在他勇猛的手臂中颤动。他走过城市时,他的漂亮军服使他的头脑兴奋异常。他以此来竭力忘却他自己,亦竭力忘掉他的店铺。他怀着古代阿拉伯征服者的残暴仰望戏院包厢。而冷静的市府议员,现在却已因其年龄和权威而受到了尊敬,则满足于被看作大人物。他趾高气扬地端坐于大马车上,因为他不知道还有哪种更容易的方式去表现他的虚荣。人们可以从他身上的漂亮制服认出他。他 135
闷闷不乐地接受着下等人对他的尊崇。

嘴上无毛的少尉伪装出与其年龄不相称的庄重,怀着荒唐可笑的自负,拼命模仿他的上校那种严肃面容,始终自鸣得意地以为:他的大胆风度会使你以为他勇猛无畏。年轻的佳丽则时时担心自己不被注意,频频变换风姿,急于抓住每个人的目光,由此泄露了自己渴望受到注目的强烈欲望。看到她的人都不由自主地对她投以赞赏的目光。与此相反,自以为是的纨绔子弟则表现出一副意满志得的神态,完全陶醉于自视的完美无缺,在公开场合显出目中无人的派头,而势必使无知者以为:他认为自己是在独往独来。

诸如此类的表现,尽管形式不一,却皆为骄傲的表征,世人一眼便能看破。然而,人的虚荣心并不总能被如此迅速地发现。我们有时会感受到一种人性氛围,其中的人似乎既不具有自我欣赏的本性,又并非完全不在意他人,便往往容易以为他们毫无虚荣心;然而,他们或许只是对满足虚荣感到疲惫,只是因为过度享乐而筋疲力尽罢了。在懒洋洋地斜倚在朴素马车上的伟人身上,人
136 们常常能见到内心平静的外在表现,见到漫不经心而带倦意的镇定自若,但这些并不总像表面上那样是发自内心、毫无做作的。最令骄傲者意醉神迷的事情,莫过于被别人认为他自己很快乐。

有教养的绅士认为自己最值得骄傲之处,乃是掩饰骄傲的娴熟技巧,其中有些人在隐藏这个弱点方面堪称专家,乃至他们心中充满自傲时,俗人反而以为他们最不受骄傲的主宰。因此,巧妙伪装的廷臣出现在公众面前时,却显出一种谦逊和蔼的风度。他心中时时都充溢着虚荣,却显得全然不知自己的伟大。他深知可爱的品德势必令人们对他尊敬有加,并能给他的尊贵锦上添花。而他无比考究的马车马具,连同车上其他的装饰,则无须他的帮助,每每都能成功地展示他的尊贵。

这些人身上的骄傲往往被人忽视,因为它被刻意掩饰了起来。当他们以最公开的方式(至少是看上去以这种方式)表现骄傲时,旁人仍然以为这些人毫无傲气。富有的教区牧师以及其他神职人员,因与世俗欢乐隔绝,便将一件事情当作了自己的事业,那便是去寻觅一袭黑色长袍,寻觅金钱所能买到的最好布料,穿上毫无瑕

疵的高贵外衣,使自己与众不同。他的假发亦非常时髦,样子如同 137
他不得不去应付的那班俗人所赞美的假发。不过,由于他能使用的假发的种类不多,他便十分重视假发是否有益于头发,颜色是否漂亮,所以,只有很少几位贵族能在这方面与他媲美。他的身体永远干干净净,像他的衣服一样。他光滑的脸亦总是刮得干干净净。他总是精心修剪自己漂亮的指甲。他柔软的白手与一颗一流的宝石戒指相得益彰,使彼此美惠倍添。他发现,亚麻布简直太不像样;他认为,若人们看见他外出穿的海狸皮外套不如一个富有的银行家在婚礼上炫耀的那件考究,那便是件丢脸的事。在所有这些精美服饰之上,他还加上了一副庄重不凡的做派,在自己的马车里表现出一种居高临下的傲慢。不过,尽管有这么多同时呈现的证据,通常的礼貌还是不允许我们将他的任何行为看作骄傲使然。由于他职务的尊贵,在别人身上被视为虚荣的东西,在他身上却只被看作庄重。我们理应相信他的职业具有佳良风范,相信这位富有的先生(即使毫不考虑他令人起敬的人品)如此耗神与破费,乃完全出于他对自己从事的神职的尊重,完全来自一种宗教热忱,它使他的神圣职能免遭嘲笑者的蔑视。我诚心地认为:这一切都不
应当被称为骄傲。请允许我只说一句:以我们人类的智力判断,他 138
那些做派只不过酷似骄傲罢了。

然而,我若最终承认:有人的确既乐于享受华服及一切精美的马车与家具,又毫无骄傲之心,结果如何呢?可以肯定的是:倘若所有的人都是如此,我前面所说的那种攀比竞争便必定会停止,而各行的贸易亦势必停止,因为贸易在极大程度上依赖于那种攀比竞争。这是因为:说所有人都当真具备美德,说他们会毫不利己、

一心去为邻人服务,去增进公众福利,其热忱如同他们现在出于自恋和攀比的热忱一样,这只是一种使人们痛苦不堪的转变,是悖情悖理的臆断而已。一切时代都有好人,因此,我们在这方面无疑不乏实例;但我们不妨去问问假发制造者和裁缝师:究竟能在哪些先生(甚至是最富有、最尊贵的先生)身上发现如此献身公益的精神?去问问卖花边的、卖绸缎的以及布料商:最有钱的(倘若你愿意,可以说最讲道德的)太太们是否用现金结账,是否打算如期付款,是否不愿仅仅为了每一码衣料省下四个或者六个便士在一家家商店奔走,不愿货比多家,不愿费尽唇舌地与他们还价,其做法不是与镇上最穷的女人毫无二致?倘若这些人在你催问下回答说:还有
139 这样的男女,那么,实际上或许可能如此,但我要回答说:喂饱的猫有时亦不但不捉老鼠,反而在屋中四处寻找老鼠,还让幼鼠吃它的奶;一只鹞鹰有时亦可能像雄鸡那样请母鸡吃饭,并坐在那里哺育雏鸡,而不是将它们吞进肚子里。然而,倘若猫族及鹞鹰的确一贯如此,它们便不再是猫和鹞鹰了,因为这不符合它们的天性,而我们一旦承认猫和鹞鹰的天性如此,我们命名的猫及鹞鹰这些动物族类便马上不复存在了。

[N]皆因为嫉妒心与虚荣心本身
　　均为激励勤勉奋斗的传道人。(第10页第15行)

嫉妒乃是我们天性中的卑劣之物,它使我们对自己想象出来的他人的幸福感到痛苦和歆羡。我不相信有哪个理性成熟者不曾因这种激情而真正失去自控。不过,我从未见过一个有胆量承认自己心怀嫉妒的人,除非是在开玩笑的时候。我们之所以对这种

恶德普遍感到羞耻，乃虚伪那种强大的习惯使然。借助虚伪，我们 140
从摇篮中便学着甚至对自己隐匿这种广泛的自恋及其全部不同分支。人绝不可能希望他人的境况比自己好，除非他认为自己不可能实现那些良好愿望。由此，我们便可能很容易知道这种激情在我们身上唤起的是何种习惯了。为了弄清这一点，我们首先应当认识到：我们对自己的评价其实并不公正，而我们对邻人的看法亦往往是同等地不公。我们领悟到他人正在做着或享受着被我们认为他们不配做、不配享受的事情时，便会感到痛苦，并对使我们不自在的原因感到恼火。其次，我们惯于将美好的希望给予自己。人人都按照自己的判断和嗜好，对自己寄予美好希望。目睹自己喜欢的东西不属于我们，却被他人占有，这马上会使我们因无法拥有自己所喜欢的东西而悲哀。只要我们还看重自己所需之物，这悲哀便无法治愈。不过，自卫之心却永不安宁，从不使我们想尽方法去驱除自己心中的邪恶。经验告诉我们：要缓解这悲哀，天下没有任何一种手段比我们对那些人的愤怒更有效，他们拥有被我们
看重、为我们所需要的东西。因此，我们便珍重并培养愤怒这种激 141
情，以使自己摆脱由悲哀引起的不适，或使它有所减轻，至少是部分地摆脱它，或使之得到部分缓解。

所以，嫉妒乃是悲哀与愤怒的混合。这种激情的强度，主要取决于对象与环境的距离是近是远。若有个不得不步行的人，嫉妒拥有一辆用六匹马拉的马车的大人物，这嫉妒绝不会像另一个人的嫉妒那样强烈，他不自在的程度亦绝不会像另一个人。另一个人虽然亦拥有一辆自己的马车，却只负担得起使用四匹马拉车。嫉妒的症状多种多样，难以尽述，如同瘟疫的种种症状一样。嫉妒

有时表现为一种形式,而另一些时候则有完全不同的表现。嫉妒病在女子当中甚为普遍。女人彼此指责和责难时,无不呈现出嫉妒的鲜明标志。在美丽的年轻女人身上,你常常可以发现这种机能的高度表现。她们往往在看见对方第一眼之后便拼命地彼此痛恨,其根源除了嫉妒,别无其他。倘若她们尚不善掩饰,还拙于伪装,你一眼便能从她们的脸上看到那种轻蔑,看到那种毫无来由的反感。

在既粗鲁且无修养的群氓身上,嫉妒这种激情表现得极为露骨。他们嫉妒他人的好运时,尤其如此:这些人责骂比自己幸运的
142 人,历数其过失,费尽心机地诋毁其最值得称道的行动。这些人时而向神明低语,时而公开高声抱怨,说世上的好事大多都落在了不配得到它们的人头上。这些人中的更粗劣之辈往往更是怒不可遏,若不是畏惧法律而有所约束,此辈便会直接去找被嫉妒者,将他们痛打一顿。使此辈震怒的,除了嫉妒暗示给他们的东西之外,别无其他。

受这种异病煎熬的文人,其症状则大为不同。他们若是嫉妒某人的才能与渊博,则将心思主要用于拼命掩饰自己的弱点,这通常表现为否定和贬低被嫉妒者的良好品德。他们仔仔细细地审读被嫉妒者的作品,每读到一个精彩段落便满心不快。除了文中的错误之外,他们别无所寻。他们希望获得的最大享受,乃是发现其中一处大错。他们的责难无比严苛,吹毛求疵,小题大做,连半点错误的影子都不放过,而将最微不足道的疏漏夸大成天大的错误。

在野性的畜生身上亦可见到嫉妒的表现。马匹的表现,乃是跑路时彼此拼命超过对方,其中最具嫉妒心的马宁可奔跑而死,亦

不愿容忍别的马跑在它们前面。嫉妒这种激情同样能在狗的身上看得一清二楚:习惯了被人爱抚的狗,绝不会驯服地忍受这种好运 143
气落在别的狗身上。我曾见过一只哈巴狗,它宁可被食物噎死,亦不肯为同类的竞争者留下半点吃食。我们还常会注意到:在我们每天看到的一些幼儿身上亦有同样的习惯。他们很不听话,并因受到过分溺爱而爱发脾气。他们随时都可能突发奇想,拒绝吃自己本来要吃的东西,我们这时便只好骗他们说:现在正有另外一个人(不,甚至可以说正有一只猫或者一条狗)要拿走他们的吃食。于是,他们便会高高兴兴地吃光他们应得的那份食物,即使不合胃口,亦在所不计。

人类天性中的嫉妒若非根深蒂固,它在儿童身上便不会如此普遍,而青年人亦不会如此普遍地受到竞争的驱策了。一些人往往将一切有益于社会的事物归于一条原则,将小学生身上表现出来的竞争性说成是一种思想的美德,因为竞争需要劳作和吃苦,那些小学生显然往往会否定自我,其行为便是出于竞争原则。然而,只要仔细观察,我们便会发现:牺牲安逸与快乐,这些做法不过是出于嫉妒、出于热爱荣誉而已。那种伪装出来的美德当中若没有混杂着某种非常近似这种激情(嫉妒)的成分,那么,采取相同于创造嫉妒的手段,便不可能提高和增进那种美德。一个因表现出众而得到奖励的男孩,会意识到得不到这个奖励将产生的苦恼。这 144
个盘算使他竭尽全力,不让被他现在看作不如他的孩子超过他。他的骄傲愈是强烈,他保持领先地位的行动便愈带自我否定色彩。而另一个男孩,尽管亦竭力表现良好,却并未得到奖励,因此十分悲哀,而迁怒于那个势必被他视为自己痛苦之源的男孩。不过,公开表示这种愤怒既荒唐可笑,又于事无补。因此,他或者会自甘居于那个男孩下风,或者会重振精神,再度努力奋斗,成为表现更佳者。然而,十个男孩当中只会有一个对此无动于衷,天性和善,心平气和地选择第一种办法,因而变得怠惰消沉。而那些贪婪、倔强、好斗的小无赖却会忍受难以置信的痛苦,使自己在下一轮较量中获胜。

画家当中的嫉妒亦极为普遍,因此,嫉妒对精进他们的艺术发挥着很大作用。这并不是说拙劣画家嫉妒绘画大师,而是说大多数拙劣画家都染有这个恶德的习气,他们嫉妒略强于他们的画家。一位著名艺术家的学生若是个出类拔萃的天才,并且能力非凡,他虽然最初亦崇拜自己的师傅,但随着他技巧的增长,他会不知不觉
145 地开始嫉妒自己以前崇拜的人。欲了解这种激情(即我所说的嫉妒)的本质,我们只要注意到一点即可:一位画家若是拼命努力,不但赶上了自己嫉妒的人,而且超过了那个人,这位画家的悲哀便会消失,他的全部怒火亦会熄灭。以前他虽然嫉恨那个人,现在却很乐于和他交朋友,只要那人肯纡尊屈就。

染有此种恶德的已婚女人(例外者极为罕见),总是竭力在她们丈夫心中唤起这种激情。凡这种女人占上风的地方,嫉妒与竞争便会束缚男人的手脚,使表现不佳的丈夫改掉懒惰、酗酒及其他恶习,其效果比自使徒时代迄今的一切布道说教更佳。

人人都愿意生活幸福,享受快乐,并尽可能地避免痛苦,因此,自恋便会吩咐我们将每一个看上去幸福快乐的生灵看作竞争幸福的对手。我们目睹他人的幸福受阻,便会心满意足。这虽然并不给我们带来什么益处,但我们这种快乐中迸发出来的东西,却可以

被叫做“幸灾乐祸”,而造成这个弱点的动机便是“怨恨”,它亦来自嫉妒这同一个源头,因为没有嫉妒便没有怨恨。这种激情蛰伏时,我们根本意识不到它的存在,人们往往以为自己的天性中绝无这 146
样的弱点,因为在那个瞬间,人们尚未受到嫉妒的影响。

一位穿着讲究的绅士碰巧被一辆马车或者大车溅上了一身泥水,比他社会地位低得多的人便会嘲笑他,其程度更甚于与他地位平等者的嘲笑,因为这些人更嫉妒他:他们知道他对自己遇到的倒霉事十分恼火,以为他平素过得比他们快乐,因此看见他摊上了倒霉事便十分开心。然而,一位庄重的年轻女士却非但不会嘲笑这位绅士,反而会同情他,因为她乐于看到一个干干净净的男人,她并不心存嫉妒。对遇到灾祸者,我们究竟是嘲笑还是怜悯,取决于我们怀着恶意还是同情。若一个男人跌了一跤,或受了很轻的伤害,因而并未引起同情,我们便会笑,而此刻,我们的怜悯与恶意则会轮番地触动着我们:“先生,我对此实在非常抱歉,请您原谅我的笑吧,我是世上最愚蠢的生灵”,接着我们又会笑起来,然后还会笑上一番,“我实在是非常对不住”,如此继续。有些人心怀恶意,会因看到一个男人摔坏了腿而笑;另一些人则心怀同情,即使对一个男人衣服上最不起眼的污点,亦会感到由衷的遗憾。然而,任何人都不会野蛮到毫无同情之心的地步,同样,谁都不会善良到丝毫不会产生恶意之乐的程度。主宰我们的激情是何等奇怪!对一个富人,我们先是嫉妒,然后会诚心实意地痛恨他。可是,一俟我们变 147
得和他一样富有,我们便平静泰然了,只要他表现出一丁点谦虚,我们便会与他交上朋友。然而,我们若变得明显优越于他,便能对他的厄运心生怜悯。真正富于理智者不像其他人那样嫉妒,其理由是这些人对自己的赞赏不像傻瓜和蠢人那样心存犹豫,因为尽管他们并未使别人看出这种自我赞赏,他们却怀着坚定的信念,这使他们相信自己的真正价值,而弱智者心中永远不会产生这样的自信,尽管他们时常装作自信十足。

古希腊人的贝壳放逐法[①],乃是遵从当时流行的嫉妒、以有地位者做牺牲品的行为,常用作一种百试不爽的疗法,医治和防止普通人的怒火及敌意造成的祸害。牺牲一个公众人物,往往能够平息一个国家的民怨,而后人常常会惊异于这种天性的野蛮性质,其实在同样的环境中,后人自己亦会照此行事。牺牲这些人,乃是对心怀恶意群众的逢迎,因为群众看到一位伟人身败名裂,会感到莫大的宽慰。我们相信自己热爱正义,并且愿意看到奖励美德;但是,倘若人们始终仰慕最享盛誉者,那么,我们当中一半的人便会渐渐对他们感到厌烦,于是去寻觅他们的过错。若找不出任何过错,我们便会以为这些人将他们的过错隐瞒了起来,即使我们当中绝大多数并不希望这些人被抛弃,这已经足够了。对一切不是自
148 己直接的朋友或熟人者,最明智者应当时刻领会这种不公,因为最使我们烦心的,莫过于那些我们根本无缘享有的反复赞誉。

一种激情愈是与其他许多激情混合,它就愈是难以被区分出来。一种激情愈是使怀有它的人感到苦恼,它就愈能激起这些人针对他人的残忍之心。因此,嫉妒心乃是最反复无常、最能引起祸患的东西,它由爱、希望、恐惧以及大量嫉妒混合而成。对于嫉妒,

① 贝壳放逐法(Ostracism),古希腊人放逐扰乱治安者时采取的一种方法,即由公民投票决定,将意愿写在贝壳上。——译者

我已经做了充分的论述;读者会在评论 R 中看到我对恐惧的看法。因此,为了更好地解释和说明嫉妒这种奇特的混合激情,在本条评论中我将进一步论述嫉妒中包含的成分。它们就是希望与爱情。

所谓希望,乃是怀着某种程度的信心去期盼被期望的东西出现。我们的希望究竟是切实还是愚蠢,这完全取决于我们信心的多寡,而一切希望中皆包含着怀疑。这是因为:我们的信心一旦达到排斥一切怀疑的高度,它就变成了一种确信,我们便确信自己一定能获得以前希望获得的东西。说一只“银质的墨水壶”,这会为众人所理解,因为人人都知道这个词的意思,但说到某种“希望”,则无法使人人都理解:因为使用一个称谓的人,若破坏了该称谓指代的实体,这个称谓便毫无内容。倘若称谓与其指代的实体性质 149
不同,我们对二者的理解愈清楚,就愈可能发现将二者一起使用是荒谬的。所以,听到某人说到某个“希望”时,我们并不像听他说一块“热冰”或者“液体的橡木”那么吃惊,这并非因为“希望”中包含的荒谬多于后两个字,而是因为大多数人虽然都能清晰地理解“冰”或“橡木”的含义,却无法同样清晰地理解“希望”这个词的含义(我指的是它的本质)。

“爱”的第一层含义是好感,例如父母及保姆对儿童的那种爱,以及朋友之间的那种爱。爱由对被爱者的喜欢和良好愿望构成。我们很容易理解所爱者的言行,即使看到他有过失,亦很容易为他开脱并原谅他。我们将所爱者的利益视为自己的利益,这甚至会形成某种偏见。而同情所爱者的哀愁,我们亦会感到由衷的满足,如同分享他的快乐一样。分享所爱者的哀愁,这并非不可能,无论那哀愁是什么,因为我们若是诚心分担他人的不幸,自恋便会使我们相信:我们感到的痛苦将会减轻友人的痛苦。这种可人的思虑安慰着我们的痛苦时,我们对自己所爱者的悲悯当中便油然产生了一种隐秘的快乐。

150 “爱”的第二层含义是指一种强烈的欲望。从本质上说,这种欲望有别于其他一些好感(例如友谊、感激以及亲情)之处,在于它是相互悦纳的异性之间产生的感情。正是在这个意义上,爱情才被视为构成嫉妒心的成分之一。嫉妒既成了爱情的结果,又成了爱情的愉快伪装,而爱情促使我们为延续人类物种而劳作不已。无论男女,只要身体健全,性爱便如同饥渴一样,皆为与生俱来的天性,尽管这种天性在青春期以前很少表现出来。我们若能剥光自然女神,探询她最深处的隐秘,便能发现这种激情尚未发芽的种子,如同胚胎中齿龈尚未形成时的牙齿一样清晰可见。健全的两性在二十岁之前不曾感觉到这种激情者,为数寥寥。不过,文明社会的安定与幸福却要求隐秘性爱,要求绝不在公开场合谈论爱情。因此,教养良好者便将当众直言任何有关这一延续物种之秘密的做法,看作极大的罪恶。这样一来,这种强烈欲望虽然是人类繁衍最不可或缺的,但其名称却令人厌恶,而对“性欲”的特定形容,则往往是“龌龊不堪”和“令人恶心”。

151 恪守道德者和极为腼腆者,他们的这种天性冲动往往先对身体产生相当长期的困扰,然后才会得到他们的理解和承认。值得注意的是:受过最完善的砥砺和教育者,通常最忽视这种事情,而我亦只好在这里比较处于自然野蛮状态的人与文明社会的人。首先,男人和女人若是完全未曾受到时尚风度方面的教育,他们很快便会找出困扰的原因,并且会像其他动物那样,因为找不到缓解困扰的现成疗法而不知所措。此外,他们既不需要更富于经验者制定的规则,亦不需要那些人的先例。然而其次,凡在要求遵守宗教、法律及礼法的规则、要求不遵从天性而恪守这些规矩的地方,皆要求青年男女警惕和防范这种冲动。因此,他们从幼年起便被人为地恐吓,使他们远离这种冲动的哪怕是最轻微的表现。这种强烈欲望本身及其一切症状,尽管被清晰地感觉到,被清晰地理解,却注定要被谨慎而严格地遏止。女子一有机会便全然否认这种欲望,即使她们本身受到它的明显影响,亦是如此。这种欲望若使她们心情不佳,她们或者不得不借助体育锻炼去医治,或者默默
地耐心忍受。正是为了维护法度和礼貌的社会利益,才要求女子 152
延宕和空耗自己的欲望,让它死亡,而不应以不合法的方式去缓解它。人类中那部分热中时尚者,出身高贵和富有者,其婚姻无不计较门第、财产和名声。他们寻觅配偶时,天性的召唤乃是最不被重视的东西。

因此,将爱情与欲望混为一谈者,乃是将爱情的原因错当成了它的结果。然而,教育的力量以及我们从教育中获得的一种思维习惯,却使我们相信:男女两性有时的确互相爱恋,却丝毫不会产生肉欲,不会产生大自然繁衍人类的意愿,那种意愿乃是大自然提出的目的,没有它,男男女女便不会产生那种激情。世上确实存在这样一类人,但更多的人口称支持那些高雅的见解,却完全是出于狡计和伪饰。真正的精神恋爱者,通常皆为面色苍白的虚弱者,皆为两性中生性冷淡者。体格健壮、精力充沛的胆汁质的人,以及面色红润者,无论他们享受的爱情何等高洁,也不会将一切与肉体相

关的思想和愿望统统排除。然而,最纯洁的恋人若知道了自己强
153 烈欲望的来源,但愿他们能假定对方应当享受被爱者的肉体快乐。
经过这种思考的折磨,他们很快便会发现自己激情的本质究竟是
什么。相反,想到被自己寄予良好希望者品尝到了美满婚姻带来
的愉悦和舒适,父母及友人则会感到心满意足。

精于洞察人心的好奇者会提出一种看法:这种爱情愈是崇高,
愈是排斥一切与感官享乐有关的念头,它便愈是虚伪,愈是从其真
正来自本源的原始简单性退化。政治家将社会文明化时殚精竭
虑,付出了全部力量和智慧,这些显然不是别的,而完全是操纵我
们种种激情的巧计,目的在于使我们互相对立。迎合我们的骄傲,
一面使我们对自己的良好评价更为增加,一面激励我们出于羞耻
而对他人产生最高厌恶和极大反感,借此,那些工于心计的道德家
们,已使我们顺顺当当地学会了如何面对自己,即使不能扑灭我们
宝贵的激情和欲望,至少要将它们隐藏和伪装起来。我们自己胸
中存在这些激情和欲望,却几乎不知它们为何物。呜呼!这便是
我们期望得到的、对我们所有自我否定的重奖!我们将如此严重
154 的欺骗和虚伪施于自己及他人,使我们这个物种显得离其他动物
物种(比实际上)更高、更远;除了这种虚荣的满足之外,我们别无
所获;其实我们在良心里知道人是什么。若有什么人想到这一点,
他能否严肃得不笑呢?但这却是事实,我们从中清晰地看到了:我
们何以必须将一切可能揭露我们内心欲望的言行染上令人厌恶的
色彩,我们能感觉到这种欲望,它使人类生生不息。我们亦从中看
到了:驯服地屈从于一种强烈欲望的暴力(抵抗这种暴力会令人极
为痛苦),无邪地听命于大自然最紧迫的要求而毫无狡饰和虚伪,

如同其他的动物那样，这何以会被烙上“兽性”这个可耻标记。

因此，我们所说的“爱情”便不是一种真正的欲望，而是一种搀了假的欲望，或者毋宁说是一种由数种矛盾的激情混合而成的东西。它是一种裹着习俗和教育外衣的天性产物，因此，正如我已经暗示过的那样：在有教养者身上，这种激情的真正本源和最初动机已被窒息，并且几乎无法被他们察觉。这一切皆说明了其影响何以因人的年龄、体力、意志、秉性、环境及礼貌教养的不同而异，以及它的影响何以如此迥异，如此无常，如此令人惊诧，如此无法解释。

正是这种激情，使嫉妒心造成了大量麻烦，其中的嫉妒常常是 155
毁灭性的：有人以为可能存在一种并不包含爱情的嫉妒心，这些人根本不懂得那种激情。男人们可能对自己的妻子毫无好感，却仍然会因为她们的行为而发火，并且无论有无理由都怀疑她们。但在这种情况下，影响这些男人的乃是他们的骄傲，乃是对自己名誉的关切。他们毫无内疚地痛恨妻子；若是蛮横残暴之辈，他们会先将妻子痛打一顿，然后心满意足地去睡觉：这样的丈夫不但会监视自己的太太，而且会请旁人去监视她们；但他们的戒备心并不如此强烈。他们对妻子的盘查既不刨根问底，亦不费尽心机。他们心中没有混合着嫉妒的爱情，因此并不存在害怕发现妻子不忠的焦虑。

能够证实我这个观点的是：我们从未见过一个男人和他的情人之间发生上述行为。这是因为，男人一旦爱情消失并怀疑情人作伪便会离开她，不再想她的事。然而，我们却极难想象哪个男人(即使是有头脑的男人)肯与其情人分手。只要他还爱她，无论她犯有多大的过错,他都不会与她分手。他若因为愤怒打了她,事后便会感到不安。他的爱情使他想到了自己对情人的伤害,因此想和情人言归于好。他虽然嘴上说恨她,并且常常从心里巴不得她
156 被吊死,但是,他若不能彻底摆脱自己的弱点,便永远不会从情人那里解脱出来:尽管她代表着他能想象出的、最可怕的罪恶,尽管他曾痛下决心,一千次地发誓再也不去接近她,他却丝毫不能兑现誓言。即使他完全证实了情人的虚伪,只要他的爱情还在,他的绝望便绝不可能持久。他会在两次最绝望之间心存宽宥,并且每过一段时间便产生希望。他为情人的过失寻找借口,时时想着原谅她。他为此绞尽脑汁,极力寻找使她显得不那么有罪的一切可能理由。

[O]它是真正的快乐、舒适与安然。(第11页第12行)

快乐中包含着至善,这是伊壁鸠鲁[①]的学说。伊壁鸠鲁的生活是克制、清醒和其他一些美德的典范,这使后世的人们对快乐的意义争论不休。一些人以这位哲学家的节欲为根据,认为伊壁鸠鲁所说的“快乐”指的是做有道德者。伊拉斯谟[②]在他的《谈话录》
157 里告诉我们:最伟大的伊壁鸠鲁主义者莫过于虔诚的基督教徒。另外一些人想到了伊壁鸠鲁的绝大多数追随者放荡挥霍的作风,

---

① 伊壁鸠鲁(Epicurus,公元前342?—前270),古希腊哲学家,认为“快乐”是自然的目的和最高的善,人生的最高幸福是避免痛苦,身心安宁。他的学说后被误解为耽乐主义。—— 译者

② 伊拉斯谟(Desiderius Erasmus,1466?—1536),荷兰人文主义学者,神学家。—— 译者

便往往认为:伊壁鸠鲁所说的种种快乐,除了感官快乐和我们种种激情的满足之外,不可能是其他。对这两种人的争论,我不想做出评判,而只赞成一种观点:无论人们是好是坏,使他们感到愉快的,皆为他们自己的快乐,而不是在精深的语言中物色什么术语。我相信:英国人会将每一种使他愉快的事物恰当地称为快乐。按照这个定义,我们不应再去辩论人的各种快乐,正如我们不应去辩论人的各种口味一样:*De gustibus non est disputandum*①。

人虽然匮乏美德,却怀有世俗的欲念,奢侈逸乐,野心勃勃,贪图处处占先,渴望比那些胜过他的人更尊贵。他的奋斗目标是宽敞的宫殿和精美的花园。他的最大快乐是在轩昂的骏马、华丽的马车、众多的仆从以及昂贵的家具方面超过他人。为了满足淫欲,他觊觎上流社会年轻美貌的女人,她们魅力各异,相貌不同,皆能陪衬出他的伟大,并真心地爱着他本人。他喜欢在自己的地窖里储藏由各国花朵酿造的头等红酒。他渴望自己餐桌上菜肴丰盛,
道道皆为精选的美味珍馐,很难购得,并能充分证明考究而明智的 158
厨艺。进餐时,他要有和谐的音乐和委婉的恭维轮流愉悦他的听觉。即使做最平凡的琐事,他亦要雇用最能干、最具创造性的工人。即使在属于他的、最微末的小事上,他的判断力和幻想亦表现得十分昭然,犹如在更有价值的事情上表现其财富和地位时一样。他需要几班机智、幽默兼文雅者与他交谈;而他希望其中有几位以学识渊博、阅历丰富闻名:为了他的严肃事务,他希望找到富于才干及经验者,并希望他们兢兢业业,忠心耿耿。他要求服侍他的仆

① *De gustibus non est disputandum*,(拉丁语)言及趣味无争辩。—— 译者

人随叫随到,彬彬有礼,小心谨慎,外表俊雅,还要风度翩翩;此外,
他还要仆人恭敬地呵护每一件属于他的东西,要他们敏捷而不仓
促,高效而不喧哗,对他惟命是从。使他心烦的,莫过于对仆人发
号施令。他只愿让一类仆人侍候,即能察言观色、懂得如何从他最
微小的举动判断出他的意愿的。他喜欢自己让周围的一切事物皆
优雅而美妙。他渴望自己使用的东西无条件地保持一尘不染。他
159 的大管家应当既出身好,重荣誉,有见地,又恭顺,精明,善于精打
细算。尽管他渴望所有人的尊敬,喜欢得到普通人的敬重,但他认
为:来自有身份者的尊重才会使他更加陶醉,更觉销魂。

这样的沉迷若伴以无穷的淫欲与虚荣,他便会一面完全听凭
自己强烈欲望的冲动与放纵,一面渴望世人皆以为他全无骄傲与
淫荡之心,并以动听的言辞开脱自己最昭彰的恶德。不,倘若他的
权势容许,他会巴不得被众人看作智慧、勇敢、慷慨、善良,并具备
他认为值得拥有的一切美德。他会使我们相信:在他眼里,他享有
的煊赫与奢华乃是令他厌烦的瘟疫;他表面上的所有庄严伟大只
不过是一种不值得感激的重负,而使他悲哀的是:这个重负与他进
入的那个高级圈子不可分离;他的高尚思想比粗俗之辈的高超得
多,其目标更为高远,因而无法享受那些毫无价值的娱乐;他最大
的抱负乃是增进公众的福祉,他最大的快乐乃是看到自己的国家
繁荣昌盛,人人幸福。这些皆被堕落的世俗之辈称为“真正的快
160 乐”。无论何人,无论依靠的是技能还是好运,只要能按照这种考
究方式获得它们,能立即享有这个世界,并获得世人好评,皆可被
最时尚的人们列入极度幸福者之列。

然而,在另一方面,大多数古代哲学家和严肃的道德家,尤其

是斯多葛学派[①],则认为:一切容易被他人拿走的东西皆非真正的善。他们明智地看到了好运及君王恩宠的飘忽,看到了荣誉与众人喝彩的虚空,看到了财富以及一切尘世财产的不可靠,因而将真正的幸福看作知足者安详宁静的心灵,既无邪念,亦无野心。这样的人克服了一切感官欲望,无论好运对他微笑还是蹙眉,他都不放在眼里,除了沉思冥想别无乐趣,除了人人能给予自己的那些东西别无所求。这样的人坚韧果决,懂得如何承受最重大损失而毫无烦愁,如何忍受痛苦而毫无苦恼,如何经受伤害而毫无怨恚。这些品质在许多人身上达到了自我否定的高度,因此,我们若相信他们,他们便是高出了凡人,他们的力量已经大大超出了其天性的范围:他们能毫无畏惧地直面可怖暴君的雷霆,直面最迫近的危险;他们能在遭受折磨时保持平静;他们能勇敢无畏地面对死亡:他们离开这个世界时,如同他们诞生在这个世界上时一样欣然。 161

在古人中,这些人总是饱经磨难,而其他一些亦绝非傻瓜者,则已经破除了这些清规戒律,将它们视为不切实际,将这些人的理念称为浪漫的幻想,并极力证明:这些斯多葛主义者自诩超越了人类的一切力量与能力,因此,他们引以自豪的美德不是别的,而恰恰就是些傲慢自大的伪装,其中充满了狂妄与伪善。然而,尽管有这些责难,自古迄今,世上的正经人及绝大部分智者,还是赞同斯多葛主义者那些最切实的观点,即依赖于可逝去事物的东西绝非真正的幸福;内心的安宁才是最大的赐福;知识、克制、坚韧、谦虚

① 斯多葛学派(Stoic),古希腊的一种哲学学派,认为善的最高形式是美德,人不应为生活中的苦乐所动,又称苦行主义学派。——译者

及其他的心志修养,乃是最有价值的收获;惟有善者才能快乐;有道德者只享受真正的快乐。

或许有些读者会问我:我在《寓言》中说的那些"真正的快乐",何以直接对立于我认为一切时代的智者所享有,并推为最有价值的快乐?我的回答是:这是因为,我所说的乐事并非人们嘴上说的
162 最好事物,而是人们心中最喜欢的事物。我若看见一个人一贯醉心并日日追求与心志修养相反的东西,又如何能相信他的最大快乐就是心志修养呢?虽然约翰亦算吃些布丁,但你只能说那与不吃略有不同。你可以看到:那一丁点布丁经过反复咬啮咀嚼,像一堆切碎的干草那样被他强咽进肚;然后,他便狼吞虎咽地大吃牛肉,让食物一直填到他的喉咙。听到约翰天天大叫"我的全部快乐就是布丁,我根本不把牛肉放在眼里",你难道不发火么?

我能像塞内加[①]本人那样自诩坚韧,自诩蔑视财富,我能写出比他多两倍的文章,像他赞颂贫困那样,去赞颂与他十分之一财产相当的贫困。我能为人们指点通向他所说的 *Summun bonum*[②] 之路,我对它犹如对自己回家的路一样了如指掌。我能告诉人们:要使自己脱离一切尘世羁绊,要纯洁心志,就必须弃绝一切激情,这就如同要彻底清扫屋子就必须将家具全搬出去一样。我完全理解一种见解,即对一个弃绝了一切恐惧、希望及嗜好的人,命运最恶毒、最沉重的打击造成的伤害,要甚于一匹瞎马在空马厩里受到
163 的伤害。对这一切理论,我皆精通,但实践这些理论却困难重重。

① 塞内加(Lucius Annaeus Seneca,公元前 4? —65),古罗马政治家,哲学家,悲剧作家。又译作"塞涅卡"。—— 译者

② *Summun bonum*,(拉丁语)最高的善,至善。—— 译者

你若来偷我的东西，或在我饥饿时将吃食从我眼前拿走，或仅仅朝我做个最不起眼的动作，即朝我脸上吐唾沫，这时我可不敢保证自己的行为能符合这套哲理。你会说：我在这种情况下不得不屈从于我狂野本性的一切怪念，这根本不能说明其他人亦会像我这样短于自控。因此，每当与美德相遇，我便情愿对它赞美备至，但条件是：在我看不到自我克制的地方，不要强迫我去承认它，在我目睹了人们真实行为的地方，不要强迫我根据他们的言辞去判断他们的真实感情。

我考察过各种地位、各种身份的人。我承认：在一些宗教场所中，我发现了最简朴的作风，发现了对世俗快乐的最大蔑视。人们从俗世自由地隐退到那些地方，与自己搏斗，除了克制自己的欲望之外，不做别的。男男女女在其生命的黄金时代(此时他们的淫欲最为狂野)，竟然能够切切实实地自愿彼此隔绝，并通过自愿的弃绝终生克制，不仅不去做不洁净的事情，而且甚至拒绝最合法的拥抱，还有什么比这更能证明完美的贞洁、更能证明对男女之间完美纯洁的最高热爱呢？你会以为：拒绝食肉，并常常拒绝一切形式的 164
食品者，想必已经克服了一切肉体欲望。我几乎可以发誓：有个人每日用无情的鞭笞弄伤自己赤裸的脊背和双肩，午夜常从睡梦中醒来，离开床榻，去做祷告，他从不考虑自己的安逸。他甚至不用脚去碰金银，谁能比他更蔑视财富？谁能比他表现得更清心寡欲呢[1]？有个人自愿选择贫困，满足于鹑衣百结，拒绝吃任何面包，

① 此指圣芳济派修士(Franciscans)安守贫困的誓言，他们甚至不允许金钱碰到他们的身体。——译者

只吃他人的慈善施舍给他的东西,谁能表现得比他更简朴,更谦卑呢?

若没有那么多出类拔萃、学识渊博者的劝诫,此类自我克制的美好实例肯定会使我对美德深鞠一躬。他们异口同声地告诉我说:你看错了,你看到的一切皆为胡闹与伪善;无论他们装出何种六翼天使[1]般的爱,他们当中除了截然相反的东西,别无其他;无论修女修士们在修道院里的忏悔苦修表现得如何虔诚,他们当中绝无一人会牺牲自己珍爱的淫欲;在女子,并非所有被看作处女的
165 皆为处女,你若被带到她们的密室,去检验其中一些人最隐秘的私处,你很快便会被恐怖的场景所说服,即她们当中的一些人必定已经做过母亲了;在男子身上,你会发现诽谤、嫉妒和暴躁最淋漓尽致的表现,或者发现饕餮、酗酒以及比奸淫本身更可恶的可耻行径;言及他们的乞丐行为,他们与真正乞丐之间的区别仅仅在于行乞的习惯不同,乞丐用可怜兮兮的腔调和穷困的外表骗人,而一旦旁人已经看不见他们,他们便立即躺在角落里,放纵情欲,彼此享用起来。

倘若信仰的严格戒律,神职人员虔诚心的众多外部标志,尚且经不起我们如此严格的检视,那我们便可能更不必指望在其他地方发现美德了。这是因为,这些教士虽然激烈反对和谴责信徒,但我们若审查他们自己的行为,便会发现其自我克制并不像表面看上去那么多。一切宗教所崇拜的神明,甚至各国改革最彻底的教

① “六翼天使”(Seraph),典出《旧约·以赛亚书》第6章第1—3节,为9位唱诗天使中最高的一位,在中文《圣经》(神版)中被译为“撒拉弗”。这里指纯洁的极乐境界。——译者

会,无不首先满足库克罗普斯·伊万格利弗鲁斯①的需要。首先是各种美味,然后是同样可人的饮料。此外,他们还盼望你加上舒适的房屋、精美的家具、冬日暖和的炉火、夏天怡人的花园、洁净的衣服、足够养活他们儿女的金钱、在一切人当中居于上风、来自所 166
有人的尊敬,然后随便你给他加上多少宗教虔诚。我所列举的那些事物,乃是舒适生活所不可或缺的。连最谦逊的神职人员亦不会羞于承认自己需要它们。没有它们,这些人会感到极不舒适。诚然,这些神职人员与其他人出自同一种模具,其品性亦像其他人一样腐败。他们天生的弱点与其他人相同。他们受制于同样的激情,也容易受到同样的诱惑。因此,他们若是勤勉从事自己的神职,能够做到不杀人、不奸淫、不诅咒、不酗酒、不具备其他昭彰的恶德,其生活便堪称纯洁无瑕,其名声便无可指摘了。他们的职能为他们染上了神圣的色彩,因此,虽然满足了如此多的肉欲,享受了如此多的奢侈淫逸,他们依然可以认为自己具备了其骄傲和才具允许他们具备的全部价值。

我虽不反对上述的一切,却无法从中看到自我克制,而没有自我克制便没有美德。每个有理性者皆能获得理应感到满足的世俗

---

① 库克罗普斯·伊万格利弗鲁斯(Cyclops Evangeliophorus),在伊拉斯谟《谈话录》(*Colloquies*)中有两个人物坎尼乌斯(Cannus)和波利腓姆斯(Polyphemus)。坎尼乌斯见到波利腓姆斯时,后者正手持一本福音书。坎尼乌斯知道后者的生活方式并不符合福音书的守则,便嘲讽他说:"你不该再叫波利腓姆斯,而应叫伊万格利弗鲁斯(Evangeliophorus,传播福音书者)。"波利腓姆斯恰巧又是一位独眼巨人(Cyclops)的名字。伊拉斯谟《谈话录》又名《独眼巨人,或传播福音书者》。曼德维尔将这两个名字合在一起,称他为库克罗普斯·伊万格利弗鲁斯(Cyclops Evangeliphorus,意为传播福音书的独眼巨人),但他漏掉了一个字母,将伊拉斯谟的 Evangeliophorus 写成了 Evangeliphorus。这里用这个名字泛指"不守教规的神职人员"。—— 译者

幸福,但仅仅不渴望获得比这更多的世俗幸福,难道便是禁欲了么?不穷凶极恶,不干有悖良好风度的下流勾当(任何谨慎者,即使没有任何宗教信仰,亦不会去干那些勾当),这果真就算具备了什么伟大的美德了么?

我知道有人会告诉我说:神职人员凡遇到一丁点冒犯便怒不
167 可遏,凡权力受到侵犯便表现得毫无耐心,这是因为他们精心维护自己的使命和职业,极力不使它们遭到轻蔑。这不是为了他们自己,而是为了更好地为他人服务。正是出于同样的原因,他们才热中生活的舒适与方便,因为他们若是容忍自己受到侮辱,若是满足于粗茶淡饭,若是身穿比旁人更平凡的衣服,一向以外表取人的大众便很可能以为:神职人员亦像其他凡人一样并没受到上天的直接关怀,因而不仅会低估他们本人,而且会藐视他们的一切责难与指导。这个辩解实在令人赞叹。有人时常提出这个辩解,因此我想分析一下它究竟有无道理。

我不赞成渊博的伊查德博士[①]的观点,即贫困乃是使教士遭到蔑视的原因之一。我亦不赞成他说贫困可能是使教士暴露缺点的原因。这是因为,人总是拼命从自己的贫困处境里挣扎出来,并且无法毫无怨恨地忍受贫困生活的重负。正是在那样的时刻,人们才表现出了其贫困使他们何等不适,表现出了他们改善了自己的环境后会何等开心,表现出了他们将何种真正的价值赋予尘世
168 的美好事物。有的人身穿龌龊褴褛的外套,高声宣扬蔑视财富,蔑

① 伊查德博士(Dr. John Eachard,1636?—1697),英国牧师、讽刺作家,著有《蔑视神职人员与宗教之基础及原因》(*The Ground and Occasions of the Contempt of the Clergy*,1670)。——译者

视尘世欢乐的虚荣,这是因为他没有其他外套可穿。倘若有人给他的帽子比他那顶更好,他便不会再戴自己那顶油渍斑斑的旧帽子了。他在家中沉着脸,喝着劣质啤酒,但若能在外面找到一瓶红酒,他立即便会跳起来。他可以用粗劣的食物去喂他那个粗鄙的皮囊,而一旦能在什么地方愉悦他的味觉,并对一顿丰盛晚餐的邀请感到格外高兴,他便会不知餍足。他遭人鄙视,并非由于他贫穷,而是由于他不懂如何以安贫乐道之心去对待贫穷(他向别人鼓吹的正是这种态度),因而暴露了他骨子里喜欢与他鼓吹的信条相反的东西。然而,一个人若出于其心灵的伟大(亦可出于顽固的虚荣心,因为产生的效果相同)而拒绝提供给他的一切可能的安逸奢侈,情愿恪守贫穷生活,摒弃所有愉悦感官的东西,并实实在在地牺牲自己的所有激情,以获得力行俭朴生活的骄傲,那么,粗俗之辈便不仅会尊敬他,而且会情愿将他奉若神明,对他五体投地。犬儒学派哲学家们不是仅仅通过拒绝伪饰、拒绝奢侈品,便让自己遐迩闻名了么?世界历史上那位最具雄心的君主,屈尊造访住在木桶中的第欧根尼[1],又返身回到这个有学问的野老那里,这难道不 169
是对一个人的骄傲的最高赞许么?

看到环境印证了自己听到的话,人们便很愿意彼此相信对方所言;但我们若是言行不一,却渴望赢得信任,那便是厚颜无耻了。一个快乐而健壮的人,两颊发热,双手暖和,刚刚做完剧烈的锻炼,或是刚刚洗过冷水浴,他若在冷天告诉我们他对烤火毫无兴趣,我

① 第欧根尼(Diogenes,公元前412?—前323?),古希腊犬儒派哲学家。传说亚历山大大帝去看他,他请这位君主不要挡住他晒太阳。—— 译者

们便很容易相信他的话;他若确实不去烤火,我们便会更相信他。我们根据他的环境知道他既无须烤火,亦无须增添衣服。然而,倘若我们从一个贫穷饥馁的流浪汉口中听到同样的话,而他却双手冻肿,面色紫青,身穿破烂的薄衣,我们便连一个字都不会相信,尤其当我们看到他摇摇晃晃、浑身战栗地朝有阳光的地方溜去时,便更加不信了。我们会想:任他去信口胡说吧,他其实巴不得穿上暖和衣服去烤火呢!这个道理十分浅显易懂,因此,你若认为世上哪些教士不贪恋凡俗之事,视灵魂高于肉体,只要让他们素常对其肉欲之乐的关切,别再显得比他们对其心灵之乐的关切更强烈即可。他们理应心满意足,因为他们从不会因为贫困(他们坚韧地忍受着
170 贫困)而遭人蔑视,无论他们生活得何等简陋。

我们不妨假定:一位教区牧师非常关心那一小群信任他的教民:他热心而谨慎地向他们布道,拜访他们,劝诫他们,责备他们,行使自己权力之内的一切职能,去使他们幸福。毫无疑问,那些受他关怀的人会非常感激他。现在我们再假定:依靠一点点自我克制,这位好人认为仅靠一半收入生活就够了,于是每年只领二十镑薪俸,而不是四十镑(他本来可以拿到四十镑);不仅如此,他还非常热爱自己教区的教民,以致宁愿放弃任何晋升也不离开他们,甚至拒绝到别的教区去担任主教。我认为,一个专事禁欲、鄙薄世俗快乐的人很容易做到这些。不过我敢断言:虽然这样一尊对世俗之乐无动于衷的神也有人类皆爱的那些堕落恶习,但他依然会受到每一个人的爱戴和敬重,获得众人的好评。我还可以断言:他若进一步自我克制,将其微薄薪俸的一多半给予穷人,而自己只吃燕麦,喝清水,睡稻草,穿最粗劣的衣服,他这种简陋的生活方式绝不

会被看作对他本人或对他宗教的蔑视,实际上也绝不是如此。恰 171
恰相反,只要人们还记得他,他的贫穷便永远是他的光荣。

然而(一位善心的淑女会对我说),你虽然有一副铁石心肠让你这位教区牧师忍饥挨饿,可难道你就不同情他的妻子和孩子么?天哪,每年四十镑的薪俸经过他狠心地两次施舍,还能剩下多少?你是否也想让那可怜的女人和无辜的孩子们吃燕麦、喝清水、睡稻草?你这没良心的坏蛋,你这胡乱假定、满嘴自我克制的家伙!不,你设定的这个生活标准简直是在杀人,以这个标准,他们每年只有十镑,这难道能维持一个家庭么?——且莫激动,善良的阿比盖尔太太[①],我十分敬重你们女性,还不至于给已婚男人开出如此低劣的食谱;但我承认自己忘了妻子们和孩子们;其主要原因就在于我以为贫穷的牧师们根本没有机会娶妻生子。那教区牧师不仅要用律条去教化他人,还必须以身作则,身体力行,谁会想象他不能克制那些被这个邪恶世界本身称为毫无理性的欲望呢?一个学徒若没有出师便结了婚,此举便会激怒他所有的亲戚,招来众人的责备,除非他是因为遇到一大宗财产而结婚,其原因何在?没有别
的,只因为他婚后手中没钱,被束缚在他师傅的行业里,因而既无 172
闲暇,亦无多少能力去养家。一个年俸二十镑的牧师(你若愿意,还可以说他年俸四十镑),更受教区牧师全部职责的严格约束,因

① 阿比盖尔太太(Mrs. Abigail),这是当时一本书的主人公。阿比盖尔太太原为女仆,嫁给了一位教区牧师后,做出许多荒唐可笑之举,企图超过以前的女主人。该书作者通过这个人物形象嘲笑了"神职人员假装出来的尊贵"。该书发表于1700年8月20日,书名是《阿比盖尔太太;或乡村牧师之妻与神学博士之妻间的女性冲突实录》。——译者

而几乎没有时间、通常比那学徒更没有能力去挣钱,对这样一个人,我们又不得不说什么呢?他若结婚,岂不是很不明智么?然而,为什么要禁止一个行为端正的年轻男人去享受那些合法的快乐呢?不错,结婚是合法的,授业的师傅也是合法的;但那些没钱养家、没钱从师者又该如何呢?倘若他一定要找个妻子,那就让他去找个有钱的妻子好了,或让他去等待更大恩赐之类的事情落到头上,使他能慷慨地养活妻子,并能承担一切额外开销。不过,任何哪怕只有一点点钱的女人都不会和他结婚,而他也会过不下去:他胃纳极佳,健康毫无问题;没有女人,并非个个男人都能活下去;与其被焚毁,不如去结婚——这当中难道存在什么自我克制么?这个正派的年轻男人非常愿意具备美德,但你绝不能将他的天性一笔勾销。他答应绝不去偷鹿,条件是他必须有自己的鹿肉吃;没有人会怀疑他在关键时刻完全可能成为烈士,尽管他说自己没有足够的力量去耐心忍受手指的呵痒。

173 如此众多的教士放纵自己的情欲(那是一种粗野的欲望),在其不可避免的贫困中依然放纵情欲,他们若不能以更大的毅力克制情欲,却像人们见到他们日常表现的那样,他们就必将使自己遭到全体世人的蔑视。他们若辩解说:他们虽然和俗世保持一致,却并不是为了从它的堕落、便利和虚饰中获取快乐,而是为了使自己的神职免遭轻蔑,使自己对他人更有用,看到他们的表现,我们还能相信他们么?我们会认为:他们这番话里充满了虚伪;他们想要满足的不仅是强烈的色欲;目空一切的傲慢、对伤害的敏感、服饰的绮丽考究、对美酒佳肴的嗜好,这些(在他们大多数人身上都可以观察到这些表现)皆为其心中的骄傲与奢侈的结果,正像其他人一样;神职人员并不比从事其他行业者具备更多天生的美德。我们的这些想法难道没有道理么?

到目前为止,我已经用了如此多的篇幅去论述快乐的本质,这恐怕已经使不少读者感到不快了。但我还是情不自禁,不吐不快。我突然想到了一件事,它可以证明我提出的那些看法是正确的,因
此我不能不提,那就是:一般地说,世上一切治理他人者至少都像 174
其治下的人民一样聪明;若因此将地位高于我们者当作楷模,那么,我们只需将目光投向天下一切法庭及政府,便立即能从那些大人物的行为中窥见他们赞成哪些观点,窥见那些身居众人之上者似乎最热衷哪些快乐。这是因为:倘若可以根据人的生活方式去判断人的天然性向,那么,除了对最有条件做到随心所欲者的判断之外,对谁的判断都不能不打折扣。

倘若任何国家担任神职的大人物也好,世俗的大人物也好,统统蔑视世俗快乐,并不竭力追求满足私欲,那么,为什么嫉妒及报复行为又会在他们当中如此盛行?为什么国君宫廷中那些经过巧妙掩饰的激情比其他任何地方都多?为什么他们的宴饮、消遣以及全部生活方式总是被同一国家中最追求感官快乐者赞许、觊觎和效法?他们若鄙视一切可见的装饰,而只热爱头脑的精进,为什么又要去借取如此众多的器用,使用那些最可爱的奢侈玩具?一位财政大臣,或一位主教,或甚至一位“大王”(Grand Signior)[①]或
罗马教皇,本来应当为人正派,具备美德,尽力征服自己的种种激 175
情,为什么他比不担任公职者表现得更具报复心、更需要华美的家

① Grand Signior,又作 Grand Seignior,对土耳其苏丹的旧称。——译者

具、更需要众多的仆人为他个人服务?人们看到:所有掌权者的行为皆需如此炫耀浮华与奢侈铺张,这些行为是何种美德呢?一个每顿饭只吃一道菜的人,与一个每顿饭都吃三道菜(各包括十几种菜肴)的人,两者力行节俭的机会是一样的。睡在只铺几层棉布、没有床帷及华盖的床上者,和睡在十六英尺高的天鹅绒卧榻上的人,同样能够磨炼忍耐并做到自我克制。具备美德的头脑既非代价亦非重负。一个人即使身居阁楼,亦能坚韧承受厄运,宽宥旁人对他的不断伤害,并洁身自好,尽管他连一件衬衫都没有。因此,我绝不相信平庸怠惰者会具备人能具备的所有学识和宗教信仰(倘若他能被如此信任的话),并把它们装在一条六桨驳船上,而当这条驳船仅仅需要从蓝贝思宫驶往西敏寺时,便更是如此。[①] 我也绝不相信谦逊竟会是一种如此沉重的美德,以致需要六匹马才能拖动。[②]

人们容易接受地位高于自己者的治理,却不容易接受和自己地位相当者的管理,因此必须使大众对治理者心怀敬畏;治理我们
176 的人应当在外表上优越于我们,因此一切身居高位者都应该佩戴勋章和权徽,以区别于粗俗的百姓。这个说法只不过是一种肤浅皮相的反驳意见。首先,这个办法仅仅适用于那些虚弱的君主,仅仅适用于不稳定的虚弱政府:它们的确无力维护公众的安宁,而不得不以虚张声势的表演去弥补其真实权力中所欠缺的东西。因

① 蓝贝思(Lambeth),指蓝贝思宫(Lambeth Palace),在伦敦,为坎特伯雷红衣主教公邸,从那里到西敏寺(Westminster Abbey)很近。此处的“六桨驳船”影射坎特伯雷红衣主教乘坐的马车。—— 译者

② 这是在嘲讽坎特伯雷红衣主教乘坐的马车。—— 译者

此,东印度群岛的巴达维亚[①]总督便不得不努力维持其煊赫外表,过着超出其自身地位的豪华生活,以吓唬当地的爪哇人,而后者若具备了足够的能力与品行,其力量将会变强,足以推翻其数量为现在十倍的主人。然而,真正强大的君主和国家,却拥有庞大的海上舰队以及无数的陆军,因此没有时间去玩此类小计,因为那些使他(它)们在国外威震天下的东西,绝不会无力确保他们在国内的安全。其次,一切社会中,必能保护人民生命财产不受邪恶者侵犯的,乃是法律的严肃和公平正义的认真实施。能够防范窃贼、入室抢劫者和杀人犯的,并非参议员的红袍、司法官的金链、他们马匹的漂亮马饰或者任何花哨外表:那些盛装虚饰只能在别的地方带来好处;它们是未经世事者眼中雄辩的表征,而使用它们的目的在给人鼓舞而不在令人生畏;而不法之徒惧怕的却是严厉的官员、坚 177
固的牢狱、警惕的狱卒、绞刑行刑手及断头台。倘若伦敦一星期没有警察和巡夜人在夜间保护房屋住宅,便会有半数的银行家破产;倘若我们的伦敦市长除了佩剑、防护帽以及镀金权杖之外没有其他自卫之物,他那辆轩昂马车中的华丽装饰,便很快会在伦敦大街上被洗劫一空。

但我们还是要承认:华而不实的外表毕竟会使愚民眼花缭乱。若说大人物的主要快乐是美德,其奢侈为什么竟会延及那些无法为群氓所理解的事情、并要完全避开公众的眼睛呢?我这里指的是他们的私人消遣、餐厅及卧室的富丽奢华以及收藏柜中的那些古玩。没有几个粗人知道世上还有一个金币一瓶的红酒,一只比

① 巴达维亚(Batavia),印度尼西亚首都雅加达的旧称。—— 译者

云雀还小的鸟要卖半个金币,一幅油画的售价竟然是数千英镑;此外还可以想见:有些人将如此高昂的开销用在政治表演上,并渴望赢得另一些人的尊重(而他们蔑视那些人其他的一切),这若不是为了满足私欲,还能是为了什么呢?我们若将宫廷的华丽及其全部优雅装饰统统看作枯燥乏味的东西,只会使君王本人感到厌烦,
178 其用途在于使王室的尊严免遭轻蔑,那我们是否可以说:用国民的钱去养育五六个非婚生王室子女(其中大多为同一位君主通奸所生),给他们教育,使他们成为王子和公主,这也是为了使王室尊严免遭轻蔑呢?因此很显然,豪华生活使众人产生的敬畏感,这只不过是一件外衣或伪装,大人物们将自己的虚荣藏在它下面,放纵情欲而不受谴责。

阿姆斯特丹的市长身穿朴素的黑色制服,身后大概只跟着一名仆人,尽管如此,人们对他的尊敬和服从却超过了对伦敦市长,后者拥有富丽堂皇的马车和大队随从。在权力真正发挥效用的地方,认为掌权者的节俭朴素会使其权力遭到轻蔑,这是个很荒唐的想法,无论这掌权者是皇帝还是教区小吏,都是如此。加图[①]掌管西班牙政府时期曾赢得许多荣誉,但他只有三个仆人;我们可曾听说过他的命令因此而被轻视呢(尽管加图喜欢喝酒)?那位伟人在利比亚的灼热沙漠上徒步行军时,焦渴难耐,却拒绝了递给他的水,等他的全体士兵都喝过水后他才喝。我们可曾看到哪本书中记载说:他这种英勇的克制削弱了他的权威,或减少了其军队对他

① 加图(Marcus Porcius Cato,公元前 234—前 149),古罗马贵族、政治家,即“老加图”。—— 译者

的尊敬呢？然而，我们有必要扯这么远么？多少世代以来，没有一 179
位国王比当今的[1]瑞典国王更崇尚煊赫与奢华了。他迷恋“英雄”的头衔，不仅牺牲了臣民，牺牲了王国的安宁，而且牺牲了自己的安逸和全部舒适生活(这在众多君主中倒并不多见)，去满足他那难以平息的复仇心。他顽固地进行战争，使人民深受苦难，并几乎完全毁掉了他的王国。[2]

至此我已证明：从人们的实际行为判断，所有人天生喜爱的真正快乐，乃是那些世俗的和感官的快乐。我这里说“所有人天生喜爱的”快乐，是因为虔诚的基督徒(惟有他们是例外)已被神恩再造并受到超自然的照拂，因此不能说他们天性如此。所有的基督徒皆异口同声地否认这一点，这实在奇怪！若不仅去问各国的神职人员及道德家，也去问那些富人及权势者：何为真正的快乐？他们会告诉你：斯多葛主义者认为世俗及可腐朽的事物中没有真正的幸福；但看看他们的生活，你便会发现：他们除了世俗快乐之外，别无他求。

我们该如何解释这个两难状况呢？我们是否应当毫不姑息，
根据人们的实际行为说：全体世人皆心口不一，那不是他们的真心 180
话，随他们去说好了？要么，我们是否应当万分愚蠢，听信世人所说的话，认为他们诚挚地表达了自己的真实感受，却不相信我们自

① 本书写于1714年。—— 译者

② 这位瑞典国王是查尔斯十二世(Charles Ⅻ)，1697—1718年在位。为了向波兰国王奥古斯塔斯复仇，他发动战争，屡次拒绝很有利于他的和平条件，其军队在1709年被彼得大帝击溃。此后直到本书写作的1714年，查尔斯十二世一直在土耳其，而瑞典军队却在继续作战。—— 译者

己的眼睛?要么,我们是否应当竭力去相信我们自己,又相信世人,像蒙田[①]那样说:他们以为并使他人完全相信:他们相信他们自己其实并不相信的东西?蒙田是这样说的:有些人欺骗世人,世人会以为这些人相信他们并不真信的东西;但更大量的人却欺骗自己,既根本不考虑,且并不彻底理解该去相信什么。不过,这个说法却将人类看作了或者全是傻瓜,或者全是骗子(这是应当避免的)。我们别无选择,只能去重复培尔[②]先生在他的《对彗星的思考》里尽力详细阐明的那个说法:人是一种无法解释的动物,其行动通常违背其原则。其实这个说法不仅远不那么逆耳,反倒是对人类的恭维,因为我们或者必须这样说,或者不得不说出些更不中听的话。

人性中的这个矛盾造成了一种现象,即美德的理论虽然为人们透彻理解,但美德的实践却难得与理论相符。你若问我:究竟哪里能见到首相大臣们那些美好闪光的品德?哪里能见到君王们最热爱的,在献辞、讲话、碑文、葬礼布道文和铭文中倍加赞颂那些品
181 德?我的回答是:就在这些东西里,仅仅在这些东西里。除了在这些东西里,你还能在哪里见到如此出色的美德雕像呢?雕刻家炫耀的技巧与劳作,仅表现在雕像的精良外表上;而那些不为眼睛所见的东西,他绝不关心。难道你会打碎雕像的脑袋、切开雕像的胸膛,去寻找大脑和心脏么?你若这么做,只会暴露出你的无知,只会毁坏雕刻家的做工。这常常使我将大人物的美德比作你那些中

① 蒙田(Michel de Montagne,1533—1592),法国哲学家,作家,著有《散文集》。——译者

② 培尔(Pierre Bayle,1647—1706),法国哲学家。——译者

国大瓷罐:它们外表精美,装饰着花纹,连灯罩上都是如此;有人会根据它们的巨大体积以及对它们的标价做出判断,以为它们大概非常有用;然而,你若朝它们里面看上一眼,你却会发现其中空空如也,惟有灰尘和蜘蛛网,无一例外。

[P] ……竟使那些赤贫者

生活得比往日阔人还要快乐。(第11页第13行)

若溯及那些最繁荣国家的源头,我们便会发现:在每个社会最遥远的开始,其中最富有、最显要者虽然身份高贵,却无缘享受连
今天最贫穷低贱者也能享受的那些生活舒适。因此,许多曾一度 182
被推崇为奢侈发明的东西,现在就连穷困潦倒、沦为公共慈善救济对象者亦可获得,而那些东西绝不会被列为生活之必需,我们认为任何人都不该需要它们。

毫无疑问,远古时的人靠吃地上的果实活命,无须任何事前加工,并像其他动物一样,枕在他们共同父母的腿上,裸身睡觉。任何能使生活更为舒适一点的东西,因必定皆为思考、经验和某种劳作的产物,故多少均可被称作奢侈品,多少均会带来些麻烦,因而已经脱离了原初的简单性。我们仅仅会赞赏那些被我们视为新奇的东西,而对那些已经习以为常的东西,我们却熟视无睹,因为它们已经不能使我们产生好奇。衣着朴素的穷汉若身穿厚厚的教区袍服、里面却只有一件普普通通的衬衫,他便会遭人耻笑;然而,造就一块最普通的约克郡亚麻布,却需要多少人、多少不同行业及不
同的技术、使用多少不同的工具?人类在懂得如何种植、加工亚麻 183
这种如此有用的产品之前,需要付出何等的深思与匠心、何等的艰

辛与劳作、需要花费多少漫长的时光啊。

亚麻布被织造出来之后,尚需经过漂白才能使用,而漂白则要求各个要素的互相配合,并要求极大的勤勉与耐心。一个社会若将这种值得赞美的制品看作甚至不配被最穷困者所用,这个社会难道不必定是格外崇尚虚荣么?我的话尚未说完:亚麻布这种奢侈发明的代价,而且其白色(其美感就部分地存在于此)只能持续很短时间,至多六七天就必须加以清洗,而穿着者若想保持其洁白干净就必须不断花钱。想到这一切,我们难道不认为它是一种绝好的东西么?我们难道不认为:即使从教区领取救济者亦不仅应当去穿这种来自艰辛劳作的全套制品,而且一旦它们被弄脏、还应当马上去使其洁净如初么?他们应当利用化学引以自豪的那些最聪明、最复杂的配方,依靠火的帮助,将各种化学元素溶解在水中;他们应当利用人类迄今能创造出来的最具清洁力又最无害的碱汁,去维护亚麻衫的洁白与干净。难道不该如此么?

当然应该如此。我所说的那些事物以前曾被加上那些高贵的
184 形容语,每个人亦曾以我所说的那种方式去思考它们;然而,在我们所生活的这个时代,你若看见一个穷女人将自己的粗亚麻工服穿了整整一个星期后,用一小块四便士一磅的、臭烘烘的肥皂去洗它,便将这说成是奢侈讲究,你就会被称为傻瓜。

发酵及制作面包的技艺一直在缓慢地进步,现已臻于完美;然而,将这些技艺一下子发明出来,并且作为日后发展的前提,其所需的发酵工艺知识及洞察力,却比最伟大的哲学家们迄今所具备的还要多,还要深刻。但发酵及制作面包的成果今天却已经能为那些最穷困者所享用了;饥肠辘辘的流浪汉虽不懂如何更谦卑、更

文雅地诉苦,却知道如何去乞讨一小块面包或一小口啤酒。

人们从经验中得知,没有比鸟的羽绒更柔软的东西了;人们还发现:将这些羽绒絮在一起,其弹性便能柔和地承受任何重量,而一旦重量消除,它们便立即恢复原状。睡在这些羽绒上,这无疑首先是为了满足富人及显贵的虚荣和安逸。不过,羽绒床垫却早已十分普通,几乎谁都可以睡在上面,而从屋中去除它们则被看作剥 185
夺生活必需品的劣行。奢侈要达到何等的高度,才会将睡在动物的软毛上看作吃苦啊!

人类最初住的是山洞、茅屋、帐篷和棚子,后来住进了暖和而精美的房子;而各个城市中见到的最寒酸的居所亦为常规建筑,其设计者无不精通比例及建筑。倘若古代的不列颠人和高卢人从坟墓中出来,他们会以何等惊羡的目光注视各处为穷人建造的雄伟大楼啊!看见切尔西学院[①]的辉煌建筑,看见格林威治医院[②],或者看见比这两者更辉煌的巴黎荣军院,看见那些一文不名的人在这些殿宇中享受的关怀、富足、奢侈及绚丽,这些昔日世界上最伟大、最富有者很有理由去羡慕当今我们人类中的最穷困者。

穷人享受的另一种奢侈是将动物的肉用作食物。在以往的黄金时代,这种做法并不被看作奢侈,而无疑惟有最富有者才忌绝肉

① 切尔西学院全名为“詹姆斯国王学院”,在英国伦敦的切尔西区,建于1610年,原为修道院,后因财政困难被放弃。原址上又建起了切尔西医院,为英国建筑家克里斯托弗·雷恩爵士(Sir Christopher Wren,1632—1723)的成功作品之一。作者这里指的是后者。—— 译者

② 英国著名文人萨缪尔·约翰逊(Samuel Johnson,1709—1784)提起这座昔日的王宫时曾说:“格林威治医院结构过于宏伟,不宜作为慈善场所……”(见鲍斯维尔著《约翰逊传》,1887年版,第460页)。—— 译者

食。在时尚和人类悠久的生活方式方面,人们从不审视事理的真
186 正价值和长处,通常并不依照事理去判断事物,而是遵从习俗的指导。当初也曾有过对死者实行火葬的葬仪,即使那些最伟大帝王的遗体,也要被焚为灰烬。将尸体埋进土里,那时只有对奴隶才采取这种做法,或将它作为对罪大恶极者的一种惩罚。但现在,土葬则与体面或名誉毫无瓜葛,而仅仅是埋葬,而焚尸倒被看作重罪之首。我们有时会怀着恐惧去看待琐碎小事,有时却丝毫不将极为重大的事情放在心上。若看见一个男人在教堂里戴着帽子,即使并不在做圣事的时间,我们亦会震惊;但是,我们星期天夜间若在大街上看见十几个醉鬼,这情景便不会给我们留下多少印象,或者根本不会给我们留下任何印象。一个女子在化装舞会上身穿男装,会被看作朋友当中的嬉戏。在舞台上,女演员露出小腿和大腿,这丝毫不会受到谴责,连最贞洁的淑女太太们都不会大惊小怪,尽管每位观众都将女演员的大腿小腿一览无余。然而,倘若同一个女子换上衬裙之后,竟然向一个男人展示膝盖以下的小腿,这便是一种极不正派的举动,人人都会将它称为厚颜无耻。

187 我常常想:倘若没有习俗这个暴君对我们施行的强制统治,任何稍微具备一点善良天性者都绝不会赞成杀掉如此众多的动物、作为自己的日常食物。我知道,理性支配我们怜悯心的力量十分微弱,因此,我对人们对如此不完美的动物很少恻隐之心毫不奇怪,例如小龙虾、牡蛎、海贝乃至一切鱼类。它们都不会说话,其内部构造和外部形态与我们人类大相径庭,我们无法感知其自我表达,因此无怪它们的悲痛不会被我们感知,无法作用于我们的知解力。这是因为,受苦受难的表现惟有直接作用于我们的感官,才会

有效地唤起我们的同情。我曾见过有人能被龙虾被切开时发出的
声音所感动,而这些人却会心情愉快地杀死五六只家禽。然而,说
到牛羊这类如此完美的动物,其心脏、大脑及神经均与人类相差无
几;在它们身上,魂魄与血液及感觉器官的区分(因而也是与感情
本身的区分)亦与人类毫无二致。我无法想象一个并非铁石心肠、
并不嗜杀成性的人,何以能够目睹惨烈死亡和死前剧痛而无动 188
于衷。

为了回答这个问题,许多人认为只要这样说便够了:万物皆是
为人类服务的,使物尽其用,这根本谈不上残忍。不过我听说,这
些人做如此回答时,却因为这种说法的虚假而感到内疚。在所有
人当中,十个里不止有一个(只要不是在屠宰场里长大的)都会认
为:除了屠夫,他能从事一切行业;我亦不禁要问:有谁在第一次杀
鸡时会毫不勉强逡巡?一些人坚决不吃他们日常能看见并熟悉的
一切动物,另一些人则仅仅不吃自养的禽畜,拒绝食用他们亲自喂
养照料过的禽畜;但所有这些人却毫不愧疚、满心欢喜地食用从市
场上买来的牛肉、羊肉和鸡肉。我认为,他们这种行为似乎表明他
们怀着某种良心的愧疚,他们似乎在竭力不使自己犯下一种龌龊
的罪行(他们知道其他地方有这种罪行),其办法就是使罪行的起
因尽量远离他们自己。我看得出,他们这种行为中残存着强烈的 189
怜悯心和无辜的天性,习俗的全部横暴力量和奢侈的暴力尚未能
彻底泯灭它们。

有人会告诉我,我以上所说的乃是聪明人根本不会去做的蠢事。我对此表示同意,但我这个说法却来自我们天生的真正激情,它足以说明我们生来反对杀戮,因而亦反对食用动物,因为我们天

生的口味绝不会怂恿我们去做(或是希望别人去做)那些己所不欲的事情,因为这样做是愚蠢的。

人尽皆知:医治严重创伤、骨折、做截肢和进行其他可怕手术的外科医生,往往不得不使患者蒙受极大的痛苦折磨;他们处理的危重病例愈多,他们对患者的呻吟及肉体痛苦便越是习以为常。因此,我们英国的法律出于对涉案人生命的最深切关怀,不允许外科医生做陪审员、对案犯作出生死裁决,因为认为外科医生的职业本身足以硬化乃至泯灭医生心中的温情,而没有温情,任何人都不能对人的生命作出真正的估价。现在,倘若我们应当毫不在意我
190 们对那些可怜兽类的做法,屠杀他们时应当毫不顾及残忍与否,那么,英国的法律为什么要禁止屠夫做陪审员呢(同样被禁止做陪审员的,惟有外科医生)?

对于食肉这种残忍行为,我不打算重提毕达哥拉斯[①]和其他一些智者的有关言论。我现在已经离题太远,因此我应当请求读者(倘若他们想再读到更多)看完下面这个寓言。倘若读者已经感到疲倦,那就尽可略去不读,因为我知道:无论读不读这则寓言,读者同样是在帮助我。

在迦太基人的一次战争中,有个罗马商人流落到了非洲的海岸:他本人和他的奴隶费尽了气力才平安地上了岸。他们本想找个安全之处,却遇到了一头大狮子。那狮子碰巧属于伊索时代的那一类,不仅能说些人言,而且似乎通晓人类的事务。奴隶爬上了

① 毕达哥拉斯(Pythagoras,公元前 582? —前 507?),古希腊哲学家,数学家。—— 译者

一棵树,但他的主人却认为树上还不够安全,并由于听说狮子很宽宏大度,便俯伏在狮子面前,显出万分恐惧和屈服的模样。那狮子最近刚刚吃饱肚子,便吩咐商人站起来,要他暂且不必害怕,还对他许诺说:倘若他能合理地解释他为什么不该被吞掉,便不去碰他。商人服从了。他此刻看到了一线生机,便悲哀地诉说自己的 191
船沉没了,想以此竭力唤起狮子的怜悯,并以雄辩的言辞,滔滔不绝地陈述自己不该被吃掉的理由。可是,他从狮子的表情上知道自己这番恭维和巧言收效甚微,便引述大量的确凿事实来证明自己的说法,以人的天性及能力的完美无缺作论据,去证明众神不大可能让他被野兽吃掉,而是让他被派上更好的用场。听见这番话,狮子变得更专心了,还不时插话作答。最后,狮子与商人之间便有了以下的对话。

狮子:你们这些虚荣贪婪的动物啊,你们的骄傲和贪婪能使你们背井离乡,而你们的故乡本来已经能满足你们的天然需求了。你们到汹涌的大海和险峻的高山去赌运气,去寻找那些可有可无的东西。你们凭什么认为人比我们狮子更优越呢?(商人答道:我们人类的优越不在体力而在智力;众神赋予我们人类理性的灵魂,它虽无形,却是我们身上更为优秀的东西。)除了你们身上能吃的部分,我不想碰你们其他的东西;但你为什么如此重视你们身上那 192
个无形的部分呢?(商人答道:因为灵魂是不朽的,并且,我们生前的行为会在死后得到报偿,而在天堂的乐土上,正义将永远和那些英雄及半人半神者享受永恒的赐福和安宁。)你过的是哪种生活?(商人答道:我崇拜众神,努力研习如何造福人类。)既然你认为众神也像你一样公正,为什么你还怕死呢?(商人答道:我有妻子和五个幼小的孩子,他们若失去我便会陷入贫困。)我有两个幼崽,它们尚不能独立谋生,现在就需要吃东西;我若不能给它们任何吃的东西,它们必定会饿死。你的孩子们好歹总能得到食物;至少,无论你被我吃掉还是被淹死,他们都会得到食物。

说到人和狮子的优越之处,你们衡量事物价值的时候总是以稀为贵,而纵使世上有一百万人,恐怕也不见得有一头狮子;何况,尽管人类佯装对自己的族类万分推崇,其实,你们真正在意的,惟有人人都有的那份自傲而已。你们以慈爱地呵护自己的孩子为自豪,其实这是很愚蠢的。你们以能为教育孩子而应付种种不断的过分麻烦而自豪,这也很愚蠢。人天生就是需求最多且最无助的动物,父母为满足其低能后代的需求而奔波劳碌,这仅仅是一种自
193 然本能,一切生灵皆有。然而,一万人,有时候甚至是十万人,常常竟会因为两个人的突发奇想在不几个小时之内统统丧命,人若真的看重自己的族类,又怎么可能出现这种情况呢?任何等级上的人都看不起比其更低等的人;你若能进入君王们的内心,便会发现:其中对其治下的绝大多数百姓的评价,要低于他们对其所属的君王种姓的评价,此外几乎别无其他。为什么如此多的君王会佯称自己的种族来自不朽的众神(尽管这是假的)?为什么他们要让别人跪在他们面前,并一旦被加上了神圣的荣誉便多少会感到开心,还暗示说自己天生就更尊贵、属于比其臣民更高的族类?

我虽然是野兽,但任何生灵都不能被叫做残忍,除非是因恶意或冷酷而泯灭了天性的同情心。狮子生来就没有同情心;我们遵从自己天性的本能;众神已经指定我们靠吃其他动物的死尸为生,只要能找到死动物,我们绝不去猎取活的。惟有人,惟有居心险恶

的人,才将死亡当作游戏。大自然本来要你们的胃只吃蔬菜,但你
们却强烈地渴望换换口味,拼命追求新奇,这使你们毫无理由、毫 194
无必要地杀害动物,败坏了你们的天性,扭曲了你们的欲望(无论你们的骄傲或奢侈将那些欲望称作什么)。狮子体内天生就有一种消化酶,既能消化所有动物的肉,亦能消化它们最粗糙的皮和最坚硬的骨,无一例外。而你们人类的胃却很娇气,其中用于消化的热量很小,几乎可以说没有,因而你们的胃往往被看作体内最柔弱的部分,除非事先点起火来,将一半以上的调料加入食物里,它才能消受那些食物。然而,你们人类满足自己嗜血欲望的心血来潮时,又究竟放过了哪种动物呢?我说你们“嗜血”,是因为和我们狮子感到的饥饿相比,人的饥饿又算什么呢?你们的饥饿至多只会使你们昏厥,而我们的饥饿却会使我们发疯:我常以树根野草充饥,以缓解剧烈的饥饿,却毫不奏效。惟有大量的肉才能平息我的饥饿。

尽管我们的饥饿十分剧烈,我们还是常常对我们得到的恩惠作出回报;可是,人却丝毫不知感激,往往背信弃义,不但要穿羊皮,还要吃羊肉,连无辜的羔羊都不放过,将它们看管起来。你若告诉我说:众神让人作其他一切生灵的主人,那么,你们为了嬉戏而杀死它们,这又是何等残忍的暴政啊!不,你这脆弱而怯懦的动
物啊,众神造出你们本来是为了让你们结群的,众神造出了数百万 195
计的人,你们惟有紧密团结,才会具备强大的力量。在这个世界上,仅一头狮子便可以发挥影响,但一个人又如何呢?他只不过是一头庞大野兽的一小部分、一个微不足道的组成部分罢了。大自然所设计的,她当然要去实行,因此,不能根据大自然的意图去做

判断,而要根据她所显示的效果作出判断:倘若大自然的意图是将人类作为最优越的物种,那么,她便应当让人类去做其他一切动物的主人,不仅如此,老虎、鲸和鹰还统统应当服从人的命令。

但是,倘若你们人类的心智胜过我们,难道狮子就不该服从比我们更优越的物种、遵循人类的信条么?因为人身上最神圣的东西乃是最强大的理性,它永远处于主宰地位。众神指定一个人作为高于众人的人,你们众人尽管承认了这一点,却一道密谋毁掉他;一个人亦常常会毁灭并剥夺所有的人,而他却以同样的众神之名发誓要保卫和供养众人。人从不知道没有强权的优越地位,我又为什么要知道呢?我的这种优越地位是无形的,一切动物一见到狮子便浑身战栗,这并非出于惊慌恐惧。众神已经赋予我能追上其他动物的迅捷,已经赋予我征服我近旁一切动物的力量。哪种生灵具备我这样的利齿和坚爪?看看我这些巨大的腭骨有多
196 厚,看看它们的宽度,摸摸我这强壮的脖子有多结实吧。最机灵的鹿、最凶猛的野猪、最强健的马,以及最壮硕的野牛,只要被我看见,统统都是我捕食的猎物。(狮子说了这一席话,商人便昏了过去。)

我认为狮子将它的见解发挥得太过分了。我们人类能够阉割雄性动物,以软化其肉,防止其肌腱变硬,而没有肌腱,每一根纤维便都会失效。我承认,当一个人回想起那些为宰杀而被喂肥的动物受到的虐待时,理应心生怜悯。一头温驯的大阉牛抵御了一连串的猛击(而那些击打的十分之一的力量就可以使宰杀者毙命)以后,终于昏倒在地,它长角的脑袋被用绳子紧绑在地上。它身上被切开一道宽宽的口子,它的颈动脉被割断了。听见这阉牛被血流

阻断的痛苦低鸣,听见它因剧痛而发出的沉重喘息,听见它低沉的
连声呻吟、伴以发自其剧烈搏动的心脏深处的高声哀嚎,有谁不会
心生同情呢?它四肢抽搐,剧烈痉挛;它体内涌出散发臭气的血
块,它的眼睛渐渐变暗,最后失神;它挣扎、喘息、为生命做最后的
努力,它的最后命运正在迫近,看到这一切,有谁不会心生怜悯呢?
一个生灵表现出的恐惧以及剧烈痛苦如此令人信服,无可否认,是 197
否还有笛卡儿[①]的哪个信徒会如此嗜血,竟至不会出于恻隐之心
而去反驳这位自负理论家的哲学呢?[②]

[Q]……他们此刻

已经厉行节俭,仅靠薪俸生活。(第17页第3行)

收入微薄,又心地诚实,惟有到了这个时候而不是在此之前,
大多数人才会开始节俭。在道德规范里,节俭被称为美德,其依据
乃是一条原则,即人皆应弃绝奢侈,鄙视追求逸乐的苦心奇巧,满
足于事物天然的简单性,而在享用它们时还要加意克制,防止其中
带有不知餍足的色彩。如此严加限定的节俭,或许比人们想象的
还要稀少。不过,人们通常理解的节俭却是一种更常见的品德,其
表现为位于挥霍与悭吝之正中,并且往往更接近悭吝。有些人将 198
这种精打细算叫作“节约”;在私人家庭里,节约是增加财产的最可

① 笛卡儿(René Descartes,1596—1650),法国哲学家,数学家,物理学家。——译者

② 曼德维尔最初赞同笛卡儿的假说,即认为动物是没有感觉的自动体,但在本书中他却采用了法国哲学家伽桑狄(Pierre Gassendi,1592—1655)的观点,即认为动物是有感觉的。持相同观点的还有法国作家拉·封丹、荷兰哲学家斯宾诺莎和法国哲学家培尔。——译者

靠方式。因此,有些人便以为一个国家无论是贫是富,只要绝大多数国民厉行节约,便能使全民的财富增加。例如:他们以为英国人若像一些邻国的人们那样节俭,便会比现在更加富裕。我认为这个见解是错误的。为证明我的观点,我想请读者先回忆一下我在本书"评论 L"中所说的话,然后再看以下的评论。

经验告诉我们:由于人们对事物的看法及知觉不同,人们的爱好亦不相同。有人惯于悭吝,有人惯于挥霍,还有人则完全惯于节省。其次,人永远不会(或至少极难得会)舍弃自己所珍爱的激情,无论是本着理性还是守则,皆不会如此。若有哪件事情使人们背离了其天然性向,那必是因为其环境或命运发生了变化。若仔细思考这些意见,我们便会发现:若一国的大多数人都挥霍,该国产品的数量就必定超过该国人口的实际所需,因而有大量的廉价产品;相反,若一国的大多数人都节俭,其生活必需品就必定稀少,因
199 而物价昂贵;因此,虽然最好的政治家竭尽了全力,绝大多数国民的挥霍与节俭,依然总是必定取决于该国产品的丰富与否、该国居民的数量以及国民承担税赋的多寡,尽管政治家反对这种说法。若有谁想反驳我这些见解,那就请他提出证据,说明历史上哪一国的全民节俭不是出于全民的物质匮乏吧。

我们不妨仔细考察一下使一国地位提高、国民富裕的因素究竟是哪些。任何人类社会最渴望的天赐,乃是肥沃的土壤和适宜的气候、执政宽严适度的政府,以及超过其国民所需的土地。这些因素会使人平和温良,诚实坦荡。在这样的环境下,人们有可能具备尽可能多的美德,绝不妨害大众,因而自得其乐,安享生活。但这样的民众却不会拥有任何艺术与科学,其邻人亦不会让他们长

此以往。这些国民必定贫困而无知,几乎完全无缘享受我们所说的生活之舒适,其全部的真正美德所追求的,只不过是一件能穿的衣服或者一只陶罐而已:因为在这种懒散安逸、愚昧无知的条件下,你既不必担心会看到那些重大的恶德,亦不必指望看到任何出众的美德。人若没有欲望的驱使,便绝不会去拼力奋斗:当人们躺
在休眠状态中时,任何东西都不能使他们奋起,其卓越与才能亦永 200
远不会被发现。人这部怠惰的机器若没有人的激情的影响,将可以被恰当地比作一台没有受到风力影响的巨大风磨。

若想使一个人类社会强大有力,就必须去唤醒其种种激情。划分土地(尽管土地从来就不够划分)将能使人们心生贪欲。用赞扬将人们从懒散中唤醒(哪怕是以玩笑的方式去唤醒),骄傲之心便会促使他们认真劳作。教给他们贸易与手工,你便能在他们当中唤起妒忌与竞争。增加他们的财产,建立各种工厂,不荒废一寸土地。务必使财产受到保护,使人皆享有同等的权利。一切皆依法办事,使人人皆能自由地思想。人人有工可作、人人得以生存、并奉行以上其他信条的国家,每每总是众人群集,从不缺乏人口(只要世上还有人存在)。若要使国民勇敢好战,服从军纪,就必须充分利用人们的畏惧,并要千方百计地迎合人们的虚荣。然而,若还要使国民富裕、聪慧和文雅,那还必须使他们学会如何与外国进行商业贸易,若有可能,则要使他们去航海,因航海可以最充分地
利用劳动与勤勉,并能使人学会如何克服一切困难。然后便要发 201
展航海业,鼓励商人经商,促进各种商业贸易。这将会带来财富,而一旦有了财富,种种艺术和科学便会迅速产生,再依靠我所说的那种良好治理,政治家便能使国家富足强大、美名远扬、繁荣昌盛。

但是,你面对的若是个节俭而诚实的群体,你的最佳对策却应当是使人们保持其天然的质朴,切莫努力增加他们的财产。永远不可让他们知道陌生者及奢侈品,而要去除并使其远离一切能激起其欲望,或能增进其知识的东西。

巨大财富和奇珍异宝永远不能为其拥有者增色,除非你承认它们那些不可分割的伴随物,即贪婪和奢侈。贸易发达的地方,欺诈必会产生。既要发财致富,又要保持心地诚实,这其实是个矛盾。因此,一个人的见识增长时,其礼节便会随之考究起来,而我们亦必会同时看到:他的欲望扩大了,其口味讲究起来了,其恶德亦增多了。

荷兰人尽可将荷兰目前的繁荣归功于其祖先的美德与节俭,
202 不过,荷兰那块环境恶劣的土地在欧洲主要列强中如此受人重视,其原因却是荷兰人的政治智慧(即使一切都让位于商业与航海业),以及他们不受束缚的自由常识,还有他们不倦的勤勉,他们一贯以此去充分利用各种最有效的方式,以鼓励和促进通常的贸易。

西班牙的菲利普二世[①]对荷兰人大肆施行前所未闻的暴政以前,荷兰人一向不以节俭著称。荷兰人的法律遭到践踏,他们被剥夺了权利以及大部分豁免权,他们的宪法被撕成了碎片。荷兰的一些显赫贵族未经法律程序就被审判处决。人们的不满和抗议,遭到了像对待造反一样严厉的惩处。那些逃过了集体屠杀的幸存者,则被贪婪的士兵洗劫一空。对于习惯于一个最温和的政府,并

① 菲利普二世(Phillip Ⅱ,1527—1598),西班牙国王,1556年即位,对荷兰施行残暴的政治及宗教统治,最终激起荷兰人的激烈反抗,导致荷兰共和国的建立。——译者

曾享有比邻国人更大特权的荷兰人来说，这一切都是无法忍受的，因此，他们宁可武装反抗而死、也不愿被残忍的刽子手们赶尽杀绝。想想西班牙当时的强大军力，再想想那些苦难国家所处的恶劣环境，我们便会看到：历史上从未有过力量如此悬殊的较量。荷兰当时尽管只有七个省自动联合起来反对西班牙的统治[①]，荷兰人的坚毅果敢却还是抗击了当时欧洲最强大、最有纪律的国家，与西班牙进行了古今历史上最惨烈、最血腥的战争。

荷兰人不愿成为西班牙暴政的受害者，而宁可满足于依靠三 203
分之一的岁入维持生活，将大部分收入用于自卫，用于反抗其残忍的敌人。荷兰人在战争中遇到的这些艰难，以及他们腹中的灾难，最初使他们分外注重节俭，继而使他们在同样的艰苦环境中生活了八十多年，这只能使他们养成俭省的生活习惯。不过，荷兰人若不是竭力发展渔业和航海业，以弥补其所处环境的天然不足及不利之处，他们的一切节约术以及精打细算的生活方式，亦绝不会使他们在反抗如此强大的敌人时占据上风。

荷兰的国土太小，其人口却又如此众多，其土地尚不够养活其居民的十分之一(尽管几乎每一寸土地皆已被开垦)。荷兰本土有许多大河，皆位于海平面以下，每次涨潮，海水便会漫过陆地，若不是用宽大的堤坝和巨大的围墙加以阻挡，只需一冬，海水便会将土地冲刷殆尽。维护这些堤坝围墙及其水闸、枢纽、磨坊以及为防止灭顶之灾而不得不建立的其他必备设施，这要占去荷兰人每年的

① 直到1579年荷兰人才结成反西班牙的乌列契特政治联盟，此前荷兰的17个省内均有反抗西班牙统治的活动。—— 译者

204 大部分开支,通常的土地税远远入不敷出,而若按土地所有者岁入的净值推算,土地税相当于每一镑要拿出四个先令[①]。

在这样的环境下,承担着比其他任何一国都要沉重的赋税,这些人便不得不节俭度日,这难道奇怪么?然而,其他国家的人却为什么非要以荷兰人为楷模不可呢?其他国家的人,其生存环境比荷兰人的优越得多,且比荷兰人富裕得多,同样数量的人口所拥有的土地为荷兰人的十倍以上。他们为什么要去效法荷兰人呢?荷兰人和我们英国人往往在同一个市场上买进卖出,因此可以说我们两国人的见解相同:否则,两国对私人节俭的益处及其政治理由的理解便会大为不同。生活简朴、很少开销,这符合荷兰人的利益,因为除了黄油、奶酪和鱼类之外,他们不得不从海外进口一切物品。因此,荷兰人黄油、奶酪和鱼类的消费量是英国人的三倍,尤其是鱼类。食用大量的牛羊肉以养活农夫,进一步改良我们的土地(我们的土地已经足够养活我们自己,若精耕细作,还可以养活与英国人口数量相同的人),这符合我们的利益。荷兰人的船只和现金或许比我国的多,但它们只能被看作其劳动工具而已。因此,一个车夫所拥有的马匹,或许比一个比他富有十倍者的马匹还
205 多;一个银行家手中虽然至多只有一千五六百镑,其现金储备却往往多于一个岁入两千镑的绅士。相形之下,荷兰人犹如为了谋生而拥有三四辆马车的车夫,英国人则好像一位拥有一辆马车以自娱的绅士。荷兰人除了鱼类之外一无所有,因此他们在世人眼里只是运货者和船主,而我们英国贸易的基础则主要依靠我国自己

① 旧制 1 英镑等于 20 先令。——译者

的产品。

使大多数人生活节俭的另一因素,乃是沉重的赋税、稀少的土地,以及那些能造成储备匮乏的事物,而我们从荷兰人那里便能观察到这个因素。霍兰省[1]有各种贸易,还有难以想象的大量金钱。那里的土地十分肥沃,并且(像我已经说过的那样)没有一寸土地没有被开发利用。但格尔德蓝省和上埃塞尔省[2]却几乎没有任何贸易,金钱亦很少:那里的土地非常贫瘠,大量的土地被荒废。这两个省份的荷兰人虽说比霍兰省的贫穷,却不但没有后者那么小气,反倒比后者更殷勤好客,其原因何在呢?不为别的,只因他们交纳的各种赋税不像后者的那么过分,而是按人数交纳,并且他们拥有的土地亦多得多。霍兰省人所俭省的乃是他们的果腹之物;税赋最重的,乃是那些可吃的及可喝的东西以及肉食;不过,他们 206
的衣服却比其他省份荷兰人的更好,他们的家具亦更讲究一些。

以节俭为本的人,本当对一切东西皆俭省,但在荷兰,人们却仅仅俭省日常必需品以及能被很快消耗的东西,而对于耐久的东西,其态度便大为不同:他们在购买油画和大理石雕像方面非常阔绰;他们在建筑及园林上的挥霍则近乎愚蠢。在其他国家,你或许会见到堂皇的宫廷及殿宇,占地广大,它们属于王族,共和政体国家的任何人,都不会指望能在其他地方见到堪与这些皇宫比肩的建筑;然而,在全欧洲,你却找不到一座私人建筑,其壮观华丽如同阿姆斯特丹及荷兰其他一些大城市许多商人及其他绅士的房屋。

① 霍兰省(Holland),荷兰的一个省,分南霍兰省和北霍兰省。—— 译者

② 格尔德蓝省(Gelderland)和上埃塞尔省(Overyssel)均为荷兰东部的省份。—— 译者

在那些地方建造住宅的商人及绅士,其用于房屋建筑的资金通常比住在地球上其他任何地方的人都多。

我所谈到的这个国家,由于是个共和国,其遭受的困境从未像在1761年及1762年初那样严重,同样,其商业亦从未像那段时期内那样低迷。我们对这个国家经济及国体的所有确切了解,主要
207 归功于威廉·坦普尔爵士[①],他对荷兰风俗及荷兰政府的见解就是在这段时期内写的,在他的《回忆录》中便可以找到几段。当时的荷兰人的确非常节俭,但那个时期之后,荷兰人的灾难便不再那么严重了(尽管普通人的境况如前,仍旧承担着税赋的全部重负),那些境况良好者的马车、娱乐乃至整个生活方式便发生了巨变。

有些人认为:荷兰的节俭与其说是出于必需,不如说是因为其民众普遍憎恨恶德与奢侈。这些人会提醒我们想想荷兰人的公共管理和低廉工资,想想他们在讨价还价、购买货物及其他生活必需品时表现的审慎,想想他们加意提防、极力不受仆人的欺骗,再想想他们对违反合同者的严厉制裁。然而,被这些人视作官员们的美德及诚实的行为,却统统要归因于荷兰人的种种严格规章,它们涉及公共财富的管理,而其令人称赞的政府形式亦不会背离这些规章。实际上,倘若双方一致,一个好人可以相信另一个人的话,尽管如此,整个民族却绝不应信赖任何诚实,而应信赖那些建立于
208 必需之上的东西;因为国民若不幸福,其宪法便总会变动不定,其福祉亦必定要取决于官员及政治家的美德与良心。

① 威廉·坦普尔(Sir William Temple,1628—1699),英国散文作家,外交家。在《尼德兰观察》一书中,他以荷兰为例,说明“财富来自节俭”的观点(见1814年版《坦普尔全集》卷一,第175—178页)。—— 译者

荷兰人通常极力鼓励臣民尽量节俭，这并非因为节俭是一种美德，而是因为像我前面阐明的那样，他们大都收入微薄，因为当其收入改变之后，其行为准则便随之改变。以下实例便可以清晰地表明这一点。

东印度公司的船队一返抵英国，该公司便付清了其船员的薪水，不少船员挣到的薪水几乎等于他们在七八年中的收入，还有些船员的薪水几乎等于他们大约十五六年的收入。这些穷汉便会在怂恿之下，以能想到的最挥霍的方式把钱花掉。其中大多数人上船时都是痞子恶棍，受到严苛的管束，伙食恶劣，长期做着苦工，得不到报酬，且时时置身危险之中，因此，使他们一有了很多钱便马上去挥霍，这并不算困难。

他们将大量的钱挥霍在美酒、女人及音乐上面，其阔绰达到了此辈的趣味及教育所能达到的极限，他们的酗酒放荡(惟有如此他们才不会去作奸犯科)亦超出了惯例对其他人所容许的程度。在一些城市里，你或许会见到这些人带着三四个放荡女人，其中鲜有不喝醉的，在光天化日之下，沿着大街边跑边喊，前面还有个拉小
提琴的。他们若认为照这样钱还花得不够快，便会找出另外一些 209
花钱方式，有时竟向人群中大把大把地扔钱。只要他们手中还有钱，这种疯狂便会继续下去，并愈演愈烈。但这种状况从不会持久，因此，有人便给他们取了个绰号，叫他们“六个星期的大爷”，而六个星期通常正是东印度公司的船队准备再次离港出发的时间。

这个怂恿水手挥霍的计谋当中存在着两重对策。第一重对策是：这些水手已经习惯了炎热的气候、恶劣的空气和饮食，倘若他

们行为节俭,并且留在各自的国家里,该公司便不得不不断地雇用新水手,而(除了不适应水手生活之外)其中住过东印度群岛者,几乎不足一半,这往往不但会使公司感到失望,而且还要支付更多的薪水。第二重对策是:那些水手常能获得如此大量的钱,而挥霍则能让这些钱在全国立即运转起来,这样一来,通过征收高额的消费税及其他税种,大部分的钱便很快会被重新纳入公共财富。

210 为说服一些提倡国民节俭者,使他们相信其主张不切实际,我们不妨假设我在评论 L 中所说的话都是错的。我在那条评论中为奢侈辩护,说奢侈乃是维持贸易之必需。然后,让我们仔细看看:若依靠巧计和管理,强使众人奉行全民节俭,而不管这么做是否符合时宜,那会给像我们这样的国家带来什么结果吧。我们假定:大不列颠的全体国民,其消费都将仅仅是其现在消费的五分之四,因而将其收入的五分之一储蓄起来。我且不说这会对各行各业,对农民、牧场主和地主产生什么影响,而只做个有利的假设(即假设那些目前尚不可能做到的事情):同样的工作仍需完成,因而同样的手艺人也像现在这样有活可做。其结果就是:除非钱突然大幅贬值,而其他所有的东西都违反常理地变得非常昂贵,否则,到五年之末,全部劳动者和最贫困的劳工(因为我不想去管其余任何人的闲事)都会发财致富,其拥有的现金将等于现在他们在一整年里花掉的,不过,那些钱将比国家以往任何时候一下子拥有的钱都多。

211 现在,让我们为这样的财富增加而欢喜,再看看劳动者的生活会是个什么状况,并且根据经验以及我们对他们的日常观察,作出推断,看看在如此状况下他们的行为表现吧。众所周知,有大量散工在从事织布、裁缝、布料加工以及二十种其他的手工业劳动,若一周劳动四天便能维持生计,那就很难说服这些人在第五天去干活;另外,有数千名劳工在从事各种劳动,虽说他们几乎难以糊口,却不惜自找五十种麻烦,令主人大失所望,勒紧肚子,四处借债,也要去过假日。人们就是如此拼命追求悠闲与快乐,在这种情况下,他们都为生存的直接需要所迫才去做工,除此之外,我们还能想出什么促使他们去工作的理由呢?若不到*星期二*,你便无法驱使一个手工劳动者去工作,因为*星期一*早上,他上星期的工钱还剩下两个先令呢。目睹这种情况,当他口袋里还有十五镑或者二十镑时,我们又为什么应当认为他会去工作呢?

如此做工,我们的产品会是个什么样子呢?商人若打算将布匹送到国外,他便不得不亲自去做这件事情,因为这布料商在十二个人当中找不出一个适于为他工作的。即使我所说的情况若仅仅发生在制鞋散工身上,并不涉及其他任何人,那么,要不了十二个月,我们当中的半数也只能赤着脚走路了。一国当中,金钱最主要、最紧迫的用途,便是向穷人支付劳动工资。当金钱真正匮乏 212
时,雇有大量工人、需要向他们支付薪水的人们会最先感觉到,然而,即使这需要大量硬币,当不动产受到良好的保护时,过没有钱的日子也比过没有穷人的日子更容易,这是因为:没有穷人,谁去做工呢?出于这个理由,一国流通硬币的数量便应当总是适应该国就业者的数量,而劳动者的工资亦应当适应提供商品的价格。由此可以论证一点:无论所获是什么,劳动者的众多都会使劳动力低廉,而在这种情况之下,便能对穷人进行良好的管理。应当使穷人免于饿毙,但穷人却不应得到值得去储存的东西。倘若在哪个地方,最低层阶级中的一个人凭借非凡的勤勉,加上勒紧肚子,使自己的生活高出了原先养育他的那种水平,谁都不该去妨碍他。不仅如此,还有一点无可否认:社会的每个成员乃至每个私人家庭最聪明的对策便是生活节俭;然而,一切富国所关心的却是:使大多数穷人几乎从不游手好闲,并要不断地花掉自己挣到的钱。

正如威廉·坦普尔爵士清晰地指出的那样,只要不是出于骄傲或贪欲的激励而劳作,那么,人人皆乐于安逸与享乐,而不愿劳
213 作。靠每日劳作为生者,则极难受到骄傲或贪欲的有力影响;因此,能够激励他们去为他人服务的,除了他们自身的种种需求以外,别无其他,而缓解那些需求乃是明智之举,但扑灭那些需求则是愚蠢之举。所以说,能使劳作者变为勤奋的,惟有数量适度的金钱:因为若金钱太少,按照劳作者的脾气,那便或者会使他自暴自弃,或者会使他铤而走险,而若金钱过多,则会使他变得傲慢而懒惰。

一个人若认为"金钱过多会毁掉一个民族",他便会遭到大多数人的嘲笑。然而,这正是西班牙的命运。堂·迪亚戈·萨维德拉[①]就将其国家的毁灭归咎于此。在以往的时代,土地的物产曾使西班牙极为富裕,乃至法国国王路易十一(Lewis Ⅺ)到托莱多[②]宫廷时,惊异于其富丽堂皇,说自己从未见过能与之媲美的王宫,

① 堂·迪亚戈·萨维德拉(Don Diego Saavedra Fajardo,1584—1648),西班牙学者,著有《原则理想》。—— 译者

② 托莱多(Toledo),西班牙中部濒塔霍河的城市。—— 译者

无论在欧洲还是在亚洲,都没有见过。因此,他在去那块圣土的路上,曾游遍了它的各个省份。(倘若我们相信一些作者的描述,)仅在卡斯蒂尔王国[1],便有为参加圣战而来自世界各地的十万步兵和一万马匹,还有六万辆载货马车,皆由阿尔丰索三世[2]亲自指挥调遣,每天都按照各自的等级和职位为士兵、军官及王公们开支。不仅如此,直到斐迪南和依莎贝拉(他们为航海家哥伦布提供了装 214
备)在位以及其后的一段时期,西班牙也一直是个富庶的国家,贸易和制造业十分繁荣,而西班牙人也一向以勤奋著称。然而,那些巨大的宝藏(它们是通过当时世上最危险、最残酷的手段获得的;据西班牙人自己说,为获得那些财富,杀戮了两千万印第安人),那些滚滚而来的财富刚刚落到西班牙人手中,便立刻使他们失去了理智,他们的勤勉也离他们而去了。农夫离弃了耕犁,工匠离弃了工具,商人离弃了账房,人人嘲笑劳作,个个寻求快活,做了绅士。他们认为自己有理由自视比所有邻人更有价值,而现在惟有征服世界才能使他们心满意足。

其后果便是:其他民族用以满足自身的怠惰与骄傲的东西,却不能使西班牙人满足;当人人都看见虽然政府颁布的所有禁令都禁止金银出口,西班牙人却在挥霍金钱,冒着被绞死的危险,让你亲自将金银带上船,便纷纷竭力为西班牙工作。这样一来,所有与

① 卡斯蒂尔王国(Castille),旧日西班牙中部的王国,1469 年因依莎贝拉女王(Isabella,1451—1504)与阿拉贡国王斐迪南五世(Ferdinand Ⅴ,1452—1516)结婚而合并为西班牙王国。—— 译者

② 阿尔丰索三世(Alonso Ⅲ,1158—1214 在位),通常称为“阿尔丰索八世”,曾组织反摩尔人同盟,教皇英诺森三世(Innocent Ⅲ)为此特许他组织十字军。—— 译者

西班牙做生意的国家,便年复一年地分享到了西班牙的金银,并使
215 一切物品的价格昂贵;大多数欧洲国家都勤勤恳恳,惟有它们的所有者们例外,后者自从攫取了巨额收获以后,便揣手而坐,每年都焦灼地等待着来自国外的收入,并为自己消费掉的东西向其他国家付钱。于是,由于金钱过多、开辟殖民地以及其他不良管理(其中出错的机会很多),西班牙便从一个富于成效、人丁兴旺的国家,一个饱享盛誉、拥有巨富的国家,变成了一条空旷的通衢,通过它,金银从美洲流向世界其他各个地方;而西班牙人则从一个富有、机敏、勤奋、艰苦劳作的民族,变成了一个怠惰、懒散、自大且赤贫的民族。关于西班牙,且说到这里。金钱可被称作物产的下一个国家是葡萄牙,但这个王国以其全部黄金在欧洲造就的形象,我想却并不值得艳羡。

可见,使一个民族获得幸福和我们所谓"繁荣"的伟大艺术,便在于给每个人以就业的机会。按照这样的方针,一个政府最应关心的事情,便是促进人智所能想到的各种制造业、艺术及手工艺的发展;其次是鼓励农业、渔业各个分支的发展,并迫使所有的
216 土地也像人那样尽其所能。这是因为:前者是将大量的人吸引到一国去的、百试不爽的座右铭,而后者则是养活这些人的唯一方法。

正是在这个政策中,而不是在挥霍与节俭的琐碎规定中(人们的环境虽然各不相同,这些规定却总是会自行发挥作用),才能指望看到各个民族的昌盛与幸福。这是因为:尽管黄金和白银的价值时时涨落起伏,一切社会的享乐却总要依赖土地的物产和人们的劳作。这两项的总合乃是更可靠、更取之不竭,并且更真实的财

富,它比巴西的黄金、波托西[1]的白银更为可靠。

[R]现在没有任何荣誉令人满意,……(第17页第17行)

在其比喻的意义上,荣誉是个子虚乌有的虚构怪物[2],是道德家、政治家们的捏造,它表示某种与宗教毫不相干的美德原则。在一些恪守职责的人们身上,可以发现它,无论那些职责是什么。例如,一个重视荣誉者卷入了别人的一个谋杀国王的阴谋,他不得不万分痛苦地参与阴谋活动,倘若他为懊悔或善良天性所征服,便会 217
震惊地看清那个图谋乃是一桩滔天大罪,从而揭露那个阴谋,转而成为揭发同党的见证人。这样,他便捍卫了自己的荣誉,至少在他所属的那群人当中是如此。荣誉原则的最大优点,乃是粗鄙之辈根本就不具备它,只有在品德更高尚者身上才能看到。这就如同柑橘虽然外表相同,但有些有核,另一些却没有一样。在高贵的家族当中,荣誉犹如痛风症一样,通常总被看作世袭传统,名门的孩子们个个生来就拥有它。有些从未感觉到自己拥有它的人,其荣誉则来自交谈与读书(尤其是浪漫传奇故事),而还有些人的荣誉则来自其高位。不过,若想刺激荣誉感的成长,最有效的却莫过于一柄长剑。有些人头一遭佩上长剑,二十四小时之后仍能感到它在熠熠闪光。

重视荣誉者首先应当关心的头等大事是恪守荣誉原则,而不是违背这个原则;为了维护荣誉原则,他不惜舍弃自己的职业和财

① 波托西(Potosi),南美玻利维亚共和国的一个城市。—— 译者

② 原文为“Chimera”,为希腊神话中一种狮头、羊身、蛇尾的怪兽。—— 译者

产,甚至不惜舍弃自己的生命。因此,无论他的良好教养使他表现得何等谦逊,人们也允许他无比重视自己的价值,允许他自认为拥有荣誉这种无形的饰品。维护荣誉原则的唯一方法,就是恪守荣誉准则,它们是他为人处世的律条。他本人必须时刻忠于自己的
218 信念,视公众利益高于自己的利益,不撒谎,不欺骗或虐待任何人,不接受任何人的当面侮辱,因为那是他的一个尺度,用以判断每一种行为是否是在蓄意蔑视他。

古代那些重视荣誉者(我将堂吉诃德看作其中有文字记载的最后一位),无不严格遵守这一切律条;此外,他们恪守的那些我没有列举出来的律条,其数目还要多得多。然而,现代的重视荣誉者却似乎比较疏于此道。他们虽然万分尊重古代最后一位重视荣誉者,却不像他那么恪守荣誉准则。无论是谁,只要打算严守我所列举的那些准则,其行为想必都会大大超出所有其他人所能容忍的程度,从而冒犯那些人。

重视荣誉者当然总会被看作公正而有智慧的人,因为谁都不曾听说哪个重视荣誉者是蠢材。因此,他绝不会触犯法律,人们总是容许他自己去评判自己的事。他、他的朋友、他的亲戚、他的仆人、他的狗,或者他乐意置于自己荣誉保护之下的任何东西,哪怕是受到了最微不足道的伤害,他也必定会立即要求赔偿。倘若那伤害被证明是蓄意冒犯,他也会像一个重视荣誉者那样做出反应,接下来必定会爆发一场战斗。从这一切看来,一个重视荣誉者显
219 然必须具备勇气;没有勇气,他的其余原则只不过是一把没有尖的剑而已。因此,我们不妨看看勇气究竟是什么。无论勇气在别的什么地方,正如大多数所说,它都真正存在于勇士们的天性中,并

且区别于其他一切或真或假的品质。

一切生灵皆爱自己,任何动物皆能够如此;天下没有比这种爱更普遍、更诚挚的情感了。维护自己所爱的事物,除了意味着这种关怀的爱以外,世上并无其他的爱。因此,无论什么动物,其保存自己的意志、愿望和努力都最为真挚。这是大自然的规律。按照这个规律,世上并不存在靠任何欲望或激情而生存下来的生灵;那些得以生存的动物,都直接或间接地具备保存自身或其物种的天性。

大自然通过种种方法,迫使每一种动物不断奋力地保存自己。这些方法包括使该动物感到满足;而人类的种种所谓“欲望”则必须得到满足。欲望令动物渴望获得那些被其看作能维持其生命,或使其愉快的事物;欲望还命令动物躲避那些被其看作能使其不快、使其受伤、使其毁灭的事物。这些欲望或者激情有各种不同的征候。它们自动地出现在被它们搅扰者身上。按照它们在我们身上造成的不同不安,它们获得了不同的名称,例如我们前面谈到过的“骄傲”和“羞耻”等等。

理解到灾祸迫近时,我们心中产生的那种情感叫作“恐惧”。220
它在我们心中引起的不安,其程度并不总与危险的程度成正比,却与我们对灾祸的惧怕程度成正比,无论那灾祸是真的还仅仅是出于想象。因此,我们恐惧的大小总与我们对危险的理解成正比。所以,倘若那种理解长期存在,人便无法摆脱恐惧了,这正如他无法丢弃自己的一条腿或者一只手臂那样。真正受到惊吓时,对危险的理解极为突然,这会使我们遭到的打击非常强烈(有时会使我们失去理智和感觉),乃至打击过后,我们往往不记得我们曾理解到了危险。但我们却以为恐惧来自那个事件本身,因为我们分明经历了那个事件。我们若没有理解到某种灾祸正在迫近我们,又何以会感到心惊胆战呢?

大多数人都认为可以用理智战胜这种理解,尽管如此,我却要坦白承认:我自己并不如此。受过惊吓的人会告诉你:等他们能想到自己(即能够运用理智)的时候,他们的理解便被理智战胜了。然而,这根本不是什么战胜,因为在受到惊吓的时候,危险或者纯属想象,或者等他们能够运用理智时,危险已经过去了。因此,倘若他们根本没有发现危险,他们理解不到任何危险便不足为怪。
221 然而,倘若危险持续存在,那就让他们去运用其理智吧。他们会发现:这样做可以使他们充分地理解危险之大及危险之真。他们会发现:他们若发现危险并不像想象的那么大,对危险之危害的理解便会相应降低。但是,倘若事实证明危险当真存在,种种情况皆与他们最初的想象相同,那么,他们的理智便不仅不会削弱他们对危险的理解,反而会使之增强。这种恐惧若长期存在,那就没有任何动物会去主动作战。我们仍然看到野兽们每天都在顽强战斗,个个担心自己会死,因此,想必另有一种激情能战胜这种恐惧,而与恐惧最为对立的激情乃是“愤怒”。为了追溯这种激情的根源,我不得不请读者原谅我在这里再度离题。

没有食物,任何动物都无法存活。年轻一代不断出生,其速度必须与老一代死亡的速度相抵,若不是如此,任何物种(我这里指的是比较完善的动物)也都无法存活。所以说,大自然赋予动物的最强烈的欲望乃是饥饿,其次便是性欲。性欲促使动物繁衍,而饥饿则迫使动物吃食。我们看到,我们的欲望若受到阻碍或干扰,我们心中便会产生愤怒这种激情;一旦愤怒聚集了动物身上的全部

力量,它便会使动物竭尽全力,更加猛烈地排除、克服或者摧毁其
追求自身生存道路上的所有障碍。我们会发现:除非野兽本身(或 222
其所爱者,或这二者)的自由受到威胁或攻击,否则,除了饥饿及性
欲之外,没有任何值得它们注意的东西,能使它们发怒。使它们更
凶暴的,正是这两种欲望,因为我们想必已经看到:若动物的需要
(尽管或许不那么强烈)得不到满足,若它们能看见的欢娱受到了
阻碍,动物的欲望便会受到切实的妨碍。我们若想到一个任何人
都无法忽视的事实,我以上所说的便更加明显了。那事实就是:世
上一切生灵或靠果实或果实的产物为生,或靠其他动物(即它们的
同类)的肉为生。后一类动物被我们称作“野兽”或“捕食动物”。
大自然相应地将它们武装起来,赋予它们武器和力量,以使它们能
去征服大自然为它们规定的食物,或者将那些食物撕成碎块;同
样,大自然赋予它们的欲望,也比赋予食草动物的欲望更强烈。这
是因为,首先,倘若一头母牛像只吃青草(这是它的天性)一样地只
吃羊肉,却没有利爪,只有一排牙齿,并且其气力也一如以前,那
么,即使它在羊群里也会饿毙。其次,看看凶猛动物是何种情况,
即使经验尚未告诉我们,理智也会告诉我们:第一,饥饿极有可能 223
使一种动物筋疲力尽,烦躁不安,使它为了得到每一小块可吃的东
西将自己暴露在危险前;大自然规定另一种动物去吃站在它前面
的东西,它只需一低头便能吃到。相形之下,前者的饥饿便比后者
的更加剧烈。第二,还应当考虑到:捕食的野兽都具有一种本能,
它们以这种本能去寻觅、追踪和发现那些能作为美食的动物;因
此,其他动物也都具备一种本能,它告诉它们躲藏起来,将自己隐
蔽起来,在被追捕时逃跑。由此,我们必定会得出一个结论:捕食

动物虽然几乎每次都能捕得猎物,它们空腹的时候还是比其他动物要多,因为后者的食物既不会飞,也不会抵抗。这种情况必定会永远存在,必定会增强它们的饥饿,由此,饥饿便为它们的愤怒提供了源源不断的燃料。

你若问我:公牛和公鸡拼死搏斗,但它们既不是捕食动物,又不是凶猛动物,它们的愤怒是因何而来的呢?我的回答是:它们的愤怒来自性欲。那些狂怒来自饥饿的动物(无论是雄是雌),往往会去攻击它们所能支配的所有东西,并且顽强地与一切搏斗。而那些狂怒来自交媾欲的动物则大多为雄性,其主要进攻对象是同类的其他雌性。虽然它们偶尔也会祸害其他动物,但它们憎恨的
224 主要对象却是其情敌,而惟有在与情敌较量时,它们的英勇坚毅才会表现出来。我们也看到:在那些一只雄性就能与大量雌性交配的动物当中,大自然都赋予了雄性相当显著的优越性,其表现就是雄性不但更凶猛,其体格与外型也比其他类的雄性动物更优越,后者当中的雄性只与一两只雌性交配便满足了。狗虽然已经成了驯化的动物,却依然贪掠成性,其中那些好斗的依然是食肉动物,我们若不给它们肉吃,它们往往很快会变成捕食动物的野兽。我们或许会在它们身上看到大量证据,足以证实我以上的说法。真正好斗的乃是食肉动物,无论雄雌,都会迅速攻击任何目标,并且会冒死搏斗,然后才罢休。雌性动物其实比雄性更好色,因此,除了性别特征,雌雄的体格根本没有任何差异,实际上,雌性比雄性更加凶猛。一头被困的公牛固然非常可怕,然而,若让它置身于二十几头母牛当中,它很快就会变得像其中任何一头母牛一样温驯。十几只母鸡便能够毁掉英国最好的赌博斗鸡。兔子和鹿被列为猎

物和胆小的动物。的确，它们几乎一年到头都是如此，惟有在其发情期例外。在发情期，它们会突然变得大胆无畏，令人惊叹，常常进攻它们的饲养者。

饥饿与性欲，这两种主要欲望对动物性情的影响，并非像有人 225
想象的那样令人捉摸不定。从我们自身也可以观察到它们的部分表现。这是因为：我们的饥饿虽远远不如狼和其他食肉动物的那么剧烈，我们还是看到：比起其他时间来，若超过了通常的进食时间而吃不到饭，健康者及胃纳尚佳者更容易烦躁，更容易为小事发脾气。同样，男人的性欲虽不像公牛和其他食肉动物的那样狂野，但当男女倾心相爱时，阻碍两者的私通却能最迅速、最猛烈地激起他们的愤怒；为了毁灭情敌，男女两性，无论是受过最严厉的教育，还是受过最温和的教育，全都会忽视那些最大的危险，一切都在所不计。

至此，我已经尽力表明：只要心怀恐惧，没有任何动物能去主动作战；恐惧不能被其他激情所征服；而与恐惧最对立的激情，能最有效地战胜恐惧的激情，惟有愤怒；有两种主要欲望若得不到满足，便会激起愤怒的激情，它们是饥饿与性欲；对所有野兽而言，能否使它们动怒或顽强搏斗，通常取决于饥饿与性欲之一的剧烈程
度，或是两者加在一起的剧烈程度。由此，我们必然会得出一个结 226
论：动物身上被我们称作“勇猛”或“天生勇气”的东西，不是别的，而完全是愤怒使然①；一切凶猛动物都必定非常喜欢食肉和性欲

① 动物的勇猛来自愤怒，这是亚里士多德的观点，见于其《尼各马可伦理学》卷三第8节。——译者

极强，或两者必居其一。

现在我们来考察一下：按照这条规则，我们应当如何判断我们自己这个物种。人类的皮肤很柔软，人需要经过多年的悉心照料才能长大，人下颌骨的构造，人齿的齐平，人手指甲的宽度，以及人齿及指甲的脆弱，从这一切来看，大自然本来并没有将人设计为劫掠者；因此，人的饥饿并不像食肉动物的那样剧烈贪婪，人的性欲也不像其他（被称作）好色动物的那么强烈。人能非常勤勉，以满足自己的种种需求，此外，没有任何主宰性的欲望能使人的愤怒历久不衰。所以说，人必定是一种胆小的动物。

我以上说的最后一句话，仅适用于处于野蛮状态的人，因为若将人看作一个社会的成员，看作一种文明化的动物，我们便会发现人完全是另外一种生灵：人一旦有机会展示自己的骄傲，嫉妒、贪婪和野心马上便会主宰他，他便会被从其天生的天真和愚蠢中唤醒。随着人的知识的增长，人的欲望也被扩大了。于是，人的种种需求和欲念也成倍增加，其必然结果就是：在满足这些需求和欲念
227 的过程中，人经常会遇到障碍，与以前的状态相比，他遇到的使他愤怒的失望更多了，所以用不了多久，他就会变成世界上最有害、最危险的动物；更不必说每当他能战胜对手时候了，因为他除了那个激怒他的人造成的祸害之外，不必惧怕其他一切灾祸。

因此，一切政府首先考虑的事情是：当愤怒的确造成了伤害时，必须依靠严厉的惩罚去制止人的愤怒，通过增加人的恐惧，防止愤怒可能造成的祸患。严格实施各种法律，以约束人使用暴力，这时，人自我保命的本能必定会告诉他要保持冷静。尽量避免受到搅扰，这是每个人的共同愿望，因此，随着人的经验、知识和预见

性的增长,他的恐惧将不断被加强和扩大。其结果必定就是:在文明国家里,使人发怒的诱因将是无穷无尽的,因此,人扑灭这些诱因的恐惧也是无穷无尽的,所以,他不久便能依靠这种恐惧,学会扑灭自己的愤怒,学会通过另外一种与愤怒相反的方式,那同样是一种自我保护,大自然以前已经将那种方式连同愤怒以及其他激情,一并赋予了他。

可见,人身上有益于社会和平安宁的激情,惟有他的恐惧。你
愈能唤起这种激情,他便愈遵纪守法,愈易于管理。这是因为:无 228
论人作为单个动物独处时愤怒对他如何有用,社会也绝不会给他发泄愤怒的机会。然而,在造化动物时,大自然却始终如一,她创造的所有生灵均与她为养育生灵提供的环境相应,而各种各样的外界影响,便可能使各种生灵不尽完善。因此,人人便皆易受到愤怒的支配(无论他们生于宫廷还是森林)。愤怒的激情若压倒了人心中的全部恐惧(无论哪个等级的人,有时都会如此),他便会具备真正的勇气[①],马上就会狮虎般地勇猛作战。我将极力说明:无论将人的勇气称作什么,人在不发怒时,勇气也总是虚假的、人为的。

良好的政府虽然可能使一个社会始终保持自身的安宁,但谁都无法保证社会外部的永久和平。社会有机会进一步扩展其边界,扩大其版图,不然,他人便会侵入他们的社会,便会发生一些迫使人去作战的事情;因为无论人的文明程度有多高,他们也从未忘记一点,即暴力强于理性。因此,政治家必须改变措施,消除人们

① 英国哲学家霍布斯曾把愤怒定义为“突然的勇气”,故作者说无畏是真正的勇气。—— 译者

229 的一部分恐惧。他必须竭力使大众相信:一旦这些人成为公敌,以前对他们所说的有关人杀人野性的一切便立即失效;他们的敌人并不像他们自己那样善良和强壮。若能妥善处理此类事务,那么,在吸引那些最冷酷者、最好斗者、最顽劣者去作战方面,政治家便很少会失败。不过,这些人的品质必须更好,否则,我便无法保证他们在战场上的表现:你一旦使他们蔑视敌人,你便会很快地激起他们的愤怒之情;只要存在愤怒,他们作战便比任何纪律严明的部队都顽强。可是,若发生了某种意外的事情,例如突然产生了一个巨响,一场暴风雨,或者任何似乎能威胁他们的奇怪的、不同寻常的事件,恐惧便马上会主宰他们,征服他们的愤怒,使他们像常人一样逃跑。

因此,只要人们的理智有所增长,此种自然的勇气便必定会原形毕露。首先,有些人会感觉到敌人攻势的凌厉,因而并不总是相信那些贬低敌人的言辞,所以往往不容易激起这些人的愤怒。其次,愤怒乃是激情的短暂爆发,不会持续太久(ira furor brevis est[①]),而敌人若经得起这些愤怒者的第一次打击,通常会更容易对付后来的打击。再次,只要人们心怀愤怒,便不会理睬一切忠告

230 和纪律,因此绝不会在战斗中运用计谋或者服从指挥。可见,虽说没有愤怒任何生灵都不会具备天然的勇气,愤怒在战争中还是毫无用处,既不能用于谋略,亦不能变成正规的技能。因此,政府必须找到一种与勇气相当的东西,才能促使人们去作战。

① *ira furor brevis est*,(拉丁语)愤怒是瞬间的疯狂。语出古罗马诗人贺拉斯《诗简》卷一。—— 译者

将人文明化，将众人组成一个政治实体，无论谁想这样做，都必须透彻地了解人的各种激情与各种欲望，了解人的优势与弱点，都必须懂得如何将个人那些最大的弱点转变为服务于公众的长处。在考察道德美德起源的过程时，我已经表明：无论什么事情，只要用赞美的言辞说出，都非常容易使人相信。因此，立法者或政治家（他们都很受人尊重）便应当告诉人们：绝大多数人都怀有一个英勇的信念，它既与愤怒截然不同，也与其他任何使人以勇敢藐视危险、直面死亡的激情截然不同；而最能坚持那个信念者，则是最有价值的人。根据已经说过的那个道理，他们当中的大多数虽然根本觉察不到那个信念，却很可能将这番话当作真理而轻易接受。那些最骄傲者觉得自己为这番恭维所打动，而并不善于区别各种激情。由于将骄傲误认为勇气，他们大概会以为那个信念正在自己胸中升腾。然而，哪怕能说服十人中的一人公开宣布自己 231
怀有那个信念、并能以它去战胜一切敌人，那么，另外五六个人很快便会宣称自己也是如此。无论是谁，一旦拥有了这个信念，其各种表现便完全注定了。政治家已经没有其他事情可做，惟有万分小心，去加意地迎合自诩怀有并自愿坚守这个信念者的骄傲。要达到这个目的，自有上千种不同的办法：他最初迷恋骄傲，日后，同样的骄傲会迫使他去保卫自己这个说法，最后他会害怕自己的真实心地被揭穿。他的骄傲会无比膨胀，乃至会超过他对死亡本身的恐惧。只要去增加人的骄傲之心，人对羞耻的恐惧便会不断地相应增长，因为一个人自认的价值愈大，他愈是会煞费苦心地避免羞耻，并在避免羞耻时经历更多的困难。

因此，使人勇敢的良策乃是：首先使他心中怀有这种英勇的信念，然后用尽可能多的恐怖，激励他去规避羞耻，正如大自然使他天生惧怕死亡那样。人对一些事情怀有（或者可能怀有）比对死亡更强烈的反感，而人对自杀的态度便是证明。选择了死亡的人，必定认为死亡没有他依靠死亡去躲避的事情那么可怕。这是因为：无论魔鬼是当真出现还是即将到来，无论魔鬼是真是假，谁都不会
232 心甘情愿地自杀，除非是为了避免某种事情。鲁克丽丝[①]勇敢地全力反抗强奸者的种种进攻，甚至当后者威胁要杀死她时，也是如此。这表明她视贞操重于死亡。但当强奸者用使她永远耻辱威胁到她的名声时，她便走投无路了，只好事后自尽。这清楚地表明：在名誉和自身美德当中，她更珍视名誉，而视自己的生命轻于这两者。对死亡的恐惧并未使她让步，因为她已决心宁死不受辱，所以我们势必只能将她的屈从看作一种对塔昆的收买，意在防止他败坏她的名誉。所以说，鲁克丽丝所珍重的东西，占第一位和第二位的皆非生命。因此，勇气仅仅对从政者才有用，一般所谓“真正的英勇”乃是人为的矫情，它将阿谀奉承注入极度骄傲者心中，使他们对羞耻产生一种被夸大的恐惧感。

只要一个社会接受了荣辱的概念，那便不难激励人们去作战了。首先，要悉心说服人们相信自己的事业是正义的，因为若认为自己是错的，那就没有一个人会去尽心作战；其次，要向人们表明：他们的神坛、财产、妻子、儿女以及他们眼前所珍视的一切，皆与目前这场争端相关，或者至少日后可能受到影响；再次，要激发人们

① 鲁克丽丝（Lucretia），古罗马传说中的人物，她被罗马王政时代末代国王塔昆（Tarquin）之子塞克斯特斯·塔昆强奸后以匕首自杀，导致了塔昆王朝的覆灭。莎士比亚的长诗《鲁克丽丝受辱记》即以这个故事为题材。——译者

的勇气,说他们与其他人不同,说他们具有为公众献身的精神,说他们热爱祖国,说他们能英勇无畏地面对敌人,说他们不怕死,再 233
说说荣誉之基础等诸如此类的动听字眼,说如果在白天,每个骄傲者都会自愿拿起武器保卫自己,誓死不做逃兵。在一支军队里,人人都会彼此监视。若有一百个人独处,又无人见证,那么,他们将个个都是懦夫,而他们能聚在一起英勇作战,则只是出于害怕引起彼此之间的轻蔑。要延续和加强这种人为的勇气,就应当用耻辱去惩罚所有的逃兵。对勇敢作战者,无论他们是胜是败,则必须给予赞扬,并给予郑重的评价。要奖励那些在战斗中失去四肢的人。对阵亡者,首先应当给予表彰,举行巧妙的哀悼,不要对他们吝惜溢美之辞,因为将荣誉付给死者永远是一副蒙骗生者的灵方。

我说用于战争的勇气是人为的矫情时,并没设想用同样的巧计将一切人都变得同样英勇。各人心中的骄傲多寡不同,体型及体质亦各自有别,因而不可能全都适于派做同样的用场。有些人永远学不会音乐,却能成为很好的数学家;另一些人虽能出色地演奏小提琴,但若让他们去和他们取悦的人交谈,他们便成了笨嘴拙 234
舌的呆子。不过,为了表明我并不想回避问题,我将证明:若不考虑我已经说的有关人为勇气的话,最伟大的英雄与最名副其实的懦夫,这两者的区别完全是肉体上的,并且是人的内部构造所决定的。我这里指的是体格。考察体格,可以使我们理解人体体液的正常混合与非正常混合。助长勇气的体格是天生的力量、弹性,以及种种更细微精神的恰当混合,而我们所谓的镇定、果敢和坚韧则完全建立在这个基础上。自然的勇敢与人为的勇敢,其唯一的共同要素就是体格,这一点表现得极为明显。体格使人结为整体,使人得以存在。同样,对奇怪的事情和突然发生的事情,有些人怕得要命,有些人却不太在意,这种情况也完全由于精神状态的强弱。处在惊吓状态时,骄傲毫无用处,因为受惊吓时,我们无法思考。由于我们将恐惧看作一种耻辱,因此,惊诧一旦消失,人们才总是要对那些使他们害怕的事物发怒。当一个战场形势发生转变时,倘若胜利者毫不宽恕,非常残酷,这就表明:他们的敌人曾经很顽强地作战,最初曾使他们感到过极大的恐惧。

235 果敢也建立在这种精神状态的基础之上,它似乎同样来自强壮体液的影响,即有关的激烈微粒积聚到了大脑里,强化了精神,其运作与愤怒的运作相仿,我已经说过,愤怒的运作乃是精神的短暂爆发。正因为这个理由,大多数人喝酒之后才会比平时更敏感、更容易动怒,有些人甚至会毫无来由地胡乱叫骂。我们还看到:在同样醉酒的情况下,白兰地比葡萄酒更容易使人喜欢吵架,因为烧酒当中混合着大量的激烈微粒,而葡萄酒则不然。有些人的精神组织十分虚弱,因此,他们虽然怀有足够的骄傲,却没有任何办法激励他们去战斗、去战胜自己的恐惧。不过,这只是液体原则的一个缺憾而已,正像其他的畸形皆为固体的舛错一样①。只要有危险,这些懦弱者便绝不会被彻底激怒。虽说饮酒可以使他们胆子更大些,却极难得使他们果敢到发起攻击,除非对方是女人、孩子或者此辈知道不敢抵抗的人。这种体格的人经常受健康和疾病的

① 这是当时生理学的一种见解,它将神经的、生命的力量称作“液体”,认为它们在大脑和身体各部分之间循环,并由此将生命活力的强弱归因于“精神”活力的多寡。1730年,曼德维尔在一篇论文中承认:他所说的“固体”只是由这个理论生发出来的一种方便的假设。——译者

影响,并且产往往会因大量失血而身体孱弱。有时可以借助饮食来矫正这种体格。德·拉·罗歇福科公爵曾说:虚荣,羞耻,而首先是体格,往往会构成男人的勇气和女人的贞洁[①]。他这里所说 236
的,正是这一点。

我讨论了那种有用的作战之勇,并且表明了它是一种人为的勇气。要增进这种勇气,最有效的办法莫过于实际操练。这是因为:男人从军以后,便会逐渐认识所有的杀人器具和毁灭敌人的机器,会逐渐熟悉叫嚷、呐喊、烈火、硝烟、伤员的呻吟、濒死者的可怖模样,以及各种充满尸体和血淋淋的残肢断臂的场景。他们的恐惧会迅速减轻。这不是因为他们此时已经不像以前那样怕死,而是因为已经习惯了经常看到同样的危险,并且领悟到它们其实并不像以前所想的那样。他们经历了每一次包围战和全部战役、并理所应当地获得了重视之后,那就惟有让他们去参加几次战斗,才能有效地继续增强他们的骄傲之心,从而也使他们对耻辱的恐惧之心不断增长。我前面说过,对羞耻的恐惧总是与他们的骄傲成正比,它随着对危险的理解的减少而增加。无怪他们当中的大多数人已经学会了如何少暴露自己的恐惧,甚至根本不暴露。有些伟大的将领能做到将自己预见的前景保留在心里,在战争的一片嘈杂、惊恐和混乱中,表面装作内心平静,泰然自若。

其实,人是十分愚蠢的,因为他能陶醉在虚荣的浓雾里,能尽 237
情享受对赞美的回忆,那些赞美日后将被存入他的记忆。他只要

① 德·拉·罗歇福科公爵(Duc de La Rochefoucauld,1613—1680),法国道德哲学家、作家,著有700条格言。这句话出自他的《格言集》第220条。—— 译者

想象到年迈与死亡会增添他以前已经获得荣耀,年迈便会使他感到喜不自胜,他便不在乎自己现在的生命,甚至暗自觊觎死亡。一个骄傲并体格良好的人,能做出最大的自我否定,能牺牲最强烈的激情,去换取比那激情更高的东西。遭受迫害的圣徒们为了信仰而受难,表现得无比欢乐而豪爽。一些善良人听说了那种欢乐和豪爽时,便以为这样的不屈不挠必定超越了一切人力,除非它来自上天的某种奇迹般的帮助。我只能在这里赞美这些善良人的单纯了。大多数人皆不愿去彻底了解人类的弱点,因此,他们也不熟悉人类天性的力量,不知道有些体格强健者无须任何助力,仅凭其激情,便能达到狂热状态。不过,有一点却是毫无疑问的:世上确实有一些人仅仅依靠傲气和体格,便熬过了最恶劣的困境,并能像那些最伟大的人一样,愉快地承受死亡和折磨;那些伟人曾在虔诚与献身精神的支持下,为了真正的宗教信仰而忍受酷刑,从容赴死。

238 要证实我这个说法,我能列举出许多事例,不过,这里仅举一两个便够了。一个是诺拉的乔尔丹诺·布鲁诺,他曾写出那本愚蠢的渎神论文,名叫《驱逐趾高气扬的野兽》①。此外还有那个恶名昭著的瓦尼尼②。这两个人皆因公开承认和宣讲无神论而被处死。瓦尼尼若放弃自己的学说,本来可以在临刑前得到赦免,但他宁可被烧成灰烬,也不放弃自己的学说。他走向火刑柱的时候,没

① 《驱逐趾高气扬的野兽》(*Spaccio della Bestiia Trionfante*),意大利科学家布鲁诺写的一本书,包括三篇反基督教的对话体论文,发表于1584年。——译者

② 鲁西里奥·瓦尼尼(Lucilio Vanini,1585—1619),意大利自由思想家,因不断宣传反基督教思想、批判中世纪经院哲学,于1618年11月被捕,被判死刑,被割去舌头,在火刑柱上绞死。——译者

有显露出丝毫的顾虑,还向他认识的一位医生伸出一只手,想让后者摸摸他的脉搏,以通过他有节律的脉搏表明他心中是何等平静。借此机会,瓦尼尼做了一个不敬神的比较,那句话太龌龊,这里不能提及①。此外,我们还可以举出先师玛合麦特②,据保罗·黎考特爵士说,此人在君士坦丁堡被处决,其罪名是宣扬怀疑上帝存在的说法。同样,玛合麦特本来只要认错并日后放弃自己的说法,便可以活命,但他宁可坚持其渎神论,说道:虽然他根本不指望得到奖赏,对真理的热爱却迫使他为捍卫真理而殉身③。

我这番离题话,是为了表明人类天性的力量有何等强大,表明人仅仅依靠傲气和体格究竟能做出何等表现。诚然,人亦会为自
己的虚荣心所刺激,而变得极为狂暴,如同雄狮受到其愤怒的刺激 239
时一样。不仅如此,当贪婪、报复、野心以及几乎每一种激情(怜悯亦不例外)格外高涨时,皆会因能压倒恐惧而甚至被本人误认为是英勇。日常生活的经验肯定已经教会每一个人:应当去追究某些人行为的动机。然而,我们还可以更清楚地洞察这种伪装的信念究竟建立在什么基础之上。若仔细看看军队事务的辉煌到底是什

① 据刑场目击者记载,瓦尼尼的这句话是"Illi in extremis prae timore imbellis sudor, ego imperterritus morior",(拉丁语)大意为:"他(指基督)最后比我胆怯,浑身出汗,而我却勇敢赴死。"见法国历史学家格拉芒(Gabriel Barthélemy, seigneur de Gramond,1590—1654)著《著名的亨利四世之后的高卢史》(*Historiarum Galliæ ab excessu Henrici IV*,1643),第 211 页。—— 译者

② 先师玛合麦特(Mahomet Effendi),17 世纪奥斯曼土耳其帝国时期著名的无神论者,1665 年被公审处决。—— 译者

③ 参见英国外交家、历史学家保罗·黎考特(Paul Rycaut,1629—1700)著《奥斯曼帝国之现状》(*The Present State of the Ottoman Empire*,1665),1687 年版,第 64 页。—— 译者

么,我们便会发现:没有任何地方能像在军队事务上那样公开鼓励骄傲。以服装为例,即使级别极低的现役军官,其军服也多于收入高出其四五倍的其他人的服装,或者至少是比后者的服装更绚丽、更漂亮。其中大多数人皆几乎无法维持生计,尤其是有家室者,况且全欧洲的军人也都愿意穿不那么高贵的军服。但他们不曾想到:军服乃是一种能提高军人傲气的力量。

然而,要增进人的傲气,要让骄傲去主宰人,其种种最煞费苦心的方式和手段,却莫过于普通士兵得到的待遇。要激发士兵的虚荣心(因为他们必定有强烈的虚荣心),自有各种几乎想象不到的、最廉价的办法。我们往往不在意那些已经习惯了的事情,否则,有哪个活人看见一个士兵装备了那么多琐碎、花哨、装模作样
240 的服饰,能不嘲笑他呢?羊毛能做出来的最粗劣产品,被染上砖末的颜色,被从头到脚地穿在士兵身上,因为那军服乃要模仿大红的或者深红的军服,为的是使他以为自己只需花一点钱,或者根本不用花钱,外表也能与其长官相仿。士兵军帽上镶的不是银色或金色的流苏,而是砸着最难看的白线或黄线,而若别人戴上这样的帽子,便应当被送进疯人院。不过,这些地地道道的诱饵,以及在水牛皮上弄出来的响动,实际上却已将许多男人吸引上了毁灭之途,其效力超过了历来所有女人献媚时的致死秋波和迷人嗓音。今天,那个养猪的当了兵,穿上了红外套,深信人人都称他为“先生”。两天之后,基特侍卫[①]却用藤条痛打了他一顿,因为他持步枪时比

① 基特侍卫(Serjeant Kite),爱尔兰戏剧家乔治·法库哈尔(George Farquhar,1677—1707)的喜剧《新军官》(*The Recruiting Officer*,1706)中军官普吕姆(Plume)的侍卫。它在此泛指军队中的侍卫。——译者

规定高了一英寸。我们再看看军人这一行的尊严究竟是什么吧。以前两次战争中缺少新兵时,允许军官们去招募被判有入室行窃以及其他重罪的人当兵。这说明:要么去当兵,否则此辈便必定会被绞死。骑兵比步兵更惨,因为当他无事可做的时候,却蒙受着充当马夫的羞辱,而马花的钱比他的还多。想到这一切,想到自己总是被长官派去做各种杂务,想到自己的报酬,想到不需要他们时长 241
官对他们的态度,这士兵肯定会想:当兵的倒霉鬼简直太傻了,居然会为有人叫他们"士兵先生"而骄傲。难道不会如此么?然而,倘若士兵不是如此骄傲,那么,任何办法、纪律或金钱都无法将成百上千的士兵变得如此勇敢。

考察一下若没有其他任何条件使人变得可爱一些,人的勇气会在军队之外产生何种效果,我们会发现:这种影响对一个文明社会是非常有害的。这是因为:人若征服了自己的全部恐惧,你便听不到别的,只能听到强奸、谋杀以及各式各样的暴行;勇敢者将会像浪漫传奇里的巨怪那样。因此,政治家便在众人种发现了一种混合的勇气准则,它将正义、荣誉和一切道德美德与勇气混合在了一起,而符合这个准则的人,当然就是那些游侠。游侠在全世界做了大量的善举,他们降妖伏魔,解放穷人,杀死压迫者。不过,待到所有恶龙的翅膀皆被束缚起来、巨怪皆被消灭、各地处女皆获得自由(惟有西班牙和意大利的少数处女除外,她们仍被其妖怪囚禁着)以后,骑士精神的教义(它们完全符合古代的荣誉标准)有时便被弃诸一旁了。那教义就像骑士们的盾牌那样厚重。许多有关那 242
教义的美德经常使那教义引起麻烦;随着时代变得日益机智,到上个世纪之初,荣誉的信念便再度松动,并产生了一个新标准。人们将勇气看得像荣誉一样重，认为勇气占荣誉的一半，而正义所占甚少，除此之外，其中不包含其他任何能使荣誉如此轻松便当的美德。然而，即使是这样的荣誉，一个大国没有它也不可能存在下去。它是社会的纽带，我们虽然看到其中包含的主要是人类的弱点，但在作为将人类文明化的工具方面，世界上却没有任何美德能发挥其一半的作用(至少我不知道存在这样一种美德)。在一些伟大的社会当中，倘若去除了人的荣誉观念，人们便会很快地堕落成残忍野蛮的恶棍和背信弃义的奴隶。

言及属于荣誉的决斗，我虽然同情那些曾参与决斗者的不幸，但若说他们遵循了虚假的规则参与决斗便是有罪，或说他们误解了荣誉的概念，却是荒谬的；因为有些决斗根本不涉及荣誉，而有些决斗却可以教人们如何对伤害表示愤怒并接受挑战。你们尽可以否认你们看见人人日常所穿的东西乃是时尚，也可以说要求和给予满足违背了真正的荣誉法则。抱怨决斗的人们并未考虑到社
243 会从决斗的时尚那里获得的益处。倘若允许每一个粗人都随心所欲地使用他们的语言，不必解释这样做的理由，那么，所有的谈话便皆会被破坏殆尽了。一些正经人告诉我们：古希腊人和古罗马人就是这样的勇士，虽然根本不知道决斗，却喜欢为国家的事情而争吵。这千真万确，但正是因为这个理由，荷马史诗里的国王贵胄们彼此使用的语言，才会比我们的脚夫和马夫所能容忍的语言还要恶劣。

你若打算制止决斗之风，那就不要宽恕任何参与决斗者，要制定尽可能严苛的法律，反对决斗，但不要禁止决斗这种习俗。这样做不但能防止决斗频繁发生，还能将最果敢、最强壮者的行为变得

谨慎小心，由此将整个社会变得更文雅、更光明。要使一个人文明化，没有任何东西能比他的恐惧更有效。当面对挑战时，倘若不是所有的人（如同尊敬的罗切斯特[①]大人所说），至少是绝大多数人皆为懦夫[②]。对失败的极度恐惧使许许多多的人胆战心惊。欧洲有数千位具有男子气概并教养佳良的绅士，不过，他们心中若是没有那种恐惧，他们就会变成花花公子，傲慢无礼，令人无法容忍。何况，要求对法律不能涉及的伤害付出代价的做法倘若已经过时，那么，当今为非作歹的数量就会增长二十倍，或者警察和其他官员的数量必须是现在的二十倍，才能维持太平。我承认：尽管决斗鲜 244
有发生，但倘若真的发生了决斗，那依然是人们的灾难，并且通常会降临到家族头上。不过，这个世界上没有尽善尽美的幸福，一切幸福皆伴随着缺憾。虽说决斗行为本身不讲仁慈，不过，一个国家一年当中只有三十多人因决斗而自毁，其中丧命的还不到一半，因此，我不能说该国国民爱自己胜过爱邻人。奇怪的是，一个国家竟不愿看到十二个月当中或许只有五六个人牺牲，而这些人的目的，乃是去获取一些极有价值的赐福，例如举止的文雅、交谈的快乐，以及时时有人陪伴的幸福。人们往往情愿为这些赐福而舍命，有时一个小时就有数千人丧命，却不知道这样的牺牲是好是坏。

我不愿任何人去探究荣誉的卑鄙出身，不愿任何人抱怨自己

① 罗切斯特（Rochester），即罗切斯特二世伯爵约翰·威尔莫特（John Wilmot, 2nd Earl of Rochester，1647—1680），英国诗人，朝臣。——译者

② 见罗切斯特的讽刺诗《讽刺人类》（*A Satyr against Mankind*，作于1674年以前），其中有“他们的渴求声誉，全为保平安；因人人皆为懦夫，若面对挑战”（Meerly for safety, after fame they thirst, / For all men would be Cowards if they durst.）的诗句。——译者

受了荣誉的欺骗,不愿任何人抱怨说精明的政客利用荣誉发了大财。我非常希望所有的人都满意地看到:个个社会的执政官和身居高位者比其余任何人都更热中骄傲。若不是一些大人物骄傲之至,若不是凡人皆懂得享受生活,谁愿意当英国的掌玺大臣,谁愿
245 意当法国的宰相,或者去担当一个别的职位,即荷兰的省长[①];它虽然比前两者更劳累,但收入却不及他们的六分之一?人们互相提供的服务乃是社会的基础。大人物们为自己的高贵出身而感到高兴,这并非没有道理:因为出身会唤起他们的傲气,激励他们去做荣耀的事情。我们赞美他们的血统,无论它值得不值得赞美。有些人因自己家族的伟大而受人尊敬,为自己先辈的美德而感到骄傲。在整整一代人当中,你找不到一个溺爱妻子的傻瓜、愚蠢的自大狂、臭名昭著的懦夫或者放荡的妓院老板。已经享有贵族头衔的人们,必然自有其已经建立的骄傲。那种傲气往往会使他们努力奋斗,以使自己实至名归;这就像其他尚未享有头衔者对工作的抱负一样。贵族头衔使他们勤恳耐劳、以使自己配得上它。倘若一位绅士成了男爵或者伯爵,那便如同有了一位严厉的督察在监视他方方面面的表现,就像刚入教的年轻学生遇到了主教或者神甫一般。

对现代荣誉唯一有分量的批评是:荣誉和宗教直接对立。有些人要求你以忍耐去应付伤害;有些人则告诉你:你若不去憎恨那些伤害你的人,你便不适合生存。宗教命令你将一切复仇留给上

① 荷兰共和国时代,荷兰省的省长(Raadpensionaris)还要担任其他公务,包括荷兰地产主席(即荷兰地产总监会首脑)、首相以及共和国外交部长。—— 译者

帝去做,而荣誉却吩咐你:切莫依靠任何人替你复仇,复仇全靠你
自己;即使法律会替你复仇,你仍要依靠自己。宗教明确地禁止杀 246
人;而荣誉则公开表明杀人是正当的。宗教要求你无论出于什么理由都不要以血复仇;而荣誉却要求你即使为了最微不足道的琐事也要洒血。宗教以谦恭为基础;而荣誉则以骄傲为基础。究竟如何使这两者协调一致,这个问题必须留给比我更聪明的人们去解决。

世上真正具备美德者如此少,而享有真正荣誉者却如此多,其原因是:对人合乎美德行为的全部报偿是做出这些行为时的快乐,大多数人都盼望这种快乐,但所获的报偿却微乎其微。然而,看重荣誉者的自我克制却服从于一种愿望,即借助他人的赞许而获得直接回报;而他克制自己的贪婪或其他任何激情,其代价也要加倍地返还给他的骄傲。此外,荣誉能给人大量的特许权,而美德却不是如此。一个看重荣誉的人绝不可以欺骗或说谎。他若借用了别人的东西,即使对方没有显露要他归还的意思,他也必须准时归还;但他可以喝酒,可以骂人,可以拖欠镇上所有买卖人的钱,而不去理会他们的讨债信。一个看荣誉的人为自己的君主和国家服务时,必须忠于君主和国家;但他若认为自己没有得到重用,便可以辞职,并且对君主和国家做出他能想出来的种种坏事。一个看重荣誉的人绝不能为了贪图利益而改变自己的宗教信仰,但他却可
以随心所欲地放荡堕落,但从不实施。他绝不可以打朋友的妻子、 247
姐妹或女儿的主意,不可以打托付给他照料的其他人的主意;但他可以当着全体世人扯谎。

[S]没有哪个测绘师能声名大振，

石匠和雕刻匠亦皆默默无闻。(第19页第11行)

毫无疑问，一个国家若人人都诚实和节俭，那就没有一个人建造新房子，而只要旧的尚够用，亦不会有一个人使用新材料。这样一来，四种建筑行业中的三种将缺少人手，它们是石匠、木匠和泥瓦匠。建筑业一旦消亡，测绘师、雕刻匠将会是什么状况呢？服务于奢侈的其他行当也被严加禁止，因为立法者们意在建成一个良好、诚实、伟大而富裕的社会，并且努力让自己的臣民具备美德，而不是将他们变得富有。通过颁布一部莱克格斯[1]法，便能实施这些措施。斯巴达式房屋的天花板只应用斧子做好，大门和房门也
248 只应用锯子锯平；而普鲁塔克[2]说，这种政策并非皆能为人理解，因为埃帕米农达斯[3]若能说流利的希腊语，并且邀请一些朋友到自己家中赴宴，便可能会对他们说：来吧，先生们，放心好了，叛国者绝不会来吃这顿如此简陋的晚餐。这位伟大的立法者何以不曾想到这些丑陋的房屋绝不能接待奢侈与浮华呢？

同一位作者还告诉我们：据报告说，列奥提契达斯[4]国王很不

---

① 莱克格斯(Lycurgus，公元前820? —前730?)，古斯巴达政治家，斯巴达的立法者。—— 译者

② 普鲁塔克(Plutarch，公元46—公元120)，希腊历史学家，作家。—— 译者

③ 埃帕米农达斯(Epaminondas，公元前428? —前362)，底比亚(忒拜)将军、政治家，在公元前371年击败斯巴达人，推翻了后者在伯罗奔尼撒半岛的统治。—— 译者

④ 列奥提契达斯(Leotichidas，公元前545? —前469)，古斯巴达国王。—— 译者

习惯看到有雕刻装饰的东西。一次,他在科林斯[①]一个堂皇的房间里做客,看到做工极其精美的木梁和天花板,非常惊讶,便问主人国内的什么地方有这种树林[②]

同样的人手短缺也会出现在其他无数行业里,(正如本书的《寓言》里所写)其中包括:

结合美丽丝绸与金箔的织工,

及从属于这行当的职业种种,[③]

这些便是那些有理由最先发出抱怨者之一,因为大量蜜蜂离开了蜂国以后,地价和房价便会降得很低,另一方面,人人都厌恶其他一切赚钱方式,因为惟有如此才能做到对他人绝对诚实。在
这种情况之下,许多并无傲气者或奉行节俭者,亦不可能穿到金银 249
线织的或带有精美刺绣的布。结果,不仅织布工,而且银线织工、熨布工、纺线工、线轴工和漂布工,也都将很快受到这种节俭之风的影响。

[T]高傲的克洛亚为了过得豪华,

曾经迫使她丈夫去抢劫国家。(第20页第6行)

我们社会里那些普通的恶棍,当他们即将被绞死时,当他们的行当最终收场时,常会后悔自己以前忽视安息日,后悔曾与不良女人(妓女)为伴。我对此毫不怀疑。不过,那些罪过没有那么严重

---

① 科林斯(Corinth),古希腊港口城市,位于伯罗奔尼撒半岛东北部。—— 译者

② 以上有关普鲁塔克的言论,由作者转引自英国诗人德莱顿(John Dryden,1631—1700)的著作《普鲁塔克传》(1683年版,卷二,第158—159页)。

③ 见本卷《抱怨的蜂巢》(原页码)第20页第13—14行。—— 译者

的无赖,也都曾放纵地满足其卑劣的情欲,也险些被绞索套上脖颈。然而,他们说的那些话却可以向我们暗示出一点:许多男人常常被妻子推进这种危险的计划,不得不去采取如此铤而走险的手
250 段,连最狡猾的情妇都绝不可能说服他们去采取那种手段。我已经阐明:最坏的女人、最挥霍无度的性别,的确既是消费生活必需品,亦是消费奢侈品,其结果是给许多老实的做工者带来了利益,后者努力做工,养家糊口,只想过一种诚实的生活。有位好人曾说:尽管如此,还是不要取缔做工者吧。应当取缔所有的妓女,让全国见不到一桩淫荡的恶行。全能的上帝随时可以将这样的赐福抛洒给该国,那赐福将大大超过当今妓女们带来的利益。尽管这话可能是对的,我却能表明:(享受婚姻之幸福的)女性若个个按照一个清醒而智慧的男人所希望的那样去做,那么,无论有没有妓女,都没有任何东西能弥补商业蒙受的损失。

满足女人的心血来潮和奢侈的各种行业以及其中雇用的人手,其数量非常惊人。单是已婚女人,若能听从理性和正确的劝谏,想想自己在第一次被拒绝后便得到了足够的回答,因而绝不再次提出已经被拒绝的要求;换言之,已婚女人若愿意这样去做,然
251 后只花自己丈夫知道、并允许她们自由支配的那些钱,那么,她们现在用的上千种东西的消费量便至少能减少四分之一。我们不妨到各家去,只看看那些中等收入者、有信誉的店主们在过什么样的日子,其每年的开销是两百或三百镑。我们会看到:那些已经有了十几件衣服的女人(其中两三个的穿着并不算最差)会认为:这已经是个很充分的理由,因而她们可以去买新衣服了。她们会说自己从来没有过长袍或者衬裙,只有人们常见她们穿的那几件,人人

都知道,尤其是没有去教堂穿的衣服。这里,我不想涉及那些过分铺张的女人,而只说此类女人,她们被看作生活节俭,欲望适度。

按照这样的思路,我们应当对最上等的人们作出相应的判断。在那些人那里,与其他开销相比,在最华美的服装上的开销简直微不足道。我们不能忘记,他们还有各式各样的家具、马车、珠宝以及供上等人享用的住宅建筑。我们会发现我前面提到的那第四个部分的商业;对我们这样的国家来说,这部分商业所受的损失,乃是比对其他任何国家都大的灾难,并且很可能引起万分严重的骚乱。这是因为:死掉五十万人在英国造成的动荡,也比不上五十万失业者必定要掀起的动荡更危险。倘若这些人加入了失业者的行列,那么,无论从什么角度说都是社会的一大负担。 252

为数不多的男人溺爱自己的妻子,毫无保留地使妻子开心。另外一些男人并不在意女人,也很少有机会与女人打交道;然而,他们表现得却似乎很溺爱女人,并且出于虚荣去爱她们。他们因妻子长得漂亮而高兴,就像花花公子因自己的马长得漂亮而高兴那样,不是因为马的用途而爱,而仅仅因为那是他的。他之所以快乐,是由于意识到了一种无法抑制的占有感,因此,他还会想象出别人对他幸福的好评。以上两种男人都可能在妻子身上挥金如土,往往不等妻子提出关于新衣服和其他新服饰的要求,便去满足她们。不过,绝大多数男人却更聪明,并不沉溺于满足妻子的所有铺张要求,妻子随意想要的东西,也并不是件件立即就给。

女人购买和使用的首饰和衣服,其数量简直令人无法置信。她们没有其他办法弄到这些东西,惟有向家族强索、到市场上购买,还有其他各种从丈夫那里骗取和偷窃的办法。另一些女人则

另有办法:她们不停地向丈夫强求,丈夫感到厌烦,只得妥协。她们要起东西来坚持不懈,一丝不苟,连顽固不化的粗人也不得不向
253 她们低头。第三种女人遭到拒绝便会暴跳发火,用直截了当的吵闹诟骂吓唬其温顺的傻瓜丈夫,从而得到所有想要的东西。还有成千上万的女人,懂得如何用甜言蜜语的力量去战胜理智,去克服最明确的反复拒绝。尤其是年轻貌美的女人,全然不将劝说和拒绝放在眼里,而其中为自己利用婚姻生活中那些最温情甜蜜的时刻谋取卑鄙实利而内疚的,却为数寥寥。若有时间,我本来还要高声痛骂那些低贱的女人、邪恶的女人,她们泰然地要弄花招,装出诱惑的妩媚,与我们的力量和谨慎较量,以妓女的方式去对待她们的丈夫!不,这种女人比妓女更坏,因为她无耻地亵渎和滥用了爱情的神圣仪式,将它用于污秽卑鄙的目的;她先以表面的热情激起男人的情欲,引诱他们寻欢,继而拼命滥施温情,其唯一目的乃是索要礼物。她一面伪装激情迸发,一面却万分狡猾地抓住男人最无法拒绝的那个瞬间。

我想为了我这番离题而请求原谅,并希望有经验的读者正确地权衡我那番话与我主要目的的关系,然后记住一点:人们每日听到的那些转瞬即逝的祝福,不但使他们很受用,而且是他们所希望得到的,而众人却乐得将那些祝福仅仅挂在嘴上。然而,在教堂里,在其他宗教集会上,各种各样的神职人员同样庄重严肃地祈求
254 那些祝福。一旦读者将这些事情放在一起,并根据从生活日常事务中见到的情况、不带偏见地予以思考,有一点便会使我对自己的以上说法感到满意,即读者将不得不承认:伦敦的繁荣,一般贸易的繁荣,从而国家的荣誉、实力、安全及其一切现世利益,其中相当

大的部分皆要依赖女人那些欺诈的邪恶计谋;而对有理性的丈夫们的尊重、满足、温和及服从,以及节俭和其他一切美德(倘若他们具备这些美德并有最突出的表现),其对王国的富足、强大和我们所谓的繁荣的贡献,却不及那些最可憎品质的千分之一。

许多读者想到从我这个见解中可能引出的结论时,无疑会感到心惊肉跳。他们会问我:一个人丁兴旺、富裕、广阔、版图广大的王国,其人民是否就不具备与一个贫穷而人口稀少的小国或者公国人民相同的美德?倘若大国人民不可能具备小国人民的那些美德,那么,减少国民的数量,使之与国家的财富及商品相适应,这是否就是一切君主的责任呢?我若同意他们这个说法,便要承认自己的见解是错的;我若肯定相反的意见,我的主张便会被称作亵 255
渎,至少会被说成对一切大型社会是危险的。不仅在本书的这个地方,而且在其他许多地方,连最善意的读者也会提出这样的追问。因此,我想在此对我这个见解做些解释,并尽力解决本书一些段落可能使读者感到的那些困难,以表明我的观点是合理的,也与最严格的道德标准相符。

我首先确定一条原则,即在一切社会(无论大小)当中,为善乃是每个成员的责任;美德应受鼓励,恶德应遭反对,法律当被遵守,违法当受惩罚。然后我要说:考察古代和现代的历史,并看一看世上发生过的事情,我们便会看到,人的本性自亚当堕落以来始终如一,其优点和弱点在世界各地一直皆显而易见,且并不因年代、气候或信仰不同而有别。我从未说过亦从未幻想过一个富强王国的人民不可能具备可怜的国度人民的美德。但我也承认:我认为,没有人的恶德,任何社会都不会成为这种富强的王国,即使成了富强的国家,亦不可能维持长久。

256 我想,本书通篇已经证明了这一点。由于人性依然如故,由于人性数千年来一贯如此,我们便没有任何有力的理由去预料人性在未来会有所改变,只要世界还存在。因此,向一个人表明那些激情的本源及力量,我看不出这有什么不道德,那些激情经常(甚至是在不为他本人察觉的情况下)驱使他迅速离开理性。同样,使人提高警惕,防范自己,防范自恋的隐秘诡计,让他学会区分出于战胜激情的种种行为,与完全出于一种激情战胜另一种激情的种种行为,即让他了解真正美德与虚假美德的区别,我亦看不出这有什么亵渎可言。一位可敬的神明有句令人赞叹的格言:充满自恋的世界上虽有过许多发现,仍留有广大的未知疆域。[①] 我使人比以前更了解他自己,这何害之有?然而,我们人人都酷爱奉承,乃至从不去领会令人赧颜的真理。灵魂之不朽是基督教诞生以前很久就提出的真理,而倘若它不是令人愉悦、令人赞美,不是对人类全

257 体(包括那些最卑贱、最倒霉者)的恭维,我便不相信它曾被人的理解力真正接受过。

人人都爱听人谈论受到赞美的、自己也有份的事物,连管家和牧羊人亦不例外。执行绞刑的刽子手本人亦想让你对其职业产生好感。不,连盗贼和入室抢劫者对其同行兄弟的尊重,也超过了对诚实者的尊重。我真心地相信:为这篇小小的论文(即本书此版以前的那本小书)赢得了那么多敌人的,主要是人的自恋。人人都将

① 语见法国拉·罗歇福科(La Rochefoucauld,1613—1680)《格言集》第三条。——译者

本书视为对自己的冒犯,因为它诋毁了尊严,贬低了那些美好观念,他曾以为人类怀有那些观念,而人类乃是他所属的、最值得尊重的同伴。我说:没有恶德,任何社会皆无法变得富强,皆无法获得现世最大的光荣,这并不是说我要人们去做恶妄为。同样,我说这样的财富与辉煌下、若没有足够的过分自私者和争讼者,便无法维持法律这个行当,这也不是说我要人们去动辄争吵、心地贪婪。

然而,若是大多数人都同意这些观点,则最能清楚地表明我这些见解是错的,因此,我并不指望得到大多数人的认可。我既不为多数人写作,亦不想寻求任何祝我好运者,而是为少数能抽象思考的人写作,意在将其思想提到高于俗众的水平。我面前若有通往 258
现世伟大之路,我总是会毫不犹豫地选择通向美德之路。

你若要禁绝欺诈和奢侈,若要防止亵渎信仰和非宗教,若要使绝大多数人心地仁慈、品行端正和具备美德,便应当去捣毁印刷机,熔化掉所有铅字,焚毁英国的一切书籍,除了大学里的那些书(因为它们在大学里安然无事),还不要让任何私人拥有书籍,《圣经》除外。你还应当取消一切对外贸易;禁止与所有的外国人通商;除渔船外不许任何船只出海,尽管它们总要回来。你应当恢复神职人员、国王和贵族古老的特权、优先权及财产。你应当建造新教堂,并将你能弄到的全部硬币统统做成教堂的圣器。你应当建造大量的修道院和济贫所,使每个教区都拥有一所慈善小学。你应当实行严禁个人奢侈的法律,让你的青年人去适应困难:用一切有关荣辱、友谊、英雄主义最动听、最精妙的观念去激励他们,给他们各种虚幻的奖励。然后,你应当让神甫们祈祷他人的节欲和自我克制,而允许神甫们自己为所欲为。你应当让神甫们在国事管理上承担最重的担子,除了主教,谁都不能 担任财务大臣。

259 依靠这种虔诚的努力与良好的管理,情况将迅速改观。绝大
部分贪婪者、不满者,以及不安分的、野心勃勃的恶棍将纷纷离开
这个国家;大群惯于欺诈的流氓无赖将会离开城市,分散到整个乡
间;手艺人将学会扶犁耕作;商人将变成农夫;而有罪的、过分扩大
的耶路撒冷[①],由于没有饥馑、战争、瘟疫和强迫,将以最轻松的方
式变得空空如也,此后永远不再是令其君主头痛的地方。经过此
番快乐改革的王国,将没有任何人满为患的地方,每一种生存必需
品都价廉而丰富。相反,数千种罪恶之源——金钱将会非常稀少,
且没有多少人需要。每个人都将享用自己劳动的果实,爵爷和农
夫有时也都会去穿我们工厂成批生产的舒适服装。环境的这番变
化不可能不影响一国的习俗,并将国人变得节制、忠厚和诚恳。自
下一代开始,我们很有理由希望看到比目前更健康、更有活力的子
孙。那将是个无害的、无邪的、善良的民族,绝不会质疑被动服从
260 的信条,绝不会质疑其他任何正统原则,而只是服从君主,并且具
有统一的宗教信仰。

我想,此刻可能会有一位伊壁鸠鲁主义者打断我的话,即使必要,他也不实行有益健康的节食,并且从来离不开奥特朗酒(Ortelans)。他可能会告诉我:不必毁掉一个民族,不必摧毁生活的全部舒适,也能得到善良和诚实;没有邪恶与欺诈,也能维持自由与财产;人不做奴隶,也能成为良民;人不做神甫,也能具有虔诚

① 此处泛指大城市。—— 译者

的宗教信仰;俭省与节约仅仅是一种人不可推卸的责任,因为那种
人的环境要求他们节俭;但是,一个拥有大量不动产的富人若量入
为出地生活,却是为国服务的行为。说到这位伊壁鸠鲁主义者本
人,他总是能驾驭自己的欲望,总能根据实际情况舍弃任何东西:
若没有真正的埃赫米塔日红酒,他自可以满足于清淡的波尔多酒;
好多个早晨,他并不喝圣洛朗酒[1],而是换换口味,喝福隆泰尼
酒[2];晚饭后,若有许多同伴,他能不喝塞浦路斯红酒,甚至不喝玛
德拉酒[3],还会认为喝托凯葡萄酒乃是奢侈之举。然而,心甘情愿
的自我克制却统统是表面文章,惟有盲目的狂热者和热衷者才会
去身体力行。他会引用尊敬的沙夫茨伯里[4]爵爷的话来反驳我,
告诉我说:人们不自我克制,也能得到美德,也能和蔼友善;使美德 261
变得无法企及,乃是对美德的冒犯;我将美德说成了妖怪,使人们
因以为它无法实行而退避三舍;不过,至于他,他能于赞美上帝的
同时,怀着善心享用上帝创造的生灵;他亦绝不会忘记我在本书第
127 页所说的一切[5]。最后,他会问我:一国的立法者与智者极力

[1] 圣洛朗酒(St. Lawrence),法国的干红葡萄酒,产于波尔多地区的圣洛朗乡(St-Lawrent)。—— 译者

[2] 福隆泰尼酒(Fronteniac),一种麝香白葡萄酒。—— 译者

[3] 玛德拉酒(Madera),产于葡属玛德拉岛的红葡萄酒。—— 译者

[4] 沙夫茨伯里(Anthony Ashley Cooper,3rd Eal of Shaftesbury,1671—1713),英国哲学家。他认为美德在于顺从自然,在于领悟到公共利益与个人利益是一致的和密不可分的。这里“自然”是指宇宙格局赋予每个人的位置。他虽然认为有时不必抑制个人欲望也能得到美德,但并不赞成纵欲,而认为最符合美德的行为来自最大自我克制(见他的《性格论》)。—— 译者

[5] 此指原书页码,见本卷“评论” 部分 M 条,第二段及第三段。—— 译者

遏止渎神与败德行为、为上帝争光的同时,是否公开承认自己心中毫不在意臣民所看重的安逸与快乐,毫不在意财富、权力、荣誉以及其他所有被叫作国家的真正利益的东西;不仅如此,我们的神职人员中最虔诚、最渊博者最关心的,是否就是让我们皈依宗教?他们恳求神不但将我们的心,而且将他们自己的心摆脱现世欲望及一切肉欲,而在同一次高声祷告中,他们是否也恳求神将一切现世祝福与世俗幸福泼洒给他们所属的那个王国?

提出以上借口、托辞及一般答辩的,不仅是臭名昭彰的恶棍,而且是人类的大多数。你若触及了人们那些与生俱来的性向,并
262 深入考察他们对宗教真正价值的看法,便能将他们的心思全力倾注的东西看得一清二楚。所有的人皆羞于其心中感到的许多弱点,便竭力彼此掩藏他们自己,掩藏其丑陋的裸体,用和善及关心公众利益的华丽长袍,将自己的真正动机掩盖起来。他们想遮掩自己龌龊的欲求,遮掩自己畸形的欲望。同时,他们心中却很清楚:他们非常热衷那些为他们所珍爱的奢欲,他们没有能力公开踏上通向美德的艰辛崎岖之路。

说到前面最后两个问题,我承认它们的确很令人困惑:对伊壁鸠鲁主义者的问题,我不得不做肯定的回答;除非我打算指责国王、主教及所有立法者的诚心(上帝禁止如此!),否则,伊壁鸠鲁主义者的见解便完全能反驳我的见解。我只能为自己辩护说:将全部现实联系在一起看,人类智力当中尚存在着某种神秘的性质;为使读者相信我并没有回避问题,我将用下面的寓言阐明这种神秘性质是无法理解的。

据说,在古老的异教时代有个古怪的国度,那里的人大谈宗

教,绝大多数人表面上都显得十分虔诚。他们最大的道德罪恶乃是馋酒,它被当作一种该诅咒的罪孽来扑灭。然而,人们却一致赞成一点,即每个人天生就馋酒,或多或少。所有的人都被允许适度地喝少量淡啤酒。谁若假装没有淡啤酒也能活,便会被看作伪君 263
子、恨世者和疯子。然而,公开承认喜欢喝啤酒、并过量饮之者,却被看作邪恶之徒。尽管如此,啤酒本身却一向被看成上天的赐福,而饮用啤酒亦被看作并无害处。错在滥饮,错在驱使人们喝啤酒的动机。有些人为了解渴而饮用一丁点啤酒,便会被视为犯下了大罪;而另一些人大量饮酒却根本不算犯罪,因为他们以无所谓的态度看待啤酒,之所以饮用它,仅仅是为了恢复自己的面色。

他们不但为自己酿造淡啤酒,而且为其他国家酿造。他们出口少量淡啤酒,能换回大量的货物,包括威斯特伐利亚火腿、牛舌、腊肉,以及博洛尼亚香肠、熏青鱼、腌鲟鱼、鲟鱼子酱、腌鲥鱼,还有其他一切能使他们愉快佐酒的食品。一些人酒量很小,却囤积了大量啤酒不用,通常会招来嫉妒,同时会在公众中声名狼藉。自己不拥有足够的啤酒,谁都不会自在。人们认为:最大的灾难就是存啤酒花而不用,而每年喝掉的啤酒越多,国家就越是会兴旺。

对出口啤酒换回的货物,政府制定了许多非常明智的制度,大 264
力鼓励盐和胡椒的进口,对一切腌制不良的食品课以重税,并且想方设法,严禁出口本国的酒花和大麦。掌权者们在公众场合里表现得全不馋酒,对啤酒毫无兴趣,制定了一些法律以防止酒欲增长,并且处罚敢于公开饮酒的坏蛋。然而,倘若你仔细考察他们每一个人,加意窥视他们的生活与谈话,他们却似乎更热衷啤酒,至少他们喝的啤酒比其他人更多。而他们却总是借口说:他们恢复面色所需的啤酒多于其治下其他人所需要的;他们心中考虑的主要问题根本不是他们自己,而是让全体臣民大量生产淡啤酒,是要臣民对啤酒花和大麦产生大量的需求。

由于不禁止任何人饮用淡啤酒,神职人员便像俗人一样地喝它,其中有些人喝得极多。但所有神职人员却都渴望被别人认为:由于职务所系,他们的酒欲并不像别人那么强。他们总说自己饮酒仅仅是为了恢复面色,绝不为了其他。在宗教会议上,人们的表
265 现更为真诚,因为一来到会场,无论是俗众还是神职,无论是身居最高位者还是最微贱者,皆会公开承认自己馋酒,而恢复面色乃是自己最不在乎的事情;他们的全部心思都在淡啤酒上,都在扑灭自己的酒欲上,无论他们装得多么与此截然相反。最值得一提的是:将那些真相透露给任何心怀偏见者,事后在神庙之外利用他们的坦白,还会被视为极不恰当的做法;人人都认为:说一位神职人员“馋酒”乃是对他的重大冒犯,尽管你曾看见他成桶地狂饮淡啤酒。他们布道时的一些主要话题是馋酒的罪恶,以及扑灭酒欲之愚蠢。他们规劝听众抵御酒欲的引诱,高声谴责淡啤酒,并常常告诉人们:倘若为寻快乐而喝,或者不是为恢复面色,而是为其他目的而喝,那么,淡啤酒便是毒药。

这些神职人员与众神沟通时,为从众神那里得到了大量令人惬意的淡啤酒而感谢众神,尽管如此,他们仍说自己并不贪酒,并一向克制自己的酒欲。但同时,他们却全然沉醉在那酒中,而众神将酒赐予他们,本意是让他们用于更高尚的目的。他们为自己的冒犯行为祈求宽恕之后,便渴望众神减弱他们的酒欲,赋予他们抵
266 御强烈酒欲的力量。然而,在他们产生最清醒的愧疚时,当他们吃

着最简朴的日常吃食时,却从未忘记过淡啤酒,因而祈祷自己永远能喝到大量的淡啤酒。他们信誓旦旦地说:无论到此刻为止他们在克制酒欲方面的表现有多糟糕,今后他们除了为恢复面色之外,绝对滴酒不沾。

以上就是全部有代表性的托辞。数百年来,他们一直丝毫不变地利用这些托辞。其中有些人认为:众神能知道未来,知道一月份听到的许诺与去年六月听到的毫无二致,因而并不相信誓言的内容。这就像我们不相信那些可笑的付货保证书一样,它们承诺给我们提供货物,今天是为了金钱,明天却一无所图。他们常常神秘莫测地开始祈祷,其中极为高尚地言及不少事情。但他们心底对那个高尚世界的迷恋,却从未让他们结束祈祷时忘记祈求众神保佑并繁荣酿酒业及其所有分支,并且为了全体大众的利益,保佑啤酒花和大麦的消费量与日俱增。

[V] 而那种毁灭了勤勉的满足。(第21页第6行) 267

许多人都告诉我:勤勉的克星是懒惰而不是满足。因此,为了证明我这个论断(在一些人眼里,它似乎自相矛盾),我将分别地论述懒惰和满足,然后再论述勤勉,以使读者做出判断:与勤勉最为对立的究竟是懒惰还是满足。

懒惰乃是一种对忙碌的反感,通常伴以一种毫无道理的欲望,即始终保持无所事事的状态。若没有任何有保障的雇佣的约束,所有的人皆懒惰,皆会拒绝为自己或他人而忙碌。除了对被我们看作地位不如我们者、对希望获得其服务者,我们很少说其他人懒惰。儿童不认为其父母懒惰;仆人亦不认为其主人懒惰。即使一位绅士极度耽迷安逸懒散,连自己的鞋子也不愿穿(尽管他年轻矫健),也没有任何人为此说他懒惰,只要他还养得起一个脚夫,或者养得起能为他做这件事的某个人。

268 德莱顿先生曾为我们详细叙述过一位奢侈的埃及国王表面上究竟如何懒散[1]。那位国王陛下将礼物赐予自己的一些宠臣,在场者包括一些重要大臣。国王准备签署一份羊皮纸证书,以确认他的馈赠。起初,他神情庄重而不安地徘徊了几次,接着,他像个疲乏者那样地坐了下来;最后,他很不情愿地做着要做的事情,拿起笔来,非常严肃地抱怨托勒密这个名字太长,并说非常关心此人,因为后者找不到一个单音节的字代替他原来的名字。国王认为那个新名字将会省掉国王的很多麻烦。

我们常因自己的懒惰而责怪别人懒惰。几天以前,在一起织毛线的两名年轻女子彼此还说:那个门里吹来一股讨厌的冷风,妹妹,你离那扇门近,求你把它关上。那位更年轻的女子确实受累朝那扇门瞟了一眼,却坐着没动,一言不发。姐姐又说了两三遍,见另一位既不回答,又纹丝不动,终于愠怒地站了起来,自己关上了
269 那扇门。她坐回原处,狠狠地瞪了那年轻些的一眼,说道:“天哪,贝蒂妹妹,我这辈子也不会像你这么懒。”她说这话时很认真,脸上甚至泛起了红色。我承认,妹妹本来应当起身去关门;不过,姐姐若不过分看重自己的劳动,当冷风使她烦恼时,她本来应当二话不说,马上自己去把门关上。她离那扇门只比妹妹远半步;至于年纪,她与妹妹相差不到十一个月,而且两人都不到二十岁。我认

① 见德莱顿著《克莱奥门涅斯》(*Cleomenes*)第二部第二章。——译者

为，很难判断出这两人当中谁更懒惰。

世上有上千的可怜虫，为了几近乌有的报酬而耗尽骨髓地干活，因为他们根本想不到或忽视了自己吃苦的价值；而另一些精明者则懂得自己工作的真正价值，拒绝受雇于低于标准工钱的工作，这并非由于他们生性消极，而是由于他们不想降低自己劳动的价格。一位乡绅在交易所后面看见一个杂役两手空空地溜达，便对他说：求你，朋友，请你替我将这封信送到弓街教堂去，我付你一个便士，好吗？那脚夫说：我真的很想去，可是，我要两个便士才会去，老爷。乡绅不给两个便士，杂役便转身告诉乡绅说：若挣不到什么钱，与其干活，不如闲荡。宁愿闲荡而分文不挣，也不愿去不费气力地挣上一个便士，乡绅将这看作那杂役的无比懒惰。几小 270
时以后，乡绅碰巧在斯莱德尼德大街[①]的一个小酒馆里见到了几位朋友，其中一位忽然想到自己忘了当夜要去邮局取一张汇票，因而正急得要命，急需有个人立刻雇一辆能够飞跑的出租马车，替他去一趟邮局。当时已是晚上十点多，又值深冬，那天夜里还下着大雨，附近的杂役们全都上床睡觉了。那位先生非常焦急不安，说无论付多少钱也必须派个人去取支票。最后，有个跑堂的见他如此急切，便告诉他说自己认识一个杂役，倘若觉得这差使的工钱值得一挣，此人便会起床去跑一趟。那位先生非常急切地说：值得一挣，千万别担心钱，好小伙子，你若认识什么人，就让他尽全力去跑一趟吧。他若能在午夜十二点以前赶回来，我就付给他一个金币。

① 斯莱德尼德大街（Threadneedle Street），伦敦的一条大街，英格兰银行所在地。——译者

听了这番话,那跑堂的便担起了使命,离开屋子,不到一刻钟便回来了。他带来好消息说,那差使将被以最快的速度完成。这时,小酒馆里的人们又像以前那样各自去消遣。可是,快到十二点的时
271 候,人们却纷纷掏出了怀表,纷纷讨论起那杂役何时能回来。有些人说他能在钟敲午夜之前赶回来;另一些人却认为那不可能。离十二点只剩三分钟时,那快腿差人进了屋子,浑身冒着热气,衣服全被雨水淋透了,满头大汗。他身上除了钱夹里以外,没有一样东西是干的。他从钱夹里拿出刚刚取到的支票,朝那跑堂走去,将支票交给了那位先生。那位先生对他的效力感到非常高兴,便给了他事先应允一个金币。另一位先生为他倒了满满一大杯酒。所有的人都夸奖他勤劳肯干。那杂役走近灯光,去拿那杯红酒,我前面提到的那位乡绅大大吃了一惊,因为他认出此人就是那个曾拒绝他的一便士的杂役,而当时他认为此人是天底下最懒的人。

这个故事告诉我们:世上有两种没有工作的人,一种是由于缺少能使其尽力挣得最大收益的机会,另一种则由于没有干劲而怠惰懒散,宁愿挨饿也不去奋起工作,我们不应将这两种人混为一谈。若不注意这一点,我们必定会根据人们对出卖自己劳动预期
272 所获价值的估计,宣布说世人多少都有些懒惰,因而最勤勉者亦会被称为懒汉。

我将心意的平静和安宁称为"满足"。人们认为自己很幸福时,便会产生这种满足感,并且会安于这样的状态。这意味着我们目前的环境对我们很有利,意味着一种安宁平静,而只要人们还热衷改善自己的处境,便极少能产生这种安宁平静的感觉。满足是一种美德,而对这种美德的赞誉既没有多少依据,又极不可靠,因

为人的处境各有不同，而一旦具备了这种美德，便会被臧否不一。

一个单身男人本来在一个辛苦的行业里艰苦劳作，一位亲戚留给他每年一百英镑的遗产。运气的这个转变很快就使他厌倦了工作。他没有足够的勤奋精神让自己继续向上而立身世界，便决定什么事情也不做，只靠那笔年金生活。只要他清醒地生活，为所获付费，不得罪任何人，人们就会将他称为一个诚实、安分的人。他住的那个客栈的店主、女房东、裁缝，以及其他人都来分享他拥有的东西，而社会亦因他的纳税而一年比一年更好。尽管如此，他若去经营自己的或其他的任何行当，还是势必会妨碍别人，一些人会由于他的所获而得到的更少。所以说，虽然他是世上最悠闲的人，一天二十四小时中，他要在床上躺十五个小时，其余时间无所事事，慢吞吞地打发时光。但是没有一个人对他不以为然，而他这种消极精神则被冠以"满足"的荣名。 273

然而，倘若这个人结了婚，有了三四个孩子，却依然保持同样的安逸态度，心满意足地享受自己的财产，根本不奋力去挣一分钱，耽于其从前的怠惰中，又会如何呢？首先，他的亲戚们(或者至少是他的熟人们)会对他这种不尽责任感到惊恐，因为他们预见到他的收入并不足以使这么多孩子健康成长，因而担心其中某个孩子将来即使不会成为沉重负担，也会成为他们的一个耻辱。这些担忧一时在人们之间窃窃私语，口耳相传，同时，此人的叔叔格莱坡[①]让他去工作，并受累用这样的套话来开导他：什么，侄儿，还没找个事儿做！真叫我失望透啦！我想不出你怎么打发你的时间。

① 格莱坡，原文为"Gripe"，有"牢骚不满"之意。—— 译者

你要是不愿意做你的本行,还有五十种挣钱的法子呢。你每年有一百镑,这不假,可是你的开销也在年年增加呀,等你的孩子长大了,你还做什么呢? 你比我强,我看重你胜过看重我自己,可你没看见我扔掉生意不管吧? 不但不扔,我还把话说在明处:我就是拥有整个世界,也不会像你这样过日子。我承认,这事儿跟我半点关
274 系也没有,可是人人都在哭。像你这样一个年轻男人,四肢不缺,身体没毛病,居然不动手去做点事情,这真丢人。倘若这些规劝暂时尚未使他改进,他又有半年多无所事事,所有邻里都会议论他。那些曾一度使他获得"诚实、安分者"名声的品质,现在却同样使他被称为"最糟糕的丈夫"和"世上最懒的家伙"。由此可见:我们谈到行为的善与恶时,考虑的只是这些行为对社会的损益,而并不考虑这些行为是由谁做出的。(参见第 34 页[1])

勤劳与勤勉常被混用,用以指同一种事物,但这两者之间却迥然有别。一个贫穷的倒霉鬼既不勤劳,亦不聪慧,虽能俭省与吃苦,却根本不去奋力改善自己的境况,安于现状。而"勤勉"则指许多种品质,其中之一是对收获的强烈渴望,还有一种是要改善我们处境的不懈欲望。人们或想到自己从事的行业的传统收益,或想到自己所占份额甚少的生意中的分红,往往通过两种方式去赢得勤勉的名声。他们或者必须依靠足够的勤劳,去发现那些不同寻常、尚未得到承认的办法,去扩展生意,增加收益;或者必须加倍地
275 干活,以获得勤勉之名。一个生意人若悉心经营自己的店铺,恰当

① 见本卷对《抱怨的蜂巢》评论的序言《美德之起源》论善恶观念之别的部分。—— 译者

地照顾顾客,他便是他那个行业里的勤劳者。然而,若是除此之外,他还真正苦心致力于使自己出售的、同等价格的商品比其邻人的更好,或者依靠善待顾客或其他良好品质,结交了许多朋友,以此竭力招揽顾客,我们便可以称他为勤勉者。一个处于半失业状态的船夫,却从不玩忽自己的行当,一旦有活便去完成,他就是个勤劳的人。然而,他无活可做时若也做其他差事,甚至去擦皮鞋,或是去做守夜人,他就理当获得勤勉的称号。

我们将会看到:若能正确理解本篇评论中的话,那么,懒惰也好,满足也罢,这两者其实是很接近的。若一定要说它们之间存在着什么巨大差异,那就是:满足与勤勉的对立,更甚于懒惰与勤勉的对立。

[X]……使一个伟大而诚实的蜂国 276

(享有世上最多的便利)。(第 23 页第 2 行)

在人民满足于贫困艰苦的地方,大概能够实现这一点。然而,他们若既要享受世上的安逸和舒适,又同时要像那些好战的国家一样富裕、强盛和繁荣,那是完全不可能的。我曾听人们谈到斯巴达人的强大军力超过了所有的希腊城邦,更不用说他们的非凡节俭和其他典范美德了。然而,世上肯定从未有一个民族的伟大比斯巴达人的更空洞。他们生活其中的辉煌还不及一个剧场的辉煌。他们唯一能引以自豪的事情,乃是他们什么都不去享受。其实,他们既害怕外邦,又看重外邦。斯巴达人素以军事上的勇猛无畏与高超的作战技能著称,乃至其邻国人不仅在战争时为他们提供友谊和援助,而且哪怕能让一位斯巴达将领去统率他们的军队,

也会感到心满意足,并认为那必定能赢得战争。不过,当时斯巴达
277 人的纪律极为严苛,其生活方式亦极为简朴,禁绝一切舒适,乃至我们当中许多最有节制的人,都绝不会服从那些令人如此不适的严苛律条。斯巴达人使用一种完美的货币:金币和银币均遭到贬抑。他们使用的货币是铁做的,堪称外表虽好却不值钱。要换二三十镑,需要一只相当大的箱子去装那种钱币。挪动那只箱子,则实在不亚于去牵动一头约克郡公牛。斯巴达人反对奢侈的另一个药方,乃是他们全都必须在一起共吃同样的饭食,而极少允许任何人在自己家中独自吃喝,乃至一位斯巴达国王阿吉斯打败雅典人凯旋回家后曾想将属下打发走(因为他想与王后单独进餐),却遭到了军事首领们的非议。[①]

普鲁塔克说,在训练青年方面,斯巴达人最关心的是使青年成为良好的臣民,能够忍耐长途单调行军的疲劳,并具备不获胜绝不离开战场的决心。他们一到十二岁,便分小批住在一起,睡蒲草床,蒲草生长在欧罗塔斯河畔。蒲草叶尖很锋利,但他们不用刀子、而只用手将它们撕下来。在严冬,他们在蒲草中掺入些蓟草冠
278 绒,用以取暖(见普鲁塔克著《列古戈斯传》)。很显然,在这样的环境中成长,世上没有一个民族会不具备阳刚之气。不过,由于斯巴达人弃绝了一切生活舒适,他们要慰藉痛苦,除了一种荣耀以外,便一无所有了,那就是他们骁勇善战,能适应艰难困苦。这种荣耀乃是一种幸福,世上极少有哪个民族愿意将它看作幸福。虽然斯

① 这件逸事发生在公元前5世纪的斯巴达国王阿吉斯(Agis)一世及二世身上。英国作家德莱顿著的《普鲁塔克传》(1683年版,卷一,第155页)中有记载。古斯巴达的军事首领(Polemarchi)不但是军事首长,而且是仅次于国王的行政要员。——译者

巴达人曾一度成为世界的主人,可是一旦他们不再如此,英国人还是几乎很难艳羡斯巴达人的那种荣耀。当今人们所需要的,我已经在"评论 O"中阐明了,那段评论讨论的是真正的快乐。

[Y]享有世上最多的便利。(第 23 页第 3 行)

"恰如其分"[1]与"便利"这两个字,其含义非常模糊,若不知道使用这两个字者的身份及其环境,我们便无法理解它们。在"评论 L"中,我已经大略探讨了这两个字的意义。金匠、绸布商,或者任何一位信誉最佳的店铺老板,若积累了三四千英镑的财产,每日必定都要吃两道肉菜,在星期日,还要吃些更不同寻常的菜肴。他的 279
妻子必定会在自己的卧房里铺上锦缎被,并在两三个房间里摆放上好的家具。来年夏天,她必定会在乡间盖上一座房子,至少会造一处非常不错的寓所。在城外有房子的人,必须有一匹马。他的仆人亦必须有马。倘若生意还算过得去,他便会期望八年或十年后养一辆马车。尽管如此,他仍然希望自己"为奴"(这是他自己说的)二十二三年之后,每年至少能有一千英镑让长子去继承,其他孩子还各有两三千英镑作为安身立命的资本。处在这种环境中的人为每日的面包而祈祷(并且仅仅为每日的面包而祈祷)时,人们便会认为他们十分谦逊。无论你将这称为骄傲,奢侈,浮华,或者随便什么,皆无所谓;不过,在一个繁荣国家的首都,就应当如此生活。境况不及此辈者必定会满足于不那么破费的便利,而境况优

[1] 原文为"Decency",此字源于拉丁语的"Decorum",指适度得体,妥帖自然。朱光潜先生在《西方美学史》(上卷,第 105 页)中将此字译为"合式"。—— 译者

于此辈者则必定会使其便利更为昂贵。有些人将用盘子上菜称作"恰如其分",而将马车列为舒适生活的必需品。倘若一位贵族每年没有至少三四千英镑的开销,这爵爷便会被视为贫穷。[1]

280 本书第一版问世后,有几个人曾反驳我,其方法是证明过度的奢侈必将导致一切民族的毁灭。我马上做出了回答,向他们说明了我论述这个问题时所加的限定。因此,为使未来的任何读者都不会在这个问题上误解我的意思,我还要指出本版及前一版中的那些提醒与附加条件。倘若它们未被忽视,便必定能够通过一切合理的检查,并排除一些可能针对我的责难。我已提出过一条永远不可违背的座右铭,即应始终让穷人去工作;缓解他们的需求乃是明智之举,但满足其需求却是愚蠢之举;应当全面鼓励农业和渔业的发展,以保证食品供给,进而使劳动力成为廉价。我将无知称作社会结构的必要成分。从以上这一切看来,我显然绝不会以为
281 一国应当普遍提倡奢侈。同样,我也提出:财产应当得到保障;公正的法律应当得到实施;一切事务均应顾及国家利益。不过,我最坚持并反复强调的一点却是:要重视贸易的收支平衡,立法者应当特别注意勿使每年的进口超过出口。即使做到了这些方面,并且没有忽视我提到过的其他事情,我还是要强调一点:任何外来的奢侈品都不能毁灭一个国家。惟有在人口众多的国家才能见到高度的奢侈,并且惟有在其上层才能见到。一国人口愈多,其最底层者的人数亦愈多,他们是养活一切人的基础,是广大的贫穷劳动者。

① 第一版正文到此结束,以下为第二版所加。——译者

一些人过分热衷仿效命运胜于他们的人,此辈的毁灭乃是咎
由自取。这根本不能反驳奢侈,因为无论是谁,只要其生活入不敷
出,便是个傻瓜。一些有钱人养着三四辆马车,同时还有财产让子
女继承;而一个年轻店主却会只因为养了一辆破马车而破产。一
个富国里不可能没有挥霍者,但我却从不知道世上有哪个城市里
全都是挥霍者,只知道世上有垂涎挥霍者的人,其数量足以满足挥 282
霍者们的需求。一位老练的商人会因过度挥霍或不加小心而破
产,一位从事同样行业的年轻新手,也能在四十岁以前依靠节俭或
更为勤勉而致富。何况,人类的弱点往往会产生相反的作用:有些
人谨小慎微,却从未发达过,因为他们过于吝啬;而大手大脚者尽
管随意花钱,似乎并不看重钱财,却积聚了大量财富。不过,命运
必会变幻无常。那些最可怜者无论是死是活,一样不利于社会。
洗礼乃是葬礼的恰当平衡。因他人的厄运而受到直接损失的人会
感到非常倒霉,纷纷抱怨,大吵大闹;但是,因他人的厄运而获益的
人(历来总有这样的人)却会一言不发,因为他们绝不愿让别人以
为他们的好运来自我们邻人的遭灾及损失。命运的浮沉构成了一
个转动不已的轮子,推动着整个机器的运转。哲学家敢于将其思
想延伸到他们眼前狭窄方向之外的所在,将文明社会的兴衰仅仅
看作呼吸的起伏;而社会气息的下沉也像最完美动物气息的下沉
一样,皆为呼吸作用的组成部分。因此,永不静止的命运的无常气 283
息之于政治实体,便犹如漂浮不定的空气之于有生命的动物。

所以,贪婪与挥霍对于社会都同样不可或缺。一些国家的人会普遍比另一些国家的人更浪费,因为造成两者恶德的环境有所不同,各自的社会体制及自然环境亦不相同。我这里要请留心的

读者原谅,因为我担心你们会忘记一些我反复强调过的事情,其具体内容可见于读者已经看过的“评论 Q”。金钱多于土地、沉重的税赋、生活必需品的稀少、勤勉、劳累、不断进取的积极精神、恶劣脾气与阴郁性格;年迈、智慧、贸易,以及我们通过自己的劳动所获得的富裕,还有得到确保的自由和财产,这一切皆能使人趋向贪婪。与此相反,懒散、满足、好脾气、乐天态度、青春、愚蠢、专断的权力、容易到手的金钱、丰富的生活必需品,以及财产的变动不定,这样的环境则容易使人趋向挥霍。在最盛行的恶德是贪婪的地方,挥霍便会相应减少。但是,世上既从未有过一国的全民节俭,并且,全民若不需要,亦不会产生全民的节俭。

284 禁止奢侈浪费的法律可能对穷国有用,那个国家或许刚刚经历了战争、瘟疫或饥馑的大灾难,百废待兴,穷人失业。然而,为使穷人生活在一个富裕的王国而去照顾穷人的利益,却是一个错误。我应当用以下的话来结束对《抱怨的蜂巢》的评论:我可以对提倡全民节俭的人们保证,我们若是让我们英国的女子少穿些亚洲丝绸,便绝不可能让波斯人和其他东方国家购买大量的英国优质棉布去消费。

论慈善与慈善学校 285

慈善(Charity)是一种美德，通过它，我们对自己的一部分真
心之爱转化成了纯洁的、毫无疑义的对他人之爱，那种爱不是友谊
或血缘关系加给我们的，甚至不是完全陌生的人加给我们的，我们
对那些人毫无义务，也不想从他们那里获得什么。以任何方式减
少这个定义的严格性，都必会部分地失去这种美德。我们为朋友
和亲属做的事情，也部分地为了我们自己。一个人为其侄子、侄女 286
做事，说“他们是我哥哥的子女，我这么做是出于慈善”，这是在骗
你：因为他有能力如此，人们也期望他如此；他这样做，部分地是为
他自己。他若看重世人的尊敬、荣誉和美名，他对这些东西的重视
必会超过对陌生人的重视，否则他必会感到痛苦。

这种美德的实施，或涉及观点，或涉及行为，表现为我们对他人的看法，表现为我们为他人做的事情。因此，欲行慈善，我们首先应当尽量善意地看待他人的一切言行。倘若一个人建造了华屋，却绝无谦卑之症，而是在屋中摆满了家具，摆上了大量的金银餐具和油画，我们便不该认为他此举出于虚荣，而应当鼓励画家及工匠们为国效力，并使穷人为国工作。一个人若在教堂里睡觉，却未打鼾，我们便应认为：他闭着眼睛是为了增强注意力。其理由是，我们也渴望自己的极度贪婪被别人误作节俭。我们知道，宗教

也被误作伪善。其次,我们若付出时间和劳动,却一无所求,或我
287 们若借钱给需要的人,却并不指望从亲朋那里获得如此帮助,我们的这种美德便十分昭然。慈善的最后一个分支,乃是(在我们有生之年)放弃自己所珍视的(例如我前文列举的那些)。满足于自己拥有和享受更少,去救济那些需要的人,应是我们选择的目标。

这种美德常被我们的一种激情假冒,后者唤做怜悯(Pity)或同情(Compassion),其表现为对他人的不幸和灾难感同身受,悲之悯之。人人都有此种激情,或多或少,但最软弱者通常表现最甚。其他生灵的苦难和不幸,若给我们留下了强烈的印象,同情便会在我们心中升起,使我们不安。同情或来自目睹,或来自耳闻,或来自两者。同情的对象离我们越近,对我们的感官刺激越强,对我们的干扰就越大,并常使我们痛苦不堪,焦虑无比。

试想我们某个人被锁在平房里,院中一个孩子在玩耍,健康活泼,两三岁的模样。他离我们很近,我们几乎能把手伸出窗格摸到他。我们正对这种无害的消遣、对这个天真孩子的咿呀之语感到欣然,一头肮脏的、个头过大的母猪却向那个孩子跑去,尖声叫着,
288 把孩子吓得半死。我们自然认为:此景使我们不安,我们应当大喊,应当弄出凶险的噪声,尽力撵走那头母猪。那若是一只饿得半死的动物,饿得发疯,正到处觅食,我们便应当关注那头贪婪的畜生,当心它伤害和吃掉那个无助的幼儿,尽管我们的喊声、我们能想到的一切威胁手势都无济于事。那母猪大大张开无坚不摧的双腭,其贪婪很快击倒了可怜的幼儿。幼儿的柔软四肢不能自卫。他先被踩塌,又被撕碎。龌龊的猪嘴咬住还有生命的内脏,吸吮冒着热气的鲜血,间或传来骨头碎裂之声。那头残忍的动物正以野

性的快乐，在这场可怕的宴席上发出呼噜之声。面对这一切，心灵受到的折磨实在难以言表！让我看看怜悯吧，道德家们不得不将它推崇为最光辉的美德，心怀怜悯者、目睹怜悯者行为的人们，都将它看得那么清楚；再让我看看勇气(Courage)或爱国(Love of one's Country)的美德吧，它们十分明显，无比纯粹，清晰分明，前者源于骄傲(Pride)和愤怒(Anger)，后者源于对荣誉的爱和程度不同的私利，如此方可使怜悯之情与其他种种激情界限分明，不相混淆。根本无须美德或自我克制，便会被这类场景打动。在这种 289
情况下，不仅道德良好、富于同情的善心人会深感焦虑，连拦路抢劫的强盗、擅闯私宅者、杀人犯也会如此。无论一个人的处境如何不幸，他都会暂时忘掉自己的不幸，连最扰人的激情都会让位于怜悯。目睹此景，任何人的心都不会冷酷到袖手旁观，因为那样的冷酷无法言表。

我说怜悯来自目睹耳闻，这会使很多人惊讶；但我们若想到一个事实，便可知此言不虚，那就是：被怜悯对象离我们越近，我们就越感到痛苦；它离我们越远，我们就越少被它搅扰。观看处死罪犯时，我们离得很远，因此只会稍有触动。相反，我们若近在咫尺，能看到罪犯眼中的心灵活动，看到他们的恐惧和极度痛苦，看到每个人面部的剧痛，我们的反应便会大不相同。若对象离我们感官很远，那么，无论是叙述灾难，还是阅读灾难故事，都不会唤起我们那种被称为“怜悯”的激情。我们或许关心坏消息，关心我们的朋友和同道者的损失与不幸，但这并非怜悯，而是悲痛(Grief)或哀伤(Sorrow)。对我们所爱之人的死，或对我们所珍重的事物的毁灭，我们也是如此。

290 若听说有三四千人(我们都不认识)被利剑砍死,或被强行驱入河中溺毙,我们便会说自己可怜他们,或许还会相信自己可怜他们。正是仁慈吩咐我们同情他人的痛苦,而理性告诉我们:无论一个事物离我们的视野是远是近,我们对它产生的情感都理应相同。某个事物需要我们同情,我们却无动于衷,我们会羞于承认这一点。毫无同情之心者是残忍之徒。这一切均为理性与仁慈使然,但大自然却不会无端施舍。对象若不刺激我们,身体便感觉不到它。人们谈论怜悯不在场的人们,其实就是怜悯地认为:其怜悯之言,就是将那些人看作了我们的谦卑仆人。并不每日相见的人,见面寒暄时常会悲喜交加,不到两分钟,便会发生五六次悲喜交替;双方离别时,其悲喜也毫不少于见面之时。怜悯也是如此:像恐惧和愤怒一样,怜悯的程度也因人而异。想象力强烈而活跃者,头脑中会形成事物表象(Representations),如同那些事物历历在目。
291 他们自会产生类似"同情"的情感。但这是艺术完成的工作,往往还需借助几分狂热,而只是冒充"怜悯"的赝品,心灵几乎不会被它打动,其效果像悲剧一样薄弱。我们的判断力离开头脑所不知的事物,沉溺于导致错误的懒惰嬉戏时,一定会生出某种激情,而心灵懒散怠惰时,那种激情的轻微一击亦并非令人不快。

在我们自己身上,怜悯常被误为慈善,因此,怜悯便冒用了慈善的形式,仿佛具备了慈善的真正性质。一个乞丐要你看在耶稣基督的份上,对他实施慈善之美德,但他的巧妙心机却始终是唤起你的怜悯。在你看来,他代表了最可悲的精神不安和身体虚弱。他用花言巧语向你简述他遇到的种种灾难(其中有真有假)。他装作祷告上帝,意在打开你的心,其实是在影响你的耳朵。最放肆的乞丐还会求助于宗教，更以哀伤的语调、精心作出的凄惨手势，助他扯谎。但他并不仅仅求助于一种激情，他还以表示荣誉、地位的头衔和名称恭维你，满足你的自傲。他常常反复对你说，他的要求实在微不足道，并暗示将来一定偿还，其利息将大大超过《高利贷法》的规定，以此迎合你的贪婪之心。不习惯大城市生活的人，从
四面八方遭到如此进攻时，通常都不得不作出让步，情不自禁地施 292
舍一些东西，尽管连他们自己都很少使用那些东西。自恋对我们的支配是何等奇特！它永远都在提防我们的防卫之心。尽管如此，为平息一种支配性激情，它仍会迫使我们做出违背自己利益的行动。这是因为，当“怜悯”攫住我们，我们若只能把自己看作被同情者的救助人，看作减轻其忧伤的工具，那么，被同情者便往往会得到施舍，而他们本来并未指望如此。

痛苦若是赤裸裸的，或显得格外令人受罪，乞丐便会忍受痛苦，以将痛苦暴露在寒风之中，而这会使一些人大为震动。他们叫道：此种惨状乃是耻辱。其主要原因是，此景触及了那些人的怜悯之情，同时也化解了怜悯之情，这或是由于那些人的贪婪，或是由于它不必破费，不必真的施舍，因真的施舍使他们更不自在。他们转眼不看，而若乞丐的喊声令人不快，一些人即使未觉羞耻，也情愿听而不闻。他们只能加快自己的步子，怒火填膺，因为大街上竟有乞丐。但“怜悯”也如同“恐惧”，我们越接近这两种激情的对象，我们就越少为它们所困扰。熟悉了这一切场景和声调的人们，几
乎不会为之所动。为了征服硬心肠者，勤勉的乞丐唯一能做的事 293
（只要他能走路，或借助拐杖，或不用拐杖），就是紧紧追着那些人，不停地高声强索施舍；只要可能，他便会迫使人们花钱买安宁。因此才有数千人把钱给了乞丐们，以安心地走开，其动机与他们向收

割谷物的农工付钱时毫无二致。大量半便士的钱币,都被施给了厚颜无耻、故意捣乱的流氓,而此事若能做得体面,人们的满足感便会大大增长。不过,此举却被国家尊称为“慈善”。

怜悯的反面是恶意(Malice):我讨论嫉妒(Envy)时提到过它。懂得自省者立即会承认:极难溯及此种激情的根源。它是让我们最觉羞耻的激情之一;因此,明智的教育可以轻易地抑制和匡正此种激情的有害成分。我们身边的什么人绊了一下,我们甚至会不假思索地伸手扶他,或至少不让他摔倒。而这表明:我们心情平静时,往往趋于怜悯。不过,虽说恶意本身几乎并不可怕,但它若有了骄傲的帮助,便常会变得有害,若再为愤怒所怂恿和加强,则会变为最可怕的激情。此种混合的激情,能最轻易、最有效地扑
294 灭怜悯,被唤作残忍(Cruelty)。我们由此可知,欲做出堪称嘉许之举,仅仅战胜一种激情尚且不够,除非这种行为基于某个堪称嘉许的原则,因而也取决于该原则对美德的定义,即我们的努力应来自行善的合理抱负。

我曾在另一篇文章中说:我们的一切激情中,怜悯最为可亲;我们必须克服或抑制怜悯的场合,并不算多。外科医生只要愿意,随时都会心生同情,但这不会使他忽略或逃避应尽的职责。同理,陪审团亦会受到怜悯的影响,只是他们必须当心:不可让怜悯之情破坏和损害明晰的法律和正义本身。世间最有害的怜悯,莫过于父母的溺爱之心激起的怜悯,它会阻止父母们以理性之爱管教子女,而理性之爱既是必要的,亦为父母所欲。同理,怜悯之情对女人情感的影响,也大于通常的想象,竟使女人的日常过错皆被归咎于性欲(Lust),尽管其中很多是怜悯使然。

上述最后一种激情,即怜悯,并非唯一冒充慈善的激情。骄傲

和虚荣建立的慈善组织，多于所有美德之合建立的慈善组织。对
自己拥有之物，人们极为执著；我们天性中的自私，更是十分顽固，
乃至无论何人，若能克服自私，都理应得到众人的嘉许，而他亦应 295
注意：必须承认一切能想到的激励，只要它旨在隐匿他的弱点、平
息其他一切欲望。捐出私产的人，为全体世人提供了本来需要以
其他方式获取之物，遂使社会的每个成员受惠，全体世人便肯尊敬
他，并认为自己有义务宣讲所有这些善行，并不检视或考查此人善
举的动机。对美德或宗教本身破坏最甚的做法，乃是使人们相信：
把钱施舍给穷人（虽说穷人直到死后方能脱贫），会使人们今世犯
下的种种罪孽在来世得到完全的抵赎。残暴杀人的恶棍，或许借
助伪证逃避了应得的惩罚。我们试想，他日后发达了，积累了大量
财富，而他听从其忏悔神甫的忠告，将全部财产捐给了一个修道
院，而他的孩子们却成了乞丐。这位优秀的基督徒为赎他的罪付
出了何等巨大的代价！那位指导他良心的神甫又是何等正直！舍
弃生前一切财产，无论此举出于什么原则，他都舍弃了自己拥有的
东西。但是，富有的守财奴生前却不肯帮助其最近的亲属（尽管他
们从未故意得罪过他），而是死后将其钱财用于我们所谓的“慈善事 296
业”。他若愿意，尽可将自己视为善人，但他却抢劫了他的后代[①]。

① 此段及其后几段所批评的，是英国医生约翰·拉德克利夫（John Radcliffe，1650—1714）。他 1684 年到伦敦，成为名医和巨富，行医第一年就至少日进 20 几尼（guinea，值 1 镑 1 先令），并做了宫廷医师。他得罪了安妮女王（Queen Anne，1665—1714），并引起很多人的反感，树敌很多。他死于中风。曼德维尔说拉德克利夫未给其家庭成员留下任何财产，虽有几分夸张，但也有一定事实依据。参见拉德克利夫的亲戚威廉·皮提斯（William Pittis）著《对拉德克利夫医生的一些回忆》（*Some Mmroirs of the Life of Dr. Radcliffe*，1715）和《拉德克利夫医生的人生及书信》（*Dr. Radcliffe's Life and Letters*，1736）。—— 译者

我这里说的是慈善的最近一例,那是一种惊人的才能,轰动了世界。我想对它作出恰当的评价,并恳请许可,让我暂且取悦那班学究,用考究的措辞将它描述一番。

一个几乎不懂医术、未经任何学习之辈,竟能依靠卑鄙的诡计行医,积累起大量财富,这根本不算奇迹。但是,他若深得世人好评,以致获得了国民的普遍尊敬,获得了超过所有同代人的美誉,却只有一种本事,即深谙人性、能最充分地利用人性,这才堪称非凡。他声望如此之高,也会为骄傲所扰,有时为一个仆人或任何下等人免费看病,同时忽视一位付给他高昂酬金的贵族。有些时候,他不肯放下自己的酒瓶,去尽医生的本分,全不顾那些召他去的人身份高贵,也不顾他们病情危急。他粗暴乖僻,又装作幽默家,像对待狗那样对待病人,哪怕那些人身份高贵。除了能神化自己的
297 东西,他不看重什么人,从不怀疑其神谕(Oracles)的真实性。他侮辱全体世人,与头等贵族作对,甚至将其傲慢扩大到了王室。为了维护并增进其盛名,他在任何紧急情况下都轻视、侮辱他的长辈,蔑视其职业中最值得赞扬的东西,从不与其他任何医生商讨,只除了一类人:他们崇拜他的出众天才,迁就他的脾气,与他交往时,永远都卑躬谄媚,如同阿谀的廷臣侍奉君主。一个人生前,一方面表现出了如此明显的极度骄傲,又表现出了对财富永不餍足的贪婪;另一方面,他又完全不敬宗教,根本不关爱亲属,毫不同情穷人,对人类同胞几无怜悯之心。他根本不能证明自己爱国,不能证明自己具备公益精神,不能证明自己热爱艺术、书籍和文学。我们若发现,此人死后仅留给那些穷亲戚少量的财产,却将大量钱财捐给了一所大学,而该大学并不需要那些钱,对他的动机,对他的

行为准则，我们必会作出什么判断呢？

且让一个人尽情地表现其仁慈吧，只要他尚未失去理智或常识。像在其他一切事情上一样，这位名医立遗嘱时，也放纵他心爱的激情，以立遗嘱之乐，去满足他的虚荣心。除此之外，他还能想出别的办法么？他想到了纪念碑和碑铭，上面都是敬献给他的赞 298
颂之词，而最重要的是，人们年年缅怀他，向他献祭，言辞庄严，充满感激、尊重与崇敬。他想到，在这一切表演中，人们用尽了智慧与心思，以找出美好、雄辩之词，赞美这位恩人的公益精神、慷慨之心和高尚人品。他还想到了受助者们装出的感恩之情。不妨说，他想到这些事情时，其雄心勃勃的灵魂必会沉浸在巨大的欢乐中。尤其是他想到自己持久的荣耀，以及这种手段带给他的不朽英名，遂更加欢乐。慈善之念往往愚蠢而虚伪；人们去世后，我们评价其行为时，也应像评价书籍那样，既不可歪曲他们的思想，也不可歪曲我们的思想。不可否认，这位不列颠医神[①]很有头脑，但他若受到了慈善、公益精神或好学精神的影响，致力于人类的总体福祉，或致力于其医业的总体福祉，遵循这些原则行事，他本来绝不会立下这样的遗嘱，因为很可能有更好的办法管理那么多的财富。能力大大不及他的人，也能找出些更好的办法，处置那笔钱财。不过，我们若认为他虽有头脑，但无疑又极为骄傲，我们便只能猜想： 299
这种非凡才能很可能来自“骄傲”这个动机。我们不难发现他才能超群，深谙世道，因为倘若一个人宁肯放弃使自己不朽的打算，不

① 不列颠医神（British Aesculapius），这是约翰·拉德克利夫的传记作者对他的称呼。英国文人斯蒂尔（Sir Richard Steel，1672—1729）也曾在其主编的《闲话报》（*The Tatler*，1709—1711）上以此语讽刺他。—— 译者

想死后被赞美、被神化,不想世人回忆他时对他心怀感激、尊重和赞美(那些或许都是虚荣女神渴望得到的),我便会认为:在获取不朽方面,人类的头脑已发明不出比这更有效的方法了。他若从军,参加了25次围攻和25场战役,像亚历山大大帝(Alexander)那样勇敢,让自己的生命和肉体饱尝那50次作战的全部疲惫与危险;或者,他献身于缪斯女神(Muses),为了文学牺牲自己的快乐、睡眠和健康,终日艰辛研究,苦苦学习;或者,他放弃了一切俗世利益,在正直、节欲和节俭生活方面出类拔萃,永远走在最严格的美德之路上,他便不会如此尽心尽力,以使自己英名永存了。这是因为:豪华安逸的生活,以及对他那些激情的放纵满足,他现在已统统得到了,没有什么麻烦,全不必自我克制,而他不得不离开他的钱财时,只要将它们交与上帝选定的那些精英处置即可。

300 一个有钱的守财奴十分自私,甚至想得到其金钱在他死后取得的利益。他只能欺骗其亲属,将财产捐给某所知名大学[①],因为大学是以很少的代价购得不朽的最佳市场。在大学里,知识、才智和悟性都是产品,几乎可以说,大学就是社会地位的制造厂。大学里的人精通人性,知道其捐助者们需要什么,非凡的施舍总是得到非凡的回报,而衡量才能的标准,永远都是捐助者的赞美,无论捐助者是医生还是补锅匠,只要有可能嘲笑他们的那些活证人死绝,便可作数。我绝不会想到用每年的感恩节去纪念一位伟人,但我会想到:一百年后,人们仍会说起他多次奇迹般地治愈了病人,说

① 拉德克利夫去世时将8万多英镑捐给了牛津大学,并用遗产建立了医院、天文台、图书馆,援建了伦敦医学院、韦克菲尔德市(Wakefield)的圣·约翰教堂,以及牛津的精神病院。—— 译者

起他另外一些奇事。我敢预言：不等本世纪结束，便会出现关于他的种种传说（因为花言巧语的作家们绝不会骂人），那些故事至少会像一切圣徒传说那样难以置信。

对这一切，我们这位精明的捐助者并非一无所知。他了解大学，了解大学精英，了解大学政治，并由此预见到：当前一代人或后来数代人针对他的愤怒，绝不会停止。那愤怒不会仅仅持续寥寥 301
三四百年，而会持续永远，无论政府和宗教经历多少变化和革命，只要国家尚在，只要英国尚存。

可叹的是，这位骄傲之人因为受到一些诱惑，往往不公正地对待其合法的后嗣。这是因为，当一个人生活得安逸富足，心中充满了虚荣，一个文明国家中的大多数人又迎合了其骄傲之心，使其心中一直确信：人们以如此非凡的方式，向他表达了对他心灵的永久尊重与崇拜，他便往往会像战场上的英雄那样，靠着自己的想象生活，尝遍狂热精神的巨大欢乐。这能使他在病中得到鼓舞，能解除他的痛苦，或能守卫着他，使他不想死亡的一切恐怖，不想未来种种最悲惨的忧虑之事，或根本不看它们。

过于挑剔者认为，若考察事实，将善举与良心联系起来，便会妨碍人们以此种方式处置自己的钱财；而无论捐助者的钱财来自何处，其动机如何，受益的毕竟都是收到那些钱财的人。我并不否认这个告诫，但主张一点：阻止人们聚集过多财富，以免它们变成王国的*呆滞存货*（Dead Stock），这对公众丝毫无损。欲使社会繁荣，社会的主动部分和被动部分便应比例悬殊。忽视这一点，众多 302
有才能、有天赋者便会很快过剩，贻害国家。慈善若惠及过广，便几乎一定会鼓励懒惰和闲散，而仅仅有益于少数国人，却养育了懒汉(Drones),毁掉了勤勉(Industry)。大学和济贫院建得越多,此况便越甚。第一批创建者和捐助者,其意图也许正当、良好,并也许是为了博得好名。他们似乎为了一些最值得嘉许的目标劳作。但他们去世后,其遗嘱执行人和管理者们的观点,却与他们大相径庭,因此,我们很难见到长期秉持了其初衷的慈善。我不愿说这是残忍的(Cruel),亦不愿说其中含有不人道(Inhumanity)的意味。为病人和伤者建立足够的医院,我将此举推为战时与和平时期不可或缺的责任。失怙的幼儿,无靠的老人,以及一切因工作而伤残者,都应得到体贴、及时的关怀。不过,虽然我一方面承认他们无助,其本人也的确穷困;但另一方面,我也不鼓励穷人的乞讨和懒惰。应使人人工作,各尽其力,即使对体弱人群也应作仔细审查。
303 残疾人大多都能找到工作。不适于从事重体力劳动的人和盲人,也大多都能找到工作,只要其健康和体力允许。我现在考虑的问题,自然会让我想到另一个问题,一时以来,国家一直受到它的困扰,那就是对各种慈善学校(Charity-Schools)的狂热激情。

大众陶醉于慈善学校的益处与优点,乃至无论何人,只要公开对反它们,乌合之众便会对他投掷石块。儿童学会了宗教原则,能读上帝之言,因此更有可能增进其优点和良好道德,自然一定会比其他人更文明,而其他人往往随意行事,无人关心。儿童衣着体面,一个星期至少穿一回干净衣服,规规矩矩地随着老师上教堂。不愿见到此种情景,而宁可在每一个公开场所都见到一大群流氓,不穿衬衫,身无一件完整衣服,不知道其不幸在随着咒骂和诅咒加重,这种人的判断实在有悖情理!谁会怀疑,那些儿童就是滋生窃贼和小偷的主要温床?法院的每一次开庭,多少重罪犯和其他罪犯被审判并定谳！慈善学校能防止这种现象。穷人的孩子若受到了较好的教育，用不了几年，社会便会从中大大受益，而在英国，充斥于这个大城市以及全国的众多无赖，便会被扫除干净。 304

这是普遍的呼声，若有人对它提出半点异议，即使不被看作缺德、渎神、主张无神论的坏蛋，也会被视为不讲仁慈、铁石心肠、毫无人性之辈。慈善学校悦人眼目，对此无人怀疑；但我却不愿让一个国家为了如此短暂的快乐付出过高的代价。我们若将此种通俗演说[①]看作华丽的表演，不予理睬，那么，一切重要问题便有可能很快得到解答。

至于宗教，有知识、有教养的国人大都对它有起码的了解。技艺（Craft）比愚蠢（Stupidity）更能造就无赖；而大体地说，艺术和科学繁荣之地，恶德（Vice）最盛。有谚语说：无知乃宗教虔诚之母；而在最无文化、贫穷愚蠢的乡民中更普遍地存在单纯与诚实，这也是事实。其次要考察的，是慈善学校应向一国穷人传授的礼貌和斯文。我承认：在我看来，具备我所说的那些礼貌，即便不算有害，也是无关紧要，至少，艰苦劳作的穷人最应具备的不是礼貌。我们要求穷人的，不是致意，而是他们的工作与勤勉。但我诚心地放弃了这个观点。应当说：良好的礼貌对一切人都必不可少，但慈 305

① 通俗演说（popular Oration），指慈善学校的布道演说。1719 年，伦敦有 130 所慈善学校，其中男生 3,210 人，女生 1,953 人，大部分男女学生都被送到校外做学徒。慈善学校每年收到的捐款为 5,281 英镑，征收款为 4,391 英镑。全英国共有慈善学校 1,442 所，其中男生 23,658 人，女生 5,895 人。从 1718 年到 1719 年，英国慈善学校的数量增加了 30% 。这些数字来自《慈善学校现状》（The Present State of the Charity-Schools）一文，该文为英国神甫托马斯·夏洛克（Thomas Sherlock，1678—1761）《1719 年 5 月 21 日在圣墓教堂的布道词》（*Sermon Preach'd… St. Sepulchre，May the 21st，1719*）的附录。—— 译者

善学校是怎样向学生传授礼貌的？学校的男生学会了与他人见面时脱帽致敬，全不看对方是谁，除非对方是乞丐。但我想不出他们除了脱帽还学会了什么礼貌。

老师不大合格，从其年薪便可知道这一点[①]。即使他能向学生传授礼貌，也无暇于此。学生在校不是学习，就是向老师背书，或写作文，或做算术。学校放假时，学生们便像其他穷孩子一样自由自在。影响孩子思想的，正是一些规则和范例，它们来自父母，来自与孩子一同吃喝、交谈的其他人。喜欢责难的父母教育无方，不管子女，因此培养不出文明有礼的后代，即使其子女一直在慈善学校上学，直到结婚。刻苦努力的老实人，虽说从未如此贫穷，但只要对善良(Goodness)和端庄(Decency)有起码的认识，也会使其子女保持敬畏之心，绝不会使子女到街上为非作歹、夜不归宿。自食其力者，只要对其子女有起码的约束，一旦子女能做到，便会使子女做些能够获益的工作，无论多么微不足道。但也有一些孩
306 子无法管教，说教和殴打皆不奏效，什么慈善学校都无法改造他们。不仅如此，经验还告诉我们：慈善学校男生中有大量的坏孩子，到处骂人，袒胸露腹，就像伦敦塔丘[②]或圣詹姆斯区[③]造就的无赖。

① 当时慈善学校教师的年薪为20英镑，一些教师甚至只有5英镑。见《大不列颠及爱尔兰近期建立的慈善学校报告》(*Account of Charity-Schools Lately Erected in Great Briton and Ireland*, 1709)第14—41页。—— 译者

② 伦敦塔丘(Tower-hill)，伦敦塔西北方的一片高地，自14世纪后为处决要犯的场所。—— 译者

③ 圣詹姆斯区(St. James)，伦敦威斯敏斯特城的中心区，为传统的贵族居住地。—— 译者

我现在要谈及那些重大的罪行和众多的犯罪分子，其起因可溯及缺乏这种优良的教育。不可否认，行窃和抢劫在伦敦城及其周边日日可见，因那些罪行而死者，每年甚多。但是，由于人们质疑慈善学校的益处时总是提到这个问题，仿佛根本毋庸争论，一致认为慈善学校是一剂良药，能及时防止那些混乱，我便想对那些危害（人们完全有理由抱怨它们）的真正原因作一番考察。我不想质疑一切，只想证明一点：慈善学校，以及鼓励懒惰、阻碍穷人务工的其他一切事物，都助长了恶行（Villany），其作用超过了不会读写，甚至超过了最粗鄙的无知和愚蠢。

我这里必须插一句话，以消除一些急躁者的喧叫。读了我以上最后那句话，他们会大喊：慈善学校绝非鼓励懒惰，而是培养了学生，使他们从事手工艺和各种行业，从事各种诚实的劳动。我向他们保证，我今后将注意这个问题，对它作答时，绝不扼杀一切为 307
慈善学校辩护的言论。

在人口稠密的城市中，一个少年流氓并不难做到：挤进人群，用一只小手和几根敏捷的手指，迅速地抢走一个人的手帕或鼻烟壶，后者正盘算生意，没注意自己的衣袋。小罪得逞，几乎一定会导致更大罪行。偷钱包的 12 岁少年若未受到惩罚，16 岁时便会入宅行窃，远远不到 20 岁时便会犯下各种恶行。那班小心谨慎的大胆之徒，又非酒鬼，则会犯下大量罪行，直至暴露。窝藏流氓和歹徒，如同谷仓里藏着害虫，这是伦敦、巴黎这种过度发展的大城市最大的麻烦之一。此类大城市是品行最劣者的永久藏身之地，是数千罪犯的平安之乡，他们每日偷盗和入室行窃，靠经常变换住处，藏身多年，也许会永远逃脱法律之手，除非犯罪时碰巧当场被

捉。他们若是被捕,其罪证也许不够清晰,或不够充分,证词不够有力,陪审团为同情心所动,原告虽然最初精力充沛,却往往不到
308 开庭就变得宽厚了。宁要公众安全、不顾个人心安者,为数寥寥。天性善良者,不会轻易同意剥夺另一个人的生命,哪怕后者该上绞架。成为任何一个人的死因,虽说这是司法的要求,大多数人还是对此感到震惊,而有良心的正直之士若缺少判断力或决心,则更会如此。因此,数千本当斩首的罪犯才逃脱了惩罚。也正因此,罪犯才如此之多,他们大胆地冒险,希望被捕后交到同样的好运,脱罪获释。

但是,人们若真的借助想象而完全确信:犯下了当被绞死的罪行,便一定会被绞死,死刑便会十分罕见,而最无顾忌的罪犯与其砸开一所屋子,还不如直接吊死自己。在窃贼身上,几乎见不到愚蠢和无知。拦路抢劫和其他大胆的犯罪,通常都是勇敢而有才能的流氓所为。各种坏人往往都是精明、狡猾之辈,精通审判程序,熟知能为其所用的各种法律用语,不放过起诉书中哪怕最小的瑕疵,懂得如何利用证据中最小的疏漏和其他一切,以开脱其罪。

309 放过五百个有罪者,胜于惩罚一个无辜者,这句格言很有影响。它仅仅属于来世,只与另一个世界有关;就当今社会的福祉而言,它却十分错误。一个人因自己没犯过的罪而被处死,乃是可恶之事。尽管如此,多种多样的意外事件仍会造成十分奇特的环境,以至于陪审团虽然可能具备一切判断之智,恪守一切良知法则,但仍有可能放过罪犯。欲以人类的谨慎之心能做到的一切小心和警惕,尽量防止出现此种情况,使此种不幸情况在十年间只出现一两次,便要做到:在所有此种情况下都最严格地施行法律,不使一个

有罪者逃脱惩处。这将大大有益于国家，因为这不但能保护每个人的财产和社会的总体安宁，而且能救数百个(若不是数千个)穷愁潦倒者的命，他们每日都因小过被绞死。他们被捕后，只要逃罪的希望不是他们决定犯罪的动机之一，他们便绝不再想干出什么违法之事，或至少不再想犯下死罪。因此，大体上说，凡法律严明之地，执法的一切疏怠，陪审团的慈悲，频频的宽恕，皆为对一个人 310
口稠密的国家或王国的残忍，其程度超过了使用拷问台，超过了那些最剧烈的酷刑。

那些罪行的另一大原因，乃是失窃者缺少警惕，以及他们提供的许多诱惑。对自己的房屋，众多家庭都十分疏于关心，其中一些失窃是由于仆人们的疏忽，另一些则因为主人舍不得花钱加固栅栏和门窗。铜器和锡镴器皿随时都可以卖钱，却散放于屋中。金银餐具(或许还有金钱)虽会受到较好的保护，但流氓一旦进屋，很快就会打开一把普通的锁。

因此很显然：同时存在多种不同的原因，加上少数几乎不可避免的恶德，便造成了一种灾祸，即人们被小偷、窃贼和强盗滋扰。各国都曾出现这种情况，也将永远出现，或多或少，出现在很多城镇之内及其周边，尤其出现在过度发展的大城市里。正是机会造就了小偷。粗心大意，疏于加固门窗，陪审团和原告过分心慈手软，过于容易获得缓刑，频频的宽恕，而最重要的是众多先例：明明有罪的人，既无朋友，亦无金钱，却通过欺骗陪审团、为难证人，或 311
通过其他诡计和谋略，找到了逃脱绞架的办法，这一切都是对穷人的强大诱惑，他们不知法律，未受过教育。

此外还有一些造成上述灾祸的辅助因素，例如懒惰闲散之习，以及对劳动和勤勉的强烈反感。年轻人若从未踏实地劳作，或至少从未将一星期或一天的大部分时间用于工作，都会染上好逸恶劳的恶习。儿童无不懒惰，连最好的男孩和女孩也是如此，无论何时见到他们，都令人不快。

因此，强大、富庶的国家中，滋生被抛弃的放荡者的永久温床，并非不会读写，而是一些更实在的恶德的同时存在与并发。无论是谁，若将无知、愚蠢和怯懦看作造就罪犯的首因，即医者所说的“先导原因”[①]，那就请他考察一下生活，仔细检查一下常见的流氓、普通重罪犯的言行吧。他会发现相反的事实：应受谴责的，通常倒是过分狡猾精明的人，以及学问过多的人，他们是一国中最恶劣的堕落者和渣滓。

人之天性，处处相同：天才、智力和天生能力总是因运用而增
312 强，并且，无论是做出最卑鄙的恶行，还是厉行勤勉或最英勇的美德，均可改善这些能力。生活中，骄傲、好胜和对荣誉的热爱无处不在。少年扒手嘲弄其愤怒的原告，巧妙地哄骗老法官，使后者相信其无辜，其同侪便会羡慕他，其扒手兄弟也无不钦佩他。流氓也像其他人一样，怀有种种有待满足的激情，也重视彼此的尊重和忠诚，重视其勇气、无畏和其他男子汉的优点，正像从事更好职业者一样。在大胆的冒险中，一个强盗也为其骄傲所持支持，正如为国作战的、最忠诚的士兵。

因此，我们批评的那些恶德，便来自另一些颇为不同的原因，

---

① 先导原因（Procatartic Cause），出自希腊名医盖伦（Galen，约 130—约 200）的病因学著作《论先导原因》（*De Causis Procatarcticis*）。—— 译者

而非我们指出的那些原因使然。人的种种情感，想必即便不是自相矛盾，也十分摇摆不定，乃至此时将知识和学问看作促进宗教的最恰当手段，而彼时却认为无知乃宗教虔诚之母。

可是，倘若主张这种普通教育的种种理由都站不住脚，为什么无论一个王国是大是小，全都一致地热衷此种教育呢？人类根本没有发生奇迹般的转变，也并不全都热爱善良与道德，使它们突然 313
之间遍布英伦。邪恶多如以往，慈善多如冷漠，真正美德多如缺德。1720 年也像以往所有的世纪一样，重大恶行屡见不鲜，自私的罪行和预谋的危害比比皆是。那些罪行并非贫穷无知、既不能读亦不会写的流氓所为，而是财富更多、更有教养者所为，其中大多都擅长算术，名声很好，生活优越。当某种事物成为时尚，大众便会跟从这种普遍要求。人们的任意幻想使慈善学校成了时尚，正如它使带箍衬裙(Hoop'd Petticoats)成了时尚一样，前者毫无理由，后者也毫无理由。恐怕我这个说法无法满足那些爱挑剔的人；同时我也很怀疑我的众多读者会十分重视我的以下言论。

时下这种蠢事[①]的真正来源一定非常抽象，远离我们的视野；不过，为考察极为模糊之事提供了最起码线索的人，却为考察者们做了一件好事。我愿承认那些学校的初衷十分慈善，但欲弄清它们如此过多的原因，欲了解时下大力提倡它们的大多为哪些人，我们就必须以另一种方式去调查，努力研究那些强硬的党人(Party-men)，他们为了自己的事业，狂热地拥护主教制度(Episcopacy) 314
或长老会(Presbytery)。但由于长老会完全是对主教制度的拙劣

① 时下这种蠢事，指开办慈善学校。——译者

模仿(尽管两者同样有害),我们便应将讨论仅限于英国国教(National Church),并将讨论转向一个没有慈善学校的教区。——但我此刻认为:本着良心,我有义务请求读者原谅我,因为我将带领他同跳一场无聊的舞蹈(只要他愿意跟随我)。我希望他或者扔掉这本书、离开我,或者用约伯的忍耐[①]武装自己,忍耐底层生活的一切无礼之言,忍耐一些黑话和闲聊,不等他走完半条大街,便往往会遇到它们。

首先,我们必须提到年轻店主,他们的生意根本谈不上兴隆,所以无暇慈善。这位新手的骄傲若稍多于常人,并喜欢交往,他很快便会在教区会议(Vestry)上感到羞辱,而与会者不是一帮精明的富人,就是你那帮爱管闲事、喜欢争吵、固执己见的咆哮者(Bawlers),他们获得了名人的头衔,通常都心思摇摆,二三其德。他的出身(或许还有声望)虽然不值一提,但他发现自己心中有一种支配他人的强烈爱好。具有这种倾向的人认为:教区没有慈善学校乃天大的憾事。他先把自己的想法说给两三个熟人,后者也
315 照此办理。不到一个月,教区里便只谈慈善学校、不谈其他了。人人发表演说、作出论证,以实现其力所能及的那个目标。——一个人说,目睹众多穷人无力教育其子女,而在有如此众多富人之地,却毫无供穷人使用的必需品,这使人颇觉羞耻。另一人答道,无论你怎样议论富人,富人都最坏:富人一定都有那么多的仆人、四轮大马车和马匹;他们能花好几百英镑,有些人甚至能花好几千英

① 约伯的忍耐(Patience of Job),典出《旧约·约伯记》,讲魔鬼撒旦挑衅上帝,以种种苦难考验约伯;约伯忍受了磨难,终于蒙恩获救,重获成倍财富。“约伯的忍耐”指“极度的忍耐”。——译者

镑，购买珠宝首饰和家具，却不肯给亟需帮助的穷人一个先令。说起时尚和时髦之事，他们能全神贯注地倾听，但对穷人的哭声，他们却故意装聋。第一个人又说：朋友，你所言极是，我认为，在英国没有比我们这个教区更差的教区了；愿意力所能及地做些善事的，正是你我这样的人；但力所能及且愿行善者，却为数寥寥。

另一些观点更为激烈者，则攻击具体的个人，诽谤自己讨厌的每一个富人。他们收集了上千个倡导慈善的无聊故事，到处传播，诋毁富人。邻人们都在做这些事的时候，第一个提出这个伪善思想的人，却不肯听听这么多人对它的讨论，不肯承认自己正是这么多讨论和喧闹的最初起因。但是，无论他本人还是其密友们，都不
曾料到自己会引起这场讨论，因此必须找出某个对此事更有兴趣 316
的人。必须说服他，必须证明这个计划的必要性、优点、益处和基督教精神，再恭维他几句。——说实话，先生，您若赞成此事，那就没人比您本人更能影响教区了。我敢保证，您只消一句话，就能为此事担保。只要您将此事记在了心里，先生，我便认为此事已成了，先生。——他们若能用这种花言巧语使某个有钱的老傻瓜上当，或使某个自以为是、又爱管闲事的富人上当，此事就开始变得切实可行，并会引起富人们的议论。教区的牧师、副牧师以及教员，到处赞美这个伪善的计划。第一批提倡者都乐此不疲。哪怕他们有什么昭彰的恶德，也会牺牲它以博取好名，或至少会更加小心，学会做个伪君子，并深谙一理：做穷凶极恶之人或以罪大恶极闻名，与他们装出的对过分工作、过分虔诚的那份热情，两相抵牾。

这些小爱国者越来越多，自动形成了一个团体，定期开会，与

会者无不隐匿自己的恶德,展示自己的才能。会议主题是宗教,或
317 无神论和渎神言论在时下造成的不幸。与会者当中,很难见到养尊处优的富人以及生意兴隆、蒸蒸日上之士。同样,有见识、有教养者若无其他事情可做,也往往会去寻找更好的消遣。志存高远之人,想必很容易找到不去开会的借口,去做他们该做之事,或在教区里度过无聊乏味的时光。乐于参会的是两类人:一类是忠实的教会人员,他们心中很有理由参会;另一类是你们那些狡猾的罪人,他们认为会议堪称嘉许,希望以参会赎清其罪孽,而魔鬼撒旦若仅仅付出很小代价,则不适于参会。一些人参会是为了挽救其名誉,另一些人参会是为了恢复其名誉,取决于他们是丢失了名誉还是担心如此。还有些人参会则基于深谋远虑,旨在扩大其生意,结交各色人等。很多与会者会对你实言:即使他们敢于真心地说出实话,那些话也与他们的利益毫不相干,只是为了使他们在教区里更出名。有识者看出了这个计划的荒唐,不怕任何人。有人会劝他们,不可独立思考,不可与全体世人作对。即使那些最初决心否定该计划的人,也很可能最终或被引诱,或被强求,赞同了它。该计划计算了大多数居民的捐款,赞成该计划的另一个流行论据是:那些善款根本就不算多。通过劝说,很多人都成了捐助者,若非如此,他们本来会挺身而出,拼命反对那个计划。

318 地方长官属于中等阶级;其中亦有不少人,其地位不及中等阶级,但只要其进取的热情能使他们立志摆脱其卑微地位,他们便会被中等阶级利用。你若问这些可敬的长官,他们何以自找这么多麻烦,以致损害了私事、损失了时间(无论是一位官员的还是全体官员的),他们便会异口同声地回答:正是由于他们重视对宗教和

教会，重视献身慈善带来的快乐，正是由于在这个产生了藐视宗教者和自由思想家的邪恶时代，众多贫穷无辜者的永久幸福随时都可能被毁灭。他们绝不想获取私利，即使与这些儿童打交道、为他们提供生活必需品的人，也从未打算卖掉那些物品以牟取私利，虽说在其他一切事情上，他们对钱财的贪婪和吝啬昭然若揭。在这件事情上，他们都放弃了私心，毫无世俗目的。其中大多数人至少都怀着一个最大的动机（他们会小心地把它隐藏起来）：发号施令、指挥众人能使他们心满意足。“长官”（Governor）一词声音优美，对地位卑微者颇具吸引力：人人都崇拜统治者和身居高位者，哪怕对野兽的绝对统治权[1]也自有其乐。无论统治什么，皆有其乐。319
使小学校长们在做校长这种乏味苦役中支撑下来的，正是这种治人之乐。但是，若说管理儿童至少有一种满足之乐，那么，管理小学校长便一定是引人入胜了。若以小学校长为管理对象，地方长官该会得到多好的赞美，该会收到多好的奖状啊！那些赞美多么可人！其奉承毫无阿谀之词，其措辞毫无呆板之语，其文风毫无卖弄学问之弊，令人好不喜欢！

善于洞察人性者总是发现：这些人假装最拥护的，正是他们最不拥护的；他们彻底否认的，正是他们最重要的目的。最容易养成的习惯或人品，就是伪善（Hypocrisy）；能最快习得的事情，就是否认我们心中的种种情感，否认我们的行事原则。但是，各种激情的种子却与生俱来，任何生于这个世界的人，都不会没有它们。只要

① 对野兽的绝对统治权（拉丁语：Imperium in Belluas），语出古罗马剧作家泰伦斯（Terence，公元前 185？—前 159？）的五幕喜剧《阉奴》（*Eunuch*）第三幕第一场中有钱士兵色拉索（Thraso）的台词。—— 译者

留意幼童的娱乐和消遣，我们便会发现一种最普遍的现象：他们全都喜欢戏弄小猫小狗，从中取乐。他们总是拉着那些可怜的小动物，在屋中转来转去，其动机无他，只是能对猫狗随心所欲、任意摆布。这种做法也给了他们一种快乐，那快乐源自对支配权（Dominion）之爱，源自人皆生就的篡夺欲（usurping Temper）。

320 这桩伟业动工了，果真大功告成了。每位居民脸上都洒满了欢乐恬静。同样，这也使我要讲几句题外话。到处都是懒惰的可怜虫，他们往往全都破衣烂衫，龌龊不堪。我们通常将这些人看作倒霉鬼，几乎不会注意到他们，除非他们十分不同寻常。不过，就像在上等人里一样，这些人中还是有些英俊姣好者。但若其中有人当了兵，穿上了红色的军服，上等人在他身上见到的变化是何其巨大！看，他头戴近卫团军帽，腰挂长长的子弹袋，多么英武！认识他的人，无不对他的人品刮目相看。无论是男是女，心中对他的判断都和以前大不相同。见到慈善学校的孩子，人们的反应亦与此相仿。统一性自有天然之美，很多人都为之欣然。男童和女童排得整整齐齐，两两前行，有条不紊，个个身穿同样的套服，戴着同样的佩饰，更加美观，此景十分悦目。而通常使此景更加有趣的，则是人人都以为自己也在其中有份，连仆人和教区中最穷贱的人都有份，因为他们不必为此花一文钱。教区教堂是咱们的，慈善学
321 校的孩子是咱们的。所有这些事情中，都有一种使人人心痒的所有权（Property）的影子，即有权利用《圣经》，尤其有权利用那些真正作出捐助、大力推进了这项虔诚之举的人。

几乎难以想象，人们对自己的心思所知甚少，对自己的内心十分无知，乃至误解了人性的弱点，误解了对善良、美德和慈善的激

情与狂热。尽管如此，最真实的情况依然是：这些糟糕的评判者[①]以为，人们因上述之事感到的满足、欢乐和狂喜，都体现了虔诚与宗教的原则。无论何人，只要读了我在以前两三页中的言论，并借助想象，从自己关于这个主题的已有见闻稍稍前行一步，都会找到充分的理由（它们来自对上帝的爱慕和真正的基督教精神），以证明慈善学校何以如此风靡一时，得到一致赞同，受到各色人等的赞美。人人皆可谈论并透彻理解慈善学校这个话题。闲聊的谈资，没有比这个话题更无穷尽的了。它还取代了大平底船（Hoy-boats）和驿马车（Stage-coaches）上的粗言秽语。支持慈善学校的地方官，若训话时格外尽力，并碰巧有众人在场，女人们便会对他赞不绝口，其热情和慈善天性更会被捧上九重天！一老妪说：真 322 的，先生，我们全都非常感激您，我认为其他长官都不曾像您这样有兴趣派来一位主教；听说，那位主教大人正是您派来的，虽说他身体不是很好。对此，那官员非常庄重地回答说：那是他的职责，他不怕麻烦，不惧疲劳，因此很适于照管孩子们，那些可怜的羔羊。那主教说：的确，我决定弄到一副细麻布袖子[②]，虽说我曾因此失眠，但很高兴自己并没失望。

很多人都在另一些场合说，他们见到一些教堂募集到了可观的善款。他们议论的话题，很容易地由此转到了神职人员的能力、不同才具和正统信仰。某某博士极有天分，极有学问，我相信他一

① 糟糕的评判者（miserable Judges），根据前句，此指“对自己的内心十分无知”的人们。—— 译者

② 细麻布袖子（Lawn Sleeves），英国国教主教（Anglican bishop）长袍的一部分，指主教的职位。—— 译者

定衷心支持教会,但我不喜欢他宣传慈善的布道。世上没有比某某先生更有本事的人了,他迫使人们慷慨解囊。他上次为了我们的儿童布道时,当场就有很多人捐出了善款,我敢说,他们走进教
323 堂时,本来没打算捐那么多。他们面带喜色,衷心地感到了快乐。

慈善学校如此迷惑大众的另一个魅力,乃是众人的一种普遍认识:慈善学校不但做了造福社会的实事,体现了现世幸福,而且符合基督教精神,满足了我们的要求;为了我们未来的福祉,我们应当多多建立它们。神职人员全都诚挚热情地赞美慈善学校,为之出力,为之声辩,其热情超过了履行一切基督教义务。提倡慈善学校的人,并非年轻的郊区牧师,并非可怜的无名学者,而是我们的高级教士中最有学问的,是东正教会中最有名望的,甚至是一些并不常在任何其他场合让自己受累之人。言及宗教,他们无疑知道什么是我们的主要要求,因此也知道欲得救赎最需要什么。言及世道,谁能比英国的智者们更了解王国的利益所在呢? 英国上议院的主教们(Lords Spiritual)都无比看重英国的利益。这种认识的结果,首先是一些能以其钱袋或权力增加或维持这些慈善学校的人,不禁更重视自己所做之事,而不大重视他们在其他场合支持过的应做之事。其次,其他一切人或者无力,或者不愿作出任何
324 捐赠,却依然很有理由大讲慈善学校的好话。这是因为,在扰乱我们种种激情的事情上,我们虽然很难做出合理的行动,但希望做好事总是我们力所能及的,因为这几乎不必破费。迷信的俗众当中,几乎无人邪恶得不喜欢慈善学校。邪恶者以为自己见到了朦胧的希望,即能以慈善学校弥补其罪。他依据的原则,就是最邪恶者用其对教会的爱和尊敬安慰自己时的原则。连最放荡的人都能从支

持慈善学校中找到机会，以表明其性格的正直，却不必付出什么代价。

但是，倘若这一切仍不足以诱使人们挺身保卫我说的那个偶像[①]，那就还有一种东西，能屡试不爽地买通大多数人，使他们大力提倡它。我们天生都热爱成功，无论何人，只要致力于慈善事业，都一定会取胜，至少十个有九个会如此。慈善事业披着华丽的伪装，很多人又站在他一边，因此，让他与他选定的对手去争论吧。慈善事业是一座城堡，是他坚守的要塞，永远不会被攻破。若是哪个最清醒、最有道德的活人拿出全部论据，以证明慈善学校（至少是其中大多数）对社会的危害（我将在后文讨论这个问题），那么，比他更强大的人就会反对这个世上最大的流氓，而只须利用慈善和宗教的庸俗说教，便掀起了反对前者的风潮，使俗众以为前者毫 325
无道理。

因此，拥护慈善学校的喧嚣遍及英国，无不首先基于人类的弱点和激情，至少，一个国家也会有和我们一样的爱好与热情，只是尚未被任何美德或宗教原则唤醒。在这个想法的鼓舞下，我要更自由地批评这种粗俗的错误，并尽力证明：这种强制教育远远谈不上有益，而是有害于公众的；与它有关的福利，要求我们将它看作高于其他一切法律和道理。因此，我才只为一事道歉：我的看法不同于有学识的可敬神甫们目前的见解。我大胆否定的，就是我们的许多主教及其下属神职人员公开宣扬的观点。我们的教会声称，即使在宗教事务（那是教会的正当领地）上也绝对有可能犯错，

① 那个偶像（the Idol），指慈善学校。——译者

因此,认为教会在世俗事务(教会并不怎么直接关心俗世)方面犯了错,也不算冒犯教会。——所以,我反对慈善学校也不应算错。

整个大地受了诅咒,没有面包,除非我们靠额头的汗水吃饭,
326 必须艰辛劳作,人类才能为自己提供生存必需之物,勉强养活其作为单个造物的腐败的、有缺陷的身体[①]。但是,欲在文明社会中生活得安逸,人类所需之物却多得无穷。在文明社会,人类成了受了教育的动物,许许多多的人通过相互的契约,自动结成了政治实体。在文明国家,人的知识增长得越多,为获得安逸所需的劳动就越是多样。众多社会成员都懒惰闲散,享受着他们能创造的安逸和快乐,同时,这么多懒汉却情愿屈尊反其道而行,即凭借能力与耐心,使其身体习惯于除了为自己工作,还为他人工作,这样的社会不可能长存。

生活必需品的丰富与廉价,在很大程度上依赖于获取那些物品的劳动的价格和价值。因此,一切社会的福利(即使在它们带上几分奢侈的异样色彩以前),便都首先要求从事这种劳动的社会头等成员身体强健,精力充沛,绝无闲散懒惰之习。其次,他们应当很容易满足于生活必需品,例如乐于身穿最粗劣的衣服;他们的胃若提醒他们吃饭,他们的饮食便只为了养活身体,几乎不在意食物的味道或风味,不拒绝人饿时能吞进嘴里的一切有益健康的食物,
327 对于口渴,则是除了克制它,别无所求。

① 典出《圣经》。亚当和夏娃偷吃了禁果,耶和华对亚当说:"你既听从妻子的话,吃了我所吩咐你不可吃的那树上的果子,地必为你的缘故受诅咒,你必终身劳苦,才能从地里得吃的……你必汗流满面才得糊口。"见《旧约·创世记》第4章第17—19节。——译者

这种苦工的绝大部分都在白天完成，因此，人们其实只按白天的时间计算劳动，根本不考虑工时的长短，也不考虑自己的疲劳。英国的雇员清晨非起床不可，但不是因为他休息够了，而是因为太阳快要升起。对 30 岁以下的成年人来说，以上最后一条是无法忍受的难事，他们未成年时已习惯了一件事，即只要能睡着，就躺在床上。但是，很多受过教育的人，却几乎不会选择上述三条[1]造成的生活状态，哪怕他的奋斗目标或某个悍妇[2]会迫使他作出如此选择。

这种人若是不可或缺——因为没有大量这样的人，任何大国都不会幸福——那么，明智的立法者若想防止社会供应的短缺，便会无比悉心地培养这种人，养活他们，为他们提供必需品，难道不是如此么？只要还有办法，谁都不愿为了谋生而使自己贫穷疲惫。必须获得吃喝，在寒冷气候中必须获得衣服和住所，这些绝对的需求使人们屈服于一切尚可忍受的事情。倘若谁都没有需求，任何人都不会去工作。但只要能使人免于挨饿，那些最大的困难便会被看作实实在在的乐事。

以上所有的言论表明：自由国家不允许存在奴隶，因此，最可 328
靠的财富便是众多艰苦劳作的穷人。这是因为，穷人除了是劳动力，又一向是造就海军和陆军的温床；没有他们便没有享乐活动，任何国家的产品都会失去价值。欲使社会幸福，欲使民众在最简陋的条件下生活安逸，大量民众就必须既贫穷又无知。知识会扩

[1] 上述三条，即本段所说的不计时间、不怕疲劳和每日早起。—— 译者

[2] 某个悍妇，泛指雇员的泼辣妻子。—— 译者

大和增加我们的种种欲望。一个人想得到的东西越少,为他提供生活必需品就越容易。

因此,各个国家或王国的福利与幸福,便都要求将劳动阶级的知识限制在其职业范围以内,而绝不可(像那些可见的事物一样)延伸到其职业之外。一个牧羊人、农夫或其他任何农民,对世界、对其劳动或职业之外的事情知道得越多,就越不可能欣然而满足地忍受疲劳和困难。

一些人非常需要读写和算术的能力,其职业需要这样的素质;但是,人们的生计若根本不必依赖这些技能,它们对穷人便是有害
329 的。穷人被迫日日劳作,以挣得每日的面包。能在学校就小有出息的孩童,为数寥寥,但同时,他们已能受雇从事某个职业,因此,穷人用来读书的每一个小时,往往都是社会的损失。较之工作,上学就是闲散。男童在这种闲散生活中的时间越长,长大后就越不适于从事体力劳动(downright Labour[①]),无论其气力还是心性,都是如此。注定终生劳累、厌烦、痛苦的人,越早开始这种生活,以后就越有耐心忍受它。艰苦的劳动和最粗劣的饮食,是对某些犯罪分子的正当惩罚;但是,若将它们强加给另一些人,他们不习惯如此,自幼不曾艰辛劳作,不曾吃过劣质饭食,你又根本不能指控他们有罪,那就是最大的残忍。

没有大脑的劳动和刻苦努力,便不会获得读写能力。粗通了这两者的人,都会认为自己无限地高于完全愚昧无知的人,后者几

① 体力劳动,原文是 downright Labour,指彻底(意义上)的劳动,根据全文语境,它在此意为体力劳动。—— 译者

乎毫无正义感和分寸感，与野兽无异。一切凡人都天生讨厌麻烦
和吃苦。因此，我们全都钟爱并往往过分高估一些能耐，我们一同
付出了多年的安逸，才购得了那些能耐。将大部分年轻时光用于
学习读写和翻译的人，很有理由期盼在能用到那些能耐的地方得 330
到工作。这些人大多都最看不起体力劳动，即社会地位最低、全为
他人服务、最不受尊敬的劳动。受过少许教育的人会选择务农，勤
勉地从事最肮脏、最累人的劳动。他必须养活自己，而贪婪、挂虑
家人或其他紧迫动机，也一定会迫使他去务农。但他却不会是个
好雇工，不会为了可怜的报酬而去为别的农夫干活。至少，他并不
那么适于做散工（Day-Labourer）。散工总是被雇来从事使用犁
铧和家畜粪车的劳作，全不记得自己还有过别样的生活。

一旦需要低三下四、奴颜婢膝的服务，我们总是会说：它们绝
不会使人欢悦，也不会使人像下等人为上等人效劳那样诚心为之。
我所说的“下等”，并不单指财富和人品，也包括知识与智力。一个
仆人，一旦其理性使他发现自己在为一个笨蛋服务，他对主人的尊
敬马上就会毫无真心。我们学习知识或服从命令时，心中应当懂
得：我们越是尊重那些教师或发号施令者的学问与能力，就越是尊
重他们制定的法律和指示。任何动物都不会欣然服从其侪类。一 331
匹马若像人那样有知识，我便不想骑它。

这里，我不得不再说些题外话，但我要说，我从未像此刻这样重视它。但我看见了一千根泡了咸水的棍子[①]，看见了那班小学

① 泡了咸水的棍子，原文为 Rods in Piss（直译：泡了尿的棍子），又作 rods in pickle，意为“即将到来的现成责骂或惩罚”。—— 译者

究都在反对我，因为我冒犯了识字板(Christ-cross-row[1])，违逆了文学的每一种要素。

这绝非无端的恐惧，读者若想到我对付的是多么大的一群小暴君，便不会认为我这番忧惧毫无来由。那些人要么亲自用桦树条抽我，要么教唆别人如此。这是因为，若说我的对手唯有那些饿得要死的不幸男女——他们遍及大不列颠王国，天生厌恶劳作，十分讨厌其现在的工作；在他们心里，发号施令的嗜好大大强于服从他人命令的嗜好，甚于以往任何时候；他们都切望当上慈善学校的老师——那么，即使最保守的估计，我的敌人也至少有十万之众。

我仿佛听到他们大喊：有人提出了一种前所未有的、更危险的学说，它蔑视天主教会。他们问道：那个拔出丑陋的武器、毁灭教
332 育的家伙，究竟是个什么样的萨拉逊[2]畜生。他们很可能指控我，说我教唆魔鬼撒旦(Prince of Darkness)，拼命地向英国引进一些王国，它们比哥特人和汪达尔人[3]自世界初现福音之光后造就的任何国家都更愚昧、更野蛮。无论何人，若在公众的厌恶中做事，即使他一向无辜，也总是会被指控为罪犯。有人怀疑我已插手消灭了《圣经》，也许还断言：1721 年专项出版的小开本《圣经》乃是应我的要求，并主要利用了慈善学校；那些书的印刷和纸张极差，字迹模糊。但我断言：我像未出生的婴儿一样无辜。不过，我还是

① Christ-cross-row：又作 Christcross-row，即 hornbook(入门书)，为儿童启蒙用的字母板，也泛指启蒙读物。英国在 1450 年以前就有这种教育工具。—— 译者

② 萨拉逊(*Saracen*)：阿拉伯人的古称。—— 译者

③ 哥特人(Goths)：古代日耳曼人的一支，在公元初几个世纪曾侵入罗马。汪达尔人(Vandals)：日耳曼人的一支，公元 4 世纪和 5 世纪进入高卢、西班牙和北非，并于 455 年占领罗马。这两个词都泛指破坏文化艺术的野蛮人。—— 译者

恐惧万分:我越考虑自己的处境,就越感到不妙。我最大的安慰是,我真心地相信几乎无人理睬我的言论。社会上很多人都认为我的文章还有起码的意义,我若怀疑这一点,便几乎没有勇气考虑我将冒犯的所有行当。种种难忍的磨难已为我备好,哪怕他们对我的各种惩罚都象征我有罪,我也只能付之一笑了。这是因为,即使我遭小刀突然刺击后还活着,一大帮文具商也一定会拉着我的手,或者将我活埋在他们的大厅里,大厅上是他们未能售出的一大 333
堆初级读本和拼字课本;或者向我浇水,把我浸透,让我在一个造纸厂里被捣碎而死,那个厂子会因为我而不得不停工一星期。同时,油墨制造商们也会为了公众的利益,提出用收敛剂[①]闷死我,或用他们手上沾的黑墨水淹死我。此辈只要联手,不到一个月即可干成此事。即使我逃过了这些联手团体的残酷迫害,一个私营专利者[②]的愤恨也会把我置于死地。我很快就会发现自己的脑袋遭到了猛击,而击打我的正是那些又小又厚的《圣经》,它们被用铜丝捆在一起,随时都可伤人。终止慈善学校教育,只会引起战斗,引起真正的争论。[③]

我刚刚说过的离题之言并非愚蠢的小事,也不会结束于以上

① 收敛剂(Astringents):制造油墨的明胶(glutin)。——译者

② 私营专利者,根据语境,此指拥有小开本《圣经》专卖权的书商。——译者

③ 以上是说,曼德维尔反对慈善学校,遂挡了文具商、课本印刷商等人的财路,因此他们企图将曼德维尔置于死地。海因里希·阿格里帕(Heinrich Cornelius Agrippa,1485—1535)在其讽刺著作《论科学和艺术的不确定性与无用》(*De incertitudine et vanitate scientiarum atque artium declamatio invectiva*,1526)的序言中也有与此类似的诙谐段落。此书在曼德维尔时代很有影响。阿格里帕是文艺复兴时期的德国魔法师、神学家、占星家、炼金术士、医生,他认为自己的观点冒犯了当时的一切艺术和科学,会遭到艺术家和科学家的报复。——译者

最后一段。严肃的批评家(他将一切欢笑视为不合时宜)会认为我这些话离题甚远,但我不禁要认真地道歉,以此表明:我根本没有反对艺术和科学的图谋,因为一些大学校长和人类知识的其他保护者,若看到愚昧被推崇为文明社会的必要成分,便很可能忧心忡忡。

334 首先,我认为:当今每一所大学中教授的数量应当增加几乎一倍。大学通常都提供良好的神学教育,但另外两门学科却很少得到重视,尤其是医学。医术的每一个分支都应当有两至三名教授,他们应尽力传授自己的技术和知识。公开授课时,虚荣者有大量机会显示其能,但更有益于学生的却是私人指导。药剂学和草药学,也像解剖学和病史学一样必不可少。医学生获得了学位,有了行医权,其职业使人们将患者的性命托付给他们,而他们竟不得不去伦敦,去研读药物学著作(*Materia Medica*),撰写医学论文,师从另一些从未受过大学教育的人,这是一种耻辱。在我所说的那座城市,一个人精进其解剖学、植物学、药剂学、临床医学的机会,一定至少十倍于那两所大学[1]相加的机会。食油店(Oil-shop)与丝绸有什么关系?在绸布店,谁会去找火腿和腌菜汁?凡在管理良好之地,建立医院都是为了提高医学生的医术,因为他们日后要给穷人治病。

335 良好的判断力应主宰商人,亦应主宰学生。任何人都不会为

① 那两所大学,指牛津大学和剑桥大学。曼德维尔在其专著《论忧郁症和歇斯底里症》(*A Treatise of the Hypochondriack and Hysterick Passions*,1711)中说:"在伦敦,一个人提高自己的机会是在牛津大学或剑桥大学的三倍。"(见该书第 289 页)—— 译者

培养儿子做布料商、硬要他做金匠的学徒;既然如此,想当律师或医生的人,为什么要让牧师做他的师傅呢?语言、逻辑学、哲学固然应是一切学术行业的首要学科,但我们的大学虽然那么有钱,给予医学的帮助却太少了。大学里的很多闲人,拿着丰厚的报酬,大吃大喝,其住所豪华舒适,只是其中绝无书籍,绝无所有这三门学科必需的读物。在牛津大学或剑桥大学,一个人既能获得做火鸡批发商的资格,亦能获得做医生的资格。以我拙见,这显然表明了一点:大学拥有的巨大财富的一部分,并未妥善地用于当用之处。

教授拿着公众同意支付给他们的薪水,还有其每个学生使他们得到的满足,而私利、竞争和追求荣誉,则会激励他们勤勉劳动。一个人在任何一门学问或任何一部分学问上出类拔萃,有了做教授的资格,而金钱若想买他,他便应当接受,不必计较出钱者是何党派,甚至不必计较出钱者是哪个国家、哪个民族的人、是黑人还是白人。大学应是各种学问的公共交易市场,像动物集市一样(德 336
国莱比锡、法兰克福等地都有那种集市),其中有各色货品,绝无国产与进口之别,来自世界各地的人汇聚在那里,享有同等的自由、同等的权利。

说罢学生们使教授获得的满足,我还要为所有打算做神职人员的学生辩解几句。对一国政府来说,没有任何学科像神学那样最不可或缺。应当有大量的神职人员为英国服务,因此,我不想劝阻穷人让他们的儿子从事神职。这是因为,有钱人若有很多儿子,有时也会让其中一个当牧师,因为我们甚至见过富人从事圣职。同样,具有良好判断力的人,尤其是牧师,一旦确信儿子有了足够的朋友或兴趣,争取到了可观的大学奖学金,或得到了受俸牧师的推荐(Advowson[1]),或有了其他谋生手段,也会出于审慎原则,培养儿子从事圣职。但是,这些做法并不能产生每年任命的大量神职人员,而我们欠缺的大量牧师,则另有来源。

所有的中等人当中都有一些偏执者,对牧师的长袍和法衣怀
337 着迷信般的敬畏,其中很多人都热切地希望让儿子升任神职,全不考虑他们后来会变成什么。英国许多善良的母亲,不考虑自己的环境和自己孩子的能力,都在为这个堪称嘉许的愿望而激动,靠享受这个令人愉悦的想法度日,往往在儿子还不到12岁时,就将母爱与宗教虔诚混合起来,想着自己看见儿子站在布道坛上,又亲耳听见他宣讲《圣经》,这种未来的快乐使她狂喜,使她流出满足的热泪。正是这种表现被误解为宗教热情,或至少被误解为代表了人的弱点,而这要归因于英国众多贫穷的学生。这是因为,鉴于收入的不平等,鉴于全英国牧师薪俸的微薄,穷人家的父母若没有这种乐天性格,我们便不可能从其他任何地方找出适合做牧师的人,让他们以微薄的收入,负责疗救众人的灵魂,除非他被真正的美德迷住了心窍,而那其实既愚蠢又有害。我们应当希望:从事圣职者的真正美德通常多于不信教者。

338 我十分关心促进更能使社会直接获益的那部分学问,但这不应使我忽视更新奇高雅的学问。不过,我的希望若能实现,全英国便应比现在更鼓励全部文科和学问的各个分支。每个郡都应以公费建立至少一所大型学校,教授拉丁语和希腊语,各校至少分成六个班级,每班配上专业教师。这些学校均应由一些有权威的文人

[1] Advowson,英国教会法规定的推荐担任空缺圣职的权力。——译者

监管,他们不但是有资格的主管,而且其实也要每年至少两次,监督每个班级由老师主持的全面考试,而并不仅仅是评判学生们在作文或其他练习方面的进步(这些主管平时见不到那些进步)。

同时,我也不主张增加次等的学校,其老师若不是极度贫穷,那些学校本来绝不可能存在。有个常见的错误说法:若是不会一点儿拉丁语,谁都不能拼出或写出英语。学究们为了自己的利益,支持这个说法;同样,一些拙劣的学生根据对它的不止一种理解,也顽固地支持它。同时,它也是令人憎恶的谎言。我已认识并仍在不断认识一些女子,她们从未学过拉丁语,却依然能严守拼写规则,写出极好的英语文章。反之,人人都见过自称的学者们的胡乱 339
文章,他们至少上过几年文法学校[①],但其文章却频现文法和拼法错误。对一切打算从事学术行业的人来说,精通拉丁语都极为必要。无学识便无绅士。即使立志学做律师、外科医生和药剂师的人,其拉丁语亦应大大高于其目前的普遍水平。一些青年日后若以并不每日需要拉丁语的职业为生计,对他们来说,拉丁语便是无用的东西,而学习拉丁语,显然是浪费了为之投入的大量时间和金钱。人们一有了职业,其在次等学校里学会的东西或是很快被忘掉,或只能被看作与生意毫不相干,并往往在公司中招致麻烦。根据曾一度习得的知识评价自己(即使后来已丢掉了那些知识),能不如此者为数寥寥,除非他们十分谦虚谨慎。这样的人往往还记得一些拉丁语文章,却并未消化它们,所以说到它们时,几乎都曾

① 文法学校(Grammar School),昔日英语国家教拉丁语的小学,后来也教古希腊语、英语、欧洲其他语言、自然科学、数学、历史和地理。在16世纪和17世纪,建立文法学校是贵族、富商和行业协会做慈善事业的常见做法。—— 译者

遭到识者的嘲笑。

我愿将读书和写字视为奏乐和跳舞:我不会强使社会拒绝它们,亦不会强使社会接受它们。只要它们能使人有所收益,世上便
340 会有足够的老师教授它们。但除了在教堂,一切教学都不是免费的,我甚至要从教学中排除那些立志从事圣职的人,因为其父母若极度贫穷,竟至负担不起孩子接受初级教育的费用,那么,其任何进一步的热望都是轻率的。

同样,倘若穷人发现自己的孩子情愿去做懒惰的酒鬼或可怜的浪子,并且除了靠乞讨,从未给他们的小子买过一件破旧衣服,我们便应鼓励他们让其孩子接受初级教育。但是,若想雇用男孩或女孩从事工作,我们便应将首选慈善学校的孩子视为义务。教育那些孩子,似乎是对他们以前品行不端和懒散的奖励,但也往往是对其父母的施恩,那些父母理应受到惩罚,因为他们可耻地忽视了自己的家人。在某个地方,你会听见一个半醉的流氓一边咒骂自己,一边大喊再添一壶酒。他很有理由如此,因为他的男孩能免费得到衣服,免费上小学。在另一个地方,你又会见到一个极穷的女人,她让别人照顾她的孩子,因为她是个懒惰的荡妇,从未认真地干活儿以救其穷,而是常在廉价酒馆(Jinshop[①])里哭穷。

倘若人人都让子女接受良好的教育,并靠自己的勤勉,让子女

① Jinshop,直译为"金酒酒馆"。金酒(Jin)又名杜松子酒(Geneva),最早由荷兰生产,后因在英国畅销而闻名世界,是著名烈酒之一。18世纪初,英国的安妮女王(Anne of Great Britain,1665—1714;1702—1714年在位)对进口法国葡萄酒和白兰地课以重税,并降低了对英国产金酒的税收,使它成了英国平民的廉价蒸馏酒。——译者

在我们的大学受教育，英国便不会缺少有知识的人，而需要读写或 341
计算能力的行业，也绝不会缺少这样的人，尽管除非父母负担得起上述教育，谁都不会去学习它们。学问不同于圣灵(Holy Ghost)的馈赠，无法以金钱购得，但我们若相信那则谚语，那么，用钱买到的智力也绝非最差的。

我认为我必须如此大谈学问，而这是为了预防真理和公平交易之敌的喧嚣(我在此不想向他们充分解释我的想法)，因为他们很可能说我是一切学问和有用知识的死敌，是个邪恶地提倡大众愚昧无知的家伙。我现在郑重承诺：我一定要回答那班据说支持慈善学校的好心人对我的驳斥，他们都说，慈善学校十分关怀其学生、使他们日后能够从事有保障的艰苦行业，而不是成为我暗示的那种懒汉。

我已充分表明：与工作相比，上学就是闲散。我也批驳了对穷人子女的这种教育，因为它使穷孩子此后永远无法胜任体力劳动，而那是他们的本分。在每一个文明社会，只要体力劳动能造就判断力和人道精神，它们便都不该受到抱怨。最后，我还要谈谈不让
穷孩子从事体力劳动的问题。我将尽力表明：这种做法将会破坏 342
国家的和谐，是对少数地方长官略知一二的那种事务[①]的粗暴干涉。

为此，我们不妨研究一下各种社会的本质，并且考察一个问题：欲在现有条件下尽可能提高社会的力、美与完善，社会当由哪些成分构成。各种政府部门都必须为人们提供真正的生活必需

① 少数地方长官略知一二的那种事务，似指穷人的就业问题。—— 译者

品,也必须满足人们奢侈、放逸的欲望,提供一切有关的附属行业,在英国这样的国家,行业便是如此之多。但可以肯定一点:那些单独行业的数量虽多,但远远不是无限的:在其中增添一个非必需的行业,必为多余。一个家世很好的人,若在切普赛区[①]开了一家最好的店铺,批发穆斯林头巾(Turbant),他便会破产。倘若底米丢或其他任何银匠除了阿耳忒弥斯银龛什么都不做[②],他便挣不到面包,对那位女神的崇拜现已过时了。设立非必需的行业,此乃蠢举;因此,仅次于它的蠢举便是:将任何一行的人数增加到多于我们所需。事情全由我们掌握,因此,让酿酒商的人数和面包师一样多,或让毛料商的人数和鞋匠一样多,都是荒谬可笑的。各行各业都会自行找出其人数比例,只要无人管闲事或干预,便会永远保持那个比例。

343 打算教育子女自己谋生的人们,总是先去请教和商议培养子女干哪一行,再拿定主意。数千人除了这件事,几乎不考虑其他任何事。他们首先为其境况所限。只能给儿子10英镑的人,一定不会找先交100英镑再做学徒的行业。他们考虑的下一个问题总是哪一行最有收益。倘若当时某个行业的从业者比其他任何行业都多,马上便会有十多位父亲愿将儿子送入那一行。因此,许多公司最操心的事,便是控制学徒人数。如今,各行各业都在抱怨人满为患(也许不无道理),你给某个行业添了一个人,超过了从社会自然

① 切普赛区(Cheapside),伦敦市街区,为中世纪伦敦的贸易中心。—— 译者

② 典出《新约·使徒行传》第19章第23—41节。底米丢(Demetrius)是制造亚底米(Artemis)银龛的银匠。亚底米(此为中文神版《圣经》的译法)是古希腊神话中的月神与狩猎女神阿耳忒弥斯,即古罗马神话中的黛安娜(Diana)。—— 译者

流入该行的人数,这显然是损害了那一行。此外,慈善学校的主管们考虑的并不是哪一行最佳,而是能使哪些商人愿以一定价格录用那些男孩。为了充分利用那些孩子,少数殷实而老练的商人无所不为。他们害怕来自穷孩子父母的上百种麻烦。因此,孩子们的师傅便一定嗜酒如命、漫不经心(至少这最为常见),或是非常贫穷,只要拿到了钱,便全不管徒弟日后如何。至此,我们似乎只研 344
究了一件事,即为慈善学校准备永久的温床。

倘若各个行业、各种手艺都人满为患,那就表明社会管理出了错,因为国家若能养活那些人,各行各业便不会人满为患。生活用品难道不贵么?你有劳动能力、有一双手,却没有职业,这是谁的错?但有人会回答我说:欲使国家更富,全英国最终必须取消农民或减少纯利(Rents)。对此,我的回答是:农夫最常抱怨的,也正是我想纠正的:农夫、园丁等人(那些地方需要艰辛劳作、完成脏活)最不满的是,他们已不能用和以前一样的工资雇到帮手。日工抱怨其苦差只能挣到 16 个便士;而三十年前,他的祖父能挣到 8 个便士便很高兴了。至于纯利,人数的增加绝不会使纯利减少,但生活用品和一切劳动的价格只要有所变化,便一定是降价。每年能挣到 150 英镑的人,没有理由抱怨其收入减少到了 100 英镑,只要他能用那 100 英镑买到以前只用两英镑便可买到的东西。

金钱本无固有的价值,其价值随着时间而变,取决于 1 几尼 345
(Guinea)是等于 20 英镑还是等于 1 先令[①]。(正如我前文暗示过

① 先令(shilling),旧时英国货币单位,1 英镑的 1/20, 等于 12 便士(penny)。—— 译者

的,)决定金银价格的正是穷人的劳动,而不是为金银规定的或高或低的价值,而生活的一切舒适都必定来自穷人的劳动。只要尽力发展农业和渔业,我们便有能力使社会比如今富裕得多;但在增加劳动力方面,我们却几乎毫无能力,以致几乎没有足够的穷人去做我们生存所必需的那些事情。社会的均衡比例被破坏了,许多国人本应在各地成为辛劳的穷人,除了其工作不熟悉其他一切。与其他部分相比,这些人太少了。无须体力劳动的行业,或过高支付体力劳动的行业,全都有大量的应征者。你需要一个商人,却来了 10 个记账人,至少是 10 个假冒的记账人。想雇帮工的农夫,在英国比比皆是。你本想雇一个在绅士府当过差的男仆,却来了 12 个人,个个都想当大管家。你能雇到 20 个家庭女仆,而不付出高薪便雇不到一个厨师。

只要可能,任何人都不肯去干肮脏的、为奴般的工作。我并不反对那些工作,但所有这些情况都表明:连最穷的人都懂得太多,
346 以至于不愿为我们服务。仆人们的要求往往超出男女主人的支付能力。穷人靠我们出钱,勤奋地增加了他们的知识[①],而又确信我们将为那些知识再次花钱,究竟是什么样的疯狂在激励他们如此啊!使我们破费更多的,不但有用我们的钱上学的人,还有一些完全无知的村姑和愚民,他们一无所能,毫无价值,却也在强使我们出钱。用我们的钱上学的人造成了仆人的短缺,而这又为他们日后要求提薪找到了口实。他们要求的薪水,本来唯有身为内行、并具备与该行相关的诸多良好素质者才应得到。

---

① 此指慈善学校用捐助者的钱为穷人子女提供免费教育。——译者

世界上任何地方，都没有比我们的一些男仆更聪明的家伙，都没有像他们那样对待差事的人。他们能干些什么呢？他们大多都是无赖，不可信任。即使他们诚实，其中一半也是酒鬼，一星期喝醉三四回。这些粗暴之辈常常喜欢吵架，将自己的男子气概看得高于一切。若有人怀疑他们的勇气，他们便全不顾撕破什么衣服，全不顾自己多么令人失望。其中那些脾气好的通常都是坏透了的皮条客，总是追踪妓女，总是毁掉每一个来到他们身边的女仆。其
中很多人犯下了所有这些罪恶，嫖娼、酗酒、吵架，但主人们却对这 347
些仆人的过错一概视而不见，也不讨厌他们，因为他们风度翩翩，言辞恭顺，懂得怎样服侍绅士。但这种忽视却是主人的蠢举，不可原谅，往往以惯坏仆人告终。

少数仆人并未染上以上任何一种缺点，而是知其本分。但这种人十分鲜见，因此，50 个自视过高的仆人中，连一个这样的人都没有。这种人的薪水必会高得出格，你永远都填不满他的欲壑，家中的一切都是他的额外津贴；你给他的赏钱若养活不了一个中等家庭，他便不愿留在你家。虽然你使他摆脱了卑贱地位，使他离开了收容所或监狱，但他若得不到某个地位，你就永远无法让他久留，而那个地位，是他因高估自己而认为理当得到的。不仅如此，从不莽撞无礼的最优秀、最有教养的仆人，也会离开最纵容他的主人。为了体面地离开，只要能自圆其说，他会编出 50 个借口，说出彻头彻尾的谎言。一个为顾客提供半克朗[1]或 12 便士一份的套

① 克朗(Crown)，旧时英国的 5 先令银币，等于 60 便士。—— 译者

餐[1]的饭馆老板,想从顾客那里得到的赏钱,与一个男仆想从和他主人共餐的客人那里得到的一样多。我很怀疑,那饭馆老板是否常会像那男仆一样,根据顾客的身份地位,认为顾客本应赏给他一先令或者半克朗。

348 招待不起很多客人、不常请人吃饭的主妇,雇不起值得信任的男仆,于是不得不雇用乡下傻瓜或其他笨蛋,而只要这种人以为自己适合别的职业,而其无赖同伴们又使他变得聪明了一些,他马上便会溜掉。很多绅士为了消遣或生意,常去一些著名餐馆或场所,特别是威斯敏斯特大厅[2]一带的餐馆,而所有这些餐馆都是仆人的学校,连头号的傻瓜都能在其中改进其智力,摆脱其愚蠢和天真。这些餐馆是男仆的学院,日日都有公开讲座,他们那些教授经验丰富,讲述所有下流放荡之事,教给学生至少七百种粗鄙之技,例如怎样行骗、怎样强加于人、怎样找出主人不防备的一面。这些学生还常能用其所学,用不了几年,便成了为非作歹方面的毕业生。年轻绅士之辈并不深谙世道,一旦在其男仆职业中精进了对世道的认识,便往往会沉溺于上述做法。他们担心自己的无知被人发现,因此几乎不敢反对或拒绝任何事情,而这往往使他们通过获得某些不合理的特别待遇,最拼命地掩饰无知,但这反而暴露了他们的无知。

349 一些人也许会将我批评的这些事归咎于奢侈(Luxury)。而

---

① 套餐(Ordinary),以固定价格提供的全套膳食,其法语为 Table d'hôte。——译者

② 威斯敏斯特大厅(Westminster-hall),英国伦敦威斯敏斯特宫(Westminster Palace)的一部分,建于 1097 年。——译者

我要说，奢侈不会损害富国，只要其进口少于出口。但我并不认为如此归咎是正确的，不应以奢侈与否衡量任何事物，因为那完全是愚蠢使然。一个人可以过分沉溺安逸快乐，只要负担得起，便尽可能最辛勤、最昂贵地享受现世之乐，同时又在周围一切事情上表现出良好的判断力。但他若尽力使其仆人不提供他需要的服务，便不能说他有头脑。惯坏英国仆人的，正是过多的金钱、过高的薪水和多得离谱的赏钱。一个人或许养了25匹马，只要这与他的其他环境相适，他便不是愚人；但他若只有一匹马，却给它喂得过多，以此炫富，他就是咎由自取的傻瓜。时髦的、喜欢炫富的贵族绅士，其仆人从他付给零售商的钱里扣下百分之三到百分之五（钟表匠和其他出售玩具、多余小饰品等新鲜玩意儿的小贩常会遇到这种做法），交给主人，而容忍这种做法的主人，岂非愚蠢？有人送给仆人礼物，仆人收了，我们可以默许此事；但仆人若声称礼物是他们

应得的，不给便索要，那就是厚颜无耻，不可原谅。生活必需品应 350
有尽有的人，无缘像仆人那样为金钱而受罪，除非他们打算存钱防老、防病。这种做法在我们那些“跳出贫民区者”[①]当中不很常见，而他们即使为此存下了钱，也会变得粗鲁无礼，没有耐性。

有可靠消息说，一些男仆已傲慢到结成了团体，定下了规矩，责成自己不得到一定数目的钱便不提供服务；不搬运任何超过一定重量（二至三磅）的物品、包袱和包裹；还有其他一些规矩，都与其服务对象的利益针锋相对，彻底违背了其应尽职责。即使其中

---

① 跳出贫民区者，原文是 Skip-kennels。Kennel 原意为阴沟（gutter），也比喻贫民区。这是对男仆的蔑称。—— 译者

有人不严守这个体面团体制定的规矩,他也会受到照顾,直到找到下一份服务工作。任何时候都不会没钱启动和维持反对主人的官司,它往往根据那个团体的法令,伪称主人殴打或侮辱了其绅士般的男仆。主人们一直在侮辱男仆,以满足自己的安逸和便利,这消息若是真的(我有理由相信它是真的),那么,只要这种情况继续下去,我们不久便会看到很多家庭都认真上演法国喜剧《主子男
351 仆》[①]。若不迅速纠正这种状况,等那些男仆扩大了其团体的人数,他们便会有能力在他们选定的任何时间演出悲剧,因为法不责众。

但即使那些忧惧无关紧要、毫无根据,亦不可否认:仆人们大多每天都在冒犯男女主人,极力提高自己的身份。他们设法使法律废除他们的卑贱地位,并已使人们对他们的评价大大高于原先的卑微,而公众福祉要求他们始终留在原先的地位。我不是说这些事情全都归咎于慈善学校,这些事情还可能部分地源自另一些恶德。对英国来说,伦敦太大了;我们也在某些方面有所不足。但是,倘若同时出了一千个错误之后,我们才认真考虑解决它们造成的麻烦,那么,谁会怀疑我的观点呢?我认为,慈善学校是仆人们的同谋,至少它们更有可能引起和增加仆人的抱怨,而不是减少它们。

① 《主子男仆》(*Le Maitre le Valet*),法国诗人、戏剧家、小说家保罗·斯卡隆(Paul Scarron,1610—1660)的五幕诗剧,全名《裘德莱,或主子男仆》(*Jodelet, ou le Maistre Vale*,1645)。该剧主角裘德莱(Jodelet)是法国喜剧中第一个反仆为主的仆人。后来,莫里哀在其单幕讽刺喜剧《可笑的女才子》(*Les Précieuses Ridicules*,1659)中,也将一个才女的求婚者称为“裘德莱子爵”(Vicomte de Jodelet),而此人其实是个男仆。此句意为:不久即可见到许多家庭的男仆自视为主人。—— 译者

因此，能为慈善学校辩解的唯一重要理由是：慈善学校向数千名儿童传授了基督教信仰和英国国教原则。欲证明这一点，为慈 352
善学校辩解尚嫌不够，我还必须请读者回想一下我已说过的话（因为我讨厌重复）。我还应补充几句：为使辛劳的穷人了解宗教（儿童在校学习宗教），无论为他们提供什么救助和必需品，均应充分，如同提供教堂布道或传授教义（Catechize[①]）一样。我不想让那些能走进教堂等地的、教区最穷的人缺席主日礼拜。正是安息日[②]（它是一周中最有益的一天）被留给了圣事和履行宗教义务，也被留给了体力劳动者，让他们休息。一切地方长官的责任就是特别重视那一天。穷人及其子女更应在那天午前或午后去教堂，因为他们没有其他时间。根据规则和先例，应鼓励他们自幼习惯于此。随意疏忽此事，应被视为可耻。完全强迫他们做到如此，若显得过于苛刻或不切实际，便至少应当禁止一切娱乐，禁止穷人在教堂以外的一切娱乐活动，因为那些娱乐会引诱他们离开教堂。

地方长官若以其职权解决了这个问题，教徒们便会逐步获得一些起码的能力，更加虔诚，并更深地理解美德原则和宗教。这种 353
作用，超过了慈善学校历来起到的作用。而那些抱怨者则十分懒惰或十分无知，并低估自己，即使有机会，他们也无法不借助读写、向其教区居民传授基督徒所需的全部知识。

最有学问者并不是最虔诚的人，而一项调查可以证明这个说法：我们若调查能力不同者的生活，即使在目前，也会发现去教堂

① Catechize，以问答法传授基督教义。—— 译者

② 安息日（Sabbath），基督教大多将一周第一天（星期日）作为休息和做礼拜的日子，即安息日。—— 译者

并非穷人和文盲的强制义务。我们选定最先见到的 100 个穷人，其年龄均在 40 岁以上，自幼养成了艰苦劳作的习惯，所以从未上过学，一直远离知识和大城市。我们将这些人与同样数量的优秀学生做个比较，后者全都上过大学，而你若愿意，也会知道其中一半都是神甫，精通哲学和辩论术。然后，我们公平地检查一下这两种人的生活和言谈。前者虽不会读书写字，但我敢说：我们一定会在他们当中发现较多的和睦与关爱，较少的邪恶和对尘世的依恋，较多的心满意足，较多的天真、诚挚，以及其他一些有利于公众的
354 和平和切实幸福的美德。相反，后者的上述优点少于前者，而我们一定会在他们当中发现极度的自负与傲慢、无止无休的争吵和意见纷争、无法和解的仇恨、竞争、嫉妒、诽谤，以及其他一些破坏社会和谐的恶德；而不识字的辛劳穷人，则几乎从未明显地染上那些恶德。

我完全相信：对我的大多数读者来说，以上最后一段所说的情况绝非新闻，但那些情况若是真的，为何要讳莫如深？我们对宗教的重视，为何永远都是一件掩盖我们的真正目的和世俗意图的长袍？倘若两党[①]都同意摘掉假面具，我们很快便会发现：无论它们假装成什么，其目的都不是提倡慈善学校，而是加强各自的党；那些通过向儿童传授宗教原则、最顽固地支持教会的人，则意在鼓励儿童以最高的尊重对待英国国教神甫，并强烈憎恶和永远敌视一切不赞成英国国教的人。欲确定这一点，我们只需注意两个方面：

① 两党，指 18 世纪英国的托利党(Tory)和辉格党(Whig)。——译者

一是神职人员在慈善学校布道[①]时最赞美什么、最热衷鼓吹什么；二是我们近些年来是否在群氓中发现过任何骚乱或群体混战，而在骚乱中，最鲁莽的头目是否总是伦敦某个著名收容所的青年。

极力主张自由的人一直在自卫，一直在反对独裁权力（Arbitrary Power）。他们未受到独裁的威胁时，往往并不全都十分迷信，也似乎并不全都十分看重现代改革者的身份（Modern Apostleship）。尽管如此，其中一些人还是为慈善学校高声申辩，而他们希望从慈善学校得到的东西，却与宗教和道德毫不相干。他们只将自己看作恰当的工具，用以摧毁和挫败神职人员对不信教者的权力。读写能增长知识，人的知识越多，就越能作出独立判断。人们会想象：一旦普及了知识，民众便不受神甫的支配，而这是神甫们最怕的事情。 355

我承认，前一种人[②]很有可能达到目的。但可以肯定一点：聪明人既不狂热支持某个党，也不盲目信仰神甫；他们认为，仅仅为了满足神甫们的野心和权力欲，不值得忍受这么多麻烦（例如慈善学校可能引来的那些麻烦）。对后一种人[③]，我的回答是：只要用

① 慈善学校布道，一些代表性的布道词，见于文件汇编《在伦敦大区暨威斯敏斯特区慈善学校儿童教育年会上的25篇布道词，1704—1728年，布道人为大主教等高级教士，1729年》（*Twenty-Five Sermons Preached at the Anniversary Meetings of the Children Educated in the Charity-Schools in and about the Cities of London and Westminster . . . from the Year 1704, to 1728 Inclusive, by Several of the Right Reverend the Bishops, and Other Dignitaries, 1729*）。英国国教神甫、托利党人托马斯·夏洛克（Thomas Sherlock，1678—1761）曾多次在布道中提倡慈善学校。——译者

② 前一种人，指前段开头所说的极力主张自由的人。——译者

③ 后一种人，指前段所说的赞成慈善学校的人。——译者

父母或亲戚的钱上学的人都能独立思考,不肯接受神甫们灌输的道理,我们便不必关心神职人员对全未受过教育的无知者的影响。让他们充分地利用慈善学校吧:鉴于我们为付得起学费者建立的那些学校,认为取消慈善学校就是迈向愚昧(愚昧将损害英国)的
356 第一步,乃是荒唐可笑的看法。

我不愿被看作心地残忍,也完全知道:若说我对自己还有最起码的了解,我便会说:我对残忍深恶痛绝。但过分同情理性禁止同情之事,过分推崇社会总体利益所要求的思想和决断的坚定性,却是个不可原谅的缺点。我知道,同情心将永远与我作对。只要上帝让穷人子女像富人子女一样具备了天生禀赋和才能,他们却没有任何机会发挥才能,那就是残忍。但我不认为这比另一种情况更残忍,那就是:穷人子女虽具备和其他人一样的素质,却身无分文。我不否认,贫民收容所里也出过一些很有用的人,但也很可能出现另一种情况:那些人第一次被雇用时,收容所里很多像他们一样的人却被忽视了,后者若像前者一样走运,像前者一样得到了工作,也会像前者一样能干。

很多事例都证明女子的学习能力极强,即使在战时也是如此。但这绝不是说,我们应使女子全去学习拉丁语和希腊语,学习军纪,而不学缝纫和家务。我们当中根本不缺很有天赋的人,
357 人类也没有哪种土壤和气候,能造就比英国通常造就的人身心更佳的人。我们缺少的不是智慧、天才或柔顺,而是勤勉、专注和刻苦。

必须有人从事大量艰苦、肮脏的劳动,必须有人去过低劣的生活。除了穷人的子女,我们还能在哪里找到满足这些需要的更好

温床？不用说，任何人都不会比穷人更接近、更适于那种生活。此外，穷人自幼过惯了艰难的生活，最了解它，因此对穷人来说，我所说的“艰难”(Hardships)便既不算艰难，也不是艰难。一些人最辛苦地劳作，最不熟悉世上的浮华与美味，我们当中，无人比他们更心满意足。

这些都是不可否认的事实，但我知道：愿意泄漏这些实情者，为数不多。使这些事实令人讨厌的，是一种不合理的情绪，即对穷人的狭隘尊重。这种情绪存在于大多数民众之中，尤其是在英国；它来自怜悯、愚蠢及迷信的混合物。正是这种混合物的活跃感觉，使人们不能忍受耳闻目睹一切反对穷人的言行，而不顾哪些言行有理，哪些言行傲慢。因此，哪怕一个乞丐先打了你，你也不应还手。大量满师裁缝状告厂主，态度顽固，不讲道理[①]，但我们必须
怜悯他们。必须安慰抱怨的织工，做出50件蠢事，使他们开心，虽 358
说他们因贫穷而侮辱了境况好于他们的人，并似乎在一切场合都更喜欢放假和聚众闹事，而不喜欢劳作与戒酒。

这让我想到了我们的羊毛，它涉及我国现状和穷人的行为。我真心相信，无论出于何种理由，都不应出口羊毛。若弄清了出口羊毛何以有害，我们对出口羊毛的大量抱怨和悲叹，便很有道理。羊毛在离岸出口、平安渡海到岸之前，一定会遇到大量的、多种多样的危险，因此，外国人显然必须先购买我们的羊毛，才能加工，其

① 1720年，英国七千名满师的裁缝组成工会，其活动使英国国会通过一项全国法令，规定“一旦大量满师裁缝联合为一体，争取将其工资提高到不合理的价格，缩短常规劳动时间”，制衣业的一切雇佣合同便均为无效，进入该行业将受到惩罚。——译者

成本大大超过我们在国内加工羊毛。不过,尽管存在这种巨大的成本差异,外国人仍能以低于英国国内的价格在国外市场出售羊毛制品[①]。这是使我们破产的灾祸,是无法忍受的危害,而若免除了它,只要我们的劳工充分就业,只要我们仍有剩余羊毛,这种商品的出口对我们的危害,便如同锡或铅的出口了。

在制造羊毛织物方面,世界上尚无一国如英国这般完美,无论
359 货物运输还是产品质量,至少是众多生产部门,如是如此,因此,我们所能抱怨的事情,完全在于我国与他国在管理穷人方面的差别。倘若甲国工人每日工作 12 小时,每周工作 6 天,乙国工人每日只工作 8 小时,每周至多工作 4 天,那么,乙国便必须用 9 人才能完成甲国 4 人完成的工作。此外,倘若勤勉的甲国工人的住房、食品、衣服等消费的成本,只是乙国等量工人所需成本的一半,其结果就必定是:若价格相同,甲国必能雇用 18 名工人,而乙国只能雇用 4 名工人。我既不想暗示,也不会认为:在勤勉或生活必需品方面,我国与任何邻国之间的差异如我所说的那么巨大。不过,我仍想让人们考虑一点:那些差异的一半、甚至更少的差异,已足以使工人劳动的不利条件与羊毛价格失去平衡。

① 参见戴夫南特(Davenant)《政治及商业著作集》(*Political and Commercial Works*,1771 年版)卷一第 100 页:"在欧洲任何国家,所有产品的价格都不像英国这么昂贵。就在今天,荷兰人买了我们的衣服,带回国内,以低廉成本修整加工,再以低于英国市场的价格卖回英国。""若能实现这一措施[使受捐助者去工作],羊毛加工业将得到发展,而无须任何不自然的驱力或强制,因为英国缺少人手,不缺少工厂,缺少强制穷人工作的法律,不缺少雇佣穷人所需的资金。""欲使英国从羊毛制品真正获益,我们应使产品价格非常低廉,使之能以低于一切外国市场的价格抛售出去。"查尔斯·戴夫南特(Charles Davenant,1656—1714)是英国商业经济学家、政治家、托利党人。—— 译者

我认为有个最明显的事实:一些国家在很多方面都与邻国至多是相差无几,例如技术、货运、劳动便利,尤其是产品的成本是否过高(除非它们有库存),以及一切能降低生活成本的因素,或工人是否更加勤勉、是否愿意延长工作时间、是否比邻国工人更满足 360
于较为穷苦的生活。在这种条件下,任何国家都无法向邻国倾销任何产品。可以确定一点:工人越多,完成同等数量工作所需的人手便越少;一国的生活必需品越丰富,该国出口的产品就越多、越便宜。

因此不可否认:大量的工作尚待完成。我认为下一个问题同样不可否认:人们工作时越愉快,工作便完成得越好,这既包括完成工作的人,亦包括社会其他成员。愉快即满足,一个人对更好的生活方式知道得越少,就越是满足自己的生活方式。相反,一个人对世界知道和经历得越多,其趣味就越细腻高雅,对一般事物的判断就越全面,当然也就更难满足。我不想提倡任何粗俗野蛮之事。不过,一个人自得其乐、大笑、歌唱时,我在其姿势、举止中见到了心满意足的全部征象,于是便说他快乐,这与他的智慧或能力毫不相干。我绝不深究他的欢笑是否有理,至少我不应以自己的标准 361
判断其理由,也不应根据令其欢笑之事造成的结果对我的影响,判断他是否该笑。因此,我喜欢蓝乳酪[①],讨厌乳酪者必会将我唤作傻瓜。*De gustibus non est disputandum*[②],这句格言的喻意和字面意义,都是正确的。人们的环境、社会地位、生活方式相距越远,

① 蓝乳酪(blue Mold),亦作 blue cheese,以青霉菌发酵而成的乳酪,表面有蓝斑,又名蓝纹乳酪。—— 译者

② *De gustibus non est disputandum*,(拉丁语)言及趣味无争辩。—— 译者

就越不能互相判断对方的烦恼或快乐[①]。

一个最贫穷、最无文化的农民,若离开乡村,隐姓埋名,用两个星期观看至尊的国王的生活,他会发现自己喜欢的一些事情,但也会发现更多的事情,而他若与国王换位,马上就会改变或纠正它们,而他发现国王一直在容忍它们,好不惊讶。同样,国王若以同样的方式考察农民的生活,也会认为农民的劳动无法忍受;农民肮脏、悲惨的生活,饮食和情爱,消遣和娱乐,都会令国王憎恶。既然如此,从农民内心的宁静和心灵的泰然当中,国王又发现了什么魅力呢?不必隐藏自己的任何家人,不必对其死敌故作亲善,没有同床异梦之妻,不必担心子女,没有必须揭露的阴谋,没有令人畏惧
362 的毒药,国内没有民众拥戴的政客,国外没有必须对付的狡猾宫廷,没有必须贿赂的、表面上的爱国者,不必满足不知餍足的宠臣,不必听从自私自利的牧师,不必取悦分裂的民族,不必迎合感情无常的乌合之众,他们左右、干涉国王的享乐。

若以公平的理性判断真正的善恶,列出一些快乐与烦恼(国王的喜忧与农民的大不相同),我便不知国王的处境是否都是农民想要的,尽管我认为后者应当无知和辛苦。很多人都愿做国王,不愿做农民,其理由首先是骄傲与野心,它们深深植根于人的天性,而

① 参见本卷曼德维尔对其长诗《抱怨的蜂巢》的评论[O],关于判断美丑善恶的不同标准的议论。英国哲学家洛克(John Locke,1632—1704)在其《人类知性研究》(*Essay concerning Human Understanding*)中说:"头脑的爱好也各不相同,正如人们爱好不同的味道;欲尽力以财富和荣誉取悦一切人……亦如欲尽力以奶酪或龙虾取悦一切人,均会劳而无功。我认为,古代哲学家探究至善(*summum bonum*)是否由财富、肉体快乐、美德、沉思构成,乃是徒劳。他们亦可能有理由争论能否在苹果、李子或胡桃中发现最佳美味。"—— 译者

我们若日日见到别人经受最大的危险和艰难，便既会轻视他们，又心满意足。第二个理由是：使我们产生好感的对象（无论是物质的还是精神的），其影响力有大有小。能直接激起我们外部感觉的事物对我们激情的影响，比思考的结果、最令人信服的理性的指示更强烈。较之后者，前者的偏见更能决定我们的好恶。

鉴于以上论证，我提倡的做法绝不会损害穷人的幸福（至少是损害最小）。我请明智的读者判断一个问题：我们是否更有可能以
我所说的方式，增加我们的出口，而不是一动不动地坐着，咒骂我 363
们的邻国，说它们用我们造的武器打了我们。其中一些国家向我国倾销高价购得的、我们自己制造的商品，另一些国家则不计路途遥远和重重麻烦，依靠被我们忽视的渔业，越来越富，尽管同一条鱼随时都会跳进我们口中。

你能依靠技巧和不懈努力阻止懒惰，同样，你也无须强力便能迫使穷人去劳作，因为若使穷人在愚昧中长大，你便能使他们习惯真正的艰苦生活、而从不会意识到自己的处境。我早已说过，我说使穷人在愚昧中长大，别无他意，而只是说：穷人对世事的了解应仅限于其自身职业的范围，至少我们不应尽力扩大那个范围。我们一旦靠这两个引擎[1]制造出了产品，进而获得了廉价劳动力，就必然能向邻国成功地倾销商品，同时增加我们的产量。这是高尚而果敢的方式，用以对抗我国的贸易对手，并依靠这种优越的方式，在国外市场上战胜它们。

为吸引穷人去工作，我们有时必须善用政策。穷人说不愿像

① 这两个引擎，指“阻止懒惰”和“使穷人在愚昧中长大”。—— 译者

其他国家的穷人那样生活,我们为何要忽视这个最重要的意愿?我们既然改变不了穷人的决心,为何要赞同穷人反对公益的情绪、
364 将它们视为正当?我往往弄不懂:一个英国人,自诩心怀国家的福祉、荣耀和光荣,何以会在晚上乐于听一个懒惰的房客(他已拖欠了一年多的房租)嘲笑法国人穿木鞋,而在早上羞于听人将伟大的威廉国王[①]誉为雄心勃勃的君主、雄才大略的政治家,同时又面带悲伤与愤怒,公开向世人抱怨法国的王权过于强大[②]。不过,我仍不会赞赏木鞋,亦不会极力主张授予一个人独裁权力。我希望自由和财产继续受到保护,也希望穷人目前的就业状况有所改善,尽管穷人子女的衣服应被有益的劳动磨破,被乡间尘垢染黑,但劳有所得,而不是在游戏中被撕破、被泼上墨水,而不劳无获。

英国至少尚有三四百年的工作,可提供给比这个岛国的穷人还多10万的穷人。欲使英国的每一个部分都变得有用,使英国各地都有人居住,很多河流便都有待于通航,数百处地方均应开凿运河;一些土地需要排水和防洪,以供未来之用;须使大量荒地变得肥沃,须使人们更易接近数千英亩土地,将它们改造得更加有益于
365 国民。*Dii Laboribus omnia vendunt*[③]。天下的困难,没有劳作与耐心克服不了的。最高的山峦,可被填入随时都能容纳它们的

---

① 威廉国王(King William),指英国国王威廉一世(William Ⅰ,1027—1087),即"征服者威廉"(William the Conqueror),诺曼底大公(1035—1087)。——译者

② 指法国国王路易十四(Louis ⅩⅣ,1638—1715)的绝对王权。——译者

③ *Dii Laboribus omnia vendunt*,(拉丁语)天道酬勤,可直译为"辛劳能从众神购得一切"。此句见于古希腊历史学家、军人、苏格拉底的弟子色诺芬(Xenophon,公元前430? —前355?)著《苏格拉底谈话录》(*Memorabilia*)卷二第一章第20节的埃庇卡摩斯之言。该书原文为希腊语,共分四卷39章,写于公元前371年以后;埃庇卡摩斯(Epicharmusc,公元前540? —前450?)为古希腊戏剧家、哲学家。——译者

山谷；在我们从未想过架桥之地，如今亦可架起桥梁。不妨回顾一下昔日罗马人的惊人业绩，尤其是他们建造的公路和水渠[①]。一方面，想想其中一些公路是那么长、那么坚固，已被使用了那么长的时间；另一方面，想想一个穷旅人，每走10英里就被一条收费公路（Turnpike）挡住去路，被强索一便士，供夏天修路之用，而尽人皆知，那些路上全是烂泥，至冬始干。

公众的生活便利，永远都应是公众关心的问题。任何城镇乃至整个国家的私利，都不应阻碍一个明显旨在改善全国的计划或发明。立法机关的每一个成员，只要知道其职责所在，并愿像聪明人那样行事，而不愿向邻人邀宠，至少都会利用全王国最少的资金，为其所辖之地谋求最明显的利益。

我们自有物料，建造任何设施都既不缺石头，亦不缺木材，而 366
若将人们每年自愿施与乞丐的钱（那些乞丐本不配得到那些钱）、每个主妇每年被迫付给教区穷人（他们或失业，或业非所长）的钱加在一起，便足以雇用数千人去工作。我提出这个办法，并非因为我认为它切实可行，而是只想表明：我们有足够的钱雇用大量劳工；我们也不像可能想象的那样，如此缺少此类资金。若承认一个士兵（他至少应像其他任何人一样维持其气力和活力）能以6个便士活一天，我便想不出有何必要在一年的大部分时间里付给日工16或18便士。

我知道，忧心忡忡的谨慎者一向珍视其自由，他们会大叫：我

① 罗马人于公元43年侵占了不列颠，统治英格兰四百年，其间修建了许多城镇以及公路、水渠、澡堂、庙宇等设施，并将基督教带到了不列颠。—— 译者

所说的大众若无稳定的收入、财产和权利,便会任人摆布。但我会回答他们:可以找到切实的手段,制定一些规章以约束劳工管理者;而国王或其他任何人也都不可能虐待臣民。

我能预见:我在以上四五段所说的话,将招致我的许多读者的大量轻蔑与嘲笑,至少会被称作空中筑堡(Building Castles in the
367 Air),但它究竟是我之错还是他人之错,却是另一个问题。一国若是缺了公益精神(Publick Spirit),那就不但失去了与公益精神相伴的耐心,失去了一切坚定的思想,而且会变得心胸狭隘,一想到格外宏大之事,或必须长期方可完成之事,便觉痛苦,而又将一切高尚或崇高之事视为空想。凡是击溃或彻底驱除了大众愚昧之地,全民中都会杂乱地分布着还算有些知识的人,而自恋就会将知识(Knowledge)变为狡猾(Cunning),而一国越是狡猾盛行,其民众就越将其全部担忧、关注和勤奋固定于眼前,毫不考虑日后如何,或几乎不想下一代人会怎样。

若按韦如兰爵士[①]的说法,狡猾乃是一种扭曲的智慧[②],那么,一出现这些征候,明智的立法者便应马上设法消除这种社会混乱,其最明显的表现如下:人们普遍蔑视有名无实的奖励;人人都想赚小钱、做速效的生意;怀疑一切,除了相信自己的眼睛、不相信一切,这样的人被看作最为谨慎;与他人打交道时,每每只遵循一个

---

① 韦如兰爵士(Lord Verulam),指英国哲学家弗朗西斯·培根(Francis Bacon,1561—1626),他在1621年受封为韦如兰男爵(Lord Verulam of Verulam)。——译者

② 扭曲的智慧,原文是"Left-handed Wisdom"。培根在《论狡猾》(*Of Cunning*)一文中说:"我们将狡猾视为一种阴险或扭曲的智慧。"(We take cunning for a sinister or crooked wisdom.)——译者

原则，即以魔鬼为后盾的邪恶原则；人们不肯种植橡树，因为橡树要生长 150 年才适合砍伐，而是愿意盖房，指望房子的寿命不超过 368
12 年或 14 年；人人都相信世事无定、人事多变；数学成了唯一值得学习的东西，人们在一切事情上都利用数学，不怕受到嘲笑；人们似乎在一件事情上最相信天意(Providence)，那就是商人的破产。

公众有责任弥补社会的种种缺陷，首先是弥补最常被个人忽略的缺陷。矛盾更宜以矛盾化解，因此，立法机关应当建立一些伟业，它们必须是时代的产物，也是巨大劳动的成果，并使世人相信：立法机关的每一项举措，都是对下一代人的热切关怀。这样的范例，比匡正全民缺点的法规更有效。这将使王国中那些不稳定的天才和性情多变者稳定下来(或至少对此有所帮助)，并记住一点：我们并非天生只为自己，而是能作为一种工具，它能使人们不那么不堪信任，能向人们灌输真正的爱国精神，能使人们亲切地关心一国之本，因为欲使一国壮大，这些精神就比任何东西都更加必不可少。政府的形式会改变，宗教甚至语言亦会改变，但是，大不列颠或(倘若它同样可能失去这个名称)至少是英格兰却依然会存在，只要地球上还可能存在人类，英格兰便会存在下去。一切时代都 369
因受惠于其先祖而尊重它们。一个基督徒，享用了只有圣彼得大教堂之城[①]才有的众多泉水和丰富水道，若从未心怀感激地忆起异教的古罗马人(他们当年曾为建造它们而历尽千辛万苦)，他便是个忘恩负义的卑鄙之徒。

① 圣彼得大教堂之城(City of St. Peter)，指古代的罗马城。圣彼得大教堂(St. Peter's Basilica)位于罗马的梵蒂冈城内，1626 年完工。—— 译者

当这个岛国遍布耕地,每一英寸土地都适于居住,都能使人获益,英国成了地球上最便利、最可人的地方,那么,其付出的一切成本和劳动,便都得到了辉煌的报答:我们的后人受到了鼓舞,而心中燃烧着追求不朽的高尚热情和欲望、无比关心其国家进步的人们,也满意地安息,自此一两千年之后,他们仍会活在受益于其成就的数代人的记忆中,永享赞美。

我本应在此结束这首思想狂想曲(Rhapsody),但又突然想起一个问题,它涉及本文的范围与主旨,它将证明:秩序良好的社会,有必要存在一部分愚昧者。我不能忽略这个观点,因为我要将它变得有利于我,而我若不对它做一番解释,它便很容易成为对我的
370 有力反驳。当今俄国沙皇[①]最值得称赞的品质,就是不倦地努力提高其臣民、使他们摆脱天生的愚昧,使俄国文明化。这是很多人的观点,我也在其中。但我们必须想想俄国人最缺的是什么,而不久前绝大部分俄国人还几乎是野兽。这位沙皇没有与俄国版图之广和百姓之众相适应的工匠和手艺人,俄国的真正进步需要他们,但他们既不够多,其行业也不够全,因此总地来说,他为了获得这些人而不遗余力。可是,这对我们这些为与之相反的疾病[②]而苦恼的人有何教益呢?合理的政治之于社会,如同用药之术之于人类。任何医生,都不会以治疗失眠症的药方治疗嗜睡症(Lethargy),也不会用治疗糖尿病的药方治疗水肿病。总之,俄国的行家(Knowing Men)太少,而大不列颠的行家则太多了。

① 当今俄国沙皇(present Czar of Muscovy),指俄国的彼得大帝(Peter Ⅰ,1672—1725;1682—1725年在位)。—— 译者

② 与之相反的疾病,指(英国)各行各业的工匠过多。—— 译者

社会本质之探究 371

大多数道德家和哲学家迄今一直认为：没有自我克制便没有美德。然而，一位已故作家[①]（现在许多有识者都读过他的不少著作）却持相反的见解，认为：对自己宽容、能顺应自己天性者，自然就是具备了美德的人。他似乎在要求并期望人类的天性是美好的。这就像我们品尝葡萄或中国橘子的甜味时的态度一样。倘若其中任何一个是酸的，我们便会大胆宣布：它们并未达到大自然赋予它们的完美，而那完美本来是可以达到的。这位高尚的作家（因
为我这里指的是沙夫茨伯里阁下的人格）认为：人是为社会而创造 372
出来的，因此，人应当天生具备对全体（他是其中的一部分）的美好热情，具备为全体谋福利的天然性向。为了论证这个说法，他将一切符合公共利益的行为称为符合美德的行为，而将一切自私自利的行为，即一切不顾公共利益的行为，称作恶德的行为。谈到我们人类，他将美德与恶德看作永远存在的现实，一切国家、一切时代，必定都是如此，并且认为：一个具有深刻理解力的人，遵照良好理

① 此指沙夫茨伯里三世（Anthony Ashley Cooper，3rd Eal of Shaftesbury，1671—1713），英国哲学家，他认为美德在于顺从自然，在于领悟到公共利益与个人利益是一致的和密不可分的。这里“自然”是指宇宙格局赋予每个人的位置。—— 译者

性的规则,不仅会在道德剧、艺术作品和大自然里发现美丽(pulchrum)或道德美(honestum),而且会受更从容、更情愿地接受自己理性的支配,如同优秀的骑手用缰绳驾驭训练良好的马那样。

看过本书前面的部分之后,细心的读者很快便会看清一点:沙夫茨伯里阁下的说法与我说法,这两者实在是再对立不过了。我承认,沙夫茨伯里阁下提出的概念的确很慷慨,很精妙:它们是对人类的莫大恭维,只需借助于一点点热情,便能做到,那热情就是要用一种高尚的情操来唤起我们,它涉及我们被颂扬的天性的尊严。遗憾的是,它们皆不是真的。在本书的几乎每一页里,我已经证明:那些概念的实在性与我们的日常经验格格不入。若没有这样做,我此刻也不会说那些概念皆不是真的了。不过,为了不给一
373 种反驳意见留下任何借口,不使它得不到回答,我打算详细地阐述一些事情(到目前为止,我仅仅略地提及过它们),以使读者坚信:人那些美好的、善良的品质,并不能使人比其他动物更具有社会性;不仅如此,没有我们所说的(天性中的与道德上的)"恶德"的帮助,要将任何群体提高为一个人口兴旺、富裕繁荣的民族,亦是完全不可能的;即使做到了,也绝不可能维持下去。

为了更好地完成我给自己规定的这个任务,我首先要仔细考察"美丽"或"道德美"的真正本质。这里所说的"美丽"(pulchrum)或"道德美"(honestum),就是古人经常谈论的 τὸ κάλου[①],其含义是:探讨事物是否包含着一种真正的价值和美德,是否包含

① τὸ κάλου,亚里士多德解释为"值得称颂的",柏拉图解释为"快乐的"或"能获利的,有用的"。英国哲学家贝克莱说,古人将这个字解释为 honestum,即道德美,众说不一。——译者

着对另一事物的绝对优越性。在这个问题上,人人都同意最通晓那些事物者的见解。有时,人们也推崇一些为数不多的事物,而一切国家及一切时代皆对它们做出同样的判断。我们首先探究这种明显的价值,发现一种事物比另一种好,而第三种事物又比前一种更好,如此继续,于是我们开始抱有获取成功的巨大希望。但是,我们却见到了另外几种事物,它们要么全都很好,要么全都很坏,于是我们感到困惑,并不总与我们自己的见解相符,更少与他人的见解相契。美是多样的,舛误亦多种多样。世风与时尚在不断变化,趣味与性情各不相同的人会分别受到褒贬臧否。 374

评价一幅画的时候,意见总是不一的。有时,一幅佳作会被与出自新手的作品相提并论,可是,后者与杰出大师的作品之间有着何等明显的差别!古董鉴赏家当中有各种派系,在估计古董的年代和国别时,其中很少人会有一致的意见。最好的绘画并不皆能卖得最好的价钱。一幅有名的原作总要比一个无名之辈对它的任何出色临摹都更有价值,尽管那临摹可能更好。人们判断一幅画的价值,不仅根据绘画大师的名字及其作画的时代,在很大程度上,还根据其作品的稀少性,根据拥有那些作品者的身份,以及其家族声名显赫时间的长短(何以如此,至今尚无法解释)。倘若汉普顿宫①里的那幅壁廊画不是拉斐尔所作,而是出自一位不那么有名的画家之手,或者它属于私人所有,而此人不得不卖掉它,那么,人们绝不会出十分之一现价的钱(人们现在犯了大错,竟认为

① 汉普顿宫(Hampton-Court Palace),英国伦敦的皇宫,由英国建筑家沃斯莱(Wosley)建于1515年,1525年献给英王亨利八世,宫中有大量的绘画和装饰,还有花园和当时著名弄臣们的私人卧房。—— 译者

它值那么多钱)去购买它。

尽管如此,我还是愿意承认:对绘画所作的评价有可能变成一种被普遍承认的确定价值,至少不会像对几乎一切其他事物的评价那样易于变动,那样因人、因地、因时而易。个中原因十分明显:
375 评价绘画,有标准可循,这个标准始终如一。绘画乃是对自然的模仿,是对人们随处可见的事物的复制。倘若说,思考绘画这种壮丽发明已显得有几分过时,我希望通融的读者予以谅解,因为这思考对我的主旨很具引导性。这思考是:我所言及的事物虽然作为艺术很有价值,但是,在我们从这种快乐的欺骗中接受的全部快乐及令人陶醉的愉悦当中,我们还受制于我们种种主要感觉中的一种不完善。我将对此作出解释。空气和空间根本不是视觉的对象,不过,只要稍微注意观察,我们便会看到:我们看到的事物,离我们愈远,其体积便显得愈小。惟有来自这些观察的经验,才能告诉我们如何对事物的距离作出比较可靠的猜度。一个天生的盲人若到二十岁时突然获得好运,有了视觉,他便会对距离的不同而感到异常困惑,几乎不能马上单凭眼睛去确定哪个东西离他最近:究竟是他的手杖几乎可以碰到的那个邮筒,还是那座想必在半英里之外的尖塔。我们不妨尽量缩小视野,去观察墙上的一个洞,墙后面除了空气,别无他物。在其他情况下,我们或许不会看到:天空填满了那个洞的空白,离我们就像那些环绕着空洞的石头背面一样近。
376 这个环绕出来的空洞(根据我们对“看见”的定义,我们不能将它称作虚空)便很容易使我们受骗。美术能将一切事物(运动除外)再现在一个平面上,呈现于我们眼前,其方式与我们在生活及大自然中看它们的方式毫无二致。倘若一个人从未见过如何实施这种艺术，那么，只需一面镜子，便能很快让他相信这种操作是有可能的。因此我不禁想到：构成我们视觉的是来自非常平滑光润的物体上的反射，而这反射，则必定是发明素描及油画的最初契机。

在大自然的作品当中，价值与长处却是不确定的。甚至在人类，被一国看作美的东西，在另一国则未必如此。种花人的选择是何等变幻莫测啊！他所看重的，有时是郁金香，有时是报春花，有时则是康乃馨。每年，他都会认为一种新花胜过其他一切旧花，尽管那新花的颜色及花形其实比旧花要逊色得多。三百年前，男人刮脸与现在十分相近：因为他们留胡须，还将胡须剪成各种样式，当时，那些胡须样式皆被看得很漂亮；而当今，它们则被视为荒唐可笑。在人人都戴宽边帽的时代带窄檐帽（以前它也一度被认为很好看），那模样该有何等寒酸、何等可笑！同样，在小帽子极为流行的那段相当长的时期里，大帽子显得何等古怪离奇！经验告诉
我们：这些时尚很难持续十至十二年以上；一个六十岁的男人一生 377
中必定至少目睹过五六次时尚大变革，而这些变化的开始阶段（尽管我们亦目睹过它们）每每总会显得不合时宜，并且每当它们以新的面貌回潮时，都会令人厌恶。究竟什么样的高人能对时风作出归纳，确定哪种时尚最美？是衣服上的大扣子，还是小扣子？布置园林的合理办法几乎不计其数，而其中被称为美的方式，则因各个民族的趣味及其时代而异。草坪、树节和花坛皆有多种多样的形式，通常均令人愉悦；不过，圆形也如同方形一样悦目。对一个地方来说，椭圆形最合适不过；而在另一处，三角形则是最佳。在一处，八角形显得比六边形更美；而在一些情况下，阿拉伯数字“8”的图案有时会比数字“6”的更显好看。

自从基督徒能够建造教堂开始,教堂的形状便一直与十字架的形状相仿,其尖端指向东方。一位建筑师若忽略了教堂中很容易建造房间的地方,便会被看作犯下了不可原谅的大错;但期望在土耳其风格的清真寺或异教神庙里建造房间,则是愚蠢的想法。在数百年来制定的许多有益法律当中,很难说出哪一条比那条对
378 死者服装的规定更有用、更能免去诸多不便的了。制定那项法令时活着、又至今健在的老人必定还记得:当时的公众曾群起反对那项法令①。成千上万的人知道自己死后会被穿上羊毛尸衣,最初感到异常震惊。惟一使那条法令得到支持的事情是:其中还给一些追求时尚者留有几分余地,因为与葬礼上的其他开销相比,那种方式能让人们毫不铺张地放纵其弱点;在那些葬礼上,哀悼是给少数人看的,而场面则是给更多人看的。那项法令为国家带来的利益非常显著,因此无可指摘。没有几年,人们出于对它的恐惧而发出的责难便日渐减少了。当时我注意到:年轻人因很少考虑到自己未来的葬礼,故最先起而拥护那项新奇的法令;但制定该法令时,有些人已经埋葬过许多亲友,他们对这项法令的反感则最为持久。我还记得,不少人至死都没有心甘情愿地赞成那项法令。那个时候,让死者穿亚麻尸衣入葬的风俗已经几乎全被遗忘了,人们普遍认为:没有比羊毛衣更体面的东西了,而当时对死者的殓葬方式亦最合乎礼仪。这表明,我们对事物的好恶主要取决于时尚及
379 风俗,取决于社会地位高于我们者、被我们看作优越于我们者的言

① 这是因为英王查尔斯二世(Charles Ⅱ,1630—1685)颁布的《普通法》第18条规定葬礼上"只能使用羊毛尸衣"。——译者

论及先例。

在道德方面，评价标准的确定性亦是如此无常。基督教徒极度憎恶多妻制，为多妻制辩解的天才智者和学者，皆遭到过蔑视的反驳[①]。然而，在伊斯兰教徒眼里，多妻制却并不令人吃惊。主宰人们的，是人们自幼年起习得的东西，习俗的力量既扭曲了天性，同时又以一种方式酷似天性，那种方式往往使我们很难弄清影响我们的究竟是习俗还是天性。在东方，昔日姐妹可以与兄弟结婚，而一个男人娶了自己的母亲，还会受到称赞。这样的婚配令人憎恶，但有一点确定无疑：无论我们想到这种情况时有何等惊恐，天性中都没有任何与之抵触的情感，而惟有以时尚与风俗为基础的情感才会憎恶那种婚配。虔诚的伊斯兰教徒从不喝烧酒，又时常见到醉汉，大概会憎恶酒类；而我们当中最缺乏道德和教养者亦极为憎恶和自己的姐妹睡觉。这两种人皆以为自己的憎恶来自天性。哪一种宗教是最好的？这个问题引发的灾祸超过了其他一切问题引起的祸患。你若在北京、君士坦丁堡和罗马提出这个问题，会得到三种截然不同的答案，但所有答案都是积极的和不容置疑的，无一例外。基督徒坚信异教迷信和伊斯兰教迷信是虚假的，在 380
这一点上，基督教徒的见解完全一致。但是，你若问他们分出的各个教派：哪个教派是真正的基督教？他们全都会告诉你：他们自己那个教派才是真正的基督教，并且千方百计地强迫你信服。

因此，探究"美丽"或"道德美"显然会徒劳无功，因为其依据十分有限。不过，这并不是我在其中发现的最大悖谬。人不自我克

① 这些智者和学者包括柏拉图、托玛斯·摩尔和伊拉斯谟等。——译者

制也能具备美德,这个想象出来的观念乃是使虚伪乘虚而入的大缺口。虚伪一旦成为习惯,我们便不得不既欺骗别人,又完全不了解自己了。我马上就要举出一个例子,它将表明:由于不能正确地检视自己,一个出身高贵、学识渊博的人如何沦为在各个方面与本书作者的性格相似。

一个自幼养尊处优的人,若天性好静而懒散,养成了躲避一切麻烦事的习惯,并且自愿节制自己的种种激情,这是因为害怕由热心追求快乐、屈从我们天性好恶的全部要求引来的种种不便,而不是因为他厌恶感官享受。一个曾就教于一位大哲学家的人[1],亦
381 像其导师那样性情温顺,心地善良。处在这样的幸福环境当中,他对自己的内心状态的好评便超过了其实际应得的评价,并且以为自己具备了美德,这是因为他的种种激情皆处于休眠状态。他会制造出关于社会美德及蔑视死亡的完美观念,会在自己的书斋里大写这些观念,会对公众雄辩地阐释这些观念。然而,你却从未见过他为自己的国家而战斗,从未见过他辛苦劳作以挽回国家的任何损失。一个从事抽象哲学的人很容易使自己满腔热忱,并且真心相信当死亡尚不可见的时候,他并不惧怕死亡。不过,你若问他:既然有这样的勇敢无畏,无论它是天性使然还是来自哲学,他的国家卷入战争时,为什么他并没有从军?或者问他:目睹国家每日都被其掌权者掠夺,交易所的事务陷入困境,他为什么不去宫廷任职,凭借所有的朋友和势力,去当财政大臣?因为只有惟有如此,他才有可能依靠自己的正直廉洁和智慧的管理,恢复公众对国

① 这个例子中嘲讽的是沙夫茨伯里,他的导师是哲学家约翰·洛克。——译者

家的信心。他很可能回答说他热爱隐退的生活，他惟一的抱负就是做个好人，从不希冀在政府里担当任何职务。他或者会回答说，他厌恶曲意逢迎、为奴般的官场，厌恶宫廷的虚与委蛇，厌恶俗世的喧嚣忙碌。我很愿意相信他的话，不过，一个天性懒散、精神怠惰的人，一方面说出这些话，且非常诚恳，但同时却不能克制自己的种种欲望（尽管其职责号召他这样做）而放纵它们，难道不会如此么？美德在于行动，无论何人，只要热爱社会，只要对其人类同 382
胞怀有善良的热忱，只要能依靠其出身或地位获得管理公众的任何职位，在他能为公众服务时，都不应当安坐不动，无所作为，而应当竭尽全力，为其百姓的利益而奋斗。这位高尚者若是个善于作战的天才，或者天性粗犷暴烈，他便会在生活的戏剧中担任另外一种角色，并且提倡截然相反的信条了。这是因为，我们总是按照激情所指的方向去运用理性，所有的人尽管见解不一，自恋却总能为他们的见解分别作出辩护，并为每个人提供依据，以证明他们的欲望是合理的。

那种自诩中庸的方式，那些受到推崇的平静美德，除了养育游手好闲者以外，别无他用。它们或许能使人适应苦行生活的愚蠢享乐，至多只能使人适应农夫式安宁的愚蠢享乐；然而，它们却绝不能使人适应劳作与艰辛，绝不能激励人去争取伟大的成就，去完成艰险的使命。人类天生热爱安逸和闲散，天生喜欢沉溺感官快乐，而这些天性乃是法令所无法约束的。人的强大习惯和好恶，只能为种种更猛烈的激情所克服。向一个懦夫宣讲和证明他的恐惧毫无道理，你并不能将他变得勇敢无畏，这就如同你不能通过命令 383
他长到十英尺而使他长得更高一样。恰恰相反，激励勇气的秘诀却几乎是屡试不爽的,我已经在本书的“评论 R”里公布了这个秘诀。

我们在精力勃发、欲望炽烈的年岁上,对死亡的恐惧最为强烈。在这个阶段,我们目光锐利,听觉灵敏,身体的每个部分都在各司其职。其理由很简单:生命在这一阶段最为美妙,而我们在这一阶段亦最有能力享受生命。既然如此,一个看重名誉的人又何以会如此轻易地接受挑战呢(尽管他才三十岁并且身体非常健康)? 克服了恐惧的,不是别的,正是他的傲气。他的骄傲若并不在乎这种恐惧,便会表现得最为光彩照人。倘若他不习惯大海,那就让他去经历一场暴风雨吧;倘若他一向身体健康,从不得病,那就让他咽喉有点疼痛,或者发一次低烧吧,这样一来,他便会表现出千般的焦虑,其中包含着他赋予自己生命的无法估量的价值。倘若人类生性谦逊,天生不受阿谀奉承的影响,政治家们便永远无法达到其目的,永远不知道人究竟是什么了。没有种种恶德,人类的卓越之处便永远不会被发现,而每一位举世闻名的杰出人物,则都是反驳这种厚道制度的有力证据。

那位伟大的马其顿人[①]曾单独与整整一队的敌人作战,若说他的勇气与他的焦虑相当,那么,当他将自己想象为神、至少当他怀疑自己是不是神的石斛时候,其疯狂亦并未减少。我们一想到
384 这件事,便立即会发现:在危险即将来临的时候,激情以及对激情的夸张,都鼓舞了他的精神,使他战胜了一切困难和疲惫。

要说明何为有能力而实至名归的执政官,世上从未有过比西

① 此指亚历山大大帝。—— 译者

塞罗[①]更光辉的例子了。我想到他的关切与警觉，想到他所藐视的真正危险，想到他为了罗马的安全所吃的苦，想到他在察觉和镇压那些最大胆、最精明的阴谋家们的狡计时的聪明与睿智；同时，我亦想到他对文学、艺术及科学的热爱，想到他在形而上学方面的杰出才能，想到他推理的严密、雄辩的力量、文风的优雅，以及贯穿他全部著作的高雅精神。想到这一切，我不禁万分惊叹。关于西塞罗，我至少要说：他是一位令人惊诧的人物。然而，当我深入思考他如此众多的优秀品质时，便十分清晰地看到了另外一面，那就是：倘若他的虚荣心不及他最伟大的杰出品质，他关于世界的出色见识便绝不会使他自吹自擂，令人厌恶，而他的优点亦绝不会使他受害而不是受到颂扬，乃至写出那句甚至会遭小学生嘲笑的诗。*O！Fortunatam…*[②]

刚直的加图[③]的道德观是何等周密，何等严峻！这位古罗马 385
自由的伟大维护者，其美德是何等稳固，何等坚定！然而，尽管这位苦行主义者也有常人那些弱点，尽管他克己禁欲，长期不为人知，他不同常人的谦逊亦不为世人所知，或许亦不为他自己所知，尽管他心灵的弱点迫使他奉行英雄主义，但在他生命的最后一幕，世人才通过他的自杀得知：他显然被一种暴君式的力量主宰，那力

① 西塞罗(Cicero，公元前106—前43)，古罗马政治家，雄辩家，曾担任共和国执政官，揭露并镇压了喀提林(Catilina)的武装政变阴谋，恺撒死后担任元老院首领，后被流放，在战争中被杀。—— 译者

② 全句为：“*O fortunatam natam me consule Romam*”(啊，我生为罗马执政官是何等快乐)。—— 译者

③ 加图(Cato，公元前234—前149)，古罗马贵族政治家，曾任共和国检察官，因反对恺撒的阴谋败露而自杀。史称“老加图”。—— 译者

量超过了他对国家的爱;对恺撒的荣耀、真正的伟大及个人优点,他怀着无法遏止的仇恨和最为强烈的嫉妒,曾长期以最堂皇的借口去影响恺撒的所有行动。倘若这种强烈动机没有战胜他的绝顶审慎,倘若他能屈尊去做罗马的第二人,那么,不仅他可以保住性命,而且他的大多数友人(他们因失去他而遭到毁灭)亦会保住性命。这完全是有可能的。但是,加图却深知那位获胜者的宽阔胸怀与无限慷慨:他害怕的正是恺撒的宽厚仁慈,因此选择了自杀。在骄傲的加图看来,最可怕的不是自杀,而是想到他若不死,便会给他的致命对手一个诱人机会去表现其宽阔胸襟,因为恺撒会发现:宽恕像加图这样的宿敌,给他友谊,会使自己显得宽厚大度。
386 有识之士们认为:倘若加图敢于活下来,那位洞察一切、雄心勃勃的征服者日后便不会因疏忽而犯错误了。

还有一个论据,可以证明我们对人类的那种天然善意和真正热忱。那论据是:我们比任何动物都热爱结伴,都更反感那些我们所谓的离群独处者。在《性格论》[①]里,这种见解得到了完美的注解,被用各种美好的语言加以阐述,并发挥到了极致。我读过那篇文章的第二天,便听到许多人在叫卖新鲜的鲱鱼。听到那叫卖声,又想到那些捕获鲱鱼的广阔浅滩,想到一同被捉的其他鱼儿,尽管当时我独自一人,我心中还是感到万分愉快。但是,当我正沉浸在这番思绪中时,突然来了一个傲慢无礼的闲人,我不幸碰巧认识此人。虽然我敢说自己像平素一样健康,一样不错,他还是问我身体

① 《性格论》(*Characteristicks*)为沙夫茨伯里所著,其中心思想就是人是群居动物,并对此作了大量论述。—— 译者

可好。我忘记了自己当时的回答，只记得我花了好长时间才摆脱了他的纠缠，并且感到非常不自在。吾友贺拉斯曾抱怨一个与那人天性相似的人搅扰他，也感到过不自在[①]。我的感觉想必与贺拉斯的毫无二致。

我并不想让博学的批评家根据以上的故事，宣布我憎恨人类。无论谁这样做，那都是大大的误会。我非常热爱结伴，倘若读者尚未完全厌倦与我结伴，那么，我就要证明一点：对我们人类的这则恭维其实是站不住脚的，是荒谬可笑的。下面我要向读者描述一 387
下我愿意与什么样的人交谈，并且向读者保证：不等读完那些乍看上去游离了我的主旨的段落，读者便会发现那些话的用途。

他应当依靠早期的精良教育，彻底领悟完整的荣辱观念。他应当养成一种习惯，即对一切稍微与傲慢、粗鲁及残忍沾边的行为极为反感。他应当会讲一口流利的拉丁语，而且通晓希腊语；不仅如此，除了他的母语之外，他还应当通晓一两种现代语言。他应当熟知古代的时尚与风俗，但要精通他自己国家的历史，以及他所生活的那个时代的风尚。除了文学之外，他还应当研究一些有用的科学或其他的学问，应当见识过外国的宫廷和大学，并能使旅行发挥真正的效用。他应当时常乐于跳舞、击剑和骑马，并且懂得一些打猎及其他乡间运动的事情，却不应沉溺于其中的任何一种。他应当讲这些活动看作为增进健康而从事的锻炼，或者看作消闲活动，它们不应妨碍任何商业活动，不应得到更大的重视。他应当粗

① 见古罗马诗人贺拉斯（Horace，公元前 65—前 8）的《讽刺诗集》第一卷第九首。—— 译者

388 通几何学、天文学、解剖学以及人体构造学。通晓上千首乐曲而会演奏它们,这是一种造诣。不过,尚有大量的话去反对这个说法。我愿意让他通晓绘画,其技能使他能画风景画,或者能解释我们想要描述的一切形体与模型,但绝不必去碰铅笔。他应当在很早便习惯于与稳重的淑女为伴,并且每过不到两个星期便与女人们交谈一次。

我不愿提及那些令人生厌的恶德,例如不信宗教、嫖妓、赌博、酗酒以及吵架。就连最没有受过什么教育的人,亦会提醒我们警惕这些恶德。我会一贯对他赞美力行美德,但绝不会忽视一位君子在宫廷或城市里所做的事情。人无完人,因此,倘若他身上尚有一些短处,我又无法回避,我便情愿视而不见。倘若他在十九岁到二十三岁之间,年轻人的热情有时会战胜他的操守,使他犯了些小小的风流过失;倘若他在某种不同寻常的情势下屈从了寻欢作乐的朋友们的引诱,喝了过量的酒(这种情形鲜有发生,并且不会损害他的健康和脾气);倘若出于高尚的精神,倘若因受到一项正义事业的巨大刺激,他卷入了一场争执,而若具备真正的智慧,或者
389 不恪守荣誉原则,那争执本来可能减轻或避免,因此他卷入争执乃是仅此一遭;我是说:他若偶尔有了以上过失,又从不谈论它们,更不因此而自吹自擂,那么,倘若他自此行事谨慎,那么,在我所说的那个年龄上,他这些过失便可以原谅,至少是可以忽略的。青年时期的那些灾祸有时已经使君子们感到恐惧,于是,他们尽量提防,做事更加稳妥谨慎,所以往往会平安无事。要使他避免堕落,不去做那些容易招致流言蜚语的事情,最好的办法莫过于努力使他能自由地出入一两个高贵的家庭;要让经常造访这些家庭成为他的

一种义务。通过这些办法，你便维护了他的傲气，使他总是惧怕耻辱。

拥有不错的财产，性格与行为近乎完美（像上面我要求的那样），并仍在不断改进自己，直到三十岁才去面对世界，与这样的人交谈，我不会感到不惬意，至少在他还健康富裕、没有任何事情破坏其好脾气时是如此。无论是凭借机会还是通过引见，这样一个人若结识了三四个和他一样的人，并且一致同意一起消磨几个钟点，那么，这些人便是我所说的“良伴”。他们的交谈当中，不是对有理性者的指导，就是使有理性者开心的话题。他们可能并不总是持一致的见解，但只要其中一人首先向持不同意见者让步，他们
便不会争执不休。他们轮流发言，并不喧哗，话音能使离得最远的 390
人听清即可。他们每个人的最大快乐乃是使他人愉快；他们深知，只要注意聆听，面带赞许，像我们自己叙述极美妙的事情时那样，便能使他人愉快。

无论趣味如何，大多数人皆乐于进行这样的交谈，并且，当不知道如何消磨时光时，他们自然会选择这样的交谈，而不愿独处。然而，倘若他们能够去做某件事情，并期望从中得到更实在、更持久的满足，他们便会自愿放弃交谈的快乐，去做他们认为更有成果的事情。可是，一个人虽然两星期都没有见过其他人，他是否会继续独处下去，而不去和喧闹者结伴呢？后者从与独处相反的事情中取乐，并且以挑起争吵为荣。一个拥有书籍的人，难道不是热爱读书，或者愿意静心写作某个话题，而不愿每天夜里去和党派人士为伍么？后者认为英国一无是处，而其对手们却不幸生活在这个岛上。一个人难道不宁愿独处一个月，每日晚七点以前上床睡觉，

也不去和一帮猎狐者厮混么?后者成日里徒劳空忙,冒着摔断脖子的危险,晚上又聚在一起,准备以喝酒的方式再以性命冒险,并
391 且为了表达其开心,在房子里发出毫无意义的喊叫,那声音比他们那些吠叫的伙伴更大,后者既不像他们那么爱惹麻烦,叫得也没有他们那么响。对一个连受累去散步都不愿意的人,我的评价可不高。他若宁可闭门在家,将别针丢在地上,为的是将它们再捡起来,也不愿和十来个刚刚领到薪水的普通水手共度六个小时,我对他也没有太好的评价。

尽管如此,我还是要强调说:人类的绝大部分皆宁可去屈就参与我以上所说那些事情,也不愿独处太久。但我却弄不懂:这种对结伴的热爱,这种追求社会交往的强烈欲望,何以会被说成是我们的偏爱,并且被看作一种本能的标志,而那种本能乃为人类所独有,其他动物皆不具备?要以此证明:由于人是一种社会性的动物,所以我们天性善良,慷慨地热爱人类,不但能热爱自己,而且能将爱扩及同类,那么,这种寻求结伴、厌恶独处的急迫心理若处于最佳状态,便应当最明显而最强烈。最伟大的天才,最伟大的人物及最有成就者,便应当最少恶德。然而事实却恰恰相反。那些意志最薄弱者,无力控制自己的激情;那些良心有罪者,不堪回顾自己的罪孽;那些一无所能者,无力去做任何一件于自己有用的事
392 情;这些人皆最憎恶孤独,宁可与任何人结伴为伍,也不愿独处。相反,有头脑的人,有知识的人,则皆能够思考和判断事物,因而很少为自己的激情所搅扰,能长期独处,无怨无悔。为了规避嘈杂、愚蠢及傲慢无礼,他们宁可躲开无数的同伴,也不愿去做不合自己志趣的事情。他们宁愿独处斗室或花园,甚至独处荒野或沙漠,也

不愿去和某些人组成的社会圈子打交道。

不过，我们若暂且假定：热爱结伴与人类密不可分，因而任何人皆不能忍受片刻的孤独，那么，由此会得出何种结论呢？人类热爱结伴，难道不是像做其他一切事情那样，完全是为了自己么？任何友谊和礼节若要持久，皆必须是双向的。在你每周及每日的消闲聚会中，在你每年的欢宴中，在最庄严的狂欢宴饮中，每位参与者皆有其自己的目的。有些人若不是一个俱乐部的翘楚，便绝不会经常参加俱乐部的活动。我认识一个人，他便是一群人当中的圣人，因此经常和那些同伴在一起，每当什么事情妨碍了他准时去会同伴，他便很不自在。一旦另一个人加入他们的社交团体，并且比他更优秀，他就立即退出。世上有些人没有与别人争论的本事，
但其心中的恶意却仍旧能使他从听旁人吵架中取乐，不过，此辈却 393
从不让自己卷入其中。倘若一个团体不能给他提供此类消遣，便会被他看作索然无味。漂亮的房子、华美的家具、美丽的花园、马匹、爱犬、祖先、亲戚、美丽、力量，以及所有出类拔萃的东西，美德也好，恶德也罢，总之，这一些皆可能属于使人渴望社交的附属品，因为人皆希望其自我评价在某个时刻会成为众人讨论的主题，而这会使他们心中感到满足。即使天下高雅的人(例如前面提到过的我愿意与之交谈的人)，若不能使其自恋得到回报，若不能最终使自己成为社交圈的核心，使别人围着自己转，亦绝不会将快乐给予别人。然而，有一个现象却能够最清晰地表明人人皆最关心自己，那就是：在由可以与之交谈者组成的所有俱乐部及社交聚会中，袖手旁观者(他们宁可多出钱，也不肯与人发生口角)、天生好脾气者(他们从不动怒，对冒犯亦不敏感)和宽容的慢性子(他们厌

恶争执,从不为了争胜而讲话),这些人皆为宠儿。相反,有智慧、有知识的人(他们办事、说话时从不失去理智),有才能、有志向的人(他们谈锋犀利,妙语连珠,但从不过分,而是适可而止),以及有声望的人(他们既不招惹是非,也不回敬挑衅),这些人尽管可能会受到尊重,而旁人却很少能将他们当作不那么完美、不那么强大的人去喜欢。

394 在以上的例证中,喜欢交友的品质,无不出于人人永远竭力获取自我满足的心理。在其他场合,这些品质则来自人类天生的怯懦,来自人人对自己的热切关怀。两个伦敦人,若其生意迫使使他们彼此不做买卖,他们大概每日都会在交易所里见面,还可能擦肩而过,但彼此之间并不比卷商更多礼。不过,他们若在布利斯托尔[①]相遇,却会彼此脱帽致意,而且至少能彼此交谈,并乐于结为伙伴。法国人、英国人及荷兰人若在中国或者其他异教国家里相遇,因为都是欧洲人,他们便会将彼此视为同乡。倘若他们之间没有什么冲突作梗,他们便会感到一种彼此相亲的自然趋势。不仅如此,两个冤家对头若被迫一道旅行,亦往往会暂且放弃敌意,友善相处,友好地交谈。若路途艰险,或二人在其目的地皆为异乡客时,尤其如此。从表面看,这些情况缘自人的社会性,缘自人喜欢交友、热爱结伴的天然性向;但是,只要更深入地考察人与事,无论谁都会发现:在以上一切场合中,人们只是在竭力维护自身的利益,其行为的动机皆为我们已经提到过的那些原因。

① 布利斯托尔(Bristol),这里当指位于美国康涅狄格州中部的布利斯托尔市。英国西南部还有一同名港市。—— 译者

至此我努力证明的是：事物的“美丽”或“道德美”、优越之处及 395
其真正价值，在绝大多数情况下都是说不清楚的，并且会因时尚与风俗而异；所以，根据认为它们是确定不变的而引出的结论，自然是毫无意义的；说人类天性善良，这种宽宏的观念乃是有害的，因为它们会造成误解，而实际上，它们不过是荒诞的空想而已。我说它们是荒诞的空想，这可以援引历史上一些最明显的例子为证。我已经谈到过人类对结伴的热爱及对孤独的厌恶，并且彻底考察了它们的各种动机，证明它们皆是以自恋为中心。现在我打算考察一下社会的本质，追溯社会的起源，以表明两点：其一，人一旦失去了乐园，马上变得比其他动物更具社会性，其首要原因并非人的天性善良且厚道，而是种种邪恶及可憎的品性。其二，倘若人始终处于那种原初的无邪状态，并且一直能够享有照料其无邪的种种赐福，那么，人便绝不可能变成现在这种具有社会性的生灵。

本书通篇已经充分地证明：要使我们的一切贸易及手工业兴盛发展，人的种种欲望与激情绝对是不可或缺的；而谁都不会否认：那些欲望和激情不是别的，正是我们的恶劣品质，或者至少可以说是这些恶德的产物。因此，我便应当开始详细阐述各种阻碍
和困扰，它们妨碍着人不断满足欲望的劳作，即追求自己所需的劳 396
作。换言之，这种劳作可被称作自我维护的生意。同时，我还应当阐明人的社会性仅仅来自两件事情，其一是人的欲望不不断增长；其二是在竭力满足欲望的道路上，人不断遇到障碍。

我所说的障碍或与人类自身的结构相关，或与人类生活的地球（即人的环境条件）相关，因为环境也曾遭到人们的诅咒。我时常很想分别去思考我所说的这两方面情况，却从未能将两者截然

分开。它们总是互相牵连,混在一起,而终于共同形成了万分混乱的恶德。自然界的四大元素都与人类作对:水和火皆能将笨拙生疏的接近者置于死地;在无数的地方,土都能长出对人有害的植物和其他菜蔬,同时又能养育各种危害人类的动物,并且蕴涵着不计其数的毒素。但是,那种对人类最不仁慈的元素,我们却须臾不能离开它:这里不可能历数风与气候对人类的全部伤害。虽然大部分人都曾竭力奋斗,以使人类不受险恶空气之害,但是,迄今却没有一种技术或劳动能够安全抵御某些狂野凶恶的气象。

397 诚然,飓风很少发生,因地震而丧命者并不算多,葬身狮口者亦为数寥寥,然而,倘若说人们能躲过这些大灾大难,却逃不过那些较轻灾祸的迫害。折磨我们的昆虫,其种类何其繁多!厚颜无耻地侮辱和戏弄我们的昆虫,其数量是何其之大!最可恨的小虫子虽不像牲畜吃草那样践踏和咬啮我们,但只要稍微进攻我们,也常会使我们感到烦恼。不过,我们的宽厚仁慈在这里又成了一种恶德,那些小虫子借着我们的怜悯,残忍而轻蔑地侵犯我们,在我们头上驻足;而我们若不日日警惕、追踪和消灭它们,它们甚至会吞噬幼儿的生命。

即使是最有心计的人,在利用万物时若由于错误或疏忽犯了一丁点过失,那么,整个宇宙间便没有一件是好事了。世上没有任何纯洁和正直能使人有效地抗御周围的无数灾祸。恰恰相反,一切事物皆是邪恶的,而技巧与经验并未教会我们如何将它们变为好事。所以说,在收获时节。农夫必须悉心收割庄稼,还必须将粮食盖好,以防雨淋,他们是何等兢兢业业!因为舍此便不能享用它们。季节随气候而变化,因此,经验告诉我们要因时制宜。在地球上的一个地方,我们会看到农夫在播种,而在另一个地方,我们却会看到农夫在收割。根据这一切,我们会懂得一点:自人类的第一 398
对父母[①]堕落以来,地球已经发生了无比巨大的变迁。这是因为,若溯及人类美丽而神圣的起源,我们便会知道:那时的人,并不以从傲慢的戒律或恼人的经验中获得智慧为荣,而是仅仅具备他出生那一刻形成的完美知识。换句话说,当时的人处在一种天真无邪的状态,地上没有任何动物或植物,地下亦无任何矿藏能够危害到他。人本身不受空气以及其他有害元素的侵害,而完全满足于地球(无须他的协助)为他提供的那些生活必需品。当时的人尚不知道何为罪恶,因此发现自己在处处都是万物的无可匹敌的主宰,不受任何搅扰,万物皆听命于他,因为他专注于高尚的思考,沉思自己的创造者的无限性,而人的伟大之处亦因此得到升华。人的创造者日日都于冥冥之中对他说话,呵护他,而根本不会使他遇到灾祸。

在这样的黄金时代中,没有任何理由或可能性能作为借口,用来说明人类为什么应当将自己组成为世界上存在的庞大社会,只要我们还打算提出令人信服的理由。在那个黄金时代里,一个人拥有他想要的任何一种东西,没有任何东西会使他烦恼不安,他的快乐已经无以复加。在如此蒙受天恩的状态下,你不可能说出一种生意、艺术、科学、高位或职业不是多余的。若沿着这条思路想下去,我们便会很容易地看出:任何社会皆不可能萌生于种种厚道 399
的美德以及人的可爱品质;恰恰相反,所有的社会都必定起源于人

① 此指《圣经》中的亚当和夏娃。—— 译者

的各种需求、人的缺陷和欲望。同样,我们还会发现:人的骄傲及虚荣心愈是得到展现,人的所有欲望愈是扩大,人们就愈可能不得不组成数量繁多的大型社会。

倘若空气并不总是在冒犯我们的裸体,而是像(我们所想象的)好天气中的小鸟感到的那样令人愉快;倘若人类没有骄傲,没有奢侈,没有虚伪,亦没有淫欲;那么,我便想不出究竟什么原因使人类发明了衣服与房屋。对于珠宝、金银餐具、绘画、雕刻、精美家具,以及被刻板的道德家们称作"非必需品"和"非必要之物"的所有东西,我并不想说什么。然而,倘若我们不是很快便厌倦了步行,而是像某些动物那样步履轻捷,倘若人类天生就勤劳,并且在寻觅和享受安逸方面不那么毫无理性;倘若人类根本没有其他的恶德,地上又处处平坦、坚实、清洁,那么,谁还会想到去乘马车,或冒骑在马背上之险呢?鲸能说出发明船只的理由么?若要雄鹰去旅行,它该乘什么样的马车呢?

我希望读者知道:按照我的理解,社会指的是一个政治实体,
400 其中,人或者被在上位者的力量所制服,或者被从其野蛮状态引出的劝诫力所制伏,因此,人就成了一种受约束的动物。他能通过为他人劳作来达到自己的目标,无论是在独裁政府还是在其他形式政府的治理下,每个社会成员都从属于全体。依靠精明的管理,所有社会成员都必须统一行动。这是因为:倘若我们所说的社会的意义仅仅是指一定数量的人,没有规则或政府,只是出于对自己族类的天然好感,或出于天生热爱结伴而居然能生活在一起,如同一群牛羊那样,那么,世界上便没有一种动物比人类更不适于组成社会了。一百个人,彼此完全平等,根本不服从压制,根本不害怕地

球上的任何居高位者，他们若不吵架争执，便绝不可能醒着一起生活上两个小时。他们当中的有知识者、有力量者、聪明者、有胆量者、有决心者愈多，情形便愈糟。

在自然野生状态下，父母可能保持自己高于其子女的地位，至少在父母尚有力量时是如此。甚至当父母不再有力量之后，子女仍会想到其他人的经历，这会使他们对父母产生某种界于爱与怕之间的感情，我们将这种感情称为“尊重”。同样，第二代人往往可能效法第一代的榜样。一个人只要还算精明，只要他还活着、还具备些常识，他便总有能力维持一种对其所有子孙后代的优越的支配作用，无论其子女会变得如何数不胜数。然而，老一代一旦去 401
世，儿子们便会开始争吵，从此永无宁日，直至最终爆发战争。在兄弟们眼里，长子身份根本不算什么了不起的力量，而让长子占先，亦不过是为和平相处而想出的权宜之计而已。人虽是一种生来胆小的动物，却又生性贪婪。人喜欢和平安宁，若没有受到冒犯，绝不愿去打仗；可是，有时即使未受到冒犯，人也会去打仗。人天性胆小，人被冒犯会产生反感，这全是由各种构造和形式的政府造成的。毫无疑问，君主政治便是其中之首。贵族政治和民主政治乃是补救君主政治的不便之处的两种不同方式。将三者混合起来，则能够改善其余一切政治体制。

但是，无论我们是野蛮人还是政治家，人(从乐园中堕落到地球上的人)在使用自己的器官时，其行为除自娱外均不可能有其他目的。无论是对爱情还是对绝望的最大夸张，除自娱外亦均不可能有其他核心。从某种意义上说，意愿与快乐之间没有区别，任何违背意愿和令人不快的行为，都必定是有悖本性的和迫不得已的。

如此界定了“行为”之后。我们便总是不禁要去做那些喜欢做的事情,与此同时,我们的思想却是自由而不受拘束的。因此,若没有
402 虚伪,人类便无法成为具有社会性的动物。其证据十分明显:由于我们无法防止自己心中不断产生欲念,所以,倘若我们依靠巧妙精明的虚伪,仍无法学会如何隐藏和扑灭这些欲念,那么,一切文明交往便会消失殆尽。倘若我们将自己所想的一切,按照对我们自己的方式去对旁人公开,那么,尽管我们被赋予了说话能力,但仍然无法彼此容忍。我相信,每一位读者都会感到我这些说法是千真万确的。我想告诉我的对手:他的良心仅仅表现在脸上,其实他的舌头却正准备反驳我。在一切文明社会里,人们都从摇篮里就不知不觉地学会了虚伪,没有任何一个人敢承认自己从公众的灾难中获取了利益,甚至不敢承认自己从其他个人的损失中获取了利益。教堂司事若公开表示希望教区会众死掉,人们便会用石块砸他,尽管人人都知道他以为会众办葬礼为生,别无谋生手段。

看到人们在日常生活中的种种表现,看到希冀获取和贪财之念,按照人们的不同行业、不同地位,将人们塑造成了五花八门,并常常是判然对立的形态,我实在是其乐融融。在食品供应丰美的舞会上,人们的表情是何等兴高采烈!而在葬礼的假面舞会上,人们的表情又是何等肃穆悲哀!不过,丧事主持人也像舞会主持人一样,对自己的收益感到高兴。两者皆已厌倦了自己的行当,而后
403 者的高兴亦如前者的肃穆一样,全是装装样子罢了。有些人从未见过一位衣着整洁的绸缎商与一位到绸缎店来的年轻女顾客之间的谈话,这就错过了一个非常有意思的生活场景。因此,我请求严肃的读者暂且放下自己的庄重,受累与我一起分别仔细地考察一

下这两个人，检视他们的内心以及各自行动的不同动机。

那绸缎商的买卖是：根据这一行的传统利润，以他认为合理的价格，卖出尽可能多的丝绸。至于那位女士，她关心的是愉悦自己的玄想，以每码比平时便宜四到六个便士的价钱买到丝绸。根据我们男性的殷勤给她的印象，倘若她的模样并不算太丑，她便会以为自己很有风采，举止泰然，嗓音甜美。她会认为自己很漂亮，倘若算不上美丽，至少也比她认识的大多数年轻女人更令人愉快。她打算用比其他人更少的钱去买相同的东西，却除了自己的好品性之外找不到其他借口。因此，她便开始挖空心思，绞尽脑汁。此刻，爱情之类的思想根本派不上用场，所以，一方面她没有机会扮演暴君，装出嗔怒，而另一方面，她却有更多机会和气地说话，装出
一副比平时任何场合都更容易亲近的模样。她知道有许许多多出 404
身高贵的顾客光顾这个绸缎店，便拼命表现得和蔼可亲，美惠贤淑，一切举止皆合乎高雅礼节。她打定主意如此行事，因此，任何事情都不能使她发火。

她坐的马车尚未停稳，一位绅士模样的男士就朝她走了过来。他衣着整洁而入时，非常谦恭地向那女子致意，刚一知道她有进店的念头，便立即从她身边走开，穿过一个过道，身影一闪，风度翩翩地走到了柜台后面。他面对着那女子，恭恭敬敬，用时髦的话问是否有幸知道她要什么。随她说什么，随她不喜欢什么，她都绝不会受到直接的反驳：与她打交道的人，其无与伦比的耐心乃是他那行的神秘之处之一。无论她制造什么麻烦，除了最抱歉的话之外，她肯定都什么也听不到。她面对的始终是一张愉快的脸，那上面，愉快、尊敬仿佛与好脾气混在了一处，造就了一种人为的诚挚模样，

它比未经雕琢的本性所能表现的诚挚更使人感到受用。

这样的两位如此相见,交谈起来势必非常令人愉快,并且会极
有风度,尽管谈的皆为鸡毛蒜皮。虽然那女子一直似乎拿不定主
405 意买什么,男士却始终向她提建议,并且十分注意指导那女子时的
方式。然而,一旦她决定要买,那男士便马上主动起来。他说她选
中的料子是同类中最好的,还夸奖她有眼光,说越看那料子,便越
弄不懂自己以前为什么没发现店里居然有那么好的东西。凭着行
规、先例和大量经验,他早已学会了如何不被察觉地溜进人心的最
深处,如何测知顾客的判断力,如何找出连他们自己都不知道的盲
点。运用他学会的五十种其他妙计,他使那女子不但过高估计了
自己的判断力,而且过高估计了她要买的那件商品的价值。两人
做交易时,绸缎商的最大优势乃是他深谙实际销售之道,他还价
时,心中甚至连四分之一便士的得失都一清二楚;相反,那女子却
一无所知。因此,他处处都在欺骗那女子的判断力。他此刻可以
随心所欲地扯谎,例如关于成本价和他给的折扣等等,尽管如此,
他还并不仅仅依靠这些谎言,而更是向那女子的虚荣心发起进攻,
大谈自己的弱点和她的非凡眼光,使她对世上最不可思议的事情
深信不疑。他说自己曾下过决心,绝不以低价出卖那件货物,但她
406 却有能力说服他,使他以前所未有的低价出售了那货。他抱怨自
己损失了丝绸料子,但见她很喜欢,便决心宁可仅此一遭,也不愿
违背一位他评价如此不凡的女士的意愿。他将让那女士心满意
足,只求下次她别再对他如此狠心。与此同时,买主知道自己不是
傻瓜,知道自己有一副伶牙俐齿,因此很容易以为自己的这番谈话
占了上风,而商人想到这足以使那些有教养者否认她的优点,便一

直机智地应答，反驳对方的恭维，使那女子满意地相信了他所说的一切。结果，那女子对每码节省了九个便士非常满足，其实，她买丝绸花的钱与其他任何顾客花的分毫不差；即使她每码再少给六便士，那绸缎商也肯卖。

这位女子亦可能不进那家店铺，却惠顾了那绸缎商的其他同行，这或是因为她未得到足够的恭维，或是由于在此人的举止上看到了某种失当之处，或可能不喜欢此人打领带的方式，或发现了他的其他毛病。然而，若那些店铺集中在一处，那就并不总是容易决定去哪家店铺；而一些女子做出的选择，其理由常常难以判定，因而始终是个不解之谜。我们的偏好若是无法被描述出来，我们就绝对无法去更无拘束地理解它们，旁人对这些偏好的怀疑亦毫无道理。一位贞节女人喜欢去一家店铺去买东西，而不到其他店铺 407
去，因为她看到那家店铺里有个英俊的年轻店员。当这位女子根本不打算买东西、并准备去保罗教堂时，她就顺路去了一家店铺，它在各方面都毫不亚于她去的任何一家。这是因为：在这些时髦的绸缎商当中，受到惠顾的商人必定要站在店铺门外，胡乱招揽顾客进门，除了谄媚奉承的态度之外，并不借助其他特权或强拉硬扯。他会摆出百依百顺的姿态，甚至会朝每一位衣着华丽、并肯受累朝他店铺看上一眼的女性鞠躬致意。

上面所说的最后一句话，使我想到了招揽顾客的另一种方式。它与我所说的那种方式相距最远，那就是送水人使用的方式，尤其是那些从举止打扮上一看就是农夫的送水人。目睹下面的场景并非不开心：五六个人围着一个素昧平生的人，其中两个离他最近，都用胳膊搂住他的脖子，态度友好而亲热，仿佛他是刚从东印度群岛旅行归来的一个兄弟;第三个人抓住他的手,第四个揪着他的衣袖、他的外套、那上面的扣子,或者那上面能抓住的任何东西;而第五或第六个人已经围着那人跑了两圈,却无法靠近他,此刻也牢牢
408 地站立在那送水人的对面,离后者的鼻子还不到三英寸,张嘴大喊,与对手们抗争,露出一排令人讨厌的大牙齿,上面还粘着面包和奶酪的残渣,因为那乡下人的到来,使它们尚未被咽下去。

这一切皆不是冒犯,因此,那农夫便猜中他们皆打算讨好他。于是,他绝不拒绝他们,而是耐心忍受,任他们推来搡去。他可没有那份细心去挑一个人出气味道的不是,此人刚刚抽完烟斗;他亦不去挑剔一个生着油腻腻的头发的脑袋,此刻它正在蹭他的两肋。这农夫从生下来起就习惯了龌龊和汗水。听五六个男人(其中几个离他的耳朵很近)冲他大喊大叫,仿佛他在一百码之外一般,这对他可根本算不上打扰。他知道,自己兴高采烈时发出的噪音与此相当,并且对人们的这番吵闹暗自开心。他不禁希望他们交好运,因为他们似乎很尊重他。他很喜欢受到重视,便赞美伦敦人,因为他们都急不可待地要他提供服务,因为他能挣到三个便士(或更少);而在乡下,在他去的那个店铺里,他若不先告诉那些人自己
409 要什么,便什么也得不到。尽管他每次都要花掉三四个先令,却几乎没有人搭理他,除非他先提问。因此,这些人此刻对他作出的快速反应便勾起了他的感激之情,他打心底就不愿违背其中任何一个人的意思,所以不知道该选择谁。我看到有个送水人已经清楚地想到了这一切(或者某些与之相似的事情),就像我见他脸上长着鼻子一样清楚。他对做送水人感到非常十分满意,微笑地挑起比自己体重还重一百磅左右的水,送到码头上去。

倘若说，我描述这个开心的小场面、我描绘这两幅低等生活图像并不适合我，我会感到遗憾，但我保证就此不再犯这样的错误，而此刻要抓紧时间，以不假修饰、沉闷简单的语言去证明一些人的大错。他们以为：社会的种种美德以及人类那些堪称嘉许的仁厚品质，既有益于公众，亦有益于具备了它们的个人；能够振兴或引导个体家族的福祉与真正快乐的东西，必定会对全社会产生同样的作用。我承认，我自己一直在做这方面的艰苦努力，并且因不无成绩而感到自得。然而，我却不希望任何人因看到能以不止一种方式去证实真理，便去避难就易。

诚然，一个人的欲望与希求愈少，就愈容易保持自我。在一个 410
家庭中，一个人满足自己的需求愈主动，愈少等待旁人去满足自己的需求，他便愈加受到爱戴，愈少麻烦。他愈是热爱平和与和谐，对邻人愈是慈善，他的真正美德便表现得愈加光彩照人。毫无疑问，他不但会被上帝悦纳，亦会被凡人悦纳。然而，我们却应当出言公道：在增进各个国家的财富与荣耀、使其伟大遍及天下方面，这些品德究竟能带来什么利益、什么实际的好处呢？追求感官享乐的朝臣毫无限制地放纵奢侈；薄幸的妓女每星期都发明些新时装；高傲的公爵夫人侍从成群，寻欢作乐，其全部行为接近于一位公主；有钱的纨绔子弟和挥霍的继承人，毫无头脑、毫不思索地随意扔钱，见到什么就买什么，次日便弄坏或扔掉它；贪婪的、信誓旦旦的恶棍从孤儿寡妇的泪水中榨取了无数财富，留下钱给浪子们花。这些正是一个充分发育的强大国家的猎物和美食。换言之，这些正是人类事务所处的灾难性环境，而要战胜这种环境，我们惟有让种种瘟疫和我所说的那种国家去完成（人类技能所能发明的）

411 各种艰苦劳作,才能使广大贫穷的劳动者过上诚实的生活,因为那是造就一个大型社会所要求的。以为强大、富裕的国家没有强力和礼数亦能存在下去,这是一种愚蠢的想法。

我亦像路德和加尔文(或伊丽莎白女王①本人)一样反对教皇权力,但我从心底里相信:在使接受教皇权力的王国与国家比其他国家更加繁荣方面,宗教改革的贡献几乎并不比一种愚蠢而变化无常的发明更大。那发明就是带撑环、加软衬的女裙。然而,我的敌人若是用我这番话作口实,说我蔑视教廷权力,我至少还能肯定一点:除了挺身反对这种为俗众所钟爱的东西的勇敢者,教廷自问世那天至今所雇用的人手,即忠诚、勤劳的劳动者,还不如我说的这种女性奢侈品令人憎恶的发展在短短几年里雇用的多。宗教与商业是两回事。有人给数千邻居造成了最多的麻烦,发明了惟有通过最艰苦的劳动才能做出来的产品,无论这是对是错,他都是社会最伟大的朋友。

在世界的一些地方,需要多少忙碌、多少行业的能工巧匠才能做出一块上好的大红或深红的布料!这需要羊毛梳理工、纺纱工、
412 织布工、织机工、洗布工、染布工、安装工、制图工和包装工的大量劳动。不仅是这些显而易见的劳动,而且还有另外一些与此距离更远、可能被看作毫不相干的劳动,例如工厂设计师、金属工匠和化学家,这些人以及大量的手工工匠亦统统不可或缺,因为他们必

① 伊丽莎白女王(Queen Elizabeth,1535—1603),英国女王,英王亨利八世之女。——译者

须为毛纺业制造工具、器用和其他用品。然而，这些工作均能在家中完成，并且不会使人过于疲劳或遇到危险。最可怕的场面还未提及，因为我们想到了人们在海外经历的那些艰辛与危险，想到了我们将要面对的广阔海洋，想到了我们将要经历的各种气候，想到了我们必须求助的一些国家。诚然，仅西班牙一个国家就能为我们提供制造最上等布料的羊毛；不过，要给这些料子染上那些美丽的颜色，却需要何等高超的技艺、何等艰苦的劳作、何等丰富的经验及熟练技术！需要将多少种分散在宇宙中的药物及其他成分汇聚在一个染缸中！的确，明矾乃是我国的出产；我们还可以从莱茵[①]进口粗酒石，从匈牙利进口硫酸盐；这一切均来自欧洲。但是，要得到大量的硝石，我们便不得不远到东印度群岛去。古人不知道胭脂虫红（cochenille）这种染料，其产地同样远离英国，在远离东印度群岛的地方。我们的确是从西班牙人那里购买那种染料，不过，那并非西班牙的出产，而是西班牙人从新世界最偏远的角落，即西印度群岛，为我们弄来的。在我们的东方和西方，如此 413
众多的水手曝晒在烈日下面，热得大汗淋漓，而另外一群水手则在我们的北方被冻得浑身僵硬，因为他们在俄罗斯为我们获取草碱。

要做出一块上等衣料，必须经历种种艰难困苦，那些航行要冒极大危险，极少会不付出代价，不仅会牺牲许多人的健康安乐，而且甚至会牺牲许多人的性命。若想到并恰如其分地考虑这一切，我们就很难想象世上哪个暴君会如此没有人性，如此毫无廉耻，竟会以与我们相同的眼光去看待事物，竟会让其无辜的奴隶提供如

① 此指当时普鲁士的莱茵省（Rhine）。——译者

此可怖的服务,同时又胆敢承认:他这样做不为别的,只是为了使一个弄到了一件大红或深红衣料的人感到满足。然而,一个国家的奢侈之风要达到多高程度,才会不仅使国王的官吏,而且使国王的护兵,甚至私人护卫产生如此厚颜无耻的欲望啊!

但若换个角度去看,将这一切劳作统统看作自愿的行为,并认为它们属于人类谋生的各种不同行业,每个人在其中劳作皆是为了自己,无论他看上去是如何在为他人劳作;我们若想到:即使是
414 那些经历过最大困难的水手,只要航行一结束,甚至只要一从遇难航船上脱身,也奥妙上马上会去寻找和恳求另一个船主给他一份船上的工作;若从另一个角度去看待这些事情,那么,我们便会发现:穷人的劳作远非一种重负,远非对他们的压榨;有份工作乃是他们的福气,乃是他们向上天祷告祈求的事情;并且,为大多数穷人提供工作,乃是每一个立法者最关心的事情。

儿童乃至婴儿皆善于模仿别人,因此,所有的年轻人都怀有做成年男女的热切愿望,并且急不可耐地拼命奋斗,而其表现却往往使众人认为他们尚不成熟,因而往往显得荒唐可笑。一切大型社会各种现有商业的永久繁荣,或至少是它们的长期存在,全都大大受惠于年轻人的这种蠢行。为了获得那些毫无意义、并时常是应受责备的资格,青年们要吃多少苦,要对自己何等残忍啊!由于缺少判断力和经验,他们非常钦佩他人(他们比自己年长)所具备的那些资格。这种热衷模仿的倾向,使年轻人逐渐习惯了利用那些令人厌倦的事物。倘若年轻人最初尚能忍受那些事物,日后便会不知如何摆脱它们,因此往往会感到悲哀,因为他们已经未经考虑、毫无必要地增加了对生活的需求。茶叶和咖啡生意带来了何

等丰厚的财富！若维持数千个家庭的两种习惯（它们即使不是令 415
人厌恶的，也是愚蠢的），要在世界上进行多少交易、设置多少种不同的劳动！那两种习惯就是嗅鼻烟和抽烟叶。对于上瘾的人们，这两种习惯肯定是害大于利。我还要进一步证明：个人的损失与不幸对于公众是有用的；我们装作最聪明、最严肃时的愚蠢愿望，对公众亦是有用的。伦敦大火①是一场大灾难，但是，倘若让木匠、瓦匠、铁匠以及其他一切人（不仅是建筑业的，而且包括制造被大火烧毁的器物和商品的工匠，以及由此而有活可做的其他行业者）同在大火中受到损失的人一起投票表决，那么，为起火而高兴的人即使不比抱怨大火者更多，至少也会数目相等。正是因为要重新制造在火灾、风暴、海战、围困及战斗中损失和破坏的东西，相当一部分行业才得以维持。我下面所说的事情，便非常清晰地说明了这一点是正确的，说明了我对社会本质的见解也是正确的。

一一列举海运和航海带给一个国家的所有好处和种种利益，这很困难，但只要想想那些航船，想想用于海运的各种大小船只，
从最不起眼的平底货船到头等的战舰，想想建造它们所用的木材 416
和劳工，想想造船所用的树脂、柏油、松香和油脂，想想船桅、帆桁、帆蓬和索具，想想船上的各种铁器、锚链、船桨和其他各种设施，我们便会发现：仅仅为我们这样一个国家提供所有这些必需品，就维持了欧洲的大部分贸易。这还不包括各国的商店和被消耗的各种军火，更不用说那些以此为生的水手、海员、其他人及其家庭了。

① 这场大火发生于 1666 年 9 月 2 日凌晨，烧毁了圣保罗大教堂和其他 89 座教堂及 13,200 所房屋，并借狂风在 5 天内蔓延到伦敦市内外 387 英亩的区域。——译者

另一方面,我们若看一看航海业的繁荣以及与外国通商给一国带来的种种灾祸与罪恶(无论是人为的还是自然的),其前景便会使我们不寒而栗。试想,在一个人口众多的岛国,人们全然不知船只与海事,但仍聪明而守法;而其中有位天使或天才在众人面前展开一幅造船设计图或草图。人们一方面看到:航海在一千年之后才会带来众多真正的益处;另一方面,人们也看到了航海不可避免地会造成的财富和生命损失,造成其他一切灾难。我敢说:这些
417 岛民肯定会以恐惧和厌恶的态度去看待船只,而他们的谨慎法规亦肯定会严禁制造和发明各种用于航海的建筑或机器,无论它们是什么形状、叫什么名字,并且严禁发明一切诸如此类的、令人憎恶的装置,其办法若不是死刑,至少也是重刑。

然而,即使不说对外通商造成的必然结果,不说民风的腐败,不说航运给我们带来的瘟疫、天花及其他疾患,难道我们不该想到风和天气、大海的背叛、北方的寒冰、南方的害虫、黑暗的夜晚和不利的气候所造成的后果么?不该想到因货物供应匮乏、水手的错误、一些船员的技术生疏、另一些船员的玩忽职守和酗酒所造成的后果么?难道我们不应当考虑到航海带来的人员损失、被深海吞没的财富、大海造成的孤儿寡妇的眼泪及其需求、商人的破产及其后果、父母对其子女、妻子对丈夫的安全的牵挂么?在一个提倡商贸的国家里,海上每刮起一场狂风,全国的老板和保险业主们都会辗转不宁,心痛欲裂,难道我们不该永远记住这一点么?换言之,我们难道不该考虑到这些事情,并且予以正当的关注和恰如其分的重视么?在一个由有思想的人构成的国家里,人们谈到船只和
418 航海业时,居然会将它们说成是上天对自己的格外恩许,并因拥有

分散在世界各地的无数船只、总有开往世界各个角落的船只、总有来自世界各地的船只到达本国而其乐无比，这难道不令人惊诧么？

不过，我们还是仅仅考虑一下船只(即那些航船本身及其索具和装备)造成的苦难，而暂不去想那些航船负载的重量、船上所需的人手吧。我们会发现：仅由船只本身造成的伤害便非常可观，每年的损失总数皆达到新高：葬身大海(有些完全毁于猛烈的暴风雨，有些则由于遇到风暴时船上缺少有经验和了解沿岸情况的水手而沉没)、触礁、被流沙吞没的航船，被狂风吹断或不得不被砍断投入海里的船桅，被风暴摧毁的各种尺寸的帆桁和绳索，还有损失的锚链；除此之外，还必需修补船上因狂风巨浪造成的裂缝以及其他破损；许多船只因船员的疏忽大意和狂饮烈酒(酗酒的恶习以水手为最)而被火焚毁；有时是恶劣的天气，有时是装备不良，酿成了致命的瘟热，使绝大部分水手丧命，因此，因缺少水手而毁掉的船只亦不在少数。

以上这些就是与航海业不可分割的全部灾难，并似乎是妨碍 419
对外通商车轮运转的巨大障碍。一个商人的船若总是能遇到好天气，海风总是朝他希望的方向吹，他雇用的每一个水手，从最高级的到最低等的，个个都经验丰富，小心谨慎，不酗酒，品行端正，他该会多么高兴！这难道不是人们所祈祷的赐福么？在欧洲，不，甚至在全世界，有哪个船主、哪个商人不是整日在祈求上天给自己这样的赐福，而不考虑这会给别人带来什么损害呢？这样的祈求当然完全可能是下意识的，尽管如此，世上有哪个人不认为自己有权做如此的祈求呢？所以说，既然人人都自称同样有权得到那些上天的恩许，我们便暂且不去追问那种权利是否属实，而假定人们的祈祷都得到了满足,人们的希望都得到了回答,然后再考察一下这样的幸福会带来什么结果吧。

只要船上的木材不烂,船只便会永远不坏,因为它们建造得十分结实;木材易受狂风暴雨的损害,而根据我们的假设,船只是永远不会坏的。因此,等不到有制造新船的机会,当今的一流造船师们及其手下的每一个人,若不是饿毙或英年猝死,也都已经寿终而
420 亡了。个中缘由,其一是所有的船只都能遇上所愿的强风,永远不必等待顺风,因而无论是出海还是回港皆非常快捷;其二是任何商品皆不会因大海而受损,不会因船只遭遇恶劣天气而受损,船只总是能够平安到港;因此自然会有其三:目前四行商人当中的三行便可有可无了,而现存的船只将能使用许多许多年。船桅和船帆亦像船只本身那样经久不坏,我们亦不必为大量购置它们去麻烦挪威人了。少量船只上使用的帆蓬和索具的确会日益磨损,但其磨损速度绝不及今天的四分之一,因为在一个小时的暴风雨里,其磨损比在十天好天气里受到的磨损更大。

锚和锚链很少会损坏,一套锚链便可供一条船永远使用。单单是锚链,就能给大灶锚链铁匠铺和缆绳作坊提供许许多多可憎的休息日。锚链的消耗通常很少,这种情况会影响到船的肋材商,以及进口铁器、帆布、大麻、柏油、焦油等货物的商人,因而将使我前面提到的与航海相关的五种行业(它们在欧洲的商贸中占了相当可观的份额)里的四种完全消失。

421 至此,我谈到的尚仅仅是这种赐福给航海运输业造成的后果,不过,它亦会损伤其他贸易的各个分支,并会毁掉各出口物产或产品的国家里的穷人。在每年的海运货物和商品中,被海水、高热、

虫害毁掉的，被火灾烧毁的，以及其他事故给商人们造成的损失，皆为海上的暴风雨或艰险的航线所致，或为水手的疏忽或贪欲所致。换言之，此类货物和商品，乃是每年运往世界各地的货物中一个相当大的部分，而大量的穷人必须先将它们生产出来，它们才能被装上货船。在地中海上，一百包棉布若被烧毁或被淹没，这对英国的穷人将是件有益的事情，与那些布匹被安全运到士麦拿[①]或者阿勒颇[②]一样，在这些大公自治领里，其中每一码布都被售罄。

运输商会破产，而这又可能危及布商、染布商、打包商、其他相关商人以及中间商。不过，受雇制造那些布匹的穷人却绝不会受损。打零工者通常每星期领一次薪水，而在货物装船之前，这个行业雇用的所有工人均能领到薪水，无论是布匹制造业本身的各种分支的工人，还是使该行业臻于完善所需的陆地及水上运输业的工人，无论是染布的工人，还是装运布匹的工人，皆能领到薪水，至 422
少其中的大部分人是如此。我的哪位读者若根据我这番话得出 *in infinitum*[③] 的结论说：货物被大海吞没或被火烧毁，与货物被销售一空、得到妥善使用，这两者同样有益于穷人，我便会认为他是在故意找碴而不屑于回答他。倘若天上总是下雨，永远不出太阳，地上的水果很快便会烂掉，尽管如此，我们仍然要说：要收获青草或谷物，雨水像阳光一样不可或缺。这个说法亦绝不是自相矛盾。

这种好风及好天气的赐福如何影响水手本身，如何影响船员

① 士麦拿（Smyrna），土耳其西部港市伊兹密尔（Izmir）的旧称。—— 译者

② 阿勒颇（Aleppo），叙利亚西北部城市。—— 译者

③ *in infinitum*，拉丁语，不加限定的。—— 译者

的品质,从以上所说的话中很容易推断出来。四条船里几乎难得有一条被使用,因此,那些航船总是不会遇上风暴,船上的人手便会更少。结果,当今六个海员里便可能有五个失业。在英国,穷人的数量大大多于为其提供的工作位置,因此,那些失业的海员便成了不祥的因素。一旦那些多余的海员死光,我们便无法装备起像目前这样的庞大舰队了。然而,我却并不将这看作一种损伤,至少我不视其为不便,因为全世界海员的数量都在普遍减少,其全部后
423 果是:若发生战争,海军便不得不以较少的军舰投入战斗,而这并非是罪恶,而是幸福。你若将这种幸福推到极致,使之臻于完美,那就只能再给它加上一种为众人所愿的赐福,而没有任何国家参战了。我这里提到的赐福,亦为所有善良的基督徒必定会祈求的那种赐福,那就是:所有君王及政治家都忠于自己的誓言和承诺,不仅遵守彼此之间的誓言和承诺,而且遵守对各自臣民的誓言和承诺;所有君王及政治家都更加尊重良心与宗教的指令,而不再听命于国家政治与世俗常识;他们更重视他人心灵的幸福,而不再那么重视自己的肉欲;更重视各自治理的国家的诚实、安全、和平与宁静,而不再热衷满足自己对荣誉的追求,不再热衷复仇,不再热衷满足各自的贪婪和野心。

不少读者大概会将以上最后一段话看作离题之论,与我的论题并无多少关联。但是,我这段话的本意却是要证明:各国君主及执政者的善良、正直以及爱好和平的意向,这些品质并不能使他们伟大而显赫,并不能增加其财富。这就像一个人即使有幸能取得一系列不间断的成功,亦不能使自己伟大显赫、财富增加一样。我
424 已经表明:大型社会若将举世闻名、为邻国羡慕看作幸福,若根据

自己的名声及军力来评价自己，那将是有害的和毁灭性的。

任何人都不会提醒自己当心种种赐福，然而，灾难却要求人们去加意避免。人的温厚性格不能使任何人奋起：人的诚实，人对结伴的热爱，人的善良、满足和节俭，乃是一个怠惰社会中十分可人的东西；它们愈是真实，愈是发自内心，它们就愈会使一切都停滞而平静，愈是能在处处避免麻烦，避免变动。上天的礼物与慷慨厚赠，大自然的一切丰富物产及有益馈赠，几乎也莫不如此。有一点是确定无疑的：我们拥有的这些馈赠，其范围愈广阔，数量愈丰富，我们就愈能省去自己的劳动。然而，人的种种需要，人的恶德及缺点，加上空气及其他基本元素的严酷，它们当中却孕育着全部艺术和技能、工业及劳动的种子。正是极冷与极热的天气、无常与恶劣的季节、猛烈与方向无定的风、具有危及性命的巨大力量的水、狂野和无法驾驭的火，以及顽劣贫瘠的土地，正是这一切，才激励我们去发明创造。我们依靠自己的发明创造，或避免了这些基本元素可能造成的灾害，或匡正了它们的有害力量，通过上千种不同方式，将其中几种力量变成我们自己的力量。我们从事的各种行业，皆是为了满足我们种类无限的需要，而这些需要会随着我们知识 425
的增长和欲望的增加而倍增。饥、渴和赤裸乃是迫使我们奋起的主要暴君。然后是我们的骄傲、懒惰、好色及变幻无常。它们是刺激一切艺术、科学、贸易、手工业和各行各业发展的主顾。而需要、贪婪、嫉妒、野心，以及人的其他类似特质，则无一不是造就伟业的大师，它们能使社会成员去从事各自的劳动，能使所有社会成员都屈从于各自行业的苦役，甚至使其中多数人乐此不疲。惟国王与君主们不在此例。

贸易和制造业的种类愈多,从业者愈是勤勉,各个行业的分支愈多,社会中包含的人口愈多,人们的谋生之道愈是千差万别,该社会就愈容易成为一个富裕、强盛和繁荣的国家。具备美德者人数不多,又很少雇用人手,因此,他们虽然可能使一个小国受益,却绝不能使一个大国获益。在困难中坚强、耐劳和忍耐,在一切生意中兢兢业业,具备这些品德者皆堪称嘉许。不过,由于此类人只做各自的工作,那些褒奖本身便是对他们的回报,既无任何艺术,亦无任何行业赞美过他们。反之,人类思想和发明才能的卓越成就,却在工人及工匠们的各种工具和器用上,在五花八门的机器上,表
426 现得最为卓著。发明这些工具和器用,无不是为了补救人的弱点,纠正人的许多缺憾,满足人的懒惰的需要,或是为了消除人的急躁。

在人类社会中亦如在大自然里一样,没有任何一种造物会完美到不会对某个社会造成伤害;同样,亦没有任何一种事物是彻头彻尾的邪恶,而事实会证明:恶德亦可能对造物的某一部分有益。由此可见:惟有以其他事物为参照,惟有根据评判时的角度和立场,我们才能判断出事物的善恶好坏。以此种办法判断出来的好事,便会使我们感到愉快。根据这个原则,人人都尽力对自己抱有最好的愿望,而很少顾及邻人。在极干旱的季节里,尽管人们都在祈求降雨,那祈祷却从未应验过,而另有些打算出国者则希望惟有自己动身那天是个好天气。春天谷物青苗茂盛时,绝大多数国人都会为此而欢欣。不过,储存着去年谷物,等着卖个更好的价钱的富裕农夫,却会感到绝望悲哀,心中暗自为遇上了丰收之年而苦恼。不仅如此,我们常常还会听到你们这些闲散者公开表示希望

拥有他人的财产，但其必要前提却是：他们这样做时，既要确保自己不受损害，又不损害那些财产的所有者。不过，我想他们这样做的时候，心中可能并没有这些限制。

大多数人的祈祷和希望都无足轻重，徒劳无益，这反倒是好 427
事。否则，能使人类始终适于组成社会、使世界免于陷入混乱的东西，便只剩一件了，那就是：人们向上天的一切祈求皆不会得到满足。一位有责任心的、年轻英俊的绅士，不久前刚刚旅行归来，躺在布里埃尔[①]，耐心等待着东风将他吹送到英国；同时，他身边却有一位垂死的老爹正在呻吟，因为他想在咽气以前得到拥抱与祝福，然后在人们的悲伤和关切中告别人世。与此同时，一位即将奔赴德国去维护清教徒利益的英国教士，正待在去哈维奇的驿站上，急于在国会休会之前赶到拉蒂斯本[②]。与此同时，一支满载的船队正准备开往地中海，还有一支装备精良的分遣舰队正准备前往波罗的海。这一切事情都可能同时发生，至少不难设想它们会同时发生。倘若这些人不是无神论者，不是极大的恶棍，那么，他们上床睡觉前便都会怀着某种善良思想，因而势必要在就寝前分别为遇到顺风、为航行成功而祷告。这既不是说祷告是他们的义务，亦不是说他们的祷告皆能被上天听见，但我可以肯定：他们的愿望不可能同时全都得到满足。

至此，我已经可以满意地对自己说，我已经阐明了几点：人类 428
天生追求友谊的品性和仁爱的热情也好，人依靠理性与自我克制

① 布里埃尔(Briel)，荷兰路特丹附近一海港。——译者

② 拉蒂斯本(Ratisbone)，德国巴伐利亚州城市雷根斯堡(Regensburg)的旧称，1663年至1806年间一直是帝国国会的召开地。——译者

所能获得的真正美德也罢,这些皆非社会的基础;相反,被我们称作现世罪恶的东西,无论是人类的恶德还是大自然中的罪恶,才是使人类成为社会性动物的重大根源,才是一切贸易及各行各业的坚实基础、生命与依托,概莫能外;因此,我们必须将它们视为一切艺术与科学的真正起源;一旦恶德不复存在,社会即使不马上解体,亦必定会变得一团糟。

我还可以怀着万分愉快的心情,补充上千个例证,以强调和生发这条真理,只是担心如此会使读者厌烦,故就此搁笔,尽管我承认:对得到旁人的赞许,我还不至于如此热衷,因为我已经学会了以此自娱。虽说如此,若听说我这篇消遣文字使哪位有见识的读者有所收获,那将总是会增添我从这番表演中已经得到的满足。为不使读者对我这篇文章的浮华形式感到遗憾,我将重复那个看似矛盾的命题作为结束语,其要义已经在标题页出现过了:私人的恶德若经过老练政治家的妥善管理,可能被转变为公众的利益。

为本书辩护[①] 443

因米德尔塞克斯郡大陪审团报告书中的诽谤暨致C爵士的一封辱骂信

欲全面了解我那些论敌与我之间争论的性质，读者阅读我的《辩护》前，必须了解事情的全部，并详细了解对我的全部指控。

大陪审团的报告书有如下言论

我们米德尔塞克斯郡大陪审团以最大的悲伤与关注，见到几乎每星期都出版许多反对我们神圣宗教之神圣信条、反对教会一 444
切律条和规则的书和小册子。我们认为，其风格带有宣扬不信教思想的鲜明倾向，遂败坏了全部道德。

我们刚刚得知，全能上帝的仁慈，使我们免于那场造访了我们

① 《为本书辩护》一文在原版本中放在《索引》后，故此处的边码与全书正文边码有中断。——译者

邻国的大疫[1]。为了这一浩浩天恩,国王陛下在公告中欣然颁令:国人应以感激回报上天。然而,上帝对我国的怜悯和解救以及我们奉命的感恩活动,竟遭到了如此不能容忍的亵渎,这会使全能的上帝震怒。

我们不知道,还有什么比镇压亵渎言论和渎神行为(它们具有瓦解国王陛下政府根基的鲜明倾向),能更有效地为国王陛下及新教继承人(甚幸,他已在我们当中确立以捍卫基督教)效劳。

这些不信教的狂热者,以其魔鬼式的努力无休地反对宗教,其表现如下:

第一,公开亵渎和否认永享祝福的三位一体之信条,以一些似
445 是而非的借口,极力复活阿里乌斯教异端[2],该教派从未被引进任何国家,而是受到了上天复仇的追击。

第二,他们肯定绝对的命运,否认上帝及这位全能者对这个世界的主宰。

第三,他们极力颠覆教会的一切规则和律条,通过对神职人员卑鄙的、不公正的指责,极力蔑视一切宗教;他们以其自由思想(Libertinism),鼓励并吸引他人加入其不道德行径。

第四,更切实地确立普遍的自由思想,他们谴责各个大学,用最恶毒和虚假的语言抨击一切基于基督教原则的青年教育。

① 1720年,一艘法国商船将淋巴结鼠疫(黑死病)从中东带到了法国港口城市马赛,在其后两年内,使该城及周边一些城市的10万人死亡。—— 译者

② 阿里乌斯教异端(Arian Heresy),阿里乌斯教派(Arianism)赞成埃及基督教长老阿里乌斯(Arius,250—336)的教义,否认三位一体论,即否认神性,认为耶稣不是神,但比凡人高超。阿里乌斯曾于325年被罗马皇帝君士坦丁流放到南欧。—— 译者

第五，更切实地进行这些秘密工作，研究种种技巧和发明出来的歪曲手段，诋毁宗教和美德，说它们危害社会、危害国家。他们宣扬奢侈、贪婪、骄傲及各种恶德，说它们是公众幸福之不可或缺，而不会摧毁宪法：不仅如此，他们自己还出于忧虑，发表了一些做作的辩护词和强词夺理的赞颂辞，我们认为，此举旨在败坏英国。

这些原则均具一种鲜明倾向，即瓦解一切宗教和国家政府，瓦 446
解我们对上帝的义务、对国家的爱、对我们誓言的尊重。这迫使我们控告一本书的出版者①，其书名为《蜜蜂的寓言，或私人的恶德，公众的利益》(1723年第二版)。

亦控告《不列颠杂志》周刊(*British Journal*)之26、35、36、39期②之出版者。

我要抗议的那封信如下

大人，

国王陛下之堂皇政府，似正受到化名“加图”(Cato)的喀提林

① 原报告书中，此处写有伦敦两位出版商的名字：爱德蒙·帕克(Edmund Parker)和T.沃纳(T. Warner)。—— 译者

② 这几期刊登了署名“加图”(Cato)的一组信件，讨论信仰的性质，谴责迷信式的宗教信仰，尤其是对三位一体和一神论的信仰。第35、36期嘲笑了宗教冲突和劝人皈依宗教，并强烈谴责了神职人员。第39期谴责了慈善学校，将它斥为滋生教皇制度、反叛者、扰乱经济秩序者的温床。该杂志的出版人皮尔(Peele)和撰文者戈登(Gordon)都因此被法院传唤，前者潜逃，后者藏了起来。参见科拜特(Cobbett)编《国会史》(*Parliamentary History*)1811年版，卷七，第810页。—— 译者

(*Catiline*)的威胁[①],正受到《蜜蜂的寓言》一书作者的威胁,正受到他们其他同伙的威胁,那些人无疑都是那个觊觎王位者[②]的有用朋友,为了他,他们都在以保卫我国宪法的堂皇借口,不倦地忙于推翻和毁灭宪法。欣闻阁下正极力采取有效措施,使我们脱离此险,对国王的全体忠实臣民,对现政府,对光辉的汉诺威王室(*House of Hanover*)之延续,这都是个好消息。阁下的英明决定,
447 即彻底查禁这些不敬上帝的书报文章,并指示大陪审团的某位成员立即将它们提交法庭,都有效地使国民相信:我国绝不容忍任何反基督教之企图。此举将迅速消除国民的不安,那种不安,乃是那些恶徒般的作者极力在国民心中激起的。因此,此举将成为清教(*Protestant Religion*)的坚固堡垒,将有效地击败那个觊觎王位者的诡计和希冀,最有效地保护我们,使我们不受政府的任何变更的影响。人们若是认为一位神职人员玩忽神职,或越来越嫉妒

① 此信作者提到"加图"和"喀提林",或许是想到了 1722 年一本批判"加图信件"(见前注)小册子的书名《审查者被审查:或加图变为喀提林》(*The Censor Censur'd: or, Cato Turn'd Catiline*)。喀提林(Catiline,公元前 108—前 62)是古罗马元老院议员,两次阴谋推翻罗马共和国,其第二次阴谋被西塞罗揭露,逃出罗马,最后在战争中被杀。他作战英勇,极具口才。他在历史上被视为叛国者和阴谋家,但近年来也有历史学家认为他是失败的改革家。—— 译者

② 那个觊觎王位者(Pretender),指英王詹姆斯二世(James Ⅱ,1633—1701)之子詹姆斯·斯图亚特(James Francis Edward Stuart,1688—1766),人称"老僭王"(The Old Pretender)。詹姆斯二世去世后,他自称英格兰和爱尔兰的詹姆斯三世和苏格兰的詹姆斯八世,一生觊觎英格兰、苏格兰、爱尔兰王位。他出生后即有流言说他是用长柄暖床器(warming pan)偷带进宫的冒名者,真婴为死胎。曼德维尔认为,对此人是否真是詹姆斯二世之子的争论无法解决,见他的《关于宗教、教会及国民幸福的自由思考》(*Free Thoughts on Religion, the Church, and National Happiness*)一书 1729 年版,第 361—367 页。—— 译者

(*Jealous*),以致做出的事情并非为了保卫其宗教,使之免受正在迫近的、最微小的威胁,那么,任何信教的英国人便都不能漠然视之。何况,大人,若不采取措施、粉碎这种公开提倡反宗教的人,便很可能激起这种嫉妒心。嫉妒一旦进入人心,将它逐出便绝非易事。嫉妒,大人!它也像一切魔鬼一样狂暴。我见过一个女子,虽瘦小羸弱,却受到一阵嫉妒的激励,乃至五个掷弹兵都无法将她制服。大人,继续实施您那些正当措施、扫清人们这种邪恶的嫉妒吧:因为在涉及宗教的种种激情和契机当中,嫉妒最恶名昭著,最 448
为疯狂;所以它才会在前朝造成各种危害,而大人您已遵循宗教,决意防止那些危害,并忠实地履行您对国王陛下的责任,而这与国王陛下的范例相契,他已欣然作出指示(大人您完全了解它们),以保卫教会之团结,保卫基督教信仰之纯洁。认为英国人民曾放弃其宗教,或十分拥护任何不支持宗教的政府,乃是愚蠢,因本届英明政府已在反击那些三流作者(*Scriblers*)对宗教的放胆进攻。大人知道,"三流作者"是对一些作者的确当称谓,他们披着一切看似真实的外表,装作判断力很强的模样,试图破坏宗教,进而通过狡猾、虚妄的论证和暗示,破坏其英国同胞的满足与安宁、和平与幸福。愿上天阻止罗马教会带给我们的那些无法忍受的灾祸吧!暴政是人类社会之害,而最严重的暴政,莫过于罗马教皇的三重冠[①]。因此,自由、快乐的英国人民便有理由相信:教皇制度(Popery)以及似乎鼓励它、支持它的一切事物,都十分令人痛恨,十分

① 罗马教皇的三重冠(Triple Crown,又名 Papal tiara,Triregnum,Triple tiara),公元 8—20 世纪罗马天主教教皇的皇冠,为罗马教廷权力的象征。—— 译者

449 可怖。但是,国人也憎恶和畏惧我们英国的喀提林们对基督教本身的猛烈攻击,那些人以善意尊重我们受到上帝祝福的清教的虚假色彩,掩饰其背叛基督教的图谋,同时又十分明确地宣布:“清教徒”这个称号不属于他们,除非它能属于真正反对一切宗教的人。

诚然,不能过分责怪人们有几分不愿离开其宗教,因为他们告诉你:存在上帝,上帝主宰着世界,上帝常会赐福或毁灭一个王国,取决于主宰该国的宗教或反宗教(*Irreligion*)之消长。大人藏书颇丰,更堪钦佩的是,您自然深谙您的藏书,能在一瞬之间找到关于任何大事的记述。因此我想知道:大人能否找出任何一位作者,让他像那些三流作者所希望的那样渎神,再向他证明:任何一个帝国、王国、国家或大教区,或大或小,虽不能一心为宗教提供支持,却并未衰落沉沦。

三流作者大谈罗马人的政府、自由以及古罗马精神。但不可否认,即使他们对这些事物最看似有理的言论,也全都是伪装、歪
450 曲和计谋,其旨在反宗教,因而使人们不安,使王国毁灭。这是因为,他们若真的尊重、并向其国人真心推荐智慧、繁荣的罗马人的观点与原则,推荐其主要目标和实际做法,他们便会首先想起一点:在保护和促进自然的宗教[①]方面,古罗马人做得十分出色,而新罗马则在摧毁和揭露自然的宗教方面做得同样出色[②]。的确,通过忠诚地重视宗教,古罗马人分明将自己托付给了上天的恩惠,

① 自然的宗教(Natural Religion),此指不依靠神启(divine Revelation)而能为一切公正的、正常的思维所理解的宗教。—— 译者

② 新罗马则在摧毁和揭露自然的宗教方面做得同样出色,指当时的罗马天主教会将古罗马宗教视为异教。—— 译者

因此他们深信一点并将它付诸实践：他们一致认为，他们对宗教的重视是上帝的一种重要手段，上帝以它保护罗马帝国，使帝国能征服外邦，能取得种种成功，能获得繁荣和荣耀[①]。因此，他们的演说家尽其所能、在一切场合感动和说服人们时，只要能以辩论中的观点影响听众，便总是提醒人们牢记宗教。毫无疑问，只要能让人们相信：宗教的安全依赖于他们事业的成功，人们便会支持他们的这个做法。诚然，无论是罗马人还是地球上其他民族，其既定的宗教都曾遭到公开的嘲笑、批判和反对。我深信：为了全体世人，大
人一定不愿让这样的事发生在我们当中而不受惩罚，世界上从未 451
容忍过这样的事。自《圣经》的神圣启示问世以来，可曾有人像近来某些男人、甚至少数女人那么放肆地对待基督教？这个魔鬼是否一定如此猖獗，竟使我们无法对他提出抗诉（*Coram Nobis*[②]）？他为何不该满足于以通常的方式对付人们，即像以前那样，做出诅咒、谩骂、破坏安息日和欺骗、贿赂、伪善、酗酒、卖淫等恶行？绝不可让他像现在这样，用众多大谎和亵渎之词（它们足以将国王的臣民吓得灵魂出窍）压制人们的言论和文章。我们现在要提出一个简短的问题：上帝还是魔鬼？我们必须提出这个问题，而时间将表明谁和谁是一方[③]。目前我们要说：有些人十分清楚地表明了其

① 参见西塞罗之言："其实，谁会愚蠢到虽知众神存在，却不理解正是众神的神圣权威，缔造、加强、保护了这个庞大的帝国？"（Quis est tam Vecors qui non Intelligat, Numine hoc tantum Imperium esse Natum, Auctum, et Retentum?）见西塞罗演说词《论肠卜僧之回答》（*De Haruspicum Responsis*，公元前57年）第19节。肠卜僧（Haruspex）是古罗马以动物内脏占卜的僧侣。——译者

② *Coram Nobis*，（拉丁语）要求纠正错判的申诉书，即抗诉书。——译者

③ 此句意为，我们究竟站在上帝一方还是魔鬼一方？时间将表明谁属于哪一方。——译者

反对神圣事物的精神,不但痛骂国教及其实施,而且竭力以最刻毒的熟练技巧,将宗教骂为可憎、可鄙,但他们也切望阻止在英国大众心中有效地播下宗教的真正种子。

452 一些最激烈的观点反对慈善学校对穷孩子的教育,但其中连一个反对资助慈善学校的正当理由都没有。那些人所说的反面事例都是假的。严肃的、有头脑的人绝不该将它们看作大事,而倘若那是假的,则更不该被看作证据。喀提林放胆谈论众人的全部捐款:“其实,这种假装的慈善已毁掉了其他一切慈善,而那些善款以前是救济老人、病人和残疾人的。”[①]既出此言,他怎么还敢面对天下人?

似乎相当清楚:不给慈善学校捐款的人,若都对任何慈善对象比以前更慈善,那么,他们对慈善学校缺乏慈善,便不是因为他们给其他人捐了款。给慈善学校捐了款的人,则绝非对解救其他对象比以前更吝啬;贫穷的寡妇、老年人和残疾人,从他们那里得到的救助分明多于以前(与其人数和能力相应),也多于同样人数的另一种人的捐款,后者也很有钱,却毫不关心慈善学校的一切,而只顾谴责它们。我想在本周任何一天到希腊咖啡馆[②]见见喀提
453 林,为他找出一些具体的人士,人数由他指定,以证明我说的是真话。但我并未怎么指望他愿见我,因为他一向害怕揭露真相,一贯掩盖真相。否则,他绝不会允许自己说过慈善学校旨在“培养儿童

① 见《不列颠杂志》1723 年 6 月 15 日,第 2 页,“加图”论慈善学校的信件。——译者

② 希腊咖啡馆(*Grecian* Coffee-House),当时的一些王族常在该咖啡馆聚会,因此它也被称为“博学者俱乐部”(the Learned Club)。—— 译者

读写能力，养成冷静的习惯，使自己日后能胜任仆人”之后，马上又说“某种懒惰、放荡的歹徒几乎没吞没了王国，成了各地的公害”等等[①]。什么？正是由于慈善学校，仆人们才变得那么懒惰，变成了那么放荡的歹徒、那样的公害，女仆才变成了妓女，男仆才变成了强盗、入室抢劫者和骗子？（据他所言，他们大多如此。）这要怪慈善学校么？若不是，他为何让自己胡说八道，说这些学校就是助长这些危害的工具（而事实上，公众分明在蒙受那些危害）？深入人们心中的美德原则，通常都不会被视为奔向恶德的主因。少年时代认识真理，认识我们对真理的责任，若说这就是离开真理的最有效手段，那就无人怀疑：喀提林很小就被十分精心灌输了关于真理的知识。他展开一份报告，信誓旦旦地说：“为使这些贫穷的男女孩童穿戴上仆人的衣帽，一天当中，各教堂大门前募集的善款，比一年中为所有穷人募集的还多。”[②]举世罕见的喀提林啊！你最顺利地说出了这一点，未遇到任何障碍，因为既没有反驳你的证人，也没有任何活人反对你，除了那些招募和监管穷人的人，除了英国一切有慈善学校的教区的所有其他重要居民。 454

大人，可笑的是：这些三流作者依然被看作道德君子。但是，靠误导、欺骗邻人吃饭，在重大的事情上，靠歪曲事实、掩盖真相、曲解和谎言过日子，倘若这种人装成道德君子都不算欺世盗名，那么，只要法律无法因此制裁他，任何不道德行为便都不是错误的、

① 见《不列颠杂志》1723 年 6 月 15 日，第 2 页，“加图”论慈善学校的信件。——译者

② 见《不列颠杂志》1723 年 6 月 15 日，第 2 页，“加图”论慈善学校的信件。——译者

欺诈的,而道德也与真实和公正毫无关系了。然而,我若没有碰巧带着几把手枪,便很不愿在豪士罗荒地[①]见到这些道德君子之一,因为我知道:在一个问题上根本没有道德的人,在另一个问题上也
455 绝对没有道德。大人阁下,您既能精确地判断书籍,亦能精确地判断人,您若不了解慈善学校,我可以告诉您:那些学校一定具有某种非常优秀之处,因为上述那些人如此激烈地反对它们。

他们说这些学校阻碍了农业和制造业。其实,在农业方面,孩子们在校学习的年限,仅到其年龄和气力能从事主要农活,或能承受持续的农活之前;而大人阁下一定要相信:即使在他们上学期间,也从不曾阻止他们从事农田劳动,也不曾阻止他们在有能力时,在一年中的任何一段时间内受雇为农工,因为他们能以此养活家人和他们自己。在这种情况下,一些郡的父母们会正确地判断其家境,同时,他们更喜欢子女能挣一点钱,而不大喜欢子女学会一点知识。每当他们的这种做法为他们挣到了一个便士,他们就会为子女再找工作,而不会让子女去上学。制造业的情况也是如
456 此。只要给慈善学校设置障碍的先生们肯募集资金,将制造业雇工和在慈善学校学习读写的生意结合起来,以此消除障碍,慈善学校的校董们、慈善学校学生的父母们便都会感激他们。这将是一项高尚的工作。一些慈善学校的支持者已开始了这项工作,其他支持者也无不正在为此认真努力。但罗马不是一天建成的。但这

---

① 豪士罗荒地(Hounslow-Heath),伦敦豪士罗镇(Hounslow)的一片公共空地,位于伦敦以西 12 英里,占地约 200 英亩,1647 年曾被克伦威尔(Oliver Cromwell,1599—1658)和詹姆斯二世(James Ⅱ,1633—1701)用作军营区,在 17 世纪和 18 世纪曾是拦路强盗出没之地。—— 译者

桩伟业依然可以实现，但愿英国一些地方的工厂的厂主和经理十分慈善，能雇用一些穷孩子，在他们各自的工厂里每日做工几个小时，而由校董们负责，让孩子们在一天余下的时间中，完成慈善学校的常规学习。杜撰似是而非的虚妄观点，披着评理的伪装，制造障碍，反对世上这件最好的事，党人（Party-Men）和狡诈的恶人都很容易做到这些事。但毫无疑问，一切公正之士，只要认真地看待善良，怀着真正的爱国之心，都不会认为：对慈善学校的这种正确、公正的认识很容易遭到种种正义的、严肃的驳斥，都不会拒绝为了改进慈善学校、使它们达到预期的完美状态作出贡献。同时，但愿任何人都不会如此意志薄弱，或如此邪恶，以至于竟会否认一点：穷孩子若无法用其他任何诚实方式找到工作，便只能将其少年时光用于闲散，或用于学习撒谎、咒骂和盗窃之术；而使他们学习宗 457
教和美德的原则，直到其年龄和气力能使他们或做家仆，或务农，或做手艺人，或做某一行的技工，或从事艰苦职业，这才是对他们的真正慈善，才是国家为他们提供的良好服务。因为，即使不说慈善学校学生总会去从事艰苦职业，他们也常常会如此，只要他们具备了这种能力。因此，喀提林或许会欣然收回其对店主或杂货商的反驳，他在其中断言：“他们的职业，一定是慈善学校的管理者最期盼、最重视的”，（他还说）“这些职业应当开始提供给与之等级相当的儿童”[①]。他一定会因我通知了大人阁下而为自己辩解，说这种断言其实是假的，因为这么做颇为麻烦，很容易和他以前的一些

① 见《不列颠杂志》1723 年 6 月 15 日，第 2 页，“加图”论慈善学校的信件。——译者

断言相悖。我想在这里提一下他的一个断言。他无耻而圆滑地断言:"平民本性在我们的慈善学校中堕落了,儿童从刚会说话就学习咿呀说出'高教会派'[①]和'奥蒙德'[②]。因此,儿童尚未懂得何为
458 '叛国',便被培养成了叛国者。"[③]尊敬的大人以及其他正直之士,你们的言辞都能忠实地表达了自己的意思,而倘若我未给你们剖析喀提林之言,你们便不会认为:他深信慈善学校的儿童都将被培养成叛国者。

尊敬的大人,倘若校董们要求任何一位校长停办慈善学校,并拿出反对他的证据,说他反叛政府,或未在问答教学(Catechism)中尽职尽责地教给学生服从和效忠国王等义务,我便要使喀提林满意,授予他按照他的意愿摧毁慈善学校、吊死校长的特许证。

那些作者以讥讽的、几近不实的方式强调此类事情,而前文提及的那本书,即《蜜蜂的寓言,或私人的恶德,公众的利益》,也是如此。喀提林抨击宗教信仰的基本信条,将神圣的三位一体亵渎地比作吓唬孩子的东西(*Fee-fa-fum*[④])。《寓言》的这个放肆作者不

---

① 高教会派(High Church),英国国教及英国新教中强调尊重天主教传统(圣餐、洗礼等宗教仪式和严格遵从圣命等)的教派。—— 译者

② 奥蒙德公爵(James Butler, 2nd Duke of Ormonde,1665—1745),爱尔兰政治家、军人,于1715年被控阴谋叛乱,逃到法国。他当时很出名,其名字被英王詹姆斯二世的拥护者(Jacobites)和同情高教会派的人用作一种口号。"奥蒙德和高教会派"成了二世党人(Jacobite)每一次动乱中的呼声。参见利达姆(Isaac Saunders Leadam)编:《英国史,从安妮继位到乔治二世崩,1702—1760年》(*The History of England from the Accession of Anne to the death of George* Ⅱ*, 1702—1760*),1909年版,第236页。—— 译者

③ 见《不列颠杂志》1723年6月15日,第2页,"加图"论慈善学校的信件。—— 译者

④ Fee-fa-fum,童话中的巨人发出的呼呼声,表示要吃人。—— 译者

但是喀提林反对宗教信仰的帮手，而且大胆地拆除了道德美德的真正根基，建立了恶德的地位。世上最好的医生，其工作总是清除肉体的那些毛病，而不会像这只大黄蜂那样，去清除政治肌体的毛病。他本人即可证明对他的这个指控是正确的：因为，当他写到那本书的结论部分，对自己和自己的表现作了如下评论：

> 至此，我已经可以满意地对自己说，我已经阐明了几点： 459
> 人类天生追求友谊的品性和仁爱的热情也好，人依靠理性与自我克制所能获得的真正美德也罢，这些皆非社会的基础；相反，被我们称作现世罪恶的东西，无论是人类的恶德还是大自然中的罪恶，才是使人类成为社会性动物的重大根源，才是一切贸易及各行各业的坚实基础、生命与依托，概莫能外；因此，我们必须将它们视为一切艺术与科学的真正起源；一旦恶德不复存在，社会即使不马上解体，亦必定会变得一团糟。[①]

大人，现在您已知道了这个大阴谋，了解了喀提林及其同谋的主要观点。现在开场了，秘密暴露了，这帮歹人跳出来说话了，而其实从未有任何一伙人胆敢如此放肆。现在您看清了他们对慈善学校全部敌意的真正原因。它针对的是宗教；宗教，尊敬的大人，建立那些学校正是为了提倡宗教，而这个私党却决心毁坏宗教。因为学校当然是宗教和美德的最有效工具，是反对教皇制度的最坚固堡垒之一，是让英国人民蒙受神恩的最佳荐书之一，因此，它 460

① 引自本卷《社会本质之探究》一文倒数第二段。——译者

也是我们进行光荣的宗教改革[①]、摆脱罗马的偶像崇拜和暴政以来对我国的最大赐福。即使如此卓越的工作真的带来了什么微不足道的麻烦(因为人类的一切制度和事务都会带来小小的麻烦),这项工作的卓越之处也依然表明它是一桩乐事。它鼓舞了一切有智慧的、心地善良之人,他们鄙视这些无足轻重的反对意见,并像其他人一样,不会为挺身捍卫这个事业而感到羞耻。

大人,您现在也了解了喀提林及其同伙一直讥讽神职人员的真正原因。大人,您现在也了解了喀提林及其同盟一直讥讽神职人员的真正原因。就反对宗教而言,为什么对霍尔(Mr. *Hall*)的定罪和判决[②],重于雷耶尔[③](Mr. *Layer*)背叛律师(Gentlemen of the *Long Robe*)道德的罪行?不用说,那是因为法律业与宗教并无直接关系。因此,喀提林便应承认:即使法律业中的某一个人是叛国者或另外什么歹人,法律业的其他人员,也依然都像国王治下的其他任何臣民一样,忠于国王,道德良好(尽管其中一个兄弟是歹人)。但由于宗教事务乃是神职人员关心之事,也是他们的职业,那么,喀提林的逻辑便会极其昭然地证明一点:其中任何人若

① 宗教改革(Reformation),指16世纪英国都铎王朝时期由亨利八世发动的宗教改革运动。—— 译者

② 当时并无一个名叫霍尔的神甫被绞死。1716年,一个名叫约翰·霍尔(John Hall)的人和一个名叫威廉·保罗的神甫(Rev. William Paul)一同被处以绞刑。此事在当时很有名。此信作者斐罗·布利塔努斯(Philo-Britannus)或许是将霍尔错误地记作了神甫。—— 译者

③ 克里斯托弗·雷耶尔(Christopher Layer,1683—1723),英国律师,詹姆斯二世党(Jacobite)成员,阴谋制定计划招募伤兵、占领伦敦塔和英格兰银行、逮捕王室成员、谋杀政府官员。由于他的两个情妇泄露了该计划,他在伦敦行刑场(Tyburn)以叛国罪被斩首。—— 译者

背叛了政府，其他一切人也都背叛了政府；其中任何人若可被指控为邪恶，其结论也十分清楚：其余所有的人（或绝大多数人）也全都 461
要多邪恶有多邪恶。我不想用某个神职人员的具体辩护打扰大人，也毫无理由如此，因为辩护书已呈给了大人。他们自己便可说明何处需要这种辩护，因为像任何欧洲人一样，他们也是有道德、有学问之人。尽管如此，他们还是迟迟未发表为自己庄严辩护的观点，因为他们既不期盼，亦不渴望渎神的、为上帝所抛弃者的批准和尊敬。同时，他们也不会怀疑：所有的人，不但见地深刻者，而且具备一般常识的人，现在都看清了一点：射向神职人员的箭，就是企图损坏、摧毁宗教事业的神圣机构，消灭宗教，而保护和促进宗教乃是神职人员之本分。每个诚实的、公正的人都一直在思考这个问题，但正是现在，一些人说明了这个问题，他们以前曾多次想到这个问题，而现在公开宣布：宗教信仰的基本信条，不但毫无必要，而且荒唐可笑；若是奖励美德，人类社会的福祉一定会恶化和消失，而不道德（Immorality）乃是人类幸福得以建立和维持的
坚实基础。公开提出消灭基督教信仰和全部美德，将恶德作为政 462
府的基础，公开发表这类信条，这令人瞠目震惊，极为可怕，罪大恶极，而它若成了我们犯下的一种全民的罪行（*National* Guilt），上帝的复仇便一定会不可避免地落在我们身上。一种全民罪行若被人们忽视，若未受到惩罚，那么，就是不如您那么熟练和有眼光的诡辩家（*Casuist*），也会轻易猜到这种亵渎上帝的大罪将变成何等严重的全民罪行。毫无疑问，对如此清晰、如此重大的问题，大人的良好判断力已使您像智者和忠诚的爱国者那样，决心在阁下的高位之上，以您最大的努力，捍卫宗教，使之免受粗暴的攻击。

待我见到《保卫大不列颠宗教平安,以更有效保障国王陛下及其堂皇政府之平安法案》①,大人正义的政治计划,大人对国家之爱,及大人对国家的伟大贡献,将为众人所共知。

大人,

我是您最忠实的贱仆

斐罗-布利塔努斯②(Philo-Britannus)

463 慈善学校的长官、校长及其他拥护者都反对这本书,其严厉谴责和巨大喧嚣,外加我的朋友们的忠告,比比皆是。我本人对它们的应有反应,来自以下的答复。愿公正的读者阅读它时,不会因为某些段落的重复而感到不快,其中一段他可能已读过两次,而他仍会认为,为以该段向公众自辩,我有责任重复上信中引用过的话,因为那张报纸会不可避免地落入很多人手中,而他们从未见过《蜜蜂的寓言》,亦未见过这封反对它的辱骂信。我的答复发表于1723年8月10日的《伦敦杂志》(*London-Journal*),其文如下。

7月11日周二的《晚邮报》(*Evening-Post*)上,一份陈述被附在了米德尔塞斯大陪审团(报告)后面,批判一本题为《蜜蜂的寓言,或私人的恶德,公众的利益》的书的作者。此后,7月27日周六的《伦敦杂志》发表了批判该书及其作者的一封措辞激烈的辱骂

① 没有通过这项法案的记录,英国国会当时只通过了另一项法案,谴责不肯宣誓遵守一项旨在保卫国王人身及政府安全的法案者。因此,此信作者所说的法案或许只是C爵士的打算。—— 译者

② 这是个笔名,大概来自当时《伦敦周刊》上几篇主要文章的署名,即布利塔努斯(Britannus)。—— 译者

信。我认为自己绝对有责任为上述那本书辩护，回击那些恶意中伤的污水，它本不该泼在那本书上，因为我意识到，我写该书绝无
不良企图。一些大众的报纸公开发表了对那本书的谴责，而我为 464
该书的辩护若以较私密的方式出现，便有失公平。我要向一切有见地的诚实人公布我为自己的辩护，而只求他们付出耐心和关心。我不提那封信涉及的其他，不提一切不相干的、莫须有的说法，而要从引自该书的一段话开始：

> 至此，我已经可以满意地对自己说，我已经阐明了几点：人类天生追求友谊的品性和仁爱的热情也好，人依靠理性与自我克制所能获得的真正美德也罢，这些皆非社会的基础；相反，被我们称作现世罪恶的东西，无论是人类的恶德还是大自然中的罪恶，才是使人类成为社会性动物的重大根源，才是一切贸易及各行各业的坚实基础、生命与依托，概莫能外；因此，我们必须将它们视为一切艺术与科学的真正起源；一旦恶德不复存在，社会即使不马上解体，亦必定会变得一团糟。[①]

这段话就在《蜜蜂的寓言》一书中，它无辜而真实，并很可能被保留在未来的版本中。但我也会非常坦率地承认：我写此书若意在使最无能力的人理解，便不会选择此书的这个论题；即便我选择
了这个论题，我也会详细地解释每一句话，像教师那样谈论和解释 465
每一个问题，且会始终手持教鞭。例如，为使读者理解书中的段

① 见本卷《社会本质之探究》一文倒数第二段。——译者

落,我会用一两页篇幅解释“恶德”(*Evil*)一词,再告诉读者:每一种不足(Defect)、每一种需求(Want),皆为一种恶德;那些多样的需求,来自社会个体成员之间的全部互相服务;需求的种类越多,个人在为他人服务的劳动中发现的私利便越多,因此人们联合了起来,组成一个实体。除了能为我们提供所需物品的行业或手艺,还有其他行业么?这种需求得到满足之前,当然就是一种恶德,而行业或手艺必须医治它,而没有那些行业,便绝不会有人想到那种恶德。世上的技艺或科学,可有不是为了补足某个不足而发明的?若不存在不足,技艺和科学便根本无由补足它。我在该书第 425 页说:

> 人类思想和发明才能的卓越成就,却在工人及工匠们的各种工具和器用上,在五花八门的机器上,表现得最为卓著。发明这些工具和器用,无不是为了补救人的弱点,纠正人的许多缺憾,满足人的懒惰的需要,或是为了消除人的急躁。[1]

466 它前面的几页也表达了相同的思想。但所有这些话,与有无宗教信仰有何瓜葛?正像它与航海、北方和平[2]有何瓜葛?

---

① 布利塔努斯信中引用的《蜜蜂的寓言》,见本卷《社会本质之探究》一文倒数第五段段末。——译者

② 北方和平,指 1719—1721 年间瑞典、英国、丹麦、挪威、普鲁士、汉诺威、波兰、萨克森和俄国之间的和平。又:此句提到的“航海”与“北方和平”,均与 C 爵士有关,他参与了英国至波罗的海的通航,也曾致力于北方和平。C 爵士即布利塔努斯信中所称的“大人”,他是汉诺威的卡特莱特男爵(Right Honorable Lord C. 即 Baron Cateret)。——译者

受雇满足我们天然需要的众多劳动者,其实就是如此,因为,与能纯洁地满足我们腐败天性之堕落的众多事物相比,饥渴和赤裸简直不值一提。换言之,勤勉者以其诚实劳动为生,而虚荣、奢侈者则必会感激他们得到的、能使他们安逸和奢侈的器用。“在这条因果链上,短视的俗人至多只能看到其中的一个环节。但其中一些人眼界则稍有扩展,能从目睹环环相扣的事件的繁荣当中获得快乐,因为他们能在上百处地方看到同一种情形,即‘善’正在从‘恶’中萌发生长,犹如雏鸡从鸡蛋中破壳而出一样。”[①]此话见于本书第 89 页,评论了蜂巢的一种看似矛盾的状况:

众多蜜蜂当中的那些最劣者
对公众的共同福祉贡献良多。[②]

而在很多地方都能发现大量的事实,说明神秘的天意每天都在吩咐要使劳动者获得舒适,甚至吩咐解放被压迫者;这些舒适和 467
解放不知不知不觉地到来,不仅来自奢侈的恶德,亦来自极恶、极堕落之人的罪行。

公正有识之士一眼便可看出:这段受到谴责的话,只是完整地表达了以下这句话言而未尽的意思:出于无数的理由,人是有需求的动物(a necessitous Creature),而一切行业和工作正是来自那些需求,而非来自其他任何事物。人们乱动自己看不懂的书,实在荒唐。

① 见本卷对长诗《抱怨的蜂巢》的评论[G]。—— 译者
② 见本卷对长诗《抱怨的蜂巢》的评论[G]。—— 译者

《蜜蜂的寓言》旨在娱乐有知识、有教养者,用于解决他们闲暇时不知如何打发时间。此书谈论的是严格、高尚的道德,包含了对美德的严格检视,包含了鉴别真假美德的屡试不爽的标准,表明了很多错误行为都被世人当成了正确的。本书描述了人类种种激情的性质及其表现,探究了它们的力量和伪装,追踪了人们心中最隐秘的自恋。撇开其他一切道德体系,我还有理由补充说:全书乃是一首狂想曲(Rhapsody),其中虽然毫无次序与步骤,但任何一部分都绝无酸腐或学究之气。我承认此书风格很不统一,时而十分
468 高雅雄辩,时而颇为低俗琐屑;尽管如此,我仍对它满意,因为此书愉悦了具备正直与美德、并无疑具备良好常识的人们。只要这些人阅读此书,我便不会担心它不能使他们愉悦。无论何人,只要见到对此书的强烈指控,都会原谅我赞美了此书,因为任何一个不得不为自己的著作辩护的人,在其他任何场合皆会如此。

此书中绝无报告书中指控的对妓院的赞美[①]。授那份报告书以柄的,想必是一段政治议论,讲的是保护女子的名誉和贞洁,使之不受放荡男人的侮辱(那种男人往往无法控制情欲)。我在其中谈到了在两种恶德[②]之间的作出选择,要规避那种选择是不切实际的。因此,我最谨慎小心地作了论述,其开头是:"我绝非鼓励恶德。一个国家若能杜绝那些不洁的罪孽,我亦不会不认为那是该国无与伦比的福分。然而我担心的是,这些罪孽是无法杜绝

① 参见本卷对长诗《抱怨的蜂巢》的评论[H]。——译者

② 两种恶德,即本卷对长诗《抱怨的蜂巢》的评论[H]第三段提到的卖淫和强奸。——译者

的。”[①]我说明了我这个看法的理由，并偶然提到了阿姆斯特丹的
那些音乐厅[②]，做了简短的叙述，没有比那段叙述更无害的了。我
请求一切公正的法官做个判断：我那番叙述，究竟是会使人们对它 469
们感到厌恶和反感，还是会燃起人们任何犯罪欲望。很遗憾，大陪
审团竟然认为，我发表此书意在使国民堕落，却未看到：首先，此书
中没有一句话、一个音节冒犯了贞洁的耳朵，或玷污了最邪恶者的
想象；其次，我在书中抱怨的事情，分明是讲给地方官员和政治家
的，至少是讲给更严肃、更有思想者的。然而，由于文明礼貌的普
遍堕落，人们通过阅读便可能堕入淫荡，而这只能归咎于人们很容
易买到淫荡，归咎于众多不检点的青年男女与其趣味和能力相应
的种种生活方式；但那些遭到愤然反对的表现，却绝非起因于这些
阶层的人们，每个事例都自行证明了这一点。此书开头的论述完
全是哲学式的，几乎没有一句话不被用来进行哲学思考，本书扉页
的书名也远非华丽动人，不读此书本文，任何人都既不会知其内
容，亦不知其售价为5先令。上述一切可以表明：即使此书包含任
何危险的原则，我也绝未打算在人们当中散布它们。我未说过一 470
个意在取悦或吸引人们的词。我对人们的最高致意是：*Apage*
vulgus[③]。（我在本书第257页说：）“若是大多数人都同意这些观
点，则最能清楚地表明我这些见解是错的，因此，我并不指望得到

① 见本卷对长诗《抱怨的蜂巢》的评论[H]第三段。——译者

② 音乐厅（Musick-Houses），即本卷对长诗《抱怨的蜂巢》的评论[H]第四段所说的“晚间交易所”。——译者

③ Apage vulgu，（拉丁语）俗众滚开。作者套用了谚语 Apage Satanas（魔鬼滚开）。此句意为曼德维尔绝未指望大众能理解他的观点。——译者

大多数人的认可。我既不为多数人写作,亦不想寻求任何祝我好运者,而是为少数能抽象思考的人写作,意在将其思想提到高于俗众的水平。"[①]我从未滥用这个方式,我总是对公众保持这种亲切的尊重,以至于我提出任何不常见的观点时都万分小心,以免他们受到偶尔渗入本书的、无说服力的观点的伤害。当我承认(见本书第 255 页)"我认为,没有人的恶德,任何社会都不会成为这种富强的王国,即使成了富强的国家,亦不可能维持长久"[②],我其实已提出了前提,"我从未说过、亦从未幻想过一个富强王国的人民不可能具备可怜的国度人民的美德。"[③]这个提醒,连比我更粗心的人都会认为多余,因为我已在同一段的开头解释了我的意思:"我首
471 先确定一条原则,即在一切社会(无论大小)当中,为善乃是每个成员的责任;美德应受鼓励,恶德应遭反对,法律当被遵守,违法当受惩罚。"[④]此书中没有一行文字与这条原则相悖,我抗议我的论敌反对我在本书第 258 页所言:"我面前若有通往现世伟大之路,我总是会毫不犹豫地选择通向美德之路。"[⑤]任何人都不会比我更苦心地防范被曲解。请看本书第 257 页:"我说:没有恶德,任何社会皆无法变得富强,皆无法获得现世最大的光荣,这并不是说我要人们去做恶妄为。同样,我说这样的财富与辉煌下、若没有足够的过分自私者和争讼者,便无法维持法律这个行当,这也不是说我要人

① 见本卷对长诗《抱怨的蜂巢》的评论[T]。——译者
② 见本卷对长诗《抱怨的蜂巢》的评论[T]。——译者
③ 见本卷对长诗《抱怨的蜂巢》的评论[T]。——译者
④ 见本卷对长诗《抱怨的蜂巢》的评论[T]。——译者
⑤ 见本卷对长诗《抱怨的蜂巢》的评论[T]。——译者

们去动辄争吵、心地贪婪。”[1]在本书《序言》末尾，我也做了同样的提醒，而那是因为一桩与伦敦密不可分的明显恶行[2]。欲探究事物的真正原因，绝不应怀有任何恶意，亦不应怀有任何伤害他人的倾向。一个人可以写关于毒药的论文，但仍是一流的医生。我在本书第 424 页说：“任何人都不会提醒自己当心种种赐福，然而，灾难却要求人们去加意避免。……正是极冷与极热的天气、无常与 472
恶劣的季节、猛烈与方向无定的风、具有危及性命的巨大力量的水、狂野和无法驾驭的火，以及顽劣贫瘠的土地，正是这一切，才激励我们去发明创造。我们依靠自己的发明创造，或避免了这些基本元素可能造成的灾害，或匡正了它们的有害力量，通过上千种不同方式，将其中几种力量变成我们自己的力量。”[3]若有人探询广大人群的活动，我不知他为何说出所有这些话以及更多的话，却不会被斥为贬低、轻视这些才能和上天的慷慨。他同时也证明：若无雨水和阳光，这个地球便不适于我们这样的动物居住。这个题目不同寻常，若有人对我说最好莫提它，我绝不与他争执；但我总是想：这个题目会使一切趣味尚好、不会轻易沉溺其中的人感到愉悦。

我永远不能像我希望的那样成功地克服我的虚荣心。我太骄傲了，不会去犯罪。至于本书主旨，即本书的意图，亦即本书所阐明的观点，我要声明：我在本书《前言》中宣布的，就是我最真诚的思想。你会在本书第 6 页末见到以下词句：“你若问我做这一切

① 见本卷对长诗《抱怨的蜂巢》的评论[T]。——译者

② 与伦敦密不可分的明显恶行，指本卷《序言》提到的《伦敦晚邮报》等报纸刊登的假消息，即说曼德维尔在伦敦圣·詹姆斯教堂大门前焚毁《蜜蜂的寓言》。——译者

③ 见本卷《社会本质之探究》一文。——译者

473 的目的何在,*Cui bono*？这些见解会带来哪些好处？的确,除了给读者提供一些不同的思考,我认为它们不会带来任何好处。但若有人问我:从这些见解当中应当自然而然地得出什么结论？我便会回答说:首先,人人都在不断地挑剔旁人的错误,而通过阅读我这些见解,人们将学会反躬自问,审视自己的良心,将会为自己总是抱怨多少属于他们自身的罪过而感到脸红。其次,一些人对安逸和舒适极感兴趣,他们收获着一切利益,而这些利益皆为一个伟大、繁荣民族的成果。这些人将学会更有耐心地顺从那些不便之处,地球上的任何一个政府都无法医治它们,而这些人应当看到:不可能既享受安逸舒适,同时又不面对那些不便之处。”①

《蜜蜂的寓言》1714年第一版从未遭到吹毛求疵,亦不曾被公众注意。此书第二版之所以遭到如此无情的对待,我能想到全部原因就是:虽然它包含了第一版中没有的许多预先提醒,却包含了一篇论慈善与慈善学校的文章,第一版中没有该文。我承认,我的观点是:在治理良好的国家里,一切艰苦、肮脏的工作均为穷人的
474 分内之事;穷人使其子女在14岁以前不从事有用的劳动,乃是错误的做法,因为这使其子女成年后无法具备从事那些劳动的素质。对我在那篇文章里的观点,我提出了几个理由,我将它们交给一切公正的有识之士,并向他们保证:他们不会见到报道提到的那种大不敬神之言。读者也许会从我苦心写出的以上七页文字中,看到我怎样鼓吹了放荡和败德,看到我如何敌视对青年的一切基督教信仰教育:其后,我在本书第352页(谈穷人子女可以在教堂接受

① 见本卷作者《前言》第五段。——译者

教育)说:

> 我不想让那些能走进教堂等地的、教区最穷的人缺席主日礼拜。正是安息日(它是一周中最有益的一天)被留给了圣事和履行宗教义务,也被留给了体力劳动者,让他们休息。一切地方长官的责任就是特别重视那一天。穷人及其子女更应在那天午前或午后去教堂,因为他们没有其他时间。根据规则和先例,应鼓励他们自幼习惯于此。随意疏忽此事,应被视为可耻。完全强迫他们做到如此,若显得过于苛刻或不切实 475
> 际,便至少应当禁止一切娱乐,禁止穷人在教堂以外的一切娱乐活动,因为那些娱乐会引诱他们离开教堂。[1]

我利用的那些论据若不能说服读者,我希望有人反驳它们。任何人只要不口出恶言,使我相信我错了,并指出我错在何处,都将被我视为恩惠。但人们若被触及了敏感部分,诽谤中伤便似乎是驳斥论敌的最捷之径。已为这些慈善学校募集了大量善款。我知道人性过于善良,以至不能想象那笔资金的分配者竟会有任何耐心听取反对慈善学校的言论。因此,我预见到了自己将发挥的作用,并重复了关于慈善学校的常见伪善之言。我在本书第304页告诉读者:“这是普遍的呼声,若有人对它提出半点异议,即使不被看作缺德、渎神、主张无神论的坏蛋,也会被视为不讲仁慈、铁石心肠、毫无人性之辈。”[2]因此,在那封写给C爵士的非凡信件中,

① 见本卷《论慈善与慈善学校》一文。—— 译者

② 见本卷《论慈善与慈善学校》一文。—— 译者

我见到自己被称作“放肆作者”,见到“公开提出根除基督教信仰和全部美德,将恶德作为政府的基础,公开发表这类信条极为令人瞠目震惊,极为可怕,罪大恶极,乃至它若成了我们犯下的一种全民的罪行,上帝的复仇便必会不可避免地落在我们身上”的言论,并
476 不感到十分意外。这只不过是一直我预料之中的、来自真理和公平交易之敌的说法。对该信作者,我不反驳一句话,他拼命地揭露我,以激起公众的暴怒。我可怜他,并善良地认为他受了骗,因为他一直相信传闻和别人散布的谣言,遂揭露了他自己。这是因为,任何像他那么有头脑的人,都能想到他本应先阅读我那本书四分之一的内容,再去写信①。

“私人的恶德,公众的利益”这句话若冒犯了哪位好心人,我会感到遗憾。只要正确地理解,它的奥秘便会显示出来。但任何诚挚之人,只要读了此书最后一段,都不会怀疑这个说法的无辜;我在那段话里向读者告别,并重复了那个看似的悖论(其主旨已见于本书标题页):私人的恶德若经过老练政治家的妥善管理,可能被转变为公众的利益②。这些是该书最后一句话,其字体与该书其

① 曼德维尔在1732年写的《致狄翁信》(*Letter to Dion*)中,也为《蜜蜂的寓言》作了辩护,其中也说:“先生[指英国哲学家乔治·贝克莱主教(George Berkeley,1685—1753)],在五百人中,您并非第一个对《蜜蜂的寓言》十分严厉、却不曾读过它的人。我在教堂亲眼见过,一位令人尊敬的神甫强烈谴责《蜜蜂的寓言》,而他却从未读过它。”(见该信第5页)—— 译者

② 见本卷《社会本质之探究》一文最后一句。又,在《致狄翁信》中,曼德维尔进一步解释了本书副标题“私人的恶德,公众的利益”:“我使用这个标题的真正理由……意在唤起注意……这就是我的全部用意。我认为任何其他用意均属愚蠢。”(第38页)他还说:“[该标题中]至少还应加上一个动词,其意思方能完整。”(第36页)这个副标题的意思,不是一切恶德皆为公众的利益,而是某些经过谨慎管理的恶德,可被用来造就社会福祉。—— 译者

他部分的字体大小相同。但我却抛开了我在《为本书辩护》中所说的一切。若在那一整本被称为《蜜蜂的寓言》、由米德尔塞克斯郡大陪审团呈给国王法官的书里，找出了半点亵渎或渎神的言论，或 477
找出了任何带有不道德或败坏礼貌的倾向，我便渴望将它公诸于众。只要发表它们时未加任何谩骂和个人攻击，未使群氓因我绝不打算答复的事情袭击我，我不但会放弃争论，而且会最庄重地恳求被冒犯的公众宽恕，并且（倘若官方认为将我绞死太便宜了我）在我的论敌愿意指定的任何合理的时间和地点，亲自烧毁该书。

《蜜蜂的寓言》的作者

本卷终

索　　引①

（第一卷）

① 《蜜蜂的寓言》1732 年版是曼德维尔生前出版的最后版本，本书翻译所采用的牛津克莱伦登 1924 年版本第一卷即依据该版本重印。据 1924 年版本编选者凯依（F. B. Kaye），此索引为曼德维尔本人编写。索引中的页码为 1732 年版本的原始页码，即本书边码。方括号内的数字为凯依校核后的更正页码。又，此处第一卷索引在原版本中排在《为本书辩护》一文前。—— 译者

M

珍藏本
纪念版

汉译世界学术名著丛书

蜜蜂的寓言

或私人的恶德，公众的利益

第二卷

〔荷兰〕B. 曼德维尔 著

肖聿 译

商务印书馆
SINCE 1897 The Commercial Press
2017年·北京

蜜蜂的寓言[①]

第二卷

本书第一卷作者著

Opinionum enim Commenta delet dies; Natura Judicia confirmat.

Cicero de Nat. Deor. Lib. 2

时间摧毁了人们毫无根据的妄念，确证了基于现实的判断。

—— 西塞罗：《论神性》(*De Natura Deorum*)卷二

① 本页为1729年版《蜜蜂的寓言》扉页文字。《蜜蜂的寓言》共分两卷，1732年版是曼德维尔生前出版的最后版本。牛津克莱伦登1924年版第一卷即依据1732年版本刊行。另据1924年版本编选者凯依(F. B. Kaye)考证，1729年版本的第二卷更接近曼德维尔本人的文本。因此，牛津克莱伦登1924年版第二卷依据1729年版本刊行。—— 译者

目　　录

（第二卷）

前　　言 i

对《蜜蜂的寓言》的不以为然，掀起了各式各样的喧嚣，即使我发表了为该书的《辩护》①之后，也是如此。因此，见我未进一步理会对此书第一卷的批判，便发表了此书的第二卷，我的很多读者会感到惊讶。无论发表了什么，都被交给了全体读者的判断力，我认为这理所当然；但认为作者不会遭到他们出于同样理由的批判，却也毫无道理。我受到的对待和一些先生对我的冒犯，已众所周知， ii
因此公众一定在此前便深信：在礼貌方面，我并不欠我那些对手什么。若说那些擅自到学校里申斥我的人享有不容置疑的权利，谴责他们认为该谴责之事，而无须征得我的同意，随意对我说三道四，那么，我也应当享有同样的权利，检查他们的谴责，并轮到我来做出判断，而不征询他们，无论他们是否作答。公众一定是我们双方的仲裁。此书第一卷第三版之后的“附录”可以表明：我从未拼命阻止那些反对我的意见或谩骂，也未对读者隐瞒它们。我本想利用出版此书第二卷之机，为读者提供一份名单，写上那些撰文反对我的人，但由于此辈除了人多便不值一提，我便担心此举会被视为卖弄，除非我回答他们每一个人，而我从未打算如此。我一直保持沉默，因为我迄今未遭到任何说我有罪或不道德的控告。每个

① 《辩护》(Vindication)，全名《为本书辩护》(The Vindication of The Book)。见本书第一卷。—— 译者

能力中常之人,都无法圆满地回答根据此书某一部分(无论是其《辩护》还是正文)罗织的指控。

iii 但我还是用了将近两年时间,为《蜜蜂的寓言》写了一篇辩护。我在其中公布了对此书的或许有理的全部异议,并尽量回答了它们,例如此书提出的学说,以及该学说可能对其他人造成的伤害。这是因为我只关心此事。我知道,我写此书绝无歹意,因此,我应对此书遭到非难感到遗憾。但无论此书写得是好是坏,其思想都不值得我关心。因此我要说:我欢迎批评者畅所欲言,他们从我的不良论证中挑错,说此书写得很差、毫无新意、其材料前后不一、其语言粗野、其幽默粗俗、其文风低劣得可怜。我认为他们大体上是对的,但即使他们错了,我也绝不会费心去反驳他们,因为我认为:作者为自己的能力辩护,乃是最大的蠢举。我写此书意在消遣,因此我达到了目的。读者若未从此书获得快乐,我深感遗憾,尽管我认为自己不该对读者的失望负责。此书并非应约之作,我也从未在任何地方担保此书有用或有益;相反,在此书的序言里,我已将
iv 它称作“微不足道的东西”,此后我也公开承认它是一首狂想曲(Rhapsody)。人们购书却不浏览其内容,或不知它们讲什么,若那些书与其期望不符,那么,我便不知除了购书者自己还该怪谁。再说,人们购书后不喜欢它们,也绝非鲜见:这种情况时有发生,哪怕大人物事前最坚决地断言某书一定会使读者愉快。

我的几位朋友看到了我提到的那篇辩护的绝大部分。一段时间以来,他们一直盼着我发表它。我迄今未出版它,既非因为铅字排版,亦非因为纸张,而是另有原因。请允许我实话实说:那些原因与任何人的钱毫无关系,也绝不会与赚钱有关。无论那篇辩护

何时出版，我的很多对手都会认为它出版得够快，除了我，谁都不会因其拖延出版而受损。

自从此书第一次遭到批评，有个问题长期以来一直使我感到惊愕和困惑：人们认为我写此书意在使英国堕落、提倡一切恶德，这究竟是为什么？很久之后，我才弄清了自己罪名的由来，那就是欲加之罪和恶意蓄谋。人们能从《乞丐的歌剧》[①]的频繁演出中， v
认识到流氓和强盗增多的问题十分严重[②]。从我知道了这一现象，便相信了一点：世上果真有这样的固执己见者，一见到揭露恶德，便以为是在助长它们。对此书的批判，还起因于一种同样的误解：我的一些敌人对我非常恼火，因为我在《辩护》一文中承认，我迄今仍不能像我希望的那样，克服自己的虚荣心(Vanity)。他们的谴责表明：他们一定以为控诉某种人性弱点就等于宣扬它。但若这些恼火的先生不是如此为激情所蒙蔽，或是眼睛更亮一些，便很容易看到(除非他们过于以骄傲为荣)：他们只要真诚，便会承认自己也有虚荣心。以自己的虚荣心为荣且傲慢自大者，全都不可原谅。但是，当我们听见一个人抱怨某个缺点，并说自己无力克服它，却丝毫没有表现出那种缺点(我们本来有理由为那种缺点责备

① 《乞丐的歌剧》(*Beggar's Opera*)，英国的三幕通俗歌剧，1728 年 1 月 29 日首演，剧本为英国诗人、戏剧家约翰・盖伊(John Gay，1685 —1732)所作，音乐为德裔英国作曲家约翰・佩普施(Johann Christoph Pepusch，1667 —1752)所作。此剧讽刺了政治、贫困、法律不公、社会各阶层的腐败，剧中人包括警长、巡官、狱卒、强盗头、小偷、戏子、妓女、荡妇等平民角色，音乐十分通俗，大受欢迎，连演了 62 场。—— 译者

② 英国伦敦的治安官约翰・菲尔丁(Sir John Fielding，1721—1780)曾说："该剧首演并连演多场之后，有相当多的拦路强盗被捕……"见威廉・库克(William Cook)著《查尔斯・麦克林回忆录》(*Memoirs of Charles Macklin*)1804 年版，第 64 页。查尔斯・麦克林(Charles Macklin，1699 —1797)是爱尔兰演员、戏剧家。—— 译者

他),我们却绝不会认为自己被冒犯,反而会喜欢此人的聪明,为他的坦率喝彩。这样一位作者对读者的冒犯若除了通常的写作方式,别无他过,并承认其作品来自虚荣心(而其他人都在这一点上撒一千个谎),那么,他的自白便堪称嘉许,其坦诚只应被看作对公
vi 众的尊重,被看作他的谦逊,而他并不是非如此不可。错误并不在于产生种种激情,并不在于具备人性的种种弱点,而在于沉溺并服从那些激情和弱点的命令,却对抗理性的指示。十分尊重其读者的人,无不谦恭地将自己交给读者的判断力,同时又告诉读者他全无骄傲之心。但我要说:这样做的人全都不会受到称赞,因为这无异于自吹自擂,且不必付出任何代价。经验丰富者和最敏锐者,即使几乎未见到一个人的谦逊,也会坚信此人心中绝无骄傲。见不到谦逊,会使人以为骄傲已不存在。谦逊之美德,起码并不比阉人(Eunuch)的贞洁(Chastity)更伟大,并不比乞丐的谦卑(Humility)更伟大。老加图拒绝了递给他的水,若人们不认为他当时正焦渴难耐[①],此事还会被后人铭记么?

读者会发现,我在本书第二卷中尽力说明和解释了一些事情,它们在第一卷中说得比较模糊,只是做了暗示。

我构思此卷时发现:对我而言,最便利的表达方式乃是对话(Dialogue),但是,讨论观点和设置争论,却被视为最不公平的写
vii 作方式。心怀偏见者都很想以很少的代价摧毁对手,战而胜之。

① 参见本书第一卷对长诗《抱怨的蜂巢》的评论[O]:“那位伟人在利比亚的灼热沙漠上徒步行军时,焦渴难耐,却拒绝了递给他的水,等他的全体士兵都喝过水后他才喝。”加图(Cato,公元前234—前149),古罗马贵族政治家,曾任共和国检察官,因反对恺撒的阴谋败露而自杀,史称“老加图”。——译者

用对话打击对手，乃是长期频用之法。在这样的对话中，自双方交战之初，主角（他终将败北）就似乎是受害者，或者说，他会被作为牺牲品（sacrifised），比圣灰节[①]的公鸡几乎强不了多少，屡遭打击，根本无力还手，分明是为了被打败而故意设置的。以此反对写作对话，当然很正确[②]，但同样正确的是：舍此没有其他任何写作样式能为作者赢得更大声誉。纵观古代，在对话写作方面，有两位出类拔萃的著名作家——柏拉图（Plato）和西塞罗（Cicero）：前者的哲学著作几乎全是对话；后者除了对话未给我们留下任何东西。因此，写不好对话的人，显然错在对话使用不当，而不在写作样式，而对话使用不当，则最能败坏对话的名声。柏拉图说，他在一切写作样式中首选了对话，是因为在对话中，事物仿佛正在发生，而不是正被讲述。其后的西塞罗也以自己的语言，表达了同样的意思[③]。其实，反对使用对话的最有力意见是：写好对话很难。柏拉图《对

① 圣灰节（Shrove-Tuesday，又名 Pancake Day），基督教四旬斋（Lent）开始的前一日，通常在一年中的二月或三月，人们吃烤薄饼和丰富的食物，以准备度过其后的 40 个斋戒日，直到复活节（Easter）。英国的圣灰节还举行传统的“砸雄鸡”（Cock throwing）活动，直到 18 世纪末期：将一只雄鸡绑在柱子上，人们轮流向它投掷木棍，直到将鸡砸死。它曾是英国所有阶层的一项娱乐，但由于人们价值观的转变（即逐渐关心动物的福利），此项活动慢慢减少，终于于 19 世纪初消失。—— 译者

② 英国哲学家沙夫茨伯里（Anthony Ashley Cooper，3rd Eal of Shaftesbury，1671—1713）说：“他[哲学家]若借对话中的任何人物阐述其哲学，在辩论中取胜，将全部智慧用于战胜世人的智慧，便会显得是在开玩笑。”见他的《性格论》（*Characteristics*，1711）卷二第 7 章。—— 译者

③ 柏拉图和西塞罗都不曾说过此话。有人认为，曼德维尔或许想到了柏拉图在其对话录《提阿底忒斯》（*Theaetetus*）里说过类似的话，其中的尤克利德斯（Eucleides）说：“我写对话的方法是：我笔下的苏格拉底并不与我交谈，而是正如他所说，在与（他告诉我的）其他人对话。他告诉我，他们是几何学家提奥多罗斯（Theodorus）和提阿底忒斯（Theaetetus）。”（见该篇第 143 节之 a 和 b）；西塞罗在其论著《论友谊》（*De Amicitia*，写于公元前 44 年）里重复了它。—— 译者

viii 话录》中的主角始终是其导师苏格拉底(Socrates)。苏格拉底处处都保持着其人格的高度尊严;但柏拉图若不像苏格拉底一样伟大,便不可能让一位如此非凡的人物像柏拉图那样,就那么多关键问题发表意见。

西塞罗除了模仿柏拉图,不事任何研究。在其对话中,他引进了当时罗马的一些最有名的人物(他们各持己见),让他们表达各自的观点并为之辩护,尽力使语言生动活泼,如同他们本人在说话。阅读他的对话,你很容易想象出他本人:他与各种饱学之士相伴,那些人趣味不同,学问各异。但若欲如此,你就必须具备西塞罗的才能。同样,琉善[①]和另一些古代作家,也都选出了其对话中各自的代言人和性格鲜明的对话者。不可否认,这比一些陌生的姓名使读者更感兴趣、更加关注。但有一点也很明显:若找不到想要的对话者,作者便亲自出马,去完成他本来无力完成的任务。为避免这种麻烦,对话的写作者大多利用化名的同代人,那些人物或是作者本人的杜撰,或借自他处。一般地说,那些人物均为巧妙的
ix 合成体,取自希腊,旨在弥补对话所需人物的短缺。作者指定他们代表与作者相同的一派,或代表为作者所爱或所恨的一方。不过,所有这些适用的合成人物中,没有一个像斐拉列忒斯[②]那样,其魅

① 琉善(Lucian of Samosata,约 125—约 192),希腊讽刺作家,其《众神的对话》(*Dialogi Deorum*)和《死者的对话》(*Dialogi Mortuorum*)讽刺了希腊的哲学和神话。—— 译者

② 斐拉列忒斯(Philalethes),全名 Eirenaeus Philalethes(意为"平静地热爱真理的人"),17 世纪英国炼金术士,著有多种有影响的著作,其读者包括牛顿、洛克和莱布尼茨。这是一个笔名(*nom de plume*),其真实身份一直无人知晓。2002 年和 2003 年,美国芝加哥大学出版的两本传记证明此人是英国的炼金术士乔治·斯达奇(George Starkey),他 1628 年生于百慕大群岛,1665 年死于伦敦大鼠疫。—— 译者

力能与众多不同观点、不同才具的作者相当[1]。这清楚地表明:人类通常都万分尊重真实。两百年来,尚无一场重要的纸上大战[2],其中两派没有在不同场合利用过这位常胜的战士。迄今,无论他为哪一方作战,都像德莱顿[3]戏剧中的阿曼佐尔[4]一样,都是胜利者,所向披靡,战无不胜。但是,此法要求进攻前公布那些战士的名字和战事,因此,由于并非每个人都能使自己保持平静,很多读者便抱怨道:他们花了钱,却得不到足够的娱乐,而事先知道如此,更破坏了他们的全部娱乐。这种情绪曾流行一时,作者们越来越不那么认真为其对话中的人物取名。我认为,这种粗略之举也像我采取过的其他做法一样合理。我给我《对话》中的交谈者取的名字,别无他意,只是为了区分他们,丝毫不曾考虑那些名字的出处,不曾想过其任何涉及辞源学的东西。我知道,对那些名字,我唯一关心的是:其发音不应刺耳,听上去不应令人厌恶。

虽然我给《对话》中的人物取的名字是虚构的,其环境也是虚 x
构的,但那些人物本身却是真实的;我尽量忠实地复制了现实人物。我知道,一些批评家挑剔作家的毛病,说他们给剧中人的名字附加了简短的性格提示,断言此举妨碍了他们的快乐,而无论演员

① 在曼德维尔时代,斐拉列忒斯尚被视为虚构人物,作者们将他用作自己观点的代言人,以战胜论敌。—— 译者

② 纸上大战(Paper-War),指文字论争。—— 译者

③ 德莱顿(John Dryden,1631—1700),英国作家、桂冠诗人。—— 译者

④ 阿曼佐尔(Almanzor),德莱顿的悲剧《攻占格拉纳达》(*The Conquest of Granada*)中的英雄。该剧首演于 1670 年,讲述了摩尔人击败西班牙人、攻陷格拉纳达城的故事。阿曼佐尔为摩尔人作战,最终发现自己竟是西班牙阿尔考斯大公(Duke of Arcos)之子,却仍为摩尔人作战。—— 译者

扮演谁,观众都绝不需要提示者(Monitor),都认为自己聪明得足以懂得角色性格。但我绝不赞成这种责难。我认为,知道一个人与何种人为伍,乃是一种满足。我与人们交谈了一段时间后,便很希望深入地了解他们,越早越好。正因如此,我认为应向读者介绍我的几篇《对话》中的人物,他们将使读者愉悦。他们都被设定为上流人士(People of Quality),因此在具体讲述之前,我要请读者原谅,因为我将谈及一些与一般上流社会(Beau Monde)有关的事情,虽说很多人都可能知道它们,但并非人人都注意它们。各个基督教国家的上流社会里都有这样的人:他们虽然正义地痛恨无神论,痛恨公然地反对宗教,但其宗教信仰却依然很少,而若考察他们的生活与观点,便会发现他们都是罕见的半信徒(Half-Believers)。优良教育的首要目的,是尽可能多地获得人世间的安逸和
xi 快乐。因此,人们首先学会了各种技巧,以使自己的行为既为他人所悦纳,同时又最少扰乱自己。其次,人们深入了解一切文雅的生活舒适,了解人类智慧提供的避免痛苦和麻烦的教训,以尽量在人世间享受,尽量将障碍减到最少。同时,这种人也研究各自感兴趣的事情,互相帮助,促进或增加一般的生活之乐。经验告诉他们:欲达到那些目的,应绝口不谈使他人不自在的事情(哪怕稍微带有此种倾向的话题,也不可谈)。无论是谁,都不应责备他人的过错、缺点或疏忽,或提醒他人想到自己的责任,尤其不该当众批评,除非你是父母、学校教师或家庭教师。责备他人、声言教训他人,均属恶劣之举,因为我们根本无权如此,哪怕走下布道坛的神甫,也无权如此。神甫若想被看作有教养的传教者,便绝不该盛气凌人地说话,绝不该提到令人沮丧消沉之事。但我们无论在教堂听到

什么言论，当我们走出教堂，进入了上流社会，无论出于什么理由，都不可提及它们，无论是未来状态之必然，还是悔过之必要，抑或一切涉及基督教本质之事，均不可提及。这个话题并不有趣。何 xii
况，想必人人都知道那些事情，因此也都当心它们；不仅如此，除此之外的想法还被视为粗鲁无礼。上流社会流行的“恰如其分”(Decency)[①]的规则，即便不是一切上流社会人士必须遵守的唯一规则，起码也是首要规则。遵照这个规则，不少上流社会人士都去教堂领圣餐(Sacrament)。这个规则还迫使他们彼此拜访，经常组织娱乐。上流社会最重视的，乃是受人欢迎和表现出良好教养，因此，其中大多数人都格外重视一件事(其中很多人并未意识到这一点)：不可表现出时尚允许之外的宗教虔诚，因为他们担心被看作伪君子或盲目信教者。

但“美德”(Virtue)一词却十分时髦，一些最奢侈的人极喜欢它悦耳的声音，尽管他们口中的“美德”毫无意义，只表示对一切有尊严的崇高事物的极度尊重。他们对一切粗俗的、不得体的事物深恶痛绝。他们似乎以为，“美德”首先是恪守礼节规则，恪守一切荣誉法则，只要它们涉及他们理当得到的尊重。如此众多的华丽辞藻宣扬的，正是必须实践这种美德；而众多的战士也随时准备拿起武器，以使美德永存。笃信美德者，并不放弃自己的任何快乐。
他们能公开地或秘密地享受时尚。他们做不到为热爱真正的美德 xiii
而牺牲心爱之事，而只能退而求其次，满足于弃绝外在的、畸形的

① 恰如其分(Decency)，此字源于拉丁语的“Decorum”，指适度得体，妥帖自然。朱光潜先生在《西方美学史》(上卷，第105页)中将此字译为“合式”。又见本书第一卷对长诗《抱怨的蜂巢》的评论[Y]。——译者

恶德,使自己显得教养良好。虐待自己,或大谈"美德要求克己(Self-denial)",都是荒唐可笑的。宫廷哲学家(Court-Philosophers)无不认为:一切使人禁欲或令人不自在之事都不可爱,都不是人们想要的。女子的文雅风度和不令人讨厌的言行,皆为贞洁(Chastity),也是上流社会对男人的要求。无论一个男人私下让自己如何自由,其名誉都不会受损。他隐瞒对某些事物的热爱,不会粗野地探求它们,尽力不让自己蒙上任何恶名。*Si non castè saltem cautè*[1],这条规则足以表明人人之所愿。无节制(Incontinence)虽被视为罪过,却从不曾有人因此得咎,而30岁以下的男人大多都不愿节制自己,即使现代女子也是如此。

世人无不为了恭维自己,而渴望被看作具备真正的美德;因此,赤裸裸的恶行,以及一切能被他人看见的违法逾规之举,都是可憎的、不可宽恕的。白天在大街上或任何严肃集会上见到醉醺醺的人,都会令人震惊,因为这种醉鬼违反了正派规则(Laws of
xiv Decency),分明是缺少尊重和不负责任,而人人都理应尊重公众、对公众负责。同样,穷人也会受到责难,说他们将时间或金钱用于喝酒,而他们本来承担不起那种开销。但即使没有这些责难和一切世俗顾忌,酗酒本身作为一种罪恶,一种对上天的冒犯,也很少遭到责难。任何富人都会毫不犹豫地承认:他在某个时候正与酒友为伴,一起痛饮。只要酒后不犯任何罪过,既无残忍行为,亦无奢侈挥霍,为喝酒而聚在一起的人便乐于将喝酒视为清白无辜地

[1] *Si non castè saltem cautè*,(拉丁语)谨慎无大错,可直译为"至少不应惩罚谨慎"。—— 译者

打发时间，尽管一年当中的大部分时间里，他们都将24小时中的五六个小时用于喝酒。一切从不过量饮酒者，都不曾获得良俦之美名。倘若一个人体格足够强壮或足够谨慎，以致虽然彻夜饮酒，次日却毫不失态，那么，人们便至多会说他“嗜酒有度”，尽管他夜夜以喝酒为消遣，几乎从未完全清醒地上床睡觉。

诚然，贪婪(Avarice)通常都遭人憎恶，但人们的贪婪既表现为艰辛弄钱，亦表现为存钱聚财，因此，获取财富的一切卑鄙、肮脏、荒唐的手段，都应被谴责、被戳穿。也应谴责和戳穿积攒钱财的各种卑劣、可鄙、吝啬的方式。但世人更宽容贪婪。一个人在上 xv
流社会如鱼得水，过着十分光鲜体面的生活，尽管他总是提高其房产的租金，而在他的统治下，房客几乎无法生活；尽管他依靠高利贷致富，依靠利用一切野蛮的优势、盘剥别人的生活亟需致富；尽管他本人经常拖欠薪水，也是那些不幸者的无情债主，这种人全都不会因贪婪而受谴责。同样，自己尽情享乐，并允许家人在他能负担的条件下都生活得时髦，这种人也全都不会被视为贪婪。家产非常丰厚者，却无端地热望更多财富，这种人是何等常见！一些人要求增加其职务津贴时，是何等贪心！那些能获利之处，造成了多少不光彩的卑躬屈膝！没有养老金(Pension)便无法生活的人，为获得养老金，对幸运儿们的照料是那么奴颜婢膝、俯首低眉，其阿谀奉承是那么全无男子气概！不过，人们根本不会谴责这些事情，除了敌人，除了嫉妒者，或许还要除了心怀不满者和穷人，谁都不会责难这些表现。相反，很多家境良好者虽然养尊处优，却大夸自己的勤奋和进取，说自己抓住了重大的机会，说自己为了家人勤勤 xvi
恳恳，说自己懂得如何活在世上、适于活在世上。

但是,他们这些解释对基督教实践的危害,并不亚于人类的自大对基督教信仰的危害。巧妙的教育教会了人们无比看重人类自己,而若不能正确地利用这种观念,它便会危害基督教信仰。众所周知,人类自认为比其他所有动物都优越得多,其理由就是人类具备理性机能,这完全是事实;但我们越是惯于崇拜自己,我们便越是骄傲,越是看重我们的理性能力,这也是事实。这是因为,经验告诉我们,人对其自身价值的尊重越多、越不寻常,受到伤害时往往就越会心生怨愤。同理,我们也看到:人对自身优点看得越高,就越远离其推理机能,越不愿赞成一切似乎侮辱了理性机能,或与之作对的观点。若让一个人承认他不理解任何事物,这位高傲的推理者便会将这唤作对人类理解力的公然侮辱。安逸和快乐是上流社会的重要目标,礼貌与上流社会的行为密不可分,因此,上流社会人士无论信教与否,都绝不会反对宗教,因为他们就在宗教中
xvii 长大。他们随时准备循规蹈矩,参加每一个敬拜上帝的仪式,他们一直习惯如此,从不和你争论,无论是争论《旧约》还是《新约》。若轮到你做决定,你便不会重视宗教信仰和宗教真理,而允许人们将创世的历史和一切无法理解,或无法以自然的理由解释的事物,看作寓言或隐喻。

我绝不相信,所有基督教国家的上流社会人士中,都不存在比我这里描述的更恪守美德、更虔信宗教的人;但我要请每一位有见地的、公正的读者相信:相当多的人都酷似我描绘的那幅图画。我在本卷《对话》中引进的交谈者名叫霍拉修(Horatio)、克列奥门尼斯(Cleomenes)和芙尔薇娅(Fulvia)。霍拉修代表我一直谈论的上流人士,更准确地说,代表其中道德较好的人士,尽管在一切从

业者当中，他似乎最不相信神甫们的诚实，并且赞成那句格言，即一切宗教的教士全都一样；那是老生常谈，似是而非，错误而有害。至于他的学问，我让他还算精通古典，比一般的上流社会人士读书更多，生于巨富之家。他恪守荣誉、正义和人道，慷慨而不贪婪，毫 xviii
不循规蹈矩。他曾出国，见过世面，我还让他造诣良多，那些造诣通常能使一个人获得良好绅士的美誉。

克列奥门尼斯也是上流社会人士，只是更有修养。他曾完全出于消遣，对解剖学和一部分自然哲学[①]稍有涉猎。因此，他游历归来时已刻苦地研究过人性，并深知了自己。按照我的设置，他用大部分闲暇时间研究这些时，认识了《蜜蜂的寓言》的作者，并正确地运用读到的东西，以其内心感觉和世间见闻，对照那本书阐明的观点，于是发现：人们的不真诚（Insincerity）确如书中描述的那么普遍。他绝不相信一些借口和托辞，它们常被用来掩饰人们心中的真正欲望。他总是怀疑人的真诚（Sincerity），认为人们都热衷于俗世，热衷于攫取财富和权力，同时又谎称其辛劳的伟大目的是争取机会、为地球上的其他人造福，以使自己愈加感激上苍；尤其是，他们与上流社会和谐相处时，似乎仍以上流社会的生活方式 xix
为乐。克列奥门尼斯也怀疑一切有理性者，他们阅读、思考了《圣经》之后，便往往认为：人们有可能既全力追求世间的荣耀，同时又做优秀的基督徒。克列奥门尼斯本人毫无保留地相信：《圣经》乃上帝之言，并笃信《圣经》所说的宗教真理和历史事实。但是，当有人劝他相信：不但基督教是正确的，而且其诫命也是严肃的，他便

① 自然哲学（natural Philosophy），旧时指自然科学，尤指物理学。——译者

拼命克制自己的种种激情,却毫不犹豫地承认自己没有克服激情的力量,要么就将对那些激情的强烈反感埋在心中,常常抱怨说:他遇到的那些来自血肉的障碍是无法克服的。他深知《圣经》要求完成的这项任务之难,便总是反对那些毫不费力的诡辩家(Casuists),他们竭力减轻和掩饰那种困难,以达到自己的目的。他们高声宣布:人对上天的感激之情是一种无法接受的奉献,同时继续过着安逸、奢侈的生活,并显然渴望得到自己那份尘世的煊赫与虚荣。克列奥门尼斯认为:在极为文雅的交谈当中,在上流社会人士一直用来彼此抚慰缺点的自满当中,在绅士行为的几乎每个部分
xx 当中,都存在着外在表现和内心感觉之间的矛盾,而这个矛盾与正
直和真诚互不相容。他赞成一个观点:一切宗教美德中,基督徒的谦卑(Humility)最为神圣,最难获得;而欲破坏获得那种美德的机会,最有效的手段就是所谓"绅士教育"(Gentleman's Education);换言之,在掩饰骄傲的外部标记和各种表现方面,人们做得越巧妙,其内心就越会彻底地为骄傲所奴役。他仔细考察来自他人赞美的快乐,考察有理性、有合理抱负的人们从其劳动获得的无形报酬,考察一种深刻的认识,它鄙视那些虚幻的奖励,而它们强烈地吸引着凡人。他常常仔细观察人们因任何事情受到赞美时的表情与行为,那些事情包括(例如)家具之考究,娱乐之高雅,马车、服装、消遣之优雅,或住宅表现出的良好趣味。

克列奥门尼斯似乎很慈善,严守道德,却经常抱怨自己不具备基督徒的某种美德,并给自己的行为挑错,而那些行为似乎皆为善
xxi 举。他说,这是因为他觉得那些行为所依据的原则是错误的。教
育对他的影响,以及他对耻辱的厌恶,总是强大得使他不做奸恶之

事；但他将这归因于虚荣心。他抱怨说，虚荣心占满了他的心，以致使他知道：他虽能排除自己的任何一种欲望，但从未因此感到满意。他的行为一直无可指责，因此，他的真诚信念丝毫没有明显地改变他的外部行为。但私下里，他从未停止检查自己。谁都不像他那么不受宗教狂热（Enthusiasm）的影响，因此，他的生活十分统一。他从不自称笃信宗教，所以从未犯过严重的错误。对一切严格主义者[①]，他都极为反感。人们为了信条的形式而争吵，为了解释（经文的）晦涩之处而争吵，并在有争议的问题上，要求他人绝对赞同自己的观点，他对此十分生气，因为他认为那些人全都缺少慈善之心，其中许多人还可耻地玩忽职守，不去履行那些最明显、最必需的职责。他以非凡的努力探究人性，不遗余力地考察人类的骄傲和虚伪。他揭露一个密友的计谋，揭露另一个密友的过度权
力。他深知，俗世享乐带来的满足不同于感激之情，更与宗教毫无 xxii
关系，他清楚地感到，由于那种满足来自内心，它就在他心中。他说，生活的真正乐趣是与崇高思想相伴，而他的存在似乎离不开崇高思想。无论什么原则使他产生了这个想法，他心中都坚信：牺牲感情（这是《圣经》的要求）就是根除那个原则。他还承认：他在自己心中发现的这种满足，这种崇高思想，给了他最大的快乐；而在生活的一切舒适中，这种崇高思想也是享受的绝大部分。

克列奥门尼斯忧伤地承认：他担心自己在有生之年放不下对人世的执着。其理由是：其一，他一向十分重视老于世故者的观

① 严格主义者（Rigorist）。严格主义（rigorism）源自拉丁语 rigere（僵硬），泛指在生活方式、道德标准和艺术风格上恪守严肃的要求，即“伦理严格主义”（拉丁语：rigorismus）。这个词在此处亦指恪守宗教信条者。——译者

点;其二,他那颗难以驯服的心十分顽强,无法用它改变他引以为傲的对象、拒绝以自幼学得的、被看作光荣的事情为耻;其三,他还发现自己无法屈从轻蔑,耐心忍受遭人嘲笑和蔑视,无论因何原因,无论因何考虑。他说,这些都是障碍,使他不能断绝与上流社
xxiii 会的一切交往,彻底改变自己的生活方式。他认为,不克服这些障碍,却谈论与世界断绝关系,告别世间一切煊赫与虚荣,便很可笑。

本卷《对话》中,芙尔薇娅(她是我引进对话的第三个人物)的部分十分无关紧要:她只出现在第一篇对话里,因此,用这样一个人物打扰读者,当属鲁莽之举。我想对绘画和歌剧发些议论,我认为:引进这样一个人物,我的议论会比没有这个人物时更自然,更少麻烦。我希望,女士们不会从芙尔薇娅的寥寥数语中找出任何理由,怀疑她或缺少美德,或缺少判断力。

至于那篇《寓言》,或曰引发第一篇(霍拉修与克列奥门尼斯)对话的契机,其情况如下:在沙夫茨伯里大人的高雅文章中,在其精妙的玩笑中,在其将美德与良好风度的混合中,霍拉修找到了极大的快乐。在社会制度问题上,霍拉修十分固执己见,弄不懂克列奥门尼斯何以会鼓吹《蜜蜂的寓言》那样一本书。他听几本季刊说那本书很坏。克列奥门尼斯喜欢霍拉修,与他有深厚的友谊,便想使他醒悟。但厌恶讽刺的霍拉修却怀着先入之见,又听有人说:那
xxiv 本书讽刺了作战勇气,讽刺了荣耀本身,便对其作者及其整个阴谋十分气愤。有两三次,他听见克列奥门尼斯和别人讨论这个话题,但自己从未参与讨论,并发现克列奥门尼斯常常强迫他加入讨论,便开始冷静地观察此人,决定避开一切与此人独处的机会。终于有一天,霍拉修到克列奥门尼斯的住处看望他,正欲告辞,克列奥

门尼斯利用一个计策(读者将会看到那是何计),将他拉进了讨论。

公正之士和有识之士,皆不赞成我向世人公布这些思想的那种方式,我不该对此感到意外。我承认:那本书里当然有些观点,我不知道怎样证明其有理,方能让自己满意。克列奥门尼斯这样的人,读到了一本符合自己观点的书,便想了解其作者,别无他图,此举绝非无法置信,亦毫无不当之处。但有人会反驳说,无论书中的对话者是谁,《对话》的作者都是我本人;而一个人为自己的作品辩解,则有悖于一切得体准则。这番话或许会使他的一位朋友说其言不谬。但我认为最好的回答是:克列奥门尼斯所代表的这样一位公正之人,一位热爱真理之士,谈论朋友的优点时,也应像谈论自己的优点那样谨慎。还应强调一点:一个人若承认自己是该书作者之友,与作者思想相契,那么,他自然会使每一位读者去保护那位作者,而将此人视为可疑和不可相信,无异于将作者本人视为可疑和不可相信。不过,无论这些为这种写作样式辩护的理由如何有力,我若不是在著名的伽桑狄[①]的著作里见过它们,便绝不敢提出它们。伽桑狄借助几篇对话和一位朋友(此人是对话中的主要人物),不但阐明了自己的思想体系,而且反驳了论敌。遵循他的先例,我希望读者会发现:我借对话形式提供的机会,直言了我的思想,而无论那些机会是什么,我都绝未企图制造机会,也绝未企图滥用机会。 xxv

有人认为,克列奥门尼斯是我的朋友,是我的代言人,因此,他

① 伽桑狄(Pierre Gassendi,1592—1655;原文为 Gassendus),法国哲学家、天主教神甫、科学家、数学家,其哲学著作具有文艺复兴时期人文主义者的对话体风格,即通过与古代思想家对话,建立自己的哲学。—— 译者

说的一切自然都理当被看作我的观点;但任何清醒者都不会认为,我也该对克列奥门尼斯的论敌霍拉修所说的一切负责。霍拉修若说出了带有自由思想[①]色彩的见解,或说出了其他理应反驳之言,而克列奥门尼斯却并未以最佳的、最严肃的方式予以反驳,或并未
xxvi 尽力作出最令人满意的回答,我便要对此负责;若非如此,我便无过。鉴于本书第一卷的命运,我期望不久即可见到有人转引和引用本卷的一些观点,只引用我的观点,而不引用对它们的回答,以向世人表明我的言论和见解。在本书第二卷,这么做的机会多于在本书第一卷。我若一直有机会参加公平比赛(fair play),若一直未遭到攻击,而我那些论敌若能原原本本地引用我的话语,以寻常的诚实态度对待我的言论,那便大大有助于将我驳倒,我也会开始怀疑我的一些观点是否正确,而我迄今一直相信它们是正确的。

读者有时会在本卷的对话中见到破折号(——),这是个标记,或表示中断,即对话者言犹未尽;或表示停顿,其间会插入一些与讨论无关的话。

在本卷中,我并未改变第一卷(其书名为《蜜蜂的寓言》)的论述主题,并沿用了第一卷的公正方法,即探究真理,探究人和社会
xxvii 的本性,在此基础上建立我的观点。我认为没有必要为本卷另寻书名。我酷爱简单,我的创造之才亦并非全都最富成果,因此,我希望读者原谅本书单调、笨拙的一面,原谅本书标题页那种并不常见的空旷。

我这篇序言即告结束,我深知它已过长。但世人被非常粗暴

① 自由思想(Libertinism),指对宗教事务的自由思想。——译者

地强加了一条假消息。数月之前，它非常庄重地公诸于众，并不畏辛苦地登在了很多报纸上，登了很长时间。我认为：我真的对公众说话时，若仍容忍公众被误导，却没有任何人能向公众揭露真相，那就是我不可宽恕的错误。在《伦敦晚邮报》(1727—28 年，3 月 9 日星期六)国内版的报尾，以小号斜体字印出了以下一段文字：

> 周五晚头条：一衣着考究的绅士立于圣·詹姆斯教堂大门营火[1]前，自称《蜜蜂的寓言》一书作者。他后悔写了该书，忆起自己以前的承诺[2]，说：我将此书投入火焰，从此抛弃它。

其后的周一，同样的消息又刊登在了《日报》(Daily Journal) xxviii
上，而正如我所说，此后很长一段时间，很多报纸都刊登了它。但上述那个周六之后(唯有该报只刊登了那条消息)，那条消息每每总会附有一小段文字，并附上了以下的广告：

> ΑΡΕΤΗ-ΛΟΓΙΑ(《美德之源探究》)
>
> 在本书里，作者考察并驳斥了《蜜蜂的寓言》作者辑录并阐释的一些错误观点，它们来自马基雅维里、霍布斯、斯宾诺莎和培尔[3]。作者还阐述和证明了永恒的、不可改变的自然法则，以及美德的责任。本书卷前附有一封致《蜜蜂的寓言》作者的信。本书作者为：威斯敏斯特区圣·玛格丽特教堂副

---

① 营火，原文为 Bonefire，在此指为庆祝英国卡罗琳王后(Queen Caroline，即 Caroline of Ansbach，1683—1737)生日点燃的营火。卡罗琳王后的丈夫是英王乔治二世(George Ⅱ，1683—1760，1727 年继位)。—— 译者

② 以前的承诺，见本书卷一曼德维尔的《为本书辩护》(The Vindication of The Book)。他在该文末尾说：若该书确有错误之言，他将亲手焚毁它。—— 译者

③ 彼埃尔·培尔(Pierre Bayle，1647—1706)，法国哲学家、评论家，被认为是 18 世纪理性主义的先驱。—— 译者

牧师亚历山大·因涅斯(Alexander Innes)[1]。

我提到的那一小段文字,附在了那条引人关注的消息后面,后来又被附在了这则广告后面。它只有五个词:“upon reading the above Book”,位于“sorry for writing the same”那句话后面[2]。报上频频重复这个故事,从未遭到公开质疑。看来很多人都太轻信了,尽管那是一条假消息。但只要读读这句附言,再次发表那一
xxix 整条消息时,连最粗心的人都会怀疑它,因为若要它被理解(它附在那则广告后面)便不能撒谎、说那位悔过的先生说出了那些话。他若说过那些话,便一定会提到那本书的书名,并说自己的悔意来自阅读了 *APETH - ΛΟΓΙΑ*,即因涅斯神甫的新作。那条消息似乎仔细而精确地记录了那位“衣着考究的绅士”的言行,但首次发表时,为何删掉了如此重要的部分呢?何况,我们那些新闻记者的

① 1728 年,苏格兰神甫因涅斯强烈地谴责《蜜蜂的寓言》一书不道德。他曾就职于英国驻荷兰斯鲁伊斯市(Sluys,在今天的比利时境内)的苏格兰军团。军中有个台湾籍少年兵乔治·帕萨马纳扎(George Psalmanazar)。因涅斯明知他是个惯骗,还是说服他皈依了基督教,送他到伦敦上学。此举使因涅斯获得了伦敦大主教的赏识,就任驻葡萄牙英军的总牧师(chaplain-general),同时成为苏格兰大学的神学博士。1726 年,因涅斯认识了道德哲学家、苏格兰国教神甫坎贝尔(Archibald Campbell,1691—1756)。坎贝尔交给他一本书稿,请他帮忙出版。他将该书稿交给出版商,却说是他写的,给该书取名《APETH - ΛΟΓΙΑ》,加上了攻击曼德维尔的序言。该书使他在埃塞克斯郡(Essex)过上了优越的生活。1730 年,因涅斯的表亲、御医斯图亚特(Stuart)劝坎贝尔公开宣布自己是该书真正作者,但坎贝尔迟迟未办(该书 1733 年才重新出版)。这使因涅斯有机会从圣·玛格利特教堂全身而退,因当时已发现了他在该教堂的贪污罪行。资料来源:《乔治·帕萨马纳扎回忆录》(*Memoirs of* **** . *Commonly Known by the Name of George Psalmanazar*,1765),第 148 页以后;帕萨马纳扎:《福摩萨概述》(*Description of Formosa*,1705),第 288 页以后;《英国传记词典》中关于阿齐巴尔德·坎贝尔的文章。—— 译者

② 全句意为:“抱歉照录。写于读罢此书后。”—— 译者

无比勤奋和广泛知识，也尽人皆知。某个受雇者说出了消息中提到的那句话，并将一本书投入了营火[①]，若说真的发生过那种闹剧，我便常会认为它是假的。一个事件那么不同寻常，又发生在众目睽睽之下，当着3月1日的众多目击者，而直到3月9日之前，它都不曾引起任何一家报纸的注意；那条消息仅登了一次，此后再未重登，而只是在因涅斯博士那本书的广告中作为附录，这难道可信么？

可是，这个故事却被很多人议论，并使我的熟人们十分开心，其中几个还不只一次地诚恳敦促我将它的虚假公之于众。我绝不 xxx
会这么做，因为担心受到嘲笑，正像数年前那个倒霉的帕特里奇那样，他庄严地声明自己并没死[②]。但我们此刻都被蒙在鼓里，谁都说不出那条消息是怎样杜撰出来的，也说不出它是怎样被借题发挥的。一天晚上，我的一位朋友借到了因涅斯博士的那本书（我那时才见到它），给我看了书中以下几行字：

---

① 1733年第9期《喜剧家，或哲学探索》杂志（*The Comedian*, *or Philosophic Enquirer*）第30—31页说："出版商们雇了一个家伙，穿成绅士模样，手拿一本《蜜蜂的寓言》，走到营火旁，对众人说自己就是该书作者。"斯威夫特（Jonathan Swift）也写道："曼德维尔医生（有毫无根据的报道说他曾有此举）此刻正在圣·詹姆斯教堂大门做着此事。"［坦普尔·司各特（Temple Scott）编《乔纳森·斯威夫特散文集》（*Prose Works of Jonathan Swift*），卷四，第283页。］—— 译者

② 约翰·帕特里奇（John Partridge，1644—1714?）是英国星象术士、《历书》编写者，被英国朝野很多人看作江湖骗子。1708年1月，斯威夫特化名埃萨克·贝克斯塔夫（Isaac Bickerstaff），发表了一封愚弄帕特里奇的信，仿照其《历书》预言名人死期的做法，预言帕特里奇将死于1708年3月9日。那天，斯威夫特以"一位神职人员"为名发表了另一封信，其中有一首《帕特里奇先生挽歌》（*Elegy on Mr. Patrige*）。帕特里奇发表公开信，声明自己未死，斯威夫特则在一封公开信中说："人们确信，任何一个活人都不会写出这种该死的东西。"（they were sure no man alive ever to writ such damned stuff as this）此事影响了帕特里奇的余生。—— 译者

顺带说一句,先生,我清楚地记得天才的劳先生[①]评论您的《蜜蜂的寓言》时提醒过您,说您做过承诺。根据那个承诺,若发现该书有不道德或败坏礼节的倾向,您便在论敌指定的时间和地点烧毁该书。我很尊敬那位先生,尽管我并不认识他,却只能埋怨他过分轻信和天性善良,因为他竟相信您这种人会信守诺言。至于我,我想我太了解您了,不会上您的当。您毕竟应该真的坚持您那个决心,将该书扔进火里,我指定的时间和地点是:3 月 1 日,圣·詹姆斯教堂大门,因为那天是
xxxi 地球上最好、最光荣的王后的生日[②]。烧掉您的那本书,这是您能做出的最起码的悔罪之举,因为您极力败坏国王陛下的臣民们遵循的那些基本原则。现在,先生,您若同意我这个提议,但愿您不会那么缺少朋友,而您会找到某位善心的邻居或其他人,愿助您一臂之力,焚烧该书时顺便将该书作者扔进火中。我认为,此举会让那个庄严之日完满。我不是您的患者[③],而是

您最卑贱的仆人

因涅斯博士如此结束了他的 *ΑΡΕΤΗ-ΛΟΓΙΑ*,并在给

① 劳先生(Mr. Law),指威廉·劳(William Law,1686—1761),英国国教牧师,因不肯宣誓效忠英王乔治一世,失去教职,从事私人教学和著述,其著作影响了福音教派运动和约翰逊(Samuel Johnson)、吉本(Edward Gibbon)等启蒙思想作家。—— 译者

② 前文注释中说的英国卡罗琳王后(Queen Caroline)的生日是 1683 年 3 月 1 日。—— 译者

③ 曼德维尔 21 岁(1691 年)获得医学博士学位,是出色的医生,写有《论忧郁症和歇斯底里症》(*A Treatise of the Hypochondriack and Hysterick Passions*,1711)。—— 译者

《蜜蜂的寓言》作者的信中将它称为“序言”(*Prefatory Introduction*)。该信的署名是 A. I.[①],其日期是 1727—28 年 1 月 20 日,威斯敏斯特区,陶特希尔原[②]。

现在,我们的一切惊诧都结束了。读了这么多之后,我已很不愿再说些什么了,明理的读者很容易允许我如此。因此除了此书,我再无他言。至于那本书的那位尊敬的作者,他似乎认为自己十分熟悉我阐述的那些原则。我没有认识他或他的精神的那份荣幸,只能根据我以上引述的那些文字了解他。*Ex pede Herculem*[③]。

伦敦,1728 年 10 月 20 日

① A. I.,亚历山大·因涅斯(Alexander Innes)的缩写。—— 译者

② 陶特希尔原(Tot-hill-fields),位于伦敦威斯敏斯特区圣·玛格丽特教堂(St. Margaret's)附近,因涅斯为该教堂的副牧师。—— 译者

③ *Ex pede Herculem*,(拉丁语)从局部可推知整体,其直译为“看赫拉克勒斯之足(可知其全身)”。赫拉克勒斯(Hercules)是古希腊、罗马神话中的大力神。此句这里的意思是:知其言,便可知其人。—— 译者

1 一　霍拉修、克列奥门尼斯与芙尔薇娅的第一篇对话

克列奥门尼斯：霍拉修，你总是这么来去匆匆么？

霍拉修：我不得不请你原谅，我非走不可了。

克列奥门尼斯：究竟是你的事情比以前多，还是你的脾气变了，我说不清，但我知道：有什么事情已经改变了你，我也不知是出于什么原因。世上我最看重的，是你的友谊；世上我最愿结交的朋友也是你。尽管如此，我还是从未如愿。我承认，有时候我想你是有意回避我。

2 霍拉修：抱歉，克列奥门尼斯，我大概对你失礼了。每个星期，我都不断地到你这里来，即使来不了，我也会派人来问候你的健康。

克列奥门尼斯：没有任何人比霍拉修更注重礼节了，但我有时想：你我交往日久，友情日深，因此除了问候和礼节之外，你我间本来还应当有些其他的东西。说到礼节，我从未对你苛求过，但你不是出国就是有事缠身。而我有幸在这里见到你时，你也只是逗留片刻。这次请原谅我的冒昧，请告诉我：究竟是什么事情使你不能与我一起待上一两个钟点呢？我表妹说她要出去走走，所以我始终会独自在家。

霍拉修：我深知，最好别去剥夺你独自思索的好机会。

克列奥门尼斯：思索！天哪，思索什么呢？

霍拉修：以你近来如此感兴趣的那种精妙方式，思索我们人类的卑劣呀。我把它叫作“畸形理论”。持这种理论的人，首先就是想使我们天性中的一切都尽可能显得丑陋可鄙。他们还不避千辛万苦地去说服人们，让人们相信人都是魔鬼。

克列奥门尼斯：等你说完了，我马上就让你信服这一点。

霍拉修：求你，别来说服我吧。我已经下了决心，已经被彻底
说服了。我相信：世界上既有恶，也必定有善；守信、诚实、仁爱以 3
及人道，甚至包括慈善，皆非空洞的声音，而是真实的存在，尽管《蜜蜂的寓言》里说并非如此。我坚决相信一点：尽管人类堕落，世道邪恶，当今仍有确实具备那些美德的活人。

克列奥门尼斯：可你并不知道我要说什么，我想说的是……

霍拉修：我可能不知道，不过，你说的我连一个字也不会听信。你能说的一切都对我毫不奏效。你若不给我说话的机会，我现在就走。那本该死的书让你着了魔，使你否认那些为你赢得了你朋友们尊重的美德。你知道，我平素并不这样说话。我讨厌出语伤人。不过，把每一个人都看作自傲又卑鄙，嘲笑美德和荣誉，称亚历山大大帝为疯子，对国王和君主也像对最下等的人一样毫不留情，对这样一个作者，你又该如何表示尊敬呢？他那套理论的意图与纹章局[1]的截然相反。那套理论总是为下等人竭力寻找高贵不

① 纹章局（Herald's Office），英国负责追溯并认证家族徽章和历史的机构。——译者

4 凡的族谱,同样,你这位作者也一直在探究高尚而光荣的行为,凭空罗织它们卑劣可鄙的起源。我愿意聆听你的见解。

克列奥门尼斯:且慢。我同意你的见解。我原想说服你相信:我已经完全摆脱了你所说的那种愚蠢,你对它的揭露非常正确。我已经脱离了那个错误。

霍拉修:你这是认真的吗?

克列奥门尼斯:没有人比我更认真了。谁都没有我这样坚信社会的种种美德。我想知道是否有沙夫茨伯里爵爷[①]的哪个崇拜者会比我走得更远!

霍拉修:你能耐下心来听我说话,我该对此感到高兴。克列奥门尼斯,看到你那种恣纵的辩论方式为你树了多少敌,你想象不出这使我多么悲伤。但凡你是严肃的,就该告诉我你这番变化从何而来。

克列奥门尼斯:首先,我越来越厌倦让人人都和我作对;其次,在另外那种社会理论当中,创造的余地更多。赞成那种社会理论的诗人和演说家,有许多许多施展其才能的机会。

霍拉修:对你自诩的复原,我非常怀疑。你是否真的相信另一种理论是错的?你大概很容易知道它是错的,因为你看到人人都在反对你。

5 克列奥门尼斯:肯定是错的。不过,你提到的那些却根本不是

① 沙夫茨伯里三世(Anthony Ashley Cooper,3rd Eal of Shaftesbury,1671—1713),英国哲学家,他认为美德在于顺从自然,在于领悟到公共利益与个人利益是一致的和密不可分的。—— 译者

什么佐证，因为倘若人类的大多数都不反对那种“畸形理论”（你的叫法很正确），不真诚便不会如此普遍了，而那个理论就认为大多数人都不真诚。但是，由于我的眼睛已经能看得更清楚，我就发现了一点：真实与可能性乃是世界上最愚蠢的东西。它们毫无用处，在趣味高雅者（*de bon gout*[①]）当中，尤其如此。

霍拉修：我原以为你已经彻底改变了主张，可是现在看来，一种什么样的新疯狂在支配着你啊？

克列奥门尼斯：根本不是疯狂。我现在对世人说，并且以后还要坚持说：最纯粹的真实乃是非常不合理的；在适于趣味高雅者考察的艺术和科学当中，大师所犯的最不可原宥的错误，莫过于拘泥真实或为真实所累。而人们所说的真实，也只不过是令人愉快的东西罢了。

霍拉修：这实在是至理名言……

克列奥门尼斯：看看荷兰人画的那幅《耶稣降生图》吧。画面上的颜色有多么迷人！线条有多么漂亮！画上那些精心描绘的轮廓线有多么准确！可是，把干草垛、稻草、牛，以及马槽和架子也画了上去，那作画的家伙又是多么愚蠢啊！他居然没有把婴儿基督画上去，这实在是个奇迹。

芙尔薇娅：婴儿基督？我想就是圣婴吧。他为什么应该在马槽里，难道不该么？历史不是告诉我们圣婴被放在了马槽里么[②]？ 6

---

① *de bon gout*，（法语）高雅趣味，但原文 gout（趣味）的正确写法应是 goût。—— 译者

② 《圣经新约》记载耶稣基督降生在犹太伯利恒的马厩里。—— 译者

我对绘画一窍不通,但我能看出画上画的像不像真的。那里面要是画上一只牛头,就再合适不过了。所以,一幅画上的艺术若能骗过我的眼睛,使我毫无保留地以为自己看见了画家极力再现的真实事物,它就能使我感到愉快。我一向认为它是一幅值得赞许的作品。的确,世界上没有任何东西比它更近似自然了。

克列奥门尼斯:近似自然!那就更糟。表妹,我的确很容易看出你对绘画一窍不通。画上应当表现的并不是自然,而是令人愉快的自然,是 *La belle Nature*(美的自然)。一切卑鄙、粗俗、令人惋惜和低劣的事物,都应当小心地加以避免,不使它们为人所见;因为在真正具备趣味的人看来,这些事物非常令人厌恶,就像那些令人恶心、污秽不堪的事物一样。

芙尔薇娅:按照这个标准,圣母玛利亚怀孕和我们救世主的降生,就绝对不该被画出来了。

克列奥门尼斯:你错了。这个主题本身是高尚的,我们到下一个房间去吧,我会向你们表明两者的区别何在。请看那幅画,他画的是同一段历史。那上面画了漂亮的建筑,画了一个柱廊。什么
7 事物能比这更宏伟呢?画家巧妙地把那头驴子画得多远!把那头牛画得多么不起眼!请注意它们都被放在了画面的暗部。那幅画被挂在了强光下,不然的话,你对它的评价可能还要高十倍,并且察觉不到驴子和牛。请看这些按照柯林斯风格建造的廊柱,它们高高耸起,效果多么强烈,空间多么华美,场景多么开阔!每一种东西都显得无比崇高,都与表现这个崇高题材的恢弘相符,震撼心灵,使人顿生敬畏与赞美之情!

芙尔薇娅:请告诉我,表兄,你所说的具备真正趣味的人评价

绘画的时候，是否也表现出良好的常识？

霍拉修：夫人！

芙尔薇娅：先生，如果我的话过于唐突，还要请你原谅。不过，在我看来，说这位画家把乡下客栈的马厩描绘成了富丽堂皇的宫殿，这样称赞一位画家，听起来似乎很奇怪。这比斯威夫特[①]对菲力门和巴乌希斯的变形更糟糕[②]。

霍拉修：夫人，乡下的马厩里除了不适于观看的龌龊、令人作呕、污秽不堪的东西以外，什么都没有。那些东西至少无法使上等人感到愉快。

芙尔薇娅：下一个房间里的那幅荷兰绘画丝毫没有令人不快
的地方；不过，即使是未经赫拉克勒斯打扫的奥吉亚司牛圈[③]，也
并不比那些带凹槽的廊柱更让我恶心，因为只要与我的判断力相 8
拗，任何人的作品都无法取悦我的眼睛。我想让一个人画出一段
重要的历史故事，而人人都知道：那段故事就发生在一个乡下客栈
里，而那个画家却因为懂得建筑，竟然给我画出一个可被用作任何
一位罗马皇帝的大厅或宴会厅的房间，这不是对我的肆意欺骗么？
何况，我们的救主来到这个世界时，选择了这个贫穷凄苦的地方，

① 斯威夫特(Jonathan Swift，1667—1745)，英国小说家、政治家、诗人，著有《格列佛游记》等作品。——译者

② 菲力门(Philemon)和巴乌希斯(Baucis)，古希腊神话中弗里及亚的农民夫妇，因款待过微服私访的主神宙斯而受到神的恩赐。他们的小屋被变成了宫殿。斯威夫特在一首以此为题材的诗中说，这二人的小屋被变成了教堂，他们的木床架被变成了教堂用椅。——译者

③ 古希腊神话英雄赫拉克勒斯(Hercules)曾完成提任斯国王交给他的十项艰巨任务，其中之一是在一天内扫净厄利斯国王奥吉亚司的牛圈(Augean Stable)，那里养了三千头牛，三十年未打扫过，极为肮脏。——译者

而这就是最真切的历史环境。这里包含着反对浮华的绝佳寓意,是对谦逊的最有力教诲,而在意大利,谦逊的品德已经几乎荡然无存了。

霍拉修:夫人,经验的确和你的看法不一致。有一点千真万确:即使在粗俗者当中,描绘卑污粗劣的事物也毫不奏效,尽管这些人都很熟悉那些事物,因为它们或者会酿成轻蔑,或者毫无意义。相反,宏伟的廊柱、轩昂的建筑、非凡的高屋顶、令人叹为观止的装饰,以及一切趣味高雅的建筑物,却最适于用崇敬和宗教的敬畏,激励人对拥有这般恢弘建筑之地的虔敬。在这方面,世上哪个会议厅或者马厩堪与一座华丽宏伟的大教堂媲美呢?

芙尔薇娅:我相信,在愚蠢而迷信的人们当中,存在着一种人
9 为唤起虔诚的方法;不过,你只要深入思考上帝的工作,我就敢肯定……

克列奥门尼斯:表妹,求你别再为你的趣味不高辩解了吧。那位画家与历史的真实毫不相干,他的任务是表现这个题材的高尚,取悦其观众,并且绝不该忘记我们人类的卓越。他的艺术和良好感觉都必须用来将人类提升到最高境界。伟大的画家并不为普通人作画,而是为具备完美理解力的人们作画。你所抱怨的,乃是这画家的良好风度和迎合观众对画面的影响。他画圣婴和圣母的时候,想的是只要稍微描绘一下那头牛和那头驴子,就已经足以使人想起那段历史了。至于那些还需要更多教导和解释之辈,那画家根本没打算让他们去看这幅画。对于其余的人,他只用那些高尚的、值得引起关注的东西去取悦。你看,那画家精通建筑,精通绘画透视学,让你看他在描绘廊柱的明暗上是何等纯熟,让你看如何

在平面画布上描绘出空间的深度和高度。此外，他描绘光影奥秘的技巧简直难以想象，他凭借这些技巧向你一一展示了光影的奇迹。

芙尔薇娅：既然如此，为什么又谎称绘画是对自然的模仿呢？ 10

克列奥门尼斯：初学者才从描摹所见事物的样子入手。可是，大师在独自创作时，我们却可以指望：他虽然通晓自然的完美之处，却并不按照自然本来的样子去画它，而是按照我们希望自然应有的样子去画。宙克西斯[①]画女神，选择了五位美女作模特，萃取她们各自最美之处，合为一体。

芙尔薇娅：他画出的所有美丽之处，依然都取自自然。

克列奥门尼斯：不错，但他舍弃了自然里的垃圾，只取其中最好的东西，而这种做法使他综合起来的那位女神高于自然中的一切。德米特利乌斯因为过分忠于自然而受到过批评；而狄奥尼索斯也因为把人画成像我们一样而受到过责难。更晚近一些的米开朗琪罗[②]被视为过于模仿自然，而当年列西普斯[③]因为把人雕塑成了自然中所见的样子，也遭到过那种老套的责难，即被说成是平凡的雕刻家。

芙尔薇娅：这些都是真的么？

① 宙克西斯（Zeuxis，公元前420—前380），古希腊画家，据说首先发明了明暗画法，传说他画的葡萄曾引来真鸟啄食。——译者

② 米开朗琪罗（Michaelangelo Buonarotti，1475—1564），意大利雕刻家、画家、建筑家、诗人。——译者

③ 列西普斯（Lysippus，约公元前336—约前270），古希腊雕刻家，作品今已无存，只有其大理石复制品，包括《系鞋带的运动员》、《亚历山大胸像》等。——译者

克列奥门尼斯:你可以自己去读读戈莱汉姆《绘画艺术》那本书的前言[①]。那本书就在楼上的书房里。

霍拉修:夫人,或许你很不熟悉这些事情,但它们对公众却大
11 有用处。我们把人类的卓越看得愈高,那些美丽的形象便愈会让
高尚者想到自己的尊贵,这些理念价值无比,经久不衰。因此,那些美丽的形象几乎总是能够激励高尚者去陶冶美德,做出英雄的行动。事物中包含的壮丽应当被表现出来,那种壮丽远远超过了简单的自然中的各种美。夫人,你能从观赏歌剧中获得愉快,对此我毫不怀疑。你肯定注意到了歌剧超越自然的高尚风格与庄严宏伟,其中的一切都无不如此。即使表现最喧闹的场面,其风格也非常柔和,其动作也非常轻盈而庄重。歌剧的题材往往是高尚的,因此,演员所做的姿势都既严肃深沉,又赏心悦目,令人愉快。倘若歌剧里的动作与普通生活中毫无二致,它们就会破坏歌剧的崇高感,同时又剥夺了你的愉悦。

芙尔薇娅:我从不指望在歌剧院里看到自然里的任何事物。不过,有地位的人也去歌剧院,并且人人都身穿盛装去那里,所以,观看歌剧就成了一种义务。我很少错过一场歌剧,因为去歌剧院看歌剧是一种风尚。何况,皇族以及君王本人也常常光临歌剧院,使歌剧平添荣耀,因此观看歌剧几乎已经成了他们的一种责任,就

① 理查德·戈莱汉姆(Richard graham)在此书中写的不是前言,而是后记。该书前言是杜·弗莱斯诺依(Du Fresnoy)的一首拉丁文诗,英国作家德莱顿(Dryden)于1695年将它译成英文,并冠以《诗歌与绘画的相似之处》的标题。曼德维尔在克列奥门尼斯这段话里表达的见解,与该前言相同。见《德莱顿全集》第17卷第293—294页。——译者

像去皇宫一样[1]。使我开心的是歌剧的观众、灯光、音乐、场景以及其他各种装饰。不过，我只能听懂几个意大利语单词，所以无法 12
欣赏宣叙调[2]里那些最值得赞美的歌词，这使歌剧的动作部分在我眼中显得相当滑稽……

霍拉修：滑稽？夫人！看在老天的份上……

芙尔薇娅：请原谅我这个说法，先生。我平生从不嘲笑歌剧，不过我要承认：说到娱乐本身，一出好戏带给我的愉悦更多得无法形容。我喜欢一切诉诸我理解力的娱乐，胜于喜欢我的眼睛和耳朵所能享受的所有消遣。

霍拉修：听到您这样一位具备常识的太太做这样的选择，我很遗憾。夫人，您对音乐就毫无鉴赏力么？

芙尔薇娅：我把音乐看作我消遣的一部分。

克列奥门尼斯：我表妹的羽管键琴弹得很好。

芙尔薇娅：我喜欢听美妙的音乐，但它不能使我达到那种陶醉的境界。我听别人说起过那种境界。

霍拉修：当然，没有任何东西比一个美好的和声更能提高人的心灵境界了。它就像使灵魂脱离了肉体，把灵魂送入了天堂。正是在这种情况下，我们才最能接受不同寻常的印象。乐器停止演奏时，我们的情绪就缓和下来，美妙的动作与娴熟的声音结合，在

① 当时，英王乔治二世（George Ⅱ，1683—1760）非常喜欢德国音乐家亨德尔（Handel，1685—1759）的音乐，并像其父乔治一世（George Ⅰ，1660—1727）那样为亨德尔颁发年俸。——译者

② 曼德维尔时代的歌剧里有两种宣叙调，一种为干宣叙调（recitativo secco），用羽管键琴伴奏，另一种为大宣叙调（recitativo stromentato），用管弦乐队伴奏。宣叙调近似朗诵，故又称朗诵调。——译者

我们面前凝成一片超凡脱俗的光明,展示出我们所赞美的英雄业
13 绩,展示出歌剧这个字所包含的意义[①]。富于魅力的声音与富于
表现力的姿势有力融合,和谐一致,占据了我们的心灵,有力地唤
起我们的高尚情操,而即使最富于表达力的语言,也几乎无法使我
们相信那些情操。只有很少的喜剧能为人容忍,其中最好的,即使
表情的轻浮没有使世风堕落,主题的卑劣也必定会败坏世风,至少
会败坏那些高尚者的品质。相形之下,悲剧的风格更崇高,其主题
通常很伟大;然而,一切激烈的感情,甚至对这些激情的表现,都会
惊扰头脑,使人不安;此外,演员竭力强烈地表达事物时,其表演往
往非常接近真实生活,于是,祸根便往往是那些形象;而演员动作
的失败,也往往由于它们过于接近自然。经验告诉我们:那些悲怆
的表演,常能在毫无戒备的头脑里燃起火焰,使人对美德产生偏
见。剧场本身没有魅力可言,观众本身就更没有魅力,至少大部分
常去剧场看戏的观众是如此,其中有些简直就是最下等的人。即
使是最欠优雅的人士,也能够感到这些人身上许多令人厌恶的东
西:除了恶劣的气味和不体面的外表,你还会见到满不在乎的浪子
和厚颜无耻的荡妇,他们花钱买了票,便自以为眼光高于一切人。
14 你往往不得不去听诅咒、脏话和恶意嘲笑,却不能对它们动怒。上
等人和下等人古怪地混杂在一起,都参与相同的消遣,而并不顾及
衣着和地位。这一切都使人非常厌恶。与形形色色的人等混在一
道,其中一些人的地位还在中等以下,并且互不尊重,这使上流人

① 歌剧(opera)这个字的拉丁字源中包含着“表演”(opera)和“作品”(opus)的意义。—— 译者

士很不自在。在歌剧院里，每一种事物都富于魅力，一同营造完美的快乐。首先是甜美的声音，其次是动作的庄重镇定，都有助于缓解和平息各种激情。正是柔和的声音与动作，正是头脑的平和宁静，才使我们和蔼友善，才把我们带到最接近天使般完美的境界。相反，激烈的感情中却包含着许多败坏心灵的成分，它们会废黜我们的理性，使我们更接近野蛮人。我们极喜欢模仿，这简直无法置信！我们不知不觉，按照摆在面前的模型和范例被塑造出来，被改造成型，这实在奇怪！在歌剧中，你看不到使表情扭曲的愤怒，也看不到妒忌；你看不到有害的激情火焰，而它们代表的爱情，则无一不是纯洁而仅次于撒拉弗[1]的；在它们当中，你不可能找到任何
能够玷污想象的东西。还有另外一类观众。剧场本身成了和平安 15
宁和每个观众荣誉的庇护所。你不可能给这样的剧场冠以其他的名称。在这里，风华正茂的天真与无法抗拒的美丽几乎无须护卫。在这里，我们可以相信：你绝对见不到暴躁言行和粗俗举止，绝对听不到露骨的下流话、放肆的俏皮话以及讨人厌的讽刺。相反，你若注意的话，却能看到剧场灯火通明，装饰得富丽堂皇，观众的服装绚丽华美，身穿这些服装者气度不凡，宽敞的剧场里五彩缤纷，流光溢彩。另一方面，剧场里的观众举止端庄，人人脸上都流露出彼此尊重的意愿。你不得不承认：世界上没有任何一种娱乐比歌剧更令人愉快了。夫人，请相信我，世上没有任何一个地方能像歌剧院那样，男女在其中能有这么多机会尽情吸收高尚的情操，使自

① 撒拉弗（Zeraph），即 seraph，源于拉丁字 seraphim，是上帝面前九位唱诗天使中最高的六翼天使。典出《圣经旧约·以赛亚书》第 6 章第 1—3 节。—— 译者

已脱离粗俗。世上也没有其他任何消遣或聚会能像观赏歌剧那样,使有教养的年轻人有望培养自己的风度,有望受到强烈持久的美德习惯的熏陶。

芙尔薇娅:霍拉修,你对歌剧的赞美,比我以前听到和想到过
16 的还要多。我想,每个热爱这种消遣的人都会万分感激你。我相信,这种高雅趣味尤其有助于你这番颂词,其中,粗野的话已经被严格地过滤掉了,而且你还特别令人惊奇地深入考察了事实。

克列奥门尼斯:芙尔薇娅,你现在对自然和常识有何见解?它们不是还没有被抛弃么?

芙尔薇娅:我还没有听到什么能以常识使我改变原先看法的事情。你暗示说自然似乎并不是绘画模仿的对象。这是一种观点。可我必须承认,到现在为止,与其说我赞成这个观点,不如说我很钦佩它。

霍拉修:夫人,我从来不愿赞美不符合常识的任何事情,但是,克列奥门尼斯扮演他假装已经选定的角色时过分积极,这必定有他自己的意图。他关于绘画的那些说法千真万确,无论他是开玩笑还是认真的。不过,他的话和他最近维护的那个观点截然相反,而人人都知道他所坚持的那个观点。因此,我便不知道该怎么去看他了。

芙尔薇娅:你们已经让我相信我的头脑很狭窄了。我现在要去拜访几个人,我和那些人的见识更接近一些。

霍拉修:夫人,请允许我送您上马车吧……克列奥门尼斯,请告诉我:你脑子里在想什么?

克列奥门尼斯:什么也没想。我方才告诉过你:我已经彻底抛

弃了我的愚蠢想法，很少有人能像我做的这么彻底。我不知道你 17
对我如何嫉妒，但我发现自己更适应这个社会体制了。原先我以
为：国家重臣们以及一切手握权柄者的行为原则都是贪婪和野心；
他们殚精竭虑地为自己牟利，即使在承担为公众谋利的苦役时，也
无不怀有个人的目的；他们心底的快乐补偿了他们的疲惫，而他们
都不愿意承认那种快乐。就是在不到一个月前我还想：所有大人
物内心都对自己怀着关切和真正的热忱；要发财，要获得荣誉头
衔，要使自己的家族声名赫赫，还要有机会展示自己对全部优雅舒
适生活的明智设想，并且丝毫不必自我克制，便确立自己的名声，
被众人看作智慧、人道和宽厚，这些就是除了身居高位的满足和治
理众人之乐以外，高官重臣们所要求的东西。当时我的头脑是那
样狭隘，无法想象一个人如何竟会不为自己打算，而情愿屈身为
奴。可是，我现在已经放弃了那种偏狭的判断方式。在政治家的
所有施政策略中，我清晰地看到了公众的利益；在他们的每一步行
动中，我看到了社会的美德在闪光。我还发现，国民的利益乃是一 18
切政治家行动的指针。

霍拉修：我虽然不能完全同意你这些看法，但世界上的确有过这样的人，有过爱国者，他们丝毫不考虑自己，为造福自己的国家，吃尽了千辛万苦。不仅如此，即使现在也还有愿意这样做的人，倘若他们得到任用的话。我们已经看到：一些君王放弃了自己的安逸和快乐，牺牲了自己的安宁，去促进王国的繁荣，增加王国的财富和荣耀。除了自己臣民的幸福，他们不考虑其他一切。

克列奥门尼斯：求你别表示不满了。或许你比我更清楚过去和当今的区别，在位者与不在位者的区别。但你知道，正是多年以

前，你我曾互相约定：永不参与党派之争。我想让你注意的，是我的自新和我心中产生的巨变，你好像在怀疑我这种改变。以前，我对大多数国王和其他高级当权者的宗教信仰的评价不高，但现在，我却根据他们对自己臣民谈宗教时所说的话，来衡量他们的虔诚。

霍拉修：这再好不过了。

克列奥门尼斯：过去，我总把事情往坏处想，对于对外战争，我
19 曾有过愚蠢透顶的见解。我当时认为：许多战争的起因都是些微不足道的事情，而政治家为达到自己的目的，故意夸大了那些起因；国家之间最具毁灭性的误解，大概产生于一个人隐藏的敌意和愚蠢，或者产生于一个人的突发奇想；许多战争都起因于参战各国重臣之间的个人争执、恼怒、憎恶和高傲；各国君王之间的所谓“个人仇恨”，最初极少会不是两国君王之间或公开或秘密的仇恨。可是，现在我已学会找出对外战争的更重要的起因了。同样，我也和奢侈和淫荡和解了，以前它们很让我恼火，因为现在我坚信：大多数富有者的金钱被他们挥霍出去，这完全符合社会促进艺术和科学的意图，而富人们最昂贵的开销，其主要目的乃是为了使穷人有工作可做。

霍拉修：你的确走得够远了。

克列奥门尼斯：我非常讨厌讽刺，并且像你一样对它憎恶之极。我认为：在理解世界、洞察人心方面，最富于启发性的作品是讲话、碑文和献词，而先于一切的是专利证书的导言，我大量收藏了这类东西。

霍拉修：一项大有用处的事业！

克列奥门尼斯：请你务必放弃对我这番转化的一切疑虑，我要 20
告诉你几条简单易行的规则，那是我为年轻的初学者们制定的。

霍拉修：该怎样做？

克列奥门尼斯：用沙夫茨伯里大人的美妙理论去判断人们的行为，就是用和《蜜蜂的寓言》截然相反的理论去判断。

霍拉修：我不懂你的意思。

克列奥门尼斯：你马上就会懂了。我虽然把它们称为“规则”，但严格地说，它们只是些能够从中引出规则的事例而已。举例来说，设想我们看见一个勤劳的贫穷女人，她长期勒紧裤带，衣衫褴褛，为的是省出四十个先令，用这些钱去让她儿子在六岁上就当上烟囱清扫工。按照社会美德理论、以宽宥的态度去判断这女人的做法，我们就必须想象到：尽管她一生中从来没有为清扫烟囱而付钱，经验却告诉她：倘若缺少这种必不可少的清洁，肉汤就会常常会被煮坏，许多烟囱就会起火。因此，为了尽己所能，造福同代人，她舍弃了自己的一切，既舍弃了后代，又舍弃了钱财，以帮助别人避免一些灾祸，大量被人忽视的煤烟往往会酿成那些灾祸。此外，她还毫无自私之念，牺牲了自己的独生儿子，让他去干那个最悲惨不幸的行当，以为公众造福。

霍拉修：我看，你并不怎么赞同沙夫茨伯里大人关于臣民高尚 21
美德的理论。

克列奥门尼斯：在一个星光闪烁的夜晚，我们怀着赞美之情，仰望天穹的光芒。没有任何事物比夜空更能清晰地说明一点：整个的宇宙，美丽的大千，都必定是一位力量无比强大、睿智无比惊人的伟大建筑师的杰作。很显然，宇宙万物都是一个完整结构的组成部分[1]。

霍拉修：你也打算拿这个开玩笑么？

克列奥门尼斯：绝非玩笑。它们始终千真万确，我对它们坚信不疑，就像我坚信自己的存在一样。不过，我却要列举沙夫茨伯里大人从中引出的一些结论，以向你证明：我皈依了这位大人的教导，并且恪守它们；而在我对那个贫穷女人的行为做出的判断里，丝毫没有完全背离那种宽宏的思维方式的东西，那种思维方式是《性格论》提出并推荐的。

霍拉修：一个人读过了这样一本书，却没有把它派上更好的用场，这可能么！请你列举一下你所说的那些结论吧。

克列奥门尼斯：无数闪亮的星体，无论其亮度、速度以及各自的轨迹有多么不同，统统都是宇宙的组成部分。因此，我们居住的
22 这个地球，同样是空气、水、火、无机物、植物和动物的综合体。尽管这些事物在自然本性上彼此差异极大，它们还是共同构成了这个水陆形成的星球。

霍拉修：对极了。我们全体人类是由许多不同宗教信仰、不同政府形式、不同利益和风俗的民族构成的。这些民族分别居住在地球的各个地方。同理，每个民族的文明社会也是由无数男女构成的，虽然在年龄、体质、体力、性格、智力和天赋方面，他们彼此间的差异极大，但他们还是共同构成了一个政治实体。

克列奥门尼斯：我原想说的，恰恰是这些话。先生，现在请告

---

① 作者在这里嘲讽地转述了沙夫茨伯里所著的《性格论》里的一段话，它以夸张的言辞赞美自然、造物主、神明创造万物的伟大。—— 译者

诉我：人们让自己结成这样的社会，其伟大目的难道不是为了共同的幸福么？换句话说，如此结合在一起的个人，难道不都是为了使自己比过另一种生活更舒适么？那种生活像其他动物那样，没有维系和依靠，是一种自由的野蛮状态下的生活。

霍拉修：这当然不但是人们结成社会的目的，而且是各个政府和社会在不同程度上所想达到的目的。

克列奥门尼斯：所以，接下来的结论必定就是：人们用显然是
危害文明社会的手段去追求私利和快乐，便永远是错误的；如此行 23
事的，必定是思想狭隘的人，目光短浅的人，自私自利的人。相反，聪明人若不考虑到全体，则从不把自己看作个体。在数量上，他们只是全体当中一些微不足道的组成部分。他们无法从妨害公众福祉的事情中得到任何满足。倘若这个道理是无可置疑的，那么，一切个人私利难道不应当服从这种整体利益么？每个人的努力难道不该都是为了增进全体公众的共同幸福么？此外，为了达到这个目的，个人难道不该竭尽全力，使自己成为自己所属的那个整体的、能为公众服务的有用成员么？

霍拉修：这究竟是什么意思？

克列奥门尼斯：我那位贫穷女子在我所说的那种境况下，其行为难道不是与这种社会理论完全相符么？

霍拉修：一个贫困的、没有思想的倒霉鬼，没有理智，没受过教育，居然能本着这些如此慷慨的原则行事，哪个有理智的人能想得出来呢？

克列奥门尼斯：我已经告诉过你，那女人很穷，我也不能说她受过什么教育；不过，要说她没有思想或没有理智，那就请原谅我

对你说:这只是你的诽谤,你根本无法证明你的说法。根据我对她
24 的叙述,你只能说她是一位善解人意、具备美德和智慧的贫女,此外得不出任何结论。

霍拉修:我想,你必须让我相信你是认真的。

克列奥门尼斯:我正求之不得。我再说一遍:在我举的这个例子中,我亦步亦趋地踩着沙夫茨伯里大人的脚印,严格地遵循着他的社会理论。我若是在哪里出了错,请给我指出来好了。

霍拉修:那位作者提到过这么低贱可鄙的事情么?

克列奥门尼斯:高尚之举里不可能存在任何卑鄙的事情,无论这高尚之举是何人所为。然而,倘若粗俗者个个都不认同社会美德,那么,《性格论》嘲讽上帝启示的所有宗教信仰,尤其是基督教时,占人口大多数的劳苦穷人又该去遵守什么规则或教诲呢?但你若蔑视那些贫穷和不识字的人,我也能用同样的方法去判断那些身居高位的人。请反对那种社会理论的人注意看看那位令人尊敬的评议员吧:他最近已经因其财富而出了名。他虽然年岁已高,却还是不断地忙于出庭,审理疑难案件。为了竭力确保他人财产不受损失,他顾不上改变自己那种会缩短他的寿命饮食方式。还
25 有,那位敬业的医师的善心是多么引人注目!他从早到晚都去出诊;他备有好几套马车,以此使自己能为更多的人服务;甚至在他完成自己生存必需的那些活动[1]时,也在抱怨浪费了时间!同样,那位不知疲倦的教士已经掌管了一个非常大的教区的事务,却还是满腔热忱,兢兢业业,竭力争取去再掌管一个教区,尽管其五十

[1] 此暗指进食和排泄。—— 译者

位失业同行也在做着同样的努力。

霍拉修：我知道你要说什么了。你不畏辛苦，说出了这段变了味道的颂词，其实是想从中提出一些反证。你的揶揄的确非常精妙，倘若说得恰逢其时，就可能使人发笑。可是，这样一来，你就必须承认：那些惨淡经营的赞颂却经不起严肃的检验。我们若认为穷人的最终追求和永恒挂虑就是满足其生存必需，不使自己被饿死；我们若认为穷人的子女是他们的沉重负担，他们都在这样的重负下抱怨，并且想尽一切办法摆脱这个重负，而这又和自然赋予他们对子女的那种低级的、下意识的关爱并不冲突；当我们考虑到这一切的时候，你那位勤勉女人的美德就很容易得到解释了。同样，为公众服务的精神，那些慷慨仁慈的原则，也显得可望而不可即了。你的睿智已经在你方才列举的三种行业里发现了它们，人们 26
靠它们来谋生。众所周知，名声、财富和伟大乃所有律师和医生追求的目标，这无疑都是很重要的事情。其中许多人以难以置信的耐心及一丝不苟的精神，竭尽全力地从事自己的行业，每个时代都有这样的人。但是，无论他们付出了多少劳动，忍受了多少疲惫，其动机依然像其职业一样明显。

克列奥门尼斯：他们不是对人类有益、对共公众有用么？

霍拉修：我不否认这一点。我们常能从他们那里得到不可估量的益处，这两种行业里的佼佼者则不仅对社会有用，而且是社会不可或缺的。不过，虽然有些人为了自己的职业牺牲了全部个人生活和一切舒适，但倘若不能获得与现在相同的金钱、声誉和其他好处，那么，便不会有一个人去吃哪怕现在四分之一的苦。那些金钱、声誉和其他好处是其服务对象出于尊重和感激而回报给他们的。我不相信,若向他们提出这个问题,他们当中会有哪个佼佼者不承认这一点。所以说,倘若野心和爱财是已被公开承认的人类行事原则,那么,认为人类具备美德就是愚蠢的,而人们都假装不
27 敢说自己具备美德。不过,你对那位教区牧师的赞颂倒是最令人发笑的。我听说过为那些贪婪神甫开脱的不少借口,其中一些非常琐屑无聊。但是,你在他们的赞美词里分辨出来的,却是我所见到的最不寻常的东西。在你面前,即使是最偏袒、最崇拜教士圣职的人,从那些追求扩大会众的教士身上也绝不会看到任何美德;因为那些教士已经生活得安逸舒适,而另外一些教士却正要被饿死。

克列奥门尼斯:不过,若说那种社会理论里还有点儿符合现实的东西,那就是:倘若各行各业的人都遵照那些慷慨仁慈的原则行事,那将更有益于公众。倘若这三种行业的大多数人都比现在更多关心别人,更少关心自己,你就会同意说:这样一来,受益的是社会。

霍拉修:我对此一无所知。考虑到一些律师和医生们所承担的苦役,我倒很想知道;倘若大量钱财的不断贿赂和刺激不能持续地激励敬业的可贵激情,而无助于满足人的天性,那么,即使他们愿意,他们是否还能以同样的方式去兢兢业业。

克列奥门尼斯:的确如此,霍拉修。用这个论证去反驳那种社
28 会理论,比用你猛烈抨击的那个作者所说的任何话都更有力量,更容易驳倒它。

霍拉修:我可不这么看。有些人自私自利,但我不能以此便做出结论说别的人身上就不具备美德。

克列奥门尼斯:那位作者也不这么看。你若是认为他这么看,你就大大地误解了他。

霍拉修：对那些不值得称赞的人，我拒绝评论。可是，人类或许很坏，但他们身上仍然是既有恶德，也有美德，只是美德更罕见罢了。

克列奥门尼斯：谁都不反对你方才最后一句话，但我不知道你究竟是什么意思：沙夫茨伯里大人不是竭力为善，倡导社会美德么？我做的事情不是和他做的一模一样么？即便我提出的那些关于思考的有益指导是错的，至少我还是希望人们更重视公共福祉，少热衷个人私利，并且对邻人要比现在更宽厚一些。

霍拉修：这只是希望而已，但实际上可能如此么？

克列奥门尼斯：倘若这是不可能的，那么，讨论这个问题，证明美德的卓越之处，便是世上最无用的事情了。人们若不能去热爱美德，赞颂美德之美又有什么意义呢？

霍拉修：美德若从未受到过赞颂，人们或许会比现在还糟糕。

克列奥门尼斯：根据同样的道理，倘若更多地赞颂美德，人们便可能比现在更好。不过，我完全明白你为什么利用这些托词和借口反驳你自己的观点了：你发现自己不得不同意我那番颂词是正确的（你把它们叫做“颂词”）；或者，你大概在沙夫茨伯里大人的大多数言论里也发现了同样的错误。只要你还有其他办法，你就既不愿赞成我的颂词，也不愿去挑沙夫茨伯里大人的错。这位大人以人们喜欢结伴、不愿独处为由，去证明人热爱同类，对同类怀有天生的友爱之心。你审视我对那三种行业所说的一切时很严格，但是，你若用同样严格的眼光去审视沙夫茨伯里大人的结论，我相信你也会得出完全相同的可靠结果。但我还是要坚持我原来的话，并且要站出来为社会美德理论说几句公道话：提出那种社会

理论的高尚作者怀着对人类最仁厚的见解,以出色的方式讴歌了
人的尊贵;然而,我模仿他的做法,却被叫做开玩笑,我认为这毫无
道理。他出于善意而写作,并且极力用精妙的观念和从宗教里提
30 取的为公精神去激励读者。世人虽然享用了他的劳动果实,但是,
在他赞美的为公精神没有被最卑鄙的商人接受之前,他的著作理
应带来的益处却绝不会被众人感觉到。当然,你会竭力说那些最
卑鄙的商人既不具备慷慨仁厚的情操,也不崇尚那些已经体现在
许多人身上的高尚原则。我现在想到了两类人,他们彼此非常需
要对方,却几乎不曾见面。这种不幸势必会在社会肌体上造成一
个巨大的裂痕,倘若对公共利益的最深切重视和高尚的仁爱之心
不能影响并迫使后一类人(在前一类人眼里,后一类人完全是陌生
人)以及那些没受过多少教育的普通人,去协助前一类人完成其善
良的职能,制止那裂缝的进一步扩大,那么,任何深邃的思想,任何
发明带来的幸福,都不能填补那道裂缝。许多有才能的工匠蜗居
偏僻的陋室,尽管勤劳,也会被饿死,而这完全由于若没有前一类
人的消费,他们便不知道该把自己的劳动产品卖给谁。同样,那些
富有而挥霍的人每天都用多余的小饰物和精致的小玩意儿来装饰
自己,五花八门,不计其数。发明那些小东西,无一不是为了满足
不必要的好奇心,或者为了满足声色之欲及蠢念。倘若那些人从
31 来没有见过那些小东西,或不知道哪里能买到它们,便永远不会想
到它们,更不会需要它们了。所以说,社会的玩具商用一生的大部
分时光,满足了社会上这两个不同等级的人的欲望,这给公众的利
益带来多少福分啊!这些商人给了亟待救助的穷人饭碗和衣裳,
还去勤勉地搜寻技艺最佳的工匠,谁都不能生产出比那些一流工

匠更好的工艺品。他还以自己老练的殷勤和稳重的面容，去愉悦那些最不熟悉的人，常常是先和这些人寒暄，然后善意地提出些问题，以揣摩他们需要什么。这些商人不但在营业时间内工作，而且在那些人休闲时也开着铺子，整日都在耐心等待着顾客上门。无论是炎热的夏日，还是严寒的冬天，这些商人会都心情愉快地去耐受。这是一幅多么美好的景象！它说明了人类天生相亲相爱！这是因为：倘若玩具商们按照另外一种原则行事，只为我们提供生活必需品，他们当然表现了对人类更高的爱与宽容，但人们却连一刻都不会受累想到那些最异想天开的爱与宽容，而要人们不去幻想，甚至不去幻想那些最不必要的东西，恐怕连一个小时都不行。

霍拉修：你的确把你的幻想发挥到了极致，可是，你就不对自己这些蠢话感到厌烦么？

克列奥门尼斯：你究竟在我这些善意的指导里发现了什么错的地方？难道它们背离了我们人类的尊严了么？

霍拉修：我赞赏你的独出心裁。我还承认，你过分使用了你那 32
种言过其实的方式，你已经把那种社会理论放在了一种不利的角度下，我以前从来没有从那个角度去考虑过它。但你知道，即使最好的事情也会遭到嘲笑。

克列奥门尼斯：无论我是否知道这一点，沙夫茨伯里大人已经断然否定了它，并认为玩笑和揶揄是证明事物价值的最好、最有效的试金石[①]。在他看来，任何玩笑都无法束缚真正伟大和美好的

① 沙夫茨伯里在他的《性格论》里说："扮鬼脸和拿腔作调对欺诈的帮助极大……经不起玩笑的对象是令人起疑的……"(《性格论·巧智与幽默的自由》)—— 译者

东西。这位爵爷大人利用这块试金石去检验福音书和基督教信仰,并且由于它们似乎经不起玩笑而揭露它们。

霍拉修:他揭露了教给粗俗之辈的有关上帝的迷信和错误观念,可是,没有一个人对最高存在和宇宙的信念比他的更崇高。

克列奥门尼斯:你已经相信我对他的指责是正确的。

霍拉修:我并不自称要捍卫那位高贵爵爷写下的每一个字。他的文风很可爱,他的语言很文雅,他的推理也很有力。他的许多思想都表达得很完美,而他使用的绝大部分形象也非常独特而完美。我会很欣赏一位作者,而不会迫使自己去回答对他的所有吹
33 毛求疵。说到你所说的你对他的模仿,我对嘲讽式的模仿根本没有兴趣。不过,你可能引起的笑声大概会使你少给自己找些麻烦。请告诉我:你那些艰苦而肮脏的劳动,补充了乌合之众暴饮烈啤酒之外的消遣;你想到这一点的时候,难道没发现板车车夫也具备社会美德么?

克列奥门尼斯:是的,我发现了。我在一匹拉板车的马身上也发现了社会美德,至少像我在一些大人物身上发现的一样。他们最自私的行为,只要社会能从中获得一丁点好处,大多来自他们遵循美德的种种原则,来自他们对公众的仁厚关爱,我们若不相信这一点,大人物们就会非常恼火。选择教皇的时候,红衣主教们最信赖和最依靠的乃是圣灵的影响,你相信么?

霍拉修:和我相信基督变体[1]差不多。

---

① 基督变体,原文为 Transubstantiation,特指罗马天主教教义中圣餐的面包和红酒变为耶稣的血和肉。—— 译者

克列奥门尼斯：不过，你若是自幼接受的是罗马天主教的信仰，你就会两个都信了。

霍拉修：我不知道是否会是那样。

克列奥门尼斯：你若像成千上万的信徒那样虔诚地相信那个宗教，你就会相信，而那个信仰并不缺乏理性和常识，就像你我一样。

霍拉修：我对此没有什么要说。世上有许多事物虽然无法理
解，但仍然是真的，而它们恰恰就是信仰的对象。所以，当事情超 34
出了我的能力，并且确实超过了我的理解力，我便沉默不语，万分谦卑地屈从它。但是，我若已经清楚地意识到某个事物与我的理性相左，并和我的判断力相冲突，我就绝不轻易接受任何事情。

克列奥门尼斯：你若相信上帝，你又有什么实际证据去表明：在一件对所有基督教世界比对其他世界都更重要的事务上[①]，上帝并没有对人做出指导呢？

霍拉修：你这个问题是个圈套，并且很不公平。上帝监督和主宰着一切，无一例外。要说明我对教皇选举的否定是对的，要说明对我不相信它的理由，我只要证明一点就够了，那就是：教皇选举里使用的器物和方式分明是人为的，全都属于世俗世界，其中许多是不正当的和邪恶的。

克列奥门尼斯：并非所有的方法都是如此，因为他们每天都在祈祷，都在郑重地恳祈上帝的帮助。

霍拉修：但是，从他们的其他行为当中，你却很容易判断出他

① 这里指选举教皇。——译者

们祈祷的重点是什么。罗马教廷无疑是个最大的高级政治学府,是研习如何策划阴谋的最好学校,在那里,那些惯用的狡诈和众所周知的计谋都显得平淡无奇,并且穷尽人类心智,精心策划着种种
35 种密谋。在那里,才干必须服从谋略之道,就像力量必须服从摔跤术一样。一些人运用某种技巧来掩饰自己的能力,不使旁人了解他们。那种技巧对这些人的用处,比真知和深刻的理解力的用处不知要大多少。在这所神圣的学院里,一切都是 *auro venale*[①],而真理和正义的价值最低。红衣主教帕拉维奇尼[②]和其他坚决拥护教皇权威的耶稣会派教士,已经虚伪地承认了 *Politia Religiosa della chiésa*[③],并且并不向我们隐瞒那些惟有在 *Purpurati*[④] 眼里才有价值的美德和成就。他认为:无论以什么手段,使教皇权力得以向世俗权力的延伸,乃是无上的光荣,而被敌手智胜,即使是被最卑劣的诡计战胜,则是奇耻大辱。尤其在红衣主教们(Conclaves)的会议上,不玩弄阴谋诡计就一事无成。人心是个深渊,奇深莫测,黑暗异常,以至最巧妙的掩饰有时也会被揭穿,人人都满脸伪善,尔虞我诈。这个团体的每一个成员,心中想的除了满足私欲,就是维护自己一党的利益,无论它是对是错,以及粉碎一切与之作对的派别。在这样一个团体的种种计谋、策划、派系倾轧和阴谋手段当中,你会相信存在着神圣、虔诚,或者对宗教精神的半

① *auro venale*,(拉丁语)可以用黄金买到的。—— 译者

② 根据法国哲学家培尔(Pierre Bayle,1647—1706)的记载,帕拉维奇尼主教(Palavicini)曾说罗马天主教会正在筹划掌握世俗的权力。见培尔《杂忆》(*Miscellaneous Reflections*)1708 年版,卷一,第 227 页。—— 译者

③ *Politia Religiosa della chiésa*,(拉丁语)教会的政治权力。—— 译者

④ *Purpurati*,(拉丁语)红衣主教。—— 译者

点畏惧么？

克列奥门尼斯：你这些感慨，印证了我时常听到的那个说法， 36
那就是：叛教者是最不留情的劲敌。

霍拉修：难道我曾是罗马天主教徒么？

克列奥门尼斯：我是说，你叛离了那种社会美德论。你曾经最激烈地支持过它。现在，任何人都不能像你这样严格地以观其行来断其人，并且对待那位可怜的红衣主教也的确都不如你这么不吝言辞。我几乎没想到：一旦我放弃了那个“畸形理论”，竟会发现你这样一位魔鬼。不过，在我看来，你我原先的见解似乎都改变了一些。

霍拉修：我想，是你我更相像了。

克列奥门尼斯：不仅如此。谁会想到：在听我对事物做出天下最仁厚的阐释的同时，又会听到你对它们的最激烈抨击呢？

霍拉修：人们实在是太无知了，对你我都毫无了解。我不知道他们会做什么。不过，从你我的辩论里却可以非常清楚地看到一点：你极力揭露了与你见解对立的见解的荒谬之处，从而维护了你的见解；而我维护自己见解的办法是：让你看到我们并不像你所说的那么蠢。我曾经下决心永远不和你辩论这个话题。但是你看，我已经违背了这个决定。我讨厌被人看作不讲礼节。我完全是出于礼节才和你辩论的。不过，我对你我这番长谈并不后悔，因为我
发现你的见解并不像我原想的那样危险。你已经承认：世上存在 37
着美德，世上也有以美德为行为准则的人。我原以为你会否认这两点。但是，我可不想让你自以为用五颜六色的幌子欺骗了我而沾沾自得。

克列奥门尼斯:我的伪装并没有厚到让你看不破,我也不会和任何其他容易上当的人讨论这个话题。我知道你具有良好的头脑和深刻的判断力。也正是因为这个缘故,我才万分诚恳地希望你听我对自己做一番解释,听我对你说明你我之间的差别有多小。你本来大概以为你我有云泥之别。世人当中,惟有你最不愿把我看作坏人,但我非常害怕得罪你,因此我不得到你的许可便绝不和你讨论这些问题。看在你我的交情上,请你为了我暂且屈尊去读一读《蜜蜂的寓言》吧。那本书做得很漂亮。你喜欢书籍。我有一本《蜜蜂的寓言》,装帧极为精美。请你务必让我把它作为礼物送给你。

霍拉修:克列奥门尼斯,我虽然不是个固执己见的人,但很看重荣誉,你知道什么是严格意义上的荣誉。那本书备受嘲笑,我讨厌听人提到它的名字;谁想让我接受其中哪怕一丁点观点,我马上
38 就会火冒三丈。迄今为止,荣誉是一个社会最坚固、最高贵的纽带。因此请相信我:绝对不能平白无故地拿荣誉开玩笑。荣誉是实实在在的,是令人敬畏的,同时也是严肃的,无论什么时候都不能作为消遣取笑的对象。任何别出心裁的诙谐,任何机智俏皮的玩笑,只要是针对荣誉,都使我无法忍受。或许世界上只有我才如此;你若愿意,可以说我这种态度是错的。随它去吧,我只能说:*Je n'entens pas Raillerie la dessus*[①]。所以,你若还当我是朋友,就

① *Je n'entens pas Raillerie la dessus*,(法语)我不想听开它(荣誉)的玩笑。语出法国戏剧家莫里哀 1668 年写的喜剧《乔治·唐丹》(*George Dandin*)第一幕第四场,原句是"Nous n'entendon point raillerie sur les mati ère de L'honneur"(我们不想听别人拿荣誉开庸俗的玩笑)。—— 译者

千万别送我《蜜蜂的寓言》。对那本书，我听得够多了。

克列奥门尼斯：请告诉我，霍拉修，世上可有不讲正义的荣誉？

霍拉修：谁说有不讲正义的荣誉？

克列奥门尼斯：难道你没承认：尽管你现在发现我在骗你、但你原先把我想得更坏么？不经过深入考察，任何人或任何人的著作都不应当被指责为异端或纯粹的臆断，更不该被看作敌人或充满敌意的指控。

霍拉修：你说的完全正确。我诚恳地请你原谅我对你的误解。请畅所欲言，我会耐心地听下去，只要你的话不像方才那么骇人听闻就行。不过，求你千万要正经一点儿。

克列奥门尼斯：对你，我没有什么不中听的话要说，更没有什么骇人听闻的话要说。我只想让你相信：我对人类的看法并不像你认为的那样，其实它们并不那么充满歹意，也不那么吹毛求疵；你只要仔细考察就会发现：我对事物价值的看法，其实也和你的差 39
不太多。请想想你我方才做的事情吧：我一直竭力从我能想到的、最宽厚的角度去看待一切事物，以揭露那种社会理论的荒谬之处。我承认的确如此。现在，再请你回想一下你自己是怎么做的：你一直在揭露我惨淡经营出来的那番“颂词”的愚蠢，把事物还原到正常的视角下，你做得很对，因为你知道人们当然会以从正常的角度去看这些事物。你做得很好，只是你的做法和你自称要维护的那种理论恰恰背道而驰。你若用同样的方式去评判所有的行为，那种社会理论便彻底完了，至少有一点会十分明显：那种理论无法付诸实施。你说大多数人都具备那些美德，可是，我们谈到具体的个人时，你却连一个也找不出来。我曾经到处去验证你这种的观点，但我不但在最底层的人们那里所获寥寥,而且在最高层人士那里也是如此,而你又认为把中层人士想得更好是很荒唐的。你赞成一种美好的意图,难道同时又承认它并不美好或者永远无法付诸实施么?按照那些美德原则行事的人究竟是哪种人?我们究竟要到哪里才能找到他们呢?

40 霍拉修:各国都有一些出身高贵、家境富裕的人。他们并没有接受提供给他们的那些利益优厚的位置。他们只关心那些伟大和高尚的事情,别无其他。难道不是么?

克列奥门尼斯:不错。但仔细检验他们的行为,仔细观察他们的生活,并且用你看待那些红衣主教、那些律师和医生时那种不那么宽容的眼光,去查看他们的行动,看其美德使其行为比那个贫穷女人的到底高多少。一般地说,颂词里包含的真实要少于讽刺里包含的真实。当我们的感官都镇定下来、身心没有受到任何搅扰、没有遇到任何使我们不快的事情时,我们便会对自己的处境感到愉快。而正是在这种情况下,我们最容易把外在的表现误认为真实,我们对事物的评判也更宽容一些。霍拉修,请记住,半小时以前你赞美歌剧时是多么满腔热情。你想到自己看到了歌剧的许多迷人之处时,你的心灵仿佛得到了升华。我不打算说些什么话来反驳你对歌剧、对歌剧观众文雅风度的赞美,但是,你想到这些可爱的意念,并指出歌剧院是陶冶强烈持久的美德习惯的最佳工具时,恐怕已经迷失了自己。你是否相信在同样数量的人里,去歌剧院者的真正美德,要多于去动物园者的美德?

41 霍拉修:好一个恰当的比较!

克列奥门尼斯:我是非常严肃的。

霍拉修：狗吠、牛鸣和熊吼，那声音有多么和谐无比呀！

克列奥门尼斯：千万别误解我的意思。你很清楚，我所比较的，并非这两种地方给人们带来的不同快乐。你提到的那些事是最不该抱怨的。在精雅的耳朵听来，那些持续不断的诅咒声和咒语声、频繁重复的虚假歌词和其他更龌龊的词句、声嘶力竭、跑了调的人声的众多低沉噪音，乃是最残酷的折磨。那个地方的霉臭味以及各种恶劣气味永远令人作呕。不过，在下等人聚会的一切场所里……

霍拉修：*L'odorat souffre beaucoup*[①]。

克列奥门尼斯：总的来说，这种娱乐方式很令人厌恶，它让你所有的感官受罪。我承认这一切。油腻腻的脑袋，其中还有些是血红色的，不协调的衣裳，令人生畏、粗野、可怖的相貌，你在那些永无休止的聚会上见到的这些情景，一定会使你非常震惊。因此，你在一群衣衫褴褛、浑身龌龊的粗人当中能见到的其他一切，也无不使你震惊。那帮人的种种消遣里，没有一种行为不令人作呕。
然而，粗野和没有举止风度，却不该和恶德及罪恶的东西混为一 42
谈，这就像讲究礼节、举止文雅不能和美德及虔诚混为一谈一样。为了恶作剧而揭露预谋的谎言，其罪过比教人去说假话更大。暗中敌人低声窃语的诽谤对一个人的伤害乃至毁损，会比其最吵闹敌手全部可怕的诅咒谩骂给他的打击更大。在所有基督教国家，高级人士也像粗俗之辈一样有淫荡与通奸的行为。但是，若说粗俗者比有教养者更容易染上某些恶德，那么，后者则比前者更容易

① *L'odorat souffre beaucoup*，（法语）嗅觉得到了极大的满足。——译者

染上另外一些恶德。在宫廷里，嫉妒、诽谤以及报复心比在草舍中更肆虐、更容易酿成灾祸。穷人当中不存在过分的虚荣和有害的野心；穷人很难染上贪婪的恶德，更不会去反对宗教信仰。穷人掠夺公众的机会比富有者小得多。你熟悉那些聚会上的大部分卓越人士，但我希望你先严肃地回想一下其他人的生活，尽可能想到更多的人，然后再去想歌剧院观众的种种美德。

43 霍拉修：你让我发笑。你所说那些人身上，美德实在是多极了。你已经说服我相信：闪光的东西不一定是金子。你还有什么话要说么？

克列奥门尼斯：由于你让我说了话，并且如此耐心地听，我便想抓住这个机会，对你讲些关系重大的事情，或许你从未从这个角度考虑过它们。而你会承认：应当从这个角度去看那些事情。

霍拉修：对不起，我真的要走了。我今晚真的有件事情非办不可。它关系到我的一场官司。我在你这里的时间已经超过了我原先的打算。不过，倘若你明天能到我家来吃点儿羊肉，到时候只有我一个人，你愿意谈多久都行。

克列奥门尼斯：这再好不过了。届时我会等你。

二　霍拉修与克列奥门尼斯的第二篇对话 44

霍拉修：你我昨天的讨论给我留下了非常深刻的印象。你谈到的一些事情非常令人愉快，其中的一些我是不会轻易忘记的。我不记得自己以前可曾像昨晚离开你以后那样审视过自己。

克列奥门尼斯：诚实无欺地审视自己，这个任务比通常想象的
还要困难，还要艰巨。昨天我曾问你：我们在哪里、在什么人当中
才能找到你所说的那种人，即所谓依照美德原则行事的人。你回
答说，有一个等级的人就是如此。我已经在那些人身上找到了人
的一些非常讨人喜欢的特征，但那些人也都有缺点。若能抛开这 45
些不谈，而能从在一些人身上见到的不同美德中挑选出一些最好
的，那么，这番集美德于一体的情景就会成为一幅非常美好的
图画。

霍拉修：把这幅画完成得十全十美，那将是个杰作。

克列奥门尼斯：我可不敢去做这个尝试。但我想，为它画一幅小小的速写并不算太难。它依然应当高于自然，并且是个可供效法的范本，比任何一个活人的榜样都好。我想画画看，一想到这个，我就浑身是劲儿。一位美德俱全的君子的肖像该多么迷人！一个出身高贵而富有的人，自然创造他时绝不吝啬，他懂得这个世

界,他一直养尊处优,他的形象该多么令人销魂!

霍拉修:我可以向你保证,我也这么看,不管你这话是开玩笑还是正经的。

克列奥门尼斯:他那些最大的缺点被掩盖得多么彻底!虽说金钱是他的偶像,虽说他心中觊觎着钱财,他内心的贪婪还是要被迫服从他外在的全不计较,他的行为无不闪耀着慷慨仁厚的光辉。

霍拉修:你错就错在这里。这也是你让我受不了的地方。

克列奥门尼斯:有什么不妥么?

46 霍拉修:我知道你在说什么,你给我画的,将会是一位君子的漫画像,而你却谎称你在给他画肖像。

克列奥门尼斯:你误解我了。我根本没这个意思。

霍拉修:可是,人的天性为什么就不可能是善良的呢?你不但不隐去人的缺点,反而给他添上了不少缺点,它们都毫无根据,毫无色彩。对外在表现无懈可击的事物,你根据什么断定败絮其中呢?你怎么知道那个人的缺点全被掩盖起来了呢?你既然承认那君子从未显露过爱财之心,并说他的行为无不闪耀着慷慨仁厚的光辉,为什么你还会设想他内心贪婪、以金钱为偶像呢?这实在是荒谬透顶。

克列奥门尼斯:我对任何人都没有做出过这样的假设。我要和你分辩几句:我所说的话除了作为评论,没有其他的意思;无论一个人如何清楚地意识到自己内心的弱点和天生的缺憾,他都具备获得常识及良好风度的能力,并且即使没有其他任何帮助,他也足以能让自己的弱点和缺憾不为人所知。不过,你这些问题提得很及时。既然你提到了这些问题,我就要对你开诚布公。首先我想对你讲讲我马上要做的那番描述的用意，讲讲那番描述的用途。
一句话，我要向你证明：最美丽的上层建筑也可能建立在腐朽恶劣 47
的基础上。你马上就会进一步了解我的意思了。

霍拉修：但是，你既然全然见不到，又怎么知道支撑大楼的基础即将腐朽呢？

克列奥门尼斯：别急。我向你保证：不经你本人认可，我绝不把任何事物说成是绝对的。

霍拉修：我不要求别的，但愿你严守这个承诺。好吧，请你把想说的告诉我。

克列奥门尼斯：骄傲与虚荣心真正关心的，乃是他人的观点。一个人最大的愿望，能占据整个人心的愿望，乃是自己被全体世人看作很好，乃是获得全体世人的喝彩和赞美，不仅在当前，而且直到后世永久。这种激情通常会破灭，但令人难以置信的是：尽管人们的环境和志趣各不相同，这种激情的力量却造就了，并且可能继续造就多少非凡而彼此迥异的奇迹！首先，依靠骄傲之情，一个人便不把任何巨大的危险放在眼里，便不惧怕任何形式的死亡。同样，有了自傲之心，一个人会追求危险和死亡，而倘若他的体格坚韧强健，他还敢于欣然承当危险与死亡。其次，世上没有西塞罗曾
提到的任何良好职能或义务，无论是对他人还是对我们自己，也没 48
有沙夫茨伯里爵爷提到的任何仁爱、人道或其他社会美德的先例；但是，具有常识和知识的人，其虚荣心若强大得足以压倒其他一切激情（那些激情妨碍和干扰着他的打算），那么，哪怕仅仅出于虚荣心，他们也能把常识和知识付诸实施。

霍拉修：你说，我会相信你说的这一切么？

克列奥门尼斯:会的。

霍拉修:什么时候?

克列奥门尼斯:在你我分手之前。

霍拉修:好极了。

克列奥门尼斯:具备一定才能的人,若生活环境优越,受过良好的教育,性格又并非与众不同,其行为举止就很少不是彬彬有礼的。这种人愈是自傲,愈是看重他人的尊重,便愈是会去钻研他人的尊重,以使自己为所有与之交谈者所悦纳。他们会不辞辛苦,千方百计地掩藏和扑灭心中常识告诉他们不应被别人见到或了解的一切。

霍拉修:我不得不打断你的话,因为我不能让你照此说下去了。你说这些,不就是重弹那个老调么?它说人人都有骄傲之心,我们所看到的无不是伪善。这些说法毫无根据。世界上再没有比你说的这些更荒谬的话了。因为按照你这些话,最高尚、最英勇、
49 处境最好的人便都是最骄傲的。这和我们的日常经验极为冲突,因为日常生活中的情况恰恰相反。暴发户、白手起家的无家世者,以及没受过什么教育、因发财而趾高气扬的最平凡之辈,一旦超出中等水平,从低贱的位置跃升到荣耀的位置上,其骄矜和傲慢便表现得再普遍不过了。相反,一般地说,地球上没有任何人比那些出身高贵者更有礼、更人道、更斯文了,他们都拥有大量的财产和祖先的著名房产。因世袭血统而显赫者,自幼就习惯了辉煌的场面和荣耀的头衔,受的是与其身份相应的教育。我不知道世上哪个民族,只要不是野蛮人,其年轻男女没有受到特别的教育,要他们力戒骄傲或自高自大。你是否知道哪个学校、老师或父母不是一

直谆谆教导其教育对象要懂礼貌和听话的？不仅如此，“有礼貌”(Mannerly)这个词本身不也恰恰包含着这个意思么？

克列奥门尼斯：求你了，咱们还是平心静气，用准确的语言说话吧。良好礼貌的准则给我们灌输了上千条训诫，要我们避免骄傲的种种外在表现，但是，没有一条规矩是反对骄傲这种激情本身的。

霍拉修：怎么会是这样？

克列奥门尼斯：的确没有，没有一条规矩是反对这种激情本身 50
的。绅士教育从来不提要克服骄傲，而是不断激励他们的荣誉感，要他们始终保持强烈的荣誉感，要他们在紧要关头内心务必重视自己的价值。

霍拉修：这一点很值得深思，并且值得花时间去仔细考察一下。可是，你要画的那位完美君子到底在哪儿呢？

克列奥门尼斯：我已经准备好了。我想从他的住处说起：虽说他在好几个国家都拥有漂亮的房产，我却只说说他那座主要的家族府邸，那上面镌刻着他家族的名号，是家族的光荣。这座府邸宏大壮观，令人赞美不已。他的花园十分宽广，里面有无数种令人心旷神怡的事物：它们被划分成许多区域，用于不同目的；虽然对自然的精心改进随处可见，但每个部分都井井有条，独具匠心；虽然所有的局部都被营造得堂皇悦目，但整体布局却能发挥最大的优势。室内的一切器物都能显示出主人的高贵与品位。一切花费都用在营造美和居处之便上，因此你见不到任何不恰当的挥霍浪费。
他的所有餐具和家具都极其考究，你只能见到那些最高级的器用。 51
室内的绘画全都出自最出色的画家之手，的确都是精品杰作。他根本不收藏没有价值的琐屑之物，也绝不会让你看到他家中有什么令人憎恶的摆设。他的几套收藏品无不既令人愉悦，又超凡脱俗，重在价值而不在大小。不过，他的古董和财宝并不仅仅局限在他的收藏柜里，室内上上下下地展示的大理石和雕刻本身就是个宝藏。在室内的许多地方，你都能看见大量令人叹为观止的镏金装饰和精美无比的雕工。大厅和走廊里的陈设想必更是价值不菲，其客厅和过道也毫不逊色。这些厅堂都十分宽敞而华美，全是品位最高的建筑师的杰作，其装修布置无不令人惊叹。整个府邸都呈现出融为一体的精雅，栩栩如生的装饰千姿百态，处处气度恢弘，又一尘不染，连最漫不经心、最不善观察的人也会对它们十分嘉许。同时，其中最平凡的器物的每个部分也都呈现出精确的做工，给人一种更实在的满足感，连最好奇的人也会为之陶醉。然
52 而，这个完美样板最大的优点却是：即使在最普通的房间里也没有一件无用的东西，连最短的过道都装修得十分美观。而在最辉煌的厅室里，同样丝毫没有铺张的陈设，没有任何充斥着烦冗装饰的部分。

霍拉修：这真是一幅苦心绘制的图画，糟糕的是我并不喜欢它。请说下去。

克列奥门尼斯：我承认，我原先也不喜欢它。他的马车和侍从数量众多，都经过了精挑细选。他的一切用品都以理性为向导，无不将技艺和支出的效用发挥得淋漓尽致。他本人总是显得心情愉快，其心胸也仿佛像他的表情一样开朗。在府里，他最乐于照顾别人，从不给别人添麻烦。他的全部快乐似乎就在于使朋友们感到愉快。即使在最兴高采烈的时候，他也从不对任何人失礼，从不用

简称去称呼人。即使对地位最低微的客人,他也从不用不讲礼节的亲昵态度去对待他们。对每一个和他说话的人,他都注意地倾听,除了对他款待客人的饮食的赞美之外,他不忽略任何谈话。除了对他的赞美之外,他从不打断任何谈话。对属于他的东西的所有赞美,他很少去随声附和,即使那些东西最当之无愧,也是如此。在国外,他从不打听那些失误和舛错;遇到不称心的事情,他或者
缄口不语,或者尽力把事情引向最好的结局,以消除旁人的抱怨和 53
不满。然而,他离开一个住处之前,却每每总要衷心地赞美那里的长处,他的谈吐虽然一贯活泼幽默,但又永远是既慎重又有趣的。即使是只包含一丁点污秽下流意味的话,他也从来不说。他更不开伤人的玩笑。

霍拉修:好极了!

克列奥门尼斯:他不盲从,不迷信,避免一切有关宗教的争论。但他经常去教堂,并且很少缺席家族的祈祷仪式。

霍拉修:该君子已然几近神明了!

克列奥门尼斯:我原知道你我会在一点上有分歧。

霍拉修:我不是在挑错。请说下去吧。

克列奥门尼斯:由于他本人非常博学,他就积极促进艺术和科学的发展。他亲近有功者,奖励勤勉者,又一贯坚决反对败德者和压迫者。他的饮食虽说比任何人的都要佳良丰美,酒窖也比任何人的都好,他却能节制饮食,从不过量饮酒。虽说他的口味非常考究,但他总是选择有益健康的食品,而不喜欢仅仅是好吃的东西;对一切可能损害健康的东西,他从不暴饮暴食。

霍拉修:这实在堪称嘉许! 54

克列奥门尼斯:像在其他所有事情上一样,他也非常讲究服饰,常添新装。在自己的衣着上,他视整洁重于华丽,但他的仆从却都有漂亮的服装。除了在十分重大的场合,并为了表示对他人的尊重以外,他本人很少佩戴金银饰品。为了表明这些豪华的习惯除此之外别无他用,他每次穿的衣服都不同。一套服装穿过一天以后,第二天他就不再穿了。他的衣物全是最上乘的,其装束也堪称奇特,但他却让别人去照管它们。世上再没有比他穿着更好而像他那样不在乎衣着的人。

霍拉修:一点儿不错,对有身份的人来说,衣着得体乃是必需,但过分热衷,却有失身份。

克列奥门尼斯:因此,他雇用了一位品位高雅、很有眼光的管家,此人使他免除了衣着上的麻烦。同样,他的饰带和亚麻内衣则由一位巧手的女人负责。他的语言温文尔雅,亲切自然,且易于理解,既不轻描淡写,又不夸夸其谈,既不卖弄学识,又不粗俗土气。他的举止无不彬彬有礼,毫不造作。他的风度稳重泰然,而不轻率
55 浮躁。他举止高贵,因为虽然他一向平易近人,谦和纡就,没有人比他更少妄自尊大,其举止中却依然流露出某种尊贵典雅的东西。他谦逊但不卑微,高贵却不傲慢。

霍拉修:这真令人叫绝!

克列奥门尼斯:他对穷人宽厚仁慈,他的房子从不对陌生人关门,他把邻人都看作朋友。他待佃户如慈父,认为他们的安康与自己的利益密不可分。对小小的冒犯,没有人比他更处之泰然;对无心的侵害,没有人比他更容易原宥。他能把被其他地主视为侵害的事情变为有益的事情。无论损失大小,他都记在自己的账上,无

论是由于他自己的疏忽还是其他原因,他都加倍补偿。他力求尽早知道这些损失,往往不等它们引起抱怨,便予以补救。

霍拉修:哦,珍贵的人类啊,提防上当!

克列奥门尼斯:他虽然从不责怪自己的仆从,却能得到他们最好的侍奉。虽然他的家用开支一应俱全,家庭成员也很是众多,但家中却秩序井然,这像其家族的富有一样闻名遐迩。他的吩咐必须严格照办,但其命令却一贯合情合理。哪怕是对最穷困低贱的
脚夫,他也从不颐指气使,不加体恤。仆人的格外勤勉以及一切值 56
得称道的行为,他全看在眼里,并时常予以当面夸奖;对他不喜欢的仆人,则留给管家去责备或是除名。

霍拉修:他很有头脑。

克列奥门尼斯:无论哪个仆人侍奉他,他都悉心照顾,无论是患病还是健康。他给下人的工钱是其他主人的两倍以上。对那些格外殷勤周到、尽力为他服务的仆人,他还时常馈赠礼物。不过,他却严令下人不得接受来访客人的哪怕一文赏钱,无论出于什么原因。仆人的许多错误,只要是初犯,他都会视而不见或予以原谅;但再犯同样错误的仆人,一经发现,便立即会丢掉饭碗。此外,他还奖励揭发错误的人。

霍拉修:我想,这是我听到的唯一会招人非议之举。

克列奥门尼斯:我倒不这么认为。请告诉我,你为什么这样看?

霍拉修:首先,这样一条命令很难强制人去服从;其次,即使它能被执行,也没有多大用处,除非大家都这样去做,而那是不可能的。因此我想;贯彻这个家规的尝试是绝无仅有、很不现实的。它

只会使悭吝之辈感到高兴,他们家中绝不会效法此例。但它却会
57 使慷慨者失去显示其慷慨仁厚品德的机会。何况,它显然还会使你的家向各色人等过分开放。

克列奥门尼斯:或许能找出防止这些弊病的办法。但对那些有才能、受过教育的人来说,执行这个家规却是件好事,因为这能使他们获益匪浅。这些人没有多少钱,而对其中的不少人来说,赏给下人的这点儿钱乃是个非常沉重的负担。

霍拉修:我承认,惟有你说的这一点才堪称重要。但我还是要请你原谅我打断了你的话。

克列奥门尼斯:他的一切商业来往都精确而公正。他的不动产很多,因此他雇用了几位能干的经理去照料它们。不过,尽管他的账目全都记得清楚整洁,他还是把亲自监督账目视为己任。他从不滥付任何商人送来的未经查实的账单,虽然不愿亲自干预现金的支出,付起账来却既及时而欣然,又精确而守信。唯一的例外是:他从不愿在新年那天欠账不还。

霍拉修:我很欣赏这一点。

克列奥门尼斯:他和蔼友善,周到体贴,平易近人,从不大吵大闹。总之,世上没有任何人能像他那样显得不因处境而沾沾自喜。
58 他虽然成就斐然,财产甚丰,但他的谦逊也和他的其他骄人之处一样多。他虽然地位显赫,超群出众,但从不显得以自己的伟大为乐,而仿佛对自己胜过他人的优点毫不在意。

霍拉修:这个人物实在值得赞叹,他使我格外愉快。但我还是想冒昧地告诉你:若事先不知道你的意图,不知道你的用意,我本来会对你这番描述更觉愉快万分。我想,你的意图其实很不厚道,

那就是：建起这座如此完美而优雅的大厦，却完全是为了推倒它。这是在煞费苦心地显露你恶作剧的本事。我已经注意到：你这番话里留着几处余地，其作用是使你得以借题发挥，得以削弱你为这座大厦建造的基础，它们就是：其心胸也仿佛像他的表情一样开朗、从不显得以自己的伟大为乐。我深知你使用“仿佛”、“显得”之类的字眼儿时，总是有其用意的。你把它们当作许多后门，以便溜出来。你若是没有事先让我知道你的意图，我本来绝不会注意到这些东西。

克列奥门尼斯：我的确利用了你提到的这些伏笔，但我这么做只是为了逃避正义的检查，为了不使你说我的话是错的，不使你怀着过多成见去作出判断，倘若事后证明这位君子是在遵照一种恶劣的准则行事的话。我承认，我打算让你相信他其实就是如此。59
不过，考虑到这会让你很不开心，我想仅仅在描述中为你提供一些小小的娱乐，我便满足了。至于其他，我并不计较，任你去误解好了。

霍拉修：何必如此呢？我想，你创造这个人物的本意就是为了开导我。

克列奥门尼斯：我可没有自诩要开导你。我本想只给你列举一些事实，请你自己去判断，但我错了，现在我已经把自己这个错误看得一清二楚。昨晚和今天你我开始讨论的时候，我都以为你是按照另外一种思路去思考问题，和我所见的有所不同。你提到过人们对你的一种印象，提到过审视自己，此外还有其他一些暗示，而我却太大意，竟然把它们误解成了对我有利的东西。不过，我也因此而发现：对我承认自己怀有的那种情绪，你仍然像以前一样激烈反对。因此,我会打消自己的这个误解。我并没指望从什么胜利中取乐,也不知道有什么会比想到得罪你更使我痛苦。求你,你我还是用对待另一个重大问题的那种办法去对待这个问题吧,那就是永远不再提它。有远见的朋友之间,本该回避他们已经知道存在着根本分歧的一切话题。请相信我,霍拉修,我有能力使你感到开心,有能力给你任何快乐,为此我绝不会有任何怨言。但
60 使你感到不自在,却绝不是我有意所为。对于昨天和今天我说了这么多的话,我请你加倍地原谅。你听说有关直布罗陀市的消息了么[①]?

霍拉修:看到我的缺点和你的谦恭,我深感惭愧。你并没有误解你提到的那些暗示,你所说的话当然给我留下了深刻的印象,我也曾极力地审视过自己。然而,正如你所说:诚实无欺地审视自己,这是项艰巨的工作。我衷心希望你说话时不抱任何目的,这样一来,你我便可以讨论这些事情了。得罪你的是我,我该为自己的失礼请你原谅。但你知道我一向坚持的那些准则是什么,我不可能一下子就放弃它们。我虽然知道这非常困难,但我却能时时瞥见真理,这使我开始改变观点。有时候,我也觉得自己心中在斗争,但我已经太习惯把一切真正美好的行为都看作出于值得称颂的动机,因此,一旦我按照原先的思维方式去看问题,它便会使我得出以前的那些结论。请原谅我的动摇不定吧。我十分喜欢你描述的这位完美君子,我承认:我不知道如此完美无缺、毫无自私之

① 从1727年2月到1728年3月,西班牙人一直围攻位于西班牙南端的英国直辖殖民地直布罗陀市(Gibraltar),未果。因此,曼德维尔的这篇对话很可能写于这段时间或稍后。—— 译者

心的完人，若不是依照美德与虔诚的准则行事，何以能在各个方面都表现得如此超群出众。世界上可有这样一位地主么？我若错
了，我很愿意你给我释惑解疑，指点迷津。请告诉我吧，请你畅所 61
欲言。我保证会耐心倾听。请你开诚布公，尽情表达你的思想吧。

克列奥门尼斯：以前你也曾要我畅所欲言，可一旦我这么做了，你却显得不高兴。不过，既然你又要我这么做，我就再试一次吧……世界上是否存在或有过我所描述的那个人，这并不十分重要。大多数人都会认为，一道如此洁净的水流，其源头却可能龌龊不堪，满是污泥；而设想出这样一条水流，这要比把它想象为对赞美的过分渴望、对最老练评判者的普遍喝彩的过度希冀更容易。尽管我很容易赞成这种看法，有一点还是确定无疑的，那就是：才能出众、家财丰厚的人可能将这些美德集于一身，其身体与常人无异，并受过良好的教育；世上还有许多人，其天性并不比众人更好，但依靠我提到的那些帮助，却有可能获得那些优秀品德并取得成就，条件是他们必须下定决心，使自己的全部欲望和才能都服从于那种最强烈的激情。那种激情若能得到持续不断的满足，便总是会主宰人的其他一切激情，必要时甚至会征服它们，概莫能外，即使在最困难的情况下，也是如此。

霍拉修：探讨你所说的这种情况是否可能存在，这大概会引起
长时间的争论。但我认为：这种可能性显然是微乎其微。即使真 62
有这样一个完人，那么，说他的行为出于他的优秀本性，因为其中包含着众多的美德和罕见的天赋，这个说法要比说他的一切美好品德都来自种种不道德的动机更可信。若说骄傲可能是这一切美好行为的起因，那么，其他人身上有时也能表现出骄傲的影响。按

照你的理论,世人骄傲的表现绝不罕见。全欧洲都有才能出众、家财丰厚的人,其中却找不到几个你为我们描绘的这种典范供人效法,这是为什么呢?为什么我们很难见到集众多美德和优秀品质于一身的人呢?

克列奥门尼斯:世上虽然有许多许多家财丰厚的富人,但其中鲜有行为如此完美者,这种情况存在着几个非常明显的原因。首先,人的气质各不相同,有人生性活跃,忙忙碌碌,有人生性懒散,温和好静;有人大胆无畏,有人则怯懦腼腆。其次,还应当考虑到:气质的养成多少是有意而为之的,因为一类气质会被教育所抑制,另一类则受到鼓励。最后,这两类气质分别建立在人们不同的幸福观上,根据这些观念,人们对荣耀的热爱便决定了人们的不同行
63 为方式。有些人认为主宰和统治他人是最大的幸福;有些人则把临危不惧视为最珍贵的品德;还有些人认为学识渊博、成为名作家是最大的幸福。因此,尽管人们都热爱荣耀,但获取荣耀的方式却各不相同。然而,一个人若是讨厌喧嚣忙碌,天生好静,喜欢悠然安逸,而教育也鼓励了他的这种气质,他便很有可能认为:具备良好的绅士风度乃是最值得向往的。我敢说,他若有了这样的想法,其行为便一定会十分接近我所描绘的那个人。我说“十分接近”,是因为我可能看错某些事情,并不是个万事通。有些人会说我没有提到几种不可或缺的品质。但我相信:一般地说,在我们生活的这个国家和这个时代,我列举的那些品质一定能使人获得我认为他所渴望的声誉。

霍拉修:毫无疑问。对你最后说的那句话,我根本不会怀疑。我以前也告诉过你:你描绘的那个完人堪称嘉许,使我格外愉快。

我之所以注意到你极力把这位君子描述得如此近乎神明，是因为这种人太罕见了。不过，我并没有把它看作现实的反映。我在一个问题上曾与你看法不同，但那只是由于你我的思路不同而已。我考虑了你的回答，因此不知道自己是否想错了，因为这样的人若 64
真的并不罕见，我便肯定会相信自己错了。我会特别敬重这样一位天才，并且随时准备承认他能力过人。不过，骄傲普遍存在，但其影响却并不更为普遍，我认为，你用来解释这种现象的理由还不够充分。说人们因天性不同而被鼓励去追求不同的目标，我完全赞成这一点。但是，世上也有大量的富人，其天性同样是喜欢安静和悠闲，并且非常渴望被看作谦谦君子。基督教国家里有那么多人出身高贵，财产丰厚，受过最好的教育，他们学习、旅行、历尽辛苦，以使自己达及完美，但若不加奉承，你却只能说：其中没有任何人具备所有的优秀品德和你列举的全部美德。何以会如此呢？

克列奥门尼斯：成千上万的人都向着这个目标努力，其中不止一个达到了那个高度，这非常可能。在一些人身上，主宰的激情可能不够强烈，不足以彻底抑制其他的激情：爱欲和贪婪可能使其他激情产生变化，例如酗酒和赌博就能拉走不少人，战胜他们的决心。这些人或可能不具备坚持不懈地实现自己意图的力量，无法 65
始终如一地追求同一个目标，或可能对有识者推崇的东西缺乏真正的趣味与了解，或可能其天赋并不足以使他们在所有紧要关头都能把自己掩饰起来。这是因为：空谈作伪很容易，但实际作伪却难上加难。任何一个这样的障碍都足以毁掉一切，使这幅假像无法画成。

霍拉修：我不想和你争论这个问题。不过，到现在为止，你既没有证明任何问题,也没有提出一丁点理由,说明你为什么认为一个有品行的人,其外在表现如此灿烂美好,而其行为却出于卑劣的动机。不说出你为什么怀疑他,你就不能去谴责他。

克列奥门尼斯:那当然;同样,我不会说出任何心怀恶意或有失宽宏的话。因为我并没有说过:我若发现了一位具备我提到的一切好品质的君子,便会像你那样认为他得天独厚,并认为他的完美无缺全都来自对荣誉的格外热爱,别无其他。我想证明并始终坚持的是:一个人表现出的这些行为,有可能全都来自我所列举的那些原因,此外没有其他考虑,没有其他的帮助。不仅如此,我还相信:一位如此完美的君子,尽管知识丰富,才能超群,但仍然可能
66 觉察不到自己行为的动机,至少是对此没有十分把握。

霍拉修:这是你所说的最无法让我理解的话。为什么你设置了一个又一个难题,却一个也不解决?请你先澄清一下你最后那个自相矛盾的说法,然后再往下说吧。

克列奥门尼斯:要满足你这个要求,我就不得不让你先回想一下我们的早期教育,即幼儿所接受的最初教育、服从别人吩咐的行为选择,以及对他们好恶的规定。简单地说,就是要听话,别无其他。要达到这个目的,便不能没有赏罚,还必须利用其他许多不同方式。不过,有一点是确定无疑的:事实证明,要实现这个目的,更常使用并行之有效、能对儿童产生更大影响的东西,莫过于用羞耻心做成的把柄。羞耻心虽然是一种自然的激情,但我们若不在儿童能说话或行走之前就刻意地唤起他们的羞耻心,他们便不会如此迅速地感觉到它。儿童的判断力很弱,唤醒了他们的羞耻心,我们便有可能教会他们对我们感到愉快的事情感到羞耻,只要我们

发现他们多少有了几分羞耻心即可。然而，只要存在哪怕一丁点骄傲，对羞耻的畏惧便不值一提了，因此，羞耻心增长，骄傲之心必会相应增长。

霍拉修：我本该想到，骄傲之心的增长会使儿童变得更任性，67
更不听话。

克列奥门尼斯：你的判断不错，的确会如此，这必定会成为养成良好礼貌的巨大障碍，直到经验告诉人们：骄傲之心是无法用强力克服的，人们可以利用计谋来控制它；控制骄傲的最佳办法就是让这种激情自己制服自己。因此，精明的教育便允许我们在巧妙掩饰骄傲的同时，又随意保持尽可能多的骄傲。我们对这种自我掩饰感到自豪，尽管如此，我还是认为：做这种自我掩饰时，我们不可能感觉不到明显的困难，并且，它最初会使我们感到很不自在；但随着我们的成长，这种不自在会逐渐减少。当一个人的行为已经变得和我所描述的一样谨慎，长期遵照最严格的良好教养准则生活，因而获得了所有相识者的尊重，当高尚与文明已经成了他的习惯（这是有可能的）时，他便会忘掉自己那些行为准则，而不会想到那个隐藏的源头，它赋予他的所有行为以生命和动力。至少他不会觉察到那个源头。

霍拉修：经你一说，我愿意承认骄傲之心非常有用，倘若你愿意这么说的话。但我还不满足，我想知道：一个人既然具备了如此
的理智、知识和洞察力，对自己的了解又如此透彻，为什么看不到 68
自己的心灵，觉察不到自己的行为动机？除了他可能健忘之外，究竟是什么理由使你相信这一点呢？

克列奥门尼斯：我有两个理由，我打算严肃地加以考虑。第一

个理由是,在和我们有关的问题上,尤其是在有关我们自己的价值和长处的问题上,骄傲之心既能蒙蔽其他人,也能蒙蔽那些有理智、有才能的人;我们对自己的合理评价愈高,我们就愈容易囫囵吞下对我们最大的阿谀奉承,尽管我们在其他事情上都很有知识,很有能力。亚历山大大帝就是如此。尽管他具有巨大的天才,他还是真心地怀疑自己究竟是不是神。我的第二个理由将使我们相信:这里说的这个人若能检视自己(而他极不可能这样去做),因为我们必须确认一点:要审视我们自己,我们就必须愿意并且有能力这样去做。而我们有世上的全部理由认为:一个如此完美、又非常骄傲的人最加意避免的事情,莫过于做这样的自我审视。其原因是:他的其他自我克制的行为,都能从他所珍视的那种激情里得到补偿,惟独自我审视才能真正使他苦恼,惟独这种行为才会毁掉他
69 的平静,他无法弥补这种损失。倘若最优秀、最诚挚的人都是腐败和欺诈的,他们的处境必定不堪设想,只因他们要在连续不断的伪善中度过一生!所以说,自我审视、大胆探究自己的内心,这是一个人能想到的最使他心惊胆寒的任务,因为他最大的快乐乃是在心中暗自赞美自己。进行自我审视,这实在有失风度,但这项任务的艰巨性……

霍拉修:别再说了,我同意你的说法,尽管我承认:我不知道你从中会获得什么益处,因为这非但不能消除你正要论证的巨大难题,反而会使它难上加难。那难题就是:你所描述的这位完人,其行为何以会出于卑劣的动机?倘若这不是你的本意,我便看不出你究竟想说什么了。

克列奥门尼斯:我已经告诉过你:那正是我的本意。

霍拉修:你探究深奥事物的非凡睿智,肯定在其他人之上。

克列奥门尼斯:我知道,你想弄清我是根据什么冒称自己具有这种最深刻的洞察力、自称我比一个足智多谋的精明人本人更了解他自己;你还想知道我为什么敢于自称能深入并探究人心,而我又已经承认那颗心被彻底隐藏了起来,不为世人所知。严格地说,我不可能具备这般手段,因此惟有纨绔子弟才会自吹有此本事。

霍拉修:你如何看待自己,悉听尊便,我可没有说过这些话。70
不过我承认;我渴望看到你能证明这一点,证明你具备这种能力。对你描述的那个完人,我依然记得一清二楚,尽管如此,你还是事先在他身上埋下了许多伏笔。我曾对你过:只要事物的外在表现无懈可击,你就没有任何正当理由去怀疑它们。我还是坚持这个看法。你描述的完人是个整体,你不应当改变他身上的任何东西,无论是给你赋予他的优秀品质打折扣,还是给他增添一些其他的品质,它们或者与你已经赋予他的品质互相冲突,或者与之不相适应。

克列奥门尼斯:这两种事情我都不想做,我也没有做那种决定性的考验。通过那种考验,一个人的行为究竟是出于内心良善和宗教原则,还是仅仅出于一种爱慕虚荣的动机,自会一清二楚。倘若是后者,那便有一种百试不爽的方法,能把这个潜藏的恶魔从他最幽暗的洞穴里揪到光天化日底下,在那个地方,全体世人都会认识他。

霍拉修:我想,我在辩论方面不是你的对手,但我很愿意做你那位君子的辩护人,与你那屡战屡胜的辩术较量一番。我一生中还从来没有像这样喜欢一项事业。来吧,我就做他的辩护人,来反驳你能提出的所有假定,只要这些假定是合理的,并与你以前说的话一致。

克列奥门尼斯:太好了。我们先设想一下这个最文雅、最谨
71 慎、最有教养的人可能遇到的情况。设想这位完美君子当众与另一个人争论,此人的出身和品质和他相同,只是不像他那么能控制自己的外在表现,也不那么注意约束自己的行为。倘若在争论中,那对手心怀恶意(*mal a propos*),言辞越来越激烈,似乎不再顾及对那君子应有的尊重,开始一语双关地诽谤那君子的名誉。你说,那君子这时该怎么做呢?

霍拉修:马上要求对方对自己的话做出解释。

克列奥门尼斯:对这个要求,那个情绪激动的对手冷笑着表示不屑一顾,或者干脆拒绝做出解释。那君子势必会要求对方决斗,两人的争吵更在所难免。

霍拉修:你太草率了,因为这场争论碰巧是当众进行的,在这种情况下,在场的朋友或者任何一位绅士都会进行干预。他们会密切关注争论的进展,威胁性言辞一出现,便会被有礼貌地加以制止。不等发生语言上的冲突,两人就会得到友善的劝解;可能的话,他们还会被众人分开。然后,人们可能会用最动听的辞藻去赞美荣誉,以促成双方和解。

克列奥门尼斯:我不需要如何避免争吵的指导。你说的这些,人们或者会去做,或者不会去做。朋友的好心干预或许能成功,或许不能。我的意图是在最大可能性的范围内提出种种假设,因此,
72 那些假设都是合理的,并且与我描述的那位君子的性格相符。这两人所处的情境,使你亲自建议那位君子向对手提出决斗,难道我

们不可以这样假定么？

霍拉修：不用说，有可能出现这种情。

克列奥门尼斯：这就足够了。因此，势必发生一场决斗。在决斗中，即使提其他必定发生的情况，我们也可以说：那位完美的君子肯定会表现出最大的英勇无畏。

霍拉修：倘若我们期望或设想他不会如此，那就太不合情理了。

克列奥门尼斯：因此，你便看到了我是多么公平。不过，请你告诉我：一个温文尔雅、脾气和善的君子，为了这么一丁点冒犯，何以会如此突然地决定用一种最剧烈的暴力行为来寻求补偿呢？而最重要的是：使他奋起、支持他去战胜对死亡的恐惧的，到底又是什么呢？你知道，战胜对死的恐惧，乃是最困难的事情。

霍拉修：那就是他天生的勇气和大胆，它们以他的纯洁生命和正直做派为基础。

克列奥门尼斯：但是，一个如此正义而且谨慎的人，心怀为社会造福的诸多愿望，为什么又会明知故犯、违抗自己国家的法律呢？

霍拉修：他严格遵从的是荣誉所规定的律条，那些律条高于其他一切法律。

克列奥门尼斯：看重荣誉的人若想言行一致，便全都应当是罗马天主教徒。

霍拉修：请告诉我这是为什么？ 73

克列奥门尼斯：因为他们认为：口头传说比用文字记载的一切法律都更重要。因为没有任何人能告诉我们：有关荣誉的律条是什么时候、在哪位国王或皇帝在位时期、在哪个国家、由哪个权威机构最先颁布的。那些律条居然有这么强大的力量,这实在是非常奇怪。

霍拉修:它们书写或铭刻在每一个看重荣誉者的心上。这是毫无疑问的。你自己就能够意识到它们。每个人心中都能感觉到它们。

克列奥门尼斯:让它们书写或者铭刻在什么地方,随你的便好了。但它们都与上帝制定的法律截然对立,互不相容。我描述的那位君子的信仰若像他表面看上去一样真诚,他的观点必定会与你的相反;因为各个教派的基督徒都会一致赞成一点:上帝的法律远远高于其他一切法律;其他一切考虑都应当服从上帝的法律。一个有理性的基督徒,究竟会用什么借口,才能服从或赞同那些允许报复、鼓励杀人的律条呢?他信奉的宗教法规早已明确规定:禁止报复和杀人。

霍拉修:我可不是诡辩家。但你知道,我说的是真话。在看重荣誉者当中,一个人若有这样的顾虑便会受到嘲笑。尽管如此,我
74 还是认为:在可以避免时却杀死一个人,这是重罪;一切谨慎的人都应当尽力防止这种情况发生。最该谴责的是先冒犯和公开侮辱别人者。出于轻率而率先犯人者,或出于放肆而故意寻衅者,全都应当被吊死。除了蠢人,谁都不会那样去做。尽管如此,倘若侮辱被强加在你头上,那么,世上的一切道理也都无法教你如何置之不理。你知道,我就遇到过这种情况。我永远不会忘记,当时我向对方提出决斗时心中是多么不情愿。可是,必定要发生的事情是不承认任何法律的。

克列奥门尼斯：就在那天上午，我看见过你。你显得很平静，丝毫没显出气恼的样子。你本来可以不顾及什么。

霍拉修：那个时候显示气恼，这非常愚蠢。不过，我最清楚自己当时的感受。我心里的激烈斗争简直难以言喻。那太可怕了，当时，我宁肯放弃自己的一大部分财产，也不想让强加在我头上的那件事情发生。不过，倘若次日我又遇到不那么严重的挑衅，我仍然会做出同样的事情。

克列奥门尼斯：你可记得当时你考虑最多的是什么？

霍拉修：这还用问？我考虑的，是我一生中发生的最重要的事情。我当时绝不是个孩子。那时，我们刚从意大利回来，我当时已经二十九岁了，结交了不少好友，他们待我也不算不好。一个那样年龄的人，身体健康，精力充沛，有七千英镑年金，将来还会成为英国贵族，没有任何理由去和世上什么人吵嘴，也没有任何理由希望自己离开这个世界。对男人来说，提出决斗是巨大的冒险，何况，倘若不幸杀死了对手，你还会终生懊悔不安。你不可能在思索这些事情的同时(尽管还有其他更重要的考虑)，又毫无顾虑地决定去冒决斗之险。

克列奥门尼斯：你对那桩罪恶只字未提。

霍拉修：毫无疑问，对那桩罪恶，我当然想的很多；不过，其他的事情本身也非常重要，因此，一个处在那种时刻的人若不慎重思索，便会进退两难。

克列奥门尼斯：你现在有个极好的机会，霍拉修，可以让你审视自己的内心，并且通过我的一点儿帮助，去检查你自己。倘若你肯纡尊如此，我保证你一定会有重大的发现，并且会相信那些你现

在不愿承认相信的真理。你热爱正义,心地诚实,你这样的人不应当总抱着那种思路不放,因为它总是强迫你闪烁其辞,使你不敢面
76 对光明或理性。你愿意我向你提几个问题、并且平心静气、直言不讳地做出回答么?

霍拉修:愿意,我毫无保留地愿意。

克列奥门尼斯:你还记得热那亚[1]沿海一带的那场风暴么?

霍拉修:就是那场吹向那不勒斯[2]的风暴么? 我记得很清楚。我一想到它就浑身发冷。

克列奥门尼斯:你当时害怕么?

霍拉修:一生中从未那样怕过。我讨厌变幻无常的天气,我也受不了大海。

克列奥门尼斯:你当时害怕什么呢?

霍拉修:这还用问么? 难道你想不到:当时我二十六岁,在那场风暴来临的时候,我最怕的就是被淹死? 当时,船长自己都说我们很危险。

克列奥门尼斯:可是,无论是那船长还是其他的水手,在你那个年龄上都没有当时你一半的恐惧和焦虑。

霍拉修:正像你说的那样。当时,船上的水手们没有一个像我那样惊慌失措,何况他们早就习惯了大海,风暴对他们来说是家常便饭。而那以前我从未到过海上,偏偏那个倒霉的下午我们从多

① 热那亚(Genoa),意大利西北部港市。—— 译者

② 那不勒斯(Naples),意大利西南部港市。—— 译者

佛尔[1]坐船去加莱[2]。

克列奥门尼斯：缺乏知识和经验，这会使人在毫无危险的地方想象出危险。然而，那些真正的危险，当人们已经知道了它们的危害时，却是对所有人的天然勇气的考验，无论人们是否习惯了它们。水手也像其他人一样不愿意送命。

霍拉修：我承认自己在海上是个大懦夫，对此我并不感到羞 77
耻。若是在 Terra Firma[3] 上，我就会……

克列奥门尼斯：你参加那场决斗的六七个月之后，我记得你患了天花。当时你很害怕自己死掉。

霍拉修：那并非毫无道理。

克列奥门尼斯：我听你的医生说，当时，你对死的恐惧使你坐卧不安，夜不能寐，高热增加。它对你的祸害毫不亚于那热病本身。

霍拉修：那段时间实在是万分可怕。我很高兴它终于过去了。我的一个姐妹就死于天花。我没染上它的时候，总在害怕它。有好几次，我只要一听到它的名字就浑身不自在。

克列奥门尼斯：天生的勇气就是一副对抗死之恐惧的铠甲，无论那勇气表现为何种形式，*Si fractus illabatur orbis*[4]，都是如此。它会在风暴肆虐的海洋上支持你，也会在烫人的高热中支持你。

---

① 多佛尔(Dover)，英国东南部港市。—— 译者

② 加莱(Calais)，法国北部港市。—— 译者

③ Terra Firma，(拉丁语)陆地。—— 译者

④ *Si fractus illabatur orbis*，(拉丁语)无论在这个坚固的世界上它是何等微弱。语出古罗马诗人贺拉斯(Horace，公元前 65—前 8)《歌集》(*Carmina*)卷三第三首。—— 译者

它会使你保持冷静,无论是在攻取城池的时候,还是在与对手的决斗中。

霍拉修:怎么!你想让我相信自己没有勇气么?

克列奥门尼斯:绝非如此。怀疑一个男人的勇敢是毫无道理的,而你已经不止一次、非常出色地显示过你的勇敢了。我想知道
78 的是你的勇敢是否属于天生的那种。你知道,天生的勇敢与人为的勇敢,两者有极大的差别。

霍拉修:我可不想钻进你设下的这个圈套。不过我并不赞成你的观点,你以前说过:人们并不要求一位君子显示自己的勇敢,除非事关他的荣誉。倘若他敢于为了他的国王、朋友、情人以及与他名声有关的一切去战斗,那么,他的其他行为就随你去想好了。另外,在患病和遇到其他危险时,在困苦中,你都能够清晰地看见上帝的援助之手,因此勇敢与无畏都是不虔诚、不恰当的。惩戒他人时的无所畏惧乃是一种反叛行为:这是在与上天作战,而惟有无神论者和自由思想家才会犯这样的罪。惟有那些人,才会因为不肯悔改而扬名,才会谈到死亡而不忏悔。其他一切人,只要稍微具备宗教的意识,在离开这个世界之前,都会渴望做最后的忏悔,我们当中最好的人也不能像我们希望的那样永生不死。

克列奥门尼斯:听到你的信仰如此虔诚,我非常高兴。不过,你难道还没有看出你的话前后不一么?一个诚心要忏悔的人,却情愿把自己投入一桩重罪中,其行为对他性命的威胁比几乎其他一切行为都更大、更直接,而谁都没有强迫他做出那种行为;他也并非必须那么做。这怎么可能呢?

79 霍拉修:我已经一次又一次地向你承认过决斗是一桩罪了。

我还相信，除非一个人出于不得已而参与决斗，否则，决斗便更是一桩重罪。但我的情形并非如此。所以，我希望上帝会宽恕我。让人们把决斗当作娱乐好了。然而，倘若一个人做出某个行为是极不情愿的，那么，他所做的便是无法避免的。我认为，我们可以公正地说：他是不得已而为之，是出于必须。你可以指责有关荣誉的严苛律条，指责强大的习俗力量，但你若要在这个世界上生存，就必须服从它们。难道你自己不想这么做么？

克列奥门尼斯：别问我想做什么。问题在于每个人应当怎么做。一个人信奉《圣经》，同时却又信奉一个暴君，它比魔鬼还要狡诈，还要恶毒，还要残忍，还要没有人性；或者相信一个比地狱还要坏的祸首；或者相信那些痛苦，它们或者比那些无法言状、却永不止息的酷刑还要剧烈而持久。这可能么？你没有回答这个问题。请想一想其罪何在，然后告诉我你信奉的到底是什么阴暗的东西。你若不在乎那些律条，藐视那个暴君，又有什么大灾难会降临到你头上？请让我知道那些最值得我害怕的东西吧。

霍拉修：你想被别人看作懦夫么？

克列奥门尼斯：为了什么？就因为我不敢违背那些讲人道的、无比神圣的法律么？

霍拉修：严格地说，你的说法是正确的，那个问题确实无法回 80
答，可是，谁会那样看问题呢？

克列奥门尼斯：所有好基督徒都会如此。

霍拉修：那么，他们到底在哪里呢？你知道，全人类都会蔑视和嘲笑提出那些顾虑的人。我听说过、也见到过那些神职人员自己当众表示对懦夫的轻蔑，无论他们布道时谈到什么，赞美什么。

彻底离弃这个世界，同时断绝与世上一切有价值者之间的交谈，做出这个决定是一件万分可怕的事情。你想变成人们街谈巷议的对象么？你愿意屈尊成为小酒馆、公共马车和菜市场的众人嘲笑讥讽的对象么？难道一个人就注定应当面对挑衅而拒绝战斗，或毫无怨恚地默默忍受么？克列奥门尼斯，请你千万要公正：难道应当避免回击挑衅么？难道一个人非要成为众人的笑料、被人在街上指指点点、甚至成为孩子们取笑的对象、成为杂役和出租马车夫们取笑的对象不可么？想到这些，你还能平心静气么？

克列奥门尼斯：你现在认真考虑的这些东西，大概都是俗众的看法，而在其他情况下你是很瞧不起他们的。你到底是怎么了？

霍拉修：这些话都是推理论证。你也知道你的说法经不起论证。你说话怎么会如此伤人呢？

81 克列奥门尼斯：在揭露和承认那种激情的时候，你为什么如此怯懦呢？那种激情分明是所有这一切的起因，是我们一想到自己被蔑视就感到不自在的原因，它实实在在，绝无仅有。

霍拉修：我可丝毫没有这样的感觉。我可以告诉你：我说番话时，心中感觉到的只有理性和荣誉准则，别无其他。

克列奥门尼斯：你是否认为：最低贱的群氓以及人类的渣滓也会按照荣誉准则行事？

霍拉修：不，当然不是。

克列奥门尼斯：你是否认为：出身最高贵的婴儿在两岁以前就受到了荣誉准则的影响？

霍拉修：那太荒唐了。

克列奥门尼斯：倘若这两种人都不会受到荣誉准则的影响，那么,荣誉观念便或者是非继承性的,是从文化中获得的;或者,即使那些出身高贵者的血液中包含着荣誉观念,那也要直到他们具备辨别力的时候才能被觉察到。这两种荣誉观念都不能被看作我所说的那种荣誉准则,即那种明显的原因。这是因为,我们看得十分清楚:一方面,连最穷困潦倒的倒霉鬼也不会容忍讥讽和嘲笑,世上没有一个乞丐会卑贱到从不对轻蔑动怒;另一方面,人类很早便受到羞耻观念的影响,儿童若遭到嘲笑或者戏弄,即使他们还不会
说话,他们也会哭闹喊叫。所以说,无论这条重大的准则是什么, 82
它都是与生俱来的,属于我们的天性。难道你不知道那个准则恰切的、纯正的、尽人皆知的名字么?

霍拉修:我知道你把它叫做“骄傲”。我不想和你辩论万物起源和种种原理,但是,看重荣誉者对自身的高度重视(它正是来自我们天性的尊严),当得到良好的培养以后,就成了他们个性的基础,能支撑他们去经受一切艰难困苦,因此对社会大有用途。同样,人人都渴望获得他人的好评,渴望得到赞扬,甚至渴望获得荣誉,这种渴望也有利于公众。这个观点的正确性,也能从其反面被揭示出来。没有羞耻心的人无不是寡廉鲜耻,根本不在乎别人对他们的说法和看法。我们看到,谁都不会信任这些人。他们没有原则,只要能够避免死亡、痛苦和刑罚,便随时都能作奸犯科,无所不为。他们的私自之心和任何一种禽兽般的欲望,都会激励他们去如此行事,毫不顾忌他人的评价。这种人是名副其实的“没有行为准则者”,因为他们心中没有任何力量能激励他们做出勇敢的、符合美德的行为,没有任何力量能约束他们,使他们不去做邪恶卑鄙的事情。

83 克列奥门尼斯:只要那种高度重视、那些渴望被保持在理性的范围内,你这番话的前半部分便非常正确。不过,你这番话的后半部分却错了。那些人,我们称之为"没有羞耻心的人",他们的骄傲并不少于那些比他们好的人。请想想我议论教育及其力量的那番话吧。你还可以加上天然性向、知识和环境;因为在这些方面,人人都各不相同,所以他们会受到各种不同激情的影响和熏陶。人能学会对世上任何一种事物感到羞耻。同是骄傲,既能使有教养者和谨慎官员为自己展示出来的荣誉和福分暗自赞美自己,也能使浪子和恶棍去吹嘘自己的恶行,炫耀自己的无耻行径。

霍拉修:我弄不懂,看重荣誉的人与毫不在乎荣誉的人,这两种人为什么会按照同一个准则去行事。

克列奥门尼斯:这毫不奇怪,正如自恋(Self-love)也能使人自毁一样,都是再真切不过的事实。同样,一些人做出无耻行为,恰恰是在放纵自己的骄傲,这也是毫无疑问的。要了解人的本性,就必须研究和实际分析人心,必须具备洞察力和睿智。一般地说,一
84 切动物被赋予的激情和本能,全都服务于某种明智的目的,往往趋向于其自身或其物种的生存繁衍和幸福。我们的任务,就是防止那些激情和本能危害社会,防止它们损害社会的任何部分。但是,我们为什么要对具备这些激情和本能感到羞愧呢?每个人都高度评价自己,这种本能乃是一种非常有用的激情。不过,尽管它是一种激情,尽管我可以证明:没有它,我们人类将是一种不幸而粗鄙的生灵,但倘若它太过分,还是常常能成为无数灾祸的起因。

霍拉修:不过,在有教养的人身上,这种激情从不过分。

克列奥门尼斯:你的意思是说,在那些人身上,过分的骄傲从

不公开表现出来。然而，我们绝不可根据我们所见到的那种激情本身去判断其程度和力量，而要根据它所产生的影响去判断。它被掩藏得最多的地方，往往就是它最强烈的地方，而若要使骄傲增长，对它产生影响，天下没有任何事情能超过所谓“精良的教育”，以及与 *Beau monde*[①] 之间的不断交往了。惟一能够克服或多少遏制骄傲的办法，乃是恪守基督徒的信仰。

霍拉修：你如此坚定地认为这条原则、人对自己的这种评价是一种激情，这是为什么呢？你为什么把它叫做“骄傲”，而不称为“荣誉”呢？

克列奥门尼斯：我有非常充分的理由这样做。首先，说人类本性中存在着这个原则，这就排除了所有的歧义。谁是看重荣誉者？谁又不是？这个问题往往引起争论。在可以被称为“看重荣誉者”的人当中，每个人遵守荣誉规则的严格程度又各有不同，这就使荣誉原则本身产生了极大的差异。但一种与生俱来的激情却是不可改变的，它是我们精神的一个组成部分，无论它是否张扬自己，都是如此。问题的本质依然是：我们教人们把它引向何处。荣誉无疑是骄傲的子孙，但同一个原因并不总是会导致同样的结果。粗俗之辈、儿童、野蛮人以及其他许多毫不具备荣誉感的人，无不怀有骄傲之心，这一点表现得十分明显。其次，说人类本性中存在着这个原则，还可以帮助我们解释出现在争吵和对抗中的一些现象，解释在这些场合下那些看重荣誉者的行为，因为不可能用任何其他方式去解释它们。不过，我那种说法的最主要原因却是：一旦人

① *Beau monde*，(法语)上流社会。—— 译者

们渴望满足自我尊重,一旦人们被鼓励自我尊重,这条自我尊重的原则便具有异常惊人的力量,便能发挥非同寻常的作用。你还记得当年你参与决斗时的那些考虑么?还记得你是如何不情愿地参与决斗的么?你本来知道决斗是罪恶,也对它极为反感。既然如此,究竟又是什么隐秘的力量征服了你的意志,战胜了你对决斗的那种极端的不以为然呢?你把它叫做“荣誉”,说你参与决斗是出
86 于无法避免的过分恪守荣誉准则。但是,人们除了与种种激情斗争之外,从不会对自己施加如此的暴力,那些激情是固有的,是与生俱来的。荣誉观念则是后天获得的,荣誉规则也是后天习得的。在我们心中,没有任何外来的东西(有些人具备它们,而有些人不具备)能掀起如此激烈的战争和极度的骚动。因此,无论其原因是什么,能使我们如此激烈地与自己斗争、并已经把人类本性一分为二的东西,必定是人类精神的一个组成部分。直言不讳地说,当时你胸中的斗争,就是对羞耻的恐惧与对死亡的恐惧之间的斗争。倘若你当时对死的恐惧不那么强烈,你的内心斗争就不会那么剧烈。不过,即使如此,你对羞耻的恐惧依然主宰着你,因为它最为强烈。但是,你对羞耻的恐惧若不及对死的恐惧,你便会做出另外一种推论,并且找出某种方式去避免决斗了。

霍拉修:这实在是对人性的一种奇怪的剖析。

克列奥门尼斯:不错。由于人们没有使用这种剖析方法,不少人都不能正确地理解我们正在讨论的这个题目,而人们关于决斗行为的讨论也往往自相矛盾,前后不一。有位牧师写过一篇抨击决斗之风的对话,其中说道:参与决斗者误解了荣誉的概念,是依照错误的荣誉准则行事。对此,吾友正确地嘲讽道:你认为提出决

斗和接受挑战违反了真正的荣誉原则，这等于说，你否认自己看到 87
人人都在穿的衣服就是时尚[①]。此人若了解人的本性，便不会犯下这个大错了。不过，他一旦确信荣誉是一条正义而完善的原则，又不去探究它来自哪种激情，他便无法说明一个基督徒为什么自称依照这个原则去参与决斗。因此，在另外一处，基于同样的正义感，他又说：接受决斗挑战者没有立遗嘱的资格，因为他并不是处于 *compos Mentis*[②] 的状态[③]。他若说接受决斗挑战的人中了邪，他的话可能会显得更有道理。

霍拉修：为什么这么说呢？

克列奥门尼斯：因为失去理智的人会胡思乱想，其行为和语言也支离破碎，这十分常见。但是，一个清醒的人，一个丝毫没有表现出精神不稳的人，其言行便无不出于理性，与平日毫无二致；何况，即使依靠最巧妙、最苛刻的推论，我们也不可能把他说成一个傻子或疯子。但是，这样一个人面对一桩最为重大的事件时，其行为却恰恰与其自身利益截然对立(这连小孩也看得出来)，他有意自寻毁灭。看到这些，相信他被邪恶精灵的力量驱使者便会以为
他一定是中了邪，一定是受制于人类之敌，而不会想到他言行的明 88
显荒谬。然而，没有那种奇特剖析的帮助而单凭这样的假设，也不足以解决那个难题。这是因为：无论其行为中了哪种符咒和魔法，

① 见英国戏剧评论家、神学家杰列米·柯利尔(Jeremy Collier，1650—1726)著《道德散论》(*Essays upon Several Moral Subjects*)1703 年版。—— 译者

② *compos Mentis*，(拉丁语)精神稳定。—— 译者

③ 柯利尔在《论决斗》中说："你不具备立遗嘱的资格，因为无论出于什么目的，立遗嘱者均须心智与记忆健全，而你并非如此，你正打算做的这件事(决斗)便足以说明你的精神不稳定。"(《道德散论》，1703 版第 114 页)—— 译者

一个有理性、有头脑的人，居然会把一种子虚乌有的义务误当作不可推卸、必须履行的责任，即使为此放弃一切真正的责任，也在所不辞，究竟是什么符咒或巫术的迷惑了他呢？然而，我们且抛掉一切宗教信仰及人类法律的束缚，并假定我们所说的那个人是坚定的伊壁鸠鲁[1]主义者，根本不考虑来世，这样一个人与世无争，祥和安静，既不习惯与困难周旋，天生又并不勇敢，但他却放弃了自己珍爱的自在与平安，并似乎情愿不顾性命，去投身冷血的决斗，还悠然地想到：惟有彻底击败对手，自己的生命才能得到最可靠的保障。迫使他这样做的，究竟是哪种强大的邪恶力量呢？

霍拉修：有地位的人几乎不必害怕有关的法律和惩罚。

克列奥门尼斯：法国的情形并非如此，七省联盟也并非如此[2]。不过，在看重荣誉者当中，属于最高等级者也和属于低得多的等级者一样热衷决斗。即使在英国，我们也能看到许多大胆者因参与决斗或被流放，或被绞死的实例。看重荣誉者必定是无所
89 畏惧的，你一定要想想这条自我尊重的原则分别克服的一个个障碍，然后告诉我：这条原则是否必定不仅是魔法，只要被它迷惑，一个具有良好趣味和判断力、身体健康、充满活力，又正值盛年的人也会受到诱惑，毅然舍弃爱妻的拥抱及充满希望的孩子们的爱戴，舍弃文雅的交谈和富于魅力的友人，舍弃最骄人的财产和一切现

① 伊壁鸠鲁（Epicurus，公元前341—前270），古希腊哲学家，认为“快乐”是自然的目的和最高的善，人生的最高幸福是避免痛苦，身心安宁，其学说后被误解为耽乐主义。——译者

② 法王亨利四世（Henry Ⅳ）和路易十四（Louis ⅩⅣ）都曾颁布并有效地实施禁止决斗的法律，“七省联盟”指荷兰。——译者

世幸福的快乐享受，去投入一场不合法的决斗，而人们终会看到：其中的获胜者或者会可耻地死去，或者会被永久放逐。

霍拉修：我承认，若从这个角度去看事情，它们便的确是无法解释的。不过，你的理论能对它们做出解释么？你能澄清自己的意思么？

克列奥门尼斯：这再便当不过了，就像太阳一样鲜明。你只要注意两个情况就行了。它们必定会随后出现，并在我已经说过的话里有所反映。第一个情况就是：对羞耻的恐惧，其表现往往是多种多样的，它会随着时风和习俗而变化，并可能被固定在不同的对象上，这取决于我们接受的不同教导，取决于熏陶我们的不同戒律。正因为如此，这种对羞耻的恐惧，无论其多寡好坏，有时会造成非常好的结果，有时会导致最严重的罪恶。第二个情况是：虽说 90
羞耻是一种真正的激情，但对羞耻的恐惧却完全是想象的产物，除了基于我们自己对他人评价的顾虑之外，没有其他任何根据。

霍拉修：但是，一个人若在荣誉问题上行为不当，便的确会给自己招来许多真正的、实实在在的灾祸。这会毁掉他的好运和一切晋升希望。若是官员，则会因为容许对他的公开侮辱而垮台。没人愿与懦夫共事。谁会任用懦夫呢？

克列奥门尼斯：你强调的这些全都不着边际，至少在你自己那件事情里是如此。当时你不害怕别的，只顾虑别人会对你怎么看。另外，对羞耻的恐惧一旦超过了对死的恐惧，它便能压倒其他一切考虑，这已经得到了充分的证明。可是，倘若对羞耻的恐惧尚未强烈到足以遏制对死的恐惧，那么，其他一切便都无法压倒对死的恐惧了。对死的恐惧若超过了对羞耻的恐惧，那么，每当生命受到威胁时,便没有任何考虑能使一个人投入殊死战斗,或者遵照任何一条荣誉准则行事了。所以说,无论是谁,只要是因为害怕羞耻而提出或接受决斗的挑战,他都必定会意识到:第一,他若不服从那个
91 暴君,他所担心的灾祸只能是他自己思想的产物;第二,若有人设法说服他减少对自己的那份高度尊重和评价,他对羞耻的恐惧也会明显减弱。从这一切看来,我们正在追寻的这种巨大焦虑的根本起因,这个魔法无边的巫师,不是别的,而分明就是骄傲,是过分的骄傲,是极度的自尊(有些人可能就是因为自幼接受某种精明的教育,而养成了这种极度的自尊),以及对我们人类、对我们卓越本性的那些永恒的恭维。这就是那位巫师,他能转移其他一切激情的自然对象,能使一个有理性的生灵对最受其天性欢迎的东西感到羞耻,也对其职责感到羞耻。参与决斗者都承认自己对它们感到羞耻,承认自己是知其不可为而为之。

霍拉修:人是一种多么奇妙的机器!人是一种多么错综复杂的综合体!你几乎把我说服了。

克列奥门尼斯:我并不想取得什么胜利,而只希望为你效劳,使你醒悟。

霍拉修:在同一个人身上,对死的恐惧在患病或遇到风暴时表现得如此鲜明昭彰,而在决斗或所有军事活动中却被掩饰得如此彻底,这是什么原因呢?请解答一下吧。

克列奥门尼斯:我尽力而为吧。在所有事关名誉的危急关头,看重荣誉者心中都会被有效地唤起对羞耻的恐惧,而他们也会顿
92 生骄傲之心并以它为帮手,集中全力地掩饰对死的恐惧。依靠这种非凡的努力,对死的恐惧便完全被扑灭,至少是不会为人所见和

不为人知了。但是，在其他一切被看作并不涉及名誉的险境中，看重荣誉者的骄傲之心便会处于蛰伏状态。于是，对死的恐惧便不受任何约束，毫不掩饰地表现了出来。因此我们便能看到：看重荣誉者显然是根据不同的处境做出不同的行为，这取决于他们自命信奉基督教还是受到了非宗教思想的玷污，因为这两类人都存在。你将看到，在同样的危险下，你所说的 *Esprits forts*[①]，以及那些往往被看作不相信来世的人（我指的都是看重荣誉者），至少是大多数都会表现得最镇定自若，最无所畏惧，而其中谎称笃信基督教的人，却表现得最惊慌失措，最胆小如鼠。

霍拉修：但你为什么要说他们是“谎称笃信基督教的人”呢？果真那样的话，看重荣誉者当中便没有一个基督教徒了。

克列奥门尼斯：我不知道那些人何以是真正的信教者。

霍拉修：你为什么会这么看呢？

克列奥门尼斯：在清教国家里，或者更准确地说，在其他任何国家里，罗马天主教徒不会成为永远可靠的良好臣民。惟有在罗马天主教国家中，他们才有可能如此。倘若一个人承认自己还崇拜地球上另外一种至高的权力，那么，任何君主都不会放心地信任 93
这个人对他表示的忠诚。我肯定这一点，你明白我是什么意思。

霍拉修：我太明白了。

克列奥门尼斯：你可以使一位荣誉受禄牧师去和一位骑士结伴，并把他们放进同一间小屋里去，但荣誉和基督教信仰却根本水

① *Esprits forts*，（法语）不信神者。——译者

火不容,*nec in unâ sede morantur*[1],这就像尊严与爱情互不相容一样。请回顾一下你自己的行为,你会发现:你关于“上帝的援助之手”那番话只不过是个托词,是个借口,其用途乃是服务于你当时的目的。而在另外一个场合,昨天你还说过:“上帝监督和主宰着一切,无一例外。”[2]因此,想必你已经知道:在生活的平常事件和灾祸中,也像在另一件并不更非同寻常的事情中一样,都可以看到上帝的援助之手。一场严重的疾病,或许还不如两个敌对党派之间的轻微冲突那么致命。在看重荣誉者当中,常会发生一些毫无价值的争吵,其危险程度并不亚于最猛烈的暴风雨造成的危险。所以,一个有理性的人若恪守一种实实在在的原则,便不可能在面临一种危险时把不表现畏惧看作不敬神,而在面临另一种危险时却因为被认为心存恐惧便感到羞耻。请你想想自己的前后不一吧。在一种场合下,为了证明你在没有骄傲之心的情况下怕死是
94 合理的,你突然变得十分虔信宗教;当时,你的良心是那么战战兢兢,谨小慎微,担心会受到全能上帝的惩罚,而你把这看作无异于与上天作战。但在另一种场合下,当荣誉攸关的时候,你却不仅敢于故意而情愿地破坏上帝那条最绝对的戒命,而且敢于承认:在你看来,能降临在你头上的最大灾难,乃是世人都以为(或至少是怀疑)你对那条戒命不敢稍有违抗。我谴责那些聪明人蔑视神圣的上帝。否认上帝的存在,与承认上帝存在后再蔑视他,前者的勇敢还不及后者的一半。任何无神论……

① *nec in unâ sede morantur*,(拉丁语)二者互不见容。语出古罗马诗人奥维德《变形记》第2卷第846行。—— 译者

② 见本书《霍拉修、克列奥门尼斯与芙尔薇娅的第一篇对话》。—— 译者

霍拉修：请打住，克列奥门尼斯。我已经无法继续拒绝真理的力量了。我决心今后更深入地了解自己。请允许我做你的学生吧！

克列奥门尼斯：千万别取笑我，霍拉修。我并未自称去开导一个具备你这般知识的人。不过，你若能听从我的建议，就请你仔细而大胆地对自己检视一番。你若有空，就去读读我推荐给你的那本书吧。

霍拉修：我可以向你保证，我会去读的。我还会非常乐于接受你那件漂亮的礼物，昨天我拒绝过它。请你派仆人明天上午把它送到我那里去吧。

克列奥门尼斯：那礼物不足挂齿。你最好现在就让一个仆人跟我去取。我马上就坐车回家。

霍拉修：我知道你在担心什么。也好，就按照你的意思去做吧。

95 三　霍拉修与克列奥门尼斯的第三篇对话

霍拉修：谢谢你送书给我。

克列奥门尼斯：你喜欢那本书，这真是太好了。

霍拉修：我承认，我曾以为谁都无法说服我去读那本书，但你却非常巧妙地说服了我，而没有任何东西能像那个有关决斗的实例那样使我信服。不用你提起，你提出的论据已经使我非常震动了。一种能够压倒对死的恐惧的激情，不但会蒙蔽一个人的判断力，而且会造成各种其他后果。

克列奥门尼斯：我们能被一种激情塑造成何等古怪、多样、无法解释又互相矛盾的形式，这简直难以置信。那激情若不能被隐藏起来，便不能得到满足。我们被说服而相信那激情已被彻底隐
96 藏起来时，我们会感到最大的狂喜。因此，世上没有任何善心或良好天性，没有任何仁慈厚道的品质或社会美德不能被它伪装出来。总之，那激情能够模仿出人类的体力心智所创造的一切成就，无论好坏。那激情能极大地蒙蔽和迷惑受它支配的人们，这是毫无疑问的。试想，最伟大的天才若承认自己惧怕无端的忧虑、惧怕虚荣的无能之辈（他从未伤害过他们）给他罗织罪名，却并未心存应有的畏惧，即畏惧来自全知全能的上帝的真正惩罚（因为他极大地冒

犯了上帝），然后又自称信奉什么宗教，并以此为荣，他还有什么理性力量、判断力和洞察力可言呢？

霍拉修：可是，你那位朋友[①]根本没有做这番宗教反思，实际上，他还为决斗辩护呢。

克列奥门尼斯：怎么，难道就因为他认为法律应当尽可能严厉地惩处参与决斗者，绝不赦免任何犯下那种罪的人么？

霍拉修：他提出的这一点看似能减少决斗犯罪，但他却表明了保持决斗传统的必要性，说它能把大多数社会变得更文雅、更光明。

克列奥门尼斯：你就没看出其中的嘲讽么？

霍拉修：真的没有。他完全是在论证决斗的用途，并提出尽可能完满的例证，以表明若取缔决斗将引起多大的议论。 97

克列奥门尼斯：一个人本来在很严肃地讨论一个题目，却忽然半途而废了，你会相信么？

霍拉修：我不记得他是这样做的。

克列奥门尼斯：我这里有这本书，我要找找那段话……请你念念这一段吧。

霍拉修：奇怪的是，一个国家竟不愿看到十二个月当中或许只有五六个人牺牲，而这些人的目的，乃是去获取一些极有价值的赐福，例如举止的文雅、交谈的快乐，以及时时有人陪伴的幸福。人们往往情愿为这些赐福而舍命，有时一个小时就有数千人丧命，却

① 此指《蜜蜂的寓言》的作者，即曼德维尔本人。——译者

不知道这样的牺牲是好是坏[①]。不错，这段话似乎是用一种讥讽的语气说出来的，不过，这段话以前的那些话却非常严肃。

克列奥门尼斯：你说得对，他说决斗（即保留决斗的风尚）有助于使人文雅有礼、使交谈更加愉快。这话千真万确。但是，他那本书却从头至尾地嘲笑和揭露了礼节本身以及那种快乐。

霍拉修：一个人在前一页还一本正经地赞美一件事，下一页他马上就对同一件事大加嘲讽，谁知道他为什么会这么做？

98 克列奥门尼斯：他认为，除了基督教信仰，没有任何应当遵循的坚实原则；而真心恪守基督教信仰原则的人为数不多。你若始终从这个角度去看这位作者，就绝不会发现他的话前后不一。每当你看见他的话似乎前后矛盾的时候，就请你再仔细地看看。经过更深入探究，你会发现：他只是在根据别人自称恪守的那些原则，去指出或揭露他们的前后矛盾罢了。

霍拉修：他心中好像并不缺少宗教。

克列奥门尼斯：不错，他若不是如此，他想写给的那些读者、现代自然神论者[②]以及一切上流社会人士，便绝不会阅读他的书。他给那本书确定的读者，就是那些人。对第一种读者，他论证了美德的起源极不充分，指出了他们实践那些美德时的不一致性。对

① 这段话见《抱怨的蜂巢》“评论 R”。—— 译者

② 关于自然神论者（Deist），作者曾说：“被普遍接受的看法是：相信存在着上帝，世界由上帝主宰，却根本不相信上帝会向我们揭示任何事情，这种人就是自然神论者。”（见《论自由思想》，1729 年版第 3 页）自然神论相信上帝是万物的终极起因，却否认上帝与人及宇宙之间存在任何现实联系。持这种理论的有英国哲学家约翰·洛克（John Locke）、法国哲学家伏尔泰（Voltaire）和本书一再提到的英国哲学家沙夫茨伯里（Anthony Ashley Cooper，3rd Eal of Shaftesbury，1671—1713）。—— 译者

其余的读者，他表明了恶德、快乐、尘世伟大的虚荣，以及牧师们的伪善（他们假装宣扬福音，却随意迁就那些不符合福音律条，甚至与之十分矛盾的东西）都是愚蠢的。

霍拉修：可这并不是世人对这本书的看法。人们普遍认为那本书的目的是鼓励恶德，使国民堕落[①]。

克列奥门尼斯：你是否发现其中有这种东西？

霍拉修：凭良心讲，我必须承认我并未发现。那本书揭露了恶德，嘲讽了恶德；只是它又嘲讽了战争和作战的勇气，也嘲讽了荣誉以及其他一切。 99

克列奥门尼斯：请原谅，其中并无任何嘲讽宗教的内容。

霍拉修：可是，它若是一本好书，为什么会遭到这么多神职人员的激烈反对呢？

克列奥门尼斯：其理由我已经对你讲过了。那本书的作者的确揭露了这些人的生活，但没有人会说他采取的方式是错的，没有人会说他对教士们太不留情面。人们被某件事情冒犯，却又绝不能抱怨它的时候，会表现得最为恼火。教士们给那本书冠上恶名，是因为他们气急败坏，但他们绝不肯如实地告诉你使他们发怒的真正理由。你若有耐心听，我就给你举个非常相似的例子，它可以说明这种情况。只是我几乎不指望你会有这份耐心，因为我知道你非常赞赏歌剧。

霍拉修：你可以畅所欲言，不必顾虑。

克列奥门尼斯：我一向极为厌恶阉人，这种人的歌唱和表演再

① 这个说法见大陪审团对《蜜蜂的寓言》一书的控状。——译者

完美,也不能消除我这种厌恶。我听到一个女性的声音,自然以为应当看到女人,但一见到那些没有性别的动物,我就会产生莫大的厌恶之情。设想有个人也和我一样厌恶阉人,且富于机智,打算鞭挞那种可恶的奢侈享乐,因为它使人们学会了心地残忍,为了娱乐
100 消遣而去糟蹋男人,仅仅为了嬉戏就把一部分同胞变成废物。可以说,为了抨击这种享乐,他抓住了那种行为本身的一个把柄,他用最不伤人的方式去描述它,讨论它;然后,他又指出人类的知识范围是何等狭窄,我们所能得到的帮助是何等有限,或者具体剖析,或者阐明哲理,或者运用某种数学方法,以便追溯和探究一种 *a priori*[①] 原因,来说明这种对男人的摧残何以能对其嗓音产生如此惊人的影响。接着,他又证明我们人类的的确确是一种 *a posteriori*[②] 动物,那种摧残男人的办法不仅显著地影响了咽部的腺体和肌肉,而且影响了气管和肺脏,总之,它彻底影响了血液的性质,从而影响了全身体液和每一根神经纤维。他还会说:世上任何蜂蜜、蜜糖、葡萄干或 *Sperma Ceti*[③],任何乳液、锭剂或其他含清凉芳香剂的药物,任何放血术,任何饮食禁忌,任何对女人、辛辣食品及酒类的禁忌,都不能像那种方法那样有效地保持、润色和加强嗓音。他可能反复强调说:没有任何方法能像阉割那样效果显著。为了掩饰他这个主旨,为了取悦读者,提到阉割术时他大概会说它
101 另有目的,说它是对同性恋罪犯的严惩,还说有些男人为了保健和长寿而自愿接受去势术。他会说:据恺撒的记载,古罗马人认为阉

① *a priori*,(拉丁语)先验的。——译者

② *a posteriori*,(拉丁语)后验的。——译者

③ *sperma Ceti*,(拉丁语)鲸蜡,鲸脑油,又作 spermaceti。——译者

割比死刑还要残酷，*morte gravius*[①]。他会提到阉割有时会被当作一种报复手段，再对那个可怜的阿贝拉[②]说上几句同情之词。他还会说去势术有时还会被用作一种预防措施，然后讲讲康巴布与斯特拉托妮丝的故事[③]，引述马提亚尔[④]、朱文纳尔[⑤]等诗人的诗歌片段。从他讲的关于去势术的上千件赏心乐事中，他会挑拣出最有趣的东西来美化全部内容。他意在讽刺；他要谴责我们对这些阉人歌手(castrati[⑥])的迷恋；他要嘲讽那样一个时代，其中，一位冒着生命危险、为国效忠的勇敢的英国贵族和将军，其整整十二个月的薪俸，还不如一个无赖出身的意大利流氓平平安安、断断续续地唱一冬的歌所挣的钱多[⑦]。他还会嘲笑上等人对阉人歌手的宠爱和热衷，因为他们对这些最使人恶心的小人滥施亲昵，把仅适于给予上等人的荣誉和礼节，错误地给予了这些生灵，它们根本不是自然的造物，而完全是外科手术的产物；这些再可鄙不过的动物并非不知感恩图报，却用诅咒来报答其制造者。倘若他把这些写

① *morte gravius*，(拉丁语)(此处)重于死刑。——译者

② 阿贝拉(Peter Abelard，1079—1142)，法国学者、哲学家、神学家，因与其女学生爱洛依丝秘密恋爱生子而被阉割。——译者

③ 康巴布(Combabus)与斯特拉托妮丝(Stratonice)的故事，这是作者从一部伪托古代叙利亚神学家“安提克的卢西恩”(Lucian of Antioch，约240—312)的作品《关于叙利亚女神》(*De Syira Dea*)中引述的恋情传奇。——译者

④ 马提亚尔(Marcus Valerius Martial，约40—约104)，古罗马讽刺诗人。——译者

⑤ 朱文纳尔(Juvenal，64—140)，古罗马讽刺诗人。——译者

⑥ Castrati，(意大利语)经去势后用假嗓模仿女声的男歌手。——译者

⑦ 据记载，当时一个名叫法利奈里(Farinalli)的意大利阉人歌手在英国每年能挣到五千英镑，他回国后用积蓄建造了一个别墅，并命名为“英国人的愚蠢”。——译者

102 成一本名叫《阉人也是人》的书,我即使没看到这本书,而只听到了这个书名,也能知道阉人现在受到了尊重、很时髦、成了大众的宠儿。但想到阉人其实并非男人,我还会把这本书看作对阉人的戏弄,或是对过分重视阉人者的讽刺。不过,皇家歌剧院[①]的先生们若对这作者对他们的不恭不敬不满,便会认为;一个无名作者竟胆敢像他们一样去干涉他们的娱乐,这实在是大逆不道。他们若怒不可遏,打算找作者的麻烦,便既不必替阉人歌手辩护,也不必提到作者反对他们那种娱乐的任何言论,只要对世人说此人提倡去势术,并且引用此人的有关语录,让公众注意到他的恶毒言辞就行了。这很容易激起公众对那作者的义愤,很容易使那本书被大陪审团裁决取缔。

霍拉修:这个比喻适用于那个不公的裁决,也适用于那种虚伪的谴责。但是,奢侈确实会使一国繁荣起来,私人的恶德也确实是公众的福分,而去势术保持和加强了人声,这不同样都是事实么?

克列奥门尼斯:在我这位朋友限定的条件下,我相信的确如
103 此,这些情况都一模一样。要保持、修复和加强男青年的美好嗓音,最有效的办法便是去势术了。问题不在于这办法是否可行,而在于它是否合法,在于为使嗓音美妙是否值得蒙受那种损失,在于一个男人宁肯舍弃舒适的婚姻,也要在歌唱上获得满足,也要获得随之而来的种种长处,而他的选择会使他失去享受子女天伦之乐

① 皇家歌剧院(Royal Academy of Music)创立于1720年,由英王资助,其宗旨为维护意大利歌剧传统,曾组织过亨德尔(Handel)和斯卡拉蒂(Scarlatti)等著名音乐家作品的演出,因成员间的个人恩怨和经营不善于1728年6月解散。见伯尔奈(C. Burney)著《音乐通史》,1776—1789年版,卷四,第337页。——译者

的机会，这样做是否值得？同样，我这位作者朋友也证明：首先，民众向往并企盼的国家之福，乃是财富、国力、荣耀和举世闻名的伟大，乃是国内生活安逸，物质丰富，百业兴旺，以及使外国对该国畏惧、恭敬和尊重。其次，没有贪婪、挥霍、骄傲、嫉妒、野心和其他恶德，便不可能获得上述福气。第二点已经得到了无可置疑的证明。问题不在于这是否正确，而在于为获得这种福气是否值得付出这些必需的代价，在于一国大多数国民若不都邪恶堕落，该国是否能指望享有什么福分。他让基督徒们去思考这个问题，让那些自称弃绝了俗世一切煊赫与虚荣的人去思考这个问题。

霍拉修：可是，你又如何知道这位作者是在对那些人说话呢？

克列奥门尼斯：因为他那本书是用英文写的，是在伦敦出版 104
的。不过，你通读过它了么？

霍拉修：通读了两遍。其中的许多地方我非常喜欢，但我对全书却并不喜欢。

克列奥门尼斯：你反对其中的哪些观点呢？

霍拉修：它减弱了我阅读另一本书获得的快乐，那本书要好得多。沙夫茨伯里大人是我最喜欢的作者，我对他那本书起初满怀热情，非常喜欢，可是，一听到你告诉我说我欣赏的究竟是什么，那本书的魅力便马上消失了。既然我们都这么与众不同，我们何不尽量地利用它一番呢？

克列奥门尼斯：我以为你已经下决心更深入地认识自己，并准备细心而大胆地探究你的心灵了呢。

霍拉修：那是件异常艰难的事情。上次见你之后，我已经试过三次了，一直试到我浑身出汗，我才被迫放弃了那种做法。

克列奥门尼斯:你应当再试一次,并且要逐步习惯于抽象地思考,那样一来,这本书便会对你大有助益了。

霍拉修:它会使我不知所措,因为它嘲讽了所有的礼节规矩和良好举止。

克列奥门尼斯:请原谅,先生,这本书只是告诉我们它们究竟是什么罢了。

霍拉修:它告诉我们:良好的举止全都是为了满足他人的骄傲、掩藏我们的自傲。这难道不耸人听闻么?

克列奥门尼斯:但这难道不是事实么?

105 霍拉修:我一读到那段话就非常震惊,连忙放下这本书,想用至少五十个事例去验证它是否正确,其中既有讲求礼节的例子,也有举止恶劣的例子。我必须承认,每个事例都证明了那段话是对的。

克列奥门尼斯:你就是验证到世界末日,那段话也永远是对的。

霍拉修:可是,这难道不令人恼火么?我宁肯心甘情愿地付出一百个金币,也不愿意知道这个。看到我自己被如此赤裸裸地揭露,这真让我无法忍受。

克列奥门尼斯:在看重荣誉者当中,我以前还从未见过一个像你这样公开与真理为敌的。

霍拉修:随你怎么刻薄地说我吧。我说的是实话。不过,既然我已经卷入其中,我现在就必须走到底了。我有五十个事例想请教你。

克列奥门尼斯:请列举出来吧。只要我能为你略效微薄之力,我便把它看作我的荣幸。我完全熟悉这位作者的心情。

霍拉修：关于骄傲，我有二十个问题要请教你，但我不知从何说起。还有一点我弄不明白，那就是：为什么说没有自我克制便没有美德？

克列奥门尼斯：古人全都这样认为。沙夫茨伯里爵爷是头一个唱反调者。

霍拉修：可是，世界上就挑不出些好人了么？ 106

克列奥门尼斯：可以挑出一些好人，不过，那种挑选却是以理性和经验为依据，而并非以天性为依据的，换句话说，它并非以未受过教育砥砺的天性为依据。但是，我往往要极力避免“好”这个字的模糊含义，所以，我们还是把它限制在“具备美德”的意义上吧。这样我便能确认：世上没有一种美德行为不是旨在征服未经雕琢的天性，或获取对这种天性的或大或小的胜利。否则，“美德”这个称谓便名实不符了。

霍拉修：但是，倘若我们年轻时依靠精心的教育而获得了这个胜利，难道我们后来不是自然而然、心甘情愿做出符合美德的行为么？

克列奥门尼斯：不错，倘若我们真的获得了那个胜利的话，那就的确如此。然而，我们究竟是否知道自己取得了那个胜利呢？我们根据什么理由相信那是个胜利呢？从婴儿时期开始，我们并没有极力克制自己的欲望，而是一直在学习如何费尽心机地掩藏它们。我们心里很清楚：无论我们的举止和环境发生什么样的变化，那些激情本身总是存在。这个事实难道不明显么？正如我这位作者朋友所言，“美德不要求任何自我克制”的理论为虚伪敞开了大门。它给人假装热爱社会、假装顾及公众的口实，比那个与之 107

相反的信条所给的借口更明目张胆,使人作伪的机会也更多。那个信条就是:不战胜种种激情,便谈不上任何优点;没有显著的自我克制,也就没有任何美德。我们不妨去问问那些精通世故、深谙人心者:是否发现大多数人对自己的判断都如此公正,乃至从不认为自己比实际更有价值?是否发现大多数人知道自己暗中的缺点错误时(你永远无法让他们相信他们有缺点错误)都如此坦诚无欺,乃至从不压抑或否认自己对它们的恐惧?任何时候都不隐瞒自己的失误,任何时候都不用虚假的外表掩盖自己,心中知道自己最关心的是自己时,绝不装作遵照社会美德和关心他人的原则行事。这样的人,究竟在哪里呢?我们当中最好的人有时也会得到被他们蒙骗者的喝彩,尽管我们同时意识到:我们那些被看作美好的行为,乃是我们天性中一种强大的弱点所造成的结果。那种弱点往往对我们有害,我们也曾上千次地希望自己能够克服它,却屡屡落空。由于人的秉性气质与环境各不相同,相同的动机便可能导致极为不同的行为。家道富裕者可能表现出美德,而同是这些
108 人,若身处贫困,则往往会表现出其自身的弱点。若想了解世界,我们就必须深入地考察它。你十分厌恶底层的生活,但我们若总是停留在地位高贵者中间,不扩大我们的探究范围,那么,这个范围内的事情便不足以使我们获得关于人类天性的全部知识。在环境不佳的中等阶层中,也有些人受过还算过得去的教育,他们最初也具备和上等人一样的美德与恶德,并且和上等人一样有能力,但他们取得的成绩却截然不同。这显然是他们各自的气质秉性不同使然。我们不妨看看两个人的情况,他们都适于从事同一种生意,都赤手空拳,面对世界,最初都曾得到过同样的帮助,也都曾遇到

过同样的不利条件。假定这两人除了秉性气质之外，其他一切都
完全相同：一个天性进取，另一个则天性懒散。后者尽管其行业能
够赚钱，又精通本行，却绝不会靠勤勉而致富。机运或者某个不同
寻常的偶然事件，可能成为造成他生活巨变的契机，不然，他便几
乎无法使自己跃升到中等阶层。若不是他的骄傲对他产生了非凡
的影响，他必定永远受穷，除了一丁点虚荣心以外，什么都不能阻
止他沦为贫困。他若有头脑，便会极为诚实，而他心中那点贪婪之 109
念也绝不足以使他放弃诚实。而那个活跃进取者，则很容易融入
这个喧嚣忙碌的世界。我们会发现：尽管环境相同，他的表现却大
相径庭。一丁点贪念便足以怂恿他去兢兢业业、不辞辛苦地追求
其目标。诚挚若不能奏效，他便使用狡计，而此时，微弱的良心不
安根本不能阻碍他。为达到目的，即使他的利益迫使他去撒谎欺
骗，他也会拼命运用自己的常识，尽可能装出一副诚实的外表。为
了让艺术和科学给他带来财富，甚至仅仅为了以它们谋生，仅仅懂
得艺术和科学是远远不够的。在合乎礼仪的范围内使自己获得成
功，扬名天下，又不自吹自擂，不损害他人，这是一切寻求谋生之道
者义不容辞的责任。在这方面，那个懒散者虽然做得很差，力不从
心，却很少承认自己的错处，反而责怪公众不利用他、看不到他的
优点（虽然旁人看不见那优点，他自己却会以把它隐藏起来为乐）。
你极力说服他相信自己犯了错，他甚至不曾理会那些最可靠的求
知方式，尽管如此，他还是用表面的美德行为拼命粉饰自己的缺
点。说到他过分贪图安逸的气质给他造成的种种缺点，以及对心 110
灵平静的过分热衷，他都一律归因于自己的谦逊节制，说自己痛恨
厚颜无耻和自吹自擂。那个和他气质相反的人，则不仅相信自己

的长处,不仅利用它去获取最大的利益,而且费尽苦心,尽力让旁人把他的长处了解得清清楚楚,尽力使他的种种能力显得比自己所知道的更伟大。公开说自己比别人卓越,吹嘘自己如何了得,这会被视为蠢举,因此,他最喜欢做的事情便是寻找些熟人和朋友,让他们替他吹嘘。为实现自己的抱负,他牺牲掉了自己的其他所有激情。他嘲笑灰心沮丧,对旁人的拒绝习以为常,任何冷淡和反感都无法使他感到难堪。这些总能使此人做到为自身利益而能屈能伸。他能欺骗自己的身体,使之放弃那些必需之欲。他不允许自己的头脑享受片刻安宁。只要能达到目的,他便能伪装出禁欲、贞洁、怜悯和虔诚,而其中又不包含半点儿美德或宗教信仰。*Per fas & nefas*[①],他拼命增加自己的财富,永不休止,不知餍足,惟有当着大庭广众行动或有理由惧怕遭到世人谴责时,他才不会如此。在我谈到的这两个不同的人身上,天生气质都会扭曲激情,并把它们塑造成各自偏爱的样式。看到这种情况,实在让人感到有趣。例如,骄傲对这两人的影响就截然不同,几乎可以说是相反。那个
111 进取躁动者的骄傲表现为酷爱精美器物、服饰、家具、马车、华厦,以及比他社会地位高的人们享用的一切事物。但在另一个人身上,骄傲则表现为阴鸷乖戾,甚至表现为孤僻不群。他若很机智,便往往会热衷冷嘲热讽,尽管他本来天性敦厚。每个人的自恋之心总在不断躁动,满足和逢迎着各自珍爱的偏好,并且始终使我们看不到前景中己所不欲的一面。在这种环境下,那个天性懒散者无法从外界找到使自己开心的事情,于是把目光转向了自己内心。

① *Per fas & nefas*,(拉丁语)借助合法和非法的(手段)。——译者

在那里，他以恣纵和赞赏的态度看待一切，欣赏自己的长处，无论它们是天生的还是后天获得的。因此，他很容易看不起其他一切不具备他那些美好品质的人，尤其是有钱有势的人，但他从不激烈地痛恨或嫉妒这些人，因为那会使他心绪不宁。他认为难以实现的事情都不可能实现，这使他对改善自己的处境感到绝望。他没有什么财产，其收入仅能让他维持一种低等的生活，因此，他若真像他看上去那么幸福，他的常识势必会使他具备两种品质：其一是节俭，其二是自称根本不把财富放在眼里，因为若不这样做，他便势必垮台，他的弱点也会不可避免地被暴露出来。

霍拉修：听了你这番议论，看到你对人类的这些了解，我很高 112
兴。不过，你自己不也承认过节俭是一种美德么？

克列奥门尼斯：我并没有这样认为。

霍拉修：一个人若收入很少，他就有理由节俭。在这种情况下，他显然必须自我克制，否则的话，天性懒散、不在乎金钱者便做不到节俭了。我们时常见到不看重金钱的懒散者沦为乞丐，其最普遍的原因就是他们不具备节俭的美德。

克列奥门尼斯：我方才对你说过：那个天性懒散者最初也是一无所有，除了一丁点虚荣心以外，什么都不能阻止他沦为贫困。对羞耻的强烈恐惧，会极大地影响一个天性懒散但有头脑的人，使他产生足够的自我激励，以逃避他人的鄙视，但也仅此而已，这不会使他有其他的作为，因此他才热衷节俭，以节俭为手段，让节俭做帮手，以实现他的 *summum bonum*[①]，即他所珍视的安逸心灵的

① *summum bonum*，（拉丁语）最高美德。——译者

平静。相反,那个进取躁动者只要有一丁点虚荣心,便会无所不为,而不会节俭度日,除非其贪婪迫使他如此。任何源自激情的节
113 俭都绝非美德,而敝屣财富也极少是真心的。我认识一些家财丰厚的人,因顾及子孙后代,或出于正当使用金钱的其他考虑而生活节俭,并且他们更有钱时更小气。但我却从没见过一个不贪婪或不穷困的节俭者。同时,世上还有无数的挥霍者,他们毫无节制,奢侈铺张,只要还有可以挥霍的东西,便似乎根本不把金钱放在眼里。不过,这些坏蛋却最缺少忍受贫困的能力,他们的钱一旦告罄,你便随时能看到:没有钱,他们是何等不自在,何等不耐烦,何等痛苦万状。古往今来,自称蔑视财富的人,其数量其实比一般想象的还要稀少。一个非常富有的人,身体健康,体力和脑力都十分强健,没有抱怨世界和命运的任何理由,却极为鄙视财富和好运,为了一种值得赞美的目标而情愿去过清贫生活,这样的人简直是凤毛麟角。我知道,古代只有一个人的确做到了这一点。

霍拉修:快告诉我:此人是谁?

克列奥门尼斯:是阿那克萨哥拉[①],在爱奥尼亚。他非常富有,出身高贵,才能出众,受人赞美。他放弃了财产,把它们分给了
114 亲戚,拒绝了为他提供的管理公众事务的职务,而这只是为了有更多闲暇去思索自然的运作,去研究哲学。

霍拉修:在我看来,没有钱比有钱更难奉行美德。可以不受穷

① 阿那克萨哥拉(Anaxagoras of Clazomene,约公元前500—约前428),古希腊哲学家,生于小亚细亚的克拉佐莫尼(Clazomene)。第一个将哲学从爱奥尼亚(Ionia,古希腊小亚细亚西海岸及爱琴海一带地区)带到了雅典,并力图科学地解释日食、流星、彩虹等天象。—— 译者

的人却贫困度日，他便是没有理智。能够依法致富的人却有意选择贫穷，我会认为他是精神失常。

克列奥门尼斯：可是，你若看见他卖掉自己的房产，把钱给了穷人，便不会这样看他了。你知道他那么做需要怎样的胸怀。

霍拉修：我们可没有那样的胸怀。

克列奥门尼斯：也许没有吧。不过，对于弃绝世界、放弃我们对它的庄严承诺，你又怎么看呢？

霍拉修：从字面意义上说，这是不可能的，除非我们离开这个世界。因此我认为：弃绝世界仅仅表示不与世上的堕落邪恶者为伍而已。

克列奥门尼斯：对一切基督教美德，财富和权力乃是巨大的陷阱和强大的障碍，这是确定无疑的。尽管如此，我以前并没有想到你的解释会如此严格。不过，大多数人只要还有可以失去的东西，便都会赞同你的观点。若不提圣人和疯子，我们便会随处发现：自称鄙薄财富、总在滔滔不绝地大谈反对财富的人，通常都很穷困，
很懒散。可是，谁会去责怪这些人呢？他们那样做是为了保卫自 115
己。若非不得已，谁愿遭人耻笑呢？因为我们必须承认：在贫困造成的种种困难当中，最无法忍受的便是旁人的嘲笑。

Nil habet infelix Paupertas durius in se ,
Quam quod ridiculos homines faciat 。[①]

富甲一方，或拥有珍贵物品者，其满足本身就蕴含着一种意

① *Nil habet infelix Paupertas durius in se* ，*Quam quod ridiculos homines faciat*（拉丁语），任何不幸的贫困，均不及他人的当面嘲笑更难堪。语出古罗马诗人朱文纳尔《讽刺诗集》卷三，第152首。—— 译者

味,即对没有这些东西的人们的轻蔑;而除了半是怜悯、半是客气的言行之外,没有任何东西能掩饰那种轻蔑。谁若否认这一点,就请他扪心自问,看看自己心中那种快乐是否与塞内加[1]的相反议论相合吧,因为他说过:*nemo est miser nisi comparatus*[2]。我这里说的轻蔑和嘲笑,无疑是一切有头脑、有教养者都竭力避免或坚决反抗的事情。现在,我们看看面前这两个性格截然相反者的行为,注意他们如何用不同的方式解决这个任务,因为他们会分别按照自己的好恶行事。你看,那个注重行动者会想尽一切办法,以获得 *quod oportet habere*[3];但那天性懒散者却绝不会如此行事:他不能激励自己行动,因为其偶像束缚了他的手脚,所以,他最容易做的事情便是与世人争吵,找出一些理由,去贬低别人以为值得赞美的东西。其实,他也只能如此。

116 霍拉修:我现在已经懂得:骄傲与常识必会使一个天性懒散的穷人节俭度日。我还明白了它们何以会使他装出一副安贫乐道的模样,那是因为:他若不节俭,便会立即陷入匮乏与穷困;倘若他对财富表现出半点热衷,倘若他生活得更宽裕,他便失去了为他所珍爱的那个弱点辩解的惟一借口,而马上就会有人问他为什么不尽量使自己过得更好些。人们还会不断地提醒他,说他错过了许多

---

① 塞内加(Lucius Annaeus Seneca,公元前 4—公元 65),古罗马哲学家,悲剧作家,曾因担任罗马帝国执政官而获得巨富,后被暴君尼禄下令自杀。他提倡斯多葛主义哲学,主张节制欲望,忍受命运。—— 译者

② *nemo est miser nisi comparatus*,(拉丁语)无比较便无痛苦。语出塞内加悲剧《特洛亚妇女》(*Troades*)第 1033 行。此处所谓“与塞内加的相反议论相合”,即是说“有比较才会感到快乐”。—— 译者

③ *quod oportet habere*,(拉丁语)能使他满足的结果。—— 译者

致富机会。

克列奥门尼斯：因此，人们虽然嘴上反对一些事情，但其真正原因显然并不总能宣之于口。

霍拉修：可是，无论怎么说，这种十分懒散的气质，即你所说的这种贪图安逸的性格，难道不是我们所直言的“懒惰”么？

克列奥门尼斯：绝对不是。我所说的“懒散”中根本不包含怠惰或好逸恶劳。懒散者尽管并不勤劳，但可能非常勤勉。他会弯腰拾起来到他脚下的东西；他会在阁楼里或其他任何地方工作，远离公众的视线，既耐心，又一丝不苟，可是，他却不知道如何乞求和诱使别人来雇用他，也不知道如何向一个推脱搪塞、诡计多端的主人索取应得的报酬，后者或是难以接近，或是紧攥着自己的钱不放。他若是文人，则会为谋生而努力学习，但通常会以廉价出卖自己的劳动成果，并宁肯把作品卖给一个无名之辈，因为后者肯出钱，也不愿忍受傲慢书商的侮辱，不愿忍受污秽的商业语言的折磨。生性懒散者虽然也会偶然认识对他感兴趣的有身份者，但永远不能以自己的本领去赢得一个保护人。即使有了保护人，这懒散的文人至多也只能得到恩人的主动资助和直截了当的慷慨馈赠。他很不愿意为自己去恳求别人，总是害怕向人求助，因此，对自己得到的收益，他只是表达其心灵要他表达的那些自然情绪，而并无其他感激。那个不断奋斗进取者则研究一切取胜之道，以满足自己的需要。他足智多谋，苦心追寻保护人。得到保护人的恩惠后，他便装出终生感恩戴德的模样。不过，他却把自己以往得到的恩惠统统变成了恳求新恩惠的借口。他彬彬有礼的举止可能很讨人喜欢，其阿谀奉承也可能十分巧妙，但他的心却从未被触动

117

过。他既没有闲情、也没有力量去爱他的那些恩人。为赢得新的恩人,他总是会牺牲掉那个最老的恩人。若不能让恩人们为增加或维护他自己的财富、地位和名声出力,他便不会尊重任何恩人的
118 财富、地位和名声。综合以上这一切,再稍微留意一下人间世事,我们便很容易看破几个现象了:首先,那个注重行动、积极进取的人若遵从其天性行事,必定会比那生性懒散者遇到更多坎坷和无穷障碍。他还会遇到各式各样的强大诱惑,它们会使他背离美德的严格准则,而那生性懒散者却几乎碰不到它们。在许多环境里,他都会被迫做出背离美德准则的行为,为此,尽管他处事圆滑,深谋远虑,他还是当然会被人家看作坏人。经过漫长的一生,他必须依靠大量的好运和万分的精明,才会最终使自己的名声还过得去。其次,那生性懒散者会沉溺于自己的天然好恶,在其环境许可的范围内尽量追求感官享乐,而很少冒犯或搅扰邻人。他过分看重自己心灵的安宁,极不愿意舍弃它,而这势必会有力地遏制其他各种最重要的激情。因此,任何激情都无法强烈地影响他,结果,他的心灵便会腐烂下去。他无须多少心计、也无须经历多少麻烦,便能获得许多讨人喜欢的品德,而那都将表现为社会美德,其实他一如
119 从前。至于鄙视世界,那生性懒散者或许不屑于追索和乞求傲慢的恩惠。最初,那种恩惠会让他心惊,但他也能欣然奔向一位富有的贵族,因为他知道对方会仁慈宽厚地接纳他。他很乐意与这位贵族分享一切优雅舒适的生活,包括这贵族为他提供的最昂贵的享受。你若想进一步试探他,那就给他大量的荣誉和财富吧。倘若他命运的这番变化并未诱发潜藏在他身上的恶德,并未使他变得贪婪或奢侈,他很快便能在上流社会里站稳脚跟。他或许能成

为仁慈的主人，溺爱子女的父亲，慷慨大方的邻居并具备使他愉悦的优点，美德的保护人，以及对自己的国家满怀良好期望的人。但在其他方面，他却会去尽情享受一切快乐。他并不压抑自己的任何激情，而是平静地满足它。过上奢华富裕的生活时，他便真诚地嘲笑节俭，而身处贫困时，他又公开蔑视富贵，并愉快地承认：那些炫耀与虚饰乃是徒劳无益的东西。

霍拉修：你已经让我相信："美德要求自我克制"这个观点更合理，更坚实，而虚伪在其中的余地，则比在那个与之对立的理论中更少。

克列奥门尼斯：任何遵从自己天性好恶的人，即使从不会表现得如此仁慈，如此慷慨，如此宽厚，也从不与任何恶德争执，而仅仅
和与自己性格气质相冲突的事情争执。相反，依照美德原则行事 120
的人，则始终以理性为指导，始终在与妨碍他们履行职责的每一种激情作战！那生性懒散者从不否认自己当还的债；不过，倘若那笔债很大，尽管他很穷，他也不会自找偿还债务可能遇到并理应承当的麻烦，至少不会费心去讨好债主，除非债主频频催讨，或威胁说要诉诸官司。他不是个喜欢争执的邻居，也不会在熟人当中挑起不和；但他却绝不会牺牲自己的安逸而为朋友或国家出力。他对穷人并不巧取豪夺、压榨逼迫，也不会为了钱财而做出卑鄙勾当；但他却绝不会去拼命奋斗，吃苦受罪（而那躁动进取者则会抓住一切机会，以养活一个大家族，照管子女，并惠及亲属，使他们也过上好日子）。他所珍爱的那个弱点，不会使他去为造福社会而做上千件事情。而倘若他的气质相反，他本来也有能力、有机会去完成那些事情。

霍拉修:你的这些见解非常少见,并且,根据我对自己的判断,它们都很正确,很合乎道理。

克列奥门尼斯:众所周知:最经常被伪装出来的美德乃是慈
121 善,而大多数人却很少去思索究竟何为慈善,因此,无论慈善伪装中的欺骗多么显而易见、多么厚颜无耻,世人却每每总是对勘破伪善、揭露骗局者感到气恼和厌恶。由于盲目的命运之神的照拂,依靠经营一种对国家有害的行业,利用一切机会压榨穷人,即使一个卑贱的鞋匠也可能积累起巨额财富。随着时间的流逝,依靠不断的积攒和利欲熏心的节省,这笔财富可能成为一个商人太过分的、前所未闻的财产。我深知这种商人的脾气和行为,他若在自己老朽之年把自己的巨额钱财大部分用于建造大楼,或用于捐助建造一个医院,我是不会称赞他的美德的,尽管他在有生之年舍弃了自己的钱财。若弄清此人在最后的遗嘱里极不公正,不但不回报那些曾给他极大恩惠的人,而且欺骗了另外一些人,而他的良心明明知道自己死时还亏欠着他们,我就更不会称赞他的美德了。我很想请你告诉我:你若知道我所说的这一切都是真的,你会给他这份非同寻常的礼物、即这笔巨额捐款起个什么名目呢?

霍拉修:我赞成一种看法,那就是:我们邻人的一种举动若可能包含不同的意义,而我们的责任就是支持并相信其中最有益的意义。

122 克列奥门尼斯:我也衷心希望能找出其中最有益的意义,可是,倘若世上所有的人都不认为它有益,那它还有什么用呢?我指的并不是捐款行动本身,而是它所依据的原则,是促使他捐款的内心动机,因为我只把出于自然起因的行为称作行动。因此,随你叫它什么，请你尽量宽宏地对它做出判断，再做些评论吧。

霍拉修：他大概有好几种动机，而我并不自称能把它们辨认出来。不过，那捐款毕竟是一种值得称道的方式，因为它对本国的所有后代都极为有益；它是一种高尚的预先关怀，因为它永远都会减轻众多穷人的苦难，给他们无法言喻的安慰；它不仅数额巨大，而且恰逢其时，适得其用，社会正好需要它；在以后的世代里，所有其他人或许已经把这位捐款者遗忘了，但成千上万穷苦不幸的人们却有理由把他永远铭记在心里。

克列奥门尼斯：这一切我都不反对，即使你再说些赞美之词，只要它们所赞美的仅限于捐款行动本身，以及公众乐于从中得到的好处，我也没有异议。但是，你若说那个行为源自此人造福公众的精神，源自他对人类的仁爱慈善的慷慨观念，源自他的慷慨胸怀，或源自任何其他美德或优秀品质（捐款者分明与那些东西毫无瓜葛），那就是一个聪明人的莫大错误了。这些见解只能是由于执 123
意误用自己的判断力，或是由于无知和愚蠢。

霍拉修：我被说服了。我承认：许多行动都被误认为美德的表现，其实它们并非如此；人们天生气质不同，思想方法不同，因此，同样的激情也对人们产生不同的影响。我也相信：这些激情是我们与生俱来的，属于我们的本性，在我们尚未觉察到的时候，其中一些就已经存在于我们心中，至少是它们的种子已经存在于我们心中了。然而，既然人人都有这些激情，为什么一些人的骄傲会比另一些人的更显著呢？你已经表明的情况势必引出这样一个结论，即一个人比另一个更容易受骄傲的影响；换句话说，一个人身上的骄傲确实会比另一个多得多，无论在工于心计、能巧妙掩饰骄傲者当中,还是在不谙巧饰之道、公开显露骄傲者当中,都是如此。

克列奥门尼斯:我们完全可以说,每个人出生时就或实际,或潜在地具备了属于我们天性的那些东西。但是,那些不是与生俱来的东西,无论是其本身,还是其后来造成的结果,却不能说是属于我们的天性。不过,每个人的相貌和身材不同,同样,人们在其他方面也各不相同,那些方面更远离人们的视线。这一切都取决
124 于不同的体质,即或是固体、或是液体的体内构造。面容上的种种具体缺陷,有些起因于苍白的黏液质,有些则起因于血红的胆汁质。有些人比一般人更好色,而另一些人天生就较一般人更胆小。但总的来说,我赞同一点:像我这位作者朋友对其他动物所做的评论那样,最好的人(我指的是自身构造最佳者,例如那些具备了最完善的天赋才能者)生来便带有最强烈的自傲倾向。但我也相信,人与人之间骄傲程度的差别,却更多取决于环境与教育,而不是身体构造的差异。激情若得到最大满足,若最少受到控制,这放纵便会使它们愈加强烈。相反,有些人克制激情,除了生存基本需要之外,从不胡思乱想,例如无法或没有机会去满足骄傲这种激情,他们通常最少骄傲。然而,无论一个人心中感到的骄傲有多少,他思维愈敏捷,判断力愈强,愈有阅历经验,他就愈容易清楚地看到:所有的人都很讨厌那些显示自己骄傲的人。人们愈早受到礼貌风范
125 的熏陶,便能愈早学会在掩饰骄傲方面做得无懈可击。出身低微、未受教育者会受到极大的制约,因而没有多少机会去放纵自己的骄傲;若有机会对别人发号施令,他们便会产生一种夹杂着自傲的报复心理,而这极容易使骄傲的激情酿成祸患,当这种人身边没有地位更高或身份相同者时,便更是如此,因为当着地位更高者或侪

辈，他们不得不把那种可憎的激情掩饰起来。

霍拉修：你是否认为女人天生就比男人更骄傲？

克列奥门尼斯：我并不这么看。不过，女人得自教育的骄傲却比男人多得多。

霍拉修：我不知道你为什么这样说，因为富人家中做儿子的，尤其是做长子的，也能像做女儿的那样，自幼便得到许多可以激起骄傲之情的饰物和精美物品。

克列奥门尼斯：但是，在受过同等教育的人们当中，女士得到恭维却会比男士得到的更多，更早。

霍拉修：可是，为什么更鼓励女人的骄傲、而不是男人的骄傲呢？

克列奥门尼斯：我们更鼓励士兵的骄傲，甚于鼓励其他人的骄傲。这两者同出一理，都是为了增加对羞耻的恐惧，而这会使两者都随时留心自己的荣誉。

霍拉修：不过，这两者若要履行各自的本分，女士为什么必须比男子更骄傲呢？

克列奥门尼斯：因为女人最易遇到惑于骄傲之险。女人有骄 126
傲之心，这激情会在她十二三岁时就开始影响她，或许更早；何况，女人还要时刻抵御男人的种种诱惑。女人不得不对我们男性的各种猛攻感到畏惧。口才非凡、魅力无法抗拒的引诱者，会使女人在其本性的怂恿和引诱下无所不为。此外，那引诱者还会信誓旦旦，还会用实实在在的钱物收买女人。这诱惑可能在暗中进行，因为那时没有人在女人身边劝阻她。正派绅士在十六七岁之前很少有机会展示自己的勇气，也很少能如此迅速地展示其勇气。他们并未受到考验,直到他们开始与那些看重荣誉者交往,因为届时其骄傲便会得到肯定。若与别人发生口角,他们会去请教朋友,而世上有那么多关于绅士行为的睿智言论,使他们敬畏,使他们去履行本127 分,其方法是迫使他们服从荣誉的律条。这一切都共同作用,增加了他们对羞耻的恐惧。只要能使对羞耻的恐惧超过对死的恐惧,他们便算是修成正果了。他们绝不会期望从破坏荣誉准则中获得快乐,再狡猾的引诱者也都无法诱使他们去做懦夫。那骄傲乃是男人崇尚荣誉的起因,它仅仅尊重男人的勇气。只要男人能表现出勇敢,只要他们能依照流行的男子汉荣誉准则行事,他们便可以不受谴责地放纵其他所有欲望,夸耀自己的淫荡了。同样,那骄傲也会激起女人的荣誉感,其对象也惟有女人的贞洁。只要女人珍贵的贞洁完好无损,她们便不会懂得任何羞耻了。温柔和娇嫩乃是对她们的褒扬,只要她们不故意炫耀自己的温柔娇嫩,便不必惧怕任何荒唐的危险。然而,尽管女人体格柔弱,尽管对女子的教育通常是要她们温柔,女人若偶然失足,私自犯下了不贞的罪孽,那么,为了对世人隐瞒这个弱点(教育要她们对这个弱点最感羞耻),什么真正的危险她们不能去冒,什么痛苦她们不能压抑,什么罪行她们不能去犯啊!

霍拉修:的确如此。我们很少听说无耻的妓女杀死自己的婴儿,尽管她们在其他方面是最不要脸的坏女人。我注意到《蜜蜂的寓言》里提到了这一点,那段议论非常出色①。

克列奥门尼斯:那段话清楚地表明:在同一个人身上,同一种

① 见《抱怨的蜂巢》评论 C。—— 译者

激情既可能造成显著的善行，也可能造成昭彰的恶行，这取决于一个女人的自恋及现实处境的指向；同是对耻辱的恐惧，既会使男人有时表现得极具美德，也会使他们在另一些时候犯下最可怕的罪行。所以说，无论是谁，只要稍微在意自己是哪类人，想必都会十分清楚一点：荣誉并非建立在任何真正美德或真正宗教的原则之 128
上。这些人都是荣誉那个偶像的最热心信徒。荣誉为男女两性规定了不同的义务。首先，崇拜荣誉者都贪恋虚荣，放纵欲望，都恪守世风及时尚，都以煊赫奢华为乐，都尽量享受现世的生活。其次，"荣誉"这个字本身的含义极其变幻无常，根据应用对象的不同特点，根据其对象是男是女，其意义便有惊人的差别，乃至无论是男是女都不能容忍丧失自己的荣誉，尽管两性都有罪，并且都公开吹嘘自己的荣誉，而那些荣誉却是对方最大的耻辱。

霍拉修：很遗憾我不能说你这些说法有失公正，但它们的确非常古怪，因为你的意思是：以一种完美的教育去鼓励并勤奋地增进人的骄傲之心，会成为使人拼命掩饰骄傲的外在表现的最恰当手段。

克列奥门尼斯：我的这个说法虽然古怪，却是再真切不过的事实。不过，只要如此放纵骄傲，并且如此加意地避免它为一切世人所见，就像看重荣誉的男女所做的那样，若不学会让这种激情自己反对自己，若不允许用毫不相干的人为表现去替代骄傲的天然表征，那么，无论什么人为力量都无法使人们忍受那种约束。 129

霍拉修：我知道，你所说的"让这种激情自己反对自己"，意思就是用隐秘的骄傲去掩盖骄傲的赤裸裸的外在表现。可是，我还不能正确地领会你所说的"替代骄傲的天然表征"的意思。

克列奥门尼斯:一个人溺爱自己的骄傲、并放纵这种激情时,他的面容、举止、步态和行为都会带上骄傲的标记,状若昂首阔步的马或趾高气扬的雄火鸡。这些表现都非常令人作呕。人人都依照心中的同一个原则行事,而那原则便是那些表征的起因。此外,人学会了说话,因此,骄傲之情使人想到的所有公开的词句,都势必由于同样的原因而同样令人不快。所以说,只要萌生了一点点礼仪规范的社会,都一致严禁公开表露骄傲;而人们在自己家中便要学会用其他表征去代替赤裸裸的骄态,虽然其他表征与骄态同样明显,却既不那么令人讨厌,也较有益于他人。

霍拉修:它们是什么呢?

克列奥门尼斯:精美的衣服以及其他饰物,一尘不染的外表,要求仆人对他们惟命是从,昂贵的马车、家具、房屋,荣誉头衔,以
130 及人所能获得的、既能使自己受到他人尊敬、又不暴露那些被禁止的表征的一切。他们若是已经满足了这些东西,也允许他们想入非非,反复无常,尽管他们在其他方面都以健康及富于见地而闻名。

霍拉修:可是,他人的骄傲无论以何种形式出现,都会使我们不快,何况你也说过:那些作为替代的表征与骄态一样明显,既然如此,这番变化又有什么收获呢?

克列奥门尼斯:收获实在是太大了。无论是没有受过教育的人还是有教养者,若故意用表情和姿势来表现骄傲,目睹者便都会知道他的骄傲。同样,若用语言发泄骄傲之情,任何懂得那种语言的人也都会知道他的骄傲。这些表情、姿势和语言都是标记和象征,在全世界都相同。无论谁做出这些表现,它们都会为人们所看

见并理解。少数做出这些表现的人虽然出于无意，却因此而得罪了他人，每每如此。相反，另一类表征却可以否认其真正的含义，并且，许多引自其他种种动机的借口也能为它们辩护，而同样的礼貌规范则要我们绝不否认那些表现，也不轻易怀疑那些表现。为这些表征提供的那个最重要口实当中，包含着一种纡尊俯就的态度，而这会使我们感到满足和快乐。有些人完全没有机会在被允许的范围内展示骄傲的表征，那么，即使一丁点骄傲之情，也会给 131
他们带来麻烦，尽管他们往往并不自知。因为在这些人身上，骄傲之情很容易转变为嫉妒和恶意，只要受到半点刺激，便会借着这些伪装而迸发出来，因而往往造成残忍刻毒的言行。乌合之众或芸芸众生造成的祸患，没有一种没有这种激情作祟。相反，人们以可靠方式去宣泄和满足骄傲的余地愈多，人们便愈容易隐匿这种激情那些令人厌恶的表现，并愈容易显得完全不受骄傲的支配。

霍拉修：我很清楚：真正的美德要求战胜未经教化的天性；基督教信仰则要求更严格的自我克制；此外，为了使我们为一种超越一切的力量所接纳，最不可或缺的显然就是真诚；我们还应当做到心灵洁净。不过，若不谈今世的神圣信仰与来生，你不认为人与人之间的这种谦恭有礼和相安共处会给世间带来极大的益处么？你难道不相信：良好风度和文雅礼节，比没有这些礼貌的其他任何方式都更能使人们快乐、使人们的现世生活更舒适么？

克列奥门尼斯：你若不谈我们理应最先考虑、理应最重视的那些事情，人们就会认为那种福分以及心灵的安宁毫无价值，而它们只能来自一种有意为善的意识。的确，在一个伟大的国家里，在财 132
富殷实的民众（其最大的希望似乎是安逸与奢华）当中，没有那些技巧,上层社会的人们便无法享受所能承担的、如此丰富的现世生活。而最需要那些技巧的人,莫过于那些欲壑难填的有才干者,因为他们会把世故的审慎与声色享受结合起来,而把研究最完美的快乐作为主要课题。

霍拉修:那天你我在我家谈话时,你曾说:没有任何人知道,有关荣誉的律条是什么时候、在哪位国王或皇帝在位时期、在哪个国家、由哪个权威机构最先颁布的。请你告诉我:我们所说的良好礼貌或文雅风度,究竟是在什么时候,或以什么方式问世的呢?究竟是什么道德家或政治家能教导人们以隐藏自己的骄傲为自豪呢?

克列奥门尼斯:人不断奋力满足自己的需要,不断奋力改善自己的现实生活条件,这就使许多有用的艺术和科学得到了完善,而它们的起源时代不得而知,我们只能说:艺术和科学是人类先贤的发明,是许多世代的人们共同劳动的成果,在劳动中,人们一直在竭尽全力地研究和发明各种方法和工具,以满足自己的各种欲求,
133 并尽量弥补自身的弱点缺憾。我们最初的建筑雏形是何时出现的?雕刻与绘画是如何经历了这数百年发展的?是谁教会了各个民族使用现在各自所说的语言?若想追溯一般社会使用的格言或政治发明的起源,我不会费心去寻找最先听到它们的时间或国家,也不去搜集其他人的有关言论;但我却会直奔它们的源头,即人性本身,在其中寻找那发明所匡正或弥补的弱点或缺憾。若情况非常模糊不清,我有时还会利用推测找到出路。

霍拉修:你曾根据那些推测去证明自己的观点么?

克列奥门尼斯:没有,我只根据人人皆可在人身上清楚看到的东西,即呈现于这个小小世界中的现象,来做推理。

霍拉修：不用说，你早就想到了这个题目。你愿意把自己的一些猜测告诉我么？

克列奥门尼斯：万分乐意。

霍拉修：请允许我在弄不清楚时向你提问。

克列奥门尼斯：我非常想让你这么做，因为这是在帮我的忙。
一切动物，至少是那些最完善的动物，都被赋予了用于自我保护的 134
自恋，这是无可争辩的。但是，任何动物都不会去爱自己不喜欢的东西，因此每个动物的自赏(Self-liking)都必然胜过对其他一切的喜爱。我认为，这种自赏若不是永远存在，一切动物的自恋便不会像我们所见的那样不可改变了。请你原谅，我这个说法或许很新奇。

霍拉修：既然动物的自赏已经包含了自恋，你又认为动物的自赏不同于自恋，这有何根据呢？

克列奥门尼斯：我要尽力把我的意思解释得更清楚些。我认为：为了增强动物对自我保护的关注，大自然便赋予它们一种本能，而出于这个本能，每个动物的自我评价都高于其实际价值。在我们身上，我是说，在人类身上，这个本能似乎还伴随着一种不自信，它来自一种意识(或至少可说来自一种领悟)，即意识到我们确实过高评价了自己。正是这一点，才使我们如此热衷得到他人的赞许、喜爱和认可，因为它们能巩固和印证我们对自己的好评。这种自赏(请允许我这样称谓它)，虽然并不总能在完善程度相同的每个动物身上清晰地观察到，但依然普遍存在。有些动物需要自
我美化，因而也需要表现自赏的手段。另一些动物则太愚蠢，太倦 135
怠。同样，我们还应当考虑到一点：始终处在同一个环境中、生活

方式变化很小的动物,既没有机会、也没有诱因使它们表现出自赏;动物的活力与生命力愈强,这种自赏的表现就愈明显;在同一类动物当中,动物愈有活力、愈在自己那个物种中出类拔萃,就愈热衷表现自赏。在大多数鸟类中,尤其是在那些能展示格外华丽的羽毛的鸟类中,这一点表现得非常明显。马的自赏表现,比其他任何没有理性的动物都更显而易见,而其中表现最显豁的,要属那些奔跑最快、体格最壮、最健康和最有活力的马。额外的装饰也会使马更喜欢表现出自赏。此外,若马认识的那个人(他为它清洁,照顾它,喜欢它)在场,它也会如此。动物的这种自赏,并非不可能成为动物热爱自己物种的基本原则。牛羊过于愚钝而缺少生机,因而丝毫不能表现出这种自赏。不过,倘若把牛或羊集中起来放牧喂养,因为它们个个彼此最为相像,它们就仿佛都知道它们具有共同的利益和同样的敌人了。我们常能看到结群的牛共同抵御狼
136 群的进攻,常能看到同类羽毛的小鸟一起成群飞翔。我敢说,叫声刺耳的鸱鸮对自己叫声的喜爱,也必定胜过喜爱夜莺的啼啭。

霍拉修:蒙田①的观点好像与你大致相同,因为他曾设想:若让野兽去描绘它们的神,它们便都会把神画成自己那个族类的模样②。不过,你所说的“自赏”,显然就是“骄傲”。

克列奥门尼斯:我想它的确就是骄傲,至少它是骄傲的起因。[我也清楚地知道:这自赏若太过分,并且公开表现出来而冒犯了他人,那便会被视为一种恶德,并被称为骄傲了。但是,倘若这自

① 蒙田(Micheal de Montaigne,1533—1592),法国哲学家,散文作家。——译者

② 见蒙田《散文集》卷二,第269—270页。——译者

赏并不为人所见……我们对它就无以名之，尽管人们以它为原则行事，而并不以其他任何东西为原则行事。

霍拉修：你所说的“自赏”乃是人们正当的、天生的自重；只要它适度，因而能够激励人们做出良好行为，它便非常值得赞赏，便可以被叫作“对赞美的酷爱”或者“对他人赞誉的渴望”。你何不采用这些名称之一呢？

克列奥门尼斯：因为我不想把结果与原因混为一谈。][①]不仅如此，我还相信：许多动物都表现出了这种自赏，而我们往往视而不见，其原因是我们对那些表现缺乏深入的理解。猫洗脸，狗把自己舔得干干净净，这都是在其所能范围内的自我打扮。野蛮人以坚果橡实充饥，没有任何外表的装饰，其表现自赏的诱因和机会便比文明人少不知多少。尽管如此，倘若上百个男性野蛮人都无拘无束地聚在一起，那么，为使自己超群出众，他们用不了半个钟点，便还是会表现出我们这里所说的自赏，尽管他们都吃饱了肚子。其中最具活力者（无论在力量上、头脑上还是两者兼具）将最先表现出自赏。倘若这些人像我们假设的那样，都没有受过教化，那些自赏表现便会酿成竞争，他们势必要经过激烈的争斗才可能达成一致，除非其中某个人具备大大超过侪辈的明显长处。我之所以 137
说男性和都吃饱了肚子，是因为这些人中若有女人，或他们没有吃饱肚子，他们之间的争执便可能是因其他原因而起了。

霍拉修：这的确是一种纯理论的思考。不过，若有两三百名单

① 方括号内的文字为曼德维尔在他的《荣誉之起源》(1732 年)中对此段的扩充。——译者

个野蛮人,从未受过任何治理,有男有女,年龄在二十岁以上,互不相识,只是偶然相遇,你认为他们能够建立一个社会、结成一个实体么?

克列奥门尼斯:我想,那情形当与许多马聚在一起相仿。然而,社会可不是以那种方式构成的。几个野蛮人的家族不可能联合起来,各个家族的首领也不可能为了共同的利益而一致赞同建立什么政府。但有一点是确定无疑的,那就是:在他们当中,尽管已经有了尊卑高下之分,每个男人也都拥有了足够的女人,但在这种蒙昧状态下,人们对力量与胆量的重视不知要比对头脑高出多少。我这里指的是在男人当中,因为女人自我赞赏的依据,总是她们身上那些为男人赞赏的东西。由此,我们便可以说:女人往往会自我欣赏,并且彼此嫉妒对方的俊美;丑陋女人,畸形的女人,以及
138 一切最少受惠于自然造化的女人,全都会最迫切地求助于艺术与附加装饰。一旦知道这会使男人更容易悦纳她们,其他女人很快便会去效法;用不了多久,只要环境许可,她们便会拼命彼此竞争;一个长着非常漂亮的鼻子的女子,依然会嫉妒那个鼻子很丑的邻女,因为后者鼻子上穿了一个环。

霍拉修:关于野蛮人的行为习惯,你说了这么多话,看来这使你非常开心。不过,这与文雅礼貌究竟有什么瓜葛呢?

克列奥门尼斯:它的种子就存在于我已经说过的那种自恋及自赏中。只要想想它们在自我保护中起的作用,想想它们在一种被赋予了头脑和语言、并且会笑的动物身上造成的结果,我们马上便能明白这一点。自恋首先会使这种动物去奋力搜集维持生命的一切所需,使他们穿暖衣服,以抵御空气的伤害,并想尽一切办法

确保自身及其幼儿的安全。自赏会使这种动物去寻找机会，通过姿势、外表和声音表现自我尊重，它超过了对其他所有人的尊重。未受教育的人渴望近旁的每一个人都赞同他对自己的最高评价，而只要其胆量允许，他也会对所有不承认其自我评价者发怒。他 139
若认为哪些人对他有好评，便非常愿意与之相处，对当面夸赞、提出好评者，尤其如此。每当见到他人身上有不如自己的地方，他便会笑；只要他自己的憾事能给他借口，他还会笑别人的不幸；他也会侮辱任何一个招惹他的人。

霍拉修：你说这种自赏被赋予动物，是为了自我保护，而我却认为它会造成伤害，因为它必定会使人们彼此厌恶。我看不出人们从自赏里能得到什么益处，无论野蛮人还是文明人。你说举个例子，说明自赏带来的好处么？

克列奥门尼斯：听你这样问，我很惊奇。难道你忘了：我阐明的许多美德，或许是为了博得赞誉而假装出来的；而一些非常有运气的有头脑者，其好品德完全依靠他骄傲的帮助和怂恿？

霍拉修：请原谅，但你说的都是社会里的人，都是经过了完善教育的人。作为个体的动物，自赏对他有什么益处呢？我很清楚，自恋能驱使他为了自己的生存与安全而劳动，使他喜爱被他认为是有利于其生存的一切；可是，自赏对他到底有什么用处呢？

克列奥门尼斯：我若告诉你，一个人满足了自赏的激情，他内 140
心的快乐与满足乃是能促进他健康的强心剂，你便会笑话我，认为这个说法是牵强附会。

霍拉修：我或许不会笑话你，不过，我会列举那种激情使人产生的许多刻骨铭心的烦恼和心痛欲裂的哀愁，它们来自羞耻、沮丧和其他不幸,而我相信,它们已经把数百万人送进了坟墓,其速度比人们较少受到骄傲的影响时快得多。

克列奥门尼斯:我并不反对你的说法,可是,说这激情本身对人的自我保护毫无作用,这可不算是证据,而只是告诉我们尘世幸福是何等靠不住,凡人的生存环境是何等凄惨。世间万物,没有一种会永远给人带来福气。雨水和阳光给我们带来了现实的一切舒适生活,但也造成了无数灾难。所有捕食动物及上千种其他动物,都冒着生命危险去追觅食物,其中大部分动物都在猎捕食物中丧生。食物丰饶给一些动物造成的致命危害,并不亚于食物短缺给另一些动物造成的致命危害。说到我们人类,每个富庶的国家都人口众多,人们完全不受其他危险的威胁,却往往自毁于过度的吃
141 喝。尽管如此,饥饿和焦渴会驱使动物去追寻并渴望生存必需之物,因为它们没有那些东西便无法生存。这依然是千真万确的事实。

霍拉修:我还是看不出这种自赏能给作为个体的人带来什么好处,而那好处应当使我相信:大自然把这种自赏赋予人类,是为了人类的自我保护。你所说的话有些晦涩。你是否能说出个体的人从心中那条原则获得的一种好处,它既要十分显著,又要清晰易懂?

克列奥门尼斯:由于人人都对这种激情感到耻辱,由于人人都不承认自己怀有这种激情,我们便很难见到这种激情的本色,因为它披上了上千种不同形式的伪装。我们往往受它的影响,自己却还一无所知。不过,这种激情却似乎在不断地为我们提供生活的调味品,即使在得不偿失的情况下,也是如此。人们愉悦时,为了

获得所要享受的满足，心中时刻都存在着大量的自赏，但自己并不知道。习惯沉溺于那种满足的人若要幸福快乐，这种自赏是必不可少的。没有它，他们便品尝不到丝毫快乐。这就是他们对那种激情的遵从和恭敬，而这能使他们对自然最响亮的召唤也毫不理睬，能使他们去谴责最强烈的欲望，只要听说要满足那欲望，必须 142
以牺牲那种激情为代价。我们兴旺发达时，它会使我们的幸福倍增；而我们身处逆境时，它又会激励我们去战胜沮丧。它是希望之母，是我们最好祝愿的起点和终点。它是抵御绝望的最坚硬的盾牌，只要我们还能喜欢自己的处境，无论是当前的环境还是日后的前景，我们就会照料我们自己。只要自赏尚存，任何人都不会下决心自杀。不过，自赏一旦消失，我们的一切希望也会立即随之消失，这时我们除了希望自己死掉之外，什么希望也不会产生，直到最后我们变得对自己无法容忍，于是，我们的自恋便怂恿我们了结这种状况，到死亡中去寻求庇护。

霍拉修：你这里说的是"自憎"（Self-hatred），因为你自己就说过：动物不会爱它不喜欢的东西。

克列奥门尼斯：若反过来看，你便说对了。但这只向我们证明了我时常暗示的那一点，即人是个矛盾体。不然的话，有一种情况就会显得再真切不过了，那就是：无论谁选择了自杀，必定都是为了逃避某种东西，他对那种东西恐惧，已经超过了对他选择的死亡的恐惧。因此，无论自杀者提出何等荒谬的理由，所有自杀行为中还是都包含着一种善待自己的明显意图。

霍拉修：我不得不承认，你这些见解使我感到很有意思。我很 143
喜欢你这番论述，我看到它始终闪烁着现实可能性的宜人之光。

但是,你若认真考虑自己那个推测,你还没有说出任何可以作证的话。

克列奥门尼斯:我曾对你说过,我不会根据那个推测去强调任何观点,不会根据它做出任何结论。然而,无论大自然把这种自赏赋予动物是什么用意,无论除了我们人类其他动物是否也被赋予了自赏,有一点都是确定无疑的,即在我们人类这个物种当中,每一个体无不爱自己超过爱其他任何人。

霍拉修:一般地说,可能如此。但我可以向你保证:根据我自己的经验,这并不是普遍的真实。我时常希望自己能成为泰奥达提伯爵(Count Theodati),你在罗马认识他。

克列奥门尼斯:他这个人的确非常好,极有教养,所以你才希望自己成为另一个他,你只能是这个意思。塞丽娅(Celia)的脸、眼睛和牙齿都很漂亮,但她的头发却是红的,发质也很差,因此,她希望自己有克洛亚(Chloe)的头发和贝琳达(Bellinda)的身材,不过,她依然是塞丽娅。

霍拉修:可是,我的确希望自己就是那个人,就是那个泰奥达提。

克列奥门尼斯:那不可能。

144 霍拉修:怎么,连希望如此都不可能么?

克列奥门尼斯:不错,连希望如此都不可能,除非你希望同时化为乌有。我们的美好希望是针对自我的,因此,我们的对自己的任何改变都附带着一个条件,那就是:这个自我本身(τò),即我们的一个部分,希望依然保留我们自己。这是因为,在你希望时,若去掉你对自己的意识,那就请你告诉我:经过你希望的那番改变之后，究竟是你的哪个部分会变得更符合你的希望呢？

霍拉修：我相信你说的是正确的。不喜爱某种事物，谁都不会希望得到它，而倘若完全是另外一个人，那事物的任何一部分便都成了他无法企及的东西。

克列奥门尼斯：不等那番变化完成，他本人，我是说那个希望者，就肯定已经毁灭了。

霍拉修：可是，我们何时才开始讨论文雅礼节的起源呢？

克列奥门尼斯：马上就开始，而我们不必在这种自赏以外去寻找那个起源，我已经证明人人都具有这种自赏。你只要考虑以下两件事就可以了：其一，那种激情的性质必然使我们得出一个结论，即在既不涉及利害、又不涉及尊卑的交谈当中，所有未受教育者总是彼此憎恨，因为倘若双方一切相等，只要其中一个对自己的评价比对另一个稍高半点，尽管后者依然认为前者与自己平等，两人若都知道了对方的想法，他们便都不会满意。不过，倘若这两人 145
的自我评价都稍高于对对方的评价，他们之间的差异就更大；而他们若把自己的感觉宣之于口，那就会使他们彼此无法忍受。在未文明化的人群里，随时都会出现这种情况，因为没有一种既讲究技巧，又很麻烦的混合物，便无法抑制那种激情的外在表现。我请你考虑的第二件事就是：这种自赏可能造成的不便对那种动物会产生什么样的影响，那种动物具备相当高级的智能，酷爱自己最大的安逸，并且奋力追求它。我认为，只要恰如其分地斟酌这两件事情，你便会发现：自赏必然激起的烦恼与不安，无论以何种艰辛而无效的努力来补救，最终都势必造就出我们所说的良好风度和文雅礼貌。

霍拉修:我想我明白了你的意思。在这种不受束缚的状态下,每个人都受到自我评价的影响,都展示出你所描述的种种最自然的表征。他们都会感到邻人赤裸裸的骄傲是冒犯。在有理性的动
146 物中,这种状况不会持续太久,但从这种行为中反复体验到的不自在,却会使一些人去思考这种行为的起因,时间一长,他们便会发现:他们自己赤裸裸的骄傲表现也像别人的一样令人厌恶,反之亦然。

克列奥门尼斯:你所说的,当然是“制定礼节”这种解决措施的哲学理由,它的目的就是约束人类的行为,其对象是文明化了的人。做这一切不必经过深思熟虑,而在一个很长的时期之内,人们其实已经自然而然地渐渐做到了这些事情。

霍拉修:在人们的自我约束中可以见到显著的自我克制,因而必定会给人们造成麻烦,既然如此,人们为什么还能自我约束呢?

克列奥门尼斯:人在追求自我保护的过程中,为了使自己感觉轻松一些,便发现了一种不懈努力,它于无形中教会了人们在危急关头如何避害。人类一旦被置于政府的管理之下,并且习惯于在法律的约束下生活,依靠经验与模仿,他们在交谈中能学会多少精明、手段和计谋,简直无法置信,而他们却丝毫没有意识到那个迫使他们去行动的天然原因,那就是人们内心的种种激情,它们支配着人们的意志,指导着人们的行为,却不为人们所知。

147 霍拉修:笛卡儿曾把野兽看作纯粹的机器,你也把人看作了纯粹的机器。

克列奥门尼斯：我并没有这个打算①。不过，我赞成一种见解：人依靠本能发现了自己四肢的用途，这正像野兽依靠本能发现了其四肢的用途一样；即使根本不懂几何学或数学，连儿童也能学会完成一些堪称高难技巧的动作，也能进行具有一定深度的思考，也能做出一些精巧的发明。

霍拉修：你看这些行为是从何而来的呢？

克列奥门尼斯：来自那些有益的姿势，即在抵御重力、推拉移动重物时所选择的有利姿势；还来自他们扔石头时轻巧娴熟的姿势，也来自其他投掷姿势，来自他们跳跃时所利用的那种惊人的熟巧。

霍拉修：请你解释一下，什么是跳跃的惊人熟巧？

克列奥门尼斯：你知道，人们做远距离跳跃时，往往会先助跑，然后起跳。可以肯定，这个办法可以使人跳得更远，只是比不助跑的跳跃更费力。其原理也十分明显。身体做出了两种运动，并被这两种运动移动。此刻，跳跃赋予身体的速度必定加上了助跑的
速度。而跳跃者原地站立时，其身体除了跳跃所要求的肌肉力量 148
运动以外，并无其他运动。你会看到：成千的男人和男孩跳跃时都采用这个计策，但没有一个是因为懂得个中理由才去这样做的。

① 法国哲学家笛卡儿的假说认为：动物是没有感觉的自动体(automaton)，或称自动机器。曼德维尔这里采用了法国哲学家伽桑狄(Pierre Gassendi，1592—1655)的观点，认为动物既有感觉、会思考，又是自动体。他认为：自动体有感觉，而人和动物都是机器。他并不认为“野兽与人一样，因此它们不是自动体”，而认为“野兽与人一样，因而这些动物都像自动体那样感觉”。换言之，他认为人与野兽身上都有自动机制。他后来还在《自由思想》(1729 年)一文中更详细地论述了人类自动力。因此，克列奥门尼斯这句回答是言不由衷的。—— 译者

我所说的这个跳跃时利用的计策,我希望你能把它用在解释良好礼貌守则上,数百万人都学会了遵循礼貌守则,却从未思考过礼貌的起源,也没有想过礼貌给社会带来的真正益处是什么。最精明老练、最有心计者无论在什么地方都会为了自己的利益,最先学会如何掩饰骄傲这种激情。用不了多久,便没有一个人显出半点骄傲表征了,无论是邀人赞同,还是向人求助,都是如此。

霍拉修:可以想见,有理性动物不用思索、不用知道自己行为的理由,也都能做到这一点。身体运动是一回事,而运用理智却是另外一回事。因此,悦目的姿势,美妙的举止,泰然自若的风度,总之,一切温文尔雅的外在行为,都是可以学会的,并且或许不假多少思索就能做出来。但是,良好礼貌却要求人们处处遵守,在说话、写作以及吩咐别人去做的行动中,都要遵守。

克列奥门尼斯:有些人从未从那个角度去思考这个问题,对他
149 们来说,礼貌肯定是无法想象的最大不便。依靠心智与实践,依靠不断的努力劳作,再加上多少代人的共同经验,人们可能并且已经创造出了一些礼貌技巧。不过,那些技巧却只能为能力平平者所运用。航行在大海上的第一流战舰,装备齐全,水手满员,是一台何等美丽、壮观而辉煌的机器啊!它的体积和重量都大大超过了人类创造的其他任何运动体,因此,世上再没有任何其他发明能引起如此广泛多样的惊叹与赞美了。英国有许多造船能手的作业队,若有了合适的材料,用不了半年时间,便能够制造装配出一艘头等战舰并使之出海。但有一点却无可置疑,那就是:倘若不把造船作业一步步地划分成更多种不同的劳动作业,那就无法完成造船的任务;同样,那些劳动作业只需要能力平常的工人去完成,这

也是确定无疑的。

霍拉修:你想据此引出什么结论呢?

克列奥门尼斯:有些成就常被我们归因于人的卓越才能与深刻洞察力,其实它们却来自漫长的时间和许多代人的经验。那些成就的其性质与它们包含的睿智,其间差别也很小。制造不同用途船只的技艺,当今已发展得相当完美,为了解其发展必须付出多 150
少代价,我们只要去考虑两点即可:其一,许多显著的技术改进是在近五十年或更少的时间之内完成的;其二,英国人确实在一千八百年以前就制造和使用船只了,从那时至今,他们从未离开过船只。

霍拉修:这一切都有力地证明当今的造船技艺经历了一个缓慢的发展过程。

克列奥门尼斯:勒瑙勋爵写过一本书①,其中讲述了舰船航行原理,从数学角度讲述了船只运作及驾驶的方方面面。这本书让我相信:舰船和航海的最初发明者们也好,后来对舰船任何部分做出改进的人们也好,全都没有想到过是什么使他们做出了发明或改进,就像当今最粗鄙无知的文盲做水手一样,尽管不情愿,时间与亲历还是能造就他们。数千这样的人最初被硬拖上船,很不情愿地留在船上,但用不了三年,他们便熟悉了船上的每一根缆绳,每一个扳手,根本无须费力去研习数学,便学会了数学及其使用,其知识比一位从未到过海上的最伟大数学家的毕生所获完备得 151

① 勒瑙勋爵(Bernard Renau d'Elicagaray,1652—1719),法国造船设计师,船队司令。这本书名叫《舰船制造理论》,于1689年在巴黎出版。—— 译者

多。我提到的这本书谈到了不少令人惊奇的事情,其中讲解了船舵与船身必须保持什么角度才能最有效地控制船只。这一点固然有理,不过,一个十五岁少年当年若在平底船上干一年,也能通晓这方面的全部切实有用的知识。他会看到船尾总是随着船舵运动,于是只去注意舵柄,而根本不去思索船舵。一两年后,他的航海知识和驾船能力便会成为一种习惯,使他能像驾驭自己身体一样,凭直觉去驾船。他驾船时可以半睡,或者思考与驾船毫不相干的事情。

霍拉修:我相信你说的这一切。倘若像你所说的那样,最初发明、后来改进舰船及航海技术的那些人从未想到过依照勒瑙勋爵提出的那些理由去行动,他们便不可能依照那些理由去行动,不会有意识、有计划地把它们当作先验的动机,去引导他们把发明和改进付诸实际。我想,你想论证的就是这一点。

克列奥门尼斯:不错。我还十分相信:最先在艺术、礼貌或者航海方面做出尝试的开拓者们,其实并不知道那些艺术在自然中
152 真正的原因与基础;同样,即使现在这两门艺术已经相当完善,在那些最精通它们、每日都在改进它们的人当中,绝大多数依然像其前人最初一样对其原理知之甚微。但我同时也相信勒瑙先生所讲的道理完全正确,你的见解也像他的一样正确。换句话说,我相信:你对礼貌起源的叙述非常真切确凿,如同勒瑙先生对舰船运作原理的叙述一样。发明和改进各种艺术的人,探究事物来由的人,这两者极少是同一类型的人。探究事物来由的人,大多安逸文静,热衷退隐,憎恶实际生意,以沉思冥想为乐事。相反,在发明及改进各种艺术的人中,最经常成功的是那些积极活跃、躁动进取、辛

勤劳作的人，例如那些亲身耕作、亲自试验、全神贯注在所做之事上的人。

霍拉修：人们通常认为，擅长沉思冥想者最善于做出各种发明创造。

克列奥门尼斯：但这是个误解。制造肥皂、织物染色以及其他行业和奇妙技艺，全都经历过从粗糙低劣的开端到无比完善的发展过程，但是，在对它们的许多改进中，至今仍能被记住的，一般地说都要归功于一些人，他们或自幼研习一行，或长期从事并精通一 153
行，而并不精通化学或其他学问，而人们本会想当然地以为他们精通那些学问。其中一些技艺的操作过程，尤其是给织物染色的操作过程，都极为令人惊叹。依靠火和发酵把各种成分混合起来，便完成了几种操作，而即使最有智慧的自然学家，也无法用任何已知理论去说清那些操作的原理。这就确定无误地表明：那些技艺并不是依照先验的推理发明出来的。一旦大多数人都开始掩藏对自己的高度评价，人们就变得更容易相互容忍了。于是，每天都必须做出新改进，直到其中一些人变得足够厚颜无耻，不但能矢口否认对自己的高度评价，而且能佯称自己对他人的评价高于对自己的评价。这会使人显得谦恭有礼，而阿谀奉承便洪流般地朝他们奔去。他们的不真诚一达到这个高度，便会发现它带给自己的好处，于是自然要把虚伪教给子女。在一切人身上，羞耻这种激情都十分普遍，又早早产生，因此任何民族都不会愚蠢到长期无视它，长期不利用它。可以说，人们也同样地利用了幼者的轻信；即使是为了实现许多善良目的，人们也往往会情不自禁地利用幼者的轻信。
父辈的知识，每个人的生活经验，加上自己年轻时学得的东西，都 154

要传授给子孙后代。每一代人由此学会的东西,都必定比前代人学到的既多且精。依靠这样的办法,经过两三个世纪,礼貌规范便必定会达到臻于完美的地步了。

霍拉修:倘若那些人都走到了这个地步,其余的人便容易想见了。我认为,这是由于礼貌规范不断有所改进,如同其他一切艺术与科学也不断有所改进一样。但是,若从野蛮人算起,人类在礼节方面最初三百年间的进步却微乎其微。古罗马人的开端要理想得多,其国家先有六百年的历史,并且几乎统治了世界,而其后才堪称一个文雅民族。最让我惊异、而现在我已经确信的是:这一切成果的基础竟然是骄傲。使我惊异的另一件事情是:你居然会说:一个民族在根本不知道美德或宗教时也能讲究文雅礼貌。我相信,世上从来就没有过这样的民族。

克列奥门尼斯:请原谅,霍拉修,我根本没有暗示过哪个民族会根本不知道美德或宗教,但我没有理由提到它们。首先,你问我如何看待这个世界对文雅礼貌的运用,却抽掉了对未来状态的思
155 考;其次,礼节技巧与美德或宗教毫无瓜葛,尽管它很少与后两者相悖。礼节技巧是一门学问,它始终建立在我们天性中同一条稳固原则的基础上,无论实施于什么时代和什么地方,都是如此。

霍拉修:既然与美德和宗教毫无瓜葛,又不承认它们,它又怎么称得上与美德和宗教不悖呢?

克列奥门尼斯:我承认,这听起来似乎自相矛盾,但这个说法却千真万确。礼节信条教导人们对一切美德说好话,但在任何时代和任何国家,对美德的要求却都仅仅是流行美德的外在表现而已。在神圣的宗教事务上,人们也无不仅仅满足于符合奉神的外

在规矩，因为世间一切宗教都同样赞成文雅礼貌，只要全民都遵守它。请你告诉我：倘若所有人对一位老师的评价都明显相似，我们又根据什么去判断他呢？全世界文雅礼节的规则都具有同一个趋向，即它们全都不过是以各种不同方式使我们自己为他人接受，并尽量把他人对我们的偏见减到最少而已。依靠这种诡计，我们互相协助，享受生活，追求快乐，在享受能得到的一切美好事物时，每一个人借助这种行为所获得的欢乐，会多于不依靠它时的所得。156
我这里所说的欢乐，其含义是欲望满足的欢乐。回顾古希腊，回顾古罗马帝国，回顾那些在它们之前就繁荣起来的伟大的东方国家，我们会发现：第一，奢侈与礼节总是在共同发展，从未互相分离；第二，地球上文明人士所希求的，始终都是舒适与快乐；第三，他们研究的首要课题，他们最关心的事情，乃是外在的表现，而其目标总是指向获取现世的幸福。因此，用凡人的肉眼看，他们最不关心的，仿佛总是自己来世会变成什么。

霍拉修：感谢你的这番讲话，我很满意你阐述了我本想提出的许多问题。不过，对你说的其他一些话，我必须先花些时间去思考，然后我才会决定等待你的再次来访，因为我现在已开始相信：大多数关于我们人类自己的知识的书籍，要么就充满缺陷，要么就假话连篇。

克列奥门尼斯：对愿意勤奋研读的人来说，任何书籍都没有人类本性这部书更丰富，更忠实。我真诚地相信：你若事先仔细思考过，你自己本来就能发现我向你揭示的每一件事情。不过，若能为你提供一点儿你认为有趣的消遣，我感到非常快乐。

157 四 霍拉修与克列奥门尼斯的第四篇对话

克列奥门尼斯：请进，您的仆人在恭候您。

霍拉修：克列奥门尼斯，现在你该怎么说，你这话难道不是虚礼么？

克列奥门尼斯：这是因为你很讲礼节。

霍拉修：那天人们告诉我你在哪里时，我真想亲自去告诉你谁正在找你，并要你随我到寒舍来。

克列奥门尼斯：这实在是太不敢当了。

霍拉修：你知道我是多么从善如流，用不了多一会儿，你准能教会我把礼貌规矩统统扔到一边去。

克列奥门尼斯：你才是我的好老师。

霍拉修：我知道，你会原谅我。你这间书房很漂亮。

158 克列奥门尼斯：我喜欢它，因为阳光永远照不进它里面。

霍拉修：这房间真不错！

克列奥门尼斯：你我到里面坐吧，宅中的房间里，数它最凉爽了。

霍拉修：正遂我愿。

克列奥门尼斯：我本希望在这之前便能见到你。你思考得太久了。

霍拉修:只有八天嘛。

克列奥门尼斯:你考虑过我那天对你说的那些新见解了么?

霍拉修:考虑过了。我还认为它并非不可能,因为我相信:人来到这个世界上时既没有思想意念,也没有任何知识。所以我已经很清楚一点:一切艺术与科学都必定开始于某个人的脑子里,无论现在其起源已经如何为人们遗忘,都是如此。上次离开你之后,我已对礼貌的起源思考过二十次了。一个尚属通达世事的人,若在未开化民族当中发现了彼此掩饰自傲的最初尝试,那该是一幅多么美妙的场景啊!

克列奥门尼斯:这能使我们知道:使我们惊异的,主要是事物的新颖之处,它们既可能引起我们的反感,也可能获得我们的赞
同;而面对熟悉的事物,我们却往往无动于衷,尽管它们最初作为 159
新事物出现时也曾使我们惊异。你现在正转而相信一个真理,而八天以前你却宁可出一百个金币,也不愿去了解它。

霍拉修:我已经开始相信,我们若在很年轻的时候就看惯了一种事物,日后它便不会在我们眼中显得那么荒唐。

克列奥门尼斯:从最幼小的时候起,我们便受到了一种还算不错的教育,它孜孜不倦、不苟不懈地教给我们各种礼节,例如鞠躬、脱帽致意以及其他行为规范。因此,我们甚至在成年时便很少会把有礼貌的举止看作后天习得的东西,很少会把文雅谈吐看作一门学问。在姿势和动作方面,在言谈与写作方面,有上千种东西被叫作天性使然、轻而易举,而它们却给他人和我们自己造成了无限的痛苦。我们知道,那些东西乃是人为技巧的产物。我知道,舞蹈大师的四肢被弄出了何等难看的肿块啊!

霍拉修:昨天上午我静坐沉思,忽然想起你说的一句话,它让我笑了,而我最初听见时并未仔细思索过它。谈到处于幼稚期的民族一旦开始掩饰其骄傲、便有了初步礼节时,你曾说:每天都必须做出新改进,直到其中一些人变得足够厚颜无耻,不但能矢口否
160 认对自己的高度评价,而且能佯称自己对他人的评价高于对自己的评价。[①]

克列奥门尼斯:可以肯定,那必定是各个地方阿谀之举的先驱。

霍拉修:谈到阿谀谄媚和厚颜无耻时,对世上第一个有脸对与自己身份相同的人说“我是您谦卑的仆人”者,你是怎么想的?

克列奥门尼斯:倘若那句话是个新鲜的奉承之辞,我会更想知道轻信它的骄傲者何以如此头脑简单,尽管我也想知道说那话的小人何以如此厚颜无耻。

霍拉修:那句话当然曾是新的。求你告诉我,你认为究竟是脱帽致意更古老,还是“您谦卑的仆人”这个说法更古老?

克列奥门尼斯:两者都既古老又摩登。

霍拉修:我想脱帽致意更古老一些,因为它是自由的象征。

克列奥门尼斯:我不这样认为,因为说“您的仆人”若尚未实行,第一个脱帽致意的人便不能为人理解。说“您的仆人”若尚未成为一种既定而众所周知的恭维方式,那么,一个人完全可能用脱鞋来表示尊敬,像用脱帽一样。

霍拉修:因此,如你所言,他很可能成为第一个以脱帽表示敬意的人,而不是第一个说“您的仆人”的人。

---

① 见第三篇对话。—— 译者

克列奥门尼斯：到今天为止，脱帽一直是一种众所周知的礼貌 161
之辞的无声表现。请注意习俗以及那些既定观念的力量吧。你我都嘲笑这种古老的荒谬之举，都非常肯定一点，即这种做法必定来自最拙劣的阿谀奉承。可是，我们遇到不太亲密的熟人时，却都不会不脱帽致意，都不会不做出这点礼节。不仅如此，我们若不这么做，甚至还会感到很痛苦。但我们却没有理由相信：说您的仆人这句恭维之辞的做法始于身份相等者之间。其实，它最初是阿谀者对君王说的，后来才渐渐被普遍使用。这是因为，身体、四肢的一切谄媚姿势和卑躬屈节，极可能来自对征服者和暴君的奉承。征服者和暴君使人人都害怕他们，一丁点对抗的影子也会使他们惊恐，而使他们最开心的东西，乃是那些俯首帖耳、毫无反抗的姿势。你知道，那些姿势无不具有这种倾向。它们给人安全感，是无言的努力，意在平息和消除征服者和暴君的恐惧与疑虑，即怀疑自己会受到伤害。面带恭顺，磕头，下跪，深深鞠躬，双手贴在胸前，双手
背在身后，两臂相抱，以及一切能表示“我们既不放肆、又不设防” 162
的恭顺姿态，这些都是显示给在高位者的明显标志和令人信服的证据，仿佛在说：与对他的尊重相比，我们认为自己非常卑微；我们任凭他的摆布，绝无抵抗之念，更谈不上向他进攻。所以，说“您的仆人”和脱帽致意，最初都是对有权得到服从者表示的服从。

霍拉修：经过漫长的时间，它就渐渐变得更为常见，成了一种双方互相致意的礼节。

克列奥门尼斯：我想就是如此，因为我们看到：礼节增加时，致意的最高级形式便成了寻常，于是，向居上位者表示敬意的新形式便被发明出来，取代了旧的。

霍拉修:因此,“阁下”(Grace)这个称呼不久前还惟有对我们的国王和王后才能使用,而现在已经容许用它称呼红衣主教和公爵了。

克列奥门尼斯:“殿下”(Highness)这个字也是如此。现在不仅对国王的儿子,甚至对国王的孙子都可以使用。

霍拉修:“大人”(Lord)这个字的含义中附加的尊贵,在我们英国比在其他任何国家都保留得更好。在西班牙、意大利、高地与低地荷兰,几乎对每个人都可以滥用这个字。

克列奥门尼斯:它在法国的命运要好些,因为在那里,“Sire”
163 (大人)这个字里包含的尊严毫无损失,惟有对君主才能使用。而在我们这里,它已经成了一个敬称,即可以对国王使用,也可以对鞋匠使用。

霍拉修:无论时光使这个字的意义产生了什么样的变化,由于它变得日益完美,恭维还是变得愈来愈不那么直截了当了,而它利用人之骄傲的意图,也比从前掩饰得更巧妙了。当面称赞一个人,在古人当中是很普遍的做法。谦逊是尤其要求基督徒具备的一种美德,我想到这一点,便常常捉摸:教会的神甫们何以能受得了布道时会众对他们的喝彩鼓掌,尽管有些神甫反对这样做,但许多神甫却似乎都非常喜欢听到喝彩鼓掌。

克列奥门尼斯:人性总是相同的。喝彩能使那些竭尽全力、吃遍苦头、耗神费力的人重振精神,效果极佳。反对这样做的神甫们,其实是反对滥用它们。

霍拉修:我们时常能听见绝大部分听布道的人大叫:真有智慧啊,妙极啦,再对不过啦,简直是奇迹,太尖锐啦,简直是天才啊!

他们也告诉布道者自己是东正教徒，有时还称他们是最棒的福音传播者。那场景实在很是古怪。

克列奥门尼斯：当一句话结束时，使用这些词句或许还算过得 164
去；但大多数人却一再地高声重复它们。他们拍手跺脚，其声嘈杂，无论布道讲到什么地方，随时都会被这噪音搅扰，因此，他们听到的布道内容，连四分之一都不到。尽管如此，一些神甫还是承认：这些喝彩声的确使他们非常受用，并且能够安抚人类的弱点。

霍拉修：现在，人们在教堂的行为要规矩多了。

克列奥门尼斯：旧西方世界的异教信仰几乎消失之后，基督教徒的宗教热忱便比以前大为减少了，因为以前有很多反基督教的异教徒。在废止那种时尚方面，宗教热情的匮乏发挥了很大作用。

霍拉修：可是，无论那是不是一种时尚，它想必总是很令人厌恶。

克列奥门尼斯：当今，我们在一些剧场里也能看到观众的反复赞叹、鼓掌、跺脚，以及喝彩的最夸张表现。你想到过么：受人喜爱的演员是否会讨厌这些东西？最高级的精英人士是否讨厌俗众对他们的欢呼声和士兵们刺耳的喊叫声？

霍拉修：我认识一些王公贵族，他们非常讨厌这些东西。

克列奥门尼斯：那是因为他们得到的这些东西太多了；不过，
他们最初可绝不会讨厌它们。操纵一台机器的时候，我们应当考 165
虑其结构的承受力。有限的动物不能领受无限的快乐，因此我们才懂得：快乐若超出其恰当界限便会变为痛苦。不过，只要不违反一国的风俗习惯，那么，任何喝彩的喧哗，其持续只要不超过合理时限，便都不会使人不快。我们时常以喝彩表示赞赏；而听到喝彩时,我们也认为十分得体。然而,若是滥饮,再甘甜的美酒也会令人反胃。

霍拉修:美酒愈甘甜香醇,便愈容易令人感到厌腻,愈不宜恣意滥饮。

克列奥门尼斯:你这个比喻没有错,欢呼喝彩最初会令人陶醉,或许还会继续给人八九分钟无法言喻的快乐。然而,同样的欢呼喝彩若总在持续,全无间断,那么,用不了三个钟头,它便会使人渐次感到中度愉快,无动于衷,大倒胃口,心烦气躁,甚至因厌恶而痛苦。

霍拉修:声音当中必定包含着巨大的魔力,因而能对我们产生如此不同的影响。我们时常会看到这些影响。

克列奥门尼斯:我们从欢呼喝彩中获得的快乐并非来自听觉,而是来自我们对喝彩起因的看法,即对这些声音的起因、即对他人

166 的赞许的看法。在意大利所有的剧院里,你都可以听到:当全体观众都要求安静和集中注意力时,那就是在用约定俗成的方式表示善意与赞许,而他们此时发出的声音很接近我们的嘘声,与我们的嘘声几乎毫无区别,而嘘声却是我们表示厌恶和轻蔑的最鲜明标志。毫无疑问,对库佐尼来说,更悦耳的是对福斯蒂娜喝倒彩的尖叫声,而不是她听到的这个得意洋洋的对手技艺最高超的声音[①]。

① 弗朗西斯卡·库佐尼(Francesca Cuzzoni)和福斯蒂娜·波多尼(Faustina Bordoni)是德国音乐家亨德尔(Handel)在英国皇家歌剧院先后聘用的女歌唱家,但二人互不服气。1726年5月,二人曾同台演出亨德尔的歌剧《阿莱桑德罗》(*Alessandro*)。在歌剧院,观众分成两派,分别为自己支持的演员喝彩,并向另一个喝倒彩,引起骚乱。二人在台上大打出手,彼此撕扯头发。(见斯特莱菲尔德著《亨德尔传》,1909年版,第98—104页。)—— 译者

霍拉修：那实在太令人厌恶了！

克列奥门尼斯：土耳其人用绝对的肃静表示对他们君主的尊敬。土耳其后宫严格执行这种礼仪，而愈接近土耳其苏丹的寝宫，这个礼仪就执行得愈严。

霍拉修：这种肃静，当然是满足骄傲之心的一种更文雅的方式。

克列奥门尼斯：这一切都取决于时尚和风俗。

霍拉修：可是，为满足一个人的骄傲而提供的无声礼物，即使没有丧失听觉，也照样可以为他享用；而欢呼喝彩却做不到这点。

克列奥门尼斯：在满足骄傲之情上，这太微不足道了。我们从放纵欲望中获得的快乐，要超过其他任何快乐。

霍拉修：可是，肃静所表达的尊崇与敬重，却比喧哗更强烈，更深刻。

克列奥门尼斯：它对平息怠惰者的骄傲很有效，但活跃进取者 167
却喜欢唤起骄傲之情，即使它得到了满足，也依然让它保持活跃，并且无疑会比前者更赞成喝彩喧哗。然而，对这两种方式，我并不打算做出臧否，而宁可全都予以赞同。为了激励人们行为高尚，古希腊人和古罗马人习惯于喝彩喧哗，并且都获得了巨大的成绩。奥斯曼帝国的人则素以肃静去满足骄傲，这使他们成了惟命是从、忠实恭顺的奴仆，而这正符合其君主的要求。在一人大权独揽的情况下，沉默或许更有效果；而在臣民享有一定自由的情况下，喝彩喧哗或许更有效果。只要善加理解，善加利用，这两种方式都是迎合骄傲的有效手段。我认识一个非常勇敢的人，他习惯于战场上的呐喊，响亮的喝彩鼓掌能使他快乐万分；但他有一次却对自己的男管家大发雷霆，因为后者收拾餐具时弄出了一点点响声。

霍拉修:那天,我的一位老姑妈解雇了一个极聪明的下人,因为他没有踮起脚尖走路。我也必须承认:男仆的沉重脚步声,仆人们一切不合礼仪的大呼小叫,都会使我感到极为厌恶,尽管此前我从未思考过那是因为什么。你我上次交谈时,你描述了自赏的种种表征,讲到了未开化者的自赏会有哪些表现,其中你提到了笑。我知道,笑是我们人类独具的特点。求你告诉我:你是否认为笑也来自骄傲呢?

168 克列奥门尼斯:霍布斯就赞同那个观点①,并且,笑大多来自骄傲。不过,这个假说仍旧无法解释一些现象。所以我宁可说:笑是一种无意识的动作,当我们不明原因地感到快乐时,自然就会笑。我们若感到自己的骄傲得到了满足,若听见或看见自己欣赏或赞同的事物,若放纵了其他任何激情或欲望,而使我们高兴的原因又显得正当而有价值,我们便不仅仅会发笑了。但是,倘若事物或行为非常古怪,越出了常轨,又碰巧使我们高兴,而我们又说不出其原因何在,它们通常也会使我们发笑。

霍拉修:我宁可相信你的见解就是霍布斯的观点,因为使我们发笑的事物,大多都会使他人感到多少有几分羞愧,使他人感到不自在,或是会伤及他人。

克列奥门尼斯:可是,你又怎么看待呵痒呢?连又聋又瞎的婴

① 英国哲学家霍布斯(Thomas Hobbes,1588—1679)在其著作《人的本性》中指出:“笑的激情不是别的,而只是一种突然产生的优越感。通过与他人弱点做比较,或通过与以前的自己做比较,我们心中突然意识到了自己的某种长处,这种优越感便被激发……因此,无怪我们非常厌恶他人的嘲笑,换言之,我们非常厌恶他人胜过我们。”(见摩莱斯沃思编《霍布斯文集》卷四,第45—47页)霍布斯说的“笑的激情”显然是指审美范畴的喜剧感,与作者后面说的因呵痒而笑无关。—— 译者

儿也会因被呵痒而笑。

霍拉修:你能用你的理论来说明产生这种现象的原因么?

克列奥门尼斯:我对自己的解释并不满意,但我会尽量向你解释。经验告诉我们:一般地说,皮肤愈光滑,愈柔软,愈敏感,人就愈容易被搔痒。我们也知道:用粗糙、尖利和坚硬的东西去接触皮 169
肤,我们甚至在感到疼痛以前就会感到不快;相反,若用柔软光滑的东西去接触皮肤,则不但不会惹人厌恶,反而会使人愉快。轻柔的接触会同时影响到几根神经,其中每一根都会产生舒适感,因此便可能造成一种混合快感,而那便是笑的契机。

霍拉修:但是,你何以认为自发的快感中存在着无意识的动作呢?

克列奥门尼斯:无论我们自称自己形成意念时的行动多么自由,那些意念对身体的影响却不受人的意志的支配。与笑最直接对立的,莫过于不悦了。不悦使额头产生皱纹,使双眉紧蹙,使嘴唇紧闭。而笑则截然相反,你知道,*exporrigere frontem* [①]就是拉丁语里表示"愉快"的短语。人们呼气时,胸腹部肌肉会向内牵拉,横膈膜则被拉到高于平时的位置。而用力吸气时,我们仿佛在努力挤压心脏(尽管不会奏效),用那种挤压的姿势吸入尽可能多的空气。我们呼气时也像吸气时一样用力,吸气时使用的所有肌肉 170
突然同时放松。大自然的这种设计,当然是为了服务于人类自我保护的劳作,那劳作乃是大自然强加给我们的。一切能叫出声音、能因苦恼、疼痛以及危险迫近而抱怨的动物,其动作是何等下意识

① *exporrigere frontem*,(拉丁语)舒展的额头。—— 译者

啊！在巨大的痛苦中,大自然所做的种种努力非常剧烈,乃至能使挫败天性,她吩咐我们用声音将真实感觉隐藏起来,我们被迫撅起嘴巴,或者深深地吸气,咬着嘴唇,或让双唇紧闭,用最有效的办法阻止气息呼出。我们因悲痛而叹,因欢乐而笑。笑时给呼吸稍加压力,而在其他任何时候,这种情况并不经常出现。所有外部肌肉和体内的一切都很松弛,似乎除了笑的痉挛性振动传达给它们的运动之外,全无其他任何运动。

霍拉修:我见过有些人会笑得耗尽气力。

克列奥门尼斯:我们看到:叹气时这一切情况是何等截然相反！疼痛或深重的悲哀使我们放声痛哭时,我们的嘴巴就咧成了圆形,或至少是椭圆形,双唇突出,互不相碰,舌头缩进。因此,各
171 个民族的人在惊叹或叫喊时才都发出“啊”(oh)的声音！

霍拉修:为什么呢?求你解释一下吧。

克列奥门尼斯:因为当嘴巴、嘴唇及舌头保持这种姿势的时候,它们既发不出其他元音,也根本发不出任何辅音。笑的时候,嘴唇回收,嘴巴咧得最宽。

霍拉修:我认为你不该过分强调这一点,因为哭泣的时候情形也是如此,而哭泣无疑是悲哀的标志。

克列奥门尼斯:人在极度痛苦时,心脏承受着极大压力;人们往往极力抗拒焦虑,少数人会因焦虑而哭泣。不过,人们哭泣却可以减轻压力,并能使压力显著缓解,因为人在哭泣时会解除抵抗。悲痛的哭泣并不算是悲哀的标志,因为它是在告诉我们:我们再也无法继续克制自己的悲哀了。因此,哭泣才不被看作男子汉的行为,因为它似乎表明我们已经丧失了所有力量,是对悲哀的屈服。

然而，在成年人，哭泣这个动作本身却并非悲痛所独有，人们高兴时也会哭泣。有些人虽然在巨大的悲痛中表现得极为坚强，在最大的不幸中也绝不哭泣，却会在观看一出动人戏剧的场景时由衷地哭泣。有些人很容易对一种事物激动不已，另一些人则更容易受另一种事物的感动。不过，无论使我们大受感动的是什么事物，它都会征服我们的头脑，促使我们哭泣，因而成为哭泣的无意识起
因。所以说，除了悲痛、欢乐和怜悯，其他一些与我们毫不相关的 172
事物也会影响我们，例如：讲述惊人的事件，上天对美德的突然照拂，英雄事迹，慈善之举，恋爱，友谊，面对巨大危难，或者听到、读到人类的高尚思想与情操。这些事物若是突然传达给我们，而传达的方式为我们所悦纳，又在我们的意料之外，并被表达得栩栩如生，就更容易对我们产生影响。我们还看到：最容易因这些毫不相关的起因而洒泪的，是那些富于心智、心有灵犀的人，而其中那些最仁厚、最慷慨和最率真者，则最容易洒泪。相反，愚钝者、残忍者、自私者及工于心计者，则极少被那些事物所打动。因此，真正的哭泣向来都是一种真切而无意识的标志，它表明某种事物打动并征服了心智，无论那是什么事物。我们也发现：外界的暴力，例如疾风、浓烟、洋葱的臭味，以及其他挥发性的刺激气味，等等，都会影响人体泪腺导管及腺体暴露的外围神经，于是，突然肿胀与精神压迫便会作用于内部组织。在种类无限、构造不同的有生命动物身上，上帝的智慧体现得最为显著。这些动物身体的每一个部
分都出于独具匠心的设计，都能最精确地适用于不同的既定目的。173
人体首先是一件最令人惊叹的艺术杰作。解剖学家大概完全通晓所有的骨骼、韧带、肌肉和肌腱，并且能非常准确地分解每一根神

经,每一块膈膜。同样,博物学家也可能非常深入地研究人体的内部运作,研究健康与疾病的不同表征。他们都会赞叹人体这台奇妙地机器。但是,若不精通几何学和力学,任何人都不会领悟到那工艺本身有何等精巧,何等高妙,何等美丽;即使对那些他能见到的人体器官,也是如此。

霍拉修:数学被引入医学到底有多久了?我听说,医学这门技艺正是借助数学才具备了高度的确定性。

克列奥门尼斯:你所说的完全是另外一件事情。你若指的是治病的技艺,那我便要说:数学与医术从未有过任何牵连,也不可能有任何牵连。人体结构与人体运动大概能从力学的角度加以说明,而一切体液都服从于流体静力学规律(Laws of Hydrosta-
174 ticks)。然而,我们若想发现无限远离视线的、全然不知其形状及大小的事物,数学的任何部分都毫无帮助。医生也和其他人一样,对不同疗效及性状的物质的药理及成分一无所知,对用做草药的物质的汁液、因而连同用它们做成的一切药物,也都一无所知。再没有比医术更缺乏确定性的技艺了。在医术中,即使最有价值的知识也无不来自观察,并只能来自观察。有才能、注重实用的人若研究医术,惟有经过长期而审慎的体验,才可能具备那些知识。但是,说数学帮助了医术,或者说数学在治病方面有用,这却是个欺骗,如同教友派的文章、卖艺人的帮手一样使人误入歧途。

霍拉修:可是,骨骼、肌肉以及人体一些更显眼的部分都具备了非常高超的技能,因此,难道我们没有理由认为:人体中那些我们无法感知的部分也生就了同样高超的技能么?

克列奥门尼斯:我毫不怀疑这一点。显微镜已经为我们打开

了一个新世界，而我几乎不会认为：大自然竟然会在我们无法跟踪
到她的地方停止运作。我相信：我们思想和心思的好恶对人体某
些部分的影响，要比我们迄今所发现的更实在，更下意识。在它们 175
对眼睛和面部肌肉的显著影响当中，有意识成分必定显现得最少，
因此我才提出以上那个见解。与男人们在一起时，我们处于警戒
状态，而往往保持着自己的尊严。我们嘴唇闭合，下腭合拢，嘴部
肌肉略微绷紧，脸的其余部分始终保持在原位。你若带着这副模
样走进另一个房间，见到一位温存亲切、举止从容的年轻美女，那
么，不等你想到，你的表情就立即会不可思议地产生变化。你还未
意识到自己脸上有了变化，你的表情就早已是另一副模样了。此
刻看到你的人都会发现：与方才相比，你表情中的温柔成分更多，
严厉的成分更少了。我们让下颚下垂的时候，嘴巴便会略微张开。
这时，我们若茫然地望着前方，并不特别注意观看什么目标，换言
之，我们若是让面部松弛，不给面部肌肉施加任何压力，那么，我们
的面容便可能非常接近自然状态。婴儿尚未学会吞咽唾液时，嘴
巴通常都是张开的，并总是淌口水。婴儿尚未具备智力、头脑尚处
于混沌状态时，其面部肌肉其实是松弛的，其下颚是下垂的，其嘴唇
也是放松的。至少，在这个时期，我们在婴儿脸上观察到的这些现 176
象比后来要多。人到耄耋之年，智力衰退，这些现象便会再度出现。
此外，在绝大多数痴呆者脸上，只要他们活着，便始终都能观察到这
些现象。因此，一个人的行为若非常愚蠢，或说起话来如同天生的
傻瓜，我们会说他“wants a Slabbering-Bibb”（关不住口水）[①]。想

① 直译为“缺少截水龙头”，这是一句形容傻子流涎的俗语。—— 译者

到这一切,再想到世上最易动怒的是呆子,最不受骄傲支配的也是呆子,我便要问:我们面部那种体面表情里,是否包含着某种程度的自赏呢?这种自赏下意识地影响着我们,并且仿佛在帮助我们。

霍拉修:我无法解答你。我十分清楚的只是,关于人类下意识机制的这些推测,使我发现自己的有关知识甚为贫乏,我实在不明白,你我何以会谈到了这个话题。

克列奥门尼斯:你要探究人类爱笑的根源,而谁都无法说明爱笑的原因;即使稍带确凿成分的原因,也无法说明。在这种情况下,每个人都可以随意猜度,所以,人们除了从中得到早已形成的种种偏见之外,得不出任何结论。然而,我为你提供这些不成熟的
177 思想,却意在使你领悟大自然的作品是何等神秘莫测。换句话说,大自然的作品随处可见,无不蕴含着显而易见的力量,而人类的智能却无法领会。不倦的观察、审慎的体验和以归纳的事实为依据的论证,以此获得的有用知识,要比依靠直接谈论终极原因、根据先验前提进行推理的傲慢尝试获得的更多。即使对大自然的时钟机构一无所知,并从未深入其内部,也能依靠洞察力发现其运动的原因,我不相信世上哪个人具备这样的睿智。但任何能力中常者,却肯定都能仅仅依靠外部的观察而看出:大自然的时钟机构万分准确,与时间同步,而这来自某种无形的奇妙工艺的精确性;其指针的运动,无论停留在与之相应的哪个数字上,其最初起因都是时钟内部某种东西的首先运动。同样,我们还可以断肯定:思想对身体的影响非常显著,因此,它便能通过联系而产生一些动作,因而那些动作是下意识的。不过,这种操作所使用的那部分身体器官和手段,却是我们的感官远远无法感知的。这些动作具有异常惊

人的迅速性，我们的能力永远无法察觉它们。

霍拉修：可是，灵魂的作用不正是思考么？它与下意识机制有 178
什么关系呢？

克列奥门尼斯：不能说人体内的灵魂的作用就是思考；这就像不能说建筑师的作用就是建造房屋一样，因为造房子的是木工和泥瓦匠等人，而建筑师则用粉笔画线并监督施工。

霍拉修：你认为，灵魂更直接地寄寓在大脑的哪个部分？换言之，你是否认为灵魂分散在整个大脑中？

克列奥门尼斯：我对此所知道的，已经全对你说了。

霍拉修：我清晰地感到：思考的运作乃是一种劳作，但它至少是我头脑里的某种运作，而不在我的小腿或胳膊里。请告诉我：我们从大脑的解剖学那里得到了哪些真知灼见呢？

克列奥门尼斯：在有关大脑的知识里，没有任何先验的东西。最高明的解剖学家的知识，并不比屠夫学徒的更多。我们可能赞叹大脑硬膜和脑脊软膜奇妙地一致，赞叹包围着大脑的血管及动脉的交织密网，可是，一旦把它们切开，我们便只能看到数对神经
及神经根，只能观察到一些形状各异、大小不同的腺体，而它们与 179
大脑质地不同，这一眼便能看得清清楚楚。最好的博物学家若注意到了这些，并且用不同名称把它们区分开来，其中一些名称并不十分恰当，更谈不上精确，他就必定会意识到：即使在这些较大的可见部分当中，除了神经及血管之外，能用以大致解释大脑运作原因的东西也很少。不过，对于大脑本身的神秘结构以及大脑更为深奥的运作机制，他却一无所知。但是，整个大脑却似乎是一种髓状物质，其中致密地储藏着无数无法看见的细胞，它们按照一种无

法想象的次序分布在大脑里,簇集在一起,其种类繁多的曲折盘绕,令人困惑。博物学家或许还会补充说:有理由认为,这就是人类知识的庞大储库,人类忠实的感官不断获取无比丰富的意象,并把这些宝藏储存在其中。正是在这个器官中,精力被从血液中分离出来,然后升华为几乎没有实体的微粒;其中最微小的粒子不是一直在寻找那些保留下来的意象,就是以各种不同方式保存那些意象,穿过那种奇特物质的无数褶皱,不停地完成着那种无法解释的运作,而这种运作的深思熟虑,连最杰出的天才也会为之惊叹叫绝。

180 霍拉修:这些推测固然都非常美妙,但什么也证明不了。你说过,大脑物质实在太微小,因此我们对其运作一无所知。可是,光学镜片若有了更大的改进,若能发明一些显微镜,能把对象放大到目前的三四百万倍,那些微粒显然便可以被观察到了,只要那些完成大脑运作的东西哪怕具备一丁点实体即可。而目前,这些微粒还远远不能被你所说的那些感官察觉到。

克列奥门尼斯:这样的改进是不可能的,这一点可以得到证明。但即使能做到这些改进,我们从解剖学那里得到的帮助依然会很少。动物活着的时候,我们无法见到其大脑,也无法深入到其大脑中进行研究。你就是把一只钟表的主发条拆下来,掏出表芯,只剩钟表外壳,也不可能发现究竟是什么使它运作、指示时间的。我们可以检查钟表的所有齿轮,检查其他每一个属于钟表运动或动作的部分,并或许能找出它们在转动指针方面的用途;但是,这种运作的终极原因却将永远是个谜。

霍拉修:我们体内的主发条就是灵魂,它是非物质的,是不朽的。可是，那些有着与我们类似的大脑、却没有非物质的不朽灵魂的动物，其主发条又是什么呢？你不认为狗和马也会思考么？ 181

克列奥门尼斯：我相信狗和马会思考，尽管其思考的完善程度远逊于我们人类。

霍拉修：它们体内主管思考的到底是什么呢？我们到哪里才能找到它呢？它们的主发条究竟是什么呢？

克列奥门尼斯：我只能回答你说：那就是生命。

霍拉修：什么是生命？

克列奥门尼斯：人人都懂得这个字的含义，尽管或许谁都不知道生命的本源是什么，而它使人体所有其他部分运动。

霍拉修：对一切已经知道无法了解其究竟的事物，人们的见解一向都是莫衷一是，并且，人人都竭力把自己的观点强加给别人。

克列奥门尼斯：若有傻子或者无赖，他们确实会如此。但是，我可没有把自己的观点强加给你。我已经告诉过你；我关于大脑运作的议论只是一种推测。你若认为它不合情理，我也只好作罢了。一种事物的本质若没有任何外在表现，你就不要指望能去证明它。动物呼吸停止、血液不再循环时，其体内情况便与其肺脏还在活动、血液及体液还在周身充分运动时大为不同。你见过蒸汽 182
机，你知道，驱动引擎的就是水蒸气[①]。动物死后，我们无法看见那些承担大脑运作的飞逝微粒；而当引擎熄火，水也冷却时，我们却依然可以看见引擎里的蒸汽，它们承担着全部运作。尽管如此，若让一个人去看并未工作的引擎，并向他解释引擎的工作原理，他

① 在作者写作本书的时代，蒸汽引擎刚刚在英国投入实际使用。——译者

心中又完全理解水经加热能化为蒸汽,却仍不相信那种解释,这还是格外无法令人置信。

霍拉修:可是,你不认为灵魂是各不相同的么?它们难道都是同样地好或同样地坏么?

克列奥门尼斯:对于物质和运动,至少对于我们使用这两个词时所指的东西,我们有一些尚能为人接受的见解。因此,我们能够形成对有形事物的见解,尽管我们的感官无法把握它们。我们能想象出只有我们肉眼(甚至借助最好的显微镜)能看见的一千分之一大的物质部分;可是,灵魂却完全无法为感官把握;对它未向我们揭示的东西,我们的确切了解实在是少而又少。我相信:人
183 与人之间的能力差别基于人们之间的差异,并且完全归因于这种差异,它或者是构造上的差异(即人体稳定结构精确程度的大小),或者是在利用这种构造上的差异。新生儿的大脑是个 *Charte Blanche*[①],何况,你也曾正确地提到过:我们的意念无不来自我们的感官。我对此毫不怀疑。但我认为:在灵魂的支配下,精力以无法想象的飞快速度,追踪、连接、分离、改变及合成着各种意念,而思维活动就存在于精力在大脑中的这种查找当中。因此,婴儿满月后,我们所能做的最好的事情,除了喂养和使其不受伤害之外,便是从训练两种最有用的感觉(即视觉与听觉)入手,使他们吸取种种意念,让他们的大脑开始进行这种运作,并通过我们的示范,鼓励他们在思维上模仿我们,而婴儿的思维活动最初是很差的。

① *Charte Blanche*,(法语)空白登记册,指心理学所说的"心灵白板"。英国哲学家洛克(John Locke)认为,人出生时不具备任何知识,人类的头脑是一个空白登记册(拉丁语:tabula rasa),而知识是后天习得的。—— 译者

由此可见，对健康婴儿说话愈多，在他们面前的活动愈纷繁，对他们便愈有益处，至少在婴儿两岁以前是如此。为照料婴儿、使之接受这种早期教育，我宁愿选择一个活泼的年轻村姑，也不选择世上最聪明的年长保姆，因为前者的舌头永远没有休息的时刻，她总是围着婴儿转；婴儿醒着的时候，她从不停止逗他开心，从不停止和他玩耍。若负担得起，雇用两至三名这样的村姑会要比只雇一个更好，因为这样一来，她们便可以轮流休息。

霍拉修：这么说，你是认为儿童从保姆们那些愚蠢的闲聊里获 184
益匪浅了？

克列奥门尼斯：那闲聊对儿童的益处简直无法估量，既能教会他们思考，也能教会他们说话，其收效比她们虽有闲聊之才却不闲聊更快、更好。她们的任务就是尽量运用那些机能，使婴儿不断忙于和她们周旋，因为这个时期所丧失的良机，永远也无法追回。

霍拉修：尽管如此，我们还是很少记得自己两岁以前的所见所闻。那么，倘若儿童们从未听到过那些闲聊，其损失是什么呢？

克列奥门尼斯：打铁要趁其热且柔软之时，同样，教育儿童要从幼年开始，因为那时他们的全身肌肉、每一根血管、所有的肌体组织都是柔软的，比日后更容易接受轻微印象的影响。在幼儿身上，骨骼大多还是软骨，而大脑本身也比日后柔软得多，呈流体状态。正由于这一点，幼儿才不能像日后那样较好地保留所获意象，他们的大脑物质后来将变得比较坚硬。然而，由于先前获得的意象已经丧失，新印象便会不断接替它们。大脑最初被用作各种口令的记录板，或是一个供操作的采样器。婴儿应当学会的，首先就是自我表现的行为，即练习说话，并养成一个习惯，即储存各种意 185

象，迅速而灵巧地支配已保留意象，以达到既定目的。养成这个习惯的最佳时期，莫过于大脑物质柔顺、各个器官也最灵活而柔顺的时期。因此，只要婴儿全力练习思考和说话，无论他们想什么和说什么，全都毫无害处。在活泼的婴儿身上，我们很早就能从他们的眼睛中发现：即使还做不到，他们也已经在努力地模仿我们；他们的大脑在从事这样的练习，他们尽量尝试着思考，并竭力说出一些单词。从婴儿不连贯的动作上，从他们说出的那些格外荒谬的话语中，我们便可以得知这一点。不过，良好思考中包含的努力，要比清晰讲话中包含的更多一些，因此，良好的思考便成了最重要的事情。

霍拉修：真怪，你居然谈到了幼儿教育，并且如此重视一种我们极为自然地具备了的事情，它就是思考。对一切人来说，思考都是一件再轻松不过的事情。“疾如思想”就是一句成语。不用片刻工夫，一个愚蠢的农夫便能让自己的思想从伦敦转到东京，就像最伟大的智者一样轻而易举，毫不费力。

克列奥门尼斯：尽管如此，还是没有任何事情能像进行思考时一样，使人们之间呈现出如此巨大的差别。与我所说的这种差别相比，人们在身高、体型、气力及美貌上的差异简直微不足道。世
186 上再没有任何东西能比思考的娴熟自如更有价值，更能清晰地表现于人们身上了。两个人可能具备同等的知识，但其中一个所做的即兴发言，另一个则需要精心准备两个钟头才行。

霍拉修：我可以肯定，只要知道如何用更少的时间做准备，谁都不会为了一次发言而精心准备上两个钟头。因此，我不知道你根据什么假定这样两个人具备同等的知识。

克列奥门尼斯：知道这个字有两层含义，而你似乎没有注意到

这一点。你见到一把小提琴时知道它是小提琴，这与你知道如何演奏它可大不相同。我所说的知识属于前一种。你若从那个意义上去看这个问题，就必定会赞成我的观点，因为无论怎样的钻研，都无法从大脑中取出里面本来没有的东西。假定你用了三分钟想好了一封短信，而另一个人虽然也会写信，并且写得和你一样快，却用了大约一个钟头才想好同样的短信，那么，我便能清楚地看出：那个思维缓慢者的知识和你一样多，至少他没有显示出知识比你少；他获取的那些意象虽然与你相同，他却不能找到它们，或至少是不能像你那么迅速地按照短信的次序把它们配置在一起。两
篇同等美妙的习作，无论是散文还是韵文，倘若我们肯定其中一篇 187
是即兴之作，而另一篇是两天劳作的成果，那么，那即兴之作的作者的天赋才能便超过了另一个，尽管我们必定知道这两人的知识一样多。因此你看：作为大脑获得的丰富意象的知识，与作为需要时找出那些意象、使之随时为我们的目的服务的知识（或称技能），两者是不同的。

霍拉修：我们知道一个事物，却不能随时想起它，我曾以为这是记忆的过错。

克列奥门尼斯：记忆的过错要对此负一部分责任。不过，有些人博览群书，记忆力也非常好，但对事物的判断力却很差，或很少能准确恰当地谈论事物，或说出来时已经为时太晚。在 *Helluones librorum*[①] 当中有些可怜的书虫，读起书来胃口无边，却食而不化。在大型图书馆里，我们时常可以遇到许多饱学的傻瓜，从这

① *Helluones librorum*，（拉丁语）读书过量者。——译者

些人的著作看来，他们把知识储存在头脑里，其方式想必十分近似把家具放置在架子上。对他们来说，大脑中储存的珍贵知识犹如重负，而不是一种能带来荣耀的东西！这一切都源自思考机能的一个缺点，一种笨拙，源于缺乏一种才能，即运用既得概念、以争取最佳收益之才。相反，我们也看到另外一些人，他们的头脑虽然很
188 好，却根本不读书。若接受了同等的教育，大多数女人都比男人更快接受创新，更具应答的急智。我们看到其中一些女人在交谈方面遐迩闻名，若想到她们又很少有机会去获得知识，这种情况实在令人惊异。

霍拉修：但是，这些人却极少具备明智的判断力。

克列奥门尼斯：那只是由于她们缺少练习，缺少实际应用，且不够刻苦而已。思考深奥的事物，这不属于女人的生活领域。女人通常被放置的那些位置，已经为女人找到了其他的工作。然而，没有一种脑力劳动是女人不能从事的；至少，在获得同等帮助的条件下，女人也能像男人一样从事脑力劳动，只要她们着手去做并坚持到底即可。明智的判断力不过是这种脑力劳动的结果罢了。一个人若尽力仔细分析事物，将事物放在一起做比较，以抽象概括、不偏不倚的方法去思考事物，换言之，他考察两个命题时，若仿佛并不在乎哪个命题是真，而不带偏见，把全部脑力贯注于命题的每一个部分，全面地考察同一个事物；他若时常这样去做，我会认为：*caeteris paribus*①，此人便很可能获得我们所说的“明智的判断力”。与造就男人的工艺相比，造就女人的工艺似乎更优雅，更完

① *caeteris paribus*，(拉丁语)(若)其余条件相等。——译者

美；女人的容貌更精巧，声音更甜美，其整个外表也更精致。男女皮肤的差别，则犹如细布与粗布的差别。因此，我们没有理由认 189
为，大自然只造就了女人这些我们能看到的优点，而在造就女人大脑时，却并没有像造就其外表时那样精心；大自然赋予女人美妙的身体结构和高度精确的组织构造，这在她们身体的其余部分都展示得非常明显。

霍拉修："美"是女人的属性，而"力"则是男人的属性。

克列奥门尼斯：大脑的那些微粒无论怎样细小，都包含着一些意象，都在协助思考的运作。在身体构造的契合性、对称性和精确性上，人与人之间必定存在着差别；这正像人们较大的肢体之间也存在差别一样。因此，女人胜过我们男人之处乃是其器官的精良，无论是器官的协调性还是柔韧性，都超过了男人，而这在思考艺术中都至关重要，并且是惟一堪称天赋才能的东西，因为我所说的这种依靠实践的才能，乃是与恶名一起获得的。

霍拉修：造就女人大脑的工艺，比造就男人大脑的更为精巧，
因此我猜：造就牛羊犬马大脑的工艺大概是无比粗糙。 190

克列奥门尼斯：我们没有理由不这么想。

霍拉修：无论怎样，那个自我，即发出意志及愿望、对事物作出选择的那个部分，都必定不具备什么实体，因为若具备实体，它就必定要么就是单一的微粒（而我几乎可以肯定它不是），要么就是许多微粒的复合体，而这简直使人无法想象。

克列奥门尼斯：我不否认你的话。况且我已提到过：在一切动物身上，思考与行动的本源都是无法解释的。但是，即使说这本源不具有实体也无济于事，并不能解决解释或设想它时的困难。我

们肯定的一个 *a posteriori*[①] 命题是:无论这个本源是什么,它与身体之间必定存在一种双向的接触。而非物质实体与物质之间的相互作用,正如说思想可能是物质与运动的结果一样,都是人类的能力所无法领悟的。

霍拉修:虽然其他许多动物都似乎被赋予了思想,但除了人以外,在我们熟悉的动物当中,我们不知道有哪一种表现出了(或看上去能够)意识到自己在思考。

克列奥门尼斯:若无法观察到动物的各种性质,我们便很难确定动物究竟是否具备某些本能、特征和能力。不过,动物身体机器
191 那些主要的、最必需的部分,却很可能不如人体机器的那样精巧复杂,因为在动物身上,那些部分在三年、四年、五年,至多在六年之内便能发育到最完善的程度;而在人身上,它们在这么短的时间里几乎还没有成熟;要经过二十五年,人体的这些部分才能发育成熟并具备充分的力量。一个五十岁的人能想起自己二十岁时做过的事,想起自己曾是个男孩、曾有过哪几位老师,这种意识完全要依赖记忆,并永远无法追溯到底。换言之,倘若尚不善于思考,大脑尚未处于恰当的协调状态,尚不能长久地保存所获意象,那么,任何人都不会记得两岁以前的自己,不会记得两岁以前遇到的任何事情。然而,这种回忆无论溯及多么遥远的以往,它使我们产生的自我了解,其确切程度都不及另一个人对我们的了解,他自幼与我们一起长大,而我们见不到他的时间,从不会超过一星期或一个月。儿子三十岁时,母亲比儿子更有理由知道:儿子就是被她带到

① *a posteriori*,(拉丁语)后天的,依据事实而归纳的。—— 译者

这个世界上来的那个人。这样的母亲每日都记挂着儿子，时时记得儿子面容的种种变化，她对儿子的了解更肯定，因为她知道儿子从出生到现在并没有变；而她却不能确定自己是否有了变化。因此，我们只知道：这种意识就是各种精力穿行于大脑全部迷宫的奔 192
跑搜寻（搜寻与我们有关的事实），或者就是这种运作产生的结果。失去记忆者尽管其他方面或许完全健康，但思考起来却至多像个傻瓜，不再能够意识到自己与一年前一样，而只觉得刚刚认识自己两个星期。记忆丧失有程度上的不同，但完全丧失记忆者，*ipso facto*[①] 已经是个白痴了。

霍拉修：我知道，我已经使你我的这番闲谈离题太远了，但我并不为此后悔。你关于大脑运作机制以及思想对较大肢体的下意识影响的话，是个可供冥思的高尚主题，它涉及那种无限的、不可言喻的智慧，依靠它，所有动物显然都被赋予了各种本能，以使它们适应实现其各自的造化意图的要求。所有欲望都被无比巧妙地融进了各种动物的身体构造当中。你对我解释了文明礼节的起源，我认为你的解释再合理不过了。而你在论述自赏时，指出了我们人类比其他任何动物都要优越，在最高意义的顺时应变和不屈不挠的勤奋方面，人类也超过了其他任何动物。依靠这种优越性，众多的人从一种最顽固而无法克服的激情当中，得到了不计其数的益处，既得到了个人的安逸与舒适，又维护了群体的福祉、安全和团结。而那种激情，其本质似乎是破坏人的合群性、破坏社会 193
的，并且永远会促使未经教化的人们彼此伤害。

① *ipso facto*，（拉丁语）就事实本身而言；其实。—— 译者

克列奥门尼斯:依靠同样的论证方式,即以摆在我们面前的事实为根据进行归纳推论,自赏的性质及用途以及其他各种激情便很容易得到解释,并变得能够为我们理解了。生存必需之物并没有现成地摆在各种动物眼前,随它们取用,这是显而易见的,因此,动物便具备了各种本能,而本能则促使动物去寻觅这些生存必需之物,教动物如何获取它们。满足欲望的热忱和意愿,总是与动物自身的力量和本能作用于动物的驱力相应。但是,这些生存必需之物分散在各个地方,动物又无比众多,形形色色,并都有自己想要满足的需求,因此,有一点便一定十分明显,那就是:动物获取生存必需之物、以满足不同天性之需的尝试,必定经常是障碍重重,徒劳无功。另外,倘若每个动物都未被赋予一种激情,它唤起他的全部力量,以超越一切的紧迫感,激励他去克服他维系生存的伟大工作之路上的各种障碍,那么,许多动物便极少能获得成功。我所
194 描述的这种激情,就叫作“愤怒”。怀有愤怒的激情和自赏心理的动物,看到其他动物享用着他需要的东西如何会心生嫉妒,这很容易解释。艰辛劳动之后,连最狂野、最勤勉的动物也要寻求休息。由此我们知道:所有的动物都或多或少地热爱安逸。动物竭力使用其力量,这会使它们疲惫;而经验告诉我们:要补偿精力的损失,最好的办法就是进食和睡眠。我们看到,那些必须克服最大障碍才能维持生存的动物,其愤怒之情最为强烈,并且都生就了最具伤害性的前肢。这种愤怒若总是在主宰一只动物,那动物便总是会不顾面临的危险,因而很快遭到毁灭。正因为这一点,动物才全都被赋予了恐惧之心:遇到带枪的猎人,即使雄狮也会掉头而逃,其他许多动物也无不如此。根据我们对野兽的观察,我们有理由认

为:在最完善的动物当中,同一物种的动物大多都具备一种能力,即彼此使对方知道自己的需求。我们还可以肯定,一些动物不但能够互相理解,而且可能已经学会了理解我们人类。若用人类与其他动物作比较,考虑到人的身体构造,人的各种显著素质,人高
于其他动物的思考及回忆机能,人学会说话的能力,以及人手及手 195
指的有用性,我们便没有理由怀疑:人比我们知道的其他任何动物都更适宜于社会。

霍拉修:由于你彻底否定了沙夫茨伯里大人的理论,我希望你给我讲讲你对社会、对人的合群性的总体看法。我会万分注意地聆听你的见解。

克列奥门尼斯:人的合群性,即人对社会的适应性,其起因并不深奥难懂。能力中常者只要具备一定阅历,对人性有一定了解,并真心渴望了解真相,而不带先入之见地去探究,便能很快找到那个起因。但是,大多数研究过这个问题的人,却都是为了某种目的,都为了证明某种理由是正确的。一位哲学家若像霍布斯那样说人天生就不适于社会,而又把其原因仅仅归于婴儿降生时不具备任何能力,那是毫无意义的。不过,倘若这哲学家的论敌认为:人能够获得的一切都应当被看作人的社会适应性的起因,那也同样没有说中问题的要害。

霍拉修:可是,人的头脑中难道不存在一种天然属性,它促使
人去热爱同类,而这种属性超过了其他动物的同类之爱么?换句 196
话说,我们不是天生就具备仇恨与憎恶之情,它们使人彼此待如豺狼熊罴么?

克列奥门尼斯:我不相信你这些说法。根据我们见到的人类

事务和大自然的种种作品,我们更有理由想象:人喜欢联合的欲望和性向,并非来自对他人的爱,这正如我们不得不相信:行星间的吸引力大于遥远的恒星对它们的吸引力,这并不是行星在同一个太阳系里始终一同运行的真正原因。

霍拉修:我可以断定,你并不相信恒星之间有什么爱。所以,还是请你列举出更多的理由来吧。

克列奥门尼斯:因为没有任何一种现象与行星之间的这种爱明显抵触。我们每天都能看见数千件事情,它们能使我们相信:人把世间一切都放进了自己心中,而这既不出于爱,也不出于恨,而仅仅是为了人自己。每一个人自己都是个小世界;而只要智力与能力允许,一切动物都会竭力使自己快乐。在所有动物身上,这都是一项持续不断的艰苦劳作,并且仿佛就是生命的意图。由此我们便可以说:人对事物的选择必定取决于人们对快乐的看法;任何人都不会做出当时对他似乎并不最为有益的行动。

197 霍拉修:那么,对 *video meliora proboque, deteriora sequor*[①] 这句话,你又做何解释呢?

克列奥门尼斯:它只是说明了我们天性的堕落。然而,人们尽可以畅所欲言。人所不赞成的任何自发动作,不是痉挛性的,便是不由自主的,我这里指的是那些受意志支配的动作。例如,一个人在两种事物中作出取舍的时候,他会认为自己的选择最为恰当,无论其理由有多么自相矛盾、多么不着边际,多么有害。没有这种情

---

① *video meliora proboque, deteriora sequor*,(拉丁语),我知道并渴望更好的办法,却采取了更坏的办法。语出古罗马诗人奥维德《变形记》第7卷第20行。——译者

况，世上便不会有人去心甘情愿地自杀，而惩罚罪犯也就成了不公正的事情了。

霍拉修：我承认人人都极力使自己快乐，但是，同一物种的动物之间居然存在这么大的差别，例如人们对快乐的看法就大不相同；另外，其中一些动物还把其他动物最憎恶的事情当作自己的快乐。这些情况实在使人难以想象。都在追求快乐，但问题在于：哪里才能找到它。

克列奥门尼斯：快乐存在于现世的完美幸福当中，犹如存在于哲人石[1]当中一样。智者贤人也好，傻瓜蠢材也罢，都曾以各种办法去寻觅这两者，但迄今都没能如愿以偿。不过，在寻找这两者的过程中，勤奋的探寻者们却时常碰巧发现一些有用的东西，而他们本来并不是在寻找那些东西，人类睿智的劳作和即时意图也绝不 198
会发现它们。在地球上任何适于居住的地方，绝大多数人都能互相帮助，共同御敌，并能组成政治实体。在这个实体中，人们能在数百年内舒适地生活在一起，不知道上千种事情，而他们若知道了那些事情，每人都会有助于使公众的幸福(此指人们对幸福的共同认识)臻于完美。我们已经发现：在世界的一部分地方，一些伟大繁荣的民族对舰船一无所知；而在另外一些地方，海上交通却已经有了两千年以上的历史，在人们懂得如何使用罗盘航海之前，航海术已经有了无数的改进。硬说这部分知识就是人们选择航海的理由，或者用它来证明人类天生就具备从事海事的能力，全都是荒谬的。要经营一个菜园，我们就必须具备适当的土壤和气候条件。

① 哲人石(Philosopher’s Stone)，传说中能点石成金的神石。—— 译者

有了这些条件,我们除了耐性、菜种和正确培植之外,便不需要其他了。精良的甬道、沟渠、雕像、凉亭、喷泉以及小瀑布,虽是对自然美景的重大改进,却并非菜园所不可或缺。一切民族必定都经
199 历过简陋的初始,而在那些初民身上,人的社会适应性也如同后来一样显著。人被称为社会性的动物,有两个主要原因:其一,因为人们普遍以为,人天生就比其他任何动物都更喜欢社会,更需要社会;其二,因为人联合起来所获的益处,显然比其他动物联合起来(倘若它们打算联合的话)所获的更大。

霍拉修:你为什么说"人们普遍以为"人天生就比其他任何动物都更喜欢社会,更需要社会呢?难道那不是实际情况么?

克列奥门尼斯:我这么小心措辞,实在是很有理由的。一切生于社会的人,当然都比其他任何动物都更需要社会。不过,人是否天生就是如此,这却是个问题。但是,即使人的天性就是如此,那也谈不上什么卓越,也不值得夸耀。人热爱自身的安逸和平安,永远渴望改善自己的处境,这些必定已经足以促使人去热衷社会了,因为人在自然处境中穷困匮乏,孤立无助。

霍拉修:你说人在自然处境中穷困匮乏,孤立无助,这不是犯了与霍布斯一样的错误么?

克列奥门尼斯:根本不是,我指的是成年男女。他们的知识愈广,他们的素质就愈高;他们拥有的东西愈多,他们在其自然处境
200 中就愈显得穷困匮乏,孤立无助。一个年金两万五千到三万英镑的贵族,拥有三四辆六轮马车和五十多名仆人,而若不计他的财产,单看他本人,他要比一个没有身份的人更穷困匮乏,因为后者每年只有五十英镑收入,已经习惯了步行。因此,一位从不亲手给

自己别别针的太太，从头到脚，无论穿衣还是脱衣都如同一个玩具娃娃，非要女仆以及另外两三名使女服侍不可，她要比那个挤奶女工朵尔更孤立无助，因为后者整整一个冬天都摸黑自己穿上补丁衣服，而且速度比做其他事情还要快。

霍拉修：可是，你所说的改善自己处境的欲望，难道不是非常普遍、不是任何人都有的么？

克列奥门尼斯：任何堪称具有社会性的动物都是如此。我相信：这是我们人类当中任何一个可以叫出名字的人的特性。因为世上任何一个人，只要在社会中受过教育，并且能够根据自己的意愿去规划自己的生活，都会在自己的个性、财产、环境，或社会中他所属的那个部分里增添、减少、改变一些东西。在所有的动物当中，惟有在人身上才能见到这种情况。倘若人的欲望不这么过分，不这么繁多，我们便永远不会知道人在满足自己所谓需求时会如 201
此勤勉。以上一切都表明：我说人是社会性动物的第二个理由是：人联合起来所获的益处，显然比其他动物联合起来（倘若它们打算联合的话）所获的更大。要知道为什么这样说，我们就必须到人的本性中寻找人胜过其他一切动物的品质，那些绝大多数人都具备的品质，无论是先天的还是后天习得的。但这么做时，我们却不应当忽略人们身上所有能被观察到的东西，从人们的最年幼时期直到极为年迈的时期。

霍拉修：我真弄不懂，你为什么要事先提醒要观察人的一生。仅仅观察一个人最成熟、最年富力强时所具有的品质，这还不够么？

克列奥门尼斯：所谓动物的驯服性，其中相当大的一部分就是指肢体的柔韧性,以及它们对灵活运动的适应性。动物发育完全时,这些性质或者完全丧失,或者大为削弱。在获得思考和说话机能的能力方面,我们人类迄今超过了其他一切动物。这种能力是属于我们人类天性的一个特殊属性,这是确定无疑的。尽管如此,有一点还是十分明显:人发育成熟后,倘若这种能力还是一直被忽
202 略,它便会消失。同样,我们人类通常能享受的寿命比大多数其他动物的要长,因此,我们便拥有了一种其他动物没有的特权,即支配时间。与寿命只有人类一半、而能力与人相当的动物相比,人有更多的机会去发展智慧(尽管它完全得自亲身经历)。*Caeteris paribus*[①],六十岁的人比三十岁的人更懂得在生活中应当抓住什么、避免什么。在《两兄弟》里,弥克昂在为青年做的蠢事辩护时,曾对他的兄弟德梅亚说:*ad ominia alia Aetate sapimus rectius*[②]。这句话既适用于野蛮人,也同样适用于哲学家。正是这些能力的合力加上其他的特性,共同构成了人的社会适应性。

霍拉修:可是,你列举的这些特性当中,并没有提到对我们这个族类的爱,这又是为什么呢?

克列奥门尼斯:首先是因为,我已经说过,对同类的爱似乎并不是我们人类独有的,其他动物也具备这种爱;其次是因为,这与我们探讨的问题毫无关系,因为我们只要仔细考察一切政治实体

① *caeteris paribus*,(拉丁语)(若)其余条件相等。—— 译者

② *ad ominia alia Aetate sapimus rectius*,(拉丁语),"在另外一种年龄上,我们能慎重地处理一切事情。"这是古罗马喜剧家泰伦斯(Publius Teretius Afer,公元前190? —前159)的喜剧《两兄弟》(*Adelphi*,公元前160年)中的台词。弥克昂(Mitio)和德梅亚(Demea)是两兄弟,他们在子女教育上有歧见。—— 译者

的本质，便会发现：对同类之爱之类的情感，历史上都没有过任何信赖，没有过任何重视，无论是为了建立政治实体，还是为了维持政治实体，都是如此。

霍拉修：但是，这个称谓本身与这个字的含义，却彼此从对方 203
引进了“爱”这个字义，并通过反面的性质显现出来。喜欢独处者厌恶结伴；性情孤独、沉默、抑郁者，则与喜欢交际者截然对立。

克列奥门尼斯：我承认，我们把一些人比作另一些人的时候，往往在那个意义上使用这个字。但是，当我们谈到一种人类独具的品性、说“人是一种社会性动物”时，这个字就仅仅具有这样的意义：我们天性中存在着某种适应性，绝大多数人依靠它来协力合作，并有可能联合成一个实体；这种实体赋予并利用每个人的力量、技能与智慧，它能控制自身，在紧要关头发挥作用，仿佛被同一个人的心灵激活，被同一个人的意志驱动。虽然我愿意赞成一种见解，即在促使人们进入社会的各种动机当中，存在着一种强烈愿望，那就是天生追求结伴，但是，人这种强烈愿望却完全是为了自己，并且无不希望成为同伴中的佼佼者；除了希望得到一些好处或他想得到的其他东西，人从不会希求其他任何东西，无论是结伴还是其他什么，都不希求。我不赞同这样的见解：人天生就具有这种强烈愿望，而它来自人对同类的爱心，那爱心超过了其他任何动物的同类之爱。这种见解是我们对人类自身通常的恭维，但其现实
依据也仅限于我们彼此都是“恭顺的仆人”而已。我坚决主张一 204
点：这种所谓的“人对同类的爱”，以及据说我们怀有的、超出其他动物的那种彼此之间的天然好感，既不有助于建立种种社会，人们审慎交往时，也不依赖它；即使它不存在，人们也会照样联络交往。

一切社会的确凿基础乃是政府。我们即将深入考察的这条真理,
将为我们提供用以说明人的优越性及社会性的全部理由。这条真
理显然表明了一点:即将结成一个共同体的动物,首先必须是可以
被治理的动物。这种素质要求动物怀有畏惧感,并具备一定的理
解力,因为没有畏惧心的动物是永远无法被治理的;若没有这种有
用激情的影响,动物的智能与勇气愈多,它就愈不驯良、愈难治理。
同样,没有理解力的畏惧只会使动物逃避它所惧怕的危险,而并不
顾及自己脱险后的处境。例如,野鸟为了飞出鸟笼去吃食,会在鸟
笼上撞出自己的脑浆。驯服的动物与可治理的动物,两者有极大
的不同,因为一只动物若只是顺从另外一只,它仅仅是在做一件自
己不喜欢的事,以此来避免另一件自己更不喜欢的事。我们或许
205 会非常顺从,但对我们顺从的人却毫无用途。然而,做一个可被治
理的人,则意味着极力使治理者满意,情愿为了治理者而竭尽全
力。但是,爱则无不产生于家庭,因此,若把自我完全排除在外,任
何动物都不可能为其他动物劳作,都无法长期与其他动物相安无
事。可见,安于顺从,并学会了把自己受到的奴役理解为对自己有
益的事情,并因此而情愿为其他动物劳作,一只动物惟有如此,它
才是真正的“可治理的动物”。把几种动物变为这种可治理的动
物,并不会太困难。但是,除了人以外,世上却没有任何一种动物
会如此驯服,以至能被改造成为自己族类服务的动物。尽管如此,
若没有这种驯服性,人就永远无法具备社会性。

霍拉修:人不天生就是为了社会而设计的么?

克列奥门尼斯:我们从天启中知道:人就是为了社会而创造出来的。

霍拉修：但是若没有天启，或者你若是个中国人或墨西哥人，你作为哲学家又该如何回答我这个问题呢？

克列奥门尼斯：大自然为社会设计了人；同样，大自然为酿葡萄酒而造化了葡萄。

霍拉修：酿葡萄酒是人的发明，正像从橄榄和其他蔬菜中榨油、用大麻做绳子一样。

克列奥门尼斯：用独立的个人构成社会也是如此，并且，没有任何其他事情比这更要求技巧了。

霍拉修：人的社会性难道不是自然之作么？或者可以说，它难 206
道不是自然的创造者、即神圣上帝的作品么？

克列奥门尼斯：毫无疑问。不过，一切事物的内在长处及其特性也无不如此。所以说，葡萄适于酿造红酒，大麦和水适于酿造其他酒类，这些都是上帝的作品；但是，发现它们的用途并加以利用的，却正是人的聪明才智。同样，人的所有其他能力及其社会性，显然也都来自人的创造者——上帝。因此，我们的勤勉所能制造及获取的一切，其最初全都来自我们的创造者。但我们谈到自然之作，以区别于技艺之作，却仿佛无须我们的认可，便可以成立。因此我们才认为，一到恰当的季节，大自然便会产出豌豆。但在英格兰，若没有技艺和非凡的勤劳，你便无法在一月份得到嫩豌豆。大自然所设计的东西，她势必要亲自创育造化。有些动物能清晰地看到：大自然设计它们就是为了构成社会，蜜蜂就是其中最明显的例子，因为从实际效果看，大自然为此而赋予了蜜蜂种种本能。我们把自己及其他一切的存在都归功于宇宙万物的伟大创造者，不过，没有上帝的维系力量，各个社会便无法存在下去，同样，没有

人类智慧的支持,各个社会也无法存在下去。因此,所有社会都必
207 定都具有依赖性,或依赖于互相的契约,或依赖于强者加诸弱者忍耐之上的力量。技艺之作与自然之作之间的区别极大,因此我们不能不去分别了解这两者。先验的知解只属于上帝,上帝的智慧本身就包含着原初的确定性,而我们所说的“证明”,其实不过是从中借取的、不完善的副本而已。所以,在自然之作当中,我们既看不到苦心孤诣的努力,也看不到屡经尝试的痕迹。它们都很完整,并无不与自然的最初设计完全一致。自然之作若没有受到干扰破坏,它们必定都高度完美,为人的智能与感觉所无法领会。与此相反,可怜的人类除了根据归纳的事实作出的推理之外,却什么都无法确证,包含人类自身的存在。结果,人的技艺与发明之作便无不残缺不全,其中大多数在最初很是简陋低劣。人类的知识发展得十分缓慢,一些技艺和科学经历了许许多多世代的发展,才达到还算完善的程度。我们是否有理由想象:第一个派出蜂群的那个蜜蜂社会,其蜂蜡与蜂蜜的质量会远逊于其所有后代所生产的呢?何况,自然规律是固定的,是不可改变的。自然的一切秩序和规则
208 都是恒定的,人的才能与认可对它们根本不起作用。

Quid placet aut odio est, quod non mutabile credas?[①]

在蜜蜂当中,难道不可能曾经有过形式不同于现在各个蜂群都服从的政府么?在政府这个问题上,人们做出过多少各式各样的思考!什么荒唐的设想没有被提出来过啊!在这个问题上,人

① *Quid placet aut odio est, quod non mutabile credas*,(拉丁语)“爱永不变,或恨永不变,可有如此之人?”语出古罗马作家贺拉斯(Horace)《书简》(*Epistles*)。——译者

们观点的分歧是何等巨大！什么生死攸关的争论不曾有过！然而，究竟什么是政府的最佳形式，这个问题却至今都没有定论。人们提出过不计其数的规划，无论好坏，都说是为了造福社会，使社会更加美好。可是，我们的智能却又何等短视，人的判断力又多么容易犯错误！我们往往发现，在一个时代似乎极有益于人类的事情，在其后世却分明是于人类有害；甚至在同一时代当中，为一国所崇敬的东西，在另一国却令人憎恶。蜜蜂在其器用和建筑上做过哪些改变呢？它们建造过非六角形的蜂巢么？它们曾用工具补足过自己的天赋能力么？世界上各个伟大的国家建造了何等雄伟的建筑，做出了何等惊人的伟绩啊！而大自然对这一切成就的贡 209
献，却仅仅是提供了各种材料。大理石出自矿场，但用它做出雕像的却是雕刻家。人类拥有发明出来的铁质工具，种类无数，而大自然除给了我们她藏在地心的岩浆之外，什么都没给我们。

霍拉修：但是，工匠、发明技艺者、改进技艺者，其大部分能力却都来自使劳动臻于完善的过程中，而他们的天才则来自大自然。

克列奥门尼斯：其才能要依赖他们的身体构造，即人体机器的精确性，从这个意义上说，他们的确如你所说，并且仅仅如此。不过，我已经承认过这一点了。你若还记得我关于人脑的那番话，便会发现：在每一个人完成那些工作所需要的技能与耐心方面，大自然所做的贡献是非常微不足道的。

霍拉修：我若没有误解你的意思，你是想说清两件事情：第一，人超过其他一切动物的社会适应性虽然确实存在，但在大量的人聚合在一起、并得到妥善管理以前，它在个体的人身上却几乎无法被察觉到；第二，这种确实存在的性质，即人的社会适应性，乃是一

210 种复合体,它由几方面的事物共同构成,而并非由人所独具、野兽所不具备的任何显著品性构成。

克列奥门尼斯:你说的完全正确。每一粒葡萄都包含着一点儿汁液,而把大量的葡萄放在一起压榨,它们便会产出一种液体,依靠熟练的操作便可能被做成葡萄酒。不过,若考虑到要把那液体变成葡萄酒必须经过发酵,换言之,若考虑到发酵是酿造葡萄酒的必不可少的因素,我们便会十分清楚一点:若不是用语极为不当,我们就不能说“每一粒葡萄里都有葡萄酒”。

霍拉修:葡萄酒性,只要是发酵产生的结果,它就是一种外来因素;每粒葡萄只要单独存在,任何一粒都不能获得这种性质。因此,你若把人的社会性比作红酒的葡萄酒性,你就必须让我相信:社会当中存在着一种相当于发酵作用的东西。换句话说,单独的个人并不真正具有这种东西,众人聚合起来时,它也分明是一种外来因素。要构成社会,那种发酵过程就必不可少,如同使葡萄汁液产生葡萄酒性也离不开发酵一样。

克列奥门尼斯:这种相当于发酵作用的东西,可以从人们的交往中得到证明,因为若检验据以判断并宣布“人是最富于社会性的
211 动物”的每一种机能及素质,我们便会发现:众人这些素质的相当一部分(若不是绝大部分的话)都来自人们之间的互相交往。*Fabricando fabri fimus*[①]。人是通过在社会中共同生活才具备了社会性的。天生的温情促使所有的母亲去呵护照料自己的后代,在后代尚不具备自我照顾的能力时,母亲们养育他们,并使他们不

① *Fabricando fabri fimus*,(拉丁语)工作造就了工匠。——译者

受到伤害。不过，在穷人当中，女人没有闲暇让自己用无穷无尽的方式来表达对婴儿的疼爱，而她们对孩子的溺爱与日俱增，她们往往不能照料孩子，不能和孩子一起玩耍。这样的孩子愈健康，愈安静，他们就愈容易被忽视，缺少与婴儿的闲聊，不时时唤起婴儿的精神，这往往是造成儿童日后无可挽回的愚蠢与无知的主要原因。我们常把完全是由于忽视早期教育造成的结果看作天生的能力欠缺。我们很少会见到从不与自己的同类交往的人，因而我们很难猜出完全没有经过教化的人是什么样子。不过，我们却完全有理由相信：这种人的思考机能一定非常不完善；一个人若既没有任何东西可资模仿，又没有人去教他，那么，即使他再能接受调教，也毫 212
无用途。

霍拉修：因此，哲学家论述自然规律时说他们知道自然状态中的人想些什么，在没有指导的条件下，那些人如何解释自己和上帝创造的万物。这实在是聪明过人。

克列奥门尼斯：洛克正确地指出：正确地思考和推理要求时间与实践[①]。不善思考，只关心眼前需要的人，很难超越其现有水平。在地球上那些偏远的地方，在人烟最稀少之地，我们会发现：比起在大城市及相当规模的村镇里及其附近来，我们人类更接近自然状态。即使在最文明的国家里，情况也是如此。在这些人里中的最无知者身上，你大概可以知道我这个说法是正确的。你若与他们随便谈些需要抽象思考的事情，那么，在五十人当中，连一

① 参见英国哲学家约翰·洛克（John Locke，1632—1704）著《论知解活动》（*Of the Conduct of the Understanding*，1706 年出版）："头脑亦如身体，是实践才使它成了现在的样子……"。（《洛克文集》1823 年版，卷三，第 214 页。）—— 译者

个能听懂你的话的人都没有。不过,他们当中不少人却是有用的劳工,并且狡猾得足以撒谎骗人。人是有理性的动物,但人的理智却并不是与生俱来的,并且,即使后来他愿意具备理智,也不能像
213 穿一件衣服那样,马上就能如愿。说话也是我们这个物种的特征,但没有人生来就会说话。即使两个野蛮人生下的第十几辈后代,也不具备任何稍微像样的语言。倘若一个人在二十五岁以前从未听到过别人说话,我们也没有理由相信他在二十五岁以后能学会说话。

霍拉修:你说过,当动物的器官尚属柔顺灵活、容易接受种种印象时,教育乃是不可或缺的。我认为,无论是说话还是思考,这种教育的意义都万分重大。可是,人们能教会狗或者猴子说话么?

克列奥门尼斯:我认为不能。但我想:其他动物没有吃过一些孩子吃的那种苦,因为后者必须吃那么多苦,才能学会说出一个字。另一件值得考虑的事情是:虽然有些动物的寿命或许比人类长,但没有任何物种像人这样有如此长的年轻期。另外,我们的成长要感谢被我们归因于人类超出其他动物的学习资秉(它来自人体结构及内部构造的高度精确性)的那些素质,除此之外,我们几乎没有从我们的顺应性上获得什么帮助,因为人必须经历长期缓慢的逐步变化,才能得到充分的成长。在我们的器官刚刚达到半成熟时,其他动物的器官已经硬化了。

霍拉修:这么说,在我们对人类被赋予的说话能力及社会性的恭维当中,惟有一点是真实的,那就是:人若在很年幼的时候就接
214 受教育,便能够依靠耐心和勤奋学会说话,并使自己具备社会性。

克列奥门尼斯:否则便不行。一千个二十五岁以上的成年人,

若都在野蛮的环境里长大，并且互不相识，你便永远无法使他们具备社会性。

霍拉修：我想，他们的教育若开始得这么晚，他们便不可能被文明化。

克列奥门尼斯：但我说的仅仅是社会性，因为它是对人的特定描述。换言之，我们不可能依靠技巧去治理这些人，如同不能以此去治理一千匹野马一样，除非你用两三千人去监视他们，并使他们一直怀着畏惧之心。因此，大多数社会，以及各个国家在最初的时候，很可能都是按照威廉·坦普尔爵士[1]设想的方式形成的，但其过程却绝不像他说的那么迅速。我实在想知道：一个如他所说无疑具备了精明头脑的人，如何在一只未经教化的动物身上看到正义、精明和智慧；或如何在根本不存在文明社会时，甚至在人们尚未开始交往时去设想文明人。

霍拉修：我想，我以前肯定听说过坦普尔爵士的有关见解，但我忘了你指的是他哪个观点了。

克列奥门尼斯：他那本书就在你身后，在从下面数第三个架子上。第一卷。请你把它递给我。他的观点值得一听……这是他论述政府的一篇文章[2]。在这儿：因为倘若我们考虑到，人通过生育 215
众多子女来增加自己这个物种的数量；父母关怀子女，甚至为他们提供必需的食物，直到子女能够独立谋生。在一代代人身上，子女

① 威廉·坦普尔(Sir William Temple，1628—1699)，英国散文作家，外交家。——译者

② 以下引自坦普尔《论政府之本质》，见《威廉·坦普尔文集》1814年版，卷一，第11—12页。——译者

能独立谋生,这都大大晚于我们在其他动物那里观察到的情况;人类依靠父母的时间也大大长于其他动物;倘若我们不但考虑到人对子女的关怀,而且考虑到人为养活自己无助的子女而不得不付出的勤勉(无论是采集天生的水果时的,还是获取那些经过艰辛劳作才能得到的食物时的);倘若人不得不养活子女,不得不去捕捉那些比较驯服的动物、猎取那些比较野蛮的动物,有时还不得不鼓起全部勇气去保卫自己的小家族,与强大凶残的野兽搏斗(那些野兽会以人为猎物,正如人会以弱小温驯的动物为猎物一样);倘若我们设想人能够按照子女饥饿的程度或需要,慎重而有条理地分配食物(无论这些食物是什么),并且有时能把当天余下的食物留到次日,有时宁可自己饿肚子,也不让需要食物的子女挨饿……

霍拉修:这根本不是个野蛮人,也绝不是个未经教化的人。他倒适合做个治安法官。

克列奥门尼斯:求你别打断我,让我念下去。我只念这一段:当儿子长大、能够参与维持家庭生计时,他便通过教训和实例让儿子懂得:家中作儿子的成年后应当去做什么,而日后作为另一个家庭里的父亲,又应当去做什么;告诉所有的子女:若要健康平安,什
216 么品质是善的,什么是恶的;告诉他们:一般的社会(它们当然既包含着人们普遍推崇的美德,也包含着恶德)都爱护并鼓励人们去向善,都憎恶并惩罚向恶的人。最后还要告诉他们:遇到生活的各种事件时,若现世不能给他慰藉,就仰望上苍;每当发现了自己的脆弱之处时,就去求助于一种更高的、更伟大的自然。考虑到以上一切,我们一定会做出结论说:此人的孩子长大后,人们一定会称赞

他的智慧、善良、英勇和虔诚。人们若看到他的家庭经常是丰衣足食，还会认为他非常幸运。

霍拉修：我真想知道：这个人难道跳出了地球么？他是从天上掉下来的么？

克列奥门尼斯：最荒唐的设想就是……

霍拉修：这番讨论已经占了你我太多的时间。我可以肯定，我这些不着边际的问题已经使你厌倦了。

克列奥门尼斯：不，你使我万分快乐。你提的问题全都非常切中肯綮。有头脑的人若从未思考过这些事情，都会提出这些问题。我是有意向你读那这段文章的，因为我想它大概对你有用。不过，倘若你厌倦了这个题目，我不会使你不耐烦的。

霍拉修：你误会我了。我已经开始觉得这个题目很有意思了。只是在你我深入讨论它之前，我打算再把那篇文章通读一遍。这 217
要花很长时间。读完它之后，我会很乐意继续与你讨论这个题目，愈早愈好。我知道你很喜欢美味的水果，明天你若和我一起吃饭，我会给你一个菠萝。

克列奥门尼斯：我非常愿意和你在一起，因此根本无法拒绝任何这样的机会。

霍拉修：那么，再见啦。

克列奥门尼斯：再见。您的仆人时刻恭候您。

218 五　霍拉修与克列奥门尼斯的第五篇对话

克列奥门尼斯:它简直超过了其他所有水果。其味厚而不腻。我不知道该把它的味道比作什么。在我看来,那仿佛是汇集了各种不同的美妙滋味,使我想到了好几种美味水果,却又胜过了所有那些水果。

霍拉修:真高兴你喜欢它。

克列奥门尼斯:它的香气也令人回味无穷。我想,你昨天削过它的皮,因为那芳香现在还留在这房间里,沁人心脾。

霍拉修:它的果肉很滑腻,其气味十分怡人。你若拿过它,那
219 香气便会长时间地留在你的手指上,因为尽管现在我已经洗过并擦干了手,那芳香还是要到明天早上才会完全消失。

克列奥门尼斯:这是我吃到的第三个我们英国自产的菠萝。在北方的气候里生产菠萝绝对是个重要的例证,它表明了人类的勤勉和我们园艺技术的改进。享受温带地区的有益空气,同时又能种植出最成熟的水果,而那种水果天生就需要炙热的阳光,这实在是妙不可言。

霍拉修:取得热气很容易,但技艺的高超,却在于找到并控制好适合菠萝生长的温度。做不到这一点,菠萝便不可能在英国成

熟。而借助温度计精确地控制温度，当然是一项了不起的发明……

克列奥门尼斯：我还想喝一点菠萝汁。

霍拉修：请随意；方才我本想提议为一个人的健康干杯，而那并不算不合时宜。

克列奥门尼斯：求你告诉我，那是谁呢？

霍拉修：英国能够种植和生产菠萝这种外邦水果，在很大程度上要归功于我想到的那个人。他就是马太·戴克尔爵士[①]。英国第一只成熟的菠萝，或叫凤梨，就是他在里士满[②]的果园里种出来的。

克列奥门尼斯：我完全赞成为他的健康用菠萝汁干杯。他是 220
位好心人；我还相信：他也一定非常真诚。

霍拉修：世上很难找出另一个人能像他那样阅历丰富，能具备他那样的赚钱能力，同时又像他那样处事公道，不伤害任何人……

克列奥门尼斯：你考虑过我们昨天讨论的那些事情了么？

霍拉修：我离开你以后一直在思考那些事情，没考虑过别的。今天早晨，我又把那篇文章看了一遍，并且比读前一遍时更加仔细。我非常喜欢它，但我认为：你昨天读的那一段，以及其他几个类似的段落，其中的话与《圣经》对人类起源的叙述不一致，因为《圣经》上说，人类都是亚当的后裔，因而也都是诺亚及其后代的后裔。既然如此，世界上怎么还会有野蛮人呢？

---

① 马太·戴克尔（Matthew Decker），荷兰人，1702 年在伦敦以经商出名，1716 年成为从男爵。——译者

② 里士满（Richmond），英国东南部苏雷郡的一个自治镇。——译者

克列奥门尼斯:我们关于世界远古历史的知识很不完备。我们尚不知道:战争、瘟疫和饥荒曾造成过哪些大破坏,人们曾遇到过什么样的不幸;我们也不知道:大洪水之后,人类究竟是如何分散到世界各地的。

霍拉修:不过,人却始终无师自通、能成功地教育自己的孩子
221 们。我们没有理由认为,作为诺亚之子的文明人会忽视自己的后代。不过,虽然所有的人都是他们的后裔,但一代代人的经验和智慧却不仅没有增加,反而在倒退,人们愈来愈不顾自己的女子,乃至最终退化到了你所说的那种自然状态,这实在令人无法置信。

克列奥门尼斯:我不知道你这番话是不是讥讽,但你的话根本算不上什么出难题,并不能使人怀疑《圣经》叙述的人类起源史的真实性。《圣经》已经使我们知道了人类奇迹般的起源,知道了大洪水以后有一小部分人类幸存。但它并未告诉我们自那以后人类发生的全部巨变。《旧约》里几乎没有提到任何与犹太人无关的详情。摩西也没有自称能对发生的一切(或人类第一对父母的活动)做出充分解释。摩西既没有提到亚当的女儿们,也没有提到世界之初必定发生过的那些事情。从《圣经》提到的该隐建造一座城①和其他情况,我们便能清楚地看出这一点。由此可知:摩西从世上第一个人叙述到那些族长的后裔时,除了那些符合他意图的实在
222 情况之外,并没有提到其他的事情。不过,当时世上肯定还存在着

① 《旧约》中说,亚当和夏娃的长子该隐(Cain)因杀了兄弟亚伯(Abel),被耶和华驱逐到挪得之地(Wandering),生子以诺(Enoch),并造了一座城,命名以诺,而以诺又有了自己后代(见《创世记》第4章第9—24节)。故作者认为这与“亚当是人类唯一始祖”的说法不一致。—— 译者

野蛮人。欧洲大多数国家的人都曾在世界的几处地方见到过野蛮人的男女。那些人根本不知道文字；在他们当中也完全看不到秩序或者政府。

霍拉修：我并不怀疑那些人是野蛮人。何况英国每年都从非洲捕到大量的奴隶[①]，这表明：世界的一些地方必定存在大量尚未具备多少社会性的人群。但我承认，说明他们都是诺亚儿子们的后裔，这是我力所不逮之事。

克列奥门尼斯：你还会发现，说明古代确实存在过的许多技艺和有用发明何以失传，这也万分困难。不过，我在威廉·坦普尔爵士那篇文章里发现的错误，却在于他对自己笔下野蛮人的特点的描述。他让野蛮人做出那种正确的推理，并且按照那种恰当的方式行事，但这并不符合野蛮人的天性。在野蛮人身上，各种激情必定都非常暴烈，它们不断地竞相争占上风。未开化的人既不能进行有序的思考，也不能始终如一地去努力完成任何一个计划。

霍拉修：你对我们人类的见解非常与众不同。可是，一个人到了成熟时，难道不会天然地具备些是非观念么？

克列奥门尼斯：回答你这个问题以前，我想先请你考虑一个问题：野蛮人之间必定始终存在着巨大的差别，有些野性十足，有些 223
则比较温驯。一切动物天生都热爱自己尚不能独立生活的后代。人类也是如此。但在养育后代方面，野蛮人比处于社会中的人更容易遭到偶然事故和不幸命运的打击。因此，野蛮人的孩子必定

① 根据1713年在乌列契特签定的一项条约，英国有权为美洲的西班牙殖民地提供奴隶，因而英国当时盛行贩奴贸易。—— 译者

会被极频繁地转给他人抚养，因而在成年时，他们几乎不会记得自己曾有过父母。倘若孩子很年幼时（在四五岁之前）就被遗弃或丢失，他们便会死掉。若没有其他动物照顾，他们便或者会死于饥馁，或者会被野兽吞掉。幸存下来的孤儿很早便独立谋生，因此，他们成熟后，必定要比多年在父母养育下生活的人更加野蛮。

霍拉修：可是，你能想象出的最野蛮的人，难道不会天生就具备某些是非观念么？

克列奥门尼斯：我相信，这样的人会不考虑实际情况，把他能弄到的一切都自然而然地据为己有。

霍拉修：若有两三个这样的人碰到一起，他们很快就会醒悟到并非一切全都属于自己了。

克列奥门尼斯：他们极有可能马上就意见不合，并且争执起来。只是我并不相信他们会醒悟。

霍拉修：照这样说，人便永远不能汇聚成一个实体了。既然如此，社会又是怎样产生的呢？

224 克列奥门尼斯：我已经对你说过，社会产生于私人家庭，但这个过程的确经历了重重巨大的困难，并且需要许多良机的协助。要经过许多代人，才可能出现形成社会的可能性。

霍拉修：我们知道人能够形成社会；但是，倘若人人生来就怀着那种错误观念，即认为一切都属于自己，并且永远都不能醒悟，你又如何解释社会的产生呢？

克列奥门尼斯：对这个问题，我是这样看的：要维持生存，所有动物就必须去满足自己的种种欲望，而繁衍物种则永远是健康男人的欲望，甚至在他尚未充分发育成熟以前，就是如此。倘若一对野蛮人男女在很年轻时便相识，并且不受干扰地一起生活了五十年，生存环境气候温和，有益健康，食物又充足，那么，他们便很可能繁育出大量的后代。这是因为，在自然的野蛮状态下，人繁殖后代的速度要比任何有序社会所能允许的快得多。只要条件许可，任何一个十四岁男性很快都会与一个女性一起生活。只要有男性求偶，没有任何一个十二岁女性会拒绝。同样，只要还有男性，任何十二岁女性都不会长期无人求偶。

霍拉修：在这些人里想必不会禁止血亲结婚，因此，一对野蛮人男女的后代大概很快便能达到数百个。我可以肯定这种情况必
会发生。然而，他们却是不合格的父母，能教给子女的东西很少， 225
因此，这些子女长大后若都不具备是非观念，又远远没有形成社会，那么，父母便无法管理他们了。你所说的人人都天生具备的那种错误观念，乃是个永远无法克服的障碍。

克列奥门尼斯：根据你所说的那个错误观念，即认为自己有权占有一切，人们自然会认为自己能得到的一切都属于自己，由此，父母也必然会把子女视为自己的财产，并且以此来利用子女，使子女的行为尽量符合父母的利益。

霍拉修：既然野蛮人并不始终如一地追求什么目标，其利益又何在呢？

克列奥门尼斯：在于当一种激情压倒一切时，就去满足它的要求。

霍拉修：压倒一切的激情时刻都在变化，这样的孩子恐怕很难管教。

克列奥门尼斯：一点不假，但他们还是可以被管理的。换言

之,可以控制住他们,迫使他们听从吩咐,至少在他们尚未强大到足以拒绝听话时是如此。天然的关爱会促使一个野蛮人男子去爱护自己的儿子,会使他尽力为儿子提供食物和其他必需品,直到儿子长到十二岁或更大一些为止。但是,这种关爱却不是他必须满
226 足的惟一激情。倘若儿子很不听话,或者做了不允许他做的事,父亲便会感到不快,而那关爱也就暂时停止了。倘若父亲的不快强大到了使他愤怒的地步,他便极可能会把儿子痛打一顿。倘若他把儿子打伤得很重,或者儿子的处境使他动了恻隐之心,他的愤怒就会停息,而那种天然的关爱便会恢复,他会再度宠爱儿子,并对自己做过的事情感到歉疚。可见,若考虑到一切动物都厌恶并竭力避免痛苦,而所有得到爱的动物都能从中获益,我们便会发现这种管理结果是:野蛮人的孩子学会了爱他的父亲,怕他的父亲。这两种激情加上尊敬(对一切远远超过我们的事物,我们自然都会产生尊敬),便极可能造就那种复合的激情,我们把它称为“敬畏”。

霍拉修:现在我明白了。你打开了我的眼睛。我知道社会的起源了,知道得一清二楚。

克列奥门尼斯:情况恐怕并不像你想象的那么清楚。

霍拉修:为什么?那些巨大障碍已经被排除了。未开化的人成年之后便永远无法被治理,这千真万确。在政府的优越性并不十分明显的地方,我们的臣服便绝不可能是真心实意的。不过,这
227 两种障碍都已经被排除了。我们年轻时对一个人的敬畏,很容易持续我们的一生;凡在承认权威的地方,凡在人们对权威心怀敬畏的地方,治理众人便不是什么难事。倘若这样的人能对自己的儿子们行使权威,那么,他对自己的孙子们行使起权威来就更容易。

这是因为，一个很不尊敬父母的孩子，却很少拒绝去尊重自己父亲所尊重的那个人。何况，人的骄傲之心已经足以激励他去维护自己既得的权威，倘若子女不听话，他会想尽一切办法，借助其他人的帮助，来消除这种忤逆。家中的老人死后，权威便会从他那里转移到其长子，如此代代相传。

克列奥门尼斯：我看你的结论过于仓促了。那野蛮人若理解事物的本性，天生就具备常识，并像亚当借助奇迹那样，天生就会使用一种现成语言，那么，你所说的那一切便很容易实现。可是，一只无知的动物，除了其自身经历教给他的东西之外一无所知，他根本不适合去治理他人，这就如同他根本不适合去教数学一样。

霍拉修：最初他要治理的至多是一两个孩子，他的经验会随着其家族的增长而逐渐增长。这根本不需要那么高深的知识。

克列奥门尼斯：我没有说那需要高深的知识。受过尚属不错 228
的教育、能力中常的人，已足以进行那种初步的治理了。但是，一个从未学会如何控制自己的任何一种激情的人，却极不适合担负这个任务。子女一旦有了能力，他马上便会让子女们帮助他寻找食物，并且告诉他们如何觅食、到何处觅食。野蛮人的孩子一旦有了力量，便会竭力模仿其眼见的父辈的每一种行为，模仿其耳闻的父辈的每一种声音。但是，他们受到的全部指导，仍然仅限于那些如何获取那些能直接满足生存必需的东西。野蛮人的父母往往会对长大了的子女发无名火；这种情况逐年增多，而那种天然的关爱则逐年减少。结果，子女们往往会无辜而受罚。野蛮人常会发现过去的行为中的错误，却不能给日后的行为制定守则、并在一定时期内自觉地遵守它们。没有预见，这使他们无尽无休地改变决定。

野蛮人的妻子也像丈夫一样,看到自己的女儿们怀孕和生产时会非常高兴。孙子女辈会使他们欢乐万分。

霍拉修:我认为,在一切动物当中,父母的那种天然关爱都仅
229 限于自己的子女。

克列奥门尼斯:除了人类之外,其他动物都是如此。在所有物种当中,惟有我们人类才如此自欺,以为万物皆属于人类自己。这种自傲人尽有之,它永远使人怀着对万物的占有欲,而无论是野蛮人的孩子,还是帝王之子,无不天生就怀有这种欲望。我们人类对自己的这种好评不仅使人宣布自己享有管理子女的权力,而且以为自己享有管理孙子女的权力。其他动物的幼仔一旦能自立,便马上获得了自由,但是,人类中做父母自称享有的子女管理权却永无终止。从法律里我们可以看到,人心中自然产生的这种永久性权威是何等普遍,何等毫无道理。为了防止滥用父权,为了使子女免受父权侵害,每个文明社会都不得不制定这些法律,把父权限制在一定年限以内。在野蛮人当中,做父母的对其孙子女享有双重所有权,因为他们无疑既拥有孙子女的父母,又拥有孙子女,而所有后代都出自他们自己的儿女,没有混进外人的血统,他们会把整个家族的人都视为自己的奴仆。我还相信:这第一对父母的知识
230 愈多,能力愈强,他们便愈会以为自己对所有后代的统治权是天经地义、无可置疑的,尽管他们至多能活着见到第五六代后代。

霍拉修:大自然把我们送到这个世界上来的时候,尽管我们无不怀着一种追求政府的明显欲望,我们却天生不具备任何适应政府管理的能力,这难道不奇怪么?

克列奥门尼斯:你所说的这种奇怪之处,乃是上帝智慧的一个

不可否认的实例。倘若人人生来都不具备这种欲望，每个人也必定终生都不会具备它；倘若一些人不具备这种对治理的渴望，众多的人便永远不能形成社会。动物可能被迫服从暴力，可能学会扭曲自己的天然欲望，使它们从其正当对象上转移到别处去；尽管如此，属于整个物种的那种特殊本能，却永远不能依靠技巧或训导而获得。天生不具备那些本能的动物，必定终生都不具备它们。雏鸭一被孵出便会向水奔去，但你却永远无法使鸡去游水，就像你永远不能使它去吸吮一样。

霍拉修：我很清楚你的意思，倘若骄傲不是所有人天生就具有的，那就没有任何一个人会具有野心。至于治理的能力，经验告诉我们：它是后天习得的。不过，对于世界上如何产生社会，我知道
的却并不比那个野蛮人更多。你告诉我：在自我治理方面，那野蛮 231
人毫无办法，毫无力量，这使我那些希望差不多完全破灭了，因为我本来以为，从那野蛮人的家庭中会逐渐产生社会。难道宗教信仰对他们毫无影响么？求你告诉我：宗教是如何来到世界上的呢？

克列奥门尼斯：宗教来自上帝，是借助奇迹来到世界上的。

霍拉修：这实在是 *Obscurum per obscurius*[1]。奇迹突然产生，打破了自然的秩序，我实在不懂它们。我更不知道什么 *en sepit de bon sans*[2] 的事情将要发生，或者已经发生。根据清醒理智和已知经验判断，所有聪明人都会确信一点，即永远不可能发生那些奇迹。

---

① *Obscurum per obscurius*，（拉丁语）以晦涩解释晦涩。——译者

② *en sepit de bon sans*，（法语）糟糕透顶（的）。——译者

克列奥门尼斯:可以确定,“奇迹”这个字指的是:上帝力量的介入使事物脱离了一般的自然进程。

霍拉修:那些本来易燃的,在烈火中却完好无损,而强健的狮子竭力克制饥饿,不去吃它最渴望吃到的东西[1],这些奇迹全都令人感到太不可思议了。

克列奥门尼斯:否则它们就不会被称为奇迹了。“奇迹”这个字的词源就包含着这层意思[2]。可是,人们自称相信宗教,却居然不相信奇迹,这实在无法解释,因为宗教完全建立在种种奇迹上。

232 霍拉修:可是,我向你提出那个普遍的问题时,你为什么说你的见解仅限于那些受到天启的宗教呢?

克列奥门尼斯:因为在我看来,任何没有受到天启的信仰,都不配被称为宗教。最早的国教是犹太人的宗教,然后才是基督教。

霍拉修:然而,亚伯拉罕、诺亚和亚当本人虽然都不是犹太人,却都有宗教信仰。

克列奥门尼斯:惟有他们才受到了天启。上帝在我们人类第一对父母面前显现,刚把他们创造出来便给了他们诫命。在至高的存在同犹太人的酋长们之间,也一直在继续着同样的活动。不过,亚伯拉罕的父亲却是个偶像崇拜者。

霍拉修:可是,埃及人、希腊人和罗马人也有宗教,像犹太人

① 《旧约·但以理书》中说,尼布甲尼撒王把三个人扔进烈火,但他们由于神助而毫发无损(第三章第19—27节);又说:大利乌王下令将但以理投入狮坑,后者也因神助而毫无伤损(第六章16—23节)。——译者

② 英语词“奇迹”(miracle)源于拉丁语动词miraculum,意为“惊异于……”。——译者

一样。

克列奥门尼斯：他们那些粗俗的偶像崇拜和令人厌恶的信仰，我称之为迷信。

霍拉修：你尽可以随意心怀偏见，但他们全都把自己的崇拜称作宗教，正像我们做的一样。你说，人天生除了种种激情一无所有，而我问你宗教如何产生，其实是问：人的本性中究竟有哪些东西并非后天习得、并能使人倾向宗教？使宗教产生的究竟是什么呢？

克列奥门尼斯：恐惧。

霍拉修：怎么！*Primus in orbe Deos fecit Timor*①，你赞成那 233
个观点么？

克列奥门尼斯：世上再没有比我更赞成的了。不过，那则著名的伊壁鸠鲁主义格言却漏洞百出，尽管不信宗教的人非常喜欢它。“恐惧制造了上帝”，这个说法既愚蠢又亵渎神明。你还可以有理由说：恐惧制造了青草，或者恐惧制造了日月。但我若谈的是野蛮人，说他们对真正的神明一无所知，其思考及推理技能也极不健全，因而恐惧这种激情首先使他们有机会窥见一种无形力量的几缕微光，这个说法便既不与常识相左，又不与基督教相悖。后来，依靠实践和经验，野蛮人的思考推理技能逐步熟练，其大脑的运作也日益完善起来；而这种最高机能的锻炼，则必定会使他们获得有关一种无限而永恒的存在的某些知识。野蛮人的知识与洞察力愈

① （拉丁语），“世上最易产生的是恐惧”。语出古罗马诗人斯塔修斯（Statius，45—96）《忒拜叙事诗》（*Thebaid*）卷三第 661 行，又见古罗马讽刺作家彼特隆纽斯（Petronius，？—66）《残篇》（*Fragmenta*）27—1。—— 译者

提高,那个存在的力量与智慧便显得愈伟大,愈威力无边,尽管其知识与洞察力的精进程度,本应比人类有限的天性可能达到的更高。

霍拉修:请你原谅我对你的疑虑,但我还是乐于给你一个自我
234 解释的机会。恐惧这个字若不加任何修饰,听上去甚为刺耳。即使现在,我也无法设想一种无形的原因竟会成为一个人恐惧的对象,而那个人正如你所说的那样,乃是最初的野蛮人,全未开化。无形的东西不能作用于感官,却居然能对一个野人产生强烈影响,这究竟是怎么回事呢?

克列奥门尼斯:所有起因并不十分清楚明显的不幸和灾祸,酷热严寒,造成灾害的暴雨洪水,雷霆闪电(即使它们根本没有造成显著的伤害),黑暗中的声音,晦暗朦胧,以及所有可怖而未知的事物,这些全都能使人心中产生这种恐惧。我们能设想出的最不开化的野人一旦成年,其智力都会使他们知道:水果及其他可吃的东西并不是随时随地便可获得的。这往往会很自然地使他把多余的食物储存起来。他的食物可能被雨水弄坏。他时常看到森林毁坏枯萎,因而并不总能为他提供丰富的食物。他的身体可能并不总是健康,而他的子女也可能生病,且看不到任何伤口或外部力量。此类事故最初并未引起他的注意,或者仅仅使他能力很差的头脑
235 受到了惊吓,而在一定时期内并没有引起他的思索。然而,由于这些事故屡屡发生,他必定会开始怀疑到某种无形的起因。随着经验的增长,他的怀疑便逐渐得到了证实。同样很可能发生的情况还有:各式各样的苦难会使他悟出一些起因。最终还会使他相信:他不得不惧怕的那些起因数量甚多。加剧这种轻信倾向,并使他

自然地形成一种信念的，乃是一种谬见。我们自很小的时候便被灌输了那种谬见。婴儿一旦开始依靠眼神、姿势和各种标记使自己能为我们了解，我们便马上会从他们身上看出这一点。

霍拉修：请告诉我那谬见是什么吧。

克列奥门尼斯：小孩子都仿佛以为，万物都以他们那种方式思考和感觉。并且，他们通常还用这种错误观点去看待无生命事物。每当他们遇到任何不幸，我们便可以在他们的一般表现中明显地见到这一点，而那些不幸其实源于他们自己的野性和鲁莽不慎。在所有此类情况里，你都见到他们对桌子、椅子、地板和其他东西发火，并且打它们。因为似乎是那些东西使他们弄伤了自己，他们还迁怒于自己造成的其他大错造成的结果。我们看到，保姆为迁就小孩子这个弱点，似乎也怀着同样荒唐的情绪，并装出与孩子相 236
同的感情，以平息气急败坏的小淘气们的怒火。因此，你常会见到保姆们非常认真地斥责和敲打一件东西，它或者是使那婴儿愤怒的真正对象，或者是某种其他的东西，它应为发生的事情而受到责罚，只要可能，它甚至还会被扔掉。我们不能以为：一个缺乏任何指导，并且从不与他人交流的孩子，他这种天生的愚蠢会像在社会中成长起来的孩子那样容易治愈；而后者时时都在与比自己聪明的人交流。我相信：野蛮人终生都怀有那种谬见。

霍拉修：我看人类的智力并不如此低劣。

克列奥门尼斯：既然如此，森林女神[①]又从何而来呢？而砍伐

① 原文为 Dryades and Hama-Dryades。德律阿得斯(Dryades)是古希腊神话中的森林与树的女仙。哈玛－德律阿得斯(Hama－Dryades)是古希腊神话中的八位森林女神，各掌管一种树木。——译者

甚至仅仅弄伤受人敬畏的巨大橡树或其他高贵的树木,又为什么会被看作亵渎神明呢?古代未开化的异教俗众,都认为河流及泉水具有神性,那神性又来自何处?

霍拉修:来自那些别有预谋的祭司和其他骗子的欺骗。他们编造出了那些谎言,利用神话为自己谋利。

克列奥门尼斯:尽管如此,那也是由于那些人普遍缺少理解
237 力。在小孩子身上可以见到一种特征,它多少会使人想到那个谬见,而它可能(或必定)使人相信那些神话。傻瓜若不确实具有种种弱点,骗子就无法利用那些弱点。

霍拉修:他们有时会具有那些弱点,但即使如此,你也曾承认:人天生就会感激那些有恩于己者。因此,人在找到了一切可以享受的好东西、又不知道它们的来由时,其感激之心使他产生的又何以最先是畏惧,而不是虔诚呢?

克列奥门尼斯:这有几个重要原因。人视来自大自然的万物为己有。他认为:播种与收割自然应当得到收成;无论他收获的有多么少,他都一律视为己有。每一种艺术,每一种发明,只要为我们所知,马上都会成为我们的权利和财产。由于人类对自己的好评,我们借助那些艺术和发明所做的一切,也统统被看作属于我们自己。我们利用发酵和大自然的所有化学物质,却除了想到那归功于我们的知识,想不到还应当感谢其他任何事物。搅拌牛奶的女人做出了奶油,却不追问究竟是什么力量使稀薄的淋巴微粒被
238 迫分离,从更为油腻的微粒中渗透出来。酿酒、做面包、烹调和我们能做出的其他成就中,艰苦劳作的都是大自然,她想尽了种种办法,完成了最主要的工作。尽管如此,这些成就却依然属于我们自

己。从这一切,我们便可以清楚地看到:人天生就把万物视为己有;野蛮状态下的人具有一种强烈倾向,很容易把享用的一切事物看作理所当然,很容易把他参与的每一件事情都看作自己独立取得的成绩。一个处处只能想到自己、没有受过任何教育的人,若要他意识到自己应当感谢上帝,这需要他具备知识,需要他进行沉思,并且必须十分精通正确的思考术。一个人的知识愈少,其理解力便愈肤浅,其扩展观察事物眼界的能力,以及根据少量已知得出结论的能力,都会愈少。处于自然状态、没有知识、未开化的人,其目光只能看到眼前的事物,极少能看到(用俗话说)鼻尖以外的东西。野人若被感激之情驱动,往往会对他采到果子的那棵树表示尊敬,却不会想到感谢那植树者。文明人对自己财产所有权的怀疑,则甚于野人对自己呼吸自主权的疑问。说产生宗教的动机最先是恐惧而不是感激,这还有一个理由,那就是:未开化的人从不 239
怀疑那个使他受益的原因也会给他带来伤害,而最先引起他注意的,无疑总是那些坏事。

霍拉修:的确,对自己遇到的一件坏事,人似乎比对自己遇到的十件好事记得更牢。对一年患病的记忆,也仿佛强于对十年健康的记忆。

克列奥门尼斯:在维持生存的所有劳动中,人时时都在避害;而在享受自己喜欢的事物时,人却放松了警惕,甚至会满不在乎。他能一个接一个地吞下一千种快乐,并且丝毫不去追问来由。然而,只要遇到一丁点坏事,他便会刨根问底,以避免之。因此,了解坏事的起因,乃是切合实际的考虑。然而,了解好事(好事总是受人欢迎)的来由,却没有多少实际用处。换言之,了解好事因何而来,这似乎并不能给他的快乐增添什么。一个人一旦意识到存在这样一个无形的敌人,我们便有理由认为:若能找出这个敌人,此人便会乐于姑息他,与他做朋友。同样,为了达到这个目的,他还很可能到处去研究、调查和寻找那个敌人;而若找遍世界各地,其探询都无法得到回答,他便往往会举目仰望天空。

240 霍拉修:于是,野人便可能经过足够长时期的上下求索之后变得聪明一些。我很容易想象出,一只动物若确实惧怕什么事物,却既不知道它是什么,又不知道它在何处,这动物必会感到万分困惑,进退维谷。我还能想到:一个人虽有充分的理由认为那可怕之物是无形的,他对不可见的之物的惧怕,往往还是甚于对可见之物的惧怕。

克列奥门尼斯:你所说的这种情况,仅仅表现于不具备完善思考能力的人,表现于那些以最简单的方式、完全致力于继续维持生存的人。在那个过程中,他会排除遇到的各种直接障碍,而那种恐惧可能对他们没有多少影响。不过,若这个人的推理能力还算尚可,并且有闲暇进行思考,那种恐惧便会造就许多奇形怪状的妖魔和臆想。一对野人夫妇若不竭力向对方表达自己对这件事情的想法,便不可能长时间交谈下去。到一定的时候,他们便会发现并一致认同几种东西发出的某些独特的声音,而他们的恐惧感最常因它们而生。所以我才认为:这种无形的原因往往是他们最初能为之命名的事物之一。野蛮男女对自己无助后代的关心并不亚于其他动物,而我们无法想象:他们养育的孩子,尽管没受过教育,在十
241 岁之前竟没有在其父母身上看到过对一种无形原因的恐惧。同样,由于人与人之间在特征、相貌和脾气上如此不同,我们也无法

相信所有的人对这种原因都怀着同样的看法。由此我们还可以说：一定数量的人一旦能够互相交谈，互相理解，他们对于那种无形原因的见解便会呈现出差异。对那种原因的恐惧和认同极为普遍，人又总是把自己的激情归因于自己能想象到的一切事物，因此，人人都会小心翼翼地避免那种仇恨和恶意，倘若可能，还会极力去获得这样一种力量的友谊。若考虑到这些事情，考虑到我们所了解的人性，我们就几乎不可能以为：在任何一定数量的人群里，若没有人故意说些关于这种力量的谎言，若没有人自称曾耳闻目睹过它，我们就几乎无法想象这些人能够长期共同交往。无论是以和平方式还是以其他方式交往，都不可能。对无形力量的不同见解，如何能通过骗子们的阴谋和欺骗，引起众人间的致命不合，这很容易解释。倘若我们非常渴望下雨，而有人又使我相信：我们这里没有雨完全归咎于你，那么，仅此一点便足以引起争执 242
了。世上发生的任何事情，只要起因于宗教信仰，无论是神职者的权谋，还是残忍的暴行，无论是蠢事还是令人憎恶之事，都可以用这些理由和这个恐惧原理加以解决或作出解释。

霍拉修：我想我不得不赞成你的见解，即在野蛮人当中，宗教的首要起因乃是恐惧。但你也该赞成我的一个见解，那就是：各个民族为了非凡的恩惠与成就，总是对其神明表示感激（像胜利之后举行的大献祭，以及各种竞赛与节日的习俗）；可见，一旦人变得更聪明，更文明，他们的大部分宗教信仰变建立在了感激的基础上。

克列奥门尼斯：我知道，你在尽力证明我们人类的荣耀，但人类却根本没有值得如此自夸的理由。我要向你表明：对人性做一番仔细的勘验，透彻地理解人的本性，这会使我们更没有理由为人类的骄傲而感到欢欣,相反,这倒应当使我们更有理由为人类的谦卑而感到高兴。首先,野蛮人与文明人的天性根本没有区别,两者都天生就具备恐惧之情。倘若他们能感觉到这种恐惧,便都不能活上许多年,除非或早或迟,一种无形的力量渐渐成了他们恐惧的
243 对象。这种情况会发生在每个人身上,无论是单个的野人,还是社会中最有教养的人,都不例外。经验告诉我们:各个帝国、国家和王国可能在技艺、科学、文雅礼节以及所有现世学问方面出类拔萃,同时又奉行最繁冗恶劣的偶像崇拜,信奉一种虚妄宗教的种种自相矛盾的信条。在供奉神明方面,最文明的民族也会像任何野蛮民族一样愚蠢荒唐。文明人常常做出处心积虑的残忍行为,而野蛮人却从未想到过它们。迦太基人曾是个无比繁荣的民族,曾有一个富饶而强盛的国家,汉尼拔[①]曾占领过半个罗马帝国;但同时,迦太基人却还是把其显要贵族的孩子作为献祭的牺牲,奉献给他们崇拜的偶像。个人的情况也是如此,有无数实例表明:在一些最文雅的时代里,许多富于理性和美德的人却都对最高的存在怀着最粗劣、最无价值和最放肆的观念。一些人做出的那些行为,必定会使我想到他们对上帝的理解是何等混乱、何等莫名其妙!亚历山大·塞维鲁斯[②]继承了亥力奥伽巴鲁斯[③]的王位,是革除陋习的伟大改革家,被人们公认为一位好国君,而其前任则被公认为一

① 汉尼拔(Hannibal,公元前246—前182),迦太基大将,曾打败罗马人(前216年)。——译者

② 亚历山大·塞维鲁斯(Alexander Severus),罗马皇帝,亥力奥伽巴鲁斯皇帝的养子;222年即位,235年死于宫廷卫队哗变。——译者

③ 亥力奥伽巴鲁斯(Heliogabalus),罗马皇帝,以荒淫著称,205年即位,222年死于宫廷卫队哗变。——译者

个坏国君。研究塞维鲁斯的历史学家说：他的宫廷里有个小祈祷
室，专门用于他的私人供奉，其中供着阿波隆纽斯[①]、奥菲欧[②]、亚 244
伯拉罕、耶稣基督等神明的像。你为什么笑？

霍拉修：因为我想到：那些神职者了为了让你相信一个人是好人，便会煞费苦心地隐瞒他的错误。你说的有关塞维鲁斯的那些事情，我以前也听说过。有一天，我在摩莱利编的《历史大辞典》[③]里找些材料，偶然看见了有关那位皇帝的一个词条，而其中根本没提到什么奥菲欧或者阿波隆纽斯。我想起拉普里迪乌斯那本书[④]里的那段话，便对此感到很惊讶，并想自己大概是弄错了。于是，我又读了一遍那位作者的书，还是读到了那些记载。它们与你讲述的一样，我对此毫不怀疑。可是，摩里埃利却故意对它们只字不提，其目的就在于回报这位皇帝对基督徒的宽怀。他告诉我们，塞维鲁斯曾非常善待基督徒。

克列奥门尼斯：在罗马天主教的国家里，那并非不可能。但另一方面，我想说的却是你提到的那些节日，胜利之后的大献祭，以及各民族对其神明的普遍感激。希望你务必考虑到一点：像在人类一切事务里一样，圣事里也存在着各种祭礼和仪式，也可以看到许多敬奉的实例。从表面看，它们全都来自感激之情；但只要仔细

---

① 阿波隆纽斯(Apollonius Thyanaeus)，古希腊毕达哥拉斯派哲学家，作家，在公元3世纪被奉为神。——译者

② 奥菲欧(Orpheus)，希腊神话里的诗人，音乐家。又译作“俄耳甫斯”。——译者

③ 见摩莱利(Moréris)编《历史大辞典》(*Grand Dictionaire Historique*)1702年版，卷一，第109页。——译者

④ 此指拉普里迪乌斯(Lampridius)写的《历代帝王记》里的《塞维鲁斯传》。——译者

245 检验一下，你便会发现它们其实都是恐惧造成的结果。我们虽然
不知道花神竞技节[①]始于何时，但知道它最初绝非每年举行一次，
直到某年春天，时令极差，这使罗马元老院颁布了政令，使花神竞
技节成了每年一度的节日。要汇聚成真正的敬畏或尊崇，爱和敬
也像恐惧一样，都是不可或缺的成分。但仅仅恐惧一项，就已能使
人假装出爱和敬了。这就如同对君王表面上毕恭毕敬、内心却诅
咒和痛恨他们一样明显。偶像崇拜者对自己崇拜的一切无形原因
的态度，就像人们对一种无法无天的专断权力的态度那样，既承认
它们蛮不讲理，傲慢自负，不可理喻，同时又认为它们主宰一切，权
力无边，又不可抗拒。每当有人怀疑有什么最琐碎的圣事被忽略
了的时候，人们便会一次次地重复那些庄重的仪式，其动机何在？
你知道同样的闹剧会多么频繁地反复演出，因为每次表演之后，人
们总担心有什么疏漏。请你务必查阅一下自己读过的东西，并把
它们记在心上。请注意人类对自己抱有的无数种见解，注意人们
对那种无形原因(人人都以为它影响着人类事务)的无数种不同看
法。请你纵览古往今来的历史，详细地了解每个重要的民族，既要
了解它们的胜利与成就，也要了解它们的苦难与灾祸。请你了解
246 一下历史上的伟大将领和其他著名人物们，既要了解他们的成功
兴旺，也要了解他们的厄运逆旅。请注意他们的虔诚心何时最为
炽烈，神谕何时被最频繁地请教，他们最频繁地提到神明时是出于
什么原因。请你务必冷静地思考你能记住的每一件有关迷信的事

① 花神竞技节(Floral Games)相传始于公元前238年，源自对古希腊神谕书的信仰，为向花神(Flora)献祭而设。古罗马人在每年的4月28日到5月3日举行，其活动内容极具纵欲色彩。——译者

情，看它是庄重严肃的，是荒谬可笑的，还是应当诅咒的。这样一来，你便可以发现：首先，不信教者以及所有对自己的神明一无所知的人，尽管其中许多人在其他问题上知识渊博，智力过人，其诚实刚正也久经考验，但他们谈论起自己的神明来，却并不说众神是智慧、仁慈、公正和怜悯的，相反，他们说众神性情暴烈，睚眦必报，喜怒无常，无情无义。此外，俗众也早已学会了说：神明也犯过种种极大的恶行，也做过许多重大的败德之事。这自不必再提。其次，人们出于感激而提到一种无形原因的时候，每一种虚假宗教里都会有上千个事例使你相信：对神的崇拜，以及人对上天的顺从，无不来自人们的恐惧。“宗教”这个字本身与对上帝的恐惧，这两者意义相同。人承认上帝若最初建立在爱的基础之上，如同建立在恐惧的基础上一样，那么，那些骗子的计谋便根本无法利用这种激情了。人若真是出于感激才去崇拜那些不朽的力量（他们如此称谓自己崇拜的偶像），那么，骗子们自吹的与男女众神相熟云云，247
便毫无用处了。

霍拉修：立法者和民众领袖无不受益于（并且熟知）他们期望从那些借口中获得的东西，那就是敬畏。何况你也承认：要产生敬畏，爱与敬也如同恐惧一样不可或缺。

克列奥门尼斯：不过，根据立法者和领袖对人们实行的种种法律，根据他们对违法者的惩处，我们倒很容易看出他们最倚重的是哪一种要素。

霍拉修：我们很难说出：在遥远的古代，哪一位国王或其他伟人既打算治理一个幼稚的民族，又不曾自称能与一种无形力量沟通，那种力量或者由他掌握，或者由其祖先掌握。这些国王或伟人与摩西并无区别,只不过摩西本人就是一位真正的先知,并且的确曾得到了上帝的支持,而其他人则都是骗子。

克列奥门尼斯:你想以此来说明什么呢?

霍拉修:我们不知道我们对那种原因的认识是否正确,而古往今来怀有各种信仰的人们,也都不知道自己对它的见解是否正确。换言之,他们全都认为自己的见解千真万确,而一切不同见解都是错的。

248 克列奥门尼斯:我们做了最严格的检验,发现没有任何其他原因能经得起检验,或者能经得起最起码的探究,这时我们才诚实而公正地说:我们自己也是如此。这还不够么?一个人能够讲述从未奏效过的奇迹,能够说明从未发生过的事情的起因,但此后一千年,一切认识之士都将一致认为:若不是位伟大的数学家,谁都不能写出伊萨克·牛顿爵士的那部《自然哲学的数学原理》(*Pricipia*)。摩西向以色列人讲述上帝对他揭示的道理时,他给他们讲了一个真理,当时,世界上除了摩西没有任何人知道那个真理。

霍拉修:你是说,那真理就是:只有一个上帝,上帝创造了宇宙万物。

克列奥门尼斯:的确如此。

霍拉修:可是,任何一个有头脑的人,难道不能依靠自己的理性来知道这个真理么?

克列奥门尼斯:能做到,但前提是:推理思维的艺术必须达到这数百年之后的完善程度,而他自己又掌握了正确的思维方法。发现了天然磁石的用途并发明了航海罗盘之后,任何一个普通水手都能在海上驾船航行。但在那以前,一想到航海冒险,连最有经验的水手也要不寒而栗。当年，摩西对雅各[1]的后代们讲述这个最高的重大真理时，后者已经沦为奴隶，被束缚在其被掳之国的迷 249
信之中。埃及人是他们的主人。那时的埃及人精通许多技艺和科学，并且比其他任何民族都更精通大自然的种种奥秘，尽管如此，他们对神明的观念却最贫乏、最恶劣。在对那种主宰世界的无形力量，即最高存在的认识上，任何野蛮民族都不如埃及人那样无知而愚蠢。摩西教导当时的以色列人，而后者的孩子们不到九岁或十岁时，便懂得了最伟大的哲学家们许多世代之后才凭着天性所领悟的东西。

霍拉修：推崇古人者绝不会赞成说任何现代哲学家的思维或推理能力比古人更强。

克列奥门尼斯：还是让他们去相信自己的眼睛吧。你说每个有头脑者都能靠自己的理性领会到的那个真理，在基督教诞生初期曾引起过激烈辩论，而罗马最伟大的人们也曾狂热地否定过它。塞尔苏斯、叙马库斯、波菲利、希罗克勒斯[2]和其他著名雄辩家，以及一些无疑具备良好头脑的人，都纷纷撰写著作，为异教偶像崇拜

① 雅各(Jacob)，《旧约》中犹太人的祖先之一，其后代成为以色列的十二个部族。—— 译者

② 塞尔苏斯(Celsus)，公元 2 世纪希腊哲学家，曾发表论文《真话》(*Alēthēs logos*)(今已不存)，以三种方式批评了基督教。叙马库斯(Quintus Aurelius Symmachus，345？—402)：古罗马政治家、演说家、文学家，因为异教信仰辩护而被格拉提安皇帝(Gratian，359—383)放逐。波菲利(Porphyry，233？—304?)：公元 3 世纪时的希腊学者、历史学家，据说曾写过 15 本批评基督教的书，今存残篇。希罗克勒斯(Hierocles)：据说他曾在公元 303 年煽动对基督教徒的迫害运动，并出版过抨击基督教的书，今已不传。—— 译者

辩护,竭力维护他们的多神崇拜信仰。摩西生活在奥古斯都王
250 朝①的一千五百多年以前。倘若有人非常确定地告诉我:某个地方的人们根本不懂用色和描绘,那里若有个人居然告诉我:他依靠灵感而通晓了绘画艺术,我很可能会嘲笑他,而不会相信他的话。但是,我若看见他当着我的面画出了几幅很好的肖像画,我的怀疑便会烟消云散。我还会认为:再怀疑此人的诚实是非常可笑的。其他立法者及开国者对其神明的描述(他们或其先辈与那些神明沟通),其中包含的思想都无法与那个神圣的存在相提并论。只需依靠天性的引导,便能很容易地证明那些思想必定都是虚假的。然而,摩西向犹太人描述的那个最高存在的形象(即他是惟一的神,他创造了天和地),则能经受一切检验,是一个将比世界还要长久的真理。因此,我想我已经充分阐明了两点:第一,一切真正的宗教都必定是上帝揭示的;没有奇迹,宗教就不可能产生于世;第二,在尚未得到任何指导时,每个人倾向于宗教的那种天生激情乃是恐惧。

霍拉修:你已经设法使我相信:我们天生都是可怜的动物。不过,我最初听到那些令人羞愧的真理时,还是禁不住要竭力反驳它们。我很想听你谈论社会起源问题,而我却一直在提出些新问题,因而使你迟迟没能谈到这个问题。

251 克列奥门尼斯:你还记得方才我们说到哪里了么?

霍拉修:我看我们还没有议论过什么,因为到现在为止,我们只谈到了一对野蛮人男女,还有他们的一些子女和孙子女,而这对

① 奥古斯都(Augustus,公元前 27—前 14 在位),罗马帝国的开国皇帝。—— 译者

野人既不会教育他们，也不会管理他们。

克列奥门尼斯：我认为，那最野性的儿子若与其最野性的父亲一起生活，则必定会对父亲产生敬畏，这一是非常值得重视的一步。

霍拉修：我本来也这样认为，可后来你的那些话，却使我对它的那些希望破灭了，因为你向我证明：野蛮人父母没有能力去利用那种敬畏之情。我看，你我现在像以前一样，离社会起源问题仍很遥远，因此，我希望你谈论那个主要话题之前，先回答一个你还没有回答的问题，即我提出的那个有关是非观念的问题。不听到你对这个问题的见解，我可不会罢休。

克列奥门尼斯：你这个要求非常合理，我要尽量满足你。有头脑、有知识、有阅历的人，只要受过良好教育，总能发现截然相反的事情的是非区别；一些事情总会遭到他的谴责，另外一些事情则总

会得到他的赞同。杀死或者抢劫同一个社会中一个并未伤害我们 252
的成员，这总是错的；而治病救人、造福公众的人，则总是会被他看作良好的行为。以己之所欲去待人，会被人们看作一条处世原则。不仅智慧超群者，例如那些通晓如何进行抽象思考者，而且所有在社会中成长起来的能力中常者，全都赞同这一点，在一切国家和一切世代，概莫能外。同样，一切哪怕稍微能运用自己思考机能的社会人（无论那社会是否借助契约作出了劳动分工），似乎都比社会之外的人更确信一点：世上一切人都享有平等的权利。可是，我们所说的那个野蛮人男子若除了那个野蛮人配偶和子女后代之外，没见过其他任何人，你是否认为他也具有与社会人相同的是非观念呢？

霍拉修:几乎不会如此,他的推理能力很差,这会使他无法进行正确的推理,而他发现自己对子女具有支配力量,这会使他变得极为专断。

克列奥门尼斯:但是,他若不是那样无能,又假设他在六十岁上依靠奇迹而获得了良好的判断力和思考机能,因而也能像最有
253 智慧的人那样做出完美的推理,你是否认为他会改变那个观念(即他能支配的一切都属于他)呢?当他的行为仿佛几乎完全出自本能时,你认为除了那些既有观念之外,他还会对自己和子女抱有其他观念么?

霍拉修:毫无疑问,因为倘若赋予他判断力和理智,究竟什么会阻碍他像其他人一样地去运用那些机能呢?

克列奥门尼斯:你好像没有考虑到一点:不归纳事实,任何人都无法进行推理;人只能根据已知的或被看作真实的事实作出推理。惟有记得自己曾受过的教育、并生活在社会里的人,才懂得我所说的是非之别;至少可以说:一些人清晰地看到过社会里其他受过教育的人,后者地位与他们相等,或地位高于他们,都与他们毫无瓜葛,惟有这样的人才懂得我所说的是非之别。

霍拉修:我开始相信你的话是对的了。但我又想到,一个怀有正义感的人,若知道一个地方除了自己的妻子和后代没有其他人,为什么就不可能认为自己是那个地方的首脑呢?

克列奥门尼斯:他完全可能那样认为。可是,世界上有上百个这样的拥有大家族的野蛮人,而那些家族从未谋面,也从未彼此听说过,难道不会存在这种情况么?

霍拉修:你若愿意,还可以说这样的野蛮人家族有上千个,因

此，世上便存在着众多天然的家族首脑。

克列奥门尼斯：好极了。我想让你注意的是：对一些被大多数 254
人尊为永恒真理的事情，成百上千个具有良好头脑和判断力的人可能一无所知。倘若每个人当真天生就具备这种占有一切的精神，而除了依靠人际交往和事实体验（它使我们相信自己并没有这种权力），人人都无法摆脱它的控制，那该是个什么结果呢？我们不妨察看一个男人的一生，从他的婴儿时期到他的坟墓，看看他两种欲望中的哪一种看上去最为自然，即究竟是那种居于一切之上、将一切攫为已有的欲望，还是那种依照合理的是非观念行事的倾向。我们将会发现：在他幼年时，前一种欲望表现得最为显著；在他接受了某些教育之前，后一种倾向毫无表现；而他保持未开化状态愈久，后一种倾向对他行为的影响便愈少。由此我推断：是非观念是后天获得的，因为它若是与生俱来的，或者它若像那个认识（或确切地说，那种将一切据为已有的天生本能，）一样，在我们很幼小时便能影响我们，那么，世上任何一个孩子也就都不会为得到哥哥的玩具而哭闹了。

霍拉修：我想，世上最自然、最合理的权利，要算是人对自己子 255
女的权利了。我们永远还不清父母的恩情。

克列奥门尼斯：对良好父母给我们的抚养和教育，我们当然万分感激。

霍拉修：这是最起码的，是父母给了我们生命。我们可能从上百个其他人那里接受过教育，但没有父母，我们却根本不可能来到这个世界上。

克列奥门尼斯：同样，没有生长大麦的土地，便没有麦芽酒。

我不知道世上哪种报恩不是预期的。一个人若看见一包美味的樱桃,便禁不住把它们吃掉,并会因此而感到心满意足。他很可能吞进了几粒果核,而经验告诉我们果核不能被消化。倘若十二月或者十四个月之后,他碰巧看到一块地上生出了一株樱桃幼枝,而谁都没有料到那里会长出它;他若回想起自己以前到过那里,就不见得猜不出那幼枝的真正来由。同样,此人很可能出于好奇而移走并去培育那株樱桃。我完全能肯定:无论那株樱桃后来如何,此人因那个善举而获得的对它的所有权,都与一个野蛮人对其子女的所有权相同。

256 霍拉修:我认为,这两者之间有很大的不同。樱桃核绝不是他的一部分,也绝不会与他的血液混合在一起。

克列奥门尼斯:且住,全部差别,无论你认为它有何等巨大,只能是在这一点上,即樱桃核既非吞下它的那个人的一部分,在被吞下后,其数量也没有像那野蛮人吞进的其他一些东西那样,发生那么巨大的变化。

霍拉修:可是,那吞进樱桃核的人并未对它做任何事情,即使它不曾被吞下去,也完全可能像植物那样长出植株。

克列奥门尼斯:此话不假。我也承认,那樱桃幼枝的存在要归因于樱桃核,这一点你说的不错。可是,我也很清楚地谈到了那行为的价值,无论是那吞樱桃核的人,还是那野蛮人,两者的行动都只能来各自其下意识的意图。那野蛮人做出行动时,完全可能并没有打算要个孩子,这正像那个吃樱桃者并未打算种樱桃树一样。人们通常都说:我们的孩子乃是我们自己的血肉,不过这种表达方式却带着强烈的比喻色彩。然而,即使我们承认这说法是对的,尽管修辞学家不曾给它命名，它究竟又能证明什么呢？它能证明我们意图是善良的么？能证明我们对他人的仁爱么？

霍拉修：随你去说好了，但我想：最能使父母对孩子产生亲情 257
的，莫过于父母想到孩子就是他们自己的血肉。

克列奥门尼斯：我同意你这个观点。它清楚地表明了我们对自己、对一切出自我们自己的值得夸耀之物的最高评价。相反，另外一些事物虽说也是我们自己的，却令人讨厌，因此，为了取悦我们自己，我们会拼命地把它们掩饰起来。一旦那些事物被众人一致看作有失体面，甚至成了我们的耻辱，那么，提到或使人联想到它们便成了不合礼貌的冒犯之举。我们胃里有各种各样的东西，但我们根本无法控制它们，无论它们进入血液还是其他地方，我们依靠知识而对它们做出的自愿行为，惟有把它们吞下去。此后，动物身体机能如何运作它们，人便无法自行支配了，正像人无法支配自己手表的运作一样。这又是一个例证，它表明：我们错误地把一切结果良好的运作都归功于我们自己，而实际上，完成全部工作的乃是大自然，而我们的参与却最少。但是，无论谁赞美自己那些能带来利益的机能，当他患了结石症或者发烧的时候，同样也应当责怪自己身体的某些机能。没有这种与生俱来的极端蠢念，任何有
理性的动物都不会既根据自己的下意识行评价自己，同时又接受 258
对分明不是出于自己意志的行为的赞美。生命在一切动物身上都是一种复合的行动，但动物本身在其中的行动却完全是被动的。我们知道呼吸之前，已经不得不呼吸；我们持续存在的触觉感知力，则来自大自然赋予我们的自警本能和她对我们的永久监护。对我们来说，自然之作的每一个部分（我们人类也不例外）都是深

不可测的秘密,都无法加以探究[①]。大自然亲自为我们提供食物,她也并不信任我们的智慧能使我们产生食欲和咀嚼欲,因此她赋予了我们本能,并且用快感诱使我们进食。这似乎是一种选择行为,我们自己也能意识到这种运作,或许还可以说我们参与了这种运作。但片刻之后,大自然便恢复了她的关怀,再一次不依靠我们的知识,而以一种神秘的方式维持我们的生存,无须我们任何能被感觉到的协助或参与。从此,对我们吃喝之物的管理便一直完全处在大自然的指导之下。而我们从吃喝的排泄物中应当得到什么荣辱呢?它是服务于繁衍的间接手段,还是向植物提供的一种更可靠的帮助呢?正是大自然促使我们去繁衍后代,就像促使我们去吃那样。像其他动物一样,野蛮人依靠本能繁殖族类,并未更多
259 想到或有计划地繁衍其族类,如同新生儿吸吮乳汁而并未想到那是为了维持生命一样。

霍拉修:尽管如此,为了那些原因,大自然还是赋予了野蛮人和动物不同的本能。

克列奥门尼斯:这自不待言。但我的意思却是:各种行为动机都包含着同样的万物之理,我也十分相信:野蛮人女子即使从未见到或想到过任何幼年动物的繁殖,在尚未猜到孩子的真正来由时,也能生下几个孩子;而她若腹痛,则会以为那是她吃了某种美味水果所致,当她腹痛数月、又根本不知道自己怀了孕时,便更是如此。在全世界,孩子的出生都多少伴随着疼痛,因而生育似乎与快乐毫

① 参看法国哲学家培尔(Pierre Bayle,1647—1706)语:“大自然是一个无法理解的深渊。”见他的《历史与批判词典》(*Dictionnaire Historique et Critique*,1697)“艺术”词条关于“庇罗”(Pyrrho)的注释 2。—— 译者

不相干。况且,未受过教化的动物无论怎样善学而专心,都需要几番真切经历,才会相信一个动物能够生育出另一个。

霍拉修:大多数人结婚都是为了要孩子。

克列奥门尼斯:我看并不如此。我相信,许多人并不想要孩子,至少不想那么快就有子女;即使结了婚,不想要孩子的人也与想要孩子的人一样多。但在婚姻以外,在众多陶醉于快乐的偷情中,孩子却被看作最大的灾难。不顾后果的罪恶情爱生出的孩子, 260
还常会被罪恶的骄傲残忍地故意毁灭掉。但这些都是社会中的人做出的事情,他们通晓事物的自然结果。我要强调的是,我这里说的是野蛮人。

霍拉修:一切动物的两性之爱,其目的都是为了繁衍其物种。

克列奥门尼斯:我已经对这一点表示过赞同了。但我还要重复一遍:野蛮人并非出于繁衍物种的考虑才去爱。野蛮人在并不知道后果时便去交媾,而我也十分怀疑:最文明夫妇最纯洁的拥抱是否出于繁衍物种的真正信念。一个富人会以极大的耐心希望有个儿子来继承他的姓氏和财产。他结婚也许只出于这个动机,并不为别的目的。可是,他憧憬自己有个幸福的后代,并似乎从中得了满足感,那种感觉却只能出自对他的自我欣赏,因为他想到那些后代都来自他本人。无论此人后代的降生如何归功于他,有一点都是确定无疑的,即此人的行为动机都是为了他自己。这里依然存在着想要后代的希望,存在着生育孩子的打算和意图,而任何野 261
蛮人夫妇都绝不会怀着这种意图。尽管如此,野蛮人夫妇的虚荣心还是足以使他们感到自满,因为他们会想到自己的所有子女及后代全都来自他们,只是他们会活着看到自己的第五或第六代后人。

霍拉修:我从中找不到任何虚荣心。我也认为我自己没有这种虚荣心。

克列奥门尼斯:不错,因为你意识不到它。很显然,他们对其后代的生存毫无贡献。

霍拉修:现在你能保证你的论述并不过分么?

克列奥门尼斯:不,绝不过分;你能看到,即使对他们自己的孩子也不过分。你若同意,我便要说:人的欲望来自大自然。宇宙间只有一个真正的原因,它产生了无穷无尽的惊人结果,造成了自然的全部巨大运作,其中有些能被我们感觉到,有些则是我们无法感觉到的。“父母生育子女”,这个说法既真实又得体,如同说“工匠自己发明和制造的工具是他作品的最具体原因”。把水抽入铜桶的无感觉的引擎,掺和水与麦芽的无生命的搅拌桶,这些都是酿酒工艺的重要组成部分;同样,在繁殖动物的过程中,最具活力的雌雄动物也发挥着相同的重要作用。

262 霍拉修:你把人看作了牲畜和石头。做与不做,难道我们就不能做出选择么?

克列奥门尼斯:能;是否用我的头去撞墙,这便是我此刻的选择。但我希望你不必费力去猜,也能知道我会不会选择以头撞墙。

霍拉修:可是,我们不是按照自己的意愿才挪动我们的身体么?一切动作不都是出于意志么?

克列奥门尼斯:一种激情若明显地发挥着支配作用,并严格控制着意志时,那又意味着什么呢?

霍拉修:我们的行动毕竟是有意识的,人毕竟是智能动物。

克列奥门尼斯：在我谈到的那件事情上，人并非如此。在那件事情上，无论我们愿不愿意，我们都会感到内心的强烈驱动，都会情不自禁地协力完成一种运作，并且还渴望参与它。尽管我们反对，我们还是非常乐于从事那种运作，它无限地压倒了我们的理性。我方才做的那个比喻完全正确，合情合理，因为即使你能设想出的最相爱的夫妇（你若愿意，还可以说最具远见的夫妇）对生殖的奥秘也一无所知。不仅如此，即使他们有了二十个子女，对大自然的运作以及他们之间发生的事情，他们也会照样懵懂无知，意识甚少，如同被用于最神秘、最巧妙工作的无生命工具一样。

霍拉修：我不知道有谁能比你更精通追溯人类的骄傲，能比你 263
更苛刻地贬低它。不过，你一谈起个话题便不知道如何打住。我希望你马上就开始谈社会的起源，因为说明社会如何从方才我们谈到的那个野蛮人家庭产生或出现，这是我力所不逮的。那些孩子成年之后，不可能不为了无数的理由而发生争执。人若有三种最明显的欲望需要满足，没有政府，他们便永远无法和平地生活在一起。这是因为，他们虽说还都尊敬父亲，但那做父亲的若毫无远虑，不能为他们的生活制定任何良好的规矩，我便会相信他们始终会生活在不合状态中。后代的人数愈多，那上年纪的野蛮男人便愈会困惑不已，因为他想管理后代，却没有这种能力。后代的人数增加了，他们便不得不扩大自己的活动范围，而不能长久地居住在其出生地。谁都不愿离开自己的家园，那家园若能使他们获得丰饶的收获，便更是如此。我愈是想到这一点，愈是深入考察这样一群人，就愈是无法设想他们如何能形成一个社会了。

克列奥门尼斯：能使人们具备社会性的，首先是人们共同面临

264 的危险,它能使最敌对的人们联合起来。他们势必要面临这些危险,它们来自野兽(因为凡有人居住的地方都有野兽)和人类天生本没有自卫能力。这个残酷的因素往往会妨碍我们人类数量的增长。

霍拉修:这么说,这个野蛮男人及其后代并不太可能一起生活上五十年。我很容易设想:我们这个野蛮人家族会因后代过多而困难重重。

克列奥门尼斯:你说的不错。一个没有武装的男人及其后代,根本不可能如此长久地避开那些饥饿的捕食动物,它们靠所有捕到的动物为生;为了觅食,它们会搜遍各个地方,吃尽千辛万苦,尽管这要冒生命危险。我提出这个野蛮男人及其后代可能一起生活五十年,是因为我想向你表明:第一,一个未受任何教化的野蛮人不可能具备威廉·坦普尔爵士赋予他的那些知识与头脑[①];第二,那些与自己的族类交往的子女尽管由野蛮人养大,却还是会变得
265 能被治理;结果,这些子女长大成人之后便能够适应社会,无论其父母可能何等无知,何等不善管理。

霍拉修:真要感谢你这么说,因为它使我明白了:最近于野兽的第一代野蛮人,已经足以造就出适于社会的后代了。不过,造就出适于从事治理的人,却要具备更多的条件。

克列奥门尼斯:我要回到我方才提出的那个推断上了,那就是使野蛮人具备社会性的首要动机。我们不可能确切知道初民的任何情况,因为他们没有任何文字。但我想,按照常理,那个动机极

① 参见本书第四篇对话。——译者

可能是他们共同面对捕食野兽的危险。像这些随时都准备为自己的幼仔捕食的狡猾野兽一样，人也会去捕食那些毫无自卫能力的动物。一些更大胆的野兽则公开进攻成年男女。使我更确信这个观点的，是我们的一种普遍一致的看法，它可以追溯到最古老的年代，并且产生于不同的国家。在一切民族幼年时期的历史里，充满了有关人兽冲突的叙述。它是最遥远古代的英雄们的主要业绩，他们最英勇无畏的业绩表现在屠龙降怪上。

霍拉修：你相信世上存在过人面狮身怪、怪蛇、飞龙和口中喷 266
火的公牛么？

克列奥门尼斯：像我不相信现代的女巫一样。但我相信，这些虚构的怪物无不来自那些凶恶残暴的野兽，来自它们造成的种种祸患，来自其他一些使人恐怖的现实。我还相信：倘若任何人都不曾见过马背，我们就永远不会听说肯陶洛斯[①]。我们也能断定，其他动物身上也隐藏着一些野蛮动物表现出来的那种巨大力量和暴怒，也隐含着各种有毒动物毒液的那种惊人力量。毒蛇出人意料的突然袭击，毒蛇的种类繁多，鳄鱼的庞大躯体，某些鱼类的奇形怪状，另一些鱼类的翅膀，这些都能激起人的恐惧。说单单是恐惧这种激情使被吓坏的人想象出了喀迈拉[②]，这是难以置信的。白天经历的危险往往会在夜里困扰人，这又增添了人的恐惧；而人们记住的梦境则很容易被混同于现实。此外，人天生就是无知的，但又渴求知识，这往往会增加他们的轻信，而轻信则是希望与恐惧所

① 肯陶洛斯(Centaurs)，古希腊神话中半人半马的怪物。——译者

② 喀迈拉(Chimera)，古希腊神话中的喷火怪物，前半身像狮子，后半身像蛇，身体中部像山羊。——译者

造成的主要后果;另外,绝大多数人都强烈渴望获得喝彩赞美,都
267 极为重视 *Merveilleux*[①],极为重视它的见证人和叙述者。我是说,你若考虑到了这一切,便很容易发现:虽然许多生灵都被谈论,被描述,被正式地描绘出来,而实际上它们却纯属子虚乌有。

霍拉修:对于妖怪的来源,对于任何神话传说的来源,我并不感到奇怪。但我承认:在你用来说明使人为了共同利益联合起来的那个首要动机的理由当中,我却发现了某种非常令人困惑不解的东西,而我从未想到过它。我想到了你描述的人的生存处境:人赤手空拳,毫无自卫能力,面对着大量动物,它们饥饿、贪婪、嗜血,力量比人大,并且天生具备进攻的武器,因此,我简直无法想象我们人类如何竟会生存下来。

克列奥门尼斯:你这个见解很值得注意。

霍拉修:这实在令人惊诧。狮子和猛虎是何等卑鄙恶劣的野兽啊!

克列奥门尼斯:我倒认为它们是非常完美的动物。最令我赞美不已的,就是狮子。

霍拉修:我们说狮子宽宏大量,知恩图报,这实在是非常奇怪。你相信它们会如此么?

克列奥门尼斯:我并不费心去琢磨狮子,我所赞美的是狮子的
268 筋骨、身体构造以及它的强烈欲望,因为它们都恰当地彼此相应。在大自然的一切作品上,你都能看到秩序、对称和高于一切的智慧。但是,大自然里却没有一台机器能像狮子那样,其各个部分都

① *Merveilleux*,(法语)奇迹。—— 译者

符合各自在整体中所要达到的目的。

霍拉修:那个目的就是毁灭其他动物。

克列奥门尼斯:这不假;但这个目的又是何等显著,它毫不神秘,确确实实!葡萄是用来酿酒的,人是用来构成社会的,这些真理在每一个体身上尚不能体现出来;而每一头单个的狮子身上却都带着真正威严的印记。只要一见到狮子,连最强壮的动物也会俯首帖耳,浑身战栗。仔细观察狮子那沉重的利爪,狮爪的巨大尺寸,那上面坚实的肌肉,仔细观察它可怕的牙齿,强壮的颚部,以及同样令人战栗的宽大狮口,我们便会十分清楚其用途何在了。不仅如此,狮子四肢的构造,狮子肌肉筋腱的强悍坚韧,狮子骨骼的坚实,也全都超过了其他动物,而狮子的全身构造及其永不休止的怒气、行动的迅速与灵活,这些无不使它成为野兽之王。若考虑到这一切,而看不到大自然的意图,看不到大自然为狮子这种美丽的动物设计了何等令人赞叹的技能,使之能去进攻和征服其他动物,那便是愚蠢。

霍拉修:你是位出色的画家。但是,你判断一种动物时,何以 269
要以它那些被误解的特性为根据,而不以它的起源、即最初产生它的状况为根据呢?天堂乐园里的狮子本是性情温和而忠实的动物。听听弥尔顿是如何描述狮子在亚当和夏娃面前的行为的吧。

> 他们躺在那柔软的、绒毛般的河岸旁,那里铺满了鲜花:
>
> ……他们周围,地上的各种野兽在玩耍,
>
> 它们来自树林或荒野,森林或洞穴;
>
> 狮子在跳来跳去,用爪逗弄着幼仔;
>
> 狗熊,老虎,山猫和豹子

全都在他们面前跳跃嬉戏……[①]

在乐园里,狮子靠吃什么为生?这些食肉野兽又靠吃什么为生呢?

克列奥门尼斯:我不知道。相信《圣经》的人,谁都不会怀疑:天堂乐园的状况以及上帝与第一个人之间的交流,都是超自然的,如同太初创世一样。因此,我们不能设想能用人的理性去解释它们。倘若能用人的理性去解释它们,那么,摩西就不必去回答那些
270 他无法回答的问题了。他为我们讲述的那些时光的历史极为简明,无可指责,都被包含在其他人对那些讲述的阐释和注解里。

霍拉修:除了能从摩西的话里得到证实的东西,弥尔顿并未提到乐园里的其他情况。

克列奥门尼斯:从摩西的话里,根本不可能得到证明说那种纯真无邪的状况持续了很久,乃至持续到了山羊或其他任何胎生动物能生养哺育幼仔的时候。

霍拉修:你的意思是,天堂乐园里不可能有动物幼仔。我绝不会对一首那么好的诗如此吹毛求疵。我丝毫没有这个打算。我念这些诗句,意在向你表明:在天堂乐园里,狮子必定是可有可无,无关紧要的;此外,那些自称发现了自然之作的缺点的人,大概会对大自然提出公正的责难,因为她毫无目的地赋予了一种伟大的动物如此众多的卓越特性,而这是挥霍浪费。他们会说,大自然赋予了一种动物何等多样的毁灭性武器!赋予了它何等惊人的四肢及

① 见英国诗人弥尔顿(John Milton,1608—1674)1667年的长诗《失乐园》(*Paradise Lost*)第四节。——译者

肌腱力量！它们是做什么用的呢？只是为了安抚和逗弄幼仔罢了。我承认：在我看来，这种领域，这种派给狮子的任务，仿佛很不恰当，并且很欠深思熟虑，如同你让亚历山大大帝去当看护一样。

克列奥门尼斯：你若看见狮子在熟睡，你尽可以在它身边走来走去，走多少次都可以。若除了见过公牛在母牛群里安静地吃草， 271
而没有见过其他情况下的公牛，谁都不会认为公牛有机会使用它的犄角。但是，你若见过一头公牛受到狗群、狼群或任何一群天敌的进攻，便会很快发现：犄角对公牛是非常有用的。狮子天生并不是永远生活在天堂乐园里的。

霍拉修：我同意你这个说法。倘若创造狮子是为了实现天堂乐园以外的那些目的，那么，有一点便十分明显：人的堕落自从创世之初便注定了。

克列奥门尼斯：这是预先就知道的。任何事情都不能瞒过全能的上帝，这是确定无疑的。但我绝不承认它损害或影响了亚当的自由意志也是前定的(predestinated)。"前定的"这个字引起了世人的诸多争论，这个字本身一直是众多重大争论的起因。由于极难对它作出确切解释，我曾下决心绝不参与有关它的一切辩论。

霍拉修：我不能强迫你这么做。但是，你如此赞美的那种事情，却必定要牺牲我们人类的数千条性命。数量很少的人在尚无火器，或至少在尚无弓箭的条件下，居然能够保卫自己，在我看来这简直是个奇迹。要有多少个赤手空拳的男女，才能在与一对狮子的较量中取胜呢？

克列奥门尼斯：尽管如此，我们人类还是生存下来了。在所有 272
文明国家里，人们全都不再会沦为野人了。我们人类超于一切其他动物之上的智力,已经使那些动物感到害怕了。

霍拉修:我的理智告诉我,一定是如此。不过,我不得不指出:当人类的判断力按照你的意图为你解决什么事情的时候,它总是有准备和充分发展的;而在另外一些情况下,知识与推理论证则是时间的工作,直到许多代之后人才能进行正确的思考。请告诉我,人在拥有武器以前,他的判断力在抵抗狮子方面能派什么用场?究竟是什么没有使人刚一出生就被野兽吞掉呢?

克列奥门尼斯:上帝。

霍拉修:的确,但以理就是被奇迹拯救的[①];可是,又该如何解释其他人的情况呢?我们知道,在不同时代,都曾有大量的人被野兽撕成碎片。我想知道的是:当人类既没有自卫武器,又没有强大的防御工事去躲避残忍狂怒的野兽的时候,人们何以幸存下来,整个人类何以并未被野兽毁灭。

克列奥门尼斯:我已经对你说过了。那是上帝。

霍拉修:你如何证明那是靠了奇迹的帮助呢?

273 克列奥门尼斯:你说的还是奇迹,但我说的是上帝,或者说是上帝主宰一切的智慧。

霍拉修:在世界之初,那种智慧也正如现在这样,不依靠奇迹,介入了我们人类与狮子之间,你若能向我证明这一点:那么,*Eris mibi magnus Apollo*[②]。至于现在,我敢肯定:一头凶猛的狮子至

① 《旧约·但以理书》中说:大利乌王下令将但以理投入狮坑,但以理因神助而毫无伤损(第6章第16—23节)。—— 译者

② *Eris mibi magnus Apollo*,(拉丁语)"你将是我的阿波罗神"。语出古罗马诗人维吉尔《牧歌》(*Eclogues*)第三篇第104行。此处的意思是"你将被我看作一个奇迹"。—— 译者

少会像扑向一头牛或一匹马那样，迅速地扑向一个赤手空拳的人。

克列奥门尼斯：一切特征、本能，以及被我们称作（有生命的和无生命的）事物性质的东西，都是那种智慧的产物或结果，你不赞成这个说法么？

霍拉修：我从来没有不这样想。

克列奥门尼斯：如此我便不难向你证明这一点了。除了在非常炎热的国度里，狮子从不会在野外生活，这就像熊是寒冷气候的产物一样。然而，人类的绝大多数都喜欢适度温暖的气候，因而最愿生活在温带地区。人可能会不情愿地去适应寒冷的气候，或者以能力和耐力去适应炎热的气候；不过，使人体最感舒适的，还是温和的空气以及介于寒冷与炎热之间的气候。因此，大部分人类都自然地居住在温带气候里。同样的便利条件也使其他一切动物只选择温和的气候生存。这会大大减少人类遇到的困难，它们来 274
自那些最凶残、最不可抵御的野兽。

霍拉修：可是，热带国家里的狮子和老虎，以及寒冷国家里的熊，究竟会不会仅仅生活在它们各自的边界里，而从不越界、从不四处游荡呢？

克列奥门尼斯：我想它们不会不越界。在远离出生地的地方，人和家畜也常常会被狮子吃掉。任何野兽对我们人类的致命威胁，都不及人类彼此之间的致命威胁频繁。被敌人追击的人们会逃到那些他们绝不愿去的气候或国家里生存。同样，贪婪与好奇也往往会使人情愿去面对不必要的危险。而人们若满足于天性的需求，仅仅为了维持生存而以和其他动物相同的简单方式去劳作，本来是可以避免那些危险的。其他动物没有人那么多的虚荣心，并对自己的处境格外满足。我并不怀疑，在所有这些情况下，人类的大多数都受到过野兽和其他有害动物的危害。我也完全相信：单单由于这一点，在发明弓箭或更好的武器之前，任何数量的人群要定居或生活在炎热或严寒的国度里，那是完全不可能的。不过，
275 这一切都无法推翻我这个看法，我想证明的是：第一，所有动物都依靠本能选择了使其感到最自然的冷热气候，因此，世界上便没有足够的余地，使人类既能在那里进行许多世代的繁殖，又几乎不必去冒任何被狮子或狗熊吃掉的危险。第二，最纯粹的野蛮人即使不依靠其理性的帮助，也会发现这一点。这便叫作“上帝的工作”，即在对宇宙的和谐配置中，那个最高的存在显示出来的永恒不变的智慧，即那条无法理解的因果链之源，毫无疑问，在那个链条上，一切事件都相生相克，相互依存。

霍拉修：你对这个问题的表述，比我想象的要好。不过，你所说的那个使社会产生的首要动机，恐怕与它毫无瓜葛。

克列奥门尼斯：不必担心，世上还有一些野兽，而人类若没有武器、若不结成群体，若不互相帮助，便无法抵御它们。在温和的气候下，大多数未开化的国家都必定会存在狼群的危害。

霍拉修：我在德国见过狼。狼的个头和獒[①]一样，不过，我当时以为狼的主要猎物是羊。

克列奥门尼斯：任何能被狼捕到的动物都会被它吃掉。狼非常凶残，若是饿急了，不但会捕食羊，而且也会捕食人和牛马。狼

---

① 獒(mastiff)，一种大型猛犬，两耳下垂，性情凶猛。——译者

长着獒一样的牙齿，但除此之外它还长着用以撕扯的利爪，而那
是犬类所没有的。最强壮的人的气力也很难敌过狼。而最糟糕 276
的是，狼经常是成群出动，进攻整个的村庄。狼一窝产仔五六只
或更多，人们若不联合起来共同抵御，并把消灭狼群当作大事，
狼便会很快遍及全国。同样，野猪也是可怕的动物，而在温带气
候下，没有野猪出没的大森林和没有野猪生活的地方是很少
见的。

霍拉修：野猪的獠牙是它们的可怕武器。

克列奥门尼斯：何况，野猪的身躯和力气也比狼大得多。历史中充满了对古代狼患的记载，也充满了关于英勇的人因战胜狼而赢得声誉的记载。

霍拉修：那都是真的。但此前那些与怪物搏斗的英雄却都有武器，至少其中大多数都有。可是，一些身体赤裸、没有任何武器的人，究竟靠什么去和残暴狼群的坚齿利爪搏斗呢？一个人朝野猪长满棕毛的厚皮上打一下，又能给它造成什么伤害呢？

克列奥门尼斯：一方面，我已经列举了人不得不害怕野兽的种
种理由，因此，另一方面，我们也不应当忘记那些对人有利的因素。277
首先，在需要气力、机智和活力的技艺方面，习惯了困难的野蛮人
大大超过了文明人。其次，在野蛮状态下，人的怒气能使人比在社
会里更迅速地奋起，能更有效地帮助人投入战斗。生活在社会里
的人，自幼便要通过各种途径学会自卫。他不得不如此。他必须
学会用自己的恐惧，去克制和压抑大自然赋予他的宝贵才能。我
们看到：大多数野生动物在其生命（或其幼仔的生命）受到威胁的
时候，都会顽强地搏斗到死。只要一息尚存，它们就会拼命争斗，

既不顾及对手的数量大大超过了自己,也不考虑自己的处境凶险。我们还看到:动物愈是未经教化,愈是不懂得瞻前顾后,便愈是会受那种最高激情的左右。父母对孩子的那种天生的关爱之情,会使男人和女人为了自己的孩子牺牲自己的性命,为自己的孩子去死。但他们往往因搏斗而死亡。一对警惕的父母尽管赤手空拳,但只要他们下了决心,那么,一只狼便很难叼走他们的孩子。至于说人生来就不具备自卫能力,一个知道自己胳膊的力量的人,竟会长期不熟悉自己的手指关节,至少不知道手指关节的作用,不知道
278 手能抓紧东西的机能,这是无法想象的事情。即使最没有教化的野蛮人,在他成熟以前也已经会使用棍棒和长竿了。人最经常面临的危险来自野兽,因此,人必须最小心、最努力地防范这些危险。为了挫败这些敌人,为了消灭它们的幼仔,人会挖陷阱,还会想出其他一些计策。人发现了火以后,马上就把这种自然要素用于保卫自己,困扰这些敌人。有了火的帮助,人很快就学会了把木头削尖,这使当时的人制造出了长矛和其他砍杀武器。人对来犯、逃窜或飞走之敌产生了足够的愤怒时,往往会把随手抓到的东西投向它们。人有了长矛,自然会马上发明飞镖和投枪。到此,人或许会稍事停留。不过,到了适当的时候,人便会按照同样的思路造出弓箭。木棍和树条的弹性甚为明显,而我也敢说:用兽皮做绳比用亚麻制绳更加古老。经验告诉我们:在任何形式的政府(父母治理其
279 子女的政府除外)产生之前,人类就可能有了以上这一切武器,还可能有了更多的武器,并且已经非常精通它们的使用了。同样,我们还清楚地知道:当野蛮人的数量很多、力量很强大时,即使没有更好的武器,他们也会冒险去进攻,甚至去追击那些最凶猛的野

兽，其中包括狮子和老虎。还有一件事情值得考虑，它对人类有利，并涉及动物的本性，而生活在温和气候中的人有理由对它恐惧万分。

霍拉修：是狼和野猪么？

克列奥门尼斯：正是。狼吃掉过大量的人，这是无可争辩的事实；但狼最自然的本性却是捕食羊和家禽；而只要狼能弄到死尸或者任何能充饥果腹的东西，它便很少去追击人或其他大型动物。正因为这一点，单个的人在夏季才不必过于担心受到狼的袭击。同样确定的一点是：野猪会追击人，许多野猪的胃囊中都塞满了人肉，但野猪天生却是以橡实、板栗、槲果和其他蔬菜为食物的。只是当偶尔找不到别的食物时，例如在气候极为寒冷、田野一片荒芜、大雪覆盖了一切的时候，野猪才不得不去找肉吃。所以说：除了在严寒的冬季里，这两种野兽对人的威胁显然既不算太大，也不算太直接。何况在温带也很少出现严寒的冬季。然而，它们终归 280
是人类永久的敌人，它们会糟蹋和吞食一切能被人作为食物的东西。因此，我们不仅完全有必要对它们保持高度的警惕，而且必须不断地携手合作，以追踪和消灭它们。

霍拉修：我已十分清楚：人类若不曾相互帮助，共同对付野兽，便不能生存下来并繁衍众多，并且战胜其他一切有害于人类的动物。人们必须联合成起来，结成群体，这可能就是走向社会的第一步。到现在为止，我已经完全可以说：你已经证明了你那个主要观点。不过，把这一切都归因于上帝，并认为若没有上帝的许可便一事无成，这似乎不符合我们对这位最高存在的认识，因为我们认为他完美无缺，仁慈宽厚。一切有害的动物身上都可能有一部分对

人类有益的东西。在卢坎[①]提到过的那些最有害的毒蛇体内,是否并不含有某种尚未被发现的解毒剂或是其他良药,我不想与你
281 争论这个问题。不过,种类繁多的食肉嗜血的动物,它们不仅在气力上超过我们人类,而且显然都具备天生的武器,实际上那些武器就是用来毁灭人类的。当我看到这一切时,便会想到:这些动物除了被用来惩罚我们人类,不知还有什么其他用途。我不知道上帝为什么创造了它们。但我更无法设想,上帝的智慧竟会把它们用作使人类达到文明的工具。在与这些动物的冲突中,肯定已经有数千人被它们吃掉了!

克列奥门尼斯:在一个漫长的冬季里,十群野狼,每群五十只,会给上百万毫不抵抗的人造成大劫难;但是,其中一半的人都知道:一场瘟疫杀死的人要多于这么多野狼同时吃掉的人,尽管人们用有效的药物和能干的医生顽强地抗击瘟疫,结果仍是如此。正是出于我们与生俱来的骄傲之心,出于人类对自己的高度好评,人类才以为宇宙万物首先都是为了人类使用才创造出来的。这个误解使人类做出了上千种放肆的行径,并对上帝及其工作产生了种种可鄙的、最无价值的看法。狼吃人肉,这并不比人吃羊肉或鸡肉更残忍,更不合情理。野兽被创造出来是为了达到什么目的,为了
282 达到多少目的,这不是我们人类去裁定的事情。但我们知道:它们是被创造出来的,其中一些势必要给任何年幼的民族以及人类安身世界带来灾祸,这一点几乎是确定无疑的。你已经完全同意了

① 卢坎(Marcus Annaeus Lucanus,39—65),一译卢卡努斯,古罗马诗人,哲学家塞内加(Seneca,公元前54—公元39)的孙子,曾写史诗《内战记》(*Pharsalia*,写恺撒与庞培之战,未完成),后因参加反对暴君尼禄的密谋败露,被迫自杀。——译者

这一点。不仅如此，你还进一步想到它们严重地妨碍了我们人类的生存，是人类生存不可逾越的障碍。为了回答你提出的这个难题，我曾对你阐明了按照动物的不同本能与特定性向，大自然提供了数量可观的人类，因此，尽管那些最凶猛的野兽性情暴烈，力大无比，人又赤手空拳、毫无自卫能力，但人还是依靠自己的众多躲避了猛兽，因而能够生存下来，不断繁衍，终于能依靠得自勤劳苦干的才能和武器，进攻和消灭一切野兽，无论人想到世界上哪个地方去开垦定居，都不例外。我们从太阳得到的那种不可或缺的恩惠，连孩子都一清二楚。没有阳光，地球上现有的任何有生命动物都不能生存，这也是显而易见的。然而，太阳若除此之外别无他用，那么，太阳的大小是地球的八十多万倍[1]，千分之一的太阳便能给地球提供足够的阳光了，只要它按比例再靠近地球一点。我认为：单从这一点考虑，创造太阳还为了照亮和温暖地球以外的其他行星。创造火和水有无数目的，其用途也大相径庭。不过，我们 283
接受这些恩惠而仅仅想到自己的时候，在广袤的宇宙体系中，很有可能还有数千种其他事物，其中可能还包括我们人类自己这部机器，正在为某种非常聪明的目的服务，而我们对此一无所知。根据为地球制定的这个计划（即对政府的设计，它涉及居住在地球上的有生命动物），动物的毁灭和繁衍，同样都是必不可少的。

霍拉修：我已经在《蜜蜂的寓言》里读到过这个观点了。我相信自己读到的那些话非常正确，那就是：倘若任何一个物种永远不死，到了一定的时候，它便会把其他一切物种统统压成碎片，尽管

[1] 这个数字有误，太阳的体积为地球的130万倍。——译者

最先被它毁灭的是羊,稍后才是所有的狮子。但我无法想象:最高的存在要造就社会,何以会以那么多人的生命为代价,而若以较为温和的方式去造就社会,本来可以做得更好一些。

克列奥门尼斯:我们现在谈论的是那些可能已经做过的事情,而不是那些本来能做却未做的事情。毫无疑问,创造鲸的同一种力量,本来可能把人创造成身高七十英尺,并且赋予他相应的力量。然而,那个为地球制定的计划却要求每个物种中的死亡与出
284 生大致相抵,你也承认这是必要的。既然如此,你为什么又要取消造成死亡的种种工具呢?

霍拉修:难道疾病、医生和药剂师们还不够么?难道海陆战争还不够么?它们夺去的人类生命,早已不单是多余人口的了。

克列奥门尼斯:不错,它们的确可能如此。但实际上,疾病和战争并不总是足以造成这样的后果。我们看到,在人满为患的国家,战争、野兽、绞刑、溺水,加上成百种偶然事故,再加上疾病及其全部后果,几乎全都敌不过人类的一种无形机能,那就是人类延续自己物种的本能。对上帝来说,一切事情都很容易办到;但从人的角度说,造就这个地球及世上万物时,为毁灭动物而发明各种方法及工具,以及为使动物生存繁衍而发明各种方法及工具,两者所需的智慧和思虑显然一样多。同样显而易见的是:根据对人的身体的设计,人的寿命只有这么长;实际上,按照对某些种类的马的设计,它们的寿命还不及人类的长久。然而,我们对死亡的天生反感却人皆有之。说到死法,人们的观点很不一致。我从未听说过人们普遍愿意采用哪一种死法。

285 霍拉修:可是,谁也不会选择残酷的死法。被残忍的野兽撕成

碎片或者活活吃掉，那种折磨是多么无法形容，多么痛苦万分啊！

克列奥门尼斯：我可以向你保证，那并不比日日饱受胃痛或者膀胱结石的折磨更糟。

霍拉修：你如何能给我这个保证？你怎么证明这一点呢？

克列奥门尼斯：我的证据就是我们的肌体，即人体本身，因为人体不能忍受任何无比痛苦的折磨。人生中痛苦与快乐的程度都是有限的，并且分别与每个人的体力相适应。凡超出这个范围的痛苦与快乐，都会使人丧失知觉。无论谁只要曾经因遭受极度折磨而昏厥过，若还记得当时的感觉，他便会知道自己究竟能忍受多大的痛苦。凶猛的野兽对人的真正祸害，它们给人类造成的灾祸，还不及人与人之间的残酷虐待和无数致命伤害更烈。试想，你眼前有一个士兵，他在战斗中失去了肢体，又被二十四马践踏。请你告诉我：无可奈何地躺在地上，大多数肋骨折断，头骨破裂，在死亡的极度痛苦中熬上几个小时，与被一只狮子一口吞掉，这两者哪个痛苦要少些？

霍拉修：两者都糟透了。 286

克列奥门尼斯：我们对事物做出选择时，更多是受时风走向和时代习俗的左右，而较少受坚实理性和自身判断力的指导。死于水肿、被虫子吃掉，这并不比掉入海中、葬身鱼腹更舒服。不过，我们狭隘的思维方式里的确存在着某种败坏判断力的东西。不然，一些以趣味高雅著称的人，又何以宁愿躺在讨厌的棺材里腐烂发臭，而不肯在露天被火化为无害的灰烬呢？

霍拉修：我可以坦言，我非常厌恶一切骇人听闻的。违反自然的事情。

克列奥门尼斯:我不知道你说的骇人听闻的事情是什么,但对于大自然来说,动物彼此相食是再平常不过的事情,也最符合自然的正常进程。地球上一切有生命动物的全部系统似乎都建立在这个基础上。在我们知道的动物中,没有一种不以其他动物(无论是死是活)为食。大多数鱼类都不得不以其他鱼类为食,而这并非大自然的遗漏疏忽,因为大自然提供了大量的鱼类,其数量明显多于任何其他动物。

287 霍拉修:你指的是鱼产卵的数量多得惊人。

克列奥门尼斯:正是;鱼卵在鱼的体内没有繁殖能力,直到被排出后才有。因此,雌鱼腹中便可能充满尽可能多的卵,而鱼卵本身也会比受精后更紧密地挤在一起。不然,一条鱼便不可能每年产下那么一大群鱼。

霍拉修:雄鱼精液能进入整团鱼卵、使每个鱼卵受精,又不像家禽或其他卵生动物那样占据什么地方么?

克列奥门尼斯:首先,鸵鸟便不在此例;其次,其他任何卵生动物的卵子都不如鱼卵挤得紧密。但是,假定每个鱼卵都能受精,倘若所有鱼卵(有些雌鱼体内充满了鱼卵)都在雌鱼体内受精(这是不可能的),那么,尽管雄鱼精液并不占据什么地方,它还是会像在其他一切动物体内那样膨胀,并也会使每个卵子产生程度不同的膨胀。即使如此众多的个体仅仅膨胀一丁点,也会使整团鱼卵变成一大块,其占据的地方势必会比现在鱼腹的容量大得
288 多。这里不是存在着一种无法想象的精心设计么?它服务于一个物种的延续,尽管那物种的每一个体生来就具备毁灭该物种的本能!

霍拉修：你所说的情况仅仅适用于海里，至少在欧洲大部分的海里是如此。在淡水中，许多种鱼类并不同类相食，却依然按照同样的方式产卵，其数量也像其他鱼类一样多得惊人。在它们当中，惟一给人类造成巨大危害的就是狗鱼。

克列奥门尼斯：狗鱼非常喜欢吃肉。我们看到：水塘里凡有狗鱼的地方，其他鱼类的数量都不会增加。但在河流及一切靠近陆地的水中却有种类繁多的水禽，它们大多都以鱼类为食。在许多地方，此类水禽的数量都很惊人。除此之外，吃鱼的动物还有水獭、河狸等等。在溪水和浅塘里，吃鱼的水禽则有塘鹅与鸬鹚。这些水禽吃掉的鱼，其数量大概并不多。不过，一对天鹅一年吃掉的鱼苗和鱼卵若都活着，却完全能够长成充满一条河的鱼。因此，鱼总是被吃掉，无论是同类相食还是被其他动物吃掉，结果都一样。
我想要证明的是：自然造化的任何动物，其数量再多也并不奇怪， 289
但她却创造了足以毁灭它们的工具。在世界的一些地区，昆虫种类繁多，任何不曾仔细考虑过这一点的人，都会对其种类之多感到无法置信。它们的美丽也是种类无穷。但是，它们的美丽和多样，却都不如大自然精心发明的毁灭它们的工具之繁多更令人惊诧。倘若其他一切动物不再注意昆虫，不再毁灭它们，那么，两年之后，地球上人类现在居住的绝大部分地方就会成为昆虫的天下，而在许多国家里，安身下来的也将只有昆虫。

霍拉修：我听说鲸除了鱼类什么都不吃。被鲸吃掉的鱼必定是不计其数。

克列奥门尼斯：我想这是普遍的看法，因为人们从未在鲸体内找到过任何鱼类，还因为海洋里有大量昆虫，它们漂浮在海面上。

鲸这种动物也有助于具体说明我那个看法,即在每个物种数量的产生上,最重要的问题在于必须把它们消耗掉。鲸这种庞大的动物身体太大,无法被吞掉,于是,大自然便大大改变了鲸的机能,使之不同于其他鱼类。这是因为:鲸是胎生动物,像其他胎生动物那
290 样出生,每胎至多生两三条。地球上有种类无尽的动物,为了使每一个物种都得到延续,各个物种被毁灭的数量便绝不能大于其出生的数量。因此,大自然对使动物死亡、使之被消耗的关心,明显地超过了对养育和保存动物的关怀。

霍拉修:请你证明这个说法。

克列奥门尼斯:每年,大自然的数百万动物都会挨饿,并注定会因没有食物而死掉。但是,每当有动物死去后,总是有大量其他动物来把它们吞掉。然后,大自然便再次提供全数的动物。没有比大自然勉强为动物提供食物更巧妙、更精心的事情了,而大自然的慷慨也最广泛,最不偏不倚。她绝不为其最低贱的动物提供太好的食物,而一切动物对自己能找到的食物都同样欢迎。普通苍蝇身体构造的做工是何等奇妙!其翅膀的敏捷是多么无法模仿!它在热天的一切动作是何等迅速啊!倘若一位毕达哥拉斯派哲学家也精通力学,借助于显微镜,仔细观察苍蝇这种闪亮昆虫的每一个细微动作,并且恰如其分地考虑它优雅的机能,他便会认为:数
291 十亿个活生生的苍蝇,其做工如此精妙而完美,竟然日日都被那些对人类并无大用的小鸟和蜘蛛吞掉,这实在太令人惋惜了。难道他不会这么认为么?不仅如此,你自己难道不认为:即使苍蝇的数量比现在少,即使世上根本没有蜘蛛,世界照样会秩序井然么?

霍拉修：那个关于橡实与南瓜的寓言[1]，我记得太清楚了，因此我无法回答你。我可不愿费心去捉摸这个问题。

克列奥门尼斯：可是，你却在挑那种工具的毛病，而我认为上帝借助它使人类联合起来。所谓工具，指的就是人类共同面对的来自野兽的危险，尽管你也承认它可能曾是使人类联合在一起的首要动机。

霍拉修：我实在无法相信：上帝对我们人类的重视竟然不及对苍蝇和鱼卵的重视。我也无法相信：大自然居然会像对待昆虫的生命那样，拿人类的命运开玩笑，居然会像对待昆虫那样，随意挥霍人类的生命。我不知道你如何把这与宗教统一起来，你对基督教的细节问题一向都很较真。

克列奥门尼斯：这与宗教毫不搭界。不过，我们头脑中对我们人类、对人类卓越之处的思想实在是太多了，因此没有闲暇去严肃地思考对地球上万物的安排。我指的是地球上有生命动物运作所依据的那个计划。

霍拉修：我谈的不是我们人类这个方面，而是神那个方面。你 292
认为上帝是如此众多的残忍恶毒事物的作者，这难道与宗教毫不搭界么？

克列奥门尼斯：你使用这些说法，除了指人类不可能指其他，因为我们认为这些说法的意思只能是做事的意图，或者是人类对

[1] 这是法国作家拉·封丹（La Fontaine，1621—1695）的寓言《橡实与南瓜》（*La Gland et la Citrouille*），内容是：一个蠢人嘲笑宇宙的安排，因为它让南瓜长在柔软的瓜秧上，却让橡实结在高大的橡树上。后来他坐在一棵橡树下，一颗橡实从树上掉下来，砸在了他头上。他方始相信天意不让南瓜结在树上并非蠢举。——译者

事情的好恶之情。做事者那里没有任何可被称为残忍恶毒的成分,除非他的思想和计划中有这种成分。从理论上说,大自然里的一切行为全都没有好坏善恶之分;无论一种行为对作为个体的动物如何,在这个地球上,或者在整个宇宙间,死亡与出生都不是罪恶。

霍拉修:这会使人以为:那位万物的终极原因不是个有理智的存在。

克列奥门尼斯:何有此说呢?你就不能设想一位有智慧的甚至是最睿智的存在,他不仅丝毫没有残忍恶毒之心,而且连想都想不到它们么?

霍拉修:这样的一位存在既不可能去做任何恶毒残忍的事情,也不会下这样的命令。

克列奥门尼斯:上帝也不会这样做。不过,这个话题将把我们引进一场有关罪恶起源的争论。这场争论势必要涉及自由意志与前定性的问题,而我已经告诉过你,这个问题是个不解之谜,我永远不想去与它周旋。但我从未说过、也从未想过任何不敬神明的
293 话。相反,我对那位最高存在的看法却重于一切,并且已经尽我所能,是一种无法言喻的观念。因此我宁可相信:他若造成了任何真正的罪恶,他便不复存在了。但是,我很愿意听你讲讲那种你认为可能更完善地产生社会的方式。请告诉我你所说的那种温和方式吧。

霍拉修:你已经让我彻底相信:我们自称对人类怀有的那种天然的爱,与其他动物对其族类的爱毫无二致。但是,大自然若是真的赋予了我们彼此之间的关爱,那关爱又像父母对无助子女的关

爱一样真挚，人类便会选择结合在一起，任何东西都不能阻碍人们联合起来，无论人们的数量多寡，无论人们有无知识，都会如此。

克列奥门尼斯：*O mentes hominum caecas*！ *O Pectora caeca*！[①]

霍拉修：随你怎样惊呼吧；我相信：那种关爱使人们结成的友爱联盟，比他们因共同面对来自猛兽的危险而结成的群体更牢固。你究竟能找出它什么错误呢？互相关爱到底又会给我们带来什么害处呢？

克列奥门尼斯：它不符合那个计划，而上帝显然一直很乐于按 294
照那个计划创造并安排宇宙万物。倘若这种关爱在人身上都成了本能，那么，人与人之间便绝不会发生争执，也绝不会存在殊死的仇恨；人们永远不会彼此残忍相待，一句话，世上便永远不会发生持续的战争，为数众多的人也就不会死于人类彼此的敌意了。

霍拉修：为了文明社会的福祉和延续，你居然会开出战争、暴力和敌意的药方。你会成为一位罕见的国医。

克列奥门尼斯：请别误解我的意思。我可根本没有这样做。不过，只要你还相信上帝主宰世界，你也就必须相信上帝会利用各种工具去实现、展示和执行他的意愿和快乐。举例来说，若要煽动战争，不同国家之间首先要有误解和争端，双方君主、统治者或执政者要意见不合；凡发明此类手段的地方，显然都必定会利用人心。由此我可以做出结论说：倘若上帝真的按照那种被你视为最

① *O mentes hominum caecas*！ *O Pectora caeca*！（拉丁语）“受骗的盲人们啊！盲目的理性啊！”见古罗马哲学家卢克莱修（Lucretius，公元前 97—前 55）著《物性论》（*De Natura Rerum*）卷二第 14 节。—— 译者

佳的温和方式安排各种事物,那么,人类即使要流血,也一定会很少。

295 霍拉修:这又有何不好呢?

克列奥门尼斯:这样一来,有生命动物便不会像现在这么多种多样了。不仅如此,世界上还不会有人类及其必需之物的安身之地。倘若没有战争,倘若上帝安排的一般进程不像现在这样频繁地被打断,那么,单单我们人类就会充斥地球,出现过剩。因此我认为:这种情况是与上帝的计划截然对立的,它完全破坏了那个计划,而地球显然就是按照那个计划被创造出来的。我这样说难道不对么?你永远不会恰如其分地考虑这一点。我曾对你谈起过这个见解,也曾使你认为动物的毁灭也像其繁殖一样不可或缺。在减少和毁灭一些有生命动物、为那些不断接续它们的动物留下发展余地的精心设计当中,也能看到上帝的智慧,它与使所有动物延续物种的精心设计里的智慧一样多。我们人类只能依靠一种方式来到这个世界上,你认为其理由何在呢?

霍拉修:因为那种方式已经足够了。

克列奥门尼斯:那么,按照相同的理由,我们便应当想:离开这个世界有好几种方式,这是因为仅仅一种方式还不够。所以说,
296 "为了维持地球上各种动物的生存繁衍,动物应当死亡",这个基本命题其实也像"动物应当出生"的基本命题一样必不可少。你取消了或阻碍了造成死亡的手段,实际上就是关闭了生死两扇大门中的死亡之门,我们看到众多的动物要通过那扇大门进入死亡。难道这比你阻碍动物繁殖更符合那个计划么?难道这对那个计划的破坏更轻些么?倘若世界上永远没有战争,而除了正常的死亡方

式之外，也没有达到死亡的其他手段，这个星球就连现在十分之一的人也不会产生，至少是维持不了这些人的生存。我这里说的战争，不仅指国与国之间的战争，而且指国内外的争端、集体屠杀、个人谋杀、毒药、长剑和一切敌对的力量。人们尽管自称热爱同类，但还是依靠这些手段，在全世界彼此杀戮，从该隐杀死亚伯[1]的时代至今，一直如此。

霍拉修：我看，这些灾祸中有记载的，恐怕连四分之一都不到；但根据我们已经了解的历史，因这些灾祸而死的人，其数量是非常惊人的。我敢说，这个人数要比地球上同时存在的人多得多。但你想据此做出什么推论呢？那些人不会永生，即使没有死于战争，战后也必定很快死于疾病。一个六旬老翁在野外被流弹打死，那是命运夺走了他（若待在家里）再活上四年的机会。

克列奥门尼斯：各国军队里大概都有六旬老兵，但参战的男人通常都很年轻。倘若有四五千人在战斗中丧命，你会发现其中三十五岁以下的人最多。现在请你考虑一个情况：许多男人直到过了有能力生养十到十二个孩子的年龄之后才结婚。

霍拉修：倘若所有被别人杀死的男人都活着，并生养十二个孩子……

克列奥门尼斯：根本不可能如此。我从不假设那些耸人听闻的和未必可能发生的事情。退一步说，即使所有这些被同类故意夺去了性命的人都像其余的人一样活着，其境遇也将与其他没被

① 《旧约·创世记》中说，亚当和夏娃的长子该隐（Cain）因嫉妒而杀死了兄弟亚伯（Abel）。—— 译者

杀死的人一模一样,他们的后代也是如此。他们都会遇到能夺走性命或缩短寿命的各种意外、疾患、医生、药剂师以及其他事故,只是没有遇到战争和人与人之间的暴力而已。

霍拉修:可是,当地球人满为患时,上帝就不会更经常地派来瘟疫和疾病么?这样一来,幼童便可能死得更多,不孕的女人也可能更多。

298 克列奥门尼斯:我不知道你说的那种温和方式是否会获得更普遍的欢迎,但你对上帝的看法却与上帝不相称。人们当然可能天生就具备你说的那种本能,但是,这若是能使造物主高兴的事情,其中就必定包含着另外的运作原理。地球上的万物从一开始也可能按照与现在大不相同的方式加以安排。然而,先做个计划,等事实证明它有缺陷时再修改它,这却是有限智慧所为。改正错误、匡正和补救以前的过失、改变那些被经验证明很不恰当的措施,这只属于人的思谋。但是,上帝的智慧却是来自永恒的最高智慧。无限智慧不会有失误,不会犯错误。因此,上帝的一切工作都完美无缺,一切都做得恰如其意。上帝法律及诫命的坚实稳固是永恒的,因此,他的决定也像他的法令一样不可更改,永恒不变。就在不到一刻钟以前,你还把战争列为消除过剩人口的必要手段,为什么现在你又认为这些手段无用了呢?我可以向你证明:大自然造就人类时提供了相应数量的男性,以弥补因战争损失的男性,
299 使男性得到了明显的补充,其方式非常显而易见,就像她提供了足够的鱼类,以补偿鱼类因同类相食而遭到的大破坏一样。

霍拉修:请告诉我,大自然是用什么方式做到这一点的?

克列奥门尼斯:通过向世界上输送多于女性的男性。你很容

易赞成我的看法，即男性承受着海洋和陆地上一切困苦和危险的巨大打击，而这意味着男性死亡的数量要多于女性。倘若我们看到（我们也一定会看到）每年出生的婴儿中男婴总是显著多于女婴，难道不会认为大自然已经提供了大量的后备人口，而倘若他们没有被毁灭，则不但是多余的，而且会给各个大国造成有害的后果么？

霍拉修：出生男性的数量明显地超过了女性，这的确非常惊人。我还记得发表过的有关报道，它来自伦敦城市和郊区出生及死亡报表[①]。

克列奥门尼斯：那是八十年间的统计[②]，其中女性出生的数量始终少于男性，有时甚至会少数百名。为弥补战争和航海造成的男性大量死亡，大自然提供了更多的男性。若想到两个情况，我们很快便会明白：两性数量的差距，比人们仅仅根据那个出生率差别所想象的还要大。首先，女性最容易感染各种疾病，而那些疾病对 300
于男性只是小事。其次，女性往往会因其性别而受到许多失常及苦难的影响，并会因此而大量死亡，而男性则完全不会遇到那些灾难。

霍拉修：这完全不可能是机会的偶然影响，但倘若没有战争，

① 此指威廉·配第和约翰·格朗特合著的《对死亡报表的自然及政治评论》（*Natural and Political Observations upon the Bills of Mortality*，1662）。其第八章说，尽管男性死亡率高于女性，但男婴出生率比女性高 1/13，因此仍维持了两性人数的大致平衡。又，威廉·配第（Sir William Petty，1623—1687）是英国政治经济学家、哲学家、科学家，著有《赋税论》（*Treatises of Taxes and Contributions*，1662—1685）；约翰·格朗特（John Graunt，1620—1674）是英国人口统计学家、流行病学家。——译者

② 该文只包括从 1628 年到 1662 年的统计。——译者

它就会破坏你从我那个温和计划中获得的结果，因为你不愿想到：人类数量的无限增长完全建立在一个假定上，这些死于战争的男人即使活着也不应当需要女人。从男性多于女性的情况看来，他们显然应当并且必须需要女人。

克列奥门尼斯：你说的很对，不过，我的主要目的却是想让你知道：你要求的那个解决办法与那个计划的其余部分极为格格不入，而事物目前分明是按照那个计划被管理的。这是因为，倘若男多女少的情况恰恰相反，倘若大自然造就人类的时候曾一直悉心弥补在与男人无关的灾难中损失的女性，那么，那些死于同类相残的所有男人若是活着，当然都会有自己的女人。我也说过，若没有战争，地球上便会人满为患。倘若大自然一直像现在这样，换言
301 之，出生的男性一直多于女性，死于疾病的女性也一直多于男性，那么，倘若从未发生过任何战争，世界上男人的数量便始终会大大超过女人。男女人数的比例失调将会造成无数的灾祸，而现在没有任何其他自然因素能够防止那些灾祸，惟有人们对自己物种的轻视，以及人们之间的不和才能做到这一点。

霍拉修：这种情况造成的灾祸，我看没有比现在更大的了，因为现在没有结婚便死掉的男性数量最多。这是否是一桩真正的罪恶，很值得争论。

克列奥门尼斯：女人永远短缺，男人总是过剩，这会给一切社会造成巨大的不安定，无论人们可能如何彼此相爱，都是如此。女人的价值和价格将会因此而大大提高，乃至惟有家境富裕的男人才买得起她们。你不这样想么？单单这一点就会给我们造成另一个世界。人类永远不可能知道那个最必需、现在又取之不尽的源

泉。所有允许使用奴隶的国家,都情愿用一切艰苦而肮脏的劳动从那个源泉不断得到补充。我这里说的那个源泉,指的是穷人的孩子。他们是得自社会的一切短暂幸福中最广大、最重要的成分, 302
文明国家的一切舒适生活都要不可避免地依靠他们。还有许多其他事情能使我们清楚地看到:人对自己物种的这种真爱完全不符合目前的这个计划。世人也必定会失去因嫉妒和竞争造成的全部勤勉。不以牺牲邻国为代价,不被看作可怕的民族,任何社会都不能安享繁荣。所有的人都将去追求平等,政府将成为多余,世界上也不会发生任何大骚乱。仔细考察那些最伟大的古代名人、最著名的古代成就,以及历代上流人士称颂推崇的一切,倘若重复同样的劳动,你认为人的什么素质、大自然的什么帮助才是最恰当的工具?是你要求的那种真正关爱的本能,既不伴随野心,也没有对荣誉的爱慕,还是一种骄傲与自私的顽固信念,它以那种关爱为借口,并被误认为那种关爱呢?我请你考虑一点:任何受这种本能支配的人都会要求他人为他服务,自己却不愿为他人提供同样的服务,于是你便很容易明白,倘若这种现象普遍存在,社会的面貌将 303
会与现在大不相同。这样一种本能可能适合另一个世界,其规划与我们的不同。在那个世界上,你见不到易变的东西,见不到对变化与新奇的不息渴望,而只能看见那里的动物都以满足的宁静精神不断维持着普遍的稳定。那里的动物都怀着与我们不同的欲望,节俭而不贪婪,宽厚而不自傲。它们对未来幸福的强烈渴望在其生活中活跃而鲜明地表现出来,正如我们追求现世的种种享受一样。不过,说到我们居住的这个世界,你若仔细考察各种追求成就与辉煌的方式,以及一切被用来获取凡人幸福的种种动力,便会发现:你说的那种本能必定已经破坏了那些成就和光荣,妨碍了它们的存在,那些成就和光荣是各个人类社会以现世的智慧取得的。

霍拉修:我放弃我那个温和的计划了,因为你已使我相信:倘若所有的人天生都谦逊、善良和富于美德,那么,世上既不会像现在这样躁动不安,五花八门,也不会像现在这样美丽了。我相信,
304 各种各样的战争以及疾病乃是防止人类增加过快的天然工具,但我无法想象野兽居然也是为了减少人口而设计的工具,因为若人类数量尚少,因而不是应当减少而是应当增加时,野兽只能作为减少人口的工具;而到了后来,当人类已经很强大时,野兽若仍是为了减少人口而设计的,它们已经无法起到那个作用了。

克列奥门尼斯:我从未说过野兽是为了减少人口而设计的。我已经表明:许多事物都是为了各种不同的目的而创造的;在对这个地球的计划里,也必定考虑到了许多与人类无关的事物;“宇宙是为人类创造的”,这个想法是荒谬的。我还说过:我们的一切知识都来自对经验事实的归纳,因此,根据事实以外的东西推理乃是轻率之举。世上存在着野兽,也存在着野蛮人,这是事实。凡野蛮人数量很少的地方,野兽便总是必会成为大患,并往往威胁人们的生命,这也确定无疑。想到人类与生俱来的种种激情,想到未开化的人的无能,我找不到任何原因或动机,能像来自野兽的危险那样易于使人们结合在一起,去维护共同的利益。在未开化的国度里,
305 人们必定共同面对那种普遍的危险。他们生活在本身就时常变动的小家庭里,既没有政府,也不互相依靠。我相信,这走向社会的第一步乃是一种结果,而其原因也完全相同,即我们频频提到的那种共同面临的危险。那种危险永远会给生活在这种环境下的人类

造成这样的结果。除了我已对你讲到的这个目的之外，我既不自称能断定创造野兽的其他目的是什么，也不能断定创造野兽究竟要达到多少目的。

霍拉修：但是，无论创造野兽的其他目的是什么，它都与你的观点一致，那就是：使野蛮人联合起来共同自卫，必定是创造野兽的目的之一。在我看来，这似乎与我们对上帝之仁慈的看法相矛盾。

克列奥门尼斯：你若把人的激情归因于上帝，若用人类最浅薄的能力去衡量无限的智慧，那么，一切被我们称为“自然之罪”的事物都似乎与我们对上帝之仁慈的看法相对立。你已经这样做过两次了。我认为我已经对此作出了回答。我也像你一样，不愿把上帝说成罪恶的作者。但我也同样相信：在那位最高存在那里，一切都不是偶然的；因此，只要你认为世界由上帝主宰，你就必须相信：
战争以及人类遭受的来自野兽的全部灾祸，连同瘟疫和其他所有 306
疾病，全都处在一种智慧的指导之下，而那种指导则深不可测。有果必有因，所以，任何事情都不能被说成是偶然发生的，只是人们不知道某些结果的原因罢了。我可以举个明显而熟悉的例子，以向你证明这一点。对一个根本不了解网球场的人来说，网球的跳跃和弹回好像纯属偶然，因为他猜不到网球落地以前会朝哪几个方向飞。所以，当网球最终落在分明是预想的那个地方时，他便会认为网球是偶然落在那里的。相反，有经验的网球手却熟知网球的飞行线路，因而会直接跑到必然能接到网球的地方去。没有什么比掷骰子更显得是偶然造成的结果了，但骰子却也像其他任何东西一样服从重力和运动的普遍规律。从骰子给人的印象判断，它们不可能按照别的方式下落。不过,掷一整轮骰子时,人们根本不知道骰子会哪面朝上,我们缓慢的理解力又无法跟上它们呈现的点数的迅速变化,因此,公平竞争中骰子落下后的点数便成了人
307 类的不解之谜。然而,若投掷两个边长十英尺的立方体,其运动方向若与一对骰子、掷匣、接骰子的桌子、掷者手指运动经过的方向相同,两个立方体自被拿起到落定的运动轨迹若也相同,那么,其结果也必定完全一样。倘若确切地知道了运动量(即撞击掷匣和骰子的力),而运动本身又被大大放慢,本来三四秒钟的运动要用一个小时才能完成,人们便很容易找出每次投掷的原因,因而就可能学会确切地预见那立方体的哪面会朝上了。所以说,"偶然"、"碰巧"这些字眼显然没有其他含义,而仅仅表示由于我们缺乏知识、预见性和洞察力而无法把握的现象。我们若仔细思索这一点,便会懂得:人类的能力实在是无限地匮乏,乃至根本不具备最高存在用来一眼洞见一切的普遍直觉。而无论是人类可见的还是不可见的事物,无论是过去、现在还是未来的事物,最高存在都能凭那种直觉洞察得清清楚楚。

霍拉修:我对你心悦诚服了。你解决了我能提出的所有难题。我必须承认:你对使野蛮人联合起来的首要动机的看法,既不与常识冲突,也不于我们对神性的全部认识矛盾,而是相反,在回答我
308 的反驳时,你证明了你推断的可能性,而你对上帝力量和智慧的表述,也比我以前听过和读过的所有东西都更出色、更明了。上帝的力量和智慧体现在对地球的计划中,既包含在对这个计划的设计里,又包含在对这个计划的实施里。

克列奥门尼斯:看到你很满意,我很高兴,但绝非因你的谦和

赋予了我这么多优点而自喜。

霍拉修：现在我已很清楚：因所有的人都注定要死，故必须有达到这个目的的手段；从那些手段或死因的数量看，我们不可能把人的恶意、野兽的凶暴以及一切有害动物排除在外；倘若那些手段的确是大自然设计出来、并为那个目的服务的，我们便应当没有什么正当理由去挑剔死亡本身的过错，去挑剔众多可怖疾病的过错，显然，它们每日每时都是造成死亡的原因。

克列奥门尼斯：它们都被包括在那个诅咒里，人类堕落之后，上帝理所应当地把那个诅咒降给了整个地球。它们若都是真正的罪恶，我们便应当将其视为那桩罪孽的后果，视为人类应得的惩罚，它是我们的第一对父母给所有后裔招来的惩罚[①]。我完全相
信：世界上所有的民族，人类的每一个人，无论文明还是野蛮，全都 309
是闪、含和雅弗[②]的后裔。经验已经告诉我们：最伟大的帝国也各有寿数，治理最佳的国家和王国也会毁灭，因此，最文雅的民族也会因溃散和困苦而迅速衰落，其中一些民族还因为厄运，从文明开化的祖先最终沦落成了最低等的野蛮人。

霍拉修：你说自己已经完全相信了这些，倘若这是真的，那么，另一个来自现在依然存在的野蛮人的问题便不证自明了。

克列奥门尼斯：你的意思似乎是，一旦野蛮人被文明化，并生活在各种秩序井然的大型社会里，人类面临的来自野兽的危险便

---

① 据《旧约·创世记》第三章，人类始祖亚当和夏娃因偷吃了伊甸园中的知善恶树的果实，被上帝逐出伊甸园，并受到上帝的诅咒。——译者

② 闪（Shem），诺亚的长子；含（Ham），诺亚的次子；雅弗（Japhet），诺亚的三子。（见《旧约·创世记》第五章第32节）。——译者

统统不复存在了。但这样一来,你便会看到:我们人类将永远不会彻底摆脱危险,因为人类总是很容易退化成为野蛮人,其理由是:这样的灾难以前的确曾落在了众多人头上,而他们无疑都是诺亚的后裔。因此,说同样的灾难永远不会落在地球上最伟大君主的后代头上,这就错了。野兽或许会在一些高度文明的国家绝迹,但
310 它们会在其他不开化国家大量繁衍。现在,大量野兽已经在许多地方成了主人,而那些地方曾一度驱除过它们。我始终相信:地球上一切有生命物种,都会像最初那样继续受到那被认为创造了它们的同一位上帝的关怀,无一例外。你已经十分耐心地与我作了这番讨论,但我还是乐此不疲。你我已经说清了走向社会的第一步,因此也该歇息一下了。今天就到此为止吧。

霍拉修:我欣然从命。我已使你说话太多,但只要你有空,我依然愿闻其余。

克列奥门尼斯:明天我必须去温莎[①]吃饭,你若未约定其他事情,我可以带你一起去,而你的光临将受到高度重视。明晨九点,我的马车会备好。你知道我会路过你家。

霍拉修:那将是一次良机,可以让你我闲谈三四个小时。

克列奥门尼斯:没有你,我会很寂寞。

霍拉修:我将和你在一起。我明天等你。

克列奥门尼斯:告辞。

---

① 温莎(Windsor),英国王城,位于伦敦以西 23 英里的伯克郡东部泰晤士河右岸。—— 译者

六　霍拉修与克列奥门尼斯的第六篇对话 311

霍拉修：我们现在已经离开了石板路[①]。我们不要浪费时间，我想，你的进一步阐述会使我获得很大的快乐。

克列奥门尼斯：走向社会的第二步，乃是人们彼此造成的危险。为此，我们需要仔细考察一下人人与生俱来的骄傲及野心的顽固信念。不同的家族可能会竭力生活在一起，并随时准备应付共同的危险。但是，若没有需要共同对付的敌人，这些家族彼此便没有多少用处了。在这种情况下，力量、机敏和勇气是一个人最有价值的品质，而许多家族又不可能长期生活在一起，我们若考虑到 312
这些，便可以知道：有些人会出于我所说的那种信念而争占上风，而这势必酿成争执。在争执中，最弱小、最胆怯者会为了自身安全，去附和那个最受他们尊重者的意见。

霍拉修：这自然会使众多的人分成各种团伙和群体，它们都有各自的领袖，而其中最强壮、最英勇的群体总是会吞并那些最弱小、最胆怯的群体。

克列奥门尼斯：你所说的，完全符合我们对那些未开化民族的

---

① 根据第五篇对话结尾的内容，这是指从伦敦到温莎的乡间石板路。——译者

描述,它们现在依然生存在这个世界上。这样一来,人类便可能在苦难中生活许多世代。

霍拉修:最初的一代人成长在父母的管教下,因而能被治理。后来的每一代人难道不会比前人更聪明么?

克列奥门尼斯:他们的知识和精明无疑会不断增加。时间和经验对他们的影响也如同对其他人一样。对他们经常接触的一些事物,他们的知识和经验尤其会增长。他们往往会像最文明的民族那样精通那些事物。然而,他们不加约束的激情及其引发的混乱,却永远不会使他们感到快乐,他们之间的争执会不断地败坏他们的改进,破坏他们的发明,使他们的种种计划落空。

313 霍拉修:可是,到了一定的时候,他们吃的这些苦头,难道不会使他们了解那些不和的起因么?他们的知识难道不会使他们去缔结契约、以消除彼此的伤害么?

克列奥门尼斯:太有可能了。不过,在这些没有教养、没有文化的人里,若无利害强使其屈服,谁都不会长期信守契约。

霍拉修:难道他们不可能利用宗教(即对一种无形原因的恐惧)来维护其契约么?

克列奥门尼斯:可能如此,这无须争辩,并且在很古老的时代就可能已经开始这样做了。不过,在他们中间,宗教的作用至多只是与在文明国家当中相同。在文明国家中,人们很少相信神明的报复,誓言本身也被看作没有多少用处,没有任何人力能确保契约的履行并惩罚背信弃义。

霍拉修:使一个人争做领袖的野心,同样会使他渴望自己领导的众人在内政方面都服从他,你不这样认为么?

克列奥门尼斯:我就是这样看的。不仅如此,各个人群在这种不安定的、危机四伏的状态下生活上三四代,人们就会开始探究人性,理解人性。领袖们会发现:他们领导的民众当中的冲突不和愈 314
多,那些民众就愈是派不上什么用场。这会使领导人想出各种管束民众的办法来。他们会严禁杀人和斗殴;他们会制定刑法,严惩以暴力抢夺同一群体中他人妻儿者。他们很早就发现:在涉及自己利害的事情上,谁都不应做自己的法官;而老年人则通常比年轻人懂得更多。

霍拉修:他们一旦制定了禁令和刑法,我便应当认为一切难题会迎刃而解了。不知你为何会说他们“可能在苦难中生活许多世代”?

克列奥门尼斯:我还没有提到一件至关重要的事情。没有那件事情,任何一定数量的人群都不可能得到快乐。若没有任何证明契约重要性的依据,最有力的契约又有什么意义呢?在要求确切性的事务方面,口头规定又有什么可靠性可言呢(尤其是当口头语言尚不完善的时候)?口头报告很容易招来成千的无端指责和争执,而书面记录则可以避免这个弊病。众所周知,书面记录是可靠的证据。许多人都试图歪曲法律条文的意义,由此可知:在那些全无法律的社会里,几乎没有任何切实措施去伸张正义。因此,走 315
向社会的第三步,也是最后一步,便是文字的发明。没有政府,任何民众都无法和睦相处;没有法律,任何政府都无法存在;没有书写下来的法律条文,任何法律都无法长久施行。单单考虑这一点,便足以使我们洞察人的本性了。

霍拉修:我不这么认为。政府没有法律便不能存在,其原因是每个人群中都有坏人。然而,我们判断人性时若以那些坏人为样本,而不以遵从其理性的指令行事的好人为样本,那就太不公平了。即使是判断畜生,我们也不能如此以偏概全。我们若是因为几匹害群劣马便认为所有的马都是如此,并加以谴责,而看不到大多数马都是品性优良的生灵,看不到其天性大多都驯良温驯,那就大错特错了。

克列奥门尼斯:你若这样说,我便非重复昨天和前天我说过的一切不可了。我本以为你已经被我说服、并相信你已经心服口服。我认为:人获得思想和语言的天赋能力虽然高于其他动物,但是,当人尚处在未开化状态、从未与同类交往时,这些特性却依然对他没有多少用处。未受过教育的人独处时,都会按照其天然冲动办
316 事,而不考虑他人。因此,他们全都是坏人,并且不可能学好。同样,没有调教好的马也都无法驾驭,因为我们所说的“劣性”,是指它们往往会连踢带咬、拼命挣脱缰绳,甩掉骑手,竭尽全力地摆脱羁绊,以恢复自然促使它们去珍视和渴望的自由自在。被你叫作“天性”的东西,其实分明是人为的,它来自调教。不加管束,任何品性优良的马都不会驯良温驯。一些马或许直到四岁才上鞍,而此前很久,人们便开始调教它们,对它们说话,为它们梳理鬃毛了。它们由看马人饲养,受到约束,有时被照顾,有时受到机警敏捷方面的训练。它们年幼时,教它们敬畏我们人类的一切训练都应有尽有。人们不但使马服从人类,而且使它以服从人的卓越才能为骄傲。但是,你若想判断马的普遍天性,看它是否适于接受管理,那就不妨选一百头最好的良种牝马和最好的种马所生的幼仔,让它们在大森林里自由活动,让小雌马和小公马同在一起,直到它们

长到七岁，然后再看看它们会如何驯良吧。

霍拉修：它们绝不会驯良。

克列奥门尼斯：这是谁的过错呢？那些小马并没有要求离开牝马，而它们都完全是因受到管理才变得温驯驯良的。人的恶德 317
也有与劣马相同的来源。渴望无拘无束、自由自在，不能忍受约束，这些不但见于马，而且也见于人。所以，一个人若肆意遵从其未受教养或恶劣天性的放纵欲望，违背了法令和禁令，他便会被称作"品性恶劣"。所有的人都会谴责这种天性。这种人喜欢拥有自己喜欢的一切，并不考虑自己是否有权如此。他会随心所欲地做事，不考虑其行为给他人带来的结果如何。同时，他却厌恶所有按照同样的原则行事、根本不特别顾及他的人。

霍拉修：总之，这就是说：人天生就是"己之所欲，不施于人"了。

克列奥门尼斯：一点不错。由于这一点，人的天性里还存在着另一番道理。用自己和他人比较时，任何人都不会作出公正的判断。两个同等的人之间，给予对方的评价永远不会高过对自己的评价。若一切人都享有同等的裁断权，那么，只要送给他们一件礼物，上面刻上 *detur digiori*[①] 的字样，便一定能使他们争吵不休。
发怒的人，其行为有如其他发怒的动物。在追求生存繁衍的过程 318
中，他们都会扰乱那些使自己发怒的对象：他们都出于自己程度不同的愤怒，或竭力去毁灭对手，或竭力去给对手造成痛苦和不快。这些阻碍社会形成的障碍都是人的缺陷，或更准确地说，都是人的

① *detur digiori*，（拉丁语）送给最配得上它的人。——译者

天然属性。由此可见:为人类的种种现实幸福而设计的规矩和禁令,其实无不是为了迎合人类,为了避免我所说的人人对人类恶劣天性的谴责。一切国家的基本法律都有同样的倾向,没有一条不是针对人所生就的某些不利于社会的弱点、缺陷或不足。但是,所有法律的意图却显然都是提供种种疗法,以医治和减弱人那种惟我独尊的天然本能,它教人产生“万物皆备于我”的妄念,怂恿人自称有权拥有能染指的一切。这种倾向和意图是为了社会的现实利益去改善人类天性,它在上帝亲自制定的那部简明而完整的法律里,体现得最为鲜明。当年,以色列人在埃及为奴时,受其主人法
319 律的管束。以色列人虽然早已不是最低等的野蛮人,但还远远不是个文明民族。因此,我们有理由设想:第一,以色列人在得到上帝的法律之前,已经建立了一些规矩和协定,而《十诫》也并未取消它们;第二,以色列人必定具备是非观念,他们当中必定存在反对暴力、反对侵犯财产的契约,这是显而易见的。

霍拉修:为什么说是显而易见的呢?

克列奥门尼斯:根据就是《十诫》本身。明智的法律无不与其服从者相适合。例如,根据第九条诫命[①],我们显然可以看出:一个人自己提出的证据并不足以证实他自己的事务,也不允许任何人做自己案件的法官。

霍拉修:那条诫命只是禁止我们作伪证去陷害邻人。

克列奥门尼斯:不错,因此这条诫命的完整主旨和意图,才事

① 《十诫》的第九条是“不可作假见证陷害人”。见《旧约·出埃及记》第20章第16节。——译者

先假设并且必定暗示了我方才说的那种情况。然而，禁止偷盗、通奸和觊觎邻人的一切，却更明显地与此相仿，并好像是些附加和修正，意在补充以前已被接受的规定或契约之不足。我们若从这个角度去考察方才提到的那三条诫命，便会发现它们都是强有力的证据，不仅能证明人类心中存在惟我独尊的本能（在其他场合，我把这种本能称为“跋扈精神”），存在自私自利的强烈信念，而且能 320
证明：摧毁它们，消除它们，把它们从人心中扫除干净，这是非常困难的。这是因为，从第八条诫命[①]我们可以看出：我们虽然禁止了自己抢夺邻人的东西，但依然存在一种危险，即这种本能怂恿我们暗中盗窃邻人的东西，并暗示 *oportet habere*[②] 以欺骗我们。同样，第七条诫命[③]也使我们清楚地知道：尽管我们赞成不抢走属于一个男人的女人，但我们仍旧担心：我们若是喜欢这个女人，那种与生俱来的、吩咐我们满足自己一切欲望的强烈信念，便会劝我们去把她当作自己的女人那样使用。尽管负责养活她和她全部孩子的是我们的邻人，那信念也依然劝我们如此行事。《十诫》的最后一条[④]格外符合我的论断。它直接针对罪恶的根源，并且公开指出了第七条和第八条诫命提到的那些祸害的真正来源。这是因为，倘若无人首先违反第十条诫命，谁都不会有破坏第七条和第八

① 《十诫》的第八条是“不可偷盗”。见《旧约·出埃及记》第20章第15节。——译者

② *oportet habere*（拉丁语）他该当如此。——译者

③ 《十诫》的第七条是“不可奸淫”。见《旧约·出埃及记》第20章第14节。——译者

④ 《十诫》的第十条是“不可贪恋人的房屋；也不可贪恋邻人的妻子、仆俾、牛驴，并他一切所有的”。见《旧约·出埃及记》第20章第17节。——译者

条诫命的危险。何况,第十条诫命还非常清晰地使我们想到了两点:第一,我们这种本能的力量十分强大,是一种几乎不可治愈的
321 弱点;第二,我们会渴望得到邻人拥有的一切,而不会考虑这么做是否正当,是否合法;正是由于这个原因,第十条诫命才绝对禁止我们贪恋邻人的任何东西。这表明,上帝的智慧深知人类这种自私欲念的力量,私欲不断强迫我们把一切都视为己有。一个人一旦真心贪恋一件东西,这种本能,这种欲念,便会主宰他,并怂恿他千方百计地满足自己的欲望。

霍拉修:你这样阐述《十诫》,使它们契合人性的种种弱点,所以,按照你的方式,根据第九条诫命,我们便应当认为:一切人天生都怀着作伪证的强烈欲望。这可前所未闻。

克列奥门尼斯:我也从未听说过。我承认,你这次的反驳听起来很有道理。但是,这个责难无论显得何等有理,它都不公道。你若因为严格区分了天然欲望本身与它们使我们犯下的各种罪过(我们并非不服从它们)而高兴,你便不会找到你暗示的那个结果。其原因在于:我们虽然并未生就作伪证的欲望,却生就了不止一种其他的欲望,若不加以检束,到了适当的时候,倘若可能,它们便会迫使我们作伪证或者更糟,因为不这样做便不能满足那些欲望。
322 你提到的那条诫命清晰地暗示出了几点:第一,在一切紧要关头,我们的天性都会使我们不由分说地想到私利;第二,一个被私利左右的人,不但可能明显地损害他人,如同第七条和第八条诫命所表明的那样,甚至会做出违背良心的勾当。这是因为,任何人都不会故意作伪证去陷害邻人,所以作伪证是另有目的,无论那个目的是什么,我都称之为作伪证者的私利。禁止杀人的法律已经向我们

表明：一切事物若与我们自己相比，都会被我们大大贬值。其原因是，虽然我们极度惧怕毁灭，虽然我们不知道什么灾难能比我们自己的死更严重，但是，惟我独尊的本能使我们作出的这种不公平判断，还是能使我们违背自己的意志（我们的意志就是追求幸福），而选择把死亡的灾难加在他人头上；若认为谁妨碍了我们满足私欲，我们便让他彻底毁灭。人这样做，不仅由于目前的障碍，或者由于感到即将来临的障碍，也由于那些未得到赔偿的往日伤害与往事。

霍拉修：我想，你最后这句话指的是复仇。

克列奥门尼斯：的确如此。我所说的人类天性中惟我独尊的本能，在复仇这种激情中表现得最为显著。任何人都天生具备这种激情。即使最文明、最有学识的人也极少能战胜它。这是因为： 323
无论谁自称要为自己复仇，都自认为享有一种执法权，即认为自己有权惩罚他人。复仇破坏了一切人群中的和平共处，因此，每个文明社会从每个人手中夺走的第一个权利，便是复仇权（因为它是一种危险的工具），而只把这种权力交给政府，即最高的权威。

霍拉修：你对复仇的这番议论，比你说过的一切都更使我相信：我们天性中的确存在着惟我独尊的欲念；但我依然无法想象个别人的恶德为什么会被看作全人类的恶德。

克列奥门尼斯：因为每个人都很容易产生这些人类特有的恶德，它们与人类同在，如同不同种类的动物与不同的疫病同在一样。马会感染许多牛不会感染的疾病。任何染有恶德者，在他为此而犯罪以前，身上都必定早已存在那种恶德的趋向，而那就是使他染上那种恶德的潜因。所以说，一切立法者都必须考虑两个主要问题：第一，在他们能支配的事物中，能造福社会的究竟是什么？

324 第二,人类天性中的哪些激情或属性能促进社会的福祉,哪些会妨碍社会的福祉?监视你鱼塘里的狗鱼和鸬鹚,严防它们进攻其他鱼群,这是明智之举。但是,若对火鸡、孔雀或其他既不喜欢鱼、又不能捉鱼的动物同样严加防范,那便是荒唐可笑的了。

霍拉修:《十诫》的头两条针对的是人性的哪个弱点或缺陷呢?或者按照你的说法,那两条与人性中的哪个弱点或缺陷契合呢?

克列奥门尼斯:它们针对的是:人类天生就对那位真正的神明一无所知。这是因为,虽然人人都生就了趋向宗教的本能,这种本能在我们成熟之前也有所表现,但是,人皆生就的对一种或数种不可见原因的恐惧,却并不像野蛮人对一种或数种原因的性质与特征的疑惑那样普遍。而最能证明这一点的是……

霍拉修:我可不想听你列举证据。古往今来的历史已经足以为证了。

克列奥门尼斯:请听我解释。我要说的是,最能证明这一点的是第二条诫命[①],它针对的很可能是人们已经做出,并会继续做出的那些荒唐的、令人憎恶的行为,它们来自对一种无形原因的错误
325 恐惧。在这方面,我看任何东西都不能像上帝的智慧那样,仅以那条诫命的寥寥数语便概括了如此广阔的范围,总结了人类的全部放肆妄为。那些行为使一些人去崇拜空中任何高远的东西,崇拜地上任何低贱卑污的东西,或用各种方式把它作为他们迷信的对象。

---

① 《十诫》的第二条是不可雕刻和跪拜偶像,详见《旧约·出埃及记》第20章第4节。——译者

霍拉修：

——Crocodilon adorat

Pars hæc：illa pavet saturam serpentibus Ibin.

Effigies sacri nitet aurea Cercopitheci.

（一些人崇拜的神明正是鳄鱼，

另一些对着吃蛇的朱鹭战栗，

就在门农庄严的半截残雕上，

长尾猴的金像闪着灿烂神光。[1]）

好一尊猴神！我承认这些诗句是对我们人类的谴责，它谴责了人类中竟有人把这样的动物当作上帝来崇拜。不过，那是迷信造成的绝顶蠢举。

克列奥门尼斯：我不这么看。猴子依然是有生命的动物，因此毕竟比那些无生命物更优越。

霍拉修：我本来应当想到：与人们崇拜如此卑鄙荒唐的动物相比，人们对太阳和月亮的崇拜可绝对算不上荒唐。

克列奥门尼斯：崇拜太阳和月亮的人从不提问，但他们却都聪明而高尚，不过，我说“无生命物”时，却想到了你方才引用的那位诗人说过的话，即人把韭菜和洋葱当作神来崇拜，它们是人们在自
家菜园里培植出来的神。 326

Porrum & cepe nefas violare, & frangere morsu:

O sanctas Genteis, quibus hæc nascuntur in hortis

[1] 见古罗马作家朱文纳尔（Juvenal，60？—140？）的《讽刺诗集》第 15 首第 2—4 行。句中“门农”原指古希腊神话中的埃塞俄比亚王门农，被阿喀琉斯所杀。此处指埃及卡纳克神庙的阿蒙诺菲司三世的巨型雕像。—— 译者

Numina!

(人们是如此地亵渎神明,

竟然嚼碎了韭菜与洋葱,

神圣的民族啊,这些神皆在你的菜园中长成![①])

不过,朱文纳尔去世一千四百年后,美洲的情形便截然不同了。朱文纳尔生前若知道墨西哥人那种令人震惊的信仰,他便不会认为埃及人的信仰值得他注意了。可怜的墨西哥人,为了表达对维兹立普兹利神[②]压倒一切的恶毒和可怖的残忍本性的认识,必定忍受过非凡的痛苦。我常会为此而赞叹。他们认为那位神既令人心惊胆寒,又稀奇古怪,无法言喻。他们剖出活人的心脏,向那个神献祭。那个令人憎恶的偶像身躯庞大,畸形可怖,活生生地代表了可怜的墨西哥人的悲惨看法,一种主宰一切的无形力量迫使他们产生了那些看法。它也使我们清楚地看到:墨西哥人虽然认为那神明异常可怖可憎,但同时又对它无比崇拜。他们心怀畏
327 惧地战栗着,以人血为代价向它献祭,这即使不是为了平息它的暴怒,至少也是为了以某种方式去避免种种灾祸,他们认为那些灾祸都来自它。

霍拉修:我不得不承认,最能使人马上想到强烈谴责偶像崇拜的,莫过于对第二条诫命的回顾。不过,我并没有十分注意你方才所说的话,因为我一直在想另一件事情。想到第三条诫命的含义,

① 见朱文纳尔《讽刺诗集》第 15 首第 9—11 行。据后面的文字,此处"神圣的民族"指古埃及人。—— 译者

② 维兹立普兹利(Vitzliputzli,又作 Huitzlopochtli):墨西哥阿兹特克人(Aztecs)信仰的战神和主神。—— 译者

我产生了一个想法，它能有力地反驳你对一切法律以及《十诫》的看法。你知道，我认为以偏概全、把坏人的缺点说成整个人类的缺点，这是错误的。

克列奥门尼斯：我也这样看。我想我已经回答过你了。

霍拉修：我只想再试一次。请告诉我：虚伪的赌咒发誓究竟是来自人性的弱点，还是来自因结交坏人而养成的恶习？

克列奥门尼斯：当然是来自后者。

霍拉修：如此我便弄清了一点：这条法律仅仅是针对坏人，即具有这种恶德者的。它并不针对一般人类的任何弱点。

克列奥门尼斯：我想你误解了这条法律的意图。我认为，它的目的比你想象的要高得多。你记得我说过：要使人类能被治理，对
权威的敬畏是必不可少的。 328

霍拉修：我记得很清楚。你还说，敬畏是畏惧、爱和尊重的混合。

克列奥门尼斯：现在我们不妨看看《十诫》里说了什么。它的简短序文清清楚楚地说：以色列人应当知道谁在对他们说话，上帝在他的选民面前显身。他用自己的伟大力量做出了一个最令人赞叹的奇迹，选择了以色列人。实际上，没有一个以色列人能够忽视他们从上帝那里得到的恩惠。这句序文语义清晰，语调庄严，其真正的崇高与威严无以复加。我可以向学界挑战，因为我认为他们根本不能告诉我：哪句话能像这句一样全面、有力和富于尊严，能用同样简明的词句如此充分地达到目的，并完全体现意图。第二条诫命讲到了人为什么应当服从上帝的法律，并以最为严肃庄重语气，谈到了上帝对仇恨他的人及其后代的恼怒；还谈到了上帝对热爱他、遵守其诫命者的宏恩。我们若恰如其分地思考这些段落，

便会发现:其中清晰地教导以色列人要对上帝心怀畏惧,要热爱上
329 帝,要无比尊重上帝。这里使用了最有效的方式,以唤起人们的用这三种成分构成的深刻意识,而这三种激情共同合成了敬畏之情。这样做的理由很明显:要人们服从那些法律的管理,要迫使人们遵守法律,最为必要的莫过于使人们对上帝万分重视,无比敬畏,因为他们必须服从上帝的命令,必须为违反他的命令而受到惩罚。

霍拉修:你这番话如何作为对我反驳的回答呢?

克列奥门尼斯:不要着急,我马上就回答你的反驳。人天性无常,喜欢变化,喜欢多样。人们极少能长久保持对事物最初的新鲜印象,当新鲜印象变得平凡以后,人们即使不蔑视它们,也往往会低估它们。我认为,第三条诫命[①]就是针对这个弱点的,即针对人类天性的不稳定。我们履行对造物主的义务时,惟有恪守这条诫命,并除非在必要时、在最重大的事情中以最庄严的方式使用上帝之名外,永不利用上帝之名,才能最有效地避免这种弱点造成的恶劣后果。出于最强有力的原因,《十诫》前面的经文已经悉心地唤起了人们的敬畏,因此,要巩固这种敬畏之情,并使之保持永久,最
330 明智的做法便是这条法律的内容了。过分熟悉会酿成轻视,因此,我们若过分熟悉最神圣事物,那么,我们对其应有的最高敬意便不可能维持永久。

霍拉修:你回答了我的问题。

克列奥门尼斯:我们能从另一条诫命中了解到:要造成服从,

① 《十诫》的第三条是:“不可妄称耶和华你神的名;因为妄称耶和华名的,耶和华必不以他为无罪。”见《旧约·出埃及记》第20章第7节。——译者

敬畏该得到何等的重视。儿童除了从父母或代父母行使权威者那里,没有其他机会去了解自己的责任,因此,人们不仅必须恪守上帝的法律,而且必须万分敬畏那些最先传达上帝的法律、并让人们知道这就是上帝的法律的人们。

霍拉修:但你曾说,孩子对父母的敬畏乃是孩子模仿父母行为的自然结果。

克列奥门尼斯:你认为,人们若已经自愿按照第三条诫命去做,那就不会有这条诫命了。但我希望你务必考虑一点:子女对父母的敬畏虽说是自然的结果,其中一部分来自子女从父母那里得到的恩威,一部分是因为子女尊重父母高于他们的能力。经验告诉我们:这种敬畏可能被一些更强烈的激情所压倒;因此,这便成 331
了一切政府所面临的最重大问题。而上帝认为,应当亲自发布一道特定的命令,以巩固和加强人的社会适应性。不仅如此,为了鼓励人的社会适应性,上帝还向人许诺:人若能保持社会适应性便会得到奖赏。正是我们的父母最先纠正了我们天生的野性,最先唤醒了我们生就的独立精神。我们正是从他们那里学会了初步的顺从,一切社会都认为:人的服从心理来自子女对父母的孝敬顺从。我们天性中惟我独尊的本能,以及婴儿出于这种本能的倔强任性,在人的理性刚刚萌芽时(甚至在这之前)便有所表现了。例如,最受漠视、最少教育的儿童总是最任性、最不听话的孩子;而最缺乏自控能力的孩子最难管教、最喜欢率性胡为。

霍拉修:所以你就认为,人成年以后不一定能遵守这条诫命。

克列奥门尼斯:远远不止如此,因为,在我们未成年、尚处在父母监护下时,我们得到的这条诫命所希望获得的政治益处最多。

332 但正因为如此,那条诫命所指定的义务才永远不应终止。我们自摇篮起便热衷模仿那些超过我们的人;父母在子女成年后继续得到子女的尊重和敬畏,这个先例会对所有未成年人格外有用,因为它能使未成年人知道自己的义务,并且要他们不拒绝其他聪明的成年人选择担当的义务。依靠这种方式,随着成年人理解力的增长,这种义务便会逐步成为一种风尚,而他们的骄傲最终也不会使他们忽视那种风尚。

霍拉修:你最后这句话肯定能说明:为什么在上流社会中,即使心地最恶毒、最邪恶的人也会在表面上尊敬父母,至少要在世人面前装装样子,即使他们的行动与此相反,即使他们心中憎恨父母,依然是如此。

克列奥门尼斯:还有一个例子会使我们相信:彬彬有礼与心地邪恶并非互不相容;人可以恪守礼节,拼命使自己显得有教养,而同时又根本不把上帝的法律放在眼里,过着蔑视宗教的生活。因此,看到一个男人身体强壮、精力勃发,又文雅有礼、衣着考究,在与衰老父亲的争吵中他作出让步、俯首顺从,在使上流社会的人表面上遵守第五条诫命[①]方面,没有任何训导比这更有力,也没有任何说教比这更能教育青年的了。

333 霍拉修:你是否以为,上帝的一切法律(即使是那些似乎仅仅涉及上帝本身、上帝的力量与荣耀,以及要我们不去考虑邻人、而服从上帝意志的法律)也顾及了社会的利益以及上帝子民的现世

① 《十诫》的第五条是:“当孝敬父母,使你的日子在耶和华你神所赐你的地上得以长久。”见《旧约·出埃及记》第 20 章第 12 节。——译者

幸福呢?

克列奥门尼斯:这是毋庸置疑的,只要看看安息日[1]的传统便能知道这一点。

霍拉修:在一期《旁观者》杂志[2]上,我们读到了有关安息日的丰富证据。

克列奥门尼斯:但是,安息日在人类事务中的作用却至关重要,比那篇文章的作者最重视的还要重大。人类在艰辛地组成社会的过程中遇到了重重困难,而一切困难中,最令人困惑、最令人一筹莫展的要属划分时间。我们的地球每年绕着太阳运行,其周期并不与任何完整天数或小时数完全一致,这个现象使人们进行了众多的研究,付出了大量的劳动。校正一年的时间以免季节混乱,没有比这更令人绞尽脑汁的工作了。但是,即使根据月亮的盈亏把一年分成若干个月,想必普通人也不知道如何计算对时间。

记住二十九天或三十天的月份,其中的节日又没有规则,其他日期也是如此,这必定是记忆的重负,并且在那些不谙此道者中造成了
不断的混乱。相反,一个很短的周期却很容易被人记住,固定的七 334
天周而复始,这肯定会刷新那些最无记性者的记忆。与其余的计时方式大不相同。

霍拉修:我相信,安息日对计算时间大有帮助,它在人类事务中的用途,比那些从不知道没有安息日是什么样子的人所轻易设

① 安息日(Sabbath)即主日,休息日。犹太教的安息日为星期六,基督教为星期日。—— 译者

② 此指英国作家艾迪生(Joseph Addison,1672—1719)主编的《旁观者》(Spectator)杂志第 112 期,出版于 1711 年 7 月 9 日星期一。—— 译者

想的,还要大得多。

克列奥门尼斯:不过,第四条诫命[1]中最值得注意的却是:上帝在人面前显身,使一个幼稚的民族知道了真理,而当时世界上的其他人在许多时代之后才懂得那些真理。人很快就能感觉到太阳的力量,看到了天空中的各种陨星,并且开始怀疑月亮及其他星星的影响。可是,在自然的理性能将凡人的思想提高到对一种无限存在(即宇宙万物的缔造者)的沉思之前,人类却经历了漫长的时间,才在对最高存在的认识方面有了长足的进步。

霍拉修:方才你谈到摩西的时候,已经对这一点作了充分的阐述。我们还是进一步谈谈社会的建立吧。我已经满意地知道;走向社会的第三步是文字的发明;没有文字,任何法律都不能得到长久的贯彻;还有,一切社会的基本法律都是医治人类弱点的处方。

335 换言之,那些法律都意在提供某种匡正措施,以防止人性的某些固有弱点造成恶果。那些弱点本身不受任何管束,都是社会的障碍和对社会的威胁。你还使我相信:《十诫》里明确地指出了这些弱点;《十诫》出自伟大的智慧;其中没有一条诫命没有顾及社会的现实利益和那些更为重大的事务。

克列奥门尼斯:我想竭力证明的,的确就是这些。现在,能妨碍众人构成一个政治实体的重大困难和主要障碍,全被排除了。人们一旦处于成文法律的管理之下,其他问题便很快迎刃而解了。在这种情况下,财产、生命及后代的安全便可能有了保障,而这自

---

① 《十诫》的第四条是当记安息日为圣日,详见《旧约·出埃及记》第20章第8节。—— 译者

然会使众人热爱和平,并使和平广为扩散。一旦人们享受到了安宁,任何数量的人群和任何个人都不必惧怕自己的邻人,即使他们不学习也会渴望自己的劳动成果被分享和再分享。

霍拉修:我不懂你的意思。

克列奥门尼斯:我方才提到过,人天生喜欢模仿别人的行为,而这就是野蛮民族都做事雷同的原因。这妨碍了他们改善自己的生存条件,尽管他们一直想改善它。可是,倘若一个人专门制作弓箭,另一个人专门提供食物,第三个人专门建造草舍,第四个人专 336
做衣服,第五个人则专事制作器皿,那么,不仅他们会变得彼此有用,而且,在同样长的年代里,他们从事的那些行业和手艺本身的改进,也会比没有专人从事它们所取得的更大。

霍拉修:你这番话完全对,其正确性在钟表制造业里体现得再明显不过了,这个行业已经达到了很高的完善程度,而钟表的全部制作若一直都由一个人来完成,钟表工艺就不会发展得如此完善。你已经使我相信:钟表的丰富产量、准确性及美观,主要都应归功于钟表工艺的众多劳动分工。

克列奥门尼斯:同样,文字的使用也必定极大地改进了口头语言本身,而没有文字的时候,口头语言必定非常简陋贫乏,没有成型的表达方式。

霍拉修:我很高兴你又提到了口头语言。你若是方才就提到它,我本来是不会打断你的话的。请告诉我:你所说的那对野蛮人夫妇第一次见面时,使用的是什么语言?

克列奥门尼斯:根据我已经说过的那些情况,他们初次见面时显然根本没有使用语言。至少我这样认为。

337 霍拉修:这么说,野蛮人必定具有一种彼此理解的直觉,而他们开化之后,那种直觉便丧失了。

克列奥门尼斯:我相信,大自然造化动物的时候,已经使同类动物互相沟通时能够彼此理解了,沟通的范围限于维持动物本身及其物种生存繁衍必须涉及的内容。至于我所说的那对野蛮人夫妇,我相信他们在互相交换更多声音以前,已经能很好地互相理解了。生于社会的人要想象出这样的野蛮人及其生存环境,这并不容易。若不习惯抽象思考,就几乎无法设想出那种简单的生存状态。生活在那种状态里的人,其欲望可能很少,其愿望至多是未开化天性的直接欲求。我看,有一点是非常清楚的:这样的野蛮人夫妇不但没有任何语言,而且从不会想到自己需要什么东西,即使想到了,也不会认为没有那东西会多么不便。

霍拉修:你何以这样想呢?

克列奥门尼斯:因为任何动物都不可能知道自己缺少它根本不知道的东西。不仅如此,我还相信:成年野蛮人男女会听到对方
338 说话,会懂得说话的用处,因而会感觉到自己不会说话。随着他们能力的增长,学说话的愿望也会显著增强。倘若他们尝试说话,便会发现那是一种极为困难的劳作,是一件永远做不到的事情,因为成年人的说话器官已经丧失了儿童那种天生的灵活性,儿童在尚未精通说话时,已经可能学会熟练地演奏小提琴或其他任何最复杂的乐器了。

霍拉修:畜生也能发出几种清晰的声音以表达不同的强烈情绪。例如,在感到极度疼痛或遇到巨大危险的时候,各种狗都会发出与平时发怒不同的叫声,而各种狗都以嗥叫表示悲痛。

克列奥门尼斯:这并不能使我们相信大自然让人类天生就会说话。一些野兽还具备无数的其他特有属性和本能,而人并不具备它们。雏鸡一出壳便能到处跑,而大多数四足动物刚一出生就能自己走路,无须帮助。倘若语言来自本能,那么,每个使用语言的人都必定生来就懂得语言里的每一个单词。但是,生活在自然的野蛮状态下的人,要学会一种能叫出名字的最简陋的语言,却连千分之一的机会都没有。一个人的知识若被局限在狭窄的范围 339
内,他就只能服从天性的简单指令,而没有口头语言,这个缺陷则很容易被用无声的姿势所弥补。未开化的人用手势表达自己,这比用声音更自然。然而,我们都具备一种天赋能力,它能使我们不必说话便被他人理解。在一切动物中,人的这种能力最强。某些表达悲伤、喜悦、爱慕、惊奇和恐惧的象征,是全人类所共有的。儿童的啼哭乃是大自然赋予的,其用途是召唤帮助,唤起怜悯,而后来,哭声就莫名其妙地变成了唤起怜悯的办法,比其他任何声音都有效。谁会怀疑这些呢?

霍拉修:你指的是唤起母亲和保姆的怜悯。

克列奥门尼斯:我指的是唤起绝大多数人的怜悯。激励斗志的音乐通常都能唤起并加强士兵的激情,使之永不衰落。你赞成我这个说法么?

霍拉修:我想我必须赞成。

克列奥门尼斯:如此我便要强调:婴儿无助的啼哭(我指的是*Vagitus*[①])会唤起大多数人的同情;听到那哭声的人大多会心生

① *Vagitus*,(拉丁语)啼哭声。—— 译者

怜悯,这比用鼓声和号角声驱散听者的恐惧更加屡试不爽。我们以前已经谈到过哭泣、大笑、微笑、蹙眉、叹息和惊叫了。眼睛的语
340 言是多么普遍,多么丰富！在有关人类的一些最重大问题上,依靠眼睛语言的帮助,相距最遥远的民族一见面便能互相理解,无论他们有没有文化。我们所说的那对野蛮人夫妇初次见面便能借助眼睛的语言,毫不掩饰地彼此表明心思,而任何一对文明人夫妇若敢说出他们表达的意思,却没有不脸红的。

霍拉修:不用说,男人肯定能用眼睛表达无耻的意思,像他用舌头表达的一样。

克列奥门尼斯:因此,上流人士之间才避免交换所有此类目光和眼睛的某些自然动作。个中原因无他,只是因为它们的含义太显豁了。出于同样的理由,当着别人伸懒腰,打哈欠,这也绝对是失礼的表现,在两性同在的场合,尤其如此。流露任何此类表征都是粗鲁无礼,因此,注意到这些表征或是显出懂得它们,也会令人难堪。这些失礼的表征无论何时出现,无论是出于疏忽还是故意表现粗鲁,其中大多数都不会被上流社会人士理睬和真正领会,其原因就是他们既不使用,也不知道它们。野蛮人没有语言,除了姿势和动作之外,没有其他任何用来沟通的工具,因此,这些目光和眼睛动作的含义想必定非常清晰。

霍拉修:不过,那对野蛮人夫妇若是永远不愿或者不能说话,
341 他们便不能教会自己的孩子们说话。若是如此,语言又怎样从两个野蛮人那里产生呢?

克列奥门尼斯:像其他艺术和科学的产生一样,语言的产生也要经历缓慢的发展,经过漫长的时间。农业、医学、天文学、建筑

学、绘画等等的产生，无不如此。语言能力发展迟缓的儿童，其表现使我们有理由认为：野蛮人夫妇即使不必尝试说话，也能借助表情和姿势互相理解。然而，他们一起生活了许多年之后，在他们交流最频繁的事情上，他们完全可能发现一些声音，它们可以使对方想到此类不在眼前的事情。它们会把这些声音教给自己的孩子们。他们共同生活得愈久，他们发明的此类声音便愈多样，那些声音代表的动作和事物也愈多样。他们会发现自己的孩子们更善说话，声音更灵活，比自己幼年时强得多。有些孩子并非不可能偶尔利用自己发音器官的优越性，无论那是有意还是无意。而每代人的发音器官都比前代人有所改善。这必定就是语言产生的来源；
而说话本身也并非来自上帝的启迪。不仅如此，我还相信：语言 342
（我指的是人发明的语言）发展到相当完善的程度时，甚至即使到了人们能用确切的单词表示生活中的每一种动作和接触到的每一种事物时，表情和姿势仍然会和语言长期并存，因为它们和语言全都服务于同一个目的。

霍拉修：讲话的作用是能让别人了解我们的思想。

克列奥门尼斯：我不这样认为。

霍拉修：怎么！难道说话不是为了让别人理解么？

克列奥门尼斯：从某种意义上说是如此。不过，这句话却包含着双重的意思，我想你不想让它存在歧义。你所说的“说话是为了让别人理解”，倘若它指的是人们说话时都希望别人懂得自己发出的声音的含义，我便赞成你这个说法。但是，倘若你这句话的意思是：人说话是为了让别人了解自己的思想，为了使别人明白自己的情绪（这也可以表达为“说话是为了让别人理解”），我便不同意你

这句话。女人所生的每一个人做出的第一个姿势、发出的第一个声音,都诉诸制造那些姿势和声音的人。我同意一种观点,它认
343 为:说话的首要意图就是说服别人,说话意在使听者信任说话者、按照说话者的意愿行动,或产生与说话者相同的感受。

霍拉修:人们也依靠说话去教导别人,向别人提出忠告,为别人提供有益于他们的消息,也为我们自己的利益去劝说别人。

克列奥门尼斯:所以,依靠语言的帮助,人们能够谴责自己,能够承认自己的罪行;但任何人都不会为了那些目的去发明语言。我谈论的是使人说话的意图、动机和诱因。我们从儿童身上看到:他们竭力用词句表达的第一批事物乃是自己的需要和愿望;他们所说的话只是在用既有的表达形式,确认自己是否需要或是否不同意。

霍拉修:你为什么会设想,人们已经能用词句充分表达自己的意思以后,还会继续使用手势呢?

克列奥门尼斯:因为手势能明确表达词句,就像词句能明确表达手势一样。我们看到,即使文明人,在紧急时也几乎都会两者并用。一个幼儿用不完整的、没有意义的声音要蛋糕或玩具,同时还用手指它们,伸手去拿,这种双重努力会给我们留下强烈的印象。倘若那孩子用词句清楚地说出自己的需要,而不打任何手
344 势,或者仅仅一言不发,看着他需要的东西,伸手去拿,便不会给我们留下如此强烈的印象。话语和动作相辅相成,而经验也告诉我们:两者并用,比单用其一留给我们的印象要深刻得多,并更容易说服我们;*vis unita fortior*[①]。幼儿若两者并用,其行为原则便与

① *vis unita fortior*,(拉丁语)合力更强。——译者

演说家的完全一样，因为演说家也会给其精心的雄辩辅以恰当的手势。

霍拉修：根据你这番话，我似乎应当认为：行动不但比话语更自然，而且更古老，而我以前本来会认为这是个自相矛盾的说法。

克列奥门尼斯：但这千真万确。你始终会发现，性格最外向、最活泼、最热烈的人说话时，会比更有耐性、更沉稳的人更喜欢利用手势。

霍拉修：看法国人如何滥用这一点，实在很令人开心。葡萄牙人在这一点上更有过之。其中一些人日常交谈时，脸部和身躯都会大大扭曲变形，手足的姿势也非常古怪，看到这些情景，我时常感到很有趣。可是，我在国外时，最让我受不了的，却是大多数外国人之间那种高声而有力的争辩声，连有身份的人也是如此。在我尚未习惯它的时候，它总是使我担心自己的安全，因为我毫不怀
疑那些人在发火。我常会回想自己说过的话，看其中是否包含着 345
理当使他们对我发火的含义。

克列奥门尼斯：这一切的起因就是人天生的野心、争占上风的强烈欲望，以及说服他人的强烈愿望。在恰当时刻提高或压低嗓音，这是一种绝好的办法，它能征服头脑简单的人。响亮的声音也像动作一样有助于讲话。不正确的思想、语法的错误乃至废话，统统都会被巧妙地淹没在噪音和喧嚣中。许多见解之所以令人信服，其说服力全都在于说话者的话里充满激情。演说术的力量也有可能暂时补救无力的语言。

霍拉修：幸亏英国有教养者的时尚是轻声说话，因为我受不了大声咆哮和激动躁狂。

克列奥门尼斯:但大声说话却更符合人的天性。你喜欢的那种时尚里若既没有规定高声说话,也没有这样的先例,那么,任何人都不会那样去做。人若年轻时就不习惯高声说话,日后便很难那样去说话。但在奉承术当中,高声说话却是一条最讨人喜欢、最合理的礼貌规矩,是人类引以自豪的一大发明。这是因为:倘若有
346 个人平心静气地对我说话,不打手势,头部和身体也没有任何动作,倘若他的话音始终节制有度,平稳安详,没有大起大落,我便会认为:首先,他用一种讨人喜欢的方式表现了自己的温良谦逊;其次,他好像在以此表达对我的尊重,对我表示极大的敬意,因为他认为如此会使我高兴,由此可见:他认为我并不受我激情的影响,而完全受我理性的左右。看来,他重视的是我的判断力,因此很希望我能不受任何干扰地考虑他的话。若不相信我的见地,不相信我有清醒的判断力,任何人都不会像他那样去做。

霍拉修:我一向很赞赏这种毫不装腔作势的说话方式,但我从未如此深入地考察过它的意义。

克列奥门尼斯:我不禁想到,除了英国人的语言简明和雄劲气魄之外,我们还能在英国人的交谈里经常见到这种平和语言的力量与美好。多年以来,这种平和语言在英国已经成了一种习惯,它比其他任何国家都更明显。在各国的上流社会中尤其如此,而上流社会能使语言更优雅完美。

347 霍拉修:我原以为使语言臻于完美的是传教士、剧作家、演说家和优秀作家。

克列奥门尼斯:这些人可能是运用现成语言的能手,但词汇和短语真正的唯一产地却是宫廷。各国的上流社会掌握着 *Jus &*

norma loquendi[1]。诚然，技术词汇和艺术用语都分别来自相应的艺术家和从业者，他们在自己的业务中首先使用了这些词汇的本义。不过，无论从这些词汇或其他（现行的或死去的）语言中借用什么来用于比喻，它都必须首先得到宫廷和上流社会的认可，才能成为日常用语。宫廷和上流社会不使用的说法，或者没有得到批准便流传出来的说法，无论它是什么，要么就是粗俗迂腐，要么就是过时的。所以说，演说家、历史学家和一切词语批发者使用的语言，全都仅限于现成词语。他们都从现成词语的宝库中挑选出最合用的为自己服务。但不允许他们制造自己的新词语，正如不允许银行家自己制造钱币一样。

霍拉修：到现在为止，我还是不明白：高声说话或轻声说话，这对语言本身究竟有什么利弊影响呢？倘若把我现在说的话写下来，那么，半年之后，仅仅根据文字记录去判断我这些话究竟是喊 348
出来的还是悄声说的，那肯定会使人颇费猜详。

克列奥门尼斯：我赞成一种观点，它认为：有能力与教养的人们若习惯了前面提到的那种说话方式，到了一定的时候，那种方式便必定会影响语言，使语言更具表现力。

霍拉修：其理由何在呢？

克列奥门尼斯：若惟有亲自向听众朗读才能奏效，那么，要想使别人相信自己的话，人们就必定不但会去研究思想如何会有力、表达如何会清晰，而且会去研究那些有力的词句，研究如何使词义

---

① *Jus & norma loquendi*，（拉丁语）语言的真理与规范。语出古罗马诗人贺拉斯（Horace，公元前65—前8）《诗艺》（*Ars Poctica*）第72节。——译者

准确,如何使风格统一,如何充分而优雅地表达思想。

霍拉修:这似乎太牵强了。我还是看不出个中奥妙。

克列奥门尼斯:一切讲话者无论其声音高低、打不打手势,全都渴望说服听者,也都会竭力说服听者,并都希望得到听者的反响。

霍拉修:你说过,说话是为了说服别人而发明的。恐怕你过分地重视这种作用了。说话肯定还为了其他许多目的。

克列奥门尼斯:我不否认这一点。

349 霍拉修:人们用粗话互相斥责,诟骂和攻击,在这种情况下,说话的用意又何在呢?使听者相信他们比自己想象的还要坏,倘若说话为的是这个目的,那么,我相信它极少能取得成功。

克列奥门尼斯:诟骂就是故意虚张声势,向别人表明我们对他们的极度憎恶。用粗话骂人者往往会拼命使听者相信:他们对听者的看法比实际还要坏。

霍拉修:比实际的看法还要坏!这从何说起呢?

克列奥门尼斯:其根据就是讥讽者和骂人者的行为和普遍做法。他们不但揭露和夸大敌手的缺陷和不足,而且还去揭露和夸大亲戚朋友可笑的、令人轻蔑的一切。他们往往会对与自己几乎毫不相干的事情做出迅速反应,只要那些事情稍有招致谴责的成分,例如对手的职业、对手支持的党派或对手的国家等等,都在此例。他们幸灾乐祸地反复提起对手或其家庭遇到的灾祸和不幸。
350 他们把对手的不幸看作公道的天意使然。他们确信那是对手应得的报应。无论对手是否真的有罪,他们都会像有了真凭实据那样指控他犯了罪。他们搜集一切材料作为自己的帮手,例如凭空的猜测、含混的报告以及众所周知的诽谤。他们还常常斥骂对手做的一些事情，而若在其他场合，连他们自己都不相信那些事情是真的。

霍拉修：可是，全世界绝大多数的粗人都喜欢骂人，这是为什么呢？其中必定存在着某种快乐，只是我想不出而已。请你告诉我，人们希望从骂人中得到哪些满足或好处呢？骂人者究竟是怎么想的呢？

克列奥门尼斯：人们情急时说出恶言恶语，或用粗话骂人，其真正原因和内在动机首先是为了发泄怒火，因为压抑和掩饰怒气会使人烦恼难耐；其次是为了激怒敌手、使敌手痛苦，自己又更有希望不会受到惩罚，因为若给敌手更多的实际伤害，法律便会为敌手报复。然而，在语言尚未发展到相当完善的时候，在社会尚未具达到一定文雅程度的时候，骂人永远不会成为习俗，也永远不会被看作习俗。

霍拉修：断言脏话是文雅礼貌造成的结果，这真令人开心。

克列奥门尼斯：随你怎么去说吧。从骂人的本质上说，它显然
是一种避免打架及其恶果的临时办法。其原因在于，只要有权打 351
人，又不必害怕什么事情，谁都不会仅仅动口骂别人是流氓恶棍。所以，凡在人们仅仅是骂人、而并不进一步伤害别人的地方，都表明那里有禁止武力和暴力的完备法律。而人们也都服从并敬畏那些法律。倘若一个人发火时会以骂人这种不值一提的方式去代替打架，并以此为满足，那么，他已经算是个说得过去的臣民，并且已经近于半个文明人了。没有起初强烈的自我克制，便永远做不到这一点。这是因为，倘若不是如此，人便会选择另外那种更明显、

更现成、更不讲究的方式去发泄怒火,那就是打架,因为打架乃天性使然,人类与其他动物都会。在两三个月大、从未见过任何人发火的婴儿那里,我们也能见到这种现象。当什么东西使婴儿生气时,即使在这么小的年龄上,他们也会去抓、去扔、去打那个东西。婴儿很容易生气,并且大多毫无理由。使他们生气的往往是饥饿、疼痛以及其他病恙。我完全相信:在婴儿尚未显示出任何智能和理性的迹象时,他们这么做乃是出于本能,即其体质,即身体固有的运作机能。我也完全相信:大自然尤其教会了人与人去打架;而
352 孩子们用双臂打架,这就如同马儿会踢、狗儿会咬、公牛会抵角一样自然。我把人与畜生相提并论,这还要请你原谅。

霍拉修:这当然再自然不过了。但是,倘若情况不是如此明显,你是不会错过这个抨击人性的机会的,你从来没有宽恕过人性。

克列奥门尼斯:我们最危险的敌人就是我们与生俱来的骄傲。只要我还能做到,我永远会批评它并不遗余力地揭露它。这是因为,我们愈是相信优秀之人的最大长处得自后天教育,我们愈会重视教育,愈会对教育产生真正的渴望。良好的早期教育是绝对必要的,要清晰地认识这一点,最有效的办法就是去揭露人类未经教化的畸形天性。

霍拉修:你我还是回头谈谈说话吧。倘若说话的首要目的是说服,那么,法国人就已经在这方面大大领先于我们了。他们的语言实在是魅力无穷。

克列奥门尼斯:因此,法国人无疑也很有魅力。

353 霍拉修:我还应当认为,每个懂法语、会欣赏法语的人也是如

此。你不认为法语很迷人么?

克列奥门尼斯:是的,对善待自己胃口者来说,法语确实很迷人,因为其中包含了丰富的烹调术用语,还有一切属于吃喝的用语。

霍拉修:除了取笑,你不认为法语比英语更适合用于说服么?

克列奥门尼斯:我认为,法语大概比英语更适合用于哄骗劝诱和花言巧语。

霍拉修:我无法想象你指出这个区别是什么用意。

克列奥门尼斯:你说的区别里根本不包括谴责和贬损。具有最杰出能力的人(这里丝毫没有贬损他们的意思)也会像最无能者一样被说服。然而,能被甜言蜜语征服的,却通常都被认为是那些智力欠佳、头脑不灵的人。

霍拉修:请你说说关键问题吧。法语和英语,你认为究竟哪个更完善?

克列奥门尼斯:这很难确定。天下最困难的事情就是比较两种语言孰美,因为这种语言里备受推崇的东西,往往是另一种语言里索然无味的东西。在这一点上,“美丽”(pulchrum)或“道德美”(honestum)[①]是多种多样的,并因各民族人们的天赋不同而异。我并不想自诩为裁判,而只想说:关于这两种语言,我通常看到的情况是,法语中令人喜欢的用语都最适于安抚和逗笑;而英语里最令人赞叹的用语都最适于揭露和抨击。

① 这两个字的含义,可参见本书《社会本质之研究》第三段的有关注释。——译者

霍拉修:你这番话丝毫不带偏见么?

354 克列奥门尼斯:我想是如此。不过,倘若其中有什么偏见,我可不知道如何表示歉意。对有些事情,人们应当优先考虑其中包含的社会利益,但是,人们热爱自己的祖国并不是错误,依照同样的原则,我也不认为人们偏爱自己的语言是个错误。法国人把我们称作异类,而我们却说法国人擅长讨好。我不相信法国人对我们的看法,随他们去相信什么吧。你记得《熙德》里的那六行诗么?据说,高乃依[①]为此还得到了六千个银币的礼物呢。

霍拉修:我记得一清二楚:

Mon Pere est mort, Elvire, & la premiere Espée
Dont s' est armé Rodrigue a sa trame coupée.
Pleurès, pleurès mes yeux, & fondes vous en eau,
La moitié de ma vie a mis l' autre au tombeau;
Et m' oblige à venger, apres ce coup funeste,
Celle que je n' ay plus sur celle qui me reste.

(埃利维尔,我父亲和那最大的期望全已死去,
死于他的朋友罗德里克的突然一击;
哭吧,哭吧,我的双眼,让泪水融化你们,
我生命的一半已把另一半送入了冢坟,

① 高乃依(Pierre Corneille,1606—1684),法国古典主义戏剧家,其最著名的戏剧《熙德》(*Cid*)写于1636年,剧情为:西班牙一伯爵之女施曼娜(Chimene)与贵族青年罗德里克(Rodrigue)相爱。罗德里克在与施曼娜父亲的决斗中杀死了施曼娜之父。施曼娜出于维护荣誉,要求国王处死罗德里克,为父报仇。罗德里克抗击摩尔人侵略凯旋后,施曼娜仍要求处死他。后经国王说服,施曼娜与罗德里克成婚。—— 译者

迫使我复仇;经过这不幸的打击,

我已经不再是从前的那个自己。①)

克列奥门尼斯:若用英语表达同样的思想,它在法语里的最大长处却只能遭到英国观众的一片嘘声。

霍拉修:对英国观众的趣味而言,你这话可绝不算是恭维。

克列奥门尼斯:我不知道他们的趣味。人们的趣味可能并不 355
差,但依然不能轻易地猜出一个人的一半何以能把另一半送进坟墓。至于我,我承认自己猜不透这句话的意思;而若把它看作英雄双行诗,其中的谜语味道就太浓了。

霍拉修:你就看不到那个思想的纤丽之处么?

克列奥门尼斯:看到了,但是它编织得太纤丽了,纤丽得有如蛛网,其中毫无力量可言。

霍拉修:我一直都很赞赏这些诗行,但现在你使我不再上它们的当了。我想,我还发现了其中一个更严重得多的毛病。

克列奥门尼斯:是什么呢?

霍拉修:作者让他的女主角说到一件事情,但那件事情其实是假的,那就是:施曼娜说"我生命的一半已把另一半送入了冢坟,迫使我复仇"。请告诉我,"迫使"这个动词的主语是什么?

克列奥门尼斯:是"我生命的一半"。

霍拉修:毛病就在这里。我认为错就错在这里,因为这里所说的她"生命的一半",显然是指那剩下的一半,而那正是她的情人罗德里克。罗德里克怎么能迫使她去复仇呢?

---

① 见高乃依《熙德》第3幕第3场第797—802行。——译者

克列奥门尼斯:罗德里克已经做出的那件事情,迫使施曼娜去复仇,因为他杀死了施曼娜的父亲。

霍拉修:不对,克列奥门尼斯,这个借口并不充分。施曼娜的
356 灾难来自她的两难处境:她必须在爱情和责任之间作出选择。这是因为:她必须履行责任,而责任迫使她去恳求国王惩罚杀父凶手,要她竭力发挥全部能力和雄辩口才,请求国王处死罗德里克,而爱情却已经使她把罗德里克看得比自己的生命还要珍贵。所以说,迫使她去寻求正义裁决的是那已经死去的一半,即她已被葬入坟墓的亡父,而不是罗德里克。倘若那个迫使她服从的命令来自后者,那么,它可能很快就会被撤销,而施曼娜也会就此作罢,而不会痛哭流泪了。

克列奥门尼斯:请原谅我和你的看法不同,但我相信作者是对的。

霍拉修:请考虑一下,使施曼娜指控罗德里克有罪的,究竟是爱情还是责任?

克列奥门尼斯:我已经考虑过了,但我还是不禁会想:施曼娜的情人杀死了她的父亲,从而迫使施曼娜去追究他。这就如同一个欠债不还者会迫使债主们去要求逮捕他一样。同样,倘若一个公子哥儿用言语冒犯了我们,我们也会对他说:“先生,要是你继续这样做,你就迫使我们对你不客气了”,尽管在这种情况下,那个欠债者根本不愿被逮捕,那个公子哥儿也根本不愿被我们揍上一顿,正如罗德里克根本不愿受到惩罚一样。

霍拉修:我想你是对的。我要请高乃依原谅了。此刻,我非常
357 希望你告诉我你对社会还有哪些进一步的论述。文字的发明改进

了人们的法律和语言，除此以外，人们从文字的发明中还获得了什么益处呢？

克列奥门尼斯：文字的发明还普遍激励了其他发明，因为它使一切关于有益改进的知识得以保留。当法律开始被众所周知、执行法律开始得到众人赞许的帮助时，大多数人便可能在其内部保持一定程度的和谐。惟有到了那个时候而不是在那以前，人类智能比其他动物的优越之处才能显现出来。这种优越性使人具备了社会性，而在野蛮状态下，人的社会性却受到了阻碍。

霍拉修：请告诉我何以如此。我不明白你的意思。

克列奥门尼斯：首先，智能的优越使人能感受到悲伤和喜悦，使人的悲喜感受比其他动物的种类更多，范围更广。其次，智能的优越能使人更精心地愉悦自己，换言之，它为人的自恋之心提供了更多样的手段，使之在关键时刻发挥最大的作用，而能力不如人类 358
的动物利用其自恋之心的手段却少得多。同样，智能的优越还赋予我们远见，并用希望鼓舞我们，而其他动物则很少怀有什么远见和希望，因为它们只能看到眼前的事物。这一切都是自恋用来说服我们去感到满足的工具和理由，能使我们坚韧面对众多的苦恼，以满足自己最迫切的需求。生在一个政治实体里人，会发现这对他非常有用，而这必然会使他热衷社会。相反，在那之前，在自然状态下，同样的禀赋和同样的智能优越，却只能使人不可救药地憎恶社会，使人比其他任何同样处境中的动物都更顽固地维护那种野蛮的自由。

霍拉修：我不知道该如何反驳你。你的这番话里有一种合理思想。我不得不对它表示赞成。但它依然显得很不寻常。你究竟是如何洞透人心的？你又是如何获得阐明人性的技能的呢？

克列奥门尼斯：通过鉴别有教养者的卓越品质当中哪些是真正习得的东西。当不带偏见地完成了这种观察之后，我们便能断定其余的东西便是天性了。正因为没有正确地区分这两类品质，人们才对这个问题有那么多荒谬说法。这些品质往往被说成是使人产生社会适应性的原因。没有在社会中受过教育的人，都不会
359 天生具备这些品质。它们是数百年才形成的文明修养。但是，那些奉承人类的人却一直故意对我们隐瞒这一点。他们不是把后天获得的品质与天生品质分开，指出两者的区别，而是竭力混淆两者。

霍拉修：他们为什么要这么做呢？我看不出其中有对人类的恭维，因为后天获得的品质也好，与生俱来的品质也好，全都属于同一个人，两者都与他密不可分。

克列奥门尼斯：来自天性的东西与人的关系最为密切，最真正彻底地属于人自己。为了自己珍爱的自我，人们才珍视或蔑视、热爱或憎恨其他一切事物。若去掉了这个自我中全部外来的东西，人性的得分便非常可怜了。它呈现出赤裸裸的原貌，或者至少是露出了被剥掉一切之后的真相，而任何人都不愿看到它。我们会竭力把一切有价值的品质变为装饰自己的东西，几乎把它们看作我们的附属品；连财富、权力以及命运赐予的一切礼物，也是如此(但它们显然不属于我们本身，与我们相距甚远)。一旦这些东西成了我们的权力和财产，我们便会希望人们把它们和我们看作一体。我们还知道：人是从一个可鄙的开端逐渐发展为称雄世界的，因此，人并不喜欢听说自己的起源。

360 霍拉修：并非所有的人都如此。

克列奥门尼斯：但我认为绝大多数人都是如此，尽管可能有些例外。我以上的说法也并非毫无道理。一个人因其才能而自豪，并且渴望别人高度评价他的智慧、眼力、敏锐和刻苦，他便可能作出真心表白，甚至会透露自己父母的情况。为了充分展示自己的诸多优点，他甚至会谈到自己的低微出身。不过，这种办法通常都是对付那些地位低于他的人的，因为这能减轻那些人对他的嫉妒，还会使他们因他承认了自己的瑕疵而赞扬他坦诚谦逊。然而，在比他强的人们面前，他却对此只字不提，因为那些人以自己的出身为荣。当着出身比自己强，却与自己地位相等的人，这种人也会真心希望自己父母的情况丝毫不为他们所知，因为这种人知道：自己地位的晋升会引起那些人的憎恨，自己的低微出身也会遭到那些人的蔑视。不过，我还有一种更简便的方式去证明我的见解。请告诉我：若告诉一个人说他出身低微，或者明知他出身卑贱却暗示他这一点，这算不算有礼貌呢？

霍拉修：不，这有失礼貌。

克列奥门尼斯：这就是了，我的见解只是大多数人对此的看法而已。高贵的祖先，以及一切被视为荣耀、受到尊重的东西，只要能与我们有些瓜葛，全都是我们个人的长处。我们全都渴望别人 361
把这些东西看成我们自己的长处。

霍拉修：奥维德可并不这样想，因为他说过：*Nam genus & proavos & quae non fecimus ipsi, vix ea nostra voco*。①

---

① *Nam genus & proavos & quae non fecimus ipsi, vix ea nostra voco*，（拉丁语）"至于血统和祖先，以及我们未获得的一切，我很少将那些东西称作我们的。"这是希腊英雄尤利西斯（Ulysses）的话。见奥维德《变形记》第13卷第140—141行。—— 译者

克列奥门尼斯:那实在是一段人类谦逊之辞的妙文,其中,一个人费尽心机地证明朱庇特[①]是他的曾祖父[②]。一个被人的实际行为所毁坏的理论,其意义何在呢?你可曾认识哪位地位高贵者情愿被称为杂种,尽管他承认自己(以及自己的伟大)主要来自他母亲的下流行为?

霍拉修:我本来以为,你所说的"后天获得的东西"指的是学问与美德。你怎么又谈到了出身和血统呢?

克列奥门尼斯:因为我想让你知道,人们都不愿意让任何能带来荣耀的东西与自己无关,尽管那些东西和他们相距迢迢、毫无瓜葛,他们依然会如此。我想使你相信:把我们与真正属于我们的东西、与被最有品行和智慧者看作惟一能获得别人尊重的种种资格分开看待,我们极少会喜欢让别人这样做。人们具备了良好的教养时,便会对自己迈出的第一步感到羞耻,而他们正是从那第一步开始才逐步臻于完善的。人愈文明,就愈是会把被人看破未经改
362 善的本性视为伤害。编选自己作品的时候,最无可挑剔的作家们也会对那些被他们删去的作品感到脸红,而那些作品当然也是他们当年的手笔。因此,作家便可以被恰当地比喻为建筑师:因为后者先要拆掉脚手架,然后才会向人展示自己建造的大楼。一切装饰物都体现着我们对被装饰物的评价。人脸上的第一层胭脂或白

---

① 朱庇特(Jupiter),古罗马神话里的主神,即古希腊神话中的宙斯(Zeus)。——译者

② 尤利西斯说自己的父亲拉厄耳忒斯(Laertes)是朱庇特的孙子,故自己就是朱庇特的曾孙。(见《变形记》第13卷第141—144行)故此处的"一个人"指的是尤利西斯。——译者

粉，头上的第一个假发，都完全是背着他人涂上和戴上的，其用意都在欺骗，你不这样看么？

霍拉修：在法国，人们现在已经把绘画看作女装的一部分了。法国人对此毫不大惊小怪。

克列奥门尼斯：人们也对所有此类性质的欺骗手法习以为常，因为它们已经多得无法掩盖了，就像全欧洲男人的假发那样。不过，倘若这些东西能被掩盖起来，能不被人所知，那么，黄褐色皮肤的风骚女子便会衷心希望：她为自己抹上的那层可笑的脂粉会被人家看作真正的面色；而秃头公子也会乐于让别人把他的全套假发看作真发。戴假牙的人，没有一个不是为了掩盖自己牙齿脱落。

霍拉修：可是，一个人的知识难道不是他的一个真实部分么？

克列奥门尼斯：不错，一个人的礼貌风度也是他的一部分。然
而，知识和礼貌却都不属于他的天性。这就像他的金表和钻戒不 363
属于他的天性一样。但他甚至竭力想让人们根据这些东西去评价和尊敬他的天性。上流社会的佼佼者享受着表面的虚荣，懂得如何使自己衣着得体，而他们的服饰及其穿戴技巧若没有被看作他们自己的一部分，他们便很不开心。不仅如此，他们还认为：对不认识他们的人，惟有这个部分才能使他们得以接近地位最高者，即国王与贵族。在那个圈子里，男人和女人是否能被接纳，完全取决于其服饰为他们造就的形象，而根本不在于他们是否品行高尚，是否具备头脑。

霍拉修：我想我明白了你的意思。我们虽然几乎不知道自我是由什么构成的，但正是为了满足那个自我，我们才首先会想到美化我们的本性。我们费尽心机地矫正、润饰和美化天性时，同一种

自恋便会使我们不愿别人把装饰品与被装饰物分开看待。

克列奥门尼斯:个中原因十分明显。指出我们的赤裸本相,斥责我们的种种天然需求(应当说,斥责我们天性的卑劣与缺憾)的,似乎正是我们珍爱的那个自我(无论它是否经过了装饰美化)。不
364 可否认,战争中最有用的勇敢是人为的。尽管如此,经过两三场勇敢战斗,士兵却显然还是要上巧计和纪律的当,被哄骗得鼓起勇气、勇敢战斗。这样的士兵绝对受不了别人说他天性其实并不英勇,尽管所有认识他的人以及他自己都记得他曾是个彻头彻尾的懦夫,他依然会如此。

霍拉修:然而,人类对自己族类天生的爱、关怀与善心,并不比其他动物对其族类的更多,既然如此,人又为什么会利用上千种机会来展示这种爱,而且比其他动物展示得更多呢?

克列奥门尼斯:因为其他任何动物都不像人那样有能力或机会去展示它。不过,你或许还会问人展示的恨何以也比其他动物更多。一个人知识愈丰富,拥有的财富或权力愈多,他便愈有能力使别人感觉到影响他的那种激情,包括他的恨与爱。一个人在不开化状态中生活得愈久,他就愈是接近自然状态,他的爱也愈不笃定。

霍拉修:在淳朴的、未受教育的人们当中,真诚比在更有心计的人们中更多,而欺诈较少。因此,我本应当到生活在自然的简单状态下的人们当中,去寻找真正的爱和毫无伪饰的关怀,而不该到
365 其他地方去找。

克列奥门尼斯:你提到了真诚,但在未受教育的人当中,我所说的爱比在文明人中更不可靠,我们暂且假定两者的爱都是真诚

的。有心计者或许会佯装出爱，会装作心怀友谊，即使心中根本没有，他们也能这样做。但他们也像野蛮人一样受种种激情和天然欲望的支配，只是满足激情和欲望的方式不同于野蛮人而已。在选择饮食和就餐方式方面，教养良好的人与野蛮人之间判然有别。两者的性爱方式也大不相同。尽管如此，两者的食欲和性欲却依然相同。工于心计的人，不，应当说最虚伪的人，无论其外在表现如何，都可能在心中爱着自己的妻子儿女，而最真诚的人能做到的也不过如此。我的任务就是向你表明：人们过誉了人性的及全人类的良好品质，而它们全是人为培养教育的结果。未开化者心中的爱之所以极不可靠，是因为他们的种种激情都更游移，更善变。在野蛮人身上，那些激情比在有教养者身上更经常地互相冲突，争占上风。有教养者受过良好的教育，已经学会了如何获得个人安逸和生活舒适，如何为了自身利益而遵守规矩和法令，常能屈从较 366
小的不便，以避免较大的不便。在最底层的粗人中，在教育程度最差的人中，你极难见到长久的和睦。你会看到：一对真正相爱的夫妻在这个小时里还充满爱意，但过后却会为了琐事而翻脸。不少家庭的生活之所以变得悲惨不幸，其原因除了夫妻彼此间不讲礼节、缺少谨慎之外，并无其他过错。他们往往无意地说出冒犯对方的话，而终于导致彼此动怒。双方都无法平息怒气，女人骂男人，男人则打老婆。女人号啕大哭，这感动了男人，使他感到歉疚，两人遂言归于好，并且都最真诚地下决心一辈子再不争吵。两人之间的这一切会在不到半天时间内过去，但可能每个月就重演一次，或许更频繁，这取决于是否出现了争吵的起因，取决于其中之一是否更易于发怒。没有人为的技巧，两个人之间绝不会有牢不可破的长久好感。最好的朋友若总在一起也必定会发生口角,除非双方都以极大的谨慎相处。

霍拉修:我一向赞成你的一个观点,那就是:人愈文明就愈快乐。但是,各个民族惟有经过漫长时间才能变得文雅有礼,而人在
367 没有成文法律以前又必定是处境悲惨,既然如此,诗人和其他作家为什么又会用那么多的赞美去描述黄金时代[①]呢?为什么他们会说那个时代充满了和平、爱和真诚呢?

克列奥门尼斯:为了同样原因,纹章局的信使也会说那些本来出身低微的无名之辈血统高贵。出身高贵者无不以自己的家族为荣,因此都极力赞美自己祖先的美德与福运,而这总是会使每个社会成员都感到愉悦。不过,你说到了诗人们的虚构,这究竟是想强调什么呢?

霍拉修:你反驳一切异教迷信的论证都非常清楚,非常自如,从未让自己跌入迷信的骗局。不过,你面对属于犹太教和基督教信仰的事情时,却仍像所有俗众一样轻信。

克列奥门尼斯:你这样认为,我感到很遗憾。

霍拉修:我说的是事实。一个人若能欣然相信诺亚及其方舟的故事,便不应当嘲笑丢卡利翁和皮拉的传说[②]。

---

① 古希腊诗人赫希俄德(Hesiod)将人类历史划分为五个时代,即黄金时代、白银时代、青铜时代、英雄时代和生铁时代,其中,黄金时代又被称为酋长时代,由土星主宰。古罗马诗人奥维德的把人类历史划分为四个时代,为黄金、白银、青铜和生铁时代(见《变形记》第1卷第89—150行)。这种说法后为西方神话学、地质学、人类学和历史学所沿用。—— 译者

② 据古希腊神话,宙斯制造的大洪水过后,惟有普罗米修斯之子丢卡利翁(Deucalion)及其妻子皮拉(Pyrrha)幸存。二人按照神谕分别向身后扔石头,石头遂变为男人和女人,重新创造了人类。事见奥维德《变形记》第一卷。—— 译者

克列奥门尼斯：由于一个老头和妻子从肩头朝身后扔了石头，我们便该相信人是从石头中迸出的，像相信一个男人及其家人、加上大量的鸟兽被一只为拯救他们而造的大船所救那样么？

霍拉修：这是由于你有偏见。用石头做人和用泥土做人，这两 368
者之间究竟有多大区别？我很容易想象出一块石头如何变作一个男人或女人，也很容易想象出一个男人或女人如何变成石头。我还认为，一个女人像达佛涅[①]那样变成一棵树，或者像尼俄柏[②]那样变作大理石，这并不比她像罗得之妻[③]那样变为一根盐柱更离奇。现在，请你与我稍作一番我问你答式的探讨吧。

克列奥门尼斯：我希望，你在此之后能听听我的看法。

霍拉修：当然。当然。请回答我：你相信赫希俄德[④]么？

克列奥门尼斯：不。

霍拉修：奥维德的《变形记》[⑤]呢？

克列奥门尼斯：不。

霍拉修：但你却相信关于亚当、夏娃和天堂乐园的传说。

---

① 达佛涅(Daphne)，古希腊神话中的女神，因逃避阿波罗的追求而变为月桂树。事见奥维德《变形记》第一卷第452—567行。—— 译者

② 尼俄柏(Niobe)，古希腊神话中的底比斯王后，因子女全被阿波罗射杀而整日哭泣，后被宙斯变作大理石雕像。事见奥维德《变形记》第6卷第146—312行。—— 译者

③ 《圣经》中说：亚伯拉罕的侄子罗得(Lot)之妻逃离即将被上帝毁灭的所多玛城时，不听上帝的话而回头观看，结果变成了一根盐柱。见《旧约·创世记》第19章第26节。—— 译者

④ 赫希俄德(Hesiod)，公元前8世纪时的古希腊诗人，其作品《神谱》中记载了许多古希腊神话和传说。另写有长诗《农作与日子》—— 译者

⑤ 奥维德的长诗《变形记》共15卷，包括252个神话故事，其中有关于人变为动物、植物和石头的描写。—— 译者

克列奥门尼斯:不错。

霍拉修:你相信他们是在一瞬间被造出来的么?换句话说,你相信他们一下子就变成了成年人么?你相信亚当是用一捂泥土造的,夏娃是用亚当的肋骨造的么?

克列奥门尼斯:相信。

霍拉修:你相信他们一被做出来就能说话、能思考并具备知识么?

克列奥门尼斯:相信。

霍拉修:总之,你相信天堂乐园的纯洁、快乐及其一切奇迹,而
369 它们都是由一个人讲述出来的[1]。而与此同时,你却不相信许多人告诉我们的那些事情,那就是黄金时代的正直、和谐与幸福。

克列奥门尼斯:你说的完全对。

霍拉修:现在,请允许我向你证明你在这个问题上是多么不讲道理,多么心存偏见。首先,你相信大自然中那些不可能发生的事情,这有悖于你自己的信条,有悖于你提出的那个观点,而我认为那个观点是正确的,因为你已经证明:第一,倘若不经过学习,任何人都不会说话;第二,人的推理和思考能力的形成要经历漫长的逐步发展过程;第三,任何事物若不被传递给大脑,并通过感官与我们沟通,我们就对它一无所知。其次,在被你看作难以置信而加以排斥的传说中,根本不存在什么不可能性。我们从历史中知道,日常经验也告诉我们:引起人类骚乱的一切战争和私人纷争,无不起

① 此指有关亚当、夏娃及天堂乐园的故事为《旧约·创世记》所载,而该卷经文相传为摩西所写,故此处说由一人讲述。——译者

因于争占优势和对 *meum & tuum*[1] 的不同认识。因此，在狡诈、贪婪和欺骗偷偷溜入这个世界以前，在人们懂得荣誉头衔、懂得主仆之别以前，一定数量的人群为什么就不可能安宁和睦地共同生活呢？他们为什么不可能共享一切，满足于肥沃土壤和温和气候中的大地物产呢？你为什么就不能相信这些呢？

克列奥门尼斯：因为任何数量的人群没有法律和政府也能和 370
睦相处，这不符合人类的天性，无论那些与最奢侈想象一致的土壤、气候和物产多么令人愉快，都是如此。然而，亚当却完全是上帝的作品，是一件自然之外的产物。他的说话能力和知识，他的善良天真，也像他身体的每个部分那样，都是奇迹。

霍拉修：克列奥门尼斯，你这番话简直让我无法接受，因为我们谈哲学的时候，你却偷偷把奇迹混入其中。我为什么不可以也像你这样，说"奇迹也使黄金时代的人类非常幸福呢"？

克列奥门尼斯：在一个指定的时间，一个奇迹创造出了一个男人和一个女人，而其他所有的人自然都是他们的后裔。这种情况的可能性要大于另一种情况，即依靠一连串的奇迹，好几代人都被赋予了生命，并且其行为都与其天性相悖。其理由是，后一种情况必定出自我们对黄金时代和白银时代的那番叙述[2]。《摩西五书》[3]里说，第一个生于自然中的人、女人所生的第一人杀死了自

[1] *meum & tuum*，（拉丁语）我的（东西）和你的（东西）。—— 译者

[2] 参见奥维德《变形记》第一卷第 89—124 行有关黄金时代和白银时代的叙述。—— 译者

[3] 《摩西五书》，指《圣经 · 旧约》中的《创世记》、《出埃及记》、《利未记》、《民数记》和《申命记》五卷书，相传为摩西所写。—— 译者

己的弟弟[①],这已经充分说明了我曾强调指出的人性里的那种主宰精神和惟我独尊的强烈欲念。

371 霍拉修:你并不算轻信之人,但你还是相信所有那些传说,而甚至我们的一些牧师都认为:若从字面上解它们,那是荒唐可笑的。不过,你若不再相信天堂乐园,我也就不再相信黄金时代。一个有理性的人,一位哲学家,对这两者都不应相信。

克列奥门尼斯:但你曾告诉我你相信《旧约》和《新约》。

霍拉修:我从未说过我相信其中的每一个字面意义。可是,你何以会相信奇迹呢?

克列奥门尼斯:因为我不得不相信它们。你若能向我证明:没有奇迹,人也可能生到这个世界上,哪怕只有一丁点可能也行,我就绝不再提“奇迹”这个字。你相信曾有一个人自己造出了自己么?

霍拉修:不相信,那分明是个矛盾。

克列奥门尼斯:由此,我们便可以清楚地知道:世界上的第一个人必定是被某种事物创造出来的。我对人之来历的看法,也适用于说明一切物质和运动的来历。万物来自原子的汇聚和偶然的混合,伊壁鸠鲁[②]的这个学说,比其他一切蠢念还要荒谬,还要放肆。

霍拉修:但是,你却不能以数学方式去反驳它。

① 此指亚当和夏娃长子该隐(Cain)因嫉妒杀死弟弟亚伯(Abel)。事见《旧约·创世记》第4章第8节。——译者

② 伊壁鸠鲁(Epicurus,公元前341—前270),古希腊哲学家,继承发展了德谟克利特的原子论。——译者

克列奥门尼斯：倘若有人想证明太阳对月亮没有引力，他也没
有任何方法去证明。但我还是认为，相信这两种看法，要比相信大 372
多数童话故事里讲的仙女和怪物还要亵渎人类的理解力。

霍拉修：不过，有一条稍逊于数学论证的公理，它与无中生有的创造论直接对立，截然相反。那就是 *ex nihilo nihil fit* ①。你能解释无中生有么？

克列奥门尼斯：我承认，我不能，这就如同我不能解释永恒或上帝本身一样。但是，我的理性让我确信某个事物必定存在，而我却无法领悟时，我最清楚的公理和证明便是：错在我缺乏能力，错在我理解力肤浅。根据我们对太阳和星星的大小、距离和运动很有限的了解，根据我们对动物的较显著躯体及其运作的较深入了解，我们可以证明：它们全都是由一种智能原因造成的结果，全都是一位具有无限智慧和力量的存在的精心杰作。

霍拉修：可是，虽说那智慧可能超越了一切，那力量可能无所不及，我还是无法想象它们若没有作用对象如何产生效力。

克列奥门尼斯：我们无法想象的真切事实还不止这一件。世 373
界上第一个人是怎么来的？我们不知道。但人类还是来到了这个
世界上。热气和潮湿显然是种种明显原因造成的结果，尽管它们
千变万化，在动物界、植物界和矿物界无不如此。若无种子，还是
长不出一棵嫩草来。

霍拉修：同样，我们自己以及我们看到的每一种事物，也无疑都是某个整体的组成部分。有些人认为：这个整体，即这个宇宙全

---

① *ex nihilo nihil fit*，（拉丁语）无中不能生有。——译者

部来自永恒。

克列奥门尼斯:这种观点,其实并不比伊壁鸠鲁的那个学说更令人满意,也并不比它更好理解。伊壁鸠鲁认为万物起源于偶然,起源于无感觉的原子的那种无目的的相互作用。我们看到一些事物,而理性告诉我们:没有一种超出人类理解范围的智慧和力量,那些事物便不会产生,这个时候,有什么能比那些事物更与人的理性相矛盾、相冲突呢?那些事物都明显地体现着创造它们的那种高级智慧和伟大力量。尽管如此,那个被简称为斯宾诺莎[①]主义的学说,在被忽视多年之后,现在还是重新占据了上风,而原子论则失去了根基,因为无神论和迷信是多种多样的,而它们被推翻之后,也都各有周期,都会再度抬头。

374 霍拉修:使你把这两种截然对立的东西相提并论的,到底是什么呢?

克列奥门尼斯:这两者的相似之处比你想象的还要多。它们出自同一个根源。

霍拉修:什么!无神论和迷信么?

克列奥门尼斯:对,正是如此。它们都产生于同一个原因,产生于人类思维的同一种缺陷,即我们没有辨识真理的能力,我们天生就不理解上帝的本质。人类在其最年轻的时代并没有得到真正宗教信念的灌输,后来也并未继续接受真正宗教信念的严格教育,因此,人类全都面临着一种巨大的危险,那就是或者陷入无神论,

① 斯宾诺莎(Spinoza,1632—1677),荷兰哲学家,其学说否认超自然上帝的存在,肯定"实体"即自然界,但亦把"实体"称为上帝。其著作有《伦理学》、《知性改进论》等。—— 译者

或者陷入迷信；这取决于不同的气质和体质、不同的环境和不同交
流者的影响。智力不佳者和在无知的、恶劣的环境里长大的人，往
往都会迷信命运；而那些盲从者、贪婪者和悭吝者，也都容易自然
而然地接受并热衷迷信。与一种现象相比，这并不显得更荒谬、更
自相矛盾。那种现象就是：人类当中的糟粕、大多数赌棍、二十个
女人中的十九个都不可能学会相信那些无形的原因。所以说，大
多数人都从未沾染反宗教的污点；国民的文明程度愈差，其轻信的
范围就愈广。同时，有才能者、精神活跃者、有头脑和深思者、崇尚 375
自由者（例如研究数学和自然哲学的人），以及生活安逸富足的最
具好奇心者和淡泊利益者，倘若这些人年轻时没有接受宗教的教
育，并未打下真正宗教信念的基础，则往往会不相信宗教，其中那
些比常人更骄傲、更富有的人，尤其如此。此类人若是落到不信神
者手中，便有成为无神论者或怀疑论者的极大危险。

霍拉修：你所推荐的那种使人笃信一种观点的教育方法，可能在造就盲目信徒方面非常有效，并且会造就一大批教士。但要造就良好的臣民，造就有道德的人，最佳的方式却是用热爱美德去激励青年，不断向他们灌输正义观和正直观，以及真正的荣誉观和礼节观。这些都是真正的特效药，可以医治人性的弊病，可以摧毁人心中惟我独尊和自私自利的强烈欲念，因为它们占据着人心，对人极为有害。至于宗教的教育，强迫青年人去接受一种信仰，这种做法比让青年保持无信仰状态、直到他们成熟后再做出判断和选择更偏颇，更不公正。

克列奥门尼斯：正是你推崇的这种不偏不倚的美好方式，才会 376
不断地促进和增加无信仰。在英国，最能促进自然神论增长的因

素,就是宗教信仰教育上的宽容性,在上流社会中,它有时甚至会蔚然成风。

霍拉修:我们最关心的应当是公众的福祉。我完全相信,社会最需要的不是对一种教派或教义的盲目信仰,而是大多数人在一切行为中的诚实和正直,以及人们之间的博爱。

克列奥门尼斯:我并没有为盲目信仰者辩护。凡真正受到了基督教信仰的完整教育的人,都不可能忘记诚实、正直和博爱,而这些美德若不是出于那个宗教动机,则其任何表现都绝不值得信任。一个人若不相信来世,便没有任何东西能迫使他在现世里心怀真诚,因为在这种情况下,连他自己的誓言都根本无法约束他。

霍拉修:对一个敢于发假誓的伪君子,誓言又有什么约束力呢?

克列奥门尼斯:倘若知道一个人曾发过假誓,那么,谁都不会去相信他的誓言。同样,一个人若向我承认自己是个伪君子,我便永远也不会上他的当。无神论者若不亲口承认自己不信上帝,我也绝不相信他是这样的人。

377 霍拉修:我不相信世界上存在真正的无神论者。

克列奥门尼斯:我不想就词句与你争论,但我们现代的自然神论也像无神论那样不可信。其理由是:一个人若否认上帝和来世,那么,他对上帝的认识、甚至是对一种有智慧的第一原因的认识,就毫无用处了,无论对他自己还是对别人,都是如此。

霍拉修:但我还是认为,美德与轻信之间没有必然联系,正如它与无信仰之间没有必然联系一样。

克列奥门尼斯:若要使我们的观点首尾一致,那么,美德就往

往应当与轻信有联系。倘若人们的行为被自己信奉的原则所左
右，被自己亲口承认的观点所左右，那么，一切无神论者便都是魔
鬼，而一切迷信者则都是圣徒了。但这不是事实。世上既有道德
高尚的无神论者，也有为非作歹的迷信者。不仅如此，我还相信：
最坏的无神论者的邪恶之处，迷信者应有尽有，而无信仰者也应有
尽有。其理由是：在行为放荡者和赌徒当中，最为常见的就是亵渎
神明的行为，那些人相信的是鬼魂，惧怕的是魔鬼。我对迷信的评
价并不比对无神论高。我的目的是防止和警惕无神论和迷信。我
相信：要消除这两种毒素，我提到的那种办法就是人类所能获得的
最有效、最可靠的解毒药。我虽然相信人类都是亚当的后裔，但我 378
依然是有理性的动物。对这个问题，我只能这样说。我们都相信：
人类的理解力是有限的；只要略加思索，我们便会得出一个定论，
即人类理解范围的狭窄和有限，乃是一个绝无仅有的因素，它显著
地阻碍了我们凭借洞察力去深入认识人类的起源。其结果就是：
要弄清这个起源的真相（这对我们至关重要），我们就不得不去相
信一些事情。但问题是该相信什么事情？该相信谁？我若不能向
你证明摩西曾受到了上帝的启示，你就会不得不承认：在一个最迷
信的时代里，一个在不计其数的偶像崇拜者（他们对神性怀着最刻
毒、最恶劣的认识）当中长大的人，居然不依靠我们所知道的那些
帮助，而仅仅依靠其天生的能力就发现了最隐秘、最重大的真理，
世上没有比这更离奇的事情了。这是因为，除了具备对人性的深
刻洞察力（像《十诫》对人性的洞察那样），他显然还懂得什么是无
中生有的创造，知道那种创造了宇宙的无形力量绝无仅有，无比宏
大。他还把这些教给了以色列人，而一千五百年之后，地球上其他

379 所有民族才领悟了它们。不仅如此,我们还不能否认:《摩西五书》里有关世界和人类之初历史的记载,是一切现存历史中最古老、最少或然性的。摩西之后,其他一些人也写过同一个题目,但其中大多数显然都是摩西的不良抄袭者。而那些似乎不是借自摩西的叙述,例如我们读到的索摩纳科多姆[①]和孔子[②]等人的描述,则比《摩西五书》的叙述更不合理,并且要夸张五十倍,因而也五十倍地不可信。说到信仰和宗教所揭示的意义,说到它们体现的上帝的计划本身,我们若仔细权衡前面所说的各种理论,便能发现:由于我们必须要有个开始,所以,把人类的起源归于一种无法参悟的创造力量,把它视为万物的第一动力和创造者,没有什么事情比这更合理、更符合常识的了。

霍拉修:我曾在不同时间听你表述过你的这些见解。我从未听说过任何人能像你这样,对上帝怀着如此崇高的认识和如此高尚的情操。请告诉我:你阅读《摩西五书》,当读到对天堂乐园运作情况的描述以及上帝与亚当的对话时,难道就不曾发现某些鄙俗的、无价值的并与你对那位最高的存在一向怀有的崇高观念完全冲突的话么?

380 克列奥门尼斯:我可以坦言相告,我不但思考过你这个问题,而且还长期受着它的困扰。一方面,人类的知识愈是增长,上帝的

---

① 据法国哲学家培尔(Pierre Bayle,1647—1706)编《辞典》,索摩纳科多姆(Sommonacodom)是古代闪米特人的半人半神的英雄,曾向族人讲述创世故事。—— 译者

② 本书牛津大学1924年版的编者凯依(F. B. Kaye)指出,孔子编定的中国上古历史文献《尚书》中并无关于人类起源的记载,但中国古代仍有创世神话。《尚书·虞书·尧典》首句从我国原始社会后期的部落首领尧舜讲起:"昔在帝尧,聪明文思,光宅天下。将逊于位,让于虞舜。"—— 译者

智慧便愈是显得完美无缺，它体现在我们能够洞察的每一种事物中；另一方面，我们迄今所探知的事物，无论是偶然探知的还是通过勤奋钻研探知的，与我们不知道的、更重大的事物的广阔疆域相比，其数量与价值都很微不足道。一考虑到这些，我便不禁想到：我们所发现的《摩西五书》里的那些错误，或许自有其非常聪明的理由，而只要世界存在一天，我们就对那些理由一无所知，并且会永远如此。

霍拉修：可是，即使我们不赞成伯乃特博士和其他几个人的见解①（它们认为那些话都是隐喻，应当从象征的意义上去理解），也能很容易地解决那些难题，既然如此，我们为什么还应当去苦心研究它们呢？

克列奥门尼斯：我并不反对这样的研究。我一向赞美人类的聪明才智和良好机能。人们一直极力把宗教奥义与人类的理性及现实性统一起来。但我坚持认为：任何人都无法证明《摩西五书》里任何一个最明显的字面意义。宗教之敌在以假乱真上的自由是众所周知的：他们先任意曲解《圣经》，然后提出一个论据，去否定《圣经》的真实性。倘若允许我有他们那样的自由，我便会蔑视人们编造故事的机智，因为人们杜撰不出一个最无懈可击的神话，以 381

① 英国神学家、宇宙论作家托玛斯·伯乃特（Thomas Burnet，1635—1715）的《地球理论；包含对地球起源的叙述》一书，为1684年拉丁文的《地球理论》译本。此书试图对地球起源作出地质学的科学解释，又不与《圣经》冲突。后来，他为自己的理论辩护时，曾用理解隐喻的方式去解释《创世记》第1章（见他著的《考古学》，卷二，第7章，1692年版）。这里所说的“其他几个人”包括英国哲学家、自然神论者柯林斯（Anthony Collins，1676—1729）、斯宾诺莎（Spinoza）、布仑特（Charls Brount）和英国神学家伍尔斯顿（Thomas Woolston，1668—1733）等，因为他们都如此解释过《圣经》，有的甚至因此被监禁。——译者

说明人是如何来到这个世界上的,并能使我无法从中挑出宗教之敌挑出的那么多纰漏,而能有力地反驳《摩西五书》的有关叙述。

霍拉修:可能如此。但是,引起这番长时间离题讨论的是我,因为是我先提到了黄金时代。所以,现在我很想回到我们原来讨论的那个问题上。从你所说的那对野蛮人夫妇发展为一个非常文明的民族,你认为这需要多长时间、多少个世代?

克列奥门尼斯:这很难确定。我相信,我们对这个问题不可能有确定的认识。根据我们已经说过的情况,由这样的夫妇发展出来的家族,显然会发生几次分崩离析,然后重新联合,然后再度解体,最后,整个家族或它的一部分才会被提高到某种程度的文明状态。种种最佳形式的政府都要经历革命,并且,为了维持一个人们共处的社会,还需要许许多多的因素同时发挥作用,然后人们才能成为一个文明的民族。

霍拉修:这种情况大多是因为:在造就一个民族的过程中,人们的精神与才能各有差异,难道不是么?

克列奥门尼斯:除了那些与气候相关的差异之外,并无其他,而老练政府的作用会很快地超过气候差异的作用。民众是否勇
382 敢,完全取决于执政者如何使用权利和贯彻纪律。艺术与科学很少会先于富足出现,其发展的快慢,取决于执政者的能力大小、民众的状况,以及人们是否有机会改进艺术与科学。但执政者的能力是首要的因素。在众多见解不一的人当中维持和平安定,使他们全都为了一个利益去劳作,这是个艰巨的任务。人类事物中,没有什么比执政术更需要丰富知识的了。

霍拉修:按照你的理论,妥善执政比提防人的本性所需要的知

识，还应当更多一点。

克列奥门尼斯：不过，正确地认识人性却需要相当长的时间；而认清各种激情的用处，造就一位政治家，他能使社会成员的每一种缺点都变成有利于全社会的合力，能凭借熟巧的管理，将私人恶德转变为公众利益，这些也要经过许多世代的努力。

霍拉修：一个时代若诞生了许多杰出人物，那一定是那个时代的最大优势。

克列奥门尼斯：帮助人们制定出良好法律的，与其说是天才，不如说是经验。梭伦[1]、莱克尔加斯[2]、苏格拉底和柏拉图，其知识都来自旅行。在旅行中，他们还向别人传播了知识。人类之所以
制定出了最完备的法律，大多是由于坏人逃避法律，由于坏人的狡 383
猾往往能躲过先前制定不严的法规。

霍拉修：我想，铁的发明，铁器的制造，这肯定对社会的完善起了非常巨大的作用，因为没有铁，人们就既没有工具，也没有农业。

克列奥门尼斯：铁当然十分有用，不过，贝壳、燧石以及经火变硬的木头，也能使人借以制造出些简单的工具，只要人们能享有安宁，能平静地生活，能享用自己的劳动成果即可。你可曾相信：一个没有手的人也能通过磨炼，使自己写出非常漂亮的字母、用脚穿针引线？但这是我们目睹的事实。据一些可信的人说，墨西哥和秘鲁的美洲人带有世界幼年的一切特征，因为欧洲人首次来到他们当中的时候，他们连大量似乎很容易发明的东西都没有。但是，

① 梭伦(Solon，公元前638？—前558？)，雅典政治家，立法者。——译者

② 莱克尔加斯(Lycurgus)，公元前9世纪斯巴达立法者。——译者

他们既没有任何可资借鉴的先例,也根本没有铁,考虑到这一点,
他们何以会达到我们所知的完善程度,这实在令人兴味盎然。首
先,我们无法知道,在他们发明文字、制定出成文法律之前,那么多
人在纠纷不断的状态下生活过多少世代。其次,由于史籍里存在
大量空白,我们根据经验知道:文字产生的过程和时间已经完全无
384 法确知。战争与人间纷争只要造成众人的分散,便可能使一些最
文明的民族毁灭了。大浩劫对艺术与科学也像对城池和王宫一
样,毫不留情。人皆具有种种天生激情,而全无管理能力,这就造
成了无尽的善恶之争。入侵与迫害使人类相混相离,已经使世界
发生了巨变。有时候,庞大的帝国被划分成了几个部分,由此产生
了新的王国和公国。还有些时候,强大的征服者在几年之内就统
一了许多不同的国家。单从罗马帝国的衰亡,我们便可以知道:艺
术与科学比建筑物或碑文更容易消失,其毁灭也更快得多;愚昧无
知的大洪水可能在各国泛滥,而各国却依然能够存在。

霍拉修:那么,使各国从最弱小的开端发展为富裕城邦和强大国家的,到底是什么呢?

克列奥门尼斯:上帝的意志。

霍拉修:可是,上帝的意志却利用了有形的工具,我想知道这是如何运作的。

克列奥门尼斯:在《蜜蜂的寓言》里,你已经读到了使各个国家
伟大富强所需的一切基础工作。合理的政治以及全部统治术,无
385 不完全建立在对人性的了解之上。政治家的要务,通常都是尽可
能促进并奖励一切善良有益的行为,惩罚(或至少是削弱)一切破
坏或危害社会的行为。愤怒、淫欲和骄傲可能导致无数的祸患,对

它们都应当加倍提防。但抛开这些不谈，单说为了消除和防止贪婪与嫉妒使人想出的损害邻人的种种阴谋诡计，就几乎需要制定数不清的法规。你若相信这些真理，那就花上一两个月的时间，仔细地浏览考察每一种艺术和科学，考察伦敦这样的城市中的每一种买卖、手工业和行业，考察所有的法律、禁令、法令和法规（为防止立场迥异的个人及团体妨害公共安宁与利益、防止他们公开或隐蔽地互相伤害，人们认为它们是绝对必需的）。倘若你不避麻烦，肯这样去做，你便能发现妥善治理一个大城市必须具备的条件和前提，不过，它们无不是为了达到同一个目的，即遏制、约束和削 386
弱人的种种放纵的激情和有害的弱点。不仅如此，你还会发现更值得赞美的一点：正确地理解这些浩繁法规，你便可以知道其中的许多条款都是最高智慧的结果。

霍拉修：世上若没有智慧出众、才能非凡的人，这些东西又如何存在呢？

克列奥门尼斯：在我提到那些事情里，仅仅由一个人或一代人做出的成果很少。其中绝大多数都是几个世代共同努力的产物。请记住我们第三次对话时我的有关造船工艺和文明礼貌的议论。我所说的智慧并非来自良好的理解力或缜密的思考，而是来自深刻而精到的判断力，它来自长期经验和大量观察。依靠这种智慧和长期磨炼，人们便可能懂得：管理一个大城市，其实并不比编织长袜更困难（请原谅我这个拙劣的比喻）。

霍拉修：这个比喻的确很不得体。

克列奥门尼斯：尽管如此，除了把它比作编织框，我还是不知道如何更恰切地比喻一个秩序井然的城市的法律及其运作。初看

387 起来,这台机器极为复杂,很难了解,但其效用却非常切实完美,其产品也惊人地严谨有序。不过,这些产品的美好与精确却来自机器发明者的精巧匠心,即使不是全部,也是其中的大部分。这是因为,最伟大的艺术家用这部机器为我们制造出的东西,也可能与几乎任何一个经过半年练习的恶棍做出来的相差无几。

霍拉修:我必须承认,你这个比喻虽说很不得体,却非常清楚地表达了你的意思。

克列奥门尼斯:你说话的时候,我已经想出了一个比较合适的比喻。人们做出了能非常精确地演奏乐曲的钟表,现在它们已经很常见了。制造这种精巧机器,必定始终都充满着研究和劳动、失望的折磨和反复的拆装,一想到这些,人们就会赞叹不已。这与繁华大城市持续存在了数个世代的政府的运作有几分相似。这些城市的良好法规,即使是最琐碎的法规,没有一个部分不是经过长期艰苦劳动和慎重考虑才产生的。你若考察任何一个此类城市的历史及古代风俗,便会发现:这些管理城市的法律和法规,全都经历

388 过数不清的变更、废除、补充和修正。然而,一旦它们达到了人的技艺和智慧所能达到的完善程度,整部机器便可能自动地运转,而管理它的技术或许并不比给钟表上发条更难。一个大城市的政府一旦井然有序,行政官员只要尽力而为,它便能在一段很长的时间内准确地持续运转,即使其中没有聪明人,也会如此。除此之外,上帝的关怀还会一如既往,监督全局的运作。

霍拉修:即使一个大城市的政府一旦建立起来便很容易正常运作,整个国家和王国却并不会如此。人人心中都充满荣誉感和信任感,人人都诚实廉洁、道德高尚,这不是一个国家的莫大福

分么?

克列奥门尼斯:是,还要让每个人都博学多识、节制有度、勤俭朴素、公平正直、和蔼可亲,只要你能想出的好品质,他们都应有尽有。然而,与此同时,这样的地方却无法进行有效管理,而职能机构也只能由你所说的这种人去任职。

霍拉修:你似乎在暗示英国的好人犹如凤毛麟角。

克列奥门尼斯:我并未特指我们英国,而是指广义的国家和王国,我想表明的是:使每一个能力及名望中常者,都适于担任地方 389
政府以及各个行政分支机构(它们都是明智地设计出来的)中的一切最高职务,这完全符合各国的利益。

霍拉修:这绝对不可能,至少在我们这样的国家里做不到,因为这样一来,你又让什么人去当法官和上议院大法官呢?

克列奥门尼斯:研究法律虽然很恼人,很枯燥,但这个职业却收入颇丰,且能获得巨大的荣誉。其结果就是,其中除了才能出众、勤恳苦干者外,只有少数人能业绩非凡。任何一个好律师,只要他还算诚实、年岁够老、认真严肃,都能担任法官。做上议院大法官,这的确要求一个人具备更大的才能。他不但应当是个好律师,不但应当为人诚实,而且应当具备更丰富的知识和更深刻的洞察力。但上议院大法官毕竟只是一个人。考虑到我关于法律所说的那些话,考虑到野心和贪得对人类的影响力,按照常理,大法官法庭的律师当中,其实不可能在任何时候都只有这个或那个人才适合担任大法官。

霍拉修:每个国家都必定有适于公共谈判的人才,必定有很有才干的人去做公使、大使和全权大使,难道不是么?各国国内不是 390

都必定有能和外交部长们去谈判的人才么？

克列奥门尼斯：每个国家都有这样的人才，这是一定的；但我却想知道：你在国内外交往的人们是否已经让你相信，你所说的那些事务根本无须那么素质非凡的人去处理。在君王宫廷中长大的地位高贵者，其中那些具有谈判之才的，都必须具备高雅的风度和恰当的胆略，因为在一切会议和谈判中，这是两种最有用的才能。

霍拉修：一个国家若像我国这样负债累累，背负着沉重的税赋，那么，要通晓各种资金及其调拨使用，没有良好的天赋之才，不最充分地发挥这种天才，便无法掌握就这门学问。因此，国库主管的职位必须由最值得信任的人去担任，同时，这个职务又会遇到数不清的困难。

克列奥门尼斯：我不这么看。其实，在公共管理机构内部的人眼中，公共管理机构的大多数分支并不像局外人看上去那么困难。一个有头脑的人若从未看到过烤肉架，若不知道它的分量，也完全
391 不懂烤肉的方式，那么，若让他解释两三个穿满肉串的烤叉如何会同时转动几个小时，他就会感到非常困惑，而十个人里有九个都会对厨师或烤肉师做出过高的赞赏。在财政部处理的一切事务中，规章制度本身会完成九成的工作，并且有效地监督着一切运作；而国王欣然任命的财政大臣则很幸运，因为他从不会过分劳累，从不会对自己的职责感到一筹莫展，而必定寄予他的那份信任势必也很像他遇到的麻烦，既不会太多，又不会太少。把一个庞大机构的全部事务先分成几个部分，然后把那些部分再划分成更小的部分，这样一来，其中每一个人的工作便可能变得十分清楚而确定，乃至只要稍微习惯了那种工作，他就几乎不可能出错。同样，仔细地限

制每一个人的权力，谨慎地考察每个人是否值得信任，依靠这种办法，便能对每个官员是否忠诚一目了然，谁伪装忠诚，马上就会被识破。正是因为有了这些技巧，人们才会把最重大事务中的绝大部分工作放心地交给能力平平者去完成（那些人最重视的只是身体健康、生活快乐）。也正是因为有了这些技巧，大型办公机构及其各个部门的工作秩序才会有条不紊。但同时，这个机构的整体结构却显得无比错综复杂、扑朔迷离，不仅在局外人看来是如此，392
在绝大多数受雇在其中工作的人看来，也是如此。

霍拉修：我承认，我们财政部的结构实在是一套值得赞许的发明，旨在防范各种诈骗和侵吞行为。但在使财政部运转的财政厅内部，诈骗和侵吞行为却更有活动余地。

克列奥门尼斯：何以如此呢？皇家司库或者（倘若财政委员会代行其职能）财政大臣，也像手下最低微的职员一样没有侵吞钱财的特权。

霍拉修：他们拨款不是国王批准的么？

克列奥门尼斯：不错，在国王有权批准的金额之内，或者是国会指示以金钱支付的那些开支，别无其他。即使一向正确的国王受骗，批准了胡乱的开支，而不问其恰当与否，而与立法院的直接命令相抵触，皇家司库也会冒险服从国王。

霍拉修：不过，还有另一些职位，至少还有另一个更重要的职位，要求其担当者具备比以上所说的任何一种职位都更大、更全面的才干。

克列奥门尼斯：请原谅，皇家司库已经是最高的职位了，担当这个职务的人的确必须具备比所有其他人更大、更非凡的能力。

393 霍拉修:你对首相怎么看?首相掌管一切,受国王直接领导。

克列奥门尼斯:在我们英国的政体中并没有首相这个职位[①];而正因为如此,便完全有理由把整个行政机制划分给几个分支部门。

霍拉修:但是,究竟应当由谁去向海军元帅、陆军元帅、行政官员以及驻外使节下达命令和指示呢?究竟应当由谁去维护国王在整个王国里的利益和安全呢?

克列奥门尼斯:应当由国王和他的枢密院(没有枢密院,便无法行使王室的权威)监管一切事务,而凡是君主无暇直接处理的事情,都应由相应的管理部门去处理,在那些部门中,人人都有清晰的法律可循。至于维护国王的利益,则与维护国家的利益相同。由国王的卫队负责国王的人身安全。而国家的一切事务,无论其性质如何,无不在国王任命的某个高官的监管之下。这些高官全都因其令人尊敬的头衔而闻名,享有尊严,与众不同。我可以向你保证:那些头衔中并没有首相这个名号。

394 霍拉修:你为什么要这样对我撒谎?你自己和世人都知道并见到有这样的首相;而我也很容易证明一向就有这样的首相。考虑到我们英国的国情,我不相信国王没有首相也行。王国内有许

① 英国虽在18世纪初就有了行使首相职能的大臣,其中最早的一位是罗伯特·沃尔波尔爵士(Sir Robert Walpole,1676—1745)。但是,直到1905年12月2日英国法律才承认了首相职务。作者在此称赞皇家司库而贬抑首相,其潜在原因是作者的朋友和保护人麦克科莱斯菲德爵士(Sir Macclesfield)曾任皇家司库;而罗伯特·沃尔波尔在1721—1742年任首相期间,于1725年5月发动了对麦克科莱斯菲德的调查,并以腐败罪使他被解职,并交罚金三万英镑。英王乔治一世(George Ⅰ,1660—1727。1714—1727年在位)生前曾答应向麦克科莱斯菲德返还罚金,并已经返还了一千英镑,但乔治一世死后,担任财政大臣的沃尔波尔拒绝继续返还罚金。——译者

多无能之辈，要遴选国会议员，要万分仔细地搞好历次选举，要完成上千件必须做的事情，以挫败不满者的种种罪恶图谋，提防阴谋篡夺王位者。处理这些事务需要深刻的洞察力、非凡的才干、守口如瓶和迅速果决。

克列奥门尼斯：霍拉修，无论你看上去多么诚心地为这些事情声辩，我都可以肯定：从你提出那些原则看，你并没有认真地考虑这个问题。我不能对我们讨论的这些事务的紧迫性做出判断，但我并不想窥探君主们及其大臣们的品行和活动，因此，我只能证明我对这个国体的见解是正确的，除此之外，我并不认为自己能证明其他任何见解是正确的。

霍拉修：我并没有希望你这样去做。你只要回答我一个问题即可，那就是：肩负如此的重担，把全欧洲的事务装在自己心中，这样的人必须具有惊人才干、广泛知识和其他一些巨大的能力，你想到过这一点么？

克列奥门尼斯：一个人若被赋予了如此多的实权，被赋予了如
此广阔的权威（大臣们通常就是如此），那他就必定会成为大人物， 395
其地位也必定会远远高出其他臣民。这是千真万确的事实。但我认为：英国始终都会有五十个人，一旦得到任用，他们便能胜任大臣的职务，而只要经过短期锻炼，其中的佼佼者便能获得担任大不列颠王国皇家司库的同样资格。身为首相者具有难以言喻的极大优势，这完全是由于他是首相，由于人人都知道他是首相并把他待如首相。有权支配整个行政机构的每一个部门和分支的人，必定有权力和自由要求会见他想见的任何人。他的权力能使他了解到更多的知识，能使他更准确地谈论一切事情，比其他任何精通各自

负责的事务、能力又比他强十倍的人做得还好。一个受过尚佳教育、天性进取、又不乏魄力和功名心的人,几乎不可能不表现出聪慧、机警和专门的能力,而只要他认为时机适宜,他便会利用每个行政官员的精明、经验、勤奋与劳动。若有足够的金钱,能雇人去为他与王国的各个地方保持严格的联系,他也能通晓一切情况。
396 无论民事军事、外交内政,只要他想插手,那就几乎任何事务或交易都会受到他的巨大影响,无论他打算促进它还是阻碍它,都会如此。

霍拉修:我不得不承认,你这番话好像另有所指。不过,我现在开始怀疑:使我常常赞同你的观点的,正是你那种精湛的技巧,它使我按照你所愿意的方式去看待事物,还有你那种了不起的绝技,它使你能把有价值的东西说得一文不值,使它们全无是处。

克列奥门尼斯:我抗议。我的话全是发自内心的。

霍拉修:一想起自己以前亲眼目睹、现在每天还在见到的政治家之间的交易,我便会很有把握地认为你错了。我考察了为排挤或免除首相而使用的一切计谋、势力和手腕;考察了为曲解首相的行为而利用的机智和精明、苦心和技巧;考察了广为散布的诽谤和有关首相的谣言,以及出版的歌谣和讽刺诗文;考察了为反对首相而炮制的煽动性讲话和刻意的谩骂;我考虑到这些事情以及其他一切嘲弄或辱骂首相的言行时,便深深地相信:要战胜如此众多的
397 计谋和势力,要消除通常针对首相的那么多敌意和妒意,这肯定需要具备非凡才能。仅仅具有一般的审慎和坚韧,任何人都无法使自己做上十二个月的首相,更不用说做上许多年了。即使他通达世事、美德俱全,并一贯相信美德,也是如此。所以说,你那个断言

里必定存在着某种谬见。

克列奥门尼斯：或者是我对自己观点的解释有缺陷，或者是我不幸被你误解了，我说没有非凡天赋的人也能当首相，是指这个职务的作用，没有这个职务，国王和枢密院在管理国务时便会遇到麻烦。

霍拉修：要指导和管理整个政府机器，首相首先必须是杰出的政治家。

克列奥门尼斯：你把那个职位看得太高了。做个杰出的政治家，这是人类天性所能具备的最高品质。要配得上那个名号，一个人就必须精通古代史和现代史，彻底了解欧洲的各个王室。他不但要了解各国公众的利益所在，而且要知道各国君主及其臣属的
私人观点、个人好恶、优点和缺点。对于各个基督教国家及其周边 398
地区，他应当知道其物产、地理、主要城市及要塞，知道这些地方的贸易和产品，知道这些地方的地势、自然优势以及当地居民的实力和数量。他必须具备洞察人心的能力，必须博览群书，必须彻底了解人性以及人类激情的用途。不仅如此，他还必须极善掩饰自己心中的各种情绪，自如地控制自己的表情和姿势，并极为擅长使用各种骗术和诡计，以探知别人的秘密。一个人若要具备所有这些能力，或具备其中的绝大部分，这大概很难做到，即使他具备了处理公共事务的大量经验，也不能被称为杰出的政治家。不过，他却可能适于去做首相，即使他连那些素质的百分之一都不具备，也是如此。创造首相这个职位并使它享有最大的权力和利益，这完全是国王的恩宠，因此，做首相的人也不得不仅仅依靠国王的恩宠。其结果就是，所有君主国家最富于野心的人一向都把获得首相之

职看作最高的奖赏,因此都乐于去克服在谋取和保住这个职位的
过程中遇到的种种困难。因此,我们还看到:我所说的那些造就政
治家的良好素质都被他们忽视了,而对另一些更有用、更容易获得
399 的能力,他们却趋之若鹜,苦心研习。你在首相们身上看到的那些
能力,都属于这后一种性质,其作用在于使人成为合格的廷臣,精
通以翩翩风度取悦和哄骗君主之术。一旦知道君王想要什么,便
立即投其所好,应其所需;尽心为君王提供他喜欢的一切,使君王
开心;这些都是首相们日常的服务。请求并不比抱怨更佳,因此,
不得不提出请求,这就是自招抱怨。目睹君王屈尊成为抱怨的奴
隶,这只能表明其臣子蛮横无比。殷勤的首相能看透其主人的希
求,无需主人宣之于口,便能满足主人的一切心愿。每个普通的谄
媚者都能对每一种言行漫无目的地赞不绝口,都能从最拙劣的行
为中看到智慧和精明。然而,老练的首相却能粉饰君王显然并不
完美的行为,能使君王的每个过失、每个弱点都酷似美德(或者更
准确地说,使它们尽量不与美德对立)。依靠恪尽这些必不可少的
职责,他们既能获得君王的恩宠,也能留住君王的恩宠。凡能使自
己在宫廷里受到欢迎者,几乎都会被看作不可或缺的人物。他一
400 旦走运而获得了君王的好感,便很容易使自己的家族获得君王的
重视,自此除了他自己的人之外,不让君王接触到任何其他人。时
间一长,他也不难排挤掉行政机构里每一个不是自己带进去的人,
不难使试图凭借其他长处或业绩获得晋升者永远无法如愿以偿。
由于职位,一个首相会大大优越于所有与他对立的人。那些人当
中的一个尚不知名的人会去填补首相之位,但无论他是盗贼还是
爱国者,总会有许多敌人,这毫无例外。一旦知道了这些内情,首

相掌管的许多事情即使是真的，连不存偏见、看法慎重的人也不会相信了。说到战胜和消弭对他们普遍的嫉妒和敌意，那受宠者若亲自去做一切，那就的确如你所言，他不但必须具备非凡的才干和巨大的能力，而且要时刻警觉，谨慎从事。但是，消除敌意却是其亲信们的任务，它被划分成了许多个部分，任何哪怕稍微与他有关的人，或者任何想从他那里得到什么好处的人，都把它当作自己的任务和钻研对象，因为第一，为自己的保护人大声疾呼，夸大他的长处与才能，为他的行为辩护，这完全符合这种人的利益；第二，强
烈谴责保护人的仇敌，污损那些人的名誉，用他们排挤这位首相的 401
办法和计策去对付他们，这也完全符合这种人的利益。

霍拉修：如此说，每个老练的廷臣，即使不去掌握政治的学问和语言、不具备其他任何有关素质，也都适于担任首相了。

克列奥门尼斯：除了我们时常很容易见到的那些素质，别的都不需要。不过，此人至少应当具备清醒的常识，并且没有任何重大的缺点不足，而任何国家都绝不缺乏这样的人。他的健康与体格应当还算不错；他应当热衷虚荣，因而能够品味并承受名誉加在他这种人身上的那些俗丽应酬，例如永远文雅的举止风度、鞠躬施礼、有求者的卑躬屈膝，以及人们永远对他表示的尊重。他最需要获得的完善素质就是大胆和果断，这样他才不容易被吓倒，不容易惊慌失措。倘若他具备了这些素质，又有良好的记忆力，更能参与大量的事务，即使做不到时时清醒，至少能始终给人泰然自若、毫不慌张的表面印象，那么，他的才能便必定会被捧上云霄。

霍拉修：对他的美德和诚实，你只字未提，而人们对首相却非
常信任。他若生性贪婪，绝无诚实，又不热爱自己的国家，那就可 402

能成为窃取公众财富的大盗。

克列奥门尼斯:只要略具骄傲之心,任何人多少都会看重自己的名誉。只要偷窃有被抓住的危险,只要无法确保偷窃不受惩罚,一般的谨慎已足以使品行很差者不去偷窃了。

霍拉修:但是,在不会被捉到的地方,君王却赋予首相极大的信任。例如,首相能支配间谍活动的经费,而为了国家的完全,即使提到那笔资金也往往是不恰当的,更不用说详细追查具体款项了。在与其他宫廷的谈判中,首相只要为私心所左右、为私利所动摇,而不顾及美德或大众的利益,他不是有能力去背叛自己的国家、出卖民族、并做尽坏事么?

克列奥门尼斯:在我们英国,首相不能如此,因为国会每年都要举行听证会。外交上的任何重大交易,世人都必定会知道。若做出或企图做任何明显有损于王国、被本国人和外国人视为严重侵害了我们利益的事情,那就会引起普遍的抗议,使首相陷入危险

403 境地,因此,任何稍具头脑的人只要还打算留在宫廷,都不会这样去做。说到首相们能相当自由地支配间谍活动经费(或许还包括其他资金),我毫不怀疑他们的确有机会去侵吞国库。但要侵吞国库而不被发现,每次侵吞的钱就绝不可过多,还要万分小心。一些心怀敌意者时刻都在监视首相们的行动,觊觎着首相的职位,最令首相们畏惧。这些对手之间的敌意和各个派系之间的争斗,在很大程度上维护了国家的安全。

霍拉修:可是,选择看重名誉、有理智和知识、经验丰富、勤俭朴素的人去担任公职,这个办法不是更加安全么?

克列奥门尼斯:这是毫无疑问的。

霍拉修：一方面，人们在一切场合都表现出贪财和渴望富有；另一方面，从人们的生活方式也能明显地知道：任何财富和财产都无法满足人们的开销和种种欲望；既然如此，我们又应当如何相信他们的正义感和诚实廉洁呢？另外，从那些能带来荣誉和利益的职位上，排除掉那些无能之辈或害群之马，排除掉所有自私自利、野心勃勃、贪慕虚名和贪酒好色之徒，这难道不是更能鼓励美德与优点么？

克列奥门尼斯：谁都不会反对你这个见解。倘若绝大多数人 404
都用追求感官快乐、礼貌客套和现世荣耀的热情，去追求美德、宗教和来世的幸福，那就再好没有了。这样一来，政府机构的一切职务便惟有品行端正、才干出名的人们才能担任。然而，在一个广大、富足而繁荣的王国里，盼望出现这样的情况，或完全怀着这样的希望去生活，则暴露了对人间世事的无知。在我看来，无论是谁，若说全民的节制、俭朴和公正无私就是国家的福分，都是几乎不懂得自己在说什么。若因找不到最好的办法而退而求其次，我们便会发现：要确保各国的现有成就及看重的事物，并使之永远存在，最好的办法就是制定明智的法律，以保卫并充实各自的国体，创造一些管理形式，以避免因为不知道事实会证明哪位首相的能力和诚实不负众望，而使公共财富蒙受重大的损失。公共管理机构必须不断向前，它是一条永不抛锚的航船。最有知识、最具美
德、最少私心的首相们当然是最好的，但即使没有这样的君子，世 405
上还是一直不能没有首相。在海员身上，诅咒和酗酒是极大的罪过，而若能使那些品行恶劣的水手改邪归正，我就应当认为那是被人人渴望的国之福分。但是，即使存在品行恶劣之徒，我们始终还

是不能没有海员。一生中诅咒过上千次、酗酒至少十次,倘若这样的人都不能成为国王陛下舰队的水兵,我就会断定:这条善意的规定必会使海军深受其害。

霍拉修:你为什么不更直截了当,说世上根本没有美德和诚实呢?你所有的话都好像意在证明这一点。

克列奥门尼斯:在前一次交谈时,我已经非常充分地讲述了我对这个问题的看法。我真不明白你何以又说我坚持那个被我绝对否定的观点。我从未想过人们没有美德和宗教情怀。我和那班恭维人类者的不同之处是:我认为世上此类的好人数量并不像他们声称的那么多。我认为,其实你自己也不相信世上具备美德的人真有你想象的那么多。

霍拉修:你如何会比我自己还更了解我的想法?

406 克列奥门尼斯:你知道,我已经试探过你对人性的看法了:我方才很可笑地赞美过社会中的某些行业和职业(从最低的到最高的)的优点,把它们说得十分美好。就是在那一刻,我清楚地看到了一点:你对人类总体的评价虽然很高,但我们一谈到具体的人,你却也像我一样严厉苛刻,一样喜欢批评。我必须向你提一个值得考虑的问题。大多数人(倘若不是一切人)都渴望被看作公正不倚,但我们在自己好恶的影响下作出公正的判断,却难上加难。无论人们如何公正,我们都会看到:他们的朋友都很少像他们喜欢这个朋友时说的那样好,或生那个朋友的气时说的那样坏。至于我,一般地说,我并不认为首相们比他们的对手更坏,那些对手为了自己的利益毁损首相们的名声,同时又拼命想取而代之。我们不妨看看欧洲任何一个宫廷的两位显要,二人的美德与恶德相当,但属于不同的派系。每当我们遇到这样两个人，其中一个得势，而另一个失势，我们便总能发现：无论是谁占了上风，得到重用，他都会得到自己一党的热烈赞颂；若一切尚属正常，他的朋友们便会把一切佳绩归功于他的行为，说他的所有行动都出于值得称颂的动机，而 407
对立的一方却认为他一无是处，并认为他的一切行为都受他的激情支配。反之，倘若哪件事情出了毛病，对立的党派便一定会说：他们那位保护人若坐在那个位置上，那肯定不会犯这样的错误。这便是世事之道。在同一个王国中，人们对自己的首脑和军队统帅的评价往往会大不相同，即使那些人做出了令人赞叹的业绩，也是如此。我们曾亲眼目睹：一部分民众把胜利完全归功于一位统帅，说他无比精通军事，具有非凡的指挥能力，说若没有真正的英雄精神和对祖国最无私热爱的支持与鼓舞，一个人就不可能像他那样欣然承受所有那些困苦与劳顿，不可能像他那样去情愿面对那些危险。你知道，这些只是一部分民众的情绪，而另一部分民众却把他的战绩全都归功于他部队的勇敢，归功于后方对他军队无比的巨大关怀和支援。但其实并非如此，从这位统帅一生的行为来看，鼓舞他、激励他的强烈信念，显然只有恣纵的野心和对财富 408
永不满足的贪欲。

霍拉修：我不知道自己会不会也这样说。不过，马尔博罗公爵①毕竟是一位非常伟大的人，是一个非凡的天才。

克列奥门尼斯：他的确如此。听到你终于承认了这一点，我很

① 马尔博罗(John Churchill Marlborough，1650—1722)，英国贵族，在西班牙王位继承战争中任联军统帅，作战获胜。—— 译者

高兴。

Virtutem incolumem odimus,

Sublatam ex oculis quærimus invidi.

(活着依然值得我们羡慕,故当它被从视野中攫去,

我们便瞪大双眼,将它寻觅。[①])

霍拉修:顺便说一句。我希望你叫他们把车停两三分钟,有几匹马可以利用这点时间便溲。

克列奥门尼斯:请不必征得我的同意,这里是你做主。何况我们还有时间……你想下车么?

霍拉修:不,但我现在想把那段听你说过好几次的话写下来。我常想向你要那段话,可总是又忘了。那段话就是这位公爵去世后你那位朋友为他写的墓志铭。

克列奥门尼斯:给马尔博罗公爵[②]写的?我从心底里乐于从命。你有纸么?

霍拉修:我想把它写在这封信的背面。其实,我今天早上已经削好了铅笔。那段话是怎么开头的?

克列奥门尼斯:*Qui Belli, aut, Pacis virtutibus astra petebant*。

409 霍拉修:好。

克列奥门尼斯:*Finxerunt homines Saecula prisca Deos*。

霍拉修:我写下来了。请你一次念完一联,这样,句子的意思

① 语出贺拉斯《颂歌》第三卷第24首第31—32行。——译者

② 马尔博罗公爵死于1722年6月16日。——译者

会更清楚一些。

克列奥门尼斯：*Quae Martem sine patre tulit, sine matre Minervam,*

Illustres Mendax Graecia jactet Avos。

霍拉修：这实在非常恰如其分。勇气和品行，公爵正是在这两个方面出类拔萃。下面一联是什么？

克列奥门尼斯：*Anglia quem genuit jacet hac, conditus Urna,*

Antiqui qualem non habuere Deum。

霍拉修：……谢谢你。我们的马车现在可以继续前进了。自从我从你那里听到了这段墓志铭之后，我曾经看到过几段显然是借自它的文字。这段铭文发表过么？

克列奥门尼斯：我想没有。我第一次见到它是在公爵葬礼那天，此后它一直在被传抄，但我从未见过印出来的。

霍拉修：我认为，这段铭文抵得上他一整部《蜜蜂的寓言》。

克列奥门尼斯：你若如此喜欢它，我可以给你看看它的一种译文，那是牛津的一位先生最近译出的，但愿我没有把它弄丢。那段译文的第一联和最后一联译得很好，的确表达了主要的意思。第二联译得并不好，可以说，离原文的意思相当远。 410

霍拉修：不过，第二联却非常令人信服地证明了第一联的真实性。倘若一个人打算证明我们对玛斯[1]和密涅瓦[2]的说法不可置

① 玛斯（Mars），古罗马神话中的战神，即古希腊神话里的阿瑞斯（Ares）。

② 密涅瓦（Minerva），古罗马神话中的智慧女神和女战神，即古希腊神话里的雅典娜（Athena），又称帕拉斯（Pallas）。—— 译者

信,那么,玛斯没有父亲、密涅瓦没有母亲[①],这就是他求之不得的事情了。

克列奥门尼斯:啊,找到了。我不知道你是否能把它读下来,因为我抄的时候很仓促。

霍拉修:我完全能把它读下来。

以往的年代充满感激,若韬略英明,
或作战英勇,便被人们宣布为神明,
因此,希腊才把她的玛斯和帕拉斯奉为战神,
使他成为英雄们的向导,使爱国者将她紧跟。
古人啊,此墓中安卧着一位凡人;
请让我看到他跻身你们的众神。

写得太好了。

克列奥门尼斯:非常生动。拉丁语铭文要表达的意思,用英语表达得更加清晰了。

霍拉修:你知道,除了弥尔顿[②]的诗作,我对其他人的英语韵文都不感兴趣。可是,千万别因此而妨碍我们的交谈。

克列奥门尼斯:方才,我说到了人们大都做不到不偏不倚,并且想让你记住:人们根据自己对行为者的好恶去判断其行为,得出的结论会大不相同。

411 霍拉修:但在那之前,你还反驳过我的一个说法,那就是:管理

① 这是霍拉修对此联原文的理解。原文可直译为:"(不然)没有父亲的玛斯和没有母亲的密涅瓦何以被著名的希腊人误当成先祖?"—— 译者

② 弥尔顿(John Milton,1608—1674),英国诗人,政治家,著有长诗《失乐园》、《力士参孙》、《复乐园》等。—— 译者

公共事务必定需要出色的才干和非凡的品质。当时你还说了其他的话么？

克列奥门尼斯：没有。至少我不记得曾补充过什么。

霍拉修：我想你提出这些见解绝非出于恶意，不过，即使假定它们都是正确的，但揭穿它们，除了能使人更加懒惰和无知，我依然想不出还能有什么其他效用。这是因为：倘若没有学问、能力、才干或知识的人也能担任政府的最高职务，那么，一切脑力劳动和苦心钻研便都可以休矣了。

克列奥门尼斯：我并没有作出这样的普遍断言，但有一点是确定无疑的：有心计者即使没有非凡才干，也能在行政机构的最高职位和其他重要职位上干得十分出色。至于那些最完美的政治家，我不相信世上曾同时存在过三个配得上这个名称的人。人们谈到并互相恭维的智慧、坚实知识或内在价值，实际上却不足四分之一，而人们装在表面上的美德或宗教虔诚，实际上连百分之一都没有。

霍拉修：有些人的行为动机至多不外乎贪婪和野心，其行动目 412
的也惟有追求财富与名誉，而只要能得到这些，他们便会心满意足。我同意这个看法。可是，还有些人却以美德和造福大众的精神为行为原则，欣然地吃尽千辛万苦以完善自身，从而使自己具备了为国服务的才能。倘若美德是如此稀少，为什么还会有精通专业的人呢？我想，一定存在有学问、有才能的人。

克列奥门尼斯：一切完善的品质都必定源于人的年轻时期，在那个时期，还不允许我们自己去选择或判断哪条是顺应我们时代的最有效途径。我们所看到的人的进步，其绝大部分都要归因于父母和导师的良好约束及审慎关怀。只有为数不多的父母才会恶劣到不希望自己的子女品德完善。人们千方百计地要为子女留下财富,同样的天然关爱也使人去关心孩子的教育。何况,忽视子女教育既不合潮流,因而也是一种耻辱。父母培养孩子学会一种行当或专业,其首要意图就是为使孩子能独立谋生。能促进和鼓励艺术与科学的,乃是金钱或荣誉的奖励。倘若人不是如此骄傲,或
413 不是如此贪婪,那么,人们做出的数千种完美成就,恐怕根本就不会存在了。野心、贪婪以及经常产生的必需,乃是使人去兢兢业业、拼命奋斗的刺马针,往往会使一些人在成年后从怠惰懒散中奋起,父母或导师在他们年轻时的说教惩戒没有给他们留下任何印象。若专门职业有钱可赚并十分令人尊敬,那就总会有人在其中出类拔萃。因此,文明的大国肯定提倡研习各种学问,其国民也十分兴旺。富有的父母,以及具备负担能力的父母,很少不会使其子女去学文。从文学这个取之不尽的源泉,我们总是能获得多于我们所需要的援助,去满足所有要求有关高深语言知识的行当和专业的要求。在识字的人里,有些人一旦可以自主便无视知识,扔掉书本,另一些人则随着年龄的增长而逐渐热衷学问,但大多数人都始终很重视他们辛苦学得的那些知识。富人里总是有些热爱知识的人,也始终有些闲适者。每一门学问都有其崇拜者,这取决于人
414 们的不同趣味和爱好。学术的任何一个部分都会有人去钻研,而钻研者的动机也和一些人喜欢猎狐、另一些人以垂钓为乐一样。看看古物研究者、植物学家、蝴蝶或贝壳收藏家以及收集自然界其他古怪产物的人所付出的巨大劳动,想想他们分别在自己那个领域使用的精妙术语,以及他们经常给研究对象取的名字(那些东西

不会引起不感兴趣者的任何注意)吧。富人常受珍玩的媚惑，有如
穷人常受钱财的媚惑。兴趣能使一些人入迷，有如虚荣能使另一
些人入迷，而伟大的奇迹则往往是这两者的恰当混合造就的。一
个花钱节制有度的人居然每年要花上四五千英镑(或者几乎与此
相当，即情愿牺牲至少十万英镑的利润)，去赢得一个声誉，即他拥
有数量极多的稀世珍玩和小摆设，而同时他又爱财，老年后仍在为
了赚钱而辛苦劳作，这种情况难道不令人惊讶么？正是对收益、名
声、丰厚收入和出人头地的期望促使了人们去学习。我们说艺术
或科学的任何一个行业没有得到鼓励，其实只是在说：从事那一行
的大师或专家的辛苦劳动没有得到足够回报，无论是荣誉还是实
利，都是如此。这种情况也包括那些最神圣的职业。神职人员中
只有少数人淡泊名利，不那么看重自己应得的荣誉和薪俸，而更重
视为他人服务、为他人谋利益。有些神职人员努力学习，吃尽千辛 415
万苦，但我们很难证明其中大多数人的这种非凡劳作来自造福公
众精神的激励，或出于使俗众的灵魂获得安乐的热忱。相反，他们
当中的绝大多数显然都是由于渴慕荣誉和希冀晋升，才如此干劲
十足的。同样并不罕见的是：学问中大多数有用的东西都被忽视，
而最不值一提的东西却受到重视，因为人们有理由指望依靠后者
而不是前者去显示自己的才能。卖弄和嫉妒造就的作家，要多于
美德与博爱造就的作家。才能出众、学识渊博的名人常会为了彼
此抵消和毁损声誉而艰苦劳作。两个互相作对的人具备同样无可
争辩的见识和广博知识，而他们精通的全部技能和审慎，却无法使
他们用考究的外在表现向世人掩盖各自心中的仇恨，已经无法使
他们隐藏其互相攻讦的文章里的恶毒与敌意，对于这两个人的行

为原则,我们又该说些什么呢?

416 霍拉修:我认为这样的行为并不出于美德的信念。

克列奥门尼斯:但你仍旧知道这样的一个实例:那是两位严肃的神学家,名声很大,品德超群。倘若提到他们各自的美德,他们都会认为自己的美德受到了严重伤害。[1]

霍拉修:一旦有机会以宗教热忱或公众福祉为借口去宣泄激情,人们便获得了极大的自由。那场争执是为了什么呢?

克列奥门尼斯:*De Lana caprina*。[2]

霍拉修:原来是为了琐碎小事。我简直无法相信。

克列奥门尼斯:他们争论的是古代喜剧诗人的诗歌格律。

霍拉修:现在我明白你指的是什么了:你指的是那些诗文嬉笑怒骂的风格。

克列奥门尼斯:在属于文学的东西里,你还能想出比这更不值一提、更没用的事情么?

霍拉修:很不容易想出来。

克列奥门尼斯:尽管如此,你知道,这两人还是掀起了那场激烈的争论,而其焦点就是谁最理解那些格律,谁研究它最久。我想,这个实例使我们悟出了一点:即使人们仅仅出于嫉妒、贪婪和

---

① 此指理查德·本特莱(Richard Bentley)和约翰·勒克莱克(John Le Clerc)。勒克莱克1709年编辑出版了古罗马戏剧家米南德(Menander)和腓力门(Philemon)作品片断,但他并不精通希腊语和希腊诗韵学。本特莱写书批评此书,并寄给勒克莱克在荷兰的宿敌彼得·波曼(Peter Burman)。该书于1710年以作者化名出版,引起轰动。为了反击,勒克莱克也搜集材料,写书谩骂本特莱。——译者

② *De Lana caprina*,(拉丁语)山羊毛。此处比喻微不足道的小事。语出贺拉斯《书简》卷一。——译者

野心的强烈欲念去行事，但学问一旦被建立，其中的任何部分（甚至是最无利可图的部分）在像我们这样机会众多的国家也极不可能被学者们忽略，而这样的国家已经为学者们提供了许多荣誉位置，已经给了他们丰厚的回报。 417

霍拉修：然而，正如你所说的那样，人即使没有多少才能也可以胜任大多数职位，既然如此，人们何以又要自找不必要的麻烦，去刻苦学习，以获得那些多于实际需要的学问呢？

克列奥门尼斯：我想我已经回答过这个问题了。人们这样做，绝大多数都是因为能从学习钻研和知识中得到快乐。

霍拉修：但有些人却因为刻苦学习而损害了自己的健康，实际上无异于因学习劳累而自戕了性命。

克列奥门尼斯：但这样的人可不如因酗酒而自损健康、自戕性命的人多。钻研学问和酗酒狂饮这两样乐事，后者最无道理，也比前者更令人疲惫得多。但是，我并不否认有的人是为了使自己获得为国服务的资格才刻苦学习的。我要指出的是：仅仅为了自己才刻苦学习而很少考虑国家者，其人数要无限地多。哈钦森先生写过一本书，名叫《对美与美德观念起源的调查》①。他似乎十分精通权衡和度量关怀和博爱之类的多寡。我希望那位奇特的玄学家能不避麻烦，利用余暇，分别测量一下两种东西，其一是人们并 418

① 弗朗西斯·哈钦森（Francis Hutcheson）是曼德维尔的宿敌，最先在《伦敦日报》上批评《蜜蜂的寓言》（1724 年 11 月 14 日和 24 日）。他的《对美与美德观念起源的调查》出版于 1725 年。他赞成沙夫茨伯里的社会学说，也是英国功利主义运动的先驱。他认为人天生的“道德感”能使人作出正确的道德判断，并提出一个公式去计算这种道德感的多少。—— 译者

非出于自私之心的、对自己国家真正的爱,其二是人们想要被人看作具有那种爱(尽管他们自己丝毫感觉不到)的愿望。换言之,我希望这位聪明的先生分别测量一下这两种品质,不带任何偏见地测量出它们在英国或其他任何国家的多寡,然后用他那种能使人一目了然的方法,向我们显示这两种品质之间的比例,就像塞内加所说的那样:*Quisque sibi commissus est*。[①] 何况,大自然赋予动物的当然不是对他者的关怀,而正是对其自身的关怀。人们拼力奋斗通常都是为了改善自己的处境,而为了获得赞美,为了出人头地,为了比别人更早获得提拔,也同样都是为了追求私利。

霍拉修:你是否认为应当提拔的是那些有才干、有学识的人,而不是那些能力欠佳的人呢?

克列奥门尼斯:*Caeteris paribus*[②],我认为是如此。

霍拉修:那你就必须承认,至少那些被提拔者具备美德。

克列奥门尼斯:我并未说他们不具备美德。同样,那些举荐具备美德者的人也被视为高尚,并能获得真正的荣誉。一个凭借自己的才干而生活富裕的人,若使另一个很有能力的人过上同样富
419 裕的生活,便会得到每个人的赞扬,每个教民也都会格外感激他。谁都不愿自己举荐的人遭到否定,因此,虚荣者也会像具备美德的举荐者一样,大声地向世人作出抗辩。仅仅是对获得赞扬的天然渴望,便足以使绝大多数人从数位候选人当中选出最有价值者(即使是心怀最大恶意的人,其中绝大多数也会如此选择),只要他们

---

① *Quisque sibi commissus est*,(拉丁语)在任何人身上各占多少。语出古罗马作家塞内加(Seneca)《书信集》。—— 译者

② *Caeteris paribus*,(拉丁语)(若)其他条件相同。—— 译者

知道候选者的真实情况，只要出于亲情、友情、利益或其他因素的动机与我所说的那个欲念（即渴望获得赞扬）并不冲突即可。

霍拉修：但我认为，按照你的理论，那些最能哄骗谄媚的人应当晋升得最快。

克列奥门尼斯：有些有学识的人也很有技巧，很有办法，他们潜心研究学问，同时又通晓世事。他们懂得如何赢得地位高贵者的好感，并为此发挥了全部才能与勤勉，使之给自己带来最大的收益。只要看看我们提到过的那些杰出人物的生活与举止，你很快就会看出他们苦心攻读、日夜劳作究竟是为了什么。没有得到职位的神甫们徘徊在君主们的宫廷里，还不断向熟人游说，恳求帮忙谋职。他们高声谴责时代的奢华、抱怨自己不得不顺应它，而与此 420
同时，他们却倾心于，不，应当说是急于获得并拼命追求生活的满足，竭尽全力地模仿上流社会的生活方式。他们刚得到晋升，便马上准备，并已经觊觎着另一个更能获利、更受人尊敬的职位，在一切紧要关头，他们紧抓不放并引为乐事的，惟有财富、权力、荣誉和地位。你若目睹了这些状况，看到了这些相互契合的证据，猜出这些人的行为原则和奋斗目标，这还有何难呢？换句话说，他们的行为原则和奋斗目标还用怀疑么？

霍拉修：对神甫们我没有多少话可讲。我也不会在这些人身上寻找美德。

克列奥门尼斯：尽管如此，你还是能在神职人员身上找到美德，与你在其他任何等级的人当中发现的一样多。但在各地，那些美德却无不是外在表现多，而真实成分少。谁都不愿被看作不真诚或善于说谎，不过，的确还有为数不多的人很诚实，公开承认自

己想要什么,因而能使我们知道他为什么需要它。所以,当我们根
421 据人们的言行,了解到人们有关事物真正价值的见解时,便可以最清楚地看到人们的言行不一。毫无疑问,美德是人能拥有的最有价值的财富,人人都赞扬美德;但是,人人都诚心信奉美德,信奉那种 *praemia si tollas*①,这样的理想国又在何处?另一方面,金钱理应被叫作罪恶之源。著名的道德家和讽刺家都曾鄙夷金钱,但在用金钱去做好事的种种借口下,为了获得金钱,人们什么苦没有吃过、什么危险没有冒过!我深信:金钱作为一种附带原因,它在这个世界上已经造成的祸患,比其他任何原因造成的都多。尽管如此,我们还是无法说出另一种原因,它是文明社会的秩序、运作乃至存在所必不可少的。这是因为:这种原因完全建立在人的各种需求之上,所以,这个基础上的整个建筑都是由人们彼此提供的服务构成的。需要别人的服务时,如何去获得它们?这是每一个人在生活中最关心的问题,也是几乎时时都在考虑的问题。期望别人会白白为我们服务,这是没有道理的。因此,人们之间的一切交易都必定是连续不断的物物交换。卖主转让一件东西的所有权时,也像购买那个所有权的买主一样,心中想的是自己的利益。你
422 若需要或喜欢一件东西,无论其所有者储存了多少件同样的东西,无论你多么急需它,其所有者都会首先考虑他更喜欢的回报,而不会考虑满足你的需要,然后才会把它提供给你。倘若对方不需要或不喜欢我能回报给他的服务,我又如何说服他为我提供服务呢?

① *praemia si tollas*,(拉丁语)备受推崇的优点。语出朱文纳尔《讽刺诗集》第10首第142行。—— 译者

一切处之泰然、与社会里的任何人都毫无争执的人，都不会对律师有什么用处。一个人若全家都身体健康，医生便无法向他出售任何服务。不过，在人们能够彼此提供的所有服务中，金钱是一种能被接受的回报，因此，它能缓解或消除这一切困难。

霍拉修：但是，从你的理论里难道不能得出这样的观点么：人人对自己的评价都高于实际价值，人人都过高评价自己的劳动？

克列奥门尼斯：当然能，并且的确得出了这样的观点。但令人惊奇的是：社会人口的数量愈多，人们的需求愈是种类繁多，人们愈习惯以金钱去满足这些需求，使用金钱的罪恶所造成的有害后果就愈少。反之，没有金钱，一个社会的人口愈少，其成员满足自身需求的方式愈受限制，而仅能满足生存必需，他们就愈容易达成 423
我所说的那种相互服务。然而，没有语言，没有金钱或它的替代物，一个文明大国要获得生活的全部舒适，要获得我所说的那种现世幸福，却是根本办不到的。在并不缺乏金钱，而立法机关又对金钱加以妥善管理的地方，金钱总是会成为衡量一切事物价值的一种标准。人们的天然需求带来了许多有益的结果。每个人都必须吃喝，而这就是文明社会的纽带。随人们如何去高度估价自己，大多数人所能从事的劳动都永远是最廉价的。一切数量丰富的东西，无论它对人如何有益，都不可能是昂贵的。稀少往往比有用更能提高东西的价值。我们由此可以懂得艺术与科学何以总能带来最丰厚的利益，因为惟有经过长期的艰巨努力和专心劳作，或者需要具备罕见的特殊天赋，才能掌握它们。我们还可以明白，在一切社会中，幸运何以总是降临在某些人头上，因为他们能从事那些谁都不愿去做的艰苦肮脏的工作。但我所说的这些，你已经在《蜜蜂的寓言》里读得够多了。

424 霍拉修:的确如此。我在其中读到了有关这个题目的一句话,我永远也不会忘记它。那位作者说:能够激励穷人去劳动的,除了他们自身的种种需求以外,别无其他,而缓解那些需求乃是明智之举,但扑灭那些需求则是愚蠢之举。[①]

克列奥门尼斯:我相信这条箴言是对的。它不仅能使穷人真正获益,也似乎能使富人真正获益。其原因是:一些劳动者虽出身低微贫贱,却乐天知命,仅满足于让自己的子女继承同样恶劣的生存条件,并使子女从幼年起便习惯于劳动和顺从,习惯于最廉价的饮食和器用,而这样的劳动者往往是最能善待自己、对公众最有用的人。反之,有些劳动者不满自己的工作,总是抱怨自己恶劣的生存环境,总是借口非常担忧子女的安康、把对他们的教育寄托在别人的慈善上,这样的人为别人提供的服务总是最少,自己也最不快乐。你总是会发现:在后一种穷人当中,大多数都游手好闲,酗酒

425 狂饮,生活放纵,并且不顾家庭,一心只想竭力摆脱供养子女的重担。

霍拉修:我虽然不拥护慈善学派,但我还是认为:穷困的劳动者把自己及其全部子女永远固定在那种奴隶般的环境里,这未免太残忍了;出身贫寒的人,无论可能具备什么才能或天赋,在提高自己社会地位的过程中都会遇到障碍和排斥。

克列奥门尼斯:倘若你所说的这种情况非常普遍,或有人提议这样做,我也会认为那是残忍的。但是,在基督教国家里,任何等

① 参见《抱怨的蜂巢》的评论 Q 和评论 Y。——译者

级的人本身及其子女都不会被永远固定在低下的奴隶地位上。在地位最低下的人们当中，各国都有些幸运者。我们每天都可以见到一些人，他们既没受过教育，也没有朋友，而完全依靠自己的勤奋苦干，使自己从一无所有提升到了中等阶层，而一旦能适度地热爱金钱并以节俭为乐，他们有时甚至会使自己高于中等阶层。这种情况更经常发生在那些能力平平者或缺乏能力者身上，而在那些能力较强者身上发生较少。然而，阻碍穷人子女不断提高社会地位，与成千上万的穷人子女需要从事更有用的工作时，盲目拒绝强迫他们接受教育，这两者之间却存在着显著的区别。按照常理，
有些富人后来会沦为穷人，有些穷人日后也会变成富人。博爱的 426
善举处处都勉力使勤奋的劳动者摆脱其贫苦环境，但这种普遍的仁慈给整个王国带来的危害，却并不亚于一个暴君毫无理由地取消富人们的安逸和富足。我们不妨假设：全国艰苦肮脏的劳动需要三百万人去做，其中每个分支都由穷人的子女去完成，那些人是文盲，因而没有或很少受过教育。很显然，倘若以权力或计谋，使这些孩子当中的十分之一免除那些最低贱的苦役，那就势必有需要三十万人去完成的大量工作无人去做，或者由于削减了这些劳工，他们的工作就不得不由其他更有教养者的孩子去完成。

霍拉修：因此，当初出于对部分人的慈善而采取的措施，最终会被证明是对其他人的残忍之举。

克列奥门尼斯：并且肯定会如此。在一切国家的复合体当中，各阶层人的数量应当彼此维持一定的比例，这才能使整个社会成为一个比例恰当的混合体。这个恰当比例，是不同素质者之间的
差异的自然结果，是这些人之间的兴衰交替的自然后果，因此，不 427

干预这种自然比例,便是获得并维持它的最好办法。由此我们可以知道:那些或许本意善良的人,其短视的智慧却有可能夺去我们的一种福分,而只要没有人试图改变或阻碍那种福分的潮流,它就会从每个大型社会本身自然地涌流出来。

霍拉修:我可不喜欢讨论这些抽象的事物。你对金钱还有什么赞美之辞?

克列奥门尼斯:我既不想赞美金钱,也不想否定金钱。不过,无论金钱是好是坏,它的力量和支配范围都非常广大,而在一切帝国、国家或王国中,它对人类的影响,从来没有像在最聪明、最文雅的时代那样强烈和普遍。在那样的时代里,国家最富足兴旺,艺术与科学也最繁荣。因此我认为:与人类的任何其他发明相比,钱的发明乃是一件最能巧妙地迎合人的全部天然性向的事情。要医治懒惰或顽劣,金钱是最好的药物。我曾惊讶地看到:为了钱,最高傲的人也情愿向那些地位不如他们的人欣然表示敬意。钱能买到一切服务,能消除一切债务。不仅如此,钱还能做更多的事情,因为当一个人受雇于一个职业时,只要使他去工作的那个人是一位
428 能付给他丰厚薪水的主人,那么,无论那服务如何劳累、如何困难、如何令人厌烦,他都会把它当作自己应尽的职责。

霍拉修:你不认为,许多从事需要高深学养的专业的杰出人士会不赞成你这个说法么?

克列奥门尼斯:我很清楚,这些人若是热衷做生意或是谋职,那就谁都不会如此。

霍拉修:你所说的一切,对于热衷金钱者来说全都是事实;但对于鄙视钱财的高尚者来说,荣誉的作用远比金钱要大得多。

克列奥门尼斯：最高贵的头衔和最显赫的出身，也绝不能防止人们心怀贪欲。品德最高尚的人尽管真能做到慷慨仁厚，但只要值得，他们也常会贪图利益，如同最利欲熏心的技工计较小钱一样。二十年代已经让我们知道：当出现了能赚大钱的前景时，要找到鄙视金钱的高尚者是多么不容易。另外，没有什么比金钱更能让绝大多数人入迷的了。钱能讨各种身份者的喜欢，上等人、下等人、富人、穷人，概莫能外。相反，荣誉对低贱的受奴役者影响甚微，对粗俗者几乎毫无影响。但即使荣誉能对这些产生些许影响，金钱也几乎处处都能买到荣誉。不仅如此，对知道如何用钱去迎
合潮流的人来说，有钱本身就是一种荣誉。从另一方面说，荣誉也 429
需要财富的支持，若没有财富，荣誉对其拥有者便是个无比沉重的负担。拥有荣誉头衔却缺少金钱，这种负担比仅仅忍受同样程度的贫困还要沉重，因为人的地位愈高，对生活的需求就愈多，但金钱愈多，就愈能满足最奢侈的需求。金钱是世界上最好的、货真价实的补药，它能自动地作用于人的精神，因为金钱不但能刺激人们去劳作，并使人们热爱它，而且能使缓解人们的厌倦，并能帮助人们克服一切疲劳和困难。从事任何一种工作的工人，只要能得到与其勤勉相应的薪水，便会比领取日工资或周工资、薪水固定的工人干得更多。

霍拉修：在工作劳累的办公室里，也有些人虽然领取固定薪水，但仍然兢兢业业，拼命工作。你不这样认为么？

克列奥门尼斯：不错，这样的人的确很多。可是，世上绝没有那样一种工作，它需要人们专注地持续工作（有些人情愿以此来自寻烦恼、自我惩罚），而每当出现新的麻烦，他们便会受到惩罚。在

430 那些职位的年收入固定不变的职位或岗位上,你也绝对见不到以认真、敏捷和坚韧、全力以赴地恪尽职守的人;而在另外一些行业里,人们却能如此尽职,因为那些行业的报酬总是与劳动成果相伴,而酬金也或是先于服务支付(例如律师),或是服务后立即支付(例如医生)。我可以肯定:你我第一次对话时已经大略涉及了这一点。

霍拉修:我们前面便是城堡[①]了。

克列奥门尼斯:我想你不会对它感到遗憾。

霍拉修:的确如此。你谈论首相及其嫉妒的对手时非常坦率,我很高兴地听到了你用同样的坦率谈论国王及其他君主。每当我见到一个完全不怀偏见的人,总是会对公道地看待他,会认为即使他的话说得不对,至少他意在追寻真理。愈是用我在这个世界上目睹的现象去验证你这些见解,我就愈是不得不赞成它们。今天一上午我都没有说过反驳你的话,而只想更多地听听你的见解,给你机会,让你更充分地解释你的观点。你改变了我的看法。从今以后,我会用和以前完全不同的观点去看待《蜜蜂的寓言》。这是
431 因为,虽说《性格论》的遣词用句胜于《蜜蜂的寓言》,其中关于人的社会性的理论更宜人、更看似有理,其论述也更富于技巧和学识,但《蜜蜂的寓言》当然更真实,几乎通篇都充满了对人类天性的更忠实的描述。

克列奥门尼斯:希望你把这两本书都再读一遍。读完之后,你便会说,你从未见过哪两位作家写出的作品里包含的不同观点比

① 此指温莎城堡。——译者

它们还多。《寓言》的作者，即我的那位朋友，为了唤起和保持读者的好心情，似乎写得非常轻松欢快，而当他探究我们天性的腐败时，却显得十分严肃。他使人从各个角度看清了自己，然后马上指出了一种必要性：人们的生活中显然不但需要启迪和信仰，而且需要实践基督教的教义。

霍拉修：我并没有发现这一点。他是通过什么方式指出这一点的呢？

克列奥门尼斯：一方面，他揭露了这个世界及其最文雅享乐的虚荣；另一方面，他指出了人类理性和异教美德并不足以使人获得真正的幸福，因为我不知道在一个基督教国家里，置身于全都自称追寻快乐的人群中，一个人获得真正的幸福还有什么其他意义。

霍拉修：你如何评价沙夫茨伯里大人？ 432

克列奥门尼斯：首先，我同意你的看法，他是一位学识渊博、风格优雅的作家。他以典雅的语言和有力的词句，展示了丰富的想象力和良好的思考能力。另一方面，我也不得不承认：他对自由和人性的见解非常崇高壮丽，《性格论》里也丝毫没有平庸粗俗的东西。其次，因此我也不能否认：他认为人类天性是善良而卓越的，这些思想虽然美好而仁厚，却不切实际，纯属空想。他千方百计，想把两种永远无法统一的对立事物结合在一起，那就是保持行为的纯洁高尚与追求现世的伟大显赫。为了达到这个目的，他赞成自然神论，借口批判神职者弄权和迷信，去攻击《圣经》本身。最后，他还嘲讽了《圣经》里的许多段落，似乎在竭力吸干一切神启宗教的源头，其目的就是要在基督教的废墟上确立异教的美德。

本卷终

索　　引①

（第二卷）

A

① 《蜜蜂的寓言》共分两卷。根据 1924 年版本编选者凯依（F. B. Kaye）考证，1729 年版本的第二卷更接近曼德维尔本人的文本。因此，牛津克莱伦登 1924 年版第二卷依据 1729 年版本刊行。此索引为曼德维尔本人编写。索引中的页码为 1729 年版本的原始页码，即本书边码。索引中的罗马数字为 1729 年版本第二卷《序言》的页码，方括号内的数字为凯依校核后的更正页码。—— 译者

B

① 指法庭陪审团成员。——译者

① 此处原文是 Fear made the Gods，但正文原文为 Fear made a God (恐惧制造了上帝)。—— 译者

H

I

H

N

---

① 此处原文是法语 grand gout，但正文原文为 bon gout(goût)。——译者

① 原文此处无页码。(译者)

图书在版编目(CIP)数据

蜜蜂的寓言:或私人的恶德,公众的利益:全2卷/(荷)B.曼德维尔著;肖聿译.—北京:商务印书馆,2017
(汉译世界学术名著丛书:120年纪念版:珍藏本)
ISBN 978-7-100-14602-9

Ⅰ.①蜜…　Ⅱ.①B…②肖…　Ⅲ.①自由主义(经济学　Ⅳ.①F091.33

中国版本图书馆CIP数据核字(2017)第152514号

汉译世界学术名著丛书
(120年纪念版·珍藏本)
蜜蜂的寓言
或私人的恶德,公众的利益
(全二卷)
〔荷兰〕B.曼德维尔　著
肖聿　译

商　务　印　书　馆　出　版
(北京王府井大街36号　邮政编码100710)
商　务　印　书　馆　发　行
南京爱德印刷有限公司印刷
ISBN 978-7-100-14602-9

2017年12月第1版　　开本710×1000　1/16
2017年12月第1次印刷　　印张46
定价:225.00元